Sous la direction de
Nanon Gardin & Robert Olorenshaw
Jean Gardin, Olivier Klein

PETIT LAROUSSE DES SYMBOLES

LAROUSSE

Direction éditoriale
Michel Guillemot
Bethsabée Blumel

Avec la collaboration de
Éric Laurrent

Direction artistique
Henri-François Serres-Cousiné

Réalisation graphique
Dominique Dubois et Didier Pujos

Iconographie
Valérie Perrin
Nanon Gardin
Anne-Laure Madec

Prises de vue
Olivier Ploton

Fabrication
Nicolas Perrier

Robert Olorenshaw remercie Arnaud Didelot
et l'éditeur remercie Serge Boucher pour leur aide

ISBN : 978-2-03-505571-2

INTRODUCTION

Le mot « symbole » nous vient du verbe grec *sumballein*, composé du préfixe *sun* qui signifie « avec » et du verbe *ballein* qui veut dire « jeter ». Symboliser, c'est donc « jeter » au moins deux choses ensemble pour qu'elles forment une unité homogène. La première est une qualité abstraite, comme l'honneur, le sacrifice, l'éternité ou l'amour. La seconde est une chose matérielle ou une représentation figurative.

La métaphore et l'analogie, comme le symbole, rapprochent un minimum de deux choses, mais, à l'encontre du symbole, elles demeurent restreintes au plan du discours. De même, l'allégorie et la parabole, bien qu'elles puissent se servir de symboles, sont limitées au récit. Dans ces cas, les objets et leur sens, au niveau de la perception, restent distincts. Le sens peut s'illustrer dans une analogie ou une métaphore, mais il n'en reste pas moins indépendant. Si, en utilisant une analogie, je dis que « la guerre est comme une partie d'échecs », je m'appuie sur une comparaison, qui peut être originale, pour illustrer un sens dont le jeu d'échecs est indépendant. En employant une métaphore, je pourrais dire que « la guerre *est* une partie d'échecs », mais le destinataire de mon message devra savoir distinguer la guerre d'un jeu.

Dans le symbole, sens et matérialisation restent inextricables. Les symboles mathématiques +, − et × ne peuvent être séparés de la signification des opérations d'addition, de soustraction et de multiplication. Toutefois, il n'y a rien de « naturel » dans un tel processus symbolique, dans ce « jeté ensemble ». Les symboles mathématiques auraient pu signifier leur contraire. Que le symbole + signifie l'addition est une convention. Le lion peut symboliser la noblesse, et le tigre, la fourberie. Dans la nature pourtant, le lion n'est pas plus noble que le tigre, et le tigre n'est pas plus fourbe que le lion. Aucun zoologiste n'utiliserait des descriptions aussi anthropomorphiques. Culturellement, les deux fauves sont investis de qualités abstraites, et c'est cet investissement culturel qui est producteur de symboles.

Les objets par eux-mêmes, dans la communication non verbale, peuvent avoir valeur de symbole. Une douzaine de roses rouges qui poussent dans un jardin ne symbolisent pas l'amour. Cueillies, liées en bouquet et offertes par un homme à une femme, les mêmes fleurs symbolisent l'affection et l'attachement, mais seulement en raison d'une convention préalable que l'homme ne cherche pas à modifier et que la femme reconnaît. Personne ne peut inventer un symbole et lui imposer un sens.

Tout symbole relève d'un contrat social. Son sens lui est octroyé par l'histoire, par un héritage culturel, et seules une transformation historique, une révolution culturelle où les contrats sociaux sont rompus et redessinés peuvent en altérer le sens. Les symboles appartiennent au domaine public, au bien commun, non à l'inconscient de l'individu. Malgré les analyses d'un Freud ou d'un Jung, qui intériorisent la nature des symboles, nous nous en tenons à un sens culturellement déterminé et accepté du symbole.

Deux sources majeures produisent des significations symboliques, la mythologie et la religion, dont les liens réciproques sont clairs, car dans les deux cas nous sommes dans le domaine des croyances partagées, censées lier les membres d'une communauté. La communication au sein de ces communautés se fait par l'utilisation plus ou moins restreinte de symboles. Plus une communauté est organisée selon des croyances, plus les symboles y deviennent importants, à tel point que l'on peut parler de sociétés symboliques. Il va sans dire qu'il peut y avoir des mythologies et des « religions » laïques. Le marteau est un outil qui peut symboliser la classe ouvrière, un parti politique et la révolution prolétarienne, comme le drapeau tricolore français peut symboliser les valeurs républicaines.

Le *Dictionnaire des symboles* est une analyse des symboles en Occident, aire géographique et culturelle dont nous ne cherchons pas à donner une définition restrictive. Nous avons, par exemple, inclus l'islam comme relais de symboles occidentaux pour deux raisons : d'abord l'islam est présent de manière continue sur le continent européen depuis le VIIIe siècle ; ensuite, l'islam et le christianisme ont souvent des racines communes, dans le judaïsme. L'Égypte, et dans une moindre mesure la Mésopotamie, entrent dans nos analyses, car nombre de symboles occidentaux, comme le cœur et même la croix, y trouvent leurs origines.

À propos des religions, il faut reconnaître qu'un croyant peut refuser la validité d'une analyse symbolique. Traditionnellement, les catholiques croient que le pain et le vin qu'ils reçoivent pendant l'Eucharistie se transforment substantivement et non symboliquement en la chair et le sang du Christ. Un musulman peut croire que le port du voile est une obligation imposée par Allah et non un symbole de la différenciation des deux sexes. Avec tout le respect dû aux croyances religieuses, notre approche se veut analytique et non confessionnelle.

Robert Olorenshaw
Nanon Gardin

les auteurs

Nanon Gardin, traductrice et iconographe, est l'auteur du *Guide iconographique de la peinture* (Larousse, 2005).

Robert Olorenshaw, docteur en sémiologie et sociologie, est l'auteur de plusieurs livres sur le langage et la grammaire.

Jean Gardin, professeur agrégé et docteur en géographie, enseignant à l'université de Paris X-Nanterre.

Olivier Klein, cinéaste, est également l'auteur de plusieurs nouvelles et scénarios.

Répartition des thèmes

Nanon Gardin a écrit les articles des thèmes suivants : animaux, personnages mythologiques, créatures fantastiques, aliments, temps.

Robert Olorenshaw : plantes, vêtements, forme, structure et position, corps humain.

Jean Gardin : objets, lieux géographiques, architecture.

Olivier Klein : éléments et matériaux, couleurs, rapports entre humains, arts et métiers, nombres, rites et religion, vie intellectuelle.

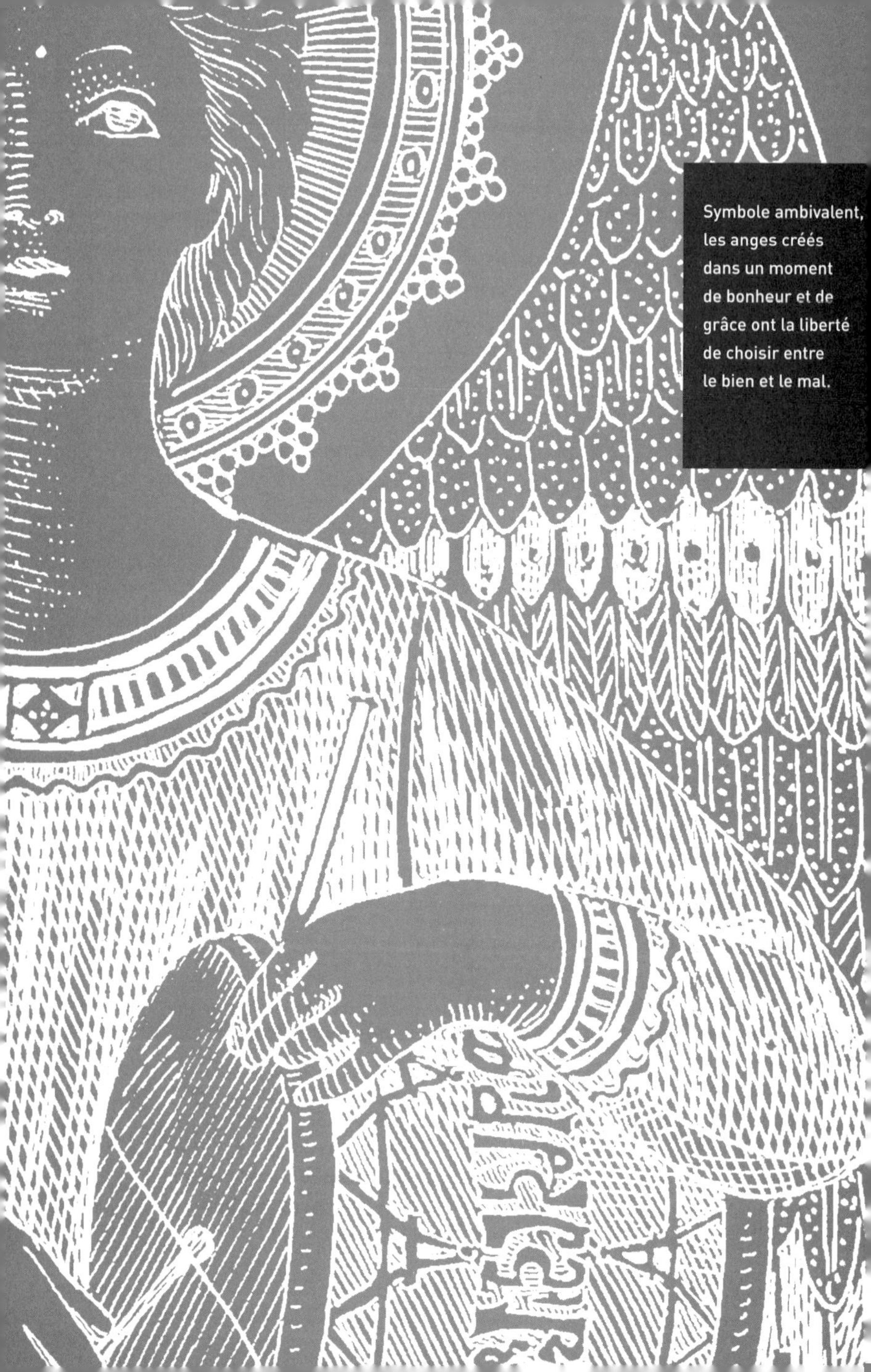

Symbole ambivalent, les anges créés dans un moment de bonheur et de grâce ont la liberté de choisir entre le bien et le mal.

A

abeille

L'abeille, modeste insecte, est remarquable par plusieurs qualités positives dont elle est le symbole : laborieuse, elle organise une société modèle, fondée sur le travail, et, généreuse, donne aux hommes son miel délicieux.

L'abeille d'Athènes

Symbole de la royauté en Égypte, elle serait née des larmes du dieu-soleil Ré. En Grèce, le miel aurait été « inventé » par Dionysos (qui élabore aussi le mode de construction des ruches) au même titre que le vin. Le miel est l'une des composantes de la nourriture des dieux, l'ambroisie, et les paroles de miel des orateurs valaient le titre d'« abeille d'Athènes » au vainqueur des concours d'éloquence. Les prêtresses d'Éleusis, servantes de Déméter, étaient assimilées à des abeilles, et les mystes (futurs initiés) recevaient du miel sur les mains et la langue au cours d'un rituel de purification. Pourtant, la piqûre de l'abeille est fort douloureuse. Les Grecs y assimilent la piqûre de l'amour, infligée par les flèches d'Éros, comme le raconte un joli poème anacréontique, *l'Amour piqué par une abeille.*

Un symbole chrétien

Dans le monde chrétien, l'abeille symbolise à la fois la douceur et la miséricorde (le miel), ainsi que les souffrances (la piqûre) du Christ. Au Moyen Âge, la communauté monastique sera comparée à la ruche, modèle d'ordre, de propreté et d'obéissance à la règle. La ruche est un attribut de saint Bernard de Clairvaux. En outre, l'abeille est un symbole de chasteté, car on pensait qu'elle se reproduisait par parthénogenèse.

Un emblème politique

Louis XII (1498-1515) prit pour devise personnelle l'abeille. Se comparant au « roi des abeilles », roi unique pourvu d'un aiguillon stérile, il voulait donner l'image d'un monarque absolu et pacifique.

Napoléon Ier, afin de remplacer la fleur de lis, utilisa l'abeille comme emblème décoratif, et en fit orner les tentures de bâtiments publics et les drapeaux. L'Empereur exploita ainsi les valeurs d'ordre et de travail de l'insecte, tout en rattachant également son règne à celui de Childéric, père de Clovis, dont le tombeau, découvert en 1653, livra de nombreuses abeilles d'or rehaussées de grenat. Il est en fait fort probable que l'on confondît les abeilles avec des cigales, symboles de l'immortalité de l'âme qui ornaient fréquemment les monuments funéraires.

Voir **aigle, ambroisie, cigale, lis, miel**

Abel voir Caïn

abîme

L'abîme est un gouffre naturel d'une profondeur insondable, qui symbolise le vertige de l'homme face au vide, c'est-à-dire face à la déraison fondamentale de son existence.

Le vertige en art, c'est la « mise en abyme », qui s'exprime par un jeu de miroirs où une œuvre est citée et emboîtée à l'intérieur d'une autre de même nature (récit à l'intérieur d'un récit, tableau à l'intérieur d'un tableau, film à l'intérieur d'un film, petite image intégrée dans une grande...). Sa représentation la plus populaire est sans doute celle qui illustre la boîte du fromage « La vache qui rit » : un bovin souriant figurant une « vache qui rit » qui porte des boucles d'oreilles représentant une vache qui rit... Dans les religions monothéistes, l'abîme peut être ramené à Dieu : c'est exactement en cet espace fondamentalement déraisonnable que le croyant situe l'existence d'une transcendance divine fondamentale. L'abîme représente aussi un lieu qui n'a pas de limites définies. Dans l'iconographie chrétienne, l'abîme est le séjour des morts, symbolisé parfois par une tête d'homme hideuse, de mine féroce, sortant du sommet d'un cône figurant le monde. Et l'abîme est aussi ce précipice sans fond symbolisant le désespoir, la catastrophe, la chute inexorable.

ablution

Prologue à la prière, l'ablution symbolise la purification intérieure et extérieure du croyant par l'eau, et la bénédiction divine qui tombe sur lui.

Un symbole de purification

Dans la mentalité antique, le sacré et l'impur portent en eux une force mystérieuse qui agit par contact et met en état d'interdit. Ils sont l'un et l'autre « intouchables », et ceux qu'ils atteignent deviennent aussi « intouchables ». Cette conception de la religion primitive se retrouve sous des formes plus ou moins évoluées, dans les religions anciennes et modernes. L'ablution a donc d'abord pour but de mettre le sujet ou l'objet dans un état de pureté rituelle qui rende possible le contact avec le sacré. Après toute souillure, après avoir touché un animal impur ou un mort, les Hébreux se purifiaient à l'eau. Au temple, les sacrificateurs devaient se laver les mains et les pieds dans la cuve d'airain afin d'être propres pour le service du sanctuaire. Enfin, la tradition cultuelle juive comportait des ablutions de purification au cours des repas, effectuées par le croyant lui-même, comme cela se pratique aujourd'hui encore dans l'islam : avant la prière, le croyant se purifie symboliquement en se lavant trois fois les extrémités.

Mais l'ablution doit aussi effacer la contagion du sacré pour rendre possible le retour à une vie profane. Ainsi dans la Bible, le grand prêtre, avant d'officier, doit faire une ablution, mais, une fois ses fonctions accomplies, il est tenu de changer ses vêtements et de se baigner pour pouvoir reprendre contact avec le peuple.

Faute d'eau, ou si le lavage peut provoquer une maladie, le croyant pose les mains sur le sable ou toute matière issue de la terre, comme une pierre, puis se les passe sur le visage et les mains.

En signe de soumission à Dieu

C'est la matière en mouvement qui symbolise la régénération : les impuretés partent avec l'eau ou le sable qui coulent. Le rite n'a aucune efficacité magique : dans les trois religions, l'ablution est la forme visible d'une attitude de cœur soumise à Dieu. Ainsi est-ce en signe d'amour et pour leur montrer la voie d'une autorité exercée avec humanisme que Jésus lave les pieds de ses disciples au cours de la dernière cène. La purification est intérieure, comme le dit Voltaire : « En lavant son corps, on crut laver son âme. » De même, Jésus critique les pharisiens en les déclarant propres à l'extérieur, mais impurs à l'intérieur, leur intimant de se purifier en commençant par l'intérieur de leur corps.

Le christianisme a conservé de ce symbolisme de l'eau purificatrice l'aspersion d'eau bénite et dans un sens plus élevé le baptême, qui n'est pas un simple rite de purification mais un renouvellement de la créature qui le reçoit.

À l'eau qui lave les péchés du monde, l'empereur Julien dit l'Apostat répond en faisant dire au fils de Constantin : « Quiconque se sent coupable de viol, de meurtre, de rapine, de sacrilège, et de tous les crimes les plus abominables, sera net et pur, dès que je l'aurai lavé avec cette eau. »

Voir **baptême, eau, purification**

abracadabra

Mot réputé magique, utilisé dans la fabrication des talismans et, en particulier, pour éloigner les maladies. Les lettres de ce mot sont souvent écrites en triangle, où il est possible de les lire en divers sens.

Formule de magie empruntée à l'hébreu *arba dak arba,* qui signifierait : « Le Tout-Puissant anéantit les quatre éléments », « abracadabra » apparaît en 1560 chez le chirurgien Ambroise Paré, qui remarque « ce beau mot abracadabra, pour guérir de la fièvre ». Dans son *Livre des médecines* écrit en vers, le Romain du IIIe siècle Quintus Serenus Samnonicus donne sa recette de talisman à porter en médaillon. Il y dispose le mot en pyramide inversée, le triangle magique des théosophes païens :

A B R A C A D A B R A
A B R A C A D A B R
A B R A C A D A B
A B R A C A D A
A B R A C A D
A B R A C A
A B R A C
A B R A
A B R
A B
A

Selon lui, les fièvres et l'hémitritée peuvent être combattues par cette amulette, cette *abraxa*. La force d'un talisman, c'est le mot qui y figure : les plus fréquents sont « agla » et « abracadabra ». Pour certains, « abracadabra » symboliserait le Père, le Fils et le Saint-Esprit, en reprenant les premières lettres de ces mots en hébreu (*ABba, Ben, RAuch, ACADosh*). Pour d'autres, il s'agit d'une phrase complète : *« Abreg ad hâbra »,* signifiant : « Foudroie à mort. » En hébreu, il se compose de neuf lettres. La disposition de l'aleph sur la ligne gauche du triangle joue un rôle magique par sa présence neuf fois répétée. Ce mot magique symbolise la puissance de la foudre, en donnant force à la parole, assez pour éblouir une assemblée.

Voir **foudre, neuf, pyramide, triangle, Trinité**

absinthe

Variété d'armoise, et l'une des plus amères des plantes comestibles, l'absinthe est associée au ressentiment. Au XIXe siècle, la liqueur extraite de la plante en vient à symboliser le mode de vie bohème des poètes « maudits ».

Il existe de nombreuses références bibliques à cette plante, tels ces vers du troisième chapitre de Jérémie : « Je suis pour tout mon peuple un objet de raillerie. Chaque jour l'objet de leurs chansons. Il m'a rassasié d'amertume. Il m'a enivré d'absinthe. »

Les Égyptiens utilisaient la plante comme vermifuge et c'est probablement cet emploi qui explique une légende chrétienne selon laquelle l'absinthe (ou l'armoise) aurait surgi de la terre sur les traces du serpent, lorsque celui-ci eut quitté le jardin d'Eden, pour empêcher son retour.

Au XIXe siècle, Baudelaire, Verlaine et Rimbaud font de l'absinthe une consommation sans modération. Dans *l'Assommoir,* Émile Zola fait de saisissantes descriptions des dégâts provoqués par la boisson toxique. Mais d'autres écrivains, comme Raoul Ponchon, en font un éloge dithyrambique : « Absinthe, ô ma liqueur alerte / Il me semble quand je te bois / Boire l'âme des jeunes bois / Pendant la belle saison verte. »

abstinence

Action de s'interdire certains aliments et certains plaisirs en particulier les plaisirs sexuels. L'abstinence rend plus humble et rapproche du divin celui qui s'y astreint.

Un symbole d'humilité

L'abstinence des chrétiens symbolise les souffrances des Hébreux : de même que le peuple de Moïse vécut quarante ans dans le désert avant d'atteindre la Terre promise, le peuple chrétien s'impose une épreuve de quarante jours, un carême, vivant de peu comme l'oiseau de Baruch qui ne se nourrissait que de manne. Outre cette privation temporaire de viande et de laitages, les privations extrêmes du clergé expriment la victoire de la pensée sur le corps. « Domptez votre chair par les jeûnes et l'abstinence du boire et du manger, autant que votre santé le permet », écrit saint Augustin, ajoutant : « Votre corps ne doit pas seul prendre sa nourriture, votre esprit doit aussi avoir faim de la parole de Dieu. »

Chez les musulmans, le ramadan symbolise la vertu d'obéissance et l'humilité : face à Dieu, l'homme se remet à sa place d'humble adorateur. Il en va de même dans le judaïsme, où l'abstinence le jour de Yom Kippour répond au commandement biblique de l'humiliation de soi et de l'expiation pour implorer le pardon divin.

Un symbole de pureté

Inversement, les premiers chrétiens, les Nazaréens, voyaient les privations comme un moyen de se rapprocher de Jésus lui-même : en faisant vœu de chasteté, en se privant de liqueurs et en conservant leur chevelure, ils aspiraient à la pureté parfaite, se préparant à la vie nouvelle annoncée par le Messie parvenu au-delà de la mort et de la souffrance. Ainsi l'abstinence du Vendredi saint commémore le jour de la crucifixion du Christ et symbolise l'après ; rappelant les deux événements fondateurs du peuple hébreu, la sortie d'Égypte et l'entrée en Terre promise, les chrétiens y voient une projection vers un avenir festif, par le biais d'une démarche de repentance pour leurs péchés : l'abstinence symbolise le paradis céleste, la prodigalité étant le fruit défendu du paradis terrestre. On s'abstient alors de tout contact entre les sexes, ainsi que le prescrivent ces règles de l'Église du VIe siècle imposant plus de cent cinquante jours de chasteté par an, pour ne laisser aux époux et aux seuls époux que deux cents jours où il leur fût « loisible de s'unir ».

Dans le judaïsme aussi, l'abstinence représente la pureté : les prescriptions du Talmud interdisent les rapports sexuels pendant la période menstruelle, à laquelle s'ajoutent sept jours purs.

Pendant la période de carême (du mercredi des Cendres jusqu'à Pâques), les chrétiens sont invités à manger du poisson : il convient aux jours d'abstinence, car sa nature froide permet d'éviter l'échauffement du sang et les « excès de la luxure ».

Voir **manne, poisson**

acacia

En Occident, c'est un symbole à fortes connotations religieuses. Selon la tradition en effet, la couronne que portait le Christ était composée d'épines d'acacia.

Dans l'Ancien Testament, le Tabernacle fut construit avec du bois de *shittah*, une espèce d'acacia. Une branche de l'arbre aurait été déposée sur la tombe de l'architecte de Salomon, Hiram, assassiné par ses ouvriers parce qu'il avait refusé de leur révéler les secrets de son art. En souvenir de cette histoire biblique, les franc-maçons utilisent une branche d'acacia comme symbole d'initiation.

Voir **franc-maçonnerie, Hiram, tabernacle**

acanthe

En raison de ses épines, qui s'ajoutent à la croissance vigoureuse de ses feuilles, l'acanthe représentait pour les Grecs et les Romains une image de la maîtrise et du dépassement des vicissitudes de la vie.

Grâce aux arts décoratifs, les feuilles d'acanthe seront promises à une très longue vie. Elles sont omniprésentes dans l'architecture grecque, où elles ornent les chapiteaux des colonnes de l'ordre corinthien. Les Romains prendront vite la relève et après eux les architectes des édifices chrétiens. Mais, si l'ordre corinthien couvre l'Europe tout entière de feuilles d'acanthe, les motifs évolueront. Feuilles qui se chevauchent, en rinceaux, pour les Romains, plutôt sous forme de palmette pour les Byzantins, entrelacs foisonnant de vitalité pour les bâtisseurs des cathédrales gothiques. À l'époque baroque, les feuilles d'acanthe envahissent les grilles, la marqueterie, les tissus et les stucs. C'est seulement quand les goûts s'orientent davantage vers des formes plus strictes et rigides que les feuilles se flétrissent. C'est le cas aujourd'hui, mais, comme l'antique symbolisme le suggère, les feuilles d'acanthe sauront certainement triompher d'une mode passagère.

Voir **colonne**

Achille

Achille, modèle absolu du courage, est, dans *l'Iliade* d'Homère, le plus grand des guerriers grecs.

Pour le rendre immortel, Thétis, sa mère, le plonge dans les eaux du Styx, le tenant par le talon, qui restera le seul point vulnérable de son corps.

L'amitié de Patrocle et d'Achille, tous deux élevés par le centaure Chiron, est proverbiale. En dehors de ses hauts faits guerriers, l'aventure la plus célèbre dont Achille est le héros est sa rivalité avec Agamemnon au sujet d'une captive dont il est amoureux, Briséis. C'est au cours de cet épisode que le héros, furieux, se retire sous sa tente et refuse de combattre. Après la mort de son ami Patrocle, Achille reprend le combat et tue Hector, le plus grand des héros troyens, avant d'être lui-même blessé mortellement par Pâris, d'une flèche qui lui transperce le talon.

Voir **héros**

Adam

Adam, l'homme primordial, créé par Dieu à son image, représente l'homme premier, l'image de Dieu et la faute originelle.

Le premier homme

Adamah, en hébreu, signifie « la terre ». Dieu, en ayant terminé avec la création de la terre, des astres, et des plantes du jardin d'Éden, pétrit une boule d'argile pour en faire le premier homme. Cette terre provenait des quatre coins du monde, faisant du premier homme la synthèse, et donc le symbole de la création elle-même. Adam nous renvoie à notre condition terrestre, à cette boule d'argile initiale. En même temps, il est le symbole de la création achevée, le clou, le summum de la création. Aussitôt après avoir animé Adam de son souffle, Dieu crée les bêtes des champs et les oiseaux du ciel et les amène à Adam pour qu'il les nomme, lui donnant par là un premier pouvoir sur le monde créé.

À l'image de Dieu

Adam est créé à l'image de Dieu, mais il n'est pas l'égal de Dieu. Différence voulue par Dieu qui lui laisse la charge de créer son propre code moral. Il est l'homme premier de la chrétienté, comme il y en a dans la plupart des autres civilisations : Gayomart chez les Perses, Yama en Inde ou Pan-gu chez les Chinois. Malgré Dieu qui lui indique la voie à suivre, comme l'a illustré Michel-Ange sur la fresque de la chapelle Sixtine, Adam désire très vite égaler Dieu en goûtant, poussé par Ève, au fruit défendu de l'arbre de la connaissance. La malédiction divine est terrible, car Adam a trahi la confiance que Dieu avait mise en lui. Ce péché originel est la cause de sa chute et entraîne sa punition : l'homme est voué à travailler la terre, à y retourner en mourant (« Tu es poussière et tu retourneras à la poussière »), et la femme à enfanter dans la douleur. Il devient alors symbole de toute la souffrance humaine et de la mort, dans laquelle il a conduit l'humanité.

Si Adam est l'homme et donc la vie terrestre, le Christ, « second Adam », marque le renouvellement de l'humanité et l'espoir du Paradis. Saint Paul rappelle, dans une Épître aux Romains, que le premier homme, issu du sol, est terrestre, quand le second (le Christ), lui, vient du ciel.

Voir **boue, Ève, homme, jardin, Lilith, nudité, pomme, poussière, serpent**

Adonis

Adonis, symbole de la beauté masculine, est le dieu du renouveau de la végétation.

Né d'un arbre

Après qu'Adonis a été tué à la chasse par un sanglier, Ashtart, son amante, descend aux Enfers pour l'arracher à la mort. Son histoire se retrouve dans le mythe babylonien de Tammouz, dans celui d'Osiris, celui du Hittite Telibinou et celui du Baal d'Ougarit.

L'amant de la jeunesse et de la fertilité

Il est le fils incestueux de Myrrha qui, sous l'influence d'Aphrodite, avait conçu un amour immodéré pour son père et avait été, par châtiment ou par pitié, transformée en arbre à myrrhe. Dix mois plus tard, l'écorce se fend et Adonis naît du végétal, pour y revenir, transformé en anémone, après sa mort. Deux déesses, Aphrodite et Perséphone, vont s'éprendre du beau jeune homme. Selon l'arbitrage de Zeus, le jeune homme devra alors passer un tiers de son temps avec l'une, un tiers avec l'autre et un tiers où il voudra. Mais Adonis passe les deux tiers de son temps avec Aphrodite. Le symbole se devine sans difficulté : le tiers de l'année sous terre avec Perséphone représente le sommeil de la végétation, et le reste du temps, le réveil de la nature dans les bras de la déesse de la jeunesse et de la fertilité. L'historien Pierre Grimal évoque à ce propos une fête célébrée chaque printemps en Syrie dans l'Antiquité : « [Les femmes] plantaient dans des vases des graines qu'elles arrosaient d'eau chaude pour les faire pousser très vite. On appelait ces plantations des "jardins d'Adonis". Les plantes ainsi forcées mouraient bientôt après leur sortie de terre, symbolisant le sort d'Adonis. Et les femmes poussaient des lamentations rituelles sur le sort de l'amant d'Aphrodite. »

Voir **anémone, Perséphone**

aérolithe voir comète

agneau (mouton, brebis)

Faiblesse, douceur et candeur font de l'agneau la victime-née. Il est, de ce fait, celui que l'on se doit de protéger du danger : le Bon Pasteur ramène dans le troupeau la brebis égarée.

L'agneau du sacrifice

L'agneau est depuis l'Antiquité l'animal le plus souvent choisi pour les sacrifices. Dans la Genèse, le premier animal sacrifié à Dieu par Abel est un agneau, sacrifice qui sera accepté, tandis que celui de Caïn (qui lui offre les fruits de la terre cultivée par ses soins) sera refusé. Dans le livre de l'Exode, les Juifs reçoivent de Dieu l'ordre d'égorger un agneau sans tache et de badigeonner les montants de leur porte et le seuil de leur maison de son sang pour protéger leur premier-né lorsque la peste sévit en Égypte. C'est là l'origine du sacrifice de l'agneau pascal. Dans la mythologie, Hermès criophore (qui porte une brebis) est le bon pasteur, le passeur d'âmes, intermédiaire entre la divinité et les âmes. Dans la Bible, l'image du bon berger apparaît au

Psaume XXIII : « Le Seigneur est mon berger, sur des prés d'herbe fraîche il me fait reposer. »

Un symbole du Christ

C'est surtout comme symbole du Christ que l'agneau est entendu dans la religion chrétienne, notamment dans son acception de victime sacrificielle. Jean-Baptiste désigne le Christ comme l'agneau de Dieu, celui qui guérit les péchés du monde. L'image du Christ portant une brebis sur ses épaules apparaît déjà dans les Catacombes. Lors du repas de la fête de Pâques, manger de l'agneau est fréquent, cette tradition remontant sans doute à d'anciens rites agraires où l'on sacrifiait au début du printemps, un agneau, symbole de renouveau, de fécondité et de prospérité.

L'agneau mystique de Jan Van Eyck, debout sur un autel et dont le sang coule dans un calice, évoque le sacrifice de Jésus pour la rédemption des hommes. Les religieuses peignaient jadis de petits médaillons de cire vierge appelés « agnus dei » représentant un agneau pascal couché sur le livre de l'Apocalypse, tenant la croix et l'étendard de la Résurrection. Trempés dans l'eau bénite, ces médaillons sont censés attirer la protection divine sur ceux qui en font un pieux usage. On retrouve l'agneau dans ce même rôle dans bon nombre de représentations de l'Adoration des Bergers et de la Vierge à l'Enfant.

Le doux agneau

L'image de l'agneau symbolise l'absence de combativité. Sa faiblesse et sa naïveté ont été largement exploitées par les fabulistes (*cf. le Loup et l'Agneau*). Le poète André Chénier reprendra cette image pour évoquer les massacres de la

Révolution : « Quand au mouton bêlant la sombre boucherie / Ouvre ses cavernes de mort. / Pâtre, chiens et moutons, toute la bergerie / Ne s'informe plus de son sort. »
Enfin, depuis l'histoire des moutons de Panurge, racontée par Rabelais, le mouton véhicule également l'idée de suivisme, comme le suggèrent les expressions : « une brebis bêlante », « doux comme un agneau », « comme un agneau que l'on mène à l'abattoir », ou « un comportement moutonnier ».

Voir **bélier, berger, blanc, Caïn, sang, sacrifice**

aigle

L'aigle, roi des airs, le plus majestueux des volatiles, est le pendant aérien du lion. Comme ce dernier, la symbolique l'a doté d'un grand nombre de vertus et de défauts. L'aigle est souverain, puissant, rapide, mais il est aussi cruel et imprévisible.

Un oiseau divin

Dans la mythologie, il est à la fois attribut et alter ego de Zeus, dont il partage les vertus et les vices. Roi des oiseaux, il est symbole de force, de puissance et de hauteur. C'est sous la forme d'un aigle que Zeus enlève Ganymède, et c'est un aigle que le maître de l'Olympe envoie chaque jour ronger le foie de Prométhée, après que celui-ci a dérobé le feu aux dieux pour le donner aux hommes. Symbole d'élévation spirituelle, l'aigle, qui peut regarder en face le divin comme le soleil, est l'une des créatures de la vision d'Ézéchiel, et il deviendra à ce titre l'attribut de l'évangéliste Jean. Si, au Moyen Âge, la figure de l'aigle personnifie la rapacité, la cruauté, le mal, l'aigle solitaire dans son aire représente aussi le moine ou l'ermite en méditation, qui ne quitte son ermitage que pour subvenir à ses besoins matériels.

Un symbole politique

Puissant et dominateur, l'aigle devient naturellement symbole de victoire, et nombreux sont les rois et les royaumes qui l'adopteront pour emblème. Un aigle d'or servait, selon l'historien Xénophon, d'enseigne à l'armée des Perses. Et c'est un aigle qui aurait suivi Énée dans son voyage vers le Latium. L'aigle devient ensuite l'emblème de la milice, puis sous le consulat de Marius, au Ier siècle av. J.-C., des légions romaines, puis il incarne l'Empire romain, avant d'acquérir une deuxième tête indiquant la double orientation de l'Empire vers l'est et vers l'ouest. C'est seulement au IVe siècle que l'empereur Constantin remplacera l'aigle romaine par la croix. Les empereurs germaniques, se voulant héritiers de Rome, placèrent l'aigle dans leurs armoiries, que l'on retrouve en Prusse, en Russie, en Pologne.
En France, l'aigle est choisi par Napoléon Ier (qu'il préfère au coq) pour être représenté dans ses armes. On le trouve de 1804 à 1815 sur les monuments, les drapeaux et les pièces d'uniformes. Il figure, doré pour l'armée, argenté pour la garde nationale, sur la hampe des drapeaux et des étendards impériaux auxquels il donne son nom. Le *grand aigle* était la dignité la plus

haute de la Légion d'honneur jusqu'en 1814. Napoléon III reprend l'aigle comme emblème.

Dans l'héraldique, une aigle est la figure représentant un aigle ; les aiglettes sont de petites aigles figurant en nombre sur un blason.

Voir **colombe, coq, Zeus**

aiguille

Symbole des travaux fins et délicats, l'aiguille est au centre d'une des paraboles les plus connues du Nouveau Testament.

« *Il est plus facile à un chameau de passer par le chas d'une aiguille qu'à un riche d'entrer dans le royaume de Dieu* » (Marc, XX, 23-25). Cette prophétie signifie qu'un homme riche qui suit tous les commandements à la lettre et qui désire la vie éternelle, mais refuse de distribuer ses biens aux pauvres pour suivre le Christ risque la damnation. Par extension, cette expression signifie vouloir réaliser quelque chose d'impossible.

ail

Que ce soit en Europe, en Afrique ou en Asie, c'est depuis la nuit des temps que l'ail est chargé de pouvoirs magiques et notamment celui de repousser le mal, qui peut prendre la forme du mauvais œil, d'une malédiction, d'un serpent ou d'un vampire.

Une liliacée magique...

Les Égyptiens croyaient qu'un fantôme tuait les enfants endormis en aspirant leur haleine. Une gerbe d'ail attachée au lit prévenait contre les attaques de cette créature malfaisante.

En Europe, la première référence à cette liliacée magique et malodorante se trouve chez Homère, qui nous raconte dans l'*Odyssée* comment la magicienne Circé transforme les marins grecs, arrivés sur son île, en pourceaux. Seul Ulysse, héros de l'épopée, parvient à échapper au sort de ses hommes grâce aux conseils d'Hermès et aux pouvoirs de l'ail jaune.

Les Grecs avaient aussi l'habitude de poser des gerbes d'ail aux carrefours, lieux dangereux à la croisée des chemins, pour se prémunir contre les pouvoirs d'Hécate, habitante des enfers et déesse lunaire de la nuit, de l'obscurité et des malédictions.

Les Romains guérissaient des morsures venimeuses par l'ail et croyaient que la plante éloignait les serpents. Pour empêcher un serpent de sortir de son trou, une petite gousse d'ail à l'entrée suffisait.

... indispensable pour lutter contre les vampires...

Grâce au célèbre roman de Bram Stoker, *Dracula,* nous associons l'ail à la lutte contre le vampirisme. Mais Stoker n'invente rien quant aux croyances populaires. En Transylvanie, les paysans enduisaient d'ail les fenêtres et les portes de leur maison, voire les cornes de leur bétail, pour chasser les *Strigoi* ou *vampires.* Si l'on était persuadé qu'un défunt courait le risque de se transformer en vampire, on mettait de l'ail dans tous ses orifices, pratique qui empêchait en même temps l'âme de revenir habiter le corps. D'autres peuples balkaniques, comme les Serbes, croyaient que la nuit du Mardi gras était particulièrement menaçante et dangereuse. Ils dormaient donc avec des têtes d'ail sous l'oreiller.

Ce n'est pas seulement le bulbe et la gousse de la plante qui repoussent le mal. Dans *Dracula,* le professeur Van Helsing s'efforce de protéger Miss Lucy des avances sanguinaires du comte Dracula en mettant des fleurs d'ail dans sa chambre et autour de son cou. Encore une fois, Bram Stoker ne se trompait pas, car en Transylvanie ce sont les tiges et les fleurs de la plante qu'utilisent les habitants d'origine hongroise pour se défendre contre les vampires.

... et contre le mauvais œil

Les pouvoirs magiques de l'ail sont loin d'avoir disparu de nos contrées. Dans certaines îles grecques, comme à Rhodes, on murmure le mot *skordo* (« ail » en grec) si l'on rencontre quelqu'un sur son chemin qui pourrait porter la guigne. Il faut ensuite cracher trois fois sur sa propre personne. Les paysans d'Europe centrale affirment qu'un bouquet d'ail tressé à la tête du lit éloigne les maladies : le remède serait aussi efficace qu'une croix. En Italie, on met de l'ail près des berceaux pour éloigner les sorcières et les démons.

Cependant, même l'emploi de l'ail n'est pas sans danger. En 1973, dans la ville anglaise de Stoke-on-Trent, on trouve le cadavre d'un homme d'origine polonaise. Les médecins légistes découvrent une tête d'ail dans sa gorge. Le pauvre était mort en s'étouffant; ses proches déclarèrent qu'il mettait régulièrement de l'ail dans sa bouche pour éloigner les vampires...

Voir **amulette, carrefour, œil**

ailes

Les ailes, qu'elles appartiennent aux oiseaux, aux anges ou aux génies, permettent de s'affranchir de la pesanteur et sont symbole d'inspiration, de liberté, d'intelligence. Le poète est porté sur les ailes de l'inspiration.

Dans la tradition chrétienne, les ailes se rattachent à l'âme et au Saint-Esprit. Le psalmiste aspire à avoir des ailes : « Oh, si j'avais des ailes comme une colombe, je m'envolerais et j'irais me poser... » Cependant, dans la mythologie, les hommes qui prétendent se rapprocher des dieux en s'élevant trop près du lieu de leur séjour, tels Icare ou Phaéton, retombent lourdement vers la terre.

Les anges n'acquièrent leurs ailes que vers le VIe siècle, sans doute à l'imitation d'Hermès, messager des dieux. Les créatures ailées sont tantôt angéliques et tantôt démoniaques. Le grand dieu perse Ahura Mazada est souvent représenté par une paire d'ailes éployées. Les génies protecteurs de Mésopotamie portent des ailes, ainsi que Psyché, qui signifie l'« âme » en grec. Mais les créatures malfaisantes, comme les Harpies, les Sirènes et le Sphinx, sont également ailées, pour se déplacer rapidement, sans bruit, et surprendre leurs victimes.

Dans le laboratoire de l'alchimiste, les ailes représentent un corps volatil, comme le mercure, ainsi que les rayons émis par le cosmos et que l'alchimiste doit apprendre à maîtriser.

Voir **âme, ange, ascension, colombe, génie, Harpies, Psyché, Sirène, Sphinx, verticalité**

aimant

Minéral qui attire naturellement le fer et quelques autres métaux, l'aimant symbolise les forces magiques de l'invisible.

On raconte qu'un vieux berger de Magnésie, province grecque d'Asie Mineure, vit les clous de ses souliers et la pointe en métal de sa houlette se fixer à un gros rocher noir sur lequel il se tenait: la magnétite, ou pierre d'aimant. Les membres de la secte gnostique des basilidiens gravaient aux premiers siècles de notre ère le nom de génies favorables sur des magnétites: des abraxas. Au Moyen Âge, on prête de grands pouvoirs à l'aimant: il consoliderait les unions, resserrerait les liens d'amitié, préserverait du tétanos, des maladies des yeux, chasserait les mauvais esprits et attirerait même les navires en fer pour les dissoudre.

Mais, surtout, il ferait se confesser les femmes adultères. Un homme veut-il savoir si sa femme est fidèle, il place l'aimant sous l'oreiller de celle-ci: si elle est honnête, elle l'embrassera; sinon, elle sortira rapidement du lit. Heureusement, en cas de dispute, l'aimant devient la pierre de réconciliation.

En symbolique hermétique, la magnétite représente l'attraction et sert de feu pour faire apparaître le soufre ou l'or, aimantant les métaux vils, qu'elle sépare des métaux philosophiques, tout comme, en alchimie, l'aimant des sages attire l'acier ou le mercure céleste.

Voir **abracadabra, alchimie**

air

Mélange gazeux qui forme l'atmosphère, et milieu de vie, l'air représente la vie. Impalpable et indispensable, il est le lien entre l'eau et le feu.

La base de toute vie

Prendre son souffle, c'est vivre ; rendre son dernier soupir, c'est rendre l'âme : ainsi, l'air est base de toute vie, et à ce titre l'un des quatre éléments qui, selon Platon et Aristote, forment l'ensemble de l'univers : le feu, l'air, l'eau et la terre.

Dans la symbolique des gnostiques, l'air est l'un des composants du pentagramme, le symbole des cinq éléments (lumière astrale, terre, eau, feu et air). L'air n'est rien, et il est tout-puissant : ainsi la Toison d'or est-elle gardée par un dragon à trois têtes, disent les hermétiques : la première est l'eau ; la deuxième, la terre ; et la troisième, l'air. Ces trois têtes doivent se réunir en une seule qui sera assez forte et puissante pour dévorer tous les autres dragons.

L'élément des dieux

Pour les Grecs de l'Antiquité, la terre est entourée d'une couche d'air, obscur et humide. Cette couche d'air est surplombée d'une autre couche, plus chaude et lumineuse, l'éther. En Grèce, l'air symbolise la déesse Héra (Junon), et l'éther, son époux Zeus (Jupiter). Athéna, fille de Zeus, entame sa carrière de déesse comme personnification de l'air pur, de l'orage, de l'éclair : considérée comme vierge, elle veille sur la chasteté des femmes. Mais le mal comme le bien flottent dans l'air : ainsi, dans la Bible, le Léviathan, monstre et symbole du paganisme, est-il appelé le prince du pouvoir de l'air, car il règne sur les phantasmes qui y apparaissent.

Promesses, paroles en l'air, qui n'ont aucun caractère sérieux, aucune valeur.

Voir **souffle**

airain

Alliage à base de cuivre, appelé aujourd'hui bronze, l'airain mythique mêle, symboliquement, la dureté et la solidité, le bien et le mal.

L'alliance du bien et du mal

Dans la mythologie gréco-latine, l'âge d'airain est symbolisé par une femme richement vêtue, portant un casque et s'appuyant sur un bouclier : c'est le troisième âge de la création, situé après le règne de Saturne. Cronos ayant quitté la terre, le libertinage et l'injustice commencent à envahir celle-ci : la propriété s'établit, entraînant le vol et la guerre. Ambivalent du fait de sa nature d'alliage, l'airain a donc un caractère de dualité : l'âge d'airain mêle le bien et le mal, mais ce dernier commence à s'imposer.

La Bible aussi fait référence à cette ambivalence, quand Zacharie parle des deux montagnes d'airain d'où sortent les quatre vents du ciel : la première symbolise la bénédiction, l'autre, la malédiction.

Dans les deux cas, l'airain représente aussi la solidité. Ainsi Jason doit-il atteler à une charrue des taureaux indomptables aux pieds d'airain, une image fréquente dans la mythologie grecque (ici, les pieds d'airain symbolisent la tendance dominatrice et la férocité). De même, dans l'Apocalypse, Jean voit un homme aux cheveux blancs et aux yeux de feu, « ses pieds pareils à de l'airain précieux purifié au creuset ». Quant à Héraclès, il attrape la biche aux cornes d'or et aux pieds d'airain, symbole de la Lune, après l'avoir poursuivie une année durant.

Un symbole de force et de justice

Dur et inébranlable comme la loi d'airain, l'alliage est utilisé par Moïse pour protéger son peuple : il place sur un étendard un serpent d'airain qui guérit les victimes du venin des serpents brûlants envoyés par Yahvé. L'Antiquité attribue plus généralement à l'étain le pouvoir de purifier des souillures. C'est le sens de la mer de fonte de Salomon, faite d'airain, qui symbolise ici la justice divine : celui qui la traverse est purifié. Le symbole sera repris en franc-maçonnerie : pour accéder à la seconde enceinte (le sanctuaire), le maître maçon doit symboliquement franchir la mer d'airain et s'y purifier.

Dans la Bible, se conformant aux injonctions divines faites à Moïse, Betsaleël construit d'airain l'autel des holocaustes, montrant symboliquement que le péché est une anomalie de la nature, comme ses conséquences, la souffrance et la mort, car ce métal ne se trouve pas dans la nature, mais est fait de main d'homme.

Loi d'airain des salaires, nom donné par le socialiste allemand Lassalle à une théorie du coût de la production qui réduit impitoyablement le salaire de l'ouvrier au strict minimum nécessaire à sa vie et à celle de sa famille.

Voir **alliage, métal**

alchimie

L'alchimie ou *ars regia* (l'« art royal »), *scientia dei* (la « science de Dieu »), est un art ésotérique, secret et initiatique qui vise à obtenir la transformation des métaux vils en or, et simultanément un système scientifique et philosophique permettant de découvrir les lois de l'univers. L'alchimie poursuit un double objectif : purifier et élever l'esprit de l'alchimiste et transmuter la matière.

À la recherche de la pierre philosophale

Cyliani, dans son *Hermès dévoilé* (XIXe siècle), débute sa préface par les mots suivants : « Le Ciel m'ayant permis de réussir à faire la pierre philosophale, après avoir passé trente-sept ans à sa recherche [...], j'ai juré à Dieu d'emporter dans la tombe ce secret [...] et préfère déplaire aux hommes qu'à l'Éternel. » Cette ambiance de secret, et l'ambiguïté de l'objectif alchimique, ont été la cause de sa condamnation par l'Église. Le Grand Œuvre consiste

en effet à atteindre la perfection et l'illumination sans le secours de Dieu. Ce qui nous intéresse ici est le langage symbolique utilisé par l'alchimie dans le déroulement de cette quête.
L'alchimiste est le sage qui, à travers les opérations consécutives de la transmutation, franchit les étapes tendant à la purification de son être tout entier. La calcination est l'« œuvre au noir » et représente l'extinction du désir ; à la noirceur succède l'apparition des couleurs de l'arc-en-ciel, l'« œuvre au blanc ». Puis les deux principes de la *materia prima* (« matière première ») réapparaissent sous la forme du soufre, ou Roi rouge, issu du mercure, soit le ventre de la Reine blanche. Tous deux s'unissent dans le feu. C'est l'« œuvre au rouge », qui aboutit à l'union de ces deux principes (l'union allégorique du Soleil et de la Lune dans le cadre des noces chimiques) et donne naissance à la pierre philosophale.

Le reflet de la vie

À la richesse symbolique de ces différentes étapes qui représentent le passage du chaos (du métal vil) à la lumière (l'or) s'ajoutent l'association à une planète, à une divinité, à un mythe, et

l'analogie avec la vie humaine. Au XIVe siècle, un alchimiste, Arnaud de Villeneuve, cite Morien : « La science de notre Magistère est comparable en tout à la procréation de l'homme. Premièrement, le coït. Secondement, la conception. Troisièmement, l'imbibition. Quatrièmement, la naissance. Cinquièmement, la nutrition ou alimentation. »
Toutes ces opérations se déroulent à l'intérieur de l'athanor, ou creuset, chauffé sur le feu, qui est lui-même un symbole majeur en alchimie. Par la magie de la transmutation, le feu transforme la matière en la consumant ; son essence, la fumée, en se dissolvant dans l'air, devient esprit.

Un est le tout

Les quatre éléments. Pour les alchimistes, l'air, la terre, le feu et l'eau, lorsqu'ils sont réunis, constituent la *materia prima,* une représentation des divers états de la matière, qui peut se transformer en un de ces quatre éléments. Car tous désignent la même chose, mais sous différents aspects. À ces éléments « principiants » s'ajoutent les éléments « principiés », ou « principes », qui en résultent.

Les trois principes sont le soufre, le mercure et le sel. Le soufre est un principe vivant, mâle et actif. Uni au mercure, principe passif, féminin et froid, il forme le « mercure animé » ou soufre philosophique. Il est obtenu de la matière première dans le premier étage de l'athanor. C'est le principe constructeur mâle, symbole de l'esprit. Le sel des philosophes est le résultat de l'union du soufre et du mercure, le troisième agent porteur de l'énergie universelle. L'opération consistant à séparer les composantes de la minière dans le premier étage de l'athanor est souvent représentée par un livre ouvert.

L'unité de la matière. L'unité de la matière est représentée par le symbole de l'ouroboros, le serpent qui se mord la queue, accompagné de la formule : « Un est le tout » : la matière, comme la vie spirituelle (l'ouroboros est alors appelé cercle herméneutique), sont en perpétuel devenir.

Les sept métaux. L'alchimie reconnaît sept métaux dont deux parfaits (l'or et l'argent, qui correspondent respectivement au Soleil et à la Lune) et cinq imparfaits, assimilés à des divinités : le cuivre (Vénus), le fer (Mars), l'étain (Jupiter), le plomb (Saturne) et le mercure (Mercure).

Les symboles de l'alchimie

Enfin, parmi les innombrables symboles utilisés en alchimie, nous nous bornerons ici à évoquer les principaux :

L'aigle. Lié à l'air et à la sublimation, l'aigle est au cœur de la définition de l'alchimie, puisque le magistère (maîtrise du Grand Œuvre) consiste à volatiliser le fixe pour fixer le volatile.

L'androgyne ou hermaphrodite, encore appelé *rebis,* rappelle le mythe de la naissance d'Éros, le désir qui meut l'univers. Il personnifie les deux éléments originels : le soufre (qui brûle) et le mercure (qui coule). Il est parfois coiffé de la couronne de la perfection et se tient debout sur un dragon à quatre têtes représentant les quatre éléments placés sous sa tutelle. L'hermaphrodite est l'ambivalence inconsciente, qui, après conjonctions et séparations, amène l'intégration, la réalisation intérieure, la conscience éclairée. On le représente parfois vêtu de noir, cette couleur évoquant l'œuvre au noir, première phase de la transmutation, et orné de rouge, pour évoquer l'œuvre au rouge.

L'antimoine. Fils naturel de Saturne, passionnément aimé de Vénus, symbolisé par Diane, déesse cruelle ou bienfaisante, il est la matière des sages, le loup gris des philosophes. L'antimoine correspond à l'avant-dernière étape du Grand Œuvre. Il est, pour Fulcanelli, « la matrice et la veine d'or et le séminaire de sa teinture » et symbolise l'approche de la perfection, la proximité de la réussite ou de l'échec, d'où l'analogie avec la couleur grise du loup.

Arbres. Le petit magistère (celui qui permet d'obtenir la pierre blanche pour changer les métaux en argent) peut être représenté par des arbres portant des lunes, et le grand magistère (qui permet d'obtenir la pierre rouge pour changer les métaux en or), par des arbres portant des soleils.

Le carré symbolise les quatre éléments.

La chambre est l'une des nombreuses images utilisées pour parler de l'œuf philosophique.

Le chêne creux représente l'athanor.

Le chien mâle symbolise le soufre et le cœur où circule le sang écarlate.

Le Christ est la pierre philosophale vivante.

Le corbeau, ou la tête de corbeau, associé à la première phase de la transmutation, la putréfaction, représente la couleur noire que prend d'abord la matière de l'œuvre quand elle est chauffée.

Diane. La Lune, symbole majeur de l'alchimie, renvoie à Diane, principe féminin, qui apparaît après passage de la matière noire dans les sept bains du lavage. Quand Diane sort de ses bains successifs, la pierre blanche est dite nue, image que l'on retrouve sur la porte alchimique de la villa Palombara à Rome : « L'azoth et le Feu en blanchissant Latone, paraîtra Diane sans vêtement. » Libérée du superflu, elle devient l'argent volatil.

L'échelle. L'élévation psychique est le véritable but de l'alchimie, et l'image de l'échelle est récurrente dans les représentations du Grand Œuvre nécessaire à l'obtention de la pierre philosophale. Elle figure en bonne place sur le frontispice du *Mutus Liber,* ou « livre muet », des alchimistes (1677).

L'épée. Désignée par la lettre H par analogie avec le glaive, le couteau, la hache, appliquée au « saignement » de la matière noire, au début de l'œuvre, elle représente le feu secret du sel.

Les fleurs sont associées aux couleurs du Grand Œuvre et aux substances qui apparaissent à la surface.

L'œuf philosophal. Emblème de la gestation et symbole du chaos primordial, l'œuf évoque la renaissance, le *regressus ad uterum* auquel on parvient par la mort et la résurrection. Pour les alchimistes, c'est le vase hermétiquement clos, l'alambic où se trouve la matière soumise à transmutation. L'œuf est associé aux quatre éléments cosmiques : la terre, l'air, l'eau et le feu. C'est de lui que naîtra le lapis, le poussin alchimique, symbole de la pierre philosophale. On l'appelle aussi vase hermétique ou vase alchimique. Dans le corps humain, il représente le plexus solaire et la tête, sièges de l'intelligence et de l'imagination.

Le Phénix est l'oiseau qui renaît de ses cendres. Il donne son nom au soufre philosophique lorsqu'il apparaît à la surface du compost.

La salamandre symbolise elle aussi le feu (salin) et la pierre philosophale.

Le Soleil, associé à la Lune, est le soufre alchimique préparé pour le Grand Œuvre. « Le Soleil est le père de tous les métaux et la Lune est leur mère, quoique la Lune reçoive sa lumière du Soleil. De ces deux planètes dépend le magistère tout entier » (Raymond Lulle de Majorque, *Clef universelle*).

alcool voir vin

alcyon

Les alcyons, oiseaux de Thétis, sont symbole de grâce, d'amour conjugal et de paix éphémère.

Dans la légende grecque, Alcyon et Ceyx sont un couple si heureux qu'ils se vantent de jouir d'un bonheur plus grand que celui de Zeus et d'Héra. Châtiés pour leur outrecuidance, ils sont transformés en oiseaux des mers, et leur nid, sur la rive, est constamment détruit par les flots. Zeus s'apitoie et apaise les flots deux fois par an, avant et après le solstice d'hiver, pour leur permettre de couver. André Chénier chante la douleur de l'alcyon soumis à la volonté divine : « Pleurez doux alcyons, ô vous oiseaux sacrés, / Oiseaux chers à Thétis, doux alcyons pleurez ! »

Voir **oiseau**

alliage

Combinaison d'un métal avec un ou plusieurs autres corps, l'alliage, qui vise à améliorer les propriétés de la matière naturelle, est un symbole divin.

Le premier sens des alliages dans le monde judéo-chrétien est celui du service de Dieu. Hiram fond des alliages métalliques pour la construction du Temple de Salomon, rapporte l'Ancien Testament, qui recense l'existence de sept métaux. Cette notion de connaissance des alliages comme trait d'union avec le divin vient d'Héphaïstos, dieu grec du feu, des forges et des volcans, forgeron du bouclier d'Achille, dont le revêtement offre une image parfaite du monde, mais surtout de Prométhée, enseignant la métallurgie aux hommes malgré l'interdiction de Zeus, qui le condamnera pour avoir trahi ce secret des dieux.

Si « la parole du Seigneur est sans alliage », comme le dit la Bible, les métaux, faits de la main de l'homme, sont artificiels et trompeurs. C'est l'origine même de l'alchimie, recherche de l'élaboration d'alliages dans le but d'obtenir de l'or à partir de métaux moins nobles, produisant ainsi l'or à bas titre, l'asèm ou l'électrum (alliage d'or et d'argent), associé à Jupiter jusqu'au VIe siècle. Née de simples faussaires, mutant au Moyen Âge en art ésotérique, l'alchimie sera lourdement condamnée par le clergé.

Voir **airain, alchimie, feu, forgeron, métal**

alliance voir anneau, arc-en-ciel, arche, baptême, cercle, circoncision

almandin

Pierre rouge sombre, violacée, cette variété de grenat est symbole de la vie, couleur de feu ardent, de sang.

Les anciens Hébreux nommaient le grenat « *barak* », ce qui signifie « éclairer ». Quatrième pierre du pectoral du souverain sacrificateur, il représente aussi l'une des douze tribus d'Israël. Une légende raconte que Noé suspendit un grenat dans l'Arche pour diffuser de la lumière et retenir l'énergie du soleil. Ce sens est repris dans la légende du Graal, qui contient la Pierre rouge, la divine Escarboucle, envisagée ici comme symbole de l'esprit, du feu corporifié, et de l'invulnérabilité : telle escarboucle, note le poète Jean de La Taille, « persévère dans le feu cinq jours sans dommage ».

Pline appelait le grenat almandin « charbon ardent » *(carbunculus)*, la couleur de celui-ci rappelant les charbons incandescents. Connu au Moyen Age sous le nom d'escarboucle, l'almandin était utilisé comme talisman contre les poisons. Il symbolisait la loyauté, la constance et la sincérité des sentiments. Les épouses et les fiancées offraient un grenat aux croisés partant pour la guerre sainte, en lui prêtant le pouvoir d'abattre les obstacles et de rendre invulnérables ceux qui le portaient.

L'almandin est surtout le centre du paradis terrestre : au milieu d'un parc en forme d'un cercle parfait se trouve la fontaine de vie. Et au fond de celle-ci est placée une escarboucle extraordinaire : la pierre philosophale.

Voir **feu, Graal, rouge, rubis, sang,**

alouette

Médiatrice entre ciel et terre, l'alouette évoque la ferveur, la liberté et la joie.

L'alouette est en Gaule un oiseau sacré. Son vol particulier, qui la fait s'élever à la verticale avant le lever du soleil et retomber brusquement vers la terre, est si rapide qu'on ne peut que l'apercevoir. Elle est l'image pure, presque abstraite, de l'élévation. Bachelard commente cet aspect de la symbolique de l'alouette : « Un jet de sublimation... une verticale de chant... une onde de joie. Seule la partie vibrante de notre être peut connaître l'alouette. » Matinale, l'alouette est aussi l'oiseau du paysan, de celui qui se lève tôt.
La chanson québécoise *Alouette, gentille alouette, Alouette, je te plumerai* qui a pour origine la perte du Canada par la France, est devenue une sorte de chant national au Canada.

alpha et oméga

Première et dernière lettres de l'alphabet grec, l'alpha et l'oméga signifient le début et la fin de quelque chose, mais aussi l'infinité et l'omniscience divines.

Un symbole d'éternité et d'immortalité de Dieu

Saint Jean dit dans son Apocalypse que Dieu est *l'alpha et l'oméga* de toutes choses.
Ce symbole fait ainsi référence à l'éternité et à l'immortalité de Dieu et de Jésus, un symbole repris par d'autres formules comme « Il est, il était, il vient ». Ces deux lettres, souvent gravées par les premiers chrétiens sur des lampes à huile, symbolisent l'omniprésence et l'omnipotence de Dieu : « Je suis l'alpha et l'oméga, le premier et le dernier, le principe et la fin. » (Apocalypse de Jean,XXII, 13).

L'universalité

Tantôt écrites séparément et tantôt entrelacées ou composées avec les lettres grecques X et P (= Christ), ou encore avec la croix, les lettres alpha (α) et oméga (Ω) sont notamment dessinées de part et d'autre de la croix sur le cierge que les chrétiens allument pour la nuit de Pâques, où elles sont associées au millésime de l'année, et à cinq grains d'encens enfoncés dans la cire. En effet, si ce symbole est chrétien, quoiqu'il n'apparaisse pas dans l'Ancien Testament, il renvoie au judaïsme rabbinique, pour lequel la formule de la Shekina (*aleph taw*, première et dernière lettres de l'alphabet hébraïque) décrit la présence divine. En outre, dans l'Ancien Testament,(Livre d'Esaï) Dieu dit déjà : « Je suis le premier et le dernier. »

De même, dans les papyrus magiques grecs, une formule similaire (« a-é-è-i-o-y-ô », un résumé de l'alphabet) symbolise l'universalité du monde et la divinité. En numération grecque, alpha est le nombre 1, le plus petit, et la lettre oméga le huitième chiffre de la troisième dizaine (le nombre 800) : de l'alpha à l'oméga signifie ici « du plus petit au plus grand ».

Réservée à Yahvé pour certains chrétiens, cette formule exprime l'éternité et la primauté de celui-ci, commencement et fin de toute chose, reprenant la signification du bereshit du livre de la Genèse : « Moi, Yahvé, qui suis le premier et serai avec les derniers. »

Voir **cierge, chrisme, croix, losange**

amande/amandier

L'amandier, premier arbre du printemps, est un symbole de vie et de fécondité. Son fruit, l'amande, jouit d'un symbolisme riche en raison de sa morphologie ; le noyau enfermé dans sa coque évoque la vérité, l'essentiel sous la réalité visible et par extension la féminité.

L'arbre de la vie et de l'amour

Dans la tradition hébraïque, l'amandier représente l'immortalité de Dieu. Premier arbre à fleurir au printemps, il est emblématique de la résurrection de la vie, mais la fragilité de ses fleurs, qui s'envolent au premier coup de vent, peut symboliser l'aspect éphémère de l'amour. Amandier et amour sensuel vont de pair dans le mythe grec de Phyllis, princesse de Thrace amoureuse d'Acamas, fils de Thésée. La princesse guette le retour du navire de son amant, parti se battre à Troie, mais, ne le voyant pas arriver, elle meurt de chagrin. Prise de pitié, la déesse Héra la transforme en amandier. Débarquant le lendemain, Acamas ceint l'arbre de ses bras et entend battre le cœur de sa bien-aimée sous la dureté de l'écorce. Chacun des baisers d'Acamas produit une fleur blanche.

Le fruit et sa semence

L'amande, qui dissimule un fruit sous sa coque, est le symbole de l'essentiel caché et par extension du sexe féminin. Mais, si la forme de l'amande est plutôt du côté féminin, son lait rappelle le sperme. C'est donc un fruit tout à fait adapté aux histoires d'amour et de sexualité, où les genres se mêlent

Le lait d'amande pressée représentait pour les Grecs la force virile et créatrice, mais les fruits de cette énergie n'étaient pas toujours prévisibles. Il arriva par exemple à Zeus d'éjaculer sur le sol pendant son sommeil. Il en naquit un monstre hermaphrodite, Agditis, que les autres dieux décidèrent de châtrer, et du sang répandu lors de cette émasculation naquit un amandier. Dans d'autres mythes, c'est en mangeant une amande qu'une vierge peut devenir enceinte. Cette association est passée du fruit à l'arbre, car il remonterait directement à Dieu ; dans certaines contrées européennes, on dit toujours qu'une jeune fille vierge qui rêve à son fiancé sous un amandier se retrouve enceinte à son réveil.

De l'amande à la dragée

Les fruits secs, symboles de fécondité et de prospérité, ont toujours été appréciés : on en jetait sur les enfants à la sortie de l'église à l'occasion des baptêmes et des mariages en signe de protection et de conjuration du mauvais sort. Remplacées progressivement par les dragées, amandes enrobées de sucre, dont la fabrication remonte au Moyen Âge, ces friandises, qui évoquent la vie et la pureté, sont offertes à l'occasion des rites de passage religieux : baptême, communion, mariage.

Voir **baptême, mandorle**

Amalthée

Chèvre ou nymphe qui nourrit Zeus dans une caverne de Crète. L'une de ses cornes devint la corne d'abondance.

Voir **chèvre, corne d'abondance, Zeus**

Amazone

Femmes guerrières légendaires de l'Antiquité, symboles de l'indépendance féminine.

C'est un peuple de femmes gouverné par des femmes, ancêtres des féministes, représentant pour les Grecs le monde à l'envers.

Elles auraient vécu sur les bords de la mer Noire. L'homme n'intervenait

que pour assurer la continuité de la race ; les enfants mâles étaient réduits en esclavage ou tués. Les Amazones combattaient à l'arc, et à cheval. Certains leur attribuaient la coutume de brûler à leurs filles le sein droit pour leur faciliter le tir à l'arc (*a-mazon* signifie « privée de sein »).

Des documents hittites ont laissé le témoignage de leurs luttes contre les Achéens, que la légende nous a transmis à propos d'Héraclès, de Bellérophon et de la guerre de Troie. Il existe un lien entre les Amazones et l'Artémision d'Éphèse, où ont peut-être existé des guerrières-danseuses pratiquant les mutilations rituelles.

Monter en amazone, monter à cheval avec les deux jambes du même côté.

Voir **ceinture, femme, Hercule, sein**

ambre

Résine fossile d'un jaune brun, l'ambre, doué de vertus magiques, est symbole d'immortalité.

Des larmes à la jeunesse immortelle

Dans la mythologie grecque, l'ambre provient des larmes des sœurs de Phaéton, qui pleuraient leur frère envoyé aux Enfers par Zeus, pour le punir d'avoir dangereusement conduit le char du Soleil. En tombant dans la mer, ces larmes donnèrent naissance à l'ambre doré, chargé de vertus magiques dans l'Antiquité. Dans le même registre, une tradition chrétienne veut que l'ambre jaune soit né des larmes que versèrent les pins pendant le Déluge. Enfin, pour les Celtes, l'ambre, qui donne son nom à leur dieu Ambres, vient des larmes d'Apollon, accablé par le meurtre de son fils Asclépios. Parce que les blocs d'ambre recueillent souvent des insectes ou des bulles d'air, l'Antiquité y voyait la matière de la jeunesse éternelle et de la longévité : les Romaines de la cour tenaient à la main des morceaux « d'or jaune ».

Des vertus magiques et électriques

Pline et Tacite parlent d'une mer lointaine où naît l'ambre, ce qui explique que la marée l'apporte, alors qu'il faut creuser pour trouver les autres minéraux : cette mer est la matrice de la terre, où les corps qu'elle fabrique sont en gestation. Pierre née de l'eau et couleur du soleil, pierre qui brûle, l'ambre est ambivalent. Appelé électron dans la Grèce antique, où il était réservé au culte de Zeus, l'ambre a donné le mot « électricité », car il se charge d'électricité statique lorsqu'on le frotte avec un chiffon. Ainsi, selon Thalès, « les chapelets, les amulettes d'ambre sont comme des condensateurs de courant. En se chargeant eux-mêmes, ils déchargent de leurs propres excès ceux qui les portent ou les égrènent ».

Voir **résine**

ambroisie

Nourriture à base de miel des divinités de l'Olympe, elle est symbole d'immortalité et de force.

Mets de la table des immortels, *ambrosios* en grec signifiant « immortel », ses sources sont situées au jardin des Hespérides, d'où des colombes la rapportent à Zeus. À base de miel, d'un goût et d'un parfum délicieux, elle entre dans de nombreuses préparations, allant des onguents aux liqueurs enivrantes. Certaines déesses s'en enduisent avant un rendez-vous amoureux, comme Héra quand elle veut séduire Zeus : « Avec de l'ambroisie, elle efface d'abord de son corps désirable toutes les souillures. » L'ambroisie entretient la beauté et l'énergie des dieux comme des chevaux divins, ou du Phénix, que nul n'a jamais vu se nourrir, sinon des « rosées d'ambroisie qui tombent en fines gouttes du ciel étoilé ».

Elle assure aussi l'éternité aux humains qui en goûtent, comme dans la légende de Psyché. Princesse, mais simple mortelle, Psyché était aimée du dieu Cupidon. Admise par Jupiter au sein de l'Olympe, elle but le nectar et l'ambroisie, et devint immortelle. De même, Achille est frotté tous les jours par sa mère avec de l'ambroisie avant d'être plongé dans les flammes, qui détruisent sa part mortelle. Appliquée après la mort, enfin, l'ambroisie interrompt la détérioration des corps : Thétis verse la divine huile dans les narines de Patrocle pour rendre son corps incorruptible et le soustraire à toute profanation.

Voir **nectar, Psyché**

âme

Principe de vie et de pensée animant l'homme. Ce principe peut être conçu comme un être spirituel, séparable du corps, immortel et destiné à être jugé.

Le jugement des âmes

Dès la fin de l'Ancien Empire, les Égyptiens croient en un jugement après la mort. Pour poursuivre une vie heureuse dans l'au-delà, il ne suffit pas au défunt d'avoir respecté les rites, il lui faut aussi passer devant un tribunal, présidé par Osiris qui règne sur le royaume des morts. Le cœur du mort, qui symbolise l'âme, est posé sur le plateau d'une balance : il ne doit pas peser plus lourd que la plume de Maât, déesse du bien, de la justice, de l'équité. Lorsque le verdict est favorable, le mort est admis dans l'au-delà. En cas de jugement négatif, le cœur du mort est dévoré.

Dans la conception grecque, l'homme est composé d'un corps, mortel, et d'une âme, immortelle. La mort libère l'âme de sa prison corporelle et celle-ci entre dans l'immortalité divine : après la mort, les âmes des justes vont habiter les champs Élysées, pendant que celles des autres vont subir dans le Tartare les tourments et les supplices.

Selon la conception biblique, l'homme est composé de chair, d'âme et d'esprit : la chair est la condition humaine dans son enracinement terrestre, l'esprit est cette même condition dans son lien à Dieu, source et souffle de vie. Dans l'âme, chair et esprit sont unis dans la personne qui dit « je ». Pour cette raison, à sa mort, l'être humain disparaît en tant que tel : le corps se désagrège dans la tombe, et l'âme reste prisonnière du *shéol* (« séjour des morts »), avant que la grâce divine la transforme : elle n'est pas immortelle telle quelle.

L'élévation de l'âme

En hermétique, il y a trois sortes d'âmes dans l'univers : l'âme intelligente, l'âme sensitive et l'âme végétative. L'âme végétative ne se trouve que dans les plantes, la sensitive et la végétative dans les animaux, et les trois formes dans l'homme, être de tous les possibles. C'est pourquoi, plus largement, les religions du Livre insistent sur le devoir d'élévation de l'âme. Ainsi, dans l'Ancien Testament (Psaume, 42), l'âme qui aspire à Dieu est représentée par un cerf : « Comme un cerf assoiffé cherche l'eau vive, ainsi mon âme te cherche, toi, mon Dieu. » En effet, en hébreu, l'âme, qui peut prendre plusieurs noms, se dit aussi *nefech,* mot qui désigne à la fois le sang, la gorge et l'être intérieur de la personne. Mais, en règle générale, l'âme est presque partout identifiée avec le souffle, et considérée par conséquent comme le principe de la vie : c'est l'origine du mot latin *anima* et du grec *psyché,* représenté par un papillon.

Dans le mythe de Psyché, la jeune princesse, qui ne peut connaître le visage et le nom de son amant et qui doit subir diverses épreuves initiatiques, est le symbole de l'âme humaine, qui, purifiée par les malheurs, pourra accéder à un bonheur éternel dans l'au-delà. De même, dans l'ésotérisme musulman, le croyant effectue un pèlerinage intérieur, vers le Monde de l'Âme, puis en direction d'un paradis céleste qui est situé, lui, à l'orient de l'âme. Ce paradis terrestre est un jardin situé au centre de soi-même, selon la fameuse sentence islamique : « Celui qui se connaît lui-même, connaît son Seigneur. »

Avant la vie, après la vie

Dans l'islam, au-dessous de l'esprit (*rouh*), qui est uniquement divin, se trouve l'âme (*nafs*). Plus bas encore réside une âme végétative (*nafs al haywaniya*), non encore touchée par Dieu, qui y déposera « l'âme pensante ». Dans la tradition chrétienne, l'âme immortelle se sépare du corps au moment de la mort. Le Moyen Âge symbolise cette sortie du corps par un oiseau s'envolant de la bouche du défunt, souvent une colombe. Dans les représentations du Jugement dernier, on voit souvent des anges et des démons se disputant des âmes ou bien l'archange saint Michel les pesant dans une balance. Ceux qui ont vendu leur âme au diable, comme Faust, et tous ceux qui seront condamnés à l'Enfer sont appelés les âmes damnées.

Dans les vitraux et les peintures du Moyen Âge, les âmes sont symbolisées par de petites figures humaines représentées bras croisés sur la poitrine ou mains jointes. Jeunes, elles sont nimbées ou auréolées et souvent drapées, même si l'école italienne les peint nues, car, après la mort terrestre, ayant perdu leur enveloppe de vice, elles sont devenues asexuées, la différence entre l'homme et la femme ne tenant qu'au corps.

Voir **balance, eau, cerf, cœur, colombe, enfer, plume, Psyché, psychostasie, résurrection, sang, souffle**

amen

Mot signifiant « ainsi soit-il » et terminant une prière juive ou chrétienne, « amen » en est venu à symboliser la pleine adhésion de foi.

Ce terme d'origine hébraïque renvoie à une racine qui signifie « solidité, fermeté ». C'est le sens que lui donne l'Ancien Testament, où il symbolise la Vérité : « Celui qui jurera sur la terre jurera par le Dieu de l'Amen » (Isaïe, LXV, 16). De même, Jésus est appelé « l'Amen » dans l'Apocalypse.

Largement utilisé dans le culte des anciens Hébreux au sens d'un souhait, mais beaucoup plus comme une affirmation signifiant : « C'est vrai, assurément ! », « amen » en est venu à symboliser la pleine adhésion de foi, prenant, chez les religions du Livre, le sens du vœu « Ainsi soit-il ». La même signification est donnée à « amen » dans l'islam, où l'on prononce le mot

« *amin* » après la récitation de la première sourate du Coran, mais aussi en fin de prière.

Pour certains, le mot hébreu « *AMEN* » est composé des lettres A[l] (ou El), Me[lech], N[e'eman], ce qui signifie : « Le Dieu, Roi, Digne de Confiance ». Dans la Kabbale, c'est un mot magique dont la valeur est de 99. « Amen » étant de la même racine que le mot « *emuna* » (« la foi »), celui qui le prononce affirme simultanément sa foi dans le judaïsme et dans le monothéisme.

Voir **croix**

Amérique

L'Amérique est le symbole d'un monde nouveau : l'espace de tous les possibles, le territoire rêvé de l'accomplissement individuel ou communautaire, mais aussi l'espace de la rédemption.

La langue confond souvent l'Amérique, qui est une des cinq parties du monde, et les États-Unis, qui sont un pays. Dans celui-ci, le nombre incalculable de localités nommées selon la toponymie biblique (Nazareth, Bethléem, Jéricho…) rappelle que les « Indes occidentales » des colons européens incarnent avant tout un rêve de réalisation de la Jérusalem terrestre. Le début du XXe siècle voit naître la prise de conscience des massacres d'Amérindiens, la persistance des inégalités sociales et de la discrimination raciale et l'émergence de l'impérialisme ; autant de facteurs qui contribuent à l'idée de la fin du rêve américain. Aujourd'hui, l'Amérique est plus prosaïquement une expression de la réussite individuelle qui peut mener à la richesse, une expression de la liberté d'expression ou de la modernité technologique. Pour d'autres cependant, c'est aussi l'emblème de l'Occident décadent, d'un capitalisme avide, et l'expression vaniteuse de la volonté de puissance.

Un oncle d'Amérique est un oncle très riche qui, dans les comédies, arrive à point pour payer ou arranger les dettes de son neveu.

Voir **Atlantide, Jérusalem**

améthyste

Pierre de couleur violette, symbole de tempérance.

Les Grecs de l'Antiquité la considéraient comme un excellent remède contre les effets de l'alcool, d'où son nom qui signifie « préserve de l'ivresse ». Bacchus, le dieu romain du vin et de la vigne, la poursuivant de ses assiduités, la jolie nymphe Améthyste implora l'aide de la déesse Diane, qui la transforma en un cristal de roche aussi pur qu'inaccessible. Furieux, Bacchus versa sa coupe de vin sur ce cristal, lui donnant sa couleur. De par cette résistance au vin, l'améthyste symbolise la sagesse et est, depuis le Moyen Âge, la pierre des cardinaux, ainsi que la bague des évêques, signifiant modestie et humilité. Par corollaire, l'améthyste incarne l'amour divin dans la symbolique médiévale, qui en fait alors l'emblème de l'apôtre Matthieu et du patriarche Zabulon.

Elle est citée dans la Bible comme l'une des douze pierres serties sur le pectoral qui conserve les noms des douze tribus d'Israël. Et, dans l'Apocalypse de saint Jean, l'améthyste représente la douzième marche de la Jérusalem céleste.

Utilisée au Moyen Âge par le clergé pour les rituels et les exorcismes, l'améthyste est parée de pouvoirs depuis la Grèce antique : favorisant la méditation et les rêves prophétiques, elle permettrait d'annihiler les envoûtements d'un amoureux jaloux, d'éloigner les mauvaises femmes et les vipères.

Voir **Apocalypse, bijou, Jérusalem, vin, violet**

Amon

À l'origine, dieu égyptien de l'Air, du Ciel, du Vent et des Bateliers, Amon est le maître de tous les pays, le créateur de la lumière qui est à l'origine de tout ce qui existe.

Amon eut un destin historique unique : promu par les souverains de la XIIe dynastie au rang de dieu d'État, il joua ensuite un rôle très important et durable dans l'histoire religieuse et politique de l'Égypte ancienne, en liaison avec celui de « sa » ville : Thèbes.

Représenté comme un homme (coiffé de deux hautes plumes, enserrant à leur base le disque solaire), ou bien tenant le sceptre et l'ankh (croix ansée) ou bien encore à l'image d'un bélier, plus rarement incarné par l'oie du Nil, Amon fut un dieu créateur allié, dès le Moyen Empire, avec l'autre grande puissance créatrice de l'univers : le dieu solaire d'Héliopolis, en la forme d'Amon-Rê. Les pharaons victorieux installent son culte en Afrique, et les grands rois conquérants du Nouvel Empire (dont il est le guide spirituel et l'inspirateur guerrier) le répandront dans tout le Proche-Orient. « Roi des dieux », « maître du ciel et de la terre », l'aire immense que recouvrent ses temples de Karnak témoigne de la grandeur et de la pérennité de son culte (près de 2 millénaires).

Voir **amulette, ankh (croix), disque, Ré, sceptre, soleil**

amulette

Petit objet qu'on porte sur soi et auquel on accorde des vertus préservatrices ou conjuratoires.

Un symbole de protection

Selon le naturaliste romain Pline l'Ancien, il existe trois types d'amulettes censées agir contre l'ennui, contre l'adversité et contre la maladie. Contrairement au talisman, qui fait appel à la magie active, l'amulette offre une protection passive. De la même façon, en sorcellerie et en démonologie, une amulette en forme de croix ou de pentagramme sert à communiquer avec les démons.

Dans l'Égypte antique, on portait fréquemment une amulette contre le « mauvais œil » suspendue par une cordelette autour du cou ou intégrée à un collier. Les Égyptiens en couvraient les momies pour qu'elles effectuent sans encombre leur voyage vers l'au-delà. L'amulette en forme de scarabée est le symbole de la résurrection. Elle doit témoigner à la place du cœur impur devant le tribu-

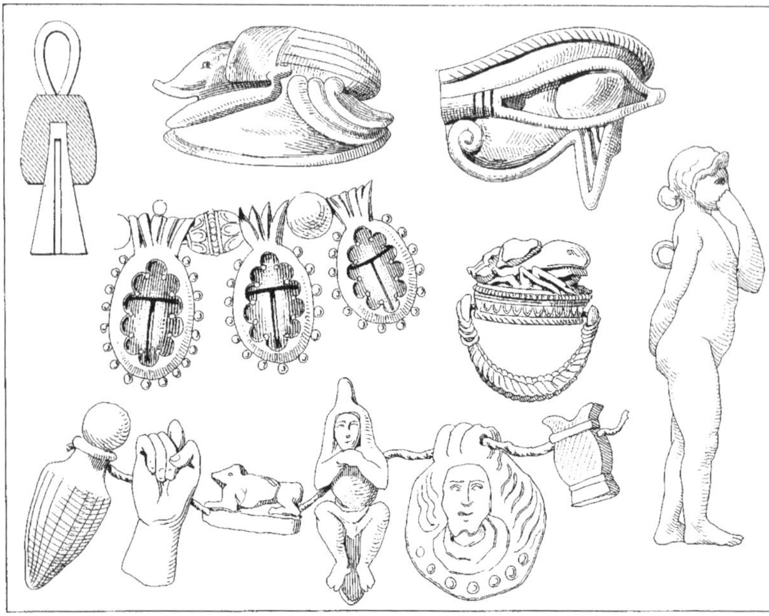

nal divin. L'œil d'Horus permet au mort de retrouver sa plénitude physique, mais garantit aussi au vivant une bonne santé ; c'est une représentation de la fécondité et de la voyance. L'amulette Ankh, en forme de croix ansée, symbolise la vie éternelle. Le nœud d'Isis, en forme d'anneau fermé, est également un symbole d'éternité ; il protège de la maladie et confère à son porteur beauté, force et richesse.

Souvent d'une matière naturelle choisie pour sa vertu propre, l'amulette peut se fonder sur une graphie (comme le *Té* grec que les Antonins portaient en amulette pour symboliser la croix du Christ), ou sur une formule : ainsi le carré Sator, connu depuis Pompéi, est-il utilisé contre la sorcellerie et la peste. Tous les bijoux de la civilisation hellénique sont assimilables à des amulettes, et les phylactères en particulier sont portés sur le corps pour se préserver du mauvais sort. Mais le port d'amulettes est à peu près universel : les représentations de l'œil protègent communément du mauvais esprit, et les symboles phalliques, figurés par des cornes ou des mains, du mauvais œil.

Les amulettes des religions du Livre

Contre le mauvais sort, les Hébreux portaient des croissants de lune, et contre les mauvais esprits, des cloches fixées à leurs vêtements. Il existe encore des amulettes représentant le Tétragrammaton (le mot «Yahvé» écrit en hébreu), pentagramme pythagoricien symbole de la puissance divine en l'homme. Sur l'actuel tefillin juif est inscrit le «*Chema' Israël*» ; les scapulaires chrétiens portent des noms de saints, de saintes ou des versets bibliques ; et les amulettes musulmanes, des versets du Coran, voire le Coran entier en écriture miniature. Si, dans l'islam, les amulettes comportant des symboles, des figures et des mots incompréhensibles relèvent de l'interdit, les opinions divergent à propos de celles fabriquées avec des éléments coraniques. Parmi les amulettes de l'histoire arabe, on recense de petits sacs renfermant la poussière de tombeaux, mais aussi des prières manuscrites, des charmes, des noms magiques. De l'Iran chiite jusqu'au Maghreb, les amulettes sont largement utilisées, comme la main de Fatma, ou Fatima (et par extension le chiffre 5, *khamsa*), réputée bénéfique, l'une des plus vieilles représentations mythologiques du monde arabe.

Voir **bijou, cinq, corne, croissant, œil, pentagramme, phallus**

ancre

L'ancre symbolise l'attachement solide, l'enracinement, donc la protection face aux dangers. Elle caractérise la permanence, la fidélité, l'espérance, ainsi que l'équilibre intérieur et la lucidité.

La partie supérieure de l'ancre à jas (la plus ancienne et la plus courante dans l'iconographie) rappelle la forme de la croix. C'est pourquoi, sous le nom de «croix de Marseille» ou de «*crux dissimulata*», elle a servi d'emblème caché aux paléochrétiens persécutés et a été reprise ensuite par les huguenots au cours des guerres de religion. Mais, l'ancre, c'est aussi le poids, la pesanteur qui oblige à «rompre les amarres». Saint Clément et sainte Philomène furent précipités au fond des eaux, enchaînés à une ancre. Sainte Philomène fut néanmoins sauvée de ce supplice par l'intervention de trois anges.

L'«ancre de salut ou de miséricorde» est la deuxième ancre, celle que l'on utilise en marine lorsque la première ne suffit pas. Plus généralement, l'ancre est l'ultime recours, la dernière ressource face au danger, physique ou moral. Elle est ainsi un symbole de fermeté et de tranquillité. Saint Paul (Épitre aux Éphésiens, VI, 19) compare l'espérance à une ancre solide et ferme. De là vient son rôle d'attribut de l'Espérance.

Jeter l'ancre, c'est mettre fin à son errance, s'établir quelque part.

Voir **croix**

androgyne

L'androgyne, à la fois homme et femme, peut représenter l'unicité première de l'être avant sa scission en genres distincts, alors que l'hermaphrodite unit plutôt les caractéristiques de deux sexes déjà séparés.

Selon Aristophane, dans *le Banquet* de Platon, Zeus aurait créé trois genres distincts, l'homme, la femme et l'androgyne. Chaque homme, chaque femme et chaque androgyne avait un sosie, et ils étaient attachés l'un à l'autre comme des jumeaux siamois. Puis Zeus décida de les châtier pour leur insolence en les coupant en deux. Depuis, les deux moitiés cherchent à se rejoindre de nouveau pour former une entité indifférenciée. Dans ce schéma, l'androgyne représente l'union hétérosexuelle.

Puisque la polarité organisatrice la plus fondamentale de toute société humaine est celle des sexes, l'androgyne est un être a-social. Dans la mythologie grecque, l'aspect physique de Dionysos (Bacchus chez les Romains), divinité souriante au corps mince et aux longues tresses blondes, évoque nettement l'androgyne. Le dieu et ses suivantes déchaînées, les Bacchantes, représentent une grave menace pour la stabilité sociale basée sur l'autorité masculine, menace que le dramaturge Euripide fait brillamment ressortir dans sa pièce *les Bacchantes.*

Voir **Bacchantes (les), Dionysos, Hermaphrodite**

âne

Bête, lubrique, paresseux, mais utile et sympathique, l'âne, qui n'en fait qu'à sa tête si on en croit la sagesse populaire, est aussi symbole d'humilité.

L'âne biblique

La tradition en fait l'un des occupants de la crèche, veillant sur l'enfant Jésus. C'est ici un rôle protecteur qui lui est donné, se référant à un passage de la Bible : « Le bœuf connaît son propriétaire et l'âne le berceau de son maître. » L'âne, moyen de transport rétif mais efficace pendant toute l'Antiquité, porte la Vierge et l'enfant Jésus pendant la fuite en Égypte, et c'est une ânesse que monte le Christ lors de son entrée triomphale à Jérusalem, le dimanche précédant la Pâque. La Bible raconte l'histoire de l'ânesse de Balaam, qui refuse d'avancer parce qu'elle voit ce que son maître ne voit pas, l'ange du Seigneur qui lui barre la route. Rouée de coups, elle finit par sortir de son silence, pour révéler à son maître la raison de son comportement. Balaam, honteux, remonte sur sa bête, désormais guidée par l'ange.

L'incarnation de la bêtise et de l'ignorance

L'âne s'illustre aussi par sa bêtise et son ignorance, son risible braiment (« hi-han ») étant peut-être à l'origine de cette réputation. Pour châtier l'impudent Midas, Apollon orne son front d'une paire d'oreilles d'âne. Dans la mythologie et dans la fable, ce sont les personnages lubriques, stupides ou ridicules qui chevauchent des ânes : Silène, Sancho Pança.

Une autre manifestation de sa bêtise est son incapacité à choisir entre deux chemins ou son obstination à demeurer à l'arrêt ou, au contraire, à avancer. L'âne de Buridan se laisse mourir de faim et de soif, faute de pouvoir se déterminer entre une botte de foin et un seau d'eau. En revanche, pour l'alchimiste, l'âne représente le démon à trois têtes : mercure, soufre et sel, les trois principes matériels de la nature. Cette tradition remonte sans doute à l'Antiquité égyptienne, où l'âne était assimilé au dieu Seth, symbole des forces du mal.

Le bonnet d'âne est un bonnet garni de deux cornes en papier dont on affublait les écoliers paresseux.

anémone

L'anémone, ou « fleur du vent », est associée au mythe d'Adonis. Elle est un symbole de douleur et de mort.

Le jeune homme, amant d'Aphrodite, parti seul à la chasse, est mortellement blessé par le dieu de la guerre Arès, transformé pour la circonstance en sanglier. Aphrodite court vers Adonis, mais, voyant qu'il est déjà mort, soulève son corps et l'emporte hors de la forêt. Des anémones cramoisies surgissent de la terre, à l'endroit où tombe chaque goutte de sang. C'est en raison de cette association entre la vie et la mort que l'anémone est parfois représentée dans les tableaux de la Crucifixion.

Voir **Adonis**

ange

Messager de Dieu, il est le passeur entre les hommes et la divinité. Symbole ambivalent, les anges créés dans un moment de bonheur et de grâce ont la liberté de choisir entre le bien et le mal.

Les soldats de Dieu

L'ange, c'est la part divine de l'homme et la part humaine de Dieu : à mi-chemin, les anges sont des soldats, ceux de l'armée céleste, strictement organisée, comme on le voit dans l'échelle de Jacob de l'Ancien Testament. Au sommet, quatre saints anges, dits archanges : Gabriel, Michel, Raphaël, ainsi qu'Uriel. Une autre tradition y ajoute Raguel, Saraqael et Remiel : ce sont les sept anges de l'Apocalypse. Au-dessous, on trouve la pyramide des innombrables anges, lesquels représentent la protection, car « il n'y a pas une tige sur terre qui n'ait son ange au ciel », comme le dit la Genèse. Mais les faiblesses humaines des anges entraînent leur division et le partage du monde en deux : le royaume de Satan et celui de Dieu. Lorsque l'ange exterminateur tue les premiers-nés égyptiens, il représente la volonté divine et la met en application avec la violence qu'elle exige. Quand la Torah décrit les séraphins comme se tenant debout, c'est leur détermination et leur force qui sont caractérisées, tout comme lorsque les *Keruvim* (les « chérubins ») du Tabernacle exhibent leurs ailes déployées.

Les messagers de Dieu

L'ange personnifie et symbolise aussi le message, comme quand Dieu annonce à Moïse : « Ma présence divine résidera entre les chérubins. Lorsque Je te parlerai, c'est de là qu'émanera Ma voix. » Message de Dieu aux hommes, donc, mais aussi des hommes pour Dieu : l'ange, c'est l'intermédiaire, l'intercesseur des grandes nouvelles (comme le Jugement dernier) et des petites (comme le prénom d'un enfant à naître, murmuré à l'oreille des parents). Il annonce par sa voix, mais aussi par sa simple présence : Jésus porte une croix soutenue par un ange, symbole de la Passion, mais également de l'acceptation de la souffrance et de la mort.

Le sexe des anges

En théologie, les anges sont de purs esprits, présumés sans corps, donc sans sexe. Par là, l'ange est aussi symbole de vertu. Il vit alors dans un monde intermédiaire, loin des impuretés du nôtre. Mais le symbole le plus pur finit par accoucher du monde le plus dur : le bourg californien nommé, d'après sainte Marie, La Reine des Anges, n'est autre que le très charnel Los Angeles…

Comme un ange, exprime le haut degré d'une qualité chez quelqu'un ou la perfection dans l'exécution d'une action.

Discuter sur le sexe des anges, allusion au concile de Byzance en 1451, où des théologiens, alors que la ville était assiégée, discutaient subtilement sur le sexe des anges. Par extension, s'occuper de questions futiles alors que le danger menace.

Être aux anges, être au comble de la joie.

Voir **antéchrist, chérubin, démon, diable, séraphin**

anguille

Fuyante, glissante, insaisissable, l'anguille cumule la symbolique de l'eau et celle du serpent.

De l'eau, elle a le caractère purificateur et régénérateur, mais aussi inquiétant et perfide, et, comme le serpent, elle se faufile sans bruit et se cache parmi les pierres d'une manière fourbe.

Filer comme une anguille se dit de quelqu'un qui échappe sans qu'on puisse le retenir, sur qui on ne peut rien fonder.

Il y a anguille sous roche signifie qu'il se trame quelque intrigue cachée dont on soupçonne l'existence.

ankh (croix)

Dans l'Égypte ancienne, croix suspendue à une anse, dont l'extrémité supérieure se termine par un petit anneau, c'est un symbole de vie.

La croix ankh est originellement un petit anneau magique fait d'herbes ou de joncs et utilisé comme talisman pour faciliter la végétation et le renouvellement de la vie agraire. La croix ankh est le symbole de la vie ; à ce titre elle figure presque toujours dans la main des divinités. Dans l'écriture hyéroglyphique, le signe ankh a le sens de vie.

Voir **Amon, amulette, croix, nœud**

anneau

Si le cercle fermé, figure géométrique parfaite, symbolise le cycle et la perfection d'un éternel recommencement, l'anneau, qui est sa matérialisation, peut signifier aussi l'identité des contraires, le passage continuel d'un état à un autre. C'est pour cela qu'il est systématiquement associé à l'idée d'alliance, de pacte et d'éternité.

D'un extrême à l'autre

En effet, comme toutes les surfaces courbes, l'anneau permet la circulation de l'intérieur vers l'extérieur, le passage continuel entre deux polarités. Symbole mathématique de l'infini, le ruban de Möbius est ainsi représenté sous la forme d'un 8 allongé, dont les deux boucles marquent le passage d'une polarité à l'autre : intérieur/extérieur, bien/mal, vérité/mensonge… Premier arcane majeur du tarot de Marseille, le Bateleur porte cet anneau en guise de couvre-chef, et il est effectivement identifiable à la fois comme sage et comme illusionniste. Dans l'Égypte antique, le nœud d'Isis, en forme d'anneau fermé, qui était une amulette couramment portée, est un symbole d'éternité.

L'anneau magique

L'anneau fait aussi figure de talisman. Porté au doigt, il est alors marqué de signes astrologiques, de figures et de mots magiques. Selon la tradition, le roi Salomon soumettait la nature grâce à son anneau qui portait deux triangles inverses et entrelacés. L'anneau du roi de Lydie, Gygès, passait pour lui assurer l'invisibilité, ce qui lui permettait d'agir en toute impunité.

Appartenance, lien et alliance

Porté au doigt, l'anneau témoigne de la condition d'un individu. À la fin de la République romaine, l'anneau d'or était le signe extérieur de l'appartenance à la classe des sénateurs ou des chevaliers.

L'anneau est aussi le symbole d'un pacte liant son porteur avec un autre être pour l'éternité. Ainsi l'usage de l'alliance, ou anneau nuptial, était-il connu des Romains et a-t-il été repris par l'Église chrétienne. Encerclant le doigt gauche de l'épousée afin de s'assurer de son amour (tradition qui remonte à l'Antiquité romaine, où l'on croyait qu'un nerf très fin reliait ce doigt au cœur), il suggère dans le mariage l'abandon de l'ego au profit du couple. L'alliance était bénie autrefois par le prêtre, en même temps qu'un treizain ; tous deux en métal précieux, ils étaient gage de prospérité pour le ménage.

La couleur des cinq anneaux du drapeau olympique regroupe l'ensemble des codes chromatiques utilisés par les étendards nationaux. Avec le blanc qui forme le fond du drapeau, ces couleurs sont donc l'alphabet des nations, et l'enlacement des anneaux signifie l'union des continents.

Au doigt de l'évêque, l'anneau est le symbole du lien renouvelé à l'Église et au pape, son chef visible. Il n'unit donc plus deux êtres égaux qui échangent des anneaux identiques, mais marque l'infériorité, la reconnaissance d'une dette. Au Moyen Âge, l'anneau d'oreille était une marque d'infamie, symbole de l'asservissement des esclaves. Jusqu'au XIXe siècle d'ailleurs, l'anneau de mariage n'était porté généralement que par l'épouse. Ces significations, liées à la servitude, à l'alliance des contraires et à l'éternité, sont parfaitement reprises dans *le Seigneur des anneaux* de J.R. Tolkien, où l'Anneau

unique, forgé par le mal, est promesse d'immortalité, mais aussi d'asservissement et d'effacement progressif de la personnalité.

Voir **amulette, bijou, cercle, doigt, nœud, sceau**

année

L'année est une période de douze mois qui correspond conventionnellement à la durée de la révolution de la Terre autour du Soleil. Cette unité de temps qui comptabilise la durée de la vie humaine symbolise le déroulement d'un cycle complet, celui du zodiaque et des saisons.

Une symbolique du temps fluctuante

Depuis Jules César en 46 av. J.-C., l'année est divisée en 365 jours. L'impossibilité de parvenir à un juste décompte en prenant en compte la marche de la Lune et celle du Soleil a conduit à l'invention en 1582 par le pape Grégoire XIII (calendrier grégorien) de l'année « bissextile », année de 366 jours qui, tous les quatre ans, vient compenser leur décalage.

Jules César décida que l'année commençerait le 1er janvier (et non plus le 1er mars, époque où, avec la belle saison, les armées entraient en campagne), date d'entrée en fonction des consuls, qui coïncidait également avec la période du solstice d'hiver dans l'hémisphère nord, où les jours très courts commencent à rallonger. Cette modification conventionnelle du début de l'année à Rome par César n'est sans doute pas dépourvue de sens. Désormais le pouvoir politique de la cité l'emporte sur la violence des armes.

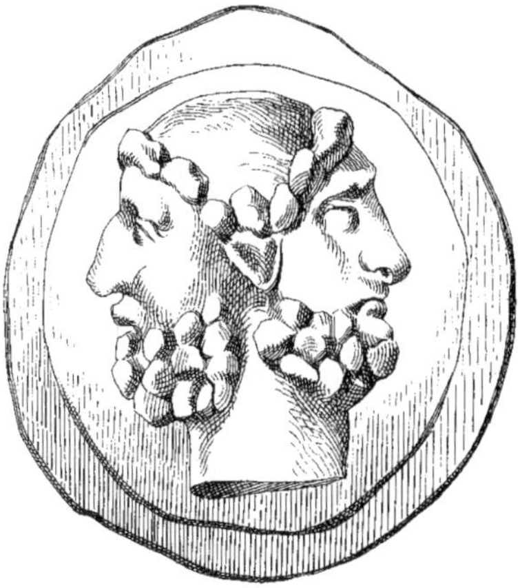

En France, en 1574, un édit de Charles IX rend obligatoire l'usage du 1er janvier comme premier jour de l'année. En effet, auparavant, l'année, rythmée par les grandes fêtes liturgiques chrétiennes, pouvait commencer à des dates variables : 25 décembre, jour de Noël, 25 mars (jour de l'Annonciation) ou bien encore le jour de Pâques. Commencer l'année le 1er janvier est lourd de significations symboliques. Janvier est le mois consacré au dieu romain Janus, dieu des portes et des passages représenté avec deux visages opposés : l'un regardant devant lui, l'autre derrière. L'époque du 1er janvier est à la fois le moment où l'on dresse le bilan de l'année passée et de « la reprise du temps à son commencement » (Mircea Eliade).

Année faste / année néfaste

L'année est une période suffisamment brève pour que, relativement à la durée de la vie humaine, elle puisse être prise globalement en compte, et suffisamment longue pour pouvoir englober un certain nombre d'événements importants. Elle se pare donc de caractéristiques qui la rendent mémorable. Elle peut être faste ou néfaste, et porteuse de souvenirs religieux ou guerriers. On se souviendra du mot de la reine Elizabeth désignant comme *annus horribilis* l'année 1992, celle de tous les malheurs de la famille royale. Et l'année du changement de millénaire, qu'il s'agisse de « l'an mil » ou de « l'an deux mille », a suscité bien des peurs.

Pourtant, l'année reste une découpe du temps familière, que l'on souhaite « bonne » à ses proches aux alentours du Jour de l'an, et qui rend d'autant plus inquiétant le décompte des distances sidérales en « années-lumière », d'une durée presque aussi inconcevable que l'infini.

Voir **anniversaire, Janus, Mars (Arès), mois, semaine, saison, zodiaque**

anniversaire

L'anniversaire, retour annuel d'un jour marqué par un événement, en particulier le jour de la naissance, symbolise le temps qui passe, mais aussi un moment essentiel du cycle de vie.

Commémoration collective

Représentation virtuelle d'un événement du passé, l'anniversaire joue le rôle de rappel de l'ordre ancien, celui auquel on désire toujours se référer, pour des raisons tristes ou joyeuses.

Dans toutes les civilisations, on a l'habitude de commémorer les grands événements du passé. Il en va ainsi de la Pâque, qui rappelle la fin de la captivité des Hébreux en Égypte, du 11-Novembre, jour de l'armistice de la guerre de 14-18, de l'Aïd al-Kébir, qui rappelle l'intervention divine au moment où Abraham s'apprêtait à sacrifier son fils... de Noël enfin, la plus grande fête du monde chrétien avec Pâques, jour anniversaire de la naissance de Jésus-Christ.

Le premier jour de l'année est également un anniversaire marquant pour tous les habitants de la planète, et de nombreux peuples célèbrent encore, outre le Jour de l'an universellement reconnu (le 1er janvier), leur Jour de l'an, à date mobile, fondé sur un calendrier qui leur est propre. Les communautés d'origine étrangère présentes dans toutes les grandes villes du monde célèbrent ainsi le Jour de l'an chinois, tibétain, iranien, etc.

Commémoration individuelle

Si, dès la seconde moitié du XVIIe siècle, l'anniversaire de naissance est célébré dans les pays protestants, la coutume, plus récente en France (fin du XVIIIe siècle), est liée à la reconnaissance de l'individu et de la famille, que consacre la Révolution française, et s'est progressivement étendue à toutes les classes sociales. D'origine romaine, la célébration de l'anniversaire de naissance était, en effet, mal vue par l'Église. Le gâteau d'anniversaire orné de bougies allumées qui symbolisent les années de vie a d'abord été une tradition anglaise et date du début du XXe siècle. Peut-être rappelle-t-il les gâteaux en forme d'animaux que sacrifiaient les Romains aux dieux de la maison sur l'autel familial, lors de la célébration de leur anniversaire de naissance ? Les bougies doivent être soufflées d'un coup afin d'affirmer la force du souffle de vie. Quant à la flamme, elle est symbole de purification, de régénération, et la fumée est un lien avec l'invisible.

Quant aux anniversaires de mariage qui commémorent la durée de l'union, leur célébration est d'origine païenne. Courante dans la petite bourgeoisie urbaine au XVIIIe siècle, cette mode se serait répandue dans les campagnes au cours du XIXe siècle. Des matériaux de plus en plus solides, précieux et rares symbolisent la durée du mariage au fil des années.

1 an : noces de coton
5 ans : noces de bois
10 ans : noces d'étain
15 ans : noces de cristal
20 ans : noces de porcelaine
25 ans : noces d'argent
30 ans : noces de perle
35 ans : noces de rubis
40 ans : noces d'émeraude
50 ans : noces d'or
60 ans : noces de diamant

voir **année, bougie, feu, flamme, fumée**

Antéchrist

L'Antéchrist est un personnage symbolique monstrueux qui, selon l'Apocalypse de saint Jean, doit se manifester avant la seconde venue du Christ à la fin du monde.

L'Antéchrist, qui prend la forme d'une bête monstrueuse, à la fois hydre, serpent et dragon, est une caricature du Christ : « Et toute la terre était dans l'admiration derrière la bête. Et ils adorèrent le dragon, parce qu'il avait donné l'autorité à la bête ; ils adorèrent la bête, en disant : Qui est semblable à la bête, et qui peut combattre contre elle ? Et il lui fut donné une bouche qui proférait des paroles arrogantes et des blasphèmes ; et il lui fut donné le pouvoir d'agir pendant quarante-deux mois » (Apocalypse de Jean, XIII,1).

Il représente les forces hostiles à Dieu, qui s'opposent à l'établissement du royaume de Dieu, mais qui seront vaincues à la fin des temps.

Voir **apocalypse, démon, diable, dragon, hydre, serpent**

antimoine

Matière toute-puissante, utilisée en alchimie, permettant de nettoyer l'argent et l'or de leurs impuretés, l'antimoine est le remède absolu, signe de la purification du corps.

L'alliance des contraires

Ni métallique, ni organique, l'antimoine symbolise les contraires : les alchimistes y voient un feu aqueux et une eau ignée, et soutiennent qu'il viendrait de Saturne, ou même de la Lune, qui le symbolise en hermétisme. En 1676, le mystérieux moine bénédictin Basile Valentin rédige un traité à sa gloire, *le Char triomphal de l'antimoine,* en faisant un symbole des puissances fusionnelles de l'univers : « Il n'est pas corporel puisque entièrement volatil ; il n'est point esprit puisqu'il se liquéfie dans le feu comme un métal. C'est donc un chaos qui tient lieu de mère à tous les métaux. » Ainsi ce prédateur des autres métaux est-il en alchimie représenté par un loup. Appelé par les Anciens « Grands-Yeux », l'antimoine apparaît dans la Bible, lorsque Jézabel se farde d'un de ses composés : utilisé en Grèce antique, le sulfure d'antimoine nous est arrivé par les Orientales sous le nom de khôl.

Un symbole de purification

En alchimie, l'antimoine est une fleur métallique et minérale, la première rose, noire, demeurée ici-bas comme une parcelle du chaos élémentaire. Lorsque les chimistes le séparent du fer par fusion, l'antimoine pur reste au fond de la cuve, formant une étoile en son centre : le Moyen Âge y voyait le signe de Regulus, l'étoile la plus brillante de la constellation du Lion. Se fondant sur ces extraordinaires descriptions, des générations d'apothicaires se battront contre les médecins pour que l'on continue à voir dans l'antimoine la toute-puissance qui purifie les corps humains comme les métaux précieux : le vin émétique et autres préparations qu'ils vendent sont pour eux symbole de rentrée d'argent.

Voir **Alchimie, métal**

antre

L'antre, excavation naturelle qui peut servir d'abri aux hommes ou aux animaux, relève d'une symbolique matricielle et régénératrice.

Plus que s'y reposer, les monstres comme les géants et les Cyclopes, créatures solitaires et féroces, s'y régénèrent, car ce lieu sombre, mystérieux et dangereux est une matrice. Dans la plupart des récits, les apparitions du monstre sont rares et dévastatrices. Il est par conséquent inconsidéré d'aller le déranger dans son antre, car ce dernier est habité, c'est-à-dire ensorcelé, propre à engendrer les créatures innommables. Tuer le dragon comme le fait saint Georges n'est donc pas suffisant : il faut purifier l'antre, détruire la matrice. Ulysse, qui réussit à crever l'œil du Cyclope Polyphème pendant son sommeil, n'échappe à la demeure de son tortionnaire que par la ruse. La racine du mal n'étant pas extirpée, le Cyclope peut nuire encore et engloutir sous un rocher un des vaisseaux d'Ulysse, s'enfuyant à toutes rames.

L'antre du lion, lieu dangereux où il est facile d'entrer, mais dont il est très difficile de sortir.

Voir **caverne, niche**

Anubis

Dieu égyptien adoré sous la forme d'un chacal (ou d'un chien noir), ou sous la forme humaine avec une tête de chacal.

Il aida Isis à embaumer Osiris et devint le dieu des morts et le conducteur des âmes. Il présidait aux sépultures.

Voir **chien, noir**

anus

Quoique combattue par l'Église, l'adoration de l'anus, héritée de rites païens et de la Kabbale, constitue un thème souterrain tout au long du Moyen Âge, lié à la symbolique du mal et de la fécondité.

Le baiser anal, vulgairement exprimé dans la locution « lécher le cul », aurait été une pratique de certaines confréries secrètes dont les templiers et les maçons. On accusait également les sorcières de baiser l'anus du Diable. Selon l'historienne d'art Barbara Pasquinelli, les représentations de deux personnages superposés se baisant l'anus « ...traduisent la croyance dans la circulation purificatrice du "souffle". Les personnages représentés avec ce souffle dans les peintures des artistes du nord de l'Europe aux XVe et XVIe siècles, sont liés au rite du "souffle du Bas", c'est-à-dire de Satan, le dieu inférieur, le Grand Démiurge, avec des significations en relation avec les notions de création et de fécondité ».

voir **diable, excrément**

Aphrodite (Vénus)

La déesse de l'amour symbolise le plus souvent l'amour sensuel.

Dès l'époque minoenne existait en Crète une déesse analogue, accompagnée d'oiseaux sacrés. L'Aphrodite classique garda la trace de l'influence originelle de la Syrienne Ishtar. De puissance primordiale, inspiratrice de passions violentes, elle s'humanise dans la mythologie grecque.

Condamnée dès sa conception à donner une coloration tragique à l'amour, Aphrodite est née de l'écume issue du membre viril d'Ouranos, tranché par son fils Cronos et jeté à la mer. Son arrivée sur le rivage, portée par une coquille poussée par les vents, fait l'objet de nombreuses peintures et notamment de l'une des œuvres les plus célèbres de la Renaissance : *la Naissance de Vénus,* de Botticelli.

L'autre représentation la plus célèbre de la déesse, la *Vénus de Milo,* représente l'idéal de la beauté féminine, même si ses canons ne ressemblent plus guère à ceux d'aujourd'hui. Pour les peintres et les sculpteurs, représenter Aphrodite a toujours été un défi. Comment en effet représenter la beauté absolue ?

Symbole de coquetterie et de légèreté, Aphrodite a souvent été figurée à sa toilette, occupée à se contempler dans un miroir sous l'œil attendri d'Éros. La déesse de la beauté est mariée au plus vilain des dieux, Hephaïstos, mais se console avec plusieurs amants, notamment Arès, le dieu de la guerre. Elle joue un rôle prépondérant pendant la guerre de Troie, dont elle est l'instigatrice. C'est elle en effet qui promet au berger Pâris l'amour de la plus belle des femmes, la belle Hélène, déjà mariée au roi Ménélas. Elle devient ainsi symbole du mal qui s'attache à la beauté physique et à la séduction.

Voir **blond, coquille, femme, Hélène, Héphaïstos, nudité**

Apis

Dieu-taureau symbole de la génération et de la force fécondante.

Très anciennement adoré à Memphis, le dieu de la ville étant Ptah, Apis lui est vite associé et devient sa manifestation charnelle ; l'importance prise par le culte solaire de Rê dans l'Ancien Empire vaut à Apis une nouvelle assimilation, qui explique la présence, dans les représentations, du disque solaire entre les cornes du taureau. Enfin Apis s'allie à Osiris, et sa personnalité s'empreint de caractères funéraires. Apis mort devait renaître dans une autre enveloppe mortelle : des prêtres le recherchaient dans les pâturages et reconnaissaient le nouvel Apis à des marques distinctives, comme des taches sur diverses parties du corps.

Voir **corne, soleil, taureau**

apocalypse

Livre de la littérature juive et chrétienne, qui a pour objet de révéler les mystères concernant le cours de l'histoire et la fin des temps, l'apocalypse se sert d'allégories et de symboles pour décrire le monde qu'elle clôt. Elle est le message en images des voyants, à l'attention du peuple en détresse.

Une mise à nu allégorique

Une importante littérature apocalyptique décrivant sous une forme conventionnelle et mystérieuse pour les non-initiés l'avènement du royaume messianique à la fin des temps a circulé aux approches de l'ère chrétienne dans les milieux juifs et chrétiens. Dans la littérature juive, le Livre de Daniel (rédigé vers – 167) semble être le premier représentant de ce genre. Dans la littérature chrétienne, on retiendra l'Apocalypse de saint Jean (rédigée vers 96 de notre ère), dernier livre du Nouveau Testament. L'Apocalypse de saint Jean, ensemble de visions symboliques sous le masque d'événements contemporains (persécution de Domitien), annonce avec le triomphe futur du Christ le jugement de Dieu sur les puissances du mal et affirme la pérennité des promesses que le Seigneur a faites à son Église.

Tout ou presque dans les apocalypses a valeur de symbole : les couleurs, les nombres, les personnages, les objets... L'apocalypse n'est pas une fin du monde, mais une révélation. Or, étant donné les mystères à dévoiler, elle ne peut utiliser les mêmes procédés que pour le monde visible. Ainsi, dans le Livre de Daniel, la révélation se fait-elle par des songes et des visions. Pour la mise à nu (le sens grec du mot « apocalypse ») des trois mystères que Dieu a à dévoiler aux hommes (ceux du Ciel, les énigmes des origines, et les perspectives insondables de l'avenir), le message est donc habillé d'allégories.

Des animaux, des couleurs et des chiffres

L'apocalypse compte tout un bestiaire. Ainsi le Fils de l'Homme, ou Messie, est-il représenté sous la forme d'un taureau ou d'un lion, comme dans l'Apocalypse de Jean, où le Christ est décrit comme le lion de la tribu de Juda, mais aussi comme un agneau : l'agneau de Dieu, qui renvoie au sacrifice de l'agneau de la Pâque juive. Des animaux malfaisants symbolisent les ennemis de l'Église : dragon rouge feu, bête surgie de la mer, pour désigner les pouvoirs politiques, bête surgie de la terre à propos du faux prophète, et quatre bêtes pour représenter les quatre empires qui ont régné sur terre.

Des couleurs aussi reviennent fréquemment : le blanc signifiant la victoire, la pureté et la joie eschatologique ; le rouge, la violence, le luxe et la débauche ; le noir, la mort ; et le vert, la décomposition...

Les chiffres complètent cette construction d'images fantastiques : le 7, par exemple, qui y exprime la totalité, et que l'on trouve dans les sept fléaux que portent les sept anges, mais aussi dans les sept étoiles de la main de Dieu, ou encore dans les sept candélabres d'or, qui sont les sept Églises, et de nouveau dans le dragon à sept têtes, deuxième signe annonciateur de la fin des Temps pour Jean. Le chiffre 2 symbolise les témoins, les disciples étant toujours envoyés par paires. Le monde, lui, est représenté par le 4, celui des quatre cavaliers et des quatre évangélistes, figurés en peinture par le symbole tétramorphe. Le 6 désigne l'homme, ainsi que l'imperfection. Le 12 et ses multiples désignent les Hébreux, notamment le multiple 144 000 pour le peuple d'Israël. Tous les chiffres sont donc chargés de symbole, à commencer par celui de la Bête et de Satan lui-même : 666.

Une apocalypse, une catastrophe effrayante qui évoque la fin du monde.

Voir **agneau, ange, Antéchrist, blanc, démon, diable, deux, douze, dragon, lion, noir, quatre, rouge, sept, six, voile**

Apollon (Phœbus)

Dieu de la lumière et de la musique, il parcourt quotidiennement le ciel sur son char. Il est le pendant masculin d'Aphrodite, car il est le plus beau des dieux. Patron de la divination, il a son propre oracle à Delphes, où il s'exprime par la voix de la Pythie.

Il est le descendant de Péan, ou Paian, divin maître des animaux de la Crète minoenne. Fils de Zeus et de Léto, frère d'Artémis, il est né à Délos ; à son retour du pays des Hyperboréens, il s'établit à Delphes, tue le monstre Python, et prend possession de l'oracle de Delphes. Il séduit de nombreuses nymphes : Coronis, Daphné, Clytia, Leucothoé. Chaque automne, il retourne dans le Grand Nord, au pays du ciel toujours pur, et ne revient en Grèce qu'au printemps, parmi les fêtes et les chansons. Personnalité multiple, Apollon rassemble plusieurs divinités, à la manière du syncrétisme égéen. Toute une part de son activité révèle un dieu solaire dont les flèches frappent ou guérissent comme les rayons de l'astre.

Dieu protecteur des troupeaux, il passait pour un tueur de loups *(Lukeios)* et la sculpture archaïque le représente souvent portant un agneau sur ses épaules. Dans son sanctuaire de Delphes, il inspire la Pythie, dont les oracles font courir les foules (Delphes s'emplira, au long des siècles, de trésors venus du monde entier). Dieu de la musique et de la poésie, qu'il a inventées pour son plaisir éternel, Apollon aime par dessus tout les fêtes où des chœurs alternés de garçons et de filles chantent et dansent autour de son autel. Il conduit lui-même le chœur des Muses (Musagète) en jouant de la lyre. Les Romains l'ont souvent appelé Phœbus.

Dans l'iconographie, Apollon symbolise le dieu éphèbe par excellence, normalement représenté nu sauf lorsqu'il tient la lyre ou la cithare. L'époque archaïque le montre souvent tenant l'arc. Puis c'est le dieu lumineux et purificateur qui inspira surtout les artistes grecs de l'époque classique. L'Apollon du Belvédère (musée du Vatican) passera à la Renaissance pour le modèle de la beauté masculine. À Versailles, les représentations d'Apollon sont un élément du mythe solaire.

Voir **augures, char, Hélios, laurier, serpent, soleil**

Apophis

Dieu-serpent égyptien de grande taille, symbole des forces du mal.

Ennemi du Soleil, qu'il menace quotidiennement dans sa course diurne et nocturne (autre monde), mais dont le Soleil chaque fois triomphe, maintenant ainsi l'ordre et l'harmonie universels. Apophis sera rapproché de Seth (divinité pouvant aussi menacer l'ordre du monde).

Voir **serpent, soleil**

arabesque

L'arabesque, comme son nom l'indique, est un moyen de représentation propre à l'islam et doit être perçue comme une expression des croyances des musulmans.

Elle allie la répétition régulière de formes géométriques à des lignes souples qui évoquent des végétaux.

L'interdiction de représentations d'êtres humains et d'animaux dans l'islam a sans doute contribué au développement de cet art « abstrait » qui s'est répandu, avec des variantes régionales, à travers le monde musulman. Pour les croyants, les formes géométriques rappellent la perfection infinie de Dieu, et les motifs floraux, les jardins du paradis. Cette valeur transcendante s'est traduite dans la calligraphie arabe, car les citations coraniques sur les parois des mosquées empruntent les formes de l'arabesque. Les lettres, voluptueuses, enveloppantes mais strictement ordonnées du Livre de Dieu, renvoient à une divinité invisible et omniprésente qui s'exprime par une voix captivante.

Voir **jardin, labyrinthe**

Arachné voir araignée

araignée

L'araignée tisse sans fin sa toile afin d'assurer sa subsistance en piégeant les insectes dont elle se nourrit. Tous les qualificatifs qui lui sont attribués : laborieuse, habile, hypocrite, cruelle, dérivent de ce travail sans fin, activité féminine faite de patience et d'habileté.

Une habileté arachnéenne

La jeune Arachné s'était un jour vantée d'être meilleure tisseuse et brodeuse qu'Athéna, patronne des arts et des techniques. Un concours fut organisé. Sur sa toile, Athéna choisit de représenter plusieurs épisodes glorieux de la vie des dieux. Arachné, de son côté, broda des scènes galantes tendant à les dévaloriser. Athéna, furieuse, frappa sa rivale. Arachné, désespérée, se pendit, mais Athéna lui refusa l'apaisement de la mort. Pour toujours, Arachné transformée en araignée montera et descendra le long de son fil, tissant sa toile. L'ambition démiurgique de la jeune fille et de l'animal créateur cosmique est vouée à l'échec. Tissage donc, qui rappelle le fil de la destinée humaine, tissage fragile qui ne demande qu'à se rompre.

Fourbe araignée

Mais la toile est aussi un piège tissé dans l'obscurité, auquel viennent se prendre les naïfs. Et l'araignée se fait fourbe et cruelle, comme le remarque saint Grégoire le Grand : « Il est à remarquer que les toiles d'araignée sont tissées de leurs petits fils avec beaucoup d'ordre et de régularité ; de même les hypocrites affectent de faire paraître dans toutes leurs actions de la prudence et de la conduite. »
La sagesse populaire ne parvient pas à départager les mérites et démérites de l'araignée, cet animal qui fait traditionnellement grimper les femmes craintives sur des chaises en poussant les hauts cris. C'est sans doute de cette ambiguïté que vient l'étrange comptine : « Araignée du soir, espoir, araignée du matin, chagrin, araignée du tantôt, cadeau. »

Voir **Athéna, tissage**

arbousier

Arbuste aux fruits amers et à feuilles persistantes, l'arbousier était associé à l'immortalité chez les Romains.

L'emblème de Madrid est un ours en train de manger les fruits d'un arbousier, lequel pousse à profusion dans les champs castillans. Le nom de la ville est dérivé de l'espagnol *madrono,* « arbousier ».

arbre

Image par excellence de la vie, de la croissance, de la régénération, du lien entre la terre et le ciel, entre Dieu et les hommes, l'arbre associé depuis toujours aux rites de passage des saisons se trouve depuis des millénaires au cœur de la symbolique occidentale.

De l'arbre de Gilgamesh à l'arbre du péché

Dans la littérature, la première référence à l'arbre de la vie remonte à l'épopée sumérienne de Gilgamesh, vieille de 4 000 ans. Le héros éponyme entend parler d'une mystérieuse plante aquatique ayant le pouvoir de rendre à l'homme sa jeunesse. Gilgamesh trouve la plante, mais un serpent surgit, la lui arrache des mains, et Gilgamesh doit apprendre que tous les hommes sont mortels. Dans l'univers sumérien, Ningizzida, le dieu du serpent, est « le Seigneur de l'arbre de la vie ».
Il n'est pas difficile de voir comment la mythologie sumérienne réapparaît, remaniée, dans la Genèse pour alimenter l'imaginaire judéo-chrétien. Au jardin d'Éden se trouvent deux arbres, celui de la vie et celui de la connaissance du bien et du mal dont Dieu avait interdit à Adam et Ève de manger le fruit. Mais, poussés par le serpent tentateur, Adam et Ève goûtent au fruit défendu, et sont chassés du jardin d'Éden, par punition et pour éviter aussi qu'ils ne touchent à l'arbre de Vie et accèdent ainsi à l'immortalité. Le péché originel entraîne la chute de l'homme : l'homme est voué à travailler la terre, à y retourner en mourant, la femme à enfanter dans la douleur.

L'arbre judéo-chrétien

La synthèse symbolique entre les deux arbres, l'un représentant la chute, l'autre, la vie éternelle, se trouve dans maintes représentations médiévales où l'on voit le Christ crucifié sur un arbre plutôt que sur une croix. Après avoir goûté à l'interdit en mangeant le fruit de l'arbre de la connaissance du bien et du mal, l'humanité peut se laver de ses péchés et atteindre le salut éternel par l'arbre de la vie christique.
Cette association entre le Christ et un arbre se retrouve dans un troisième arbre, celui de Jessé, père de David. Selon une phrase du prophète Isaïe, « un rameau sortira de la souche de Jessé, et l'esprit du Seigneur reposera sur lui ». Les généalogies du Christ élaborées par les évangélistes Luc et Matthieu font remonter une ascendance sans faille depuis Joseph, époux de la Vierge Marie, jusqu'à Jessé. Les artistes se sont largement inspirés de cet arbre généalogique, surtout dans les vitraux, où l'on voit Jessé couché ou assis et, sortant de son ventre, un tronc dont chaque branche porte un ancêtre de Joseph. La branche la plus élevée porte habituellement Marie, tenant dans ses bras l'enfant Jésus.

L'arbre a, de toute façon, toujours fait l'objet de vénération populaire dans la France chrétienne traditionnelle puisqu'il existait des arbres à culte portant une petite chapelle ou une statuette et désignant le nom de la Vierge ou d'un saint. Très nombreux dans toute la France, les arbres à culte faisaient l'objet de pèlerinages. Certains sont d'anciens arbres des fées, ce qui attesterait d'un culte païen primitif de l'arbre.

Pour le judaïsme, la Torah assimilée à la Sagesse est « un arbre de vie pour ceux qui la saisissent » et les deux manches de bois supportant le rouleau de la Torah sont nommés traditionnellement « arbres de vie ».

Arbre de Noël, arbre de vie

La tradition de l'arbre de Noël relève aussi de la synthèse d'une tradition païenne et d'une autre chrétienne. Selon une croyance de la Rome antique, les arbres à feuilles persistantes conjuraient la peur de la mort au temps des mois d'hiver, et symbolisaient la permanence de la vie. Le sapin, seul arbre vert de l'époque, représentait l'arbre de l'Éden dans les mystères de la création joués la veille de Noël sur les bords du Rhin dès le XVIe siècle. On attachait des pommes à ses branches. Les boules de Noël qui décorent de nos jours le sapin s'inscrivent dans cette tradition symbolique. L'arbre de Noël fut introduit à Paris aux Tuileries par Hélène de Mecklemboug, belle-fille du roi Louis-Philippe en 1837. Cette coutume se généralisa en France après 1870 et les catholiques, qui préféraient la crèche au sapin, symbole protestant, l'adoptèrent progressivement.

Lors de l'angélus dominical du dimanche 19 décembre 2004, le pape Jean-Paul II proposa sa propre explication du sens du sapin de Noël : « Ce symbole est tout aussi pertinent lorsqu'on lui donne une interprétation chrétienne, car il rappelle l'Arbre de la Vie, image du Christ et don suprême de Dieu aux hommes. Le message du sapin de Noël est donc que la vie est verte et qu'elle est un don. »

Arbre du printemps, arbre de la Liberté

Le mai est le plus souvent un arbre, une branche ou un bouquet qui célèbre le retour du printemps, saison de la séduction et de la fécondité. Ce symbole est associé à une grande variété de coutumes rurales, à l'occasion des fêtes votives, des fiançailles ou du mariage, de la fenaison ou de la moisson. Le plus souvent, le mai consiste en « un arbre, une branche ou un bouquet placés dans la nuit du 30 avril au 1er mai devant ou sur la maison d'une fille qu'on aime ou qu'on veut honorer, ou bien de celle qu'on déteste ou qu'on veut injurier » (A. Van Gennep, anthropologue et folkloriste français, 1873-1957). Cette coutume est attestée en France dès le commencement du XIIIe siècle. L'arbre de mai est un mai collectif: la jeunesse masculine va le chercher dans un bois et le plante dans la nuit du 1er mai sur la place du village en l'honneur des jeunes filles à marier. Garçons et filles dansent autour de l'arbre : la ronde a une vertu magique, reliant l'arbre et la végétation aux désirs de la communauté. Très répandu à travers la France paysanne, ce rite, d'origine païenne, est récupéré par l'Église au XVIe siècle lorsque les curés bénissent le « mai ».

La coutume des arbres de mai inspira la plantation d'arbres de la Liberté au début de la Révolution française, afin de symboliser l'avènement du nouveau régime et la liberté reconquise. Le premier arbre de la Liberté aurait été planté par un curé dans le département de la Vienne en 1790. La cérémonie reçut beaucoup de publicité et la pratique se répandit dans toute la France. Les arbres de la Liberté furent souvent décorés de cocardes tricolores et même coiffés du bonnet phrygien. En 1792, on en comptait à peu près 60 000. Chaque commune était tenue d'élever dans le feuillage de l'arbre un autel de la Patrie, consacré aux cérémonies civiques. À partir de l'an II (1793-94) et du Directoire, l'arbre, lieu de rassemblement, devient un quasi-symbole national révolutionnaire et républicain, témoin de la croissance et de la régénération d'un nouvel ordre politique. Sa plantation donne lieu à une cérémonie codifiée, véritable manifestation de religion civique, où la jeunesse joue un grand rôle comme dans l'ancestral rite du « mai ». La plupart de ces arbres furent déracinés sous la Restauration et remplacés par des croix, signe de la reconquête catholique, mais on en replanta d'autres en 1830, en 1848, en 1871 et même en 1944 après la libération du territoire français.

Lors de la Révolution de 1848, l'esclavage est officiellement aboli dans les Antilles françaises. En Martinique, des arbres de la Liberté sont plantés, mais, à la différence des arbres métropolitains, on enfouit avec leurs racines des chaînes et des carcans.

Voir **bois, bonnet phrygien, chaîne, chêne, forêt, jardin, montagnes, olivier, pomme, saison, sanctuaire, serpent**

1. arc

L'arc, l'une des premières armes inventées par l'homme, se distingue de la flèche par le fait qu'il présuppose une maîtrise physique, sinon psychique, dont le lâcher de la flèche est le résultat matériel.

Le célèbre épisode de l'arc d'Ulysse illustre cette symbolique. Pénélope, épouse du héros homérique, cherche à repousser une foule de prétendants qui se font de plus en plus pressants. Elle leur déclare qu'elle épousera l'homme qui arrivera à tendre l'arc de son mari. Aucun des prétendants n'a la force pour y parvenir. Ulysse, de retour à Ithaque, son île natale, mais à l'insu de Pénélope, réussit à tendre l'arc. Il tire et commence à massacrer les prétendants. Puis il se fait reconnaître de Pénélope. L'arc est l'instrument symbolique d'un pouvoir légitime par lequel Ulysse reconquiert et son royaume et son épouse.

L'arc est aussi l'un des attributs de Diane la chasseresse et de son frère Apollon, dieu archer de la raison, des arts et de la musique. Apollon est souvent représenté avec une lyre, instrument à cordes dont la forme courbe est clairement en rapport avec l'arc.

Dans la Bible, l'arc peut représenter le jugement en attente de Dieu : « Dieu est un juge également juste, fort et patient: se met-il en colère tous les jours ? Si vous ne vous convertissez, il fera briller son épée ; il a déjà tendu son arc, et le tient tout prêt » (Psaumes VII 12-13).

Voir **Apollon, archer, arme, Artémis (Diane), flèche, lyre**

2. arc

L'arc, comme élément architectural, est une construction qui enjambe une ouverture. La dernière pierre que l'on place au milieu de l'arc s'appelle la clef de voûte. Elle sert à maintenir toute la construction.

Arc et religion

L'arc peut emprunter des formes diverses, courbe ou en plein cintre, droit, en demi-cercle, en fer à cheval, à sommet en pointe. La forme de l'arc peut avoir une signification symbolique. Ainsi, en terre d'islam, on favorise l'arc en fer à cheval, la forme qui se rapproche le plus du cercle, figure de la perfection divine. En Occident, l'arc connaît un développement extraordinaire lors de la construction des cathédrales gothiques, qui dépendent de l'utilisation de l'arc brisé, de la voûte sur croisée d'ogives, faite à partir de trois séries d'arcs, et de l'arc-boutant qui permet de construire des murs très hauts. Ces innovations dans l'utilisation de l'arc soutiennent une « théologie » de la verticalité, mais aussi de la lumière, car il devient possible de percer de très grandes ouvertures dans les murs où seront placés les vitraux.

Arcs de triomphe

Invention romaine, les arcs de triomphe se rattachaient à l'origine à un rituel religieux de purification des armées après une campagne militaire. Si la plupart se sont inscrits ensuite dans une symbolique triomphale et commémorative de la victoire, certains cependant sont ornés des emblèmes de la cité dont ils décorent l'entrée, d'autres honorent une famille de notables. Le plus ancien arc de triomphe construit est celui qui à l'entrée du Forum romain sur la Voie sacrée célèbre la victoire d'Octave sur Marc Antoine à Actium. Certains thèmes se retrouvent sur presque tous les arcs, comme celui des victoires ailées ; d'autres sont spécifiques : ainsi l'arc de Titus, au pied du Palatin, commémore le triomphe de l'empereur sur les Juifs et la prise de Jérusalem en l'an 70. On y voit des légionnaires romains en train d'emporter les trésors du Temple, dont un chandelier à sept branches. Construit par Domitien, frère de Titus, après la mort de celui-ci, les bas-reliefs montrent aussi un empereur sur un quadrige accompagné par une victoire ailée. Dans l'un des caissons, Titus est emporté parmi les dieux par un aigle. L'arc, fait donc partie du processus de divinisation de l'empereur. L'Arc de triomphe de Paris est le plus grand du monde. Sa construction fut décidée par Napoléon après la bataille d'Austerlitz en février 1806.

Voir **aigle, cercle, chandelier, char, porte, Victoire**

Arcadie

L'Arcadie («pays des ours») est une région montagneuse au centre du Péloponnèse en Grèce. Traditionnellement, l'Arcadie symbolise le bonheur idéal, la simplicité de la nature.

L'origine de ce thème se trouverait dans le roman pastoral de Sannazzaro, *l'Arcadie* (1504). En peinture, ce thème inclut toujours les mêmes éléments : des bergers contemplent une inscription gravée sur un tombeau : *« Et in Arcadia ego »*.
Mais la traduction même de la phrase est douteuse, entre autres pour des raisons grammaticales. Est-ce la mort qui rappelle sa présence dans un cadre aussi enchanteur et bucolique que l'Arcadie (« Je suis toujours présente, même en Arcadie »), ou est-ce le mort ou la morte qui s'exprime en ces termes : « Et moi aussi, j'ai vécu en Arcadie » ? Le célèbre tableau de Nicolas Poussin, *les Bergers d'Arcadie* (1650), est considéré comme une allégorie du bonheur soumis à la mort, proche du thème pictural des vanités.

Voir **berger, crâne**

arc-en-ciel

L'arc-en-ciel est un symbole du renouveau après la destruction, de la nouvelle alliance entre Dieu et les hommes après le Déluge, par allusion au récit de la Bible suivant lequel l'arc-en-ciel annonce à Noé que la terre n'a plus à craindre une nouvelle catastrophe.

« J'ai mis mon arc dans la nuée pour qu'il devienne un signe d'alliance entre moi et la terre. Quand je ferai apparaître des nuages sur la terre et qu'on verra l'arc dans la nuée, je me souviendrai de mon alliance entre moi, vous et tout être vivant, quel qu'il soit » (Genèse, IX, 13-17). L'arc-en-ciel est ainsi devenu un chemin d'espoir pour toutes les communautés opprimées en attente d'une délivrance. Chez les Grecs, l'arc-en-ciel était d'ailleurs associé à la messagère divine Iris. Il a été utilisé dans les années 1920 par les groupes de défense des droits des Afro-Américains. Il est devenu un symbole de prospérité et de paix d'une valeur égale à celle de la colombe qui ramena à Noé un rameau d'olivier.

Depuis 1978, à San Francisco, la communauté gay et lesbienne l'utilise dans une version à huit couleurs : rose vif, rouge, orange, jaune, vert, turquoise, indigo et violet – chacune de ces couleurs ayant sa symbolique particulière (rouge pour la vie, rose pour le sexe, violet pour l'homosexualité, vert pour la transgression sociale…).Une nouvelle version à six couleurs (rouge, orange, jaune, vert, bleu et violet) va rapidement s'imposer au cours des année 1980 et 1990, les défilés de la *Lesbian and Gay Pride* se déroulant dans le monde entier sous le signe de l'arc-en-ciel.

Voir **colombe, déluge, jaune, olivier, pont, rayure, rose, rouge, vert**

arche

Que ce soit comme vaisseau ou comme réceptacle des Tables de la loi, l'arche représente la Loi divine.

L'arche de Noé, voguant sur les flots et abritant toutes les espèces animales, représente une seconde création après le jugement dévastateur du Déluge. Si la première création est l'affaire d'un Dieu statique qui crée uniquement par son Verbe, la seconde création est celle d'un Dieu en mouvement qui utilise et accompagne un homme juste pour faire renaître la vie et la société humaine.

L'Arche d'Alliance, coffre de bois d'acacia recouvert d'une plaque d'or qui contenait les Tables de la Loi, c'est-à-dire les règles de la foi et de la vie en société que Yahvé avait transmises à un autre homme juste, Moïse, était, elle aussi, une expression de la loi divine en mouvement, car les Hébreux l'emportaient avec eux lors de leurs campagnes militaires. Placée dans le Temple, où elle était encadrée par des chérubins aux ailes déployées, elle disparut à la ruine de Jérusalem en 587 av. J.-C. Elle était considérée comme le trône de Yahvé, le trône étant le symbole de la présence royale ou divine. L'Arche d'Alliance est aussi le nom donné par les juifs à l'armoire où est enfermé le rouleau de la Torah qui sert aux offices de la synagogue.

Dans la religion chrétienne, l'arche deviendra une figure mystique de l'Église.

Voir **arc-en-ciel, coffre, tabernacle, temple, trône**

archer

Figure militaire de l'adresse et de la force, l'archer exprime la quintessence de l'attaque : le but, la stratégie, l'anticipation du regard. Sa flèche symbolise la clarté de la vision, l'incarnation de la volonté et de la force.

Un symbole de force…

Dans la Genèse, l'arc symbolise la force nécessaire à la victoire : alors que l'épée exige le corps à corps, l'arc permet le combat à distance. L'archer voit venir l'ennemi de loin, comprend ses mouvements et ses plans, et l'abat avant qu'il n'ait attaqué. Mais, si l'arc représente l'intelligence et la hauteur de vue, il est avant tout le symbole de la force, car il faut des mains et des bras puissants pour le bander et s'en servir : ainsi l'archer iranien Arash tire-t-il une flèche à 2 250 kilomètres pour délimiter les frontières de l'Iran face à l'envahisseur touranien.

Dans la Grèce antique, c'est un dieu tout-puissant et craint, Apollon, qui décoche les flèches de la peste. À l'inverse, saint Sébastien résiste aux sagittations mortelles de son bel archer, métaphore du voyeur amoureux.

… et de sagesse

Pour certains, le Sagittaire, mi-homme, mi-cheval, tenant un arc et tirant une flèche, est Crocus, fils d'Euphémé, nourrice des Muses, un des plus intrépides chasseurs du Parnasse. Mais ce centaure archer est plus probablement le centaure Chiron, instructeur de la médecine, qui fit don de son immortalité à Prométhée. Pour l'en récompenser, Zeus transforma Chiron en constellation du Sagittaire. Les nombreuses représentations de ce centaure archer dans les églises romanes font référence à sa sagesse, à son rôle d'enseignant, de guérisseur, et à son altruisme : tel est le dessein qu'il vise de sa flèche.

Voir **arc, centaure, flèche**

Arès voir Mars

argent

Métal brillant et de couleur blanche, l'argent renvoie à la pureté et à la Lune, mais aussi au vice.

Argent *versus* or

Très répandu dans l'Antiquité, qui ne connaissait pratiquement aucun métal blanc, l'argent a été progressivement assimilé à la Lune, principe féminin, tandis que l'or, principe masculin, était associé au Soleil. Métal précieux que l'on trouve à l'état natif, l'argent symbolise dans le Nouveau Testament la vérité et la foi, rattachées à l'amour du prochain. Aussi la religion chrétienne l'associe-t-elle à la Vierge, et l'or à Jésus. Cette opposition entre la froideur de l'argent et la chaleur de l'or se retrouve dans de nombreux exemples : l'argent est la nuit (l'or, le jour), la fécondité (l'or, la fécondation), l'eau (l'or, le feu). Les deux matières s'opposent et se succèdent depuis l'Antiquité, où l'âge d'argent est le deuxième des cinq âges de l'humanité, succédant à l'âge d'or, auquel il est inférieur, marqué qu'il est par des récoltes moins abondantes et par l'obligation de travailler. De même, les noces d'argent sont inférieures aux noces d'or dans le folklore français, et symbolisent les vingt-cinq ans de mariage.

Blancheur et noirceur de l'argent

En héraldique, l'argent est l'un des deux seuls métaux, et est représenté par la couleur blanche : son nom vient d'ailleurs du grec *arguros,* « blanc étincelant ». D'où son symbolisme de pureté ou de purification. Le livre des Psaumes dit ainsi : « Les paroles de l'Éternel sont des paroles pures, un argent éprouvé sur terre au creuset, et sept fois épuré. » Et, dans l'Apocalypse, l'Éternel dit : « Je mettrai ce tiers [de la population] dans le feu, et je le purifierai comme on purifie l'argent. » Au Moyen Âge, « l'argent du diable » est de mauvais aloi. Il se change en griffes de chat ou en crapaud. L'Europe de cette époque considère l'argent comme métal improductif, non comme marchandise, et interdit l'usure aux chrétiens. L'argent ayant eu très tôt un rôle monétaire, il symbolise la richesse et les possessions matérielles, il n'est plus l'argent du bien-être mais devient impur, corrupteur, objet de convoitises et d'avilissement moral, c'est « l'argent roi ».

L'argent est considéré comme vain dans le judaïsme : « L'argent est à moi et l'or est à moi », dit l'Éternel dans l'Ancien Testament.

Un homme ou une femme d'argent, personne intéressée, qui aime l'argent.

Voir **blanc, héraldique, lune, métal, monnaie, or,**

Argonautes voir Jason

Arlequin

Arlequin est un valet qui porte un habit bariolé. Comme son habit, son caractère est changeant et imprévisible. Il est le symbole même de la versatilité humaine.

Tantôt (à l'origine) rustre et naïf, tantôt rusé, vif, philosophe cynique et immoral, Arlequin est le dégourdi qui trouve toujours une solution à tout. Paresseux, gourmand et coureur de jupons, il sait aussi être gentil et fidèle.

De bouffon, il évolue avec Lesage, Goldoni et Marivaux vers une plus grande complexité psychologique. Il est en fait assez proche des fous très sages de Shakespeare, et pourfend la folie humaine avec pour seule arme un cœur tendre, un raisonnement sain et un sabre de bois.

arme

Objet, appareil, engin servant à attaquer ou à se défendre, l'arme symbolise la nature de celui qui la dirige.

À double tranchant

Si elles reviennent largement dans l'Ancien Testament, les armes n'y représentent pas la puissance, mais la force de la foi et de la volonté : ainsi David, seulement armé de sa fronde et de cinq pierres, renverse-t-il Goliath et, lui ayant pris son épée, lui tranche la tête. Outre celles d'un combat béni, les véritables armes sont les saintes armes de la prière : « Dépouillons-nous des œuvres des ténèbres, et revêtons les armes de la

lumière » (Romains, XIII, 12). À double tranchant, l'arme peut en effet être détournée de son but, vaincre le monstre et servir à combattre le Bien. Pour se prévenir de cela, le catholicisme rappelle dans l'Évangile que Dieu ne veut pas que les siens prennent les armes pour se défendre contre les persécuteurs : « Tous ceux qui auront pris l'épée périront par l'épée. »

À chaque arme, son symbole

Dans le monde hellénistique, chaque arme est rattachée à un dieu ou à un héros : Héraclès (Hercule) accomplit ses épreuves au péril de sa vie, armé d'une simple massue, symbole d'anéantissement. Pour les alchimistes du Moyen Âge, le mythe d'Héraclès symbolise le combat spirituel qui mène à l'immortalité. Arès (Mars), dieu de la guerre et des batailles, est symbolisé par le casque, les armes et l'armure. Souvent, les dieux et les hommes reçoivent leurs armes des mains d'autres qui les ont fabriquées pour eux : ce sont, par exemple, les Cyclopes qui forgent la foudre de Zeus, le trident de Poséidon et le casque magique d'Hadès. De même, Achille, résolu à venger la mort de Patrocle, se revêt-il d'une armure forgée par Héphaïstos. En passant de main en main, l'arme transmet la gloire de son ancien propriétaire. Aussi, furieux de n'avoir pas hérité des armes d'Achille, Ajax sombre-t-il dans la folie.

Dans la tradition chrétienne, Paul rattache aussi chaque arme de combat à un symbole religieux : « Ayez à vos reins la vérité pour ceinture ; revêtez la cuirasse de la justice ; mettez pour chaussures à vos pieds le zèle que donne l'Évangile de paix ; prenez par-dessus tout cela le bouclier de la foi, avec lequel vous pourrez éteindre tous les traits enflammés du malin ; prenez aussi le casque du salut, et l'épée de l'Esprit, qui est la parole de Dieu » (Épître aux Éphésiens).

Soumission, impureté et honneur

C'est en signe de soumission absolue à la force que le chef gaulois Vercingétorix dépose ses armes aux pieds de César. Les armes sont en effet interdites à Rome, qui est un sanctuaire appelé le *pomœrium*, dont Romulus a tracé les limites avec l'accord des dieux. Aucun affrontement armé ne peut se produire à l'intérieur de cet espace sacré. C'est un endroit pur, où la mort et les hommes en armes ne sont pas admis. Tout ce qui a trait à la guerre a lieu sur le Champ de Mars, à l'extérieur de ce périmètre. L'affrontement armé est ainsi pour les Romains le symbole d'une folie meurtrière qui ne peut se manifester n'importe où et qui doit être contrôlée par la cité, symbole de civilisation.

Au Moyen Âge, le métal étant rare et cher, les armes blanches, dites d'hast, sont le privilège et le symbole des seigneurs de haut rang : par excellence arme de noblesse et de vaillance, l'épée est l'une des cinq pièces de grand honneur sur les blasons. Dans la cérémonie de l'adoubement, celui qui est fait chevalier reçoit ses armes, dans le cadre d'une veillée de prière. Les liens qui l'uniront à ses frères d'armes ne seront à nul autre pareils. Le noble et ses proches suivants jouiront du privilège de pouvoir porter leurs armes dans les lieux publics, avec le maître d'armes, les gardes religieux, les miliciens de guilde, les diplomates et les forgerons.

Voir **arc, bouclier, chevalier, couteau, épée, fer, forgeron, fronde, Hercule, lance, Mars**

Artémis (Diane)

Déesse de la chasse et de la Lune, Artémis, divinité très ancienne, est aussi l'incarnation de la chasteté.

Fille de Zeus et de Léto, sœur d'Apollon, chaste et vierge, elle est armée de l'arc et tue impitoyablement ceux qui osent l'insulter. Elle a transformé en cerf Actéon et l'a fait dévorer par ses chiens. La déesse grecque classique dérive directement d'une « Maîtresse des bêtes sauvages » minoenne, flanquée de fauves ou d'oiseaux. Essentiellement chasseresse, à la robe retroussée pour faciliter la marche, portant arc et carquois, escortée d'une biche ou de chiens, elle était, en Tauride, une déesse astrale, au chef surmonté d'un croissant de lune, et, à Éphèse, orientalisée, une divinité-mère aux mamelles multiples, à la tête coiffée du modius, le bas du corps gainé. Objet d'un culte populaire, elle fut adorée dans toutes les parties du monde grec. La Diane romaine identifiée avec l'Artémis grecque semble avoir été primitivement une déesse de la Nature sauvage.

Voir **arc, chasse, croissant, lune, sein**

Arthur

Le roi Arthur, figure centrale des légendes arthuriennes, est, dès les premières chroniques en latin, présenté comme un *dux bellorum* (« chef de guerre »). Arthur est le modèle absolu du chevalier et du roi droit, fier et courageux en temps de guerre comme en temps de paix.

Le fait qu'Arthur ait ou non eu une existence historique fait encore aujourd'hui l'objet de nombreux débats. C'est au XVe siècle que Thomas Malory fait la synthèse des récits existants et donne sa forme « définitive » à la légende arthurienne avec *le Morte d'Arthur*.

Pour résumer très brièvement la légende, Arthur est le fils d'Uther Pendragon, roi de Bretagne. La Dame du Lac fait présent au jeune chevalier d'une épée, Excalibur, qui deviendra aussi célèbre que celle de Roland. Éduqué par le magicien Merlin, Arthur installe sa cour dans le château de Camelot où il s'entoure d'une troupe de chevaliers – les chevaliers de la Table ronde animés par la mystique du Graal. Arthur est marié à Guenièvre, mais celle-ci s'éprend de Lancelot et cette passion fatale précipite la chute du royaume. Arthur, blessé à mort dans un combat, meurt sur l'île d'Avalon, après avoir restitué l'épée qui lui avait été donnée par la Dame du Lac.

Voir **chevalier, épée, Graal, roi, rose**

ascension

Expression d'une volonté d'atteindre l'inaccessible, l'ascension symbolise la progression spirituelle et l'élévation des hommes vers le bien.

Pour la gloire et l'amour de Dieu

L'Antiquité compte de nombreux héros enlevés au ciel : Hercule, Bellérophon, ou les Dioscures. Selon la légende romaine, Romulus n'est pas mort, mais a disparu dans une violente tempête alors qu'il inspectait ses troupes, pour être emmené au ciel. Le thème de la montée au ciel est fréquent aussi dans l'histoire des religions. Le prophète Élie est enlevé par une tornade, son ascension symbolisant le zèle apostolique pour la gloire de Dieu : « Comme ils marchaient en conversant, voici qu'un char de feu et des chevaux de feu se mirent entre eux deux, et Élie monta au ciel dans le tourbillon. » Si l'ascension implique la participation de l'être qui s'élève, l'assomption, elle, est passive : le ciel fait monter à lui un humain. Ce sera le cas de la Vierge. Selon la tradition juive, Moïse aurait lui-même été emporté au ciel. Les Actes des Apôtres (I, 2-14) font le récit de l'ascension de Jésus quarante jours après sa résurrection. Ce récit relève du genre symbolique et doit être interprété comme une visualisation de la glorification de Jésus à la fin de sa mission terrestre. Et la foi en le mystère est exprimée dans un langage symbolique car ce qu'elle veut dire déborde les limites du langage rationnel.

Symbolique de l'ascension

La symbolique attachée à l'ascension est la même dans l'Ancien et le Nouveau Testament : il s'agit de la montagne et de la nuée, à quoi s'ajouteront, dans l'imagerie médiévale, l'arbre et la flèche. Dans l'art roman, des écailles sont souvent peintes sous les pieds du Christ en ascension, symbolisant la limite de la terre et le contact avec le ciel même. Son enlèvement au ciel est la préfiguration du mythe de l'occultation des imams chiites. L'islam rapporte surtout la montée au ciel de Mahomet depuis le sommet du mont Moriah, puis son voyage nocturne *(Mi'raj)* sur le dos d'El Boraq, son cheval ailé, qui le verra passer par le Paradis. Car l'homme ascensionnel est un homme exceptionnel : si Ganymède, fils du roi de Troie, est enlevé au ciel par Jupiter, qui prend pour cela l'apparence d'un aigle, c'est qu'il est le plus beau de tous les mortels.

Voir **flèche, Hercule, Mithra, montagne, nuée, quarante**

Asclépios (Esculape)

Dieu de la médecine chez les Grecs. L'histoire de la naissance d'Asclépios, dieu de la médecine, n'est pas sans rapport avec une opération de chirurgie in extremis.

Il apparaît à l'origine, curieusement, comme un dieu-taupe. Suivant la légende la plus répandue, il était fils d'Apollon. Dans Homère, il n'était qu'un héros initié à l'art de guérir par le centaure Chiron. Puis il fut considéré comme un dieu et particulièrement honoré à Épidaure et dans les *asclêpieia,* foyers de médecine.
Apollon avait séduit la nymphe Coronis, mais, alors qu'elle était enceinte de ses œuvres, elle s'était à son tour éprise d'un mortel. Furieux, Apollon la tua d'une flèche et arracha de son sein l'enfant qu'elle portait. Le dieu confia l'enfant Asclépios au centaure Chiron, préposé à l'éducation des héros, qui lui enseigna la médecine. Très vite, le jeune dieu fit preuve de son habileté en ressuscitant de nombreuses personnes grâce au sang de la gorgone Méduse, que lui avait confié Athéna. Zeus le foudroiera pour cette raison, qui renversait l'ordre naturel des choses.
Ses attributs étaient le caducée, emblème des médecins dans tout l'Occident, le serpent, le coq, le bâton, la coupe. Le culte d'Aesculapius (Esculape) fut adopté à Rome au IIIe siècle av. J.-C., à la suite d'une peste. Dans la statuaire, l'Asclépios archaïque est jeune et imberbe. À partir du IVe siècle, c'est un homme barbu, à la physionomie bienveillante, l'épaule droite et la poitrine découverte. Il s'appuie sur un bâton autour duquel s'enroule un serpent : le caducée. Il est souvent entouré de sa fille Hygie (la Santé) et de Télesphore (génie de la Convalescence).

Voir **barbe, caducée, Chiron, résurrection, serpent**

asphodèle

Cette plante liliacée est symbole du deuil pour les Grecs et les Romains.

C'est la fleur de Perséphone, fille bien-aimée de Déméter, qui est condamnée à passer les mois d'hiver aux enfers.

Voir **blé, Déméter, grenade**

astre voir étoile

astrologie

L'astrologie se fonde sur l'idée très ancienne que les mouvements des corps célestes, étoiles, Soleil et planètes, influent sur le destin des hommes et sur le cours des événements.

Une histoire très ancienne

Un axiome hermétique explique la croyance en l'astrologie : « Ce qui est en haut est comme ce qui est en bas ; ce qui est en bas est comme ce qui est en haut. » À la Renaissance, l'astronome Tycho Brahé justifiera par une phrase semblable la poursuite de ses recherches astrologiques.

La divination fondée sur l'étude des astres apparaît en Mésopotamie, où elle était déjà florissante vers 2500 avant notre ère et où des tablettes d'argile nous ont livré des témoignages comme celui-ci: « Le 14 de ce mois, Vénus ne sera pas visible, mais il y aura une éclipse de Lune; malheur aux pays d'Elam et de Syrie, mais mon Roi sera tranquille; fidélité au roi. » Elle se propage ensuite en Chaldée, en Égypte, en Grèce et en Asie. Si l'avènement du christianisme fait baisser son influence au Moyen Âge, la Renaissance connaît un renouveau d'intérêt pour l'astronomie, et aussi pour l'astrologie comme art divinatoire. Les calculs qu'elle implique, fondés sur l'arithmétique et la géométrie, permettent de localiser les corps célestes à une date et à une heure précises, en fonction de *tables astronomiques*. L'astrologue est alors un personnage hautement considéré, et la vie de Catherine de Médicis est indissociable de celle de ses astrologues Côme Ruggieri et de Nostradamus, qui fut ensuite le conseiller de Charles IX. Les savants les plus renommés, tels que Kepler et Galilée, tout en posant les bases de l'astronomie et de la physique moderne, pratiquent l'astrologie.

Pourtant, l'Église s'oppose à l'astrologie, et, en 1585 et en 1631, deux bulles papales en condamnent la pratique. L'époque des Lumières verra le déclin de l'astrologie, mais, aujourd'hui encore, de nombreux chefs d'État utilisent les services d'astrologues.

Les branches de l'astrologie

L'astrologie judiciaire (qui traite du jugement des astres) se subdivise en plusieurs branches :

L'astrologie naturelle ou physique étudie l'action des astres sur l'atmosphère, le temps, les marées, les climats, les catastrophes naturelles telles que séismes et éruptions volcaniques;

L'astrologie mondaine étudie les relations des astres avec le destin des groupes humains, des nations, des gouvernements. C'est celle à laquelle ont recours depuis des millénaires les chefs d'État;

L'astrologie natale ou généthliaque trace le destin de l'individu, de sa naissance à sa mort; c'est le domaine par excellence de l'horoscope de naissance;

L'astrologie horaire permet à un individu ou à un groupe de consulter le ciel chaque fois que quelqu'un a une décision à prendre ou une action à entreprendre. Le thème astral du moment précis où la question se pose répond aux questions que l'on se pose sur le caractère favorable ou défavorable des circonstances.

La naissance : des données astrales déterminantes

La branche la plus populaire actuellement concerne l'astrologie natale. L'horoscope est une carte du ciel à un moment donné, qui montre la position apparente des astres par rapport aux douze « maisons », ou signes, qu'ils traversent (zodiaque). La carte du ciel établie au moment de la naissance indique les tendances dominantes du caractère, les goûts de la personne, et prévoit son destin en divers domaines, tels que la réussite sociale, l'amour, l'argent et la santé. Nombre de gravures de la Renaissance montrent l'astrologue occupé à

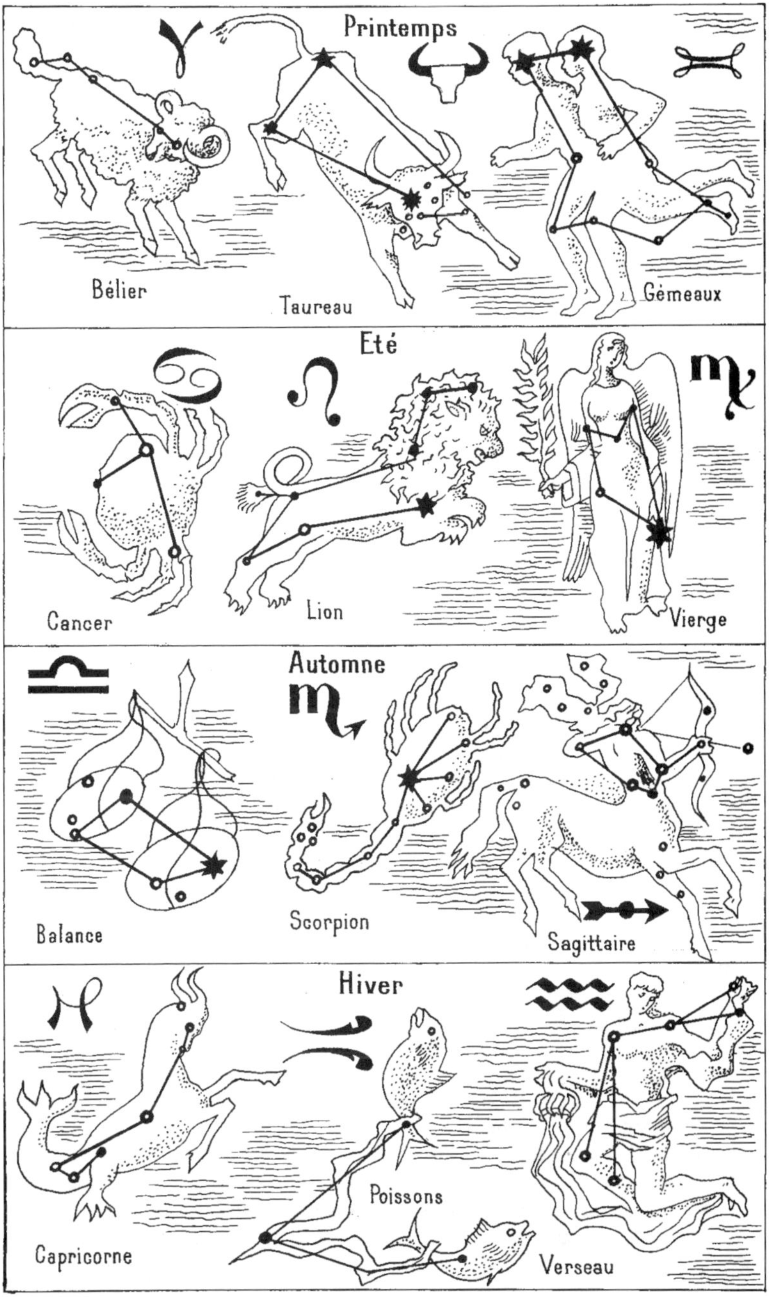
Printemps
Bélier
Taureau
Gémeaux
Eté
Cancer
Lion
Vierge
Automne
Balance
Scorpion
Sagittaire
Hiver
Capricorne
Poissons
Verseau

tracer la carte du ciel pendant la naissance d'un enfant, observant le ciel par la fenêtre de la chambre de l'accouchée.

On rencontre plus d'une centaine d'allusions à l'astrologie dans les pièces de Shakespeare, et les actes des protagonistes sont souvent considérés comme conditionnés par la position des astres. Ainsi Hermione, dans *le Conte d'hiver:* « Je dois attendre que les astres du ciel me soient plus favorables », ou encore Kent, dans *le Roi Lear:* « Les étoiles, dans le ciel, décident de notre sort » ; ou encore, dans *Henry IV:* « Saturne et Vénus en conjonction cette année ! Et qu'en dit l'almanach ? »

Influence sur l'influenza

Cette influence prédominante de l'astrologie a donné son nom anglais à la grippe : *influenza,* ainsi nommée car les médecins italiens du XVe siècle la croyaient causée par une influence néfaste des planètes. De même, le mot « désastre », originaire du latin *disaster,* signale une « mauvaise étoile » *(dis-aster).* De très nombreux adjectifs se réfèrent également à une influence, bonne ou mauvaise, des planètes. Ainsi, une personne lunatique est soumise à l'influence de la Lune, un caractère martial doit toute sa virilité combative à Mars, et une personne joviale ne doit sa bonne humeur qu'à l'influence de Jupiter.

Planètes et minéralogie

Les Babyloniens avaient découvert des correspondances entre les planètes et les métaux, et cette pratique s'étendit ensuite aux pierres précieuses, aux animaux et aux plantes. Ainsi, les alchimistes prirent l'habitude, qui s'est conservée, de désigner les principaux métaux par le symbole de la planète associée. Voici quelques-unes de ces correspondances :

Lune : argent, verre, antimoine, cuir.

Mercure : émeraude, jaspe, mercure, ambre.

Vénus : cuivre, perle, onyx, sucre, miel, encens.

Soleil : or, rubis, diamant, saphir.

Mars : fer, aimant, pyrites rousses.

Jupiter : étain, pierres blanches, corail, soufre.

Saturne : plomb, litharge, jais.

Voir **alchimie, augure, étoile, planète, zodiaque**

athanor

Fourneau dans lequel les alchimistes placent le récipient dit « œuf », qui contient la matière de la pierre philosophale. L'athanor représente la transformation physique ou morale.

Une matrice

Cette matrice dans laquelle s'opère la transmutation est de forme ovoïde, ce sur quoi insiste le vocabulaire alchimique. Au cœur, appelé « le nid », on place l'œuf philosophique contenant la matière première à transmuter. La chaleur est mesurée en couvaisons. Nicolas Flamel décrit l'athanor comme « le ventre et la matrice, contenant la vraie chaleur naturelle ». Enfin, il est traditionnellement comparé à l'œuf cosmique. Ici, l'œuf symbolise le siège, le lieu et le sujet de toutes les transmutations.

Les attributs de l'athanor sont ceux de sainte Barbe, patronne des alchimistes : la tour et l'épée. Aussi est-il symbolisé en alchimie par une ou plusieurs tours, ou par un petit château.

Symbole de l'intelligence

Associée au rouge en symbolisme ésotérique, en lui s'opèrent des opérations appelées la digestion, le mûrissement, la coagulation. Ainsi, faisant un parallèle avec l'activité organique, l'ecclésiastique et philosophe de l'hermétique Eliphas Lévi conclut finement : « Nous sommes tous en possession de l'instrument alchimique, le grand et unique athanor qui répond à la séparation du subtil et du volatil. Cet instrument complet comme le monde, précis comme les mathématiques, est représenté par les sages sous l'emblème du pentagramme ou étoile à cinq branches, qui est le signe absolu de l'intelligence humaine. Je suivrai l'exemple du sage en m'abstenant de le nommer : il est trop facile de le deviner. »

Voir **alchimie, cinq, étoile, œuf, pentagramme**

Athéna (Minerve)

Déesse de la sagesse mais aussi redoutable guerrière, Athéna est patronne des arts et des métiers.

Une déesse guerrière

Elle paraît dériver d'une divinité-serpent protectrice de la maison, du palais et de la ville, qui existait dans le monde créto-mycénien. Elle en a gardé le serpent, qui figure parmi ses attributs à côté de la chouette, symbole de sagesse. Fille de Zeus, de la tête duquel elle sortit tout armée, elle est en effet une déesse guerrière. Son bouclier est orné de la tête de la Gor-

gone, qu'elle a fait tuer par Persée. Elle s'est fait une cuirasse de la peau du géant Pallas et, selon une autre tradition, de celle de la chèvre Amalthée (égide). La lance au poing et le casque en tête, elle est la divinité d'Athènes et de plusieurs autres cités, qui possèdent la statue-talisman miraculeuse de la divinité (palladium). En elle résident l'âme de la cité et l'assurance de sa protection.

L'incarnation du génie grec

Mais elle est aussi une divinité pacifique. Athéna symbolise l'influence de la Raison et de l'Esprit. Elle est censée avoir donné à Athènes l'olivier, symbole de paix et de prospérité, qui est un de ses attributs. Ingénieuse, c'est elle qui enseignera aux hommes la plupart des métiers et techniques, et notamment l'art du filage et du tissage. Athéna a en effet inventé le tour du potier, l'équerre du charpentier et du maçon; elle protège les arts métallurgiques et veille sur les travaux féminins ; Athéna Erganê (« l'Artisane »), elle, est la brodeuse la plus habile de toute l'Attique (un concours l'opposera à la tisserande Arachné qui, punie pour avoir osé défier la déesse, sera transformée en araignée). À Athènes, où se célèbre annuellement la fête des Panathénées, son principal temple est le Parthénon, où on l'honora sous le nom d'Athéna Parthénos, « la déesse Vierge ».
Le personnage d'Athéna-Minerve connaît une grande vogue au XVIIe siècle, où il prend la relève de Diane et de Vénus, déesses chéries de la Renaissance. En effet, les femmes de la haute aristocratie aimaient à se faire représenter en Athéna, qu'elles voulussent soigner leur réputation de sagesse (Henriette d'Angleterre), leurs qualités de protectrice des arts (la maîtresse du Régent) ou bien leurs talents guerriers (la Grande Mademoiselle). Athéna sera aussi utilisée comme allégorie de divers pays, dont la France.

Voir **bouclier, casque, égide, lance, olivier, tissage**

Atlantide

Île fabuleuse sur laquelle quelques auteurs de l'Antiquité, presque toujours à la suite de Platon, ont laissé des récits légendaires. Ce mythe serait un des symboles de l'âge d'or de l'humanité (lorsque les dieux étaient proches des hommes), du paradis perdu et de la cité idéale.

Le mythe

Selon Platon, 9000 ans avant J.-C., l'île de l'Atlantide, octroyée à Poséidon et à sa descendance, était régie selon des lois idéales et harmonieuses. Grâce aux richesses naturelles de la terre, des souverains vertueux y faisaient bâtir cités et palais fabuleux. Mais les rois et les habitants, gagnés par l'orgueil et les vices, furent engloutis par l'Océan en guise de châtiment. En ce sens, l'anéantissement de l'Atlantide fut une catastrophe qui ne laissa subsister qu'une fraction amoindrie de l'humanité.

Le symbole de l'Amérique

Au Moyen Âge, l'idée selon laquelle l'histoire n'était qu'une longue décadence qui se conclurait par le Jugement dernier correspondait si bien à la parabole de l'Atlantide que nul ne s'y intéressait réellement. C'est avec les grandes découvertes maritimes de la Renaissance que la recherche de l'Atlantide redevint un thème littéraire et philosophique à la mode : retrouver l'Atlantide, c'était retrouver ou reconstruire la Cité idéale et réunifier l'humanité sur terre et non pas au ciel. N'était-il pas écrit dans Platon que, d'île en île, l'Atlantide permettrait de rejoindre le grand continent de l'Ouest ? Pour beaucoup de commentateurs, ce continent (ou l'Atlantide elle–même) était en fait l'Amérique, récemment (re)découverte.

La nouvelle Atlantide

Depuis, la lignée des références à l'Atlantide est féconde : on la retrouve, par exemple, dans l'île de Numénor du *Seigneur des anneaux* de J.R.R. Tolkien (1955), d'où viennent les rois à la longévité extraordinaire, comme Aragorn. C'est aux États-Unis, au début du XXe siècle, qu'est née l'hypothèse d'un autre continent submergé, dans le Pacifique sud celui-là : la terre de Mu, berceau d'une ancienne civilisation antérieure à l'Atlantide qui aurait été engloutie par une éruption volcanique. Les rescapés auraient alors rejoint la Birmanie, l'Inde, le Mexique, la Mésopotamie et l'Égypte et jeté les fondements de toutes les grandes civilisations. À défaut d'une caution historique à la hauteur de celle de Platon, ce sont des autodidactes prétendument botanistes ou archéologues qui travaillèrent à établir les correspondances architecturales, artistiques ou zoologiques entre le Sud-Est asiatique, le Moyen-Orient et le Nouveau Monde. Le rêve de l'Atlantide n'a jamais été aussi vivant ni sa signification aussi claire : dans des périodes de grandes découvertes, l'Atlantide nous invite à retrouver l'éternel chaînon manquant des études anthropologiques, l'arbre généalogique mythique qui sert de justification aux grandes civilisations et le grain à moudre de nombreuses sectes.

Voir **Amérique, Arcadie, déluge, jardin, or**

Atlas

Patron des astronomes à cause de l'image du globe reposant sur ses épaules.

Frère de Prométhée, Atlas, emblème des astronomes, a participé à la lutte des Titans contre Zeus. Celui-ci le condamne alors à porter la voûte céleste sur ses épaules.

Voir **monde, montagne**

Aton

Disque solaire divinisé dès la Haute Époque.

Le pharaon Aménophis IV promeut Aton au rang suprême et l'impose, comme dieu unique pendant les 14 ans de son règne effectif : le nom d'Aton domine alors dans l'onomastique (le pharaon, notamment, devient Akhenaton). Image obsédante, le disque solaire, dans les représentations, tend vers les humains ses rayons terminés par des mains (l'image est ancienne), et offrant souvent des signes de vie : manifestation d'un dieu bénéfique, généreux donateur et dispensateur des forces vitales, préoccupé de toutes ses créatures, même les plus humbles. Mais les croyances traditionnelles et le clergé d'Amon devaient rapidement l'emporter sur le culte rendu à Aton.

Voir **disque, main, Ré, soleil,**

Atoum

Dieu égyptien, principe unique et solitaire, qui entraîne toute la création.

Il donne naissance de lui-même au premier couple, Chou (dieu de l'espace) et Tefnout (principe de l'humidité), qui se reproduiront à leur tour. Atoum fut rapidement assimilé au dieu solaire Rê. Il est généralement représenté sous une forme humaine, coiffé de la couronne des pharaons. Il avait pour animaux sacrés le lion et le serpent

Voir **Ré**

Atrides

L'assassinat, le parricide, l'adultère et l'inceste les ont rendus célèbres. Symbole de la famille maudite et criminelle, les Atrides règnent sur l'antique cité de Mycènes.

Atrée et son frère Thyeste se haïssent. À la suite de diverses malversations, Atrée est désigné comme roi légitime et chasse son frère de la ville, alors que celui-ci avait comploté avec Europé, épouse d'Atrée, le vol de la Toison d'or qui devait assurer la prospérité au pays. Atrée, feignant de souhaiter une réconciliation, le fait revenir avec ses enfants, qu'il fait secrètement assassiner avant de les faire bouillir et de les faire manger à leur propre père au cours d'un banquet. Thyeste s'enfuit à nouveau, puis, conseillé par un oracle, s'unit à sa propre fille, Pélopia, qui lui donne un fils, Égisthe. Pélopia rejoint alors son oncle Atrée et l'épouse. C'est Atrée qui se chargera de l'éducation d'Égisthe. Quand Égisthe atteint l'âge d'homme, Atrée lui demande d'aller tuer Thyeste. Mais le jeune homme découvre à temps sa filiation et revient à Mycènes où il assassine Atrée. Il suffit de savoir que, de son côté, Atrée avait eu deux fils, Agamemnon et Ménélas, pour comprendre que la tragique famille des Atrides avait encore de beaux jours devant elle.

Une autre famille de la mythologie le dispute en horreur aux Atrides, celle des Labdacides, dont le plus illustre représentant est Œdipe.

Voir **Œdipe**

au-delà voir âme, enfer, feu, psychostasie

augure

Signe annonciateur, l'augure symbolise le rapport entre projets humains et volonté divine.

Interpréter les signes

Chez les Chaldéens, puis chez les Grecs et les Romains, l'augure n'est pas une prophétie, mais une consultation de la bienveillance des dieux par l'interprétation de phénomènes naturels.

Les augures, prêtres dont l'emblème est un bâton recourbé en spirale, le *lituus,* pratiquant la divination en observant des poulets sacrés : si l'oiseau mange, l'auspice est favorable, et meilleur encore s'il laisse tomber quelques miettes de son bec. Les autres oiseaux observés sont l'aigle, le vautour, le milan et le corbeau. Pour obtenir l'aval des dieux à la demande de celui qui conçoit un projet, notamment avant chaque bataille, l'augure peut aussi interpréter les signes qu'il perçoit *(auspicia)* en étudiant les météores, les phénomènes de l'air (aéromancie) et du ciel.
Une comète annonce la mort d'un grand homme. Si le tonnerre et les éclairs sont bénéfiques lorsqu'ils viennent de la gauche, c'est qu'ils partent de la droite des dieux.
Les augures ne manquent pas dans l'Antiquité : pour parvenir à l'état de voyance, la Pythie de Delphes et les Daphnéphages grecs mastiquent des feuilles de laurier, plante consacrée à Apollon, dieu des augures, de la médecine et du soleil.
L'haruspicine et l'empyromancie interprètent la combustion des entrailles d'animaux sacrifiés : si les flammes sont claires et sans fumée ni crépitement, elles sont un heureux présage, mais un mauvais si elles sont rouges, noires, crépitantes ou accompagnées de fumée, une symbolique proche de celle de la sidéromancie, qui recourt à l'utilisation d'un fer incandescent sur lequel on lance des brindilles de paille. Enfin, la sycomancie est la technique divinatoire de l'interprétation des sons émis par les feuilles des figuiers sous le vent.

L'harmonie entre l'ordre visible et l'ordre invisible

Par la consultation des éléments envoyés par la divinité pour manifester sa désapprobation, le prêtre ajuste le réel à la volonté divine. Ainsi l'augure est-il le symbole de l'harmonie entre l'ordre visible et l'ordre invisible.
Tout n'est donc pas écrit, comme dans le Mektoub musulman. Cicéron le résume ainsi : « Tout événement, d'après vous, aurait son origine dans la réalité éternelle – une philosophie de vieille ignorante. Si nous voulions vous donner raison, nous serions tellement imbus de superstition que nous devrions vénérer les augures, les astrologues, les devins, les interprètes des songes. » Tout comme le Coran, l'Ancien Testament l'interdit clairement : « Vous n'observerez ni les augures ni les songes. » Et pourtant, après quarante jours de déluge, Noé ouvre la fenêtre de l'arche et lâche un corbeau, puis une colombe. Reprenant la symbolique des augures, ce n'est pas l'oiseau noir qui revient à lui le soir, une feuille d'olivier dans le bec, mais l'oiseau blanc.

Voir **astrologie, blanc, colombe, comète, foie, laurier, météore, olivier, noir, tonnerre**

aura

Halo visible aux seuls initiés, l'aura symbolise la gloire divine.

Le nimbe orne la tête des principaux dieux de l'Olympe, Zeus, Poséidon, Apollon, Dionysos, Artémis et Aphrodite. Ses couleurs vont généralement du blanc au bleu. Décrivant Moïse revenant de la montagne, l'Ancien Testament dit que « la peau de son visage rayonnait, parce qu'il avait parlé avec l'Éternel ». De même, l'Évangile selon saint Matthieu (XVII, 2) dit de Jésus : « Il fut transfiguré devant eux ; son visage devint brillant comme le soleil, et ses vêtements blancs comme la neige. » Quant au trône de Dieu, il est, dans l'Apocalypse, décrit entouré d'un arc-en-ciel.

Selon la parapsychologie, un « champ aurique » ovoïde entourerait les êtres vivants, c'est l'« œuf de l'aura », signifiant que l'être intérieur est plus grand que l'être visible au commun. La couleur de l'aura représente l'état de santé ou la sophistication psychique des sujets. Ainsi, le fait que l'aura jaune d'or soit celle des êtres les plus évolués sur le plan spirituel rappelle l'auréole d'or des saints chrétiens. Mais cette grille de lecture ne recoupe que partiellement la symbolique générale des couleurs. Selon d'autres grilles des « couleurs de l'âme », les êtres les plus évolués ont une aura à dominante bleue, et les moins évolués, une rouge.

Voir **auréole, bleu, cercle, couronne, disque, épine, mandorle, nimbe, œuf, or, rouge**

auréole

Disque lumineux entourant la tête, l'auréole est une marque de pureté et de spiritualité.

La grâce

Couronne d'or à l'origine, l'auréole d'un personnage représente le rayonnement de la grâce qui l'habite. Rappelant le disque solaire du dieu égyptien Aton, elle entoure la tête de Jésus, de Marie, des apôtres ou des saints, et est souvent placée au-dessus d'eux pour symboliser leur caractère divin. Un sesterce gravé au IIe siècle après J.-C. sous l'empereur romain Antonin le Pieux représente ce dernier le visage entouré d'une auréole, une imagerie fréquente à Byzance où l'auréole de l'empereur Justinien symbolise le caractère sacré de l'autorité qu'il incarne : cette auréole radiée vient des divinités solaires d'Orient, notamment Mithra. Dans le chiisme, et notamment en Iran, les figures des hommes considérés comme saints sont entourées d'une auréole de feu et recouvertes d'un voile.

La gloire

Chez les chrétiens, la gloire est l'auréole qui enveloppe le corps du Christ. L'ange du Jugement dernier est coiffé d'une auréole blanche, qui symbolise la puissance de l'esprit sur le monde. Dans nombre de représentations, l'auréole de Jésus est surmontée d'une abréviation grecque de Jésus-Christ, ou entourée de la croix avec l'inscription grecque « *ON* » (« Celui qui est »), reprenant l'appellation que Dieu s'est donnée en apparaissant à Moïse dans le buisson ardent.

La forme

De forme ronde, car le cercle symbolise la perfection, l'achèvement, le nimbe est l'auréole entourant le visage des saints et des apôtres, mais aussi la tête du lion de saint Marc ; il figure leur irradiation immatérielle. La mandorle est une gloire ovale en

forme d'amande qui entoure entièrement la silhouette du Christ ou de la Vierge : elle signifie que leur sainteté est au-dessus de toute sainteté. Pour certains, la tonsure des moines est un rappel de l'auréole et symbolise leurs aspirations spirituelles, alors que d'autres y voient le souvenir de la couronne d'épines du Christ.

Voir **Aton, aura, blanc, cercle, couronne, disque, mandorle, nimbe, or, soleil**

aurore voir jour, rosée

autel

Construction en pierre de forme cylindrique ou quadrangulaire sur laquelle on déposait les offrandes à la divinité. Destiné à la célébration des sacrifices à la divinité, l'autel représente l'accession du profane au sacré.

Un symbole de foi

Lieu élevé réservé aux sacrifices, l'autel est le siège le plus dense de la foi, celui où tout acte prend un caractère sacré. De la préhistoire à l'autel de Jupiter ou à celui de Mars, l'autel est une plate-forme ou un lieu haut sur lequel on vient témoigner sa reconnaissance.

À partir du temple de Jérusalem et de sa division entre autel des holocaustes, destiné aux sacrifices et qui symbolise la présence de Dieu, et autel où l'on brûle les parfums, cette table sacrée devient une réduction du temple lui-même, en même temps que le catalyseur du temple.

Pour les chrétiens, l'autel placé dans le sanctuaire de l'église représente le Christ (il en porte la croix), le calvaire, le sépulcre et les tombes des martyrs (sur lesquelles les premiers chrétiens célébraient l'Eucharistie). La tradition liturgique y déplie un linge sur lequel est représentée la mise au tombeau, et la table qu'il recouvre est quelquefois ornée de symboles, comme le *labarum* (une roue contenant un chrisme, c'est-à-dire un X et un P), symbole du christianisme, une palme, symbole du martyre et de la résurrection, ainsi que l'alpha et l'oméga, symboles de Dieu.

Un symbole de religion civique

Les autels de la patrie étaient devenus les symboles du culte nouveau élevés pendant l'époque révolutionnaire en France. L'érection dans chaque commune d'un autel de la patrie où l'on inscrirait les naissances, les mariages et les décès était rendue obligatoire par un décret de l'Assemblée législative du 6 juillet 1792. Dès le 14 juillet 1790, le colossal autel de la patrie, élevé au milieu du Champs-de-Mars avait été le centre d'une solennité mémorable : l'anniversaire de la prise de la Bastille

Voir **alpha et oméga, bétyle, chrisme, croix, église, encens, palme, pierre, roue, sacrifice, sanctuaire, temple**

automobile voir voiture

autruche

L'autruche a toujours intrigué les hommes, tant par sa morphologie que par ses mœurs. Symbole de la justice pour les Égyptiens, mais de bêtise craintive en Occident, on raconte que, en proie à la peur, elle se cache la tête dans le sable au lieu de faire face au danger.

Cette légende vient du fait que, lorsqu'elle est effrayée, l'autruche étire son cou et l'allonge près du sol. L'autruche est réputée gloutonne, capable d'avaler et de digérer tout ce qui lui tombe sous le bec. Maat, la déesse égyptienne de la justice, couronnée de plumes d'autruche, participe au jugement dernier, et c'est une plume qui la représente dans le plateau de la balance, face au cœur du défunt. Le plus grand des volatiles court, mais ne vole pas, et pond des œufs énormes qu'il enfouit dans le sable, laissant au soleil le soin de les couver, d'où sa réputation de paresse chez les poètes orientaux. Les hommes ont toujours été fascinés par ces œufs, que les orthodoxes suspendent à un fil dans leurs églises comme symboles de la résurrection.
Les plumes d'autruche, très en vogue au début du siècle dernier, étaient un symbole d'opulence et de majesté.

Voir **âme, psychostasie**

avion

Moyen de locomotion rapide, aérien, vers des cieux lointains, l'avion symbolise le voyage vers le monde des idées. Il apparaît fréquemment dans les rêves, où il représente le plus souvent les aspirations spirituelles du sujet.

Être aux commandes de l'appareil ou se révéler incapable de le contrôler, s'écraser au sol ou éprouver un plaisir extatique en le dirigeant, tous ces événements oniriques sont à interpréter de la même manière que pour la voiture, mais dans une dimension d'élévation des idées et des représentations morales : il y a en soi quelqu'un qui cherche à s'extraire de la pesante matière.

Prendre son envol, c'est développer sa pensée au-delà de ce que l'on se croyait capable de faire. *Planer*, c'est rêver, être en extase ou sous l'emprise d'une drogue. *Être aux commandes*, c'est contrôler la situation. *Atterrir*, c'est revenir au principe de réalité, de manière difficile quand il s'agit de la « descente » qui suit la consommation d'hallucinogènes.

axe

Pour les Grecs, l'*axis mundi* est le centre du cosmos, celui qui le fait tourner et qui relie la vie céleste à la vie terrestre. Dans la culture nordique, l'*axis mundi* qui traverse le monde est un arbre, Yggdrasil.

Dans *la République* de Platon, cet axe est défini comme un fuseau qui n'a rien d'abstrait ou d'imaginaire : « [...] ils virent les extrémités des attaches du ciel – car cette lumière est le lien du ciel : comme ces armatures qui ceignent les flancs des trières, elle maintient l'assemblage de tout ce qu'il entraîne dans sa révolution ; – à ces extrémités est suspendu le fuseau de la Nécessité qui fait tourner toutes les sphères ; la tige et le crochet sont d'acier, et le peson un mélange d'acier et d'autres matières » (Platon, *la République,* Livre X).

Le mot « axe » fut utilisé par Benito Mussolini en 1936, après la signature d'un traité d'amitié entre l'Italie fasciste et l'Allemagne nazie. Le dictateur italien déclara que les deux pays formeraient un axe autour duquel tourneraient les autres pays européens. L'Axe fut élargi pour inclure le Japon, suite au traité tripartite de septembre 1940. D'autre pays, comme la Hongrie et la Roumanie, rejoignirent ensuite l'Axe.

Probablement par association avec les ennemis des Alliés pendant la Seconde Guerre mondiale, l'expression « axe du mal » fut utilisée par le président George W. Bush en 2002 pour désigner les nations considérées comme les nouveaux ennemis des États-Unis et des démocraties occidentales.

Voir **arbre, centre, sphère, montagne, omphalos**

Signe distinctif
du visage masculin,
la barbe représente
le pouvoir,
la sagesse.

B

Babel (tour de) voir tour

Bacchantes

Les Bacchantes, prêtresses de Dionysos (Bacchus), appelées aussi Ménades, symbolisent la folie féminine.

Elles se déchaînent, à moitié nues, au cours de rites nocturnes. Elles entrent en transe et, avec des forces décuplées, déchiquettent les bêtes sauvages. En plein délire, l'une d'entre elles, Agavé, va jusqu'à arracher la tête de son fils Penthée, et ses consœurs dépècent le cadavre et le dévorent tout cru.

Voir **Dionysos, hermaphrodite, orgie**

Bacchus voir Dionysos

bague voir anneau, bijou

baguette

La baguette permet de découvrir sources et trésors cachés. Mais la baguette magique a d'autres pouvoirs, en particulier celui de jeter des sorts et de transformer animaux, personnes ou choses.

La baguette du sourcier est souvent taillée dans le coudrier (noisetier) ou dans le sureau, comme la baguette des magiciens. Elle est donc de bois, ce qui la rapproche de l'arbre, de la branche et du bâton. Mais il s'agit de bois légers, et même creux, au sein desquels des pouvoirs ou des esprits peuvent se loger.

Dans la mythologie grecque, la baguette avec laquelle Hermès sépare deux serpents et crée le caducée fut remise à ce dernier par Apollon, dieu de l'élévation spirituelle. Elle devient entre ses mains aussi bien le symbole du messager que le symbole de la médecine, tout en renvoyant à des cultes très anciens : à l'arbre « axe du monde », au serpent (en lequel la baguette se change souvent), et à la foudre (qu'elle émet). Prolongement du doigt de l'homme créateur, comme dans l'expression « mener au doigt et à la baguette ».

D'un coup de baguette magique, moyen mystérieux expéditif et qu'on pourrait croire surnaturel

Mener quelqu'un à la baguette, le diriger avec une autorité intraitable

Voir **arbre, axe, bâton, bois, branche, caducée, doigt, faisceau, fée, fontaine, foudre, serpent**

balance

Équilibre, justice, harmonie et jugement divin, tels sont les principales caractéristiques que véhicule la balance.

La balance divine, comme celle du juge, pèse et compare les actes des hommes comme les produits du commerce, dont le prix doit être équilibré

Chez les Égyptiens, elle est liée à la psychostasie, ou pesée des âmes (ou plus exactement du cœur), à laquelle participent Osiris, Thot et Maat, déesse de la justice, représentée dans l'un des plateaux par son symbole, une plume d'autruche.

Dans l'Occident médiéval, c'est Dieu ou bien l'archange saint Michel qui préside à la pesée des âmes lors du Jugement dernier, et la balance qu'il tient en main occupe souvent une place centrale dans ses représentations.

De la symbolique divine, la balance est naturellement passée à la symbolique humaine en devenant un attribut de la Justice, représentée les yeux bandés (garantie de sa non-partialité) et porteuse d'un glaive qui représente la décision ultime.

Enfin, on retrouve la notion d'équilibre dans la « balance des comptes », qui permet d'établir la situation d'une entreprise en fonction de son actif et de son passif.

À la Balance, septième signe du zodiaque, qui commence l'automne, est associée l'idée d'un tempérament pacifique, raffiné et cordial, doué pour rendre harmonieuses les relations sociales.

Voir **âme, bandeau, cœur, épée, Maat, Osiris, psychostasie, Thot**

baleine

La symbolique, la confondant avec l'imaginaire Léviathan, associe la baleine à un monstre marin mangeur d'hommes.

Pendant marin de l'éléphant, elle est l'animal colossal par excellence. Malgré la terreur qu'elle inspire, les écologistes lui vouent un intérêt passionné et en ont fait leur emblème, le combat pour empêcher sa disparition étant une de leurs causes les plus célèbres.

La baleine la plus connue est celle qui, dans la Bible, avale Jonas. Le régurgitant au bout de trois jours, elle prend alors valeur de résurrection – le Christ lui-même ayant, après sa mort, passé trois jours sous terre. Au Moyen Âge pourtant, la bouche de la baleine sera assimilée aux portes de l'Enfer.

L'autre baleine ayant acquis la célébrité en Occident est Moby Dick, la baleine blanche que poursuit le capitaine Achab dans l'œuvre éponyme de Herman Melville. Cette baleine invisible, qu'Achab finira par vaincre au prix de sa vie, symbolise à la fois la possibilité du rachat et la descente aux enfers.

Voir **Léviathan**

bandeau

Le bandeau, qui peut soit bander les yeux, soit ceindre le front, est un symbole de pouvoir et d'aveuglement.

La symbolique ambiguë de l'aveuglement

Le bandeau qui cache les yeux et empêche de voir est un symbole évident d'aveuglement, mais pas seulement dans un sens négatif. Les statues de femmes aux yeux bandés posées devant les tribunaux sont légion en Occident. Il s'agit de la représentation de la déesse grecque Thémis (Justicia chez les Romains). Dans l'Antiquité, la déesse n'est pourtant pas sculptée les yeux bandés et il semble que cet attribut remonte au XVIe siècle. Justicia se bande les yeux pour démontrer sa capacité à arbitrer de façon impartiale, sans être influencée par les sens. La loi devient abstraite et universelle, quelle que soit la personne jugée.

Éros (Cupidon en latin) est souvent représenté les yeux bandés. Mais cette représentation serait en fait tardive. Au XVIe siècle, l'idée de Cupidon aveugle est courante. Shakespeare écrit dans *le Songe d'une nuit d'été*: « L'amour regarde non avec les yeux mais avec l'esprit. Ainsi Cupidon ailé est-il peint aveugle. »

À la fin du Moyen Âge. la déesse Fortuna qui, quoique souvent décrite comme *cæca*, « aveugle », par les auteurs latins, était représentée les yeux bandés, indifférente au sort des individus et à la distribution du bonheur, faisant tourner sa roue,

C'est également au Moyen Âge que l'on doit la représentation de la Synagogue aux yeux bandés. Sur le portail sud de la cathédrale de Strasbourg, par exemple, la Synagogue est figurée par la statue d'une femme, reine déchue aux yeux bandés, tenant une bannière à la hampe brisée tandis que triomphe l'Église victorieuse.

Bandeau corse

Le bandeau qui ceint le front serait en Mésopotamie un emblème du pouvoir royal, précurseur du diadème.

L'une des plus célèbres représentations du bandeau frontal est celle qui orne la tête de Maure corse, symbole de l'île de Beauté. Cette tête fut en fait « importée » dans l'île par les Aragonais au XIVe siècle, mais sa forme actuelle est due au nationaliste corse du XVIIIe siècle, Pascal Paoli. Celui-ci reprend la tête de Maure de l'époque, qui, elle, avait les yeux bandés, mais décide de relever le bandeau. Paoli aurait déclaré : « Les Corses veulent y voir clair. La liberté doit marcher au flambeau de la philosophie. Ne dirait-on pas que nous craignons la lumière ? »

Voir **balance, couronne, église, Éros, Fortune, roue**

bannière

La bannière ou enseigne d'un ban est une draperie longue et étroite attachée à une hampe. C'est elle qui conduit les hommes au combat, les stimule et les protège. La bannière symbolise le centre du pouvoir militaire et la force mais incarne aussi un idéal religieux.

La croix et la bannière

C'est près de la bannière, au Moyen Âge, que les chevaliers vassaux entourent leur suzerain, et sa conquête est un enjeu de prestige. Elle permet la reconnaissance des grands seigneurs, y compris par l'adversaire, et le ralliement des combattants.

Outre le roi, peut porter la bannière le seigneur capable d'appeler à un ban de chevalerie. La bannière apparaît ainsi comme un symbole de seigneurie et de juridiction féodale, un privilège militaire. Sous Louis VI, sénéchaux et ducs arborent la bannière pour appeler les hommes de guerre, mais, les églises ayant conservé leurs bannières patronales, l'infanterie des communes marche sous la bannière paroissiale, c'est-à-dire la croix, à laquelle est attachée une draperie de couleur ou l'image d'un patron ; d'où l'origine de l'expression *c'est la croix et la bannière* qui indique que l'on a mis en œuvre tous les moyens de guerre (vassaux appelés par les seigneurs et miliciens groupés sous la croix). À partir du XIe siècle, la bannière perd sa signification militaire et devient un symbole surtout religieux.

Le message de la bannière

Elle lance un message, comme l'étendard blanc de Jeanne d'Arc, symbole de sa pureté. Elle peut aussi menacer ou, au contraire, offrir protection sur la tête des hommes – « L'Éternel est ma bannière », dit Moïse (Exode, XVII, 15). Elle catalyse les forces humaines en jeu et rassemble, comme il est affirmé dans l'Ancien Testament: « Tu as donné à ceux qui te craignent une bannière, pour qu'elle s'élève à cause de la vérité. » Outre la puissance d'une personne, d'un groupe ou d'une patrie, elle incarne une idée, tel l'étendard de la liberté, qui en symbolise l'idéal. Pour que la bataille soit victorieuse sous sa protection ou que, grâce à elle, il ne soit plus nécessaire de livrer bataille, la bannière est levée au-dessus des hommes, c'est-à-dire plus près des cieux.

C'est la croix et la bannière, il y a beaucoup de difficultés à vaincre, pour parvenir à quelque chose.

Combattre, se ranger sous la bannière de quelqu'un, partager ses idées, adhérer à son parti, lutter à ses côtés.

Voir **chevalier, croix, drapeau, étendard, lis,**

banquet

Grand repas donné pour fêter un événement important, le banquet est le lieu emblématique de la générosité divine et symbolise l'union et l'homogénéité du groupe.

Un événement culturel

Depuis l'Antiquité, le banquet est associé à des rites religieux et symbolise l'union et l'homogénéité du groupe, notamment par la consommation de viande sacrificielle. L'Ancien Testament le décrit par le menu : « L'Éternel des armées prépare à tous les peuples, sur cette montagne, un festin de mets succulents, un festin de vins vieux, de mets succulents, pleins de moelle, de vins vieux, clarifiés. »
Le banquet n'est pas seulement un repas, c'est un événement intégré à d'autres manifestations dont il marque le couronnement. C'est le festin qui fait d'un repas un acte culturel, car on ne se réunit pas pour manger : on se réunit pour faire alliance et se définir par opposition à ceux qui sont exclus du banquet, comme les femmes et les esclaves dans la Grèce antique ; là, participation au banquet public et obtention de droits politiques sont liées. Pour l'individu, le banquet symbolise donc l'intégration à la société, en même temps que la cohésion de celle-ci.

Un rite philosophique ou sacré

Les convives se sont choisis au banquet des philosophes, celui de Platon où l'on mange peu et où les cinq participants ont les langues déliées par le vin. C'est au cours du repas que se dévoile la Vérité, assimilée d'ailleurs dans la Bible au repas dont se nourrit l'affamé. C'est la fonction de la Cène évangélique, repas commémoré par l'Eucharistie, mais aussi celle du Seder de la Pâque juive, qui commémore la sortie d'Égypte des enfants d'Israël, ou celle du banquet rituel de la religion mithraïste, dont il semble avoir été le rite principal. La consommation commune de vivres fait office de sacrement entre les convives, c'est-à-dire de rite symbolique, par lequel se noue un lien, comme, par exemple, entre les familles de deux époux. Le banquet peut aussi avoir pour fonction de rappeler les morts aux vivants : c'est le repas funéraire, déjà pratiqué chez les Grecs et les Romains.

En chrétienté, à la fin des temps, la conversion universelle sera marquée par un festin auquel Dieu conviera toutes les nations et auquel les convives assisteront allongés, pour évoquer leur mort et leur renaissance imminente : « Heureux ceux qui ont été invités au banquet des noces de l'Agneau », dit l'Apocalypse (XIX, 9).

Voir **Apocalypse, orgie, vin**

baptème

Premier sacrement chrétien qui, en effaçant le péché originel, marque l'entrée dans l'Église, il est une mort et une renaissance symboliques.

Une initiation symbolique

Dans l'histoire des religions, on trouve de nombreux rites d'ablutions et de bains sacrés qui expriment la purification et le renouvellement grâce à l'eau. Le baptême chrétien a une relation d'origine avec les ablutions rituelles juives, les bains quotidiens des esséniens et le baptême de Jean-Baptiste que Jésus reçut dans le Jourdain. Mais il s'en différencie : il est non seulement un rite de purification mais aussi un rite d'agrégation. Autre spécificité chrétienne : on ne se baigne pas, on est baigné par un autre. De là, une symbolique d'initiation progressive, chacune des étapes de cette cérémonie ayant une signification propre.

Ainsi, en disparaissant trois fois dans l'eau baptismale – symboliquement, par affusion, eau versée sur la tête (pratique générale de l'Église en Occident depuis le XVe siècle) ou, littéralement, par immersion totale –, le baptisé figure une plongée dans la mort, rappelant celle du Christ, la triple immersion représentant ses trois jours au sépulcre. Ensuite, la sortie de l'eau est une libération, et fait référence à la sortie d'Égypte, mais aussi à celle de Jésus du tombeau. La troisième étape est une purification morale, qui rappelle le baptême du Messie (Matthieu, III, 16) par Jean-Baptiste dans le Jourdain, déjà une initiation, car non répétée, contrairement à la symbolique juive des ablutions purificatrices. La purification représentant la rémission des péchés, les premiers chrétiens attendaient l'article de la mort pour se faire baptiser. Vient alors la quatrième étape du baptême, celle de l'incorporation, les baptisés y étant symboliquement incorporés au corps du Christ et assimilés à ses membres. La cinquième étape du baptême est une alliance avec Dieu, un engagement actif envers lui. Enfin, la sixième phase est une sanctification, car, étant né de nouveau et purifié, le baptisé acquiert un statut ontologique neuf, exigeant un comportement autre.

Une renaissance au sein de la communauté

Si le rite diffère grandement entre Églises chrétiennes et selon les époques, la symbolique du baptême reste celle d'un rite par lequel le corps et l'âme du baptisé sont préparés à recevoir le message et à renaître. Né de l'eau et de l'Esprit, il reçoit la grâce de l'Esprit saint. Cela se traduit par des gestes qui complètent le bain d'eau : onction d'huile ou imposition des mains. Au terme de ce sacrement, l'homme passe d'un mode d'existence biologique à un mode d'existence ecclésial, ce qui explique qu'au Moyen Âge les parents biologiques étaient en théorie exclus de la cérémonie.

Transformé de façon symbolique mais non magique, protégé des démons, divers rites étaient pratiqués dans la société traditionnelle au moment du baptême pour protéger l'enfant et lui assurer son avenir, dont quelques-uns sont restés en usage de nos jours. Il était porté dans un berceau décoré de signes protecteurs et on lui laissait pendant plusieurs jours le bonnet de baptême imprégné des saintes huiles. Le parrain jetait aux enfants, à la sortie de l'église, des fruits secs, symboles d'abondance et de longue vie, remplacés aujourd'hui par des dragées. Parrain et marraine offraient des cadeaux au nouveau-né et lui donnaient également un nom, ce qui marquait l'agrégation de l'enfant à la collectivité. En retour des dons à l'enfant, les parents offraient un repas de fête. Le baptisé revêtait un vêtement blanc, symbole de l'effacement du péché originel.

Voir **ablution, amande, blanc, circoncision, Déluge, eau, huile, onction, purification, résurrection**

barbe

Signe distinctif du visage masculin, la barbe représente le pouvoir et la sagesse.

Barbe virile et royale

Chez les Hébreux, l'association entre la barbe et la virilité est telle que couper la barbe d'un autre est un geste on ne peut plus infamant. Le roi des Ammonites fait tailler la barbe à des émissaires envoyés par le roi David, et celui-ci, « ayant reçu la nouvelle qu'ils avaient été outragés si honteusement, envoya au-devant d'eux et leur donna cet ordre : Demeurez à Jéricho jusqu'à ce que votre barbe soit crue, et après cela vous reviendrez » (Rois II, X, 5).

Dans l'Antiquité égyptienne, la barbe est associée à la fois à la puissance et à la force virile. Un des attributs du pouvoir royal est précisément le port de la barbe. Ainsi le pharaon se montre-t-il lors des cérémonies officielles avec une barbe postiche, longue, étroite et légèrement recourbée. La reine Hatshepsout (XVIIIe dynastie) se fait représenter avec une barbe postiche afin d'affirmer que le fait d'être femme ne l'empêche pas d'être pharaon. Les dieux et héros de l'Antiquité grecque sont souvent représentés barbus, signe de leur noblesse et de leur appartenance à la caste des guerriers ; quant à la barbe fleurie de Charlemagne, qui n'a peut-être existé que dans la légende colportée par une chanson de geste, elle est le symbole du pouvoir du roi des Francs sur l'empire d'Occident.

Barbe sacrée et prophétique

Pour le clergé de l'Église orthodoxe, pour les musulmans comme pour les juifs orthodoxes, le port de la barbe est indispensable. Elle est signe de la consécration à Dieu et du renoncement aux vanités de ce monde. Se laisser pousser la barbe est d'ailleurs signe de mortification ou d'affliction. On se laisse pousser la barbe en signe de deuil dans l'Antiquité égyptienne et romaine, et ce rite subsiste encore dans la tradition juive.

Dans la tradition juive, la barbe revêt un caractère de sainteté. La Torah interdit de la raser sans motif valable : les juifs très pieux, notamment les hassidim, la portent aussi fournie que possible, et toute taille éventuelle ne peut s'effectuer qu'à l'aide d'une paire de ciseaux et non d'un rasoir. Il en est de même pour les musulmans. Parce que Mahomet aurait dévoué une attention toute particulière à la sienne, les fondamentalistes islamiques font du port de la barbe une obligation impérative : une barbe très fournie permet en effet de distinguer aisément les vrais croyants des autres, en terre musulmane ou en dehors. On appelle d'ailleurs de façon péjorative les militants islamiques : les « barbus ». Selon les prescriptions établies depuis longtemps, la barbe doit être longue, mais régulièrement taillée et brossée. Il est conseillé de l'asperger de parfums. On peut également la faire teindre au henné. La barbe musulmane est clairement un signe visible et ouvertement exhibé de la masculinité. Elle s'oppose au voile des femmes, qui cache le visage.

Barbe honorée / barbe proscrite

Dans l'iconographie chrétienne, saints et prophètes, ainsi que Jésus-Christ (souvent peint avec une barbe en pointe), sont souvent représentés barbus, dans la lignée de la tradition biblique. Mais l'Église catholique, contrairement à l'Église orthodoxe orientale, s'est rarement montrée indulgente envers le port de la barbe par les prêtres. En l'an 1119, un décret menace même d'excommunication tout membre du clergé qui « comme un laïc fait pousser les cheveux et la barbe ». L'ecclésiastique doit se démarquer des autres hommes, effacer sa condition virile par un visage glabre. Nonobstant ces interdits, la barbe est portée par les membres de certains ordres monastiques, comme les capucins et les franciscains, et, en France, l'ecclésiastique le plus célèbre, l'abbé Pierre, arbore une barbe fournie. À ce sujet, le sémiologue Roland Barthes écrit : « On n'est point barbu au hasard, parmi les prêtres ; la barbe y est surtout attribut missionnaire ou capucin, elle ne peut faire autrement que de signifier apostolat et pauvreté ; elle abstrait un peu son porteur du clergé séculier ; [...] derrière la barbe, on appartient un peu moins à son évêque, à la hiérarchie, à

l'Église politique » (« Iconographie de l'abbé Pierre », in *Mythologies,* 1970).

Barbe philosophique et contestataire

En Grèce antique, vieillards ou philosophes laissent pousser leurs cheveux comme leur barbe, alliance de force, de sagesse et de maturité. Dans la Chine des mandarins, plus la barbe était longue, plus grande était la sagesse. Si la barbe blanche relève de la symbolique patriarcale, la barbe sombre effraye. N'évoque-t-elle pas le sanguinaire Barbe-Bleue ou bien le belliqueux Frédéric Ier Barberousse, empereur du Saint Empire germanique ? La barbe, considérée à Rome, à l'époque de la République et au début de l'Empire, comme un signe de négligence et de laisser-aller, devient la marque distinctive des philosophes cyniques qui prônent le mépris des conventions sociales et affichent un désir d'indépendance intellectuelle et morale. Cette symbolique liée à la barbe réapparaît au XIXe siècle. Ce sont de jeunes romantiques aux cheveux longs et à la barbe effilée qui s'affrontent aux « moignons glabres » (comme dit Théophile Gautier) de l'école classique lors de la bataille d'Hernani en 1830. La barbe, comme le cheveu long, devient l'emblème de la jeunesse bohème révoltée et non conformiste sous la monarchie de Juillet. Au début du Second Empire, Fortoul, ministre de l'Instruction, pourchasse la barbe parmi les fonctionnaires parce qu'elle est le signe de ralliement de la gauche républicaine.

Dans les années 1960, les barbes peuvent être emblématiques des combats politiques d'extrême gauche, comme en témoignent les barbes bien fournies de Fidel Castro et de ses fidèles compagnons, les *barbudos,* peut-être un hommage aux barbes en bataille de Karl Marx et de Friedrich Engels. Les dictatures étant en général hostiles aux barbes, moustaches et cheveux longs, gauchistes et contestataires de tout poil ne s'y trompent pas et laissent pousser ces attributs provocateurs.

Quant aux barbes hippies des années 1960, elles renvoient autant à un refus de la société de consommation qu'à un retour à la nature.

Voir **blanc, cheveu, poil, tonsure, voile**

barque

Petit bateau mû à la voile ou à la rame, la barque symbolise le passage, concentre les possibles et la vulnérabilité du destin humain.

Traverser et voguer...

Moyen de navigation, la barque est le symbole de la traversée, et spécialement du passage de la vie à la mort : la barque de Charon, le nautonier des Enfers, conduit les âmes d'une rive à l'autre du Styx, et, dans certains tombeaux égyptiens, des modèles réduits de barques permettaient à chaque défunt de rejoindre l'au-delà.

Voguant sur la mer, la barque est le symbole de la fragilité face aux éléments, comme il est dit dans une parabole de l'Évangile selon saint Matthieu : c'est pendant une traversée sur une barque harcelée par les vagues que les disciples de Jésus voient celui-ci leur apparaître marchant sur l'eau. Pierre tente de le rejoindre et manque de se noyer. Ici, la barque symbolise la communauté en route vers la rive païenne, elle est le lieu du passage d'un état de la conscience à un autre : à leur descente de la barque, les disciples ne sont plus tels qu'ils étaient lorsqu'ils y sont montés.

... au gré des flots

La mythologie et la vie des saints regorgent d'esquifs livrés à eux-mêmes, sans voiles ni gouvernail, face aux puissance du chaos, fragiles comme le couffin de Moïse flottant sur le Nil, mais toujours surmontés par la main de Dieu, qui les protège et les guide. Citons pêle-mêle saint Marcoul voguant vers Jersey dans un bateau sans mât ni voile, saint Jacques, dont le corps décapité et la tête, déposés dans une barque, iront de la Terre sainte jusqu'à la côte galicienne. Quant à saint Nectaire, la légende dit qu'il aurait franchi le Tibre dans la barque même du diable.

Le thème de la navigation à l'aventure est un mythe celte récurrent : pour

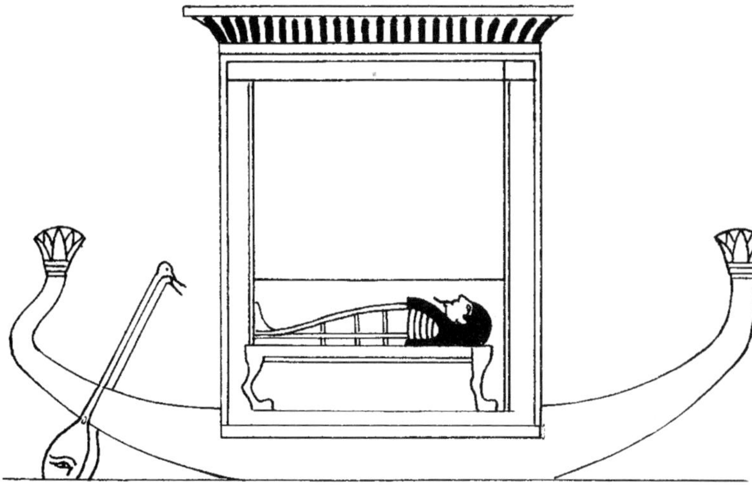

expier sa faute, un héros est mis dans une embarcation ingouvernable, à la merci du destin. Une telle ordalie est en jeu dans le mythe de Tristan et Iseult, où, après sa blessure, Tristan sera placé sur une barque et abordera l'Irlande. C'est pour combattre le hasard et le mauvais œil que la tradition peint des yeux sur les embarcations et les bateaux de pêche, comme cela se fait encore au Portugal et à Malte.

Sombrer ou se sauver

Faite de bois, de peau, de roseaux, matériaux qui renvoient à autant de significations, la barque est un symbole très polyvalent. Elle figure le péril humain, mais recèle aussi des vertus de salvation, de fécondité au sein même de la tempête et de la colère aquatique.

Dans le mythe grec du déluge, retranscrit dans *l'Énéide* de Virgile, ceux qui montent dans des barques pour essayer de sauver leur vie font naufrage sur les montagnes transformées en récifs, à l'exception d'un petit bateau dans lequel se sont réfugiés le fils de Prométhée et sa femme.

Protégés, et en même temps proches du danger, les occupants de la barque forment une réduction du monde, et la barque, un microcosme, à l'image de l'Arche de Noé. Fragile et protectrice à la fois, bercée par les flots, la petite embarcation rappelle autant le bercement maternel que la barque mortuaire, et symbolise la traversée de la vie.

Bien mener sa barque, bien diriger ses affaires

Voir **arche, berceau, déluge, eau, gouvernail, œil, Ré**

basilic

Le nom de cette plante au parfum unique nous vient du mot grec *basilikon* qui signifie « royal ». Les Égyptiens utilisent le basilic comme onguent dans l'embaumement du corps des pharaons, d'où l'association entre l'herbe et la royauté. Plus tard, en Italie, le basilic deviendra l'emblème de l'amour qui survit à la mort.

Pendant des siècles, les jeunes soupirants de la Péninsule ont arboré un brin de basilic pour annoncer leurs ambitions amoureuses et conjugales. Dans *le Décameron* (Novella V), Boccace, le poète florentin, raconte l'histoire de Lisabetta, dont l'amant fut tué par son frère. Le mort lui parle dans un rêve pour lui indiquer l'endroit où il est enterré. Lisabetta découvre sa tête et la met dans un pot de basilic qu'elle arrose quotidiennement de ses larmes.

Bastet

Déesse bénéfique égyptienne, représentée comme une chatte ou une femme à tête de chatte, et dont le lieu de culte principal était la ville de Bubastis.

Déesse aimable, parfois associée à la joie (elle pouvait porter un sistre), parfois aussi considérée comme l'« aspect » calme de la déesse-lionne guerrière Sekhmet.

Voir **chat**

bâton

Perche de bois destinée à l'appui et aux coups, il est l'emblème d'une dignité et symbolise le pouvoir. Le bâton est aussi lié à la fertilité.

Il représente un centre d'équilibre, s'affirmant ainsi comme le contraire d'une béquille. Il est donc force, et non pas faiblesse. Il s'impose comme l'axe du monde, autour duquel s'ordonnent toutes les rotations, ce qui le rapproche du caducée.

Posséder un bâton, c'est exercer un commandement spirituel, social ou même intellectuel sur le monde. Jadis attribut du chef de clan dans les populations nomades, il est l'insigne du pouvoir en Égypte antique. Sa représentation en hiéroglyphes signifie d'ailleurs « diriger ». Long ou court, le bâton crossé est tenu de la main droite par le pharaon lors de ses apparitions officielles. Le bâton est aussi l'emblème du pape, et des maréchaux, qui, comme les bergers, dirigent leurs troupeaux d'une main de fer. Mais le pouvoir qu'il confère n'est que transitoire, confié : la crosse papale se transmet avec la charge pastorale ; le bâton d'orateur passant de main en main donne à celui qui le tient le pouvoir de parole. Pour avoir

frappé trois fois le rocher, Dieu punit Moïse qui a douté et lui retire le droit d'entrer en Terre promise.

Le bâton est aussi source de fécondité et de régénération : le même Moïse fait sourdre l'eau du rocher en le frappant de son bâton, et les magiciens en font un abondant usage.

Le bâton de maréchal désigne le but suprême de quelqu'un.

Un bâtonnier était le chef d'une confrérie et, de ce fait, tenait un bâton lors des processions. Aujourd'hui, il s'agit du titre donné au président du conseil de l'ordre des avocats inscrits à un même barreau.

Voir **axe, baguette, berger, bois, caducée, crosse, faisceau, fouet, sceptre**

belette

Réputée rusée et fine, la belette nous est surtout connue à travers la fable de La Fontaine, *le Chat, la Belette et le Petit Lapin.*

Elle y joue le rôle auquel on l'associe le plus souvent, celui de chapardeuse. Ici, c'est du terrier d'un lapin qu'elle s'empare sans scrupule, jouant dans l'ordre des mammifères le même rôle que le coucou dans celui des oiseaux.

bélier

Le bélier véhicule l'image d'un animal viril, impétueux et obstiné.

Il joue un rôle important dans toutes les mythologies de l'Antiquité, en Égypte (Khnum, dieu créateur à tête de bélier) comme au Moyen-Orient (Ea et Baal), où les dieux l'adoptent comme emblème. Le récit le plus célèbre où figure un bélier est l'histoire de la Toison d'or. Phrixos, sur les conseils de son épouse, s'apprête à sacrifier ses enfants à Zeus. Mais celui-ci lui envoie un bélier à toison dorée qui sera sacrifié à leur place. Le bélier signifie ainsi, comme dans l'histoire biblique d'Abraham et d'Isaac, le renoncement au sacrifice humain.

C'est en référence à l'impétuosité et à l'obstination du bélier dans l'attaque que l'on a donné son nom à un engin de guerre utilisé de l'Antiquité au Moyen Âge : une grosse poutre portée par plusieurs hommes pour enfoncer les portes des forteresses ou des villes assiégées.

Premier signe du zodiaque, le Bélier apparaît à l'équinoxe de mars, marquant le retour de la fertilité de la terre, de la chaleur et de la procréation chez les animaux. On attribue au Bélier des capacités d'initiative et d'innovation. Le Bélier correspond à un type colérique (émotif, actif, primaire).

Voir **agneau, Jason, Khnoum, sacrifice, zodiaque**

béquille

La béquille signale la maladie et annonce la mort. Elle indique l'imperfection d'une création maladroite ou handicapée.

Support indigent d'une situation peu enviable, la béquille symbolise l'imperfection de celui qui en use, mais, en elle-même, elle est déjà déséquilibrée, car toujours représentée oblique et non verticale. Elle est donc le symbole d'un décentrage et d'un équilibre précaire entre soutenant et soutenu.

Dans sa version positive, la béquille est humaine : c'est le jeune homme soutenant le vieillard, son « bâton de vieillesse ». Dans ce cas, elle se ramène au dévouement. D'une manière générale, la béquille peut aussi signifier le dépassement, le courage de persévérer malgré les difficultés.

Voir **boiteux**

berceau

Le berceau est régressif, il désigne le désir d'enfant, d'enfance et d'irresponsabilité.

Il est aussi l'emblème de la sécurité après la naissance, des soins maternels, du balancement propice au rêve et, donc, au voyage.

Confié au fleuve dans un panier, Moïse, comme Romulus et Rémus, fut bercé par les eaux dans un voyage qui le mena vers un nouveau foyer et un nouveau destin. Associé à l'eau, le berceau permet donc une forme de renaissance. Il est d'ailleurs souvent en bois, en forme de navire, et le bercement évoque un roulis marin.

Dès le berceau, dans sa première enfance.

Voir **barque, eau**

berger

Le berger est celui qui garde un troupeau de moutons, le guide et en prend soin.

Une figure jeune et inspirée

Par opposition à la figure paternelle du berger chez les Juifs, le monde hellénistique et romain offre de nombreuses images de jeunes pasteurs : Endymion, beau jeune homme frappé d'un sommeil éternel du fait de l'amour de la déesse Séléné, Daphnis, fils d'Hermès et d'une nymphe, protégé des Muses qui lui inspirent l'amour de la poésie et qui civilisera les bergers et leur apprendra à respecter et à honorer les dieux, Ganymède enfin, aimé de Zeus qui l'enlève au ciel. C'est cette même pureté du jeune pasteur qui émane de David, berger sans défense face au guerrier Goliath, ou de Moïse, à qui sa mission est révélée alors qu'il garde le troupeau de son beau-père, ou encore des nombreux prophètes qui ont exercé ce métier avant leur ministère. Et c'est une simple bergère de Lorraine, Jeanne d'Arc, figure mystique et inspirée, qui s'empare d'Orléans assiégé et contribue à affermir le pouvoir de Charles VII sur le royaume de France.

Le guide de son peuple

Pour les prophètes, le berger représente aussi la guidance, un symbole utilisé depuis l'Égypte ancienne, où la crosse du pharaon indiquait que celui-ci conduisait son peuple comme le berger son troupeau. Ainsi, dans l'Ancien Testament, Yahvé est invoqué comme « pasteur d'Israël », celui qui « mène Joseph comme un troupeau » (Psaumes, LXXIX, 2). Du haut de l'Arche d'Alliance, entouré d'anges, il mène son peuple en pasteur, maître de son troupeau, symbole de la royauté absolue, les rois d'Israël étant, rappelons-le, appelés « bergers » par les prophètes.

Dans le Livre de Jérémie se dégage la notion de bons et de mauvais bergers : « Mon peuple était un troupeau

de brebis perdues. Leurs bergers les égaraient, les faisaient errer par les montagnes. Elles allaient des montagnes sur les collines, oubliant leur bercail. » Dans le Cantique des cantiques, Yahvé devient le gardien du troupeau : « Dis-moi donc, toi que mon cœur aime : où mèneras-tu paître le troupeau, où le mettras-tu au repos, à l'heure de midi ? » (I, 7). Il est le guide du peuple hébreu, qu'il ramènera de l'exil, et celui qui pourvoit aux besoins du troupeau : « L'Éternel est mon berger: je ne manquerai de rien » (Psaumes, XXII, 1) .

Le berger sage et protecteur

Le berger symbolise la sagesse de l'homme retiré de la cité, celle du nomade face à l'aveuglement des citadins. D'où la notion de protection qu'il offre. Dans les romans pastoraux du XVIIe siècle, le berger incarne le bonheur idéal et bucolique au sein d'une nature paisible, image d'un âge d'or révolu. Dans la mythologie grecque, nombreux sont les bergers qui recueillent ceux qui ont été abandonnés : Œdipe, trouvé par des bergers, est amené au roi de Corinthe ; Pâris, abandonné sur le mont Ida par son père le roi Priam, qui a fait un rêve prophétique selon lequel cet enfant causerait un jour la ruine de Troie, est recueilli et élevé par des bergers. Dans l'histoire perse, Cyrus, abandonné dans un bois sur la décision de son grand-père le roi Astyage, est sauvé et élevé par un berger. Et, à Rome, Romulus et Remus sont recueillis et élevés par le berger Faustulus et son épouse.

Un symbole christique

Enfin, parce qu'elle reprend l'essentiel des significations précédentes, la symbolique de loin la plus fréquente du berger est celle de Jésus, souvent figuré par un berger portant un agneau sur ses épaules : le pécheur égaré. Et les représentations du Christ entouré de moutons évoquent la notion du berger qui se sacrifie : « Je suis le bon berger. Le bon berger donne sa vie pour ses brebis » (Évangile de saint Jean).

Voir **agneau, bâton, Caïn, crosse**

bergeronnette

Oiseau dédié à Aphrodite, la bergeronnette est le symbole des enchantements de l'amour.

Son chant est à l'unisson des premiers désirs. C'est l'« oiseau-délire » qui participe au culte d'Aphrodite (4e Pythique). L'oiseau benou, animal mythique sacré des Égyptiens, qui deviendra plus tard le Phénix chez les Grecs, était représenté sous les traits d'une bergeronnette. La bergeronnette blanche est depuis 1960 l'emblème de la Lettonie.

Voir **Phénix**

bétyle

Pierre levée à fonction symbolique ou sacrée, considérée comme le lieu d'une présence divine. Elle serait à l'origine de la stèle commémorative.

Le bétyle païen

Pour les religions païennes, le Cromm Cruach en Irlande, les menhirs et dolmens d'Europe, sont des pierres sacrées attribuées à des dieux d'origine solaire. Ces bétyles n'abritent pas la divinité : ils sont le dieu lui-même.

En Grèce, à Delphes, se trouve le site de Gaïa, la Terre-Mère, première déesse du lieu, laquelle engendra le serpent Python qui dévorait hommes et bêtes. Apollon le perça de ses flèches, et l'enterra dans un bétyle appelé l'Omphalos (« nombril de la terre », centre du monde).

Pour les Étrusques, l'origine céleste des bétyles leur donne le pouvoir de préserver de la foudre, de protéger les marins dans les tempêtes, et d'assurer un sommeil paisible.

Le bétyle vénéré

Un passage de l'Ancien Testament intègre la symbolique du bétyle : « Et Jacob s'éveilla de son sommeil et dit : "Sûrement le Seigneur est en ce lieu, et je ne le savais pas." Et il fut effrayé et dit: "Que ce lieu est redoutable ! C'est la maison de Dieu et la porte des Cieux." Et Jacob se leva tôt le matin, et il prit la pierre dont il avait fait son chevet, la dressa comme un pilier, et versa de l'huile sur son sommet [pour la consacrer]. Et il donna à ce lieu le nom de Beith-El; mais le premier nom de cette ville était Luz » (Genèse, XXVIII, 16-19). La consécration de la pierre par Jacob symbolise sa foi en la présence de la divinité dans la pierre même. Pour les Juifs, le bétyle est attribué aux patriarches.

La Pierre noire encastrée dans l'angle oriental de la Kaaba, apportée à Abraham par Gabriel, est un bétyle, objet d'un culte polythéiste de l'Arabie préislamique.

Voir **centre, cube, obélisque, omphalos, pierre, sanctuaire**

Bès

Génie familier de l'Égypte ancienne, représenté comme un nain grotesque, à barbe hirsute, la poitrine pendante, le corps terminé par une queue de léopard.

Cet aspect effrayant en faisait un dieu protecteur, écartant les malfaiteurs de la maison, les mauvais génies (dans ce rôle, il porte souvent couteaux ou glaive), protégeant aussi le sommeil (il figure souvent sur les chevets) ou les femmes en couches. Grotesque, il est aussi le dieu du rire, de la joie, de la danse (les danseuses portent souvent sur la cuisse un tatouage le représentant); lui-même danse au son de la lyre ou du tambourin.

Voir **démon, génie, nain**

beurre

Matière grasse alimentaire obtenue à partir de la crème du lait de vache, le beurre représente l'énergie du cosmos dans la tradition hindoue. C'est aussi un symbole d'hospitalité, de douceur, d'abondance.

La valeur sacrée du beurre

Dans le *Ramayana,* c'est du barattage de la mer de lait que le monde prend forme. Le beurre, de ce fait, a une valeur sacrée et symbolise des biens de tous ordres, matériels et spirituels. Le Rig Veda exalte le beurre en termes vibrants : « Voici le nom secret du beurre, / Langue des dieux, nombril de l'immortel. / Proclamons le nom du beurre, / Soutenons-le de nos hommages en ce sacrifice, / Comme dans les rapides du fleuve / Elles volent vertigineuses, surpassant le vent, / Les juvéniles coulées de beurre qui gonflent les ondes. / Tel un coursier fauve qui rompt les barrières, / Les coulées de beurre caressaient les bûches flambantes. / Le feu les agrée, satisfait. »

Le beurre, la Bretagne et l'art culinaire

Le beurre est un symbole important en Bretagne, c'est un témoignage d'hospitalité et d'affection. Jadis, on offrait du beurre avec du pain et un couteau en signe de bienvenue. Le beurre a encore aujourd'hui sa fête au pardon de Spézet, pour laquelle les femmes du village confectionnent une grosse motte de beurre sculptée. La collecte du denier du culte s'appelle ici « la collecte du beurre » en souvenir du temps où la motte du pardon était fabriquée avec le beurre collecté par les « quêteuses de beurre » dans toutes les fermes des environs. Enfin, le beurre, dont l'emploi se généralise au temps de Louis XIV dans la grande gastronomie, en rendant les mets plus riches, plus moelleux et plus savoureux, est devenu un des symboles de l'art culinaire français.

Faire son beurre est une expression familière qui signifie « s'enrichir, réussir dans les affaires ».

Voir **lait**

bibliothèque

Lieu où une collection de livres est conservée et consultée, la bibliothèque est un symbole d'universalité, de savoir et de grandeur profanes.

Un labyrinthe...

Par son propre rangement, le bibliothécaire met en relation des ouvrages contradictoires ou complémentaires et affirme son indépendance intellectuelle. Le caractère plus ou moins compliqué du classement et surtout la finesse des relations existant entre les livres renvoient la bibliothèque à la figure du labyrinthe. En effet, pour le néophyte, la bibliothèque est une grille sans repères dans laquelle il se perd. Pour l'initié, la bibliothèque est au contraire un chemin de lumière taillé dans les ténèbres de l'ignorance.

... symbole d'humanité(s)...

Accumulation de la connaissance, la bibliothèque renvoie à la tour de Babel, un monde en réduction, avec son enfer, et un monde hors du monde, dans lequel la lecture figure le paradis terrestre, un havre où l'esprit peut se détacher des futilités et se concentrer sur le savoir. Dès lors, c'est le savoir profane qu'elle symbolise, car se plonger dans les livres, c'est se détourner du Livre, choisir ce monde contre l'autre, la Babylone de l'universalité et du cosmopolitisme contre Rome ou La Mecque. « Fuyez cette Babylone, dit Bernard de Clairvaux, fuyez et sauvez votre âme. Vous trouverez beaucoup plus de choses dans la forêt que dans les livres, les arbres et les pierres vous instruiront davantage. » Le savoir bibliothécaire recèle la revendication d'une nouvelle hiérarchie du mérite, et est donc pour certains le symbole de la perdition, à détruire ou à brûler. Chaque bibliothèque porte en elle l'allusion à celle d'Alexandrie. La bibliothèque, par sa volonté obstinée de rassembler la totalité des savoirs disséminés dans les livres éphémères, contradictoires, humains en somme, semble le concurrent de la plénitude biblique.

... et de démesure

À ce titre, la verticalité des tours de la Bibliothèque nationale de France (une des plus grandes bibliothèques du monde) est susceptible d'évoquer la malédiction de la tour de Babel : par le savoir, les hommes croient rejoindre Dieu et n'en retomberont que plus bas. À l'ambition de ce projet, Internet répond aujourd'hui par le réseau horizontal d'une autre bibliothèque universelle, démocratique et indestructible, mais au prix douloureux d'une remise en mouvement perpétuelle des contenus, comme dans la transmission orale. L'ethnologue malien Amadou Hampâté Bâ, ami de Théodore Monod, disait de la mort de chaque vieillard africain que c'était une « bibliothèque qui brûle ». Internet nous amène sans doute à une nouvelle version de ce savoir mouvant qu'est l'oralité.

Voir **labyrinthe, livre, tour**

biche voir cerf

bijou

Si, en Occident, les bijoux sont devenus principalement de purs ornements servant à la parure féminine, ils eurent par le passé une fonction socio-symbolique bien précise.

Bijou et rang social

À Rome, des lois règlent le port des bagues. Selon Pline le Jeune, l'empereur Tibère avait interdit le port des bagues en or à tous ceux qui n'étaient pas des propriétaires terriens importants. On assistera plus tard à une démocratisation du port de la bague, car tout citoyen libre et tout soldat romain aura le droit d'arborer une bague en or. Les bagues en fer sont portées par les esclaves, et les bagues en argent, par les esclaves affranchis.

À l'époque féodale, l'anneau porté au doigt est le symbole du lien qui attache un vassal à son suzerain, alors que les chevaliers portent des ceintures aux boucles très travaillées, comme signe de leur rang social. Le bijou, notamment la bague, devient aussi symbole de gage d'amour.

Des pierres si précieuses

Les pierres précieuses ou semi-précieuses octroient une dimension symbolique supplémentaire aux bijoux. La puissance royale était symbolisée par le diamant, le rubis et le saphir. Le jaspe était associé à la fertilité et l'on croyait qu'il mettait les femmes à l'abri de fausses couches. Le rubis, la pierre de lune et le lapis-lazuli étaient associés à l'amour passionnel, et la fidélité était représentée par l'émeraude et la topaze, mais surtout par le diamant. Cette association subsiste aujourd'hui dans les bagues de fiançailles et les alliances serties de pierres précieuses.

La boucle d'oreille

Les bijoux n'étaient nullement associés exclusivement à la parure féminine. Au XVIe siècle, en Europe, les boucles d'oreilles portées par les hommes sont à la mode. Elles le sont redevenues vers la fin du XXe siècle, à l'instigation des « gays », soit sous la forme d'un anneau, soit sous la forme d'une pierre, précieuse ou semi-précieuse, jugée plus féminine.

Dans beaucoup de cultures, on perce le lobe des fillettes afin d'y attacher une boucle d'oreille. L'oreille est liée au vagin, et le fait de percer le lobe de la fillette peut être lié à l'excision. Les deux pratiques se trouvent souvent au sein de la même culture.

Bijoux, sexualité et religion

Le mot « bijou » désigne dans le langage familier les organes génitaux, comme le suggère l'expression « bijoux de famille », qui désigne vulgairement le sexe masculin. Toutefois, le terme s'attache plus généralement au sexe féminin. L'image est présente dans l'ouvrage de Diderot intitulé *les Bijoux indiscrets* : « Toutes les femmes sur lesquelles vous tournerez le chaton *[de l'anneau magique]* raconteront leur intrigue [...] par la partie la plus franche qui soit en elles [...] par leurs bijoux. »

L'association entre le bijou et la sexualité féminine est sans doute à l'origine de l'interdiction religieuse du port des bijoux. Saint Paul écrit : « Je veux [...] que les femmes prient étant vêtues comme l'honnêteté le demande ; qu'elles se parent de modestie et de chasteté, et non avec des cheveux frisés, ni des ornements d'or, ni des perles » (Timothée, II, 8-9).

Malgré l'avis de Paul, l'Église catholique se montrera relativement laxiste au sujet du port des bijoux, mais, avec l'avènement de la Réforme, les protestants voient ceux-ci d'un œil plus que méfiant. Les puritains anglais iront jusqu'à proscrire le port de tout bijou, y compris l'alliance. Dans la Genève de Jean Calvin, les bijoux n'auront pas droit de cité non plus.

Voir **anneau, couronne, diamant, épingle, jais, jaspe, lapis-lazuli, oreille, rubis**

blaireau

Dissimulé et roublard, tels sont les traits que la symbolique prête au blaireau.

Buffon le disait paresseux et méfiant. En revanche, chez les Indiens d'Amérique, le blaireau est symbole d'activité constructive et représente le chef. L'argot en fait un personnage antipathique et incapable.

blanc

Contraire du noir et du rouge, le blanc, couleur éminemment positive, est le moyen par lequel la société exprime ses plus hautes valeurs.

Pureté et deuil

Déjà présente dans les sociétés européennes antiques celte et latine, la symbolique principale du blanc n'a depuis cessé de s'articuler autour de la pureté. Dans la Rome antique, les candidats aux élections s'habillent de blanc (d'où ils tirent d'ailleurs leur nom, *candidus* signifiant « blanc » en latin), comme les Vestales, prêtresses de Vesta, qui ont devoir de virginité, une autre connotation du blanc depuis le monde sémite.

Jusqu'à l'aube du XXe siècle, un teint de lis, associé à la blondeur de la chevelure, est un des éléments de l'idéal de beauté féminin. Signe de distinction aristocratique, symbole de pureté angélique, la blancheur est aussi affaire de géométrie. Selon le canon esthétique de la Renaissance, la dame doit posséder trois choses blanches : la peau, les mains, les dents.

En 1854, le blanc rejoint le bleu comme couleur de la Vierge, lors de l'adoption par Pie IX du dogme de l'Immaculée Conception, tandis que les jeunes femmes de la noblesse se présentent depuis le XVIIe siècle en blanc à l'autel pour témoigner de leur virginité. De même, le blanc du baptisé ou du premier communiant le désigne comme affranchi du péché et élu de Dieu. Pareillement, le pèlerin en route vers La Mecque revêt l'ihram blanc pour se sacraliser. Couleur du deuil jusqu'au XVIIe siècle, notamment à la Cour de France, et plus tard encore pour le deuil des jeunes femmes et des enfants, les « anges », le blanc cédera le terrain de la mort au noir. L'au-delà reste cependant en blanc, symbole de la lumière divine et donc du transcendant, couleur des vêtements du pape, de l'aube des prêtres, de l'agneau de Dieu, de la spiritualité et de la sainteté. L'Ancien Testament dit ainsi : « Purifie-moi avec l'hysope, et je serai pur. Lave-moi, et je serai plus blanc que la neige » (Psaumes, LI, 7).

Propreté, royauté et santé

Depuis des siècles, le blanc, couleur impérative des choses liées à la propreté, au corps et à l'intimité, à commencer par les draps et les sous-vêtements, suggère la propreté sans tache, d'abord au sens strict, puis au sens figuré, exprimant alors l'honnêteté : une oie *blanche* est une jeune fille sans malice, on sort *blanchi* d'un procès. C'est aussi la couleur de la trêve et de la paix, de la tenue des affranchis dans la Rome antique.

Dans le monde hellénistique, le mot *pêgos* associe le triple sens de blanc, de fort et de solide, et donne naissance au cheval ailé Pégase. Et les taureaux blancs, qui symbolisent la royauté et la puissance, sont récurrents dans la mythologie (le père du Minotaure est un taureau blanc; Zeus enlève Europe en se transformant en taureau blanc) et les rites sacrificiels. Le blanc est d'ailleurs la couleur de la France d'Ancien Régime, la nuance dominante dans l'uniforme de l'infanterie française aux XVIIe et XVIIIe siècles. Les Blancs sont monarchistes lors de la Révolution, par opposition aux Bleus, qui sont républicains.

Dans l'Occident contemporain, le blanc est aussi la couleur du manque : les nuits *blanches* sont celles sans sommeil, la magie *blanche* se fait sans invocation du malin, et les examens *blancs* sont sans enjeu.

La couleur de la neige et du froid est aussi celle de l'hiver de la vie, de la vieillesse aux cheveux blancs, de la mauvaise santé et des hôpitaux, de la mort, des os et du linceul. Elle est aussi celle du monde surnaturel, des fantômes et des revenants. Et pourtant le blanc a une connotation de lumière et de joie : « Celui qui vaincra sera revêtu ainsi de vêtements blancs », dit l'Apocalypse de saint Jean.

Blanchir de l'argent, faire subir à celui-ci une série d'opérations à la suite desquelles son origine frauduleuse, illégale, n'est plus connue.

Voir **agneau, argent, baptême, bleu, blond, colombe, cristal, diamant, drapeau, glace, hermine, hysiope, ivoire, lait, licorne, lis, neige, rose, rouge, taureau**

blé

L'un des plus forts symboles du don divin, de la nourriture et donc de la subsistance, le blé se retrouve au cœur des représentations occidentales de la fertilité, de la vie et de la résurrection.

Un aliment vital

En Égypte, l'épi de blé est l'emblème d'Osiris, premier pharaon mythique qui apprend aux hommes les techniques de l'agriculture. Le corps d'Osiris est démembré par son frère Seth qui en enterre les morceaux à travers le pays. Osiris devient ainsi la cause de la croissance annuelle des cultures et, lors de la coupe et du battage de la moisson, les Égyptiens reconstituent symboliquement la mise à mort et le démembrement du dieu.

Les Athéniens font ressortir le profond symbolisme du blé lors des drames mystérieux d'Éleusis. Un grain de blé récolté en silence et placé dans un ostensoir constitue le moment le plus important du rituel. L'acte représente l'union de la déesse des moissons et de la fertilité, Déméter, avec Zeus. Le culte de Déméter assure le retour cyclique des saisons, où alternent la mort et la résurrection.

Le nom latin de Déméter, Cérès, nous donne le mot « céréale ».

Le symbole des tribus d'Israël

Dans la Bible, le blé est indissociable du rassemblement et de la multiplication des tribus d'Israël. Joseph, fils de Jacob (ou Israël), se trouve prisonnier en Égypte, mais il est libéré en raison de son don d'interprétation des songes. Il explique au pharaon la signification de deux songes. Dans le second, le roi voit sept épis sur une même tige, gras et bons. « Et voici que sept épis maigres et brûlés par le vent d'est poussaient après eux. Et les épis maigres engloutirent les sept épis gras et pleins » (Genèse, XLI, 23). Joseph dit à Pharaon que les sept épis gras signifient sept années de grande abondance, et les sept épis maigres, sept années de famine. C'est la volonté de Yahvé. Pharaon charge Joseph de ramasser et d'emmagasiner les récoltes des années d'abondance, et celui-ci devient riche et puissant en vendant du grain aux Égyptiens lorsque la famine frappe le pays. Les frères de Joseph, rejoints par leur père Jacob, font le voyage en Égypte, où la famille se réunit, pour acheter du grain. Ce sont les descendants des fils de Jacob (dont Moïse) qui forment les douze tribus d'Israël.

Une promesse de vie éternelle

L'histoire biblique, interprétée comme allégorie, démontre que Dieu, qui n'abandonne jamais Joseph, scelle le sort des fils d'Israël à travers la culture et le commerce du blé. Le blé devient ainsi le moyen à travers lequel Dieu fait connaître sa volonté au peuple élu. Mais, dans l'Évangile selon saint Jean, Jésus dit : « Si le grain de blé tombé en terre ne meurt, il reste seul ; mais, s'il meurt il porte beaucoup de fruit. Qui aime sa vie la perd ; qui hait sa vie en ce monde la conservera pour la vie éternelle » (Jean, XII, 23-25). C'est ainsi que Jean transforme la signification vétérotestamentaire du blé, fondée sur les nécessités matérielles de la vie, en symbole du mépris du monde d'ici-bas. Le grain de blé qui meurt ne produit plus la famine, mais devient promesse de la vie éternelle. Le blé figure souvent dans les scènes de la Nativité, où il symbolise l'Eucharistie. Dans l'iconographie païenne, la moisson du blé figure les mois de juin et de juillet. Quant à l'allégorie de l'Abondance, elle s'apparente à une femme portant une corne pleine d'épis de blé.

Voir **blond, charrue, corne d'abondance, Déméter, gerbe, mois, moisson, Perséphone, pain, saison**

bleu

Couleur du ciel sans nuages, couleur chaude puis froide, le bleu est passé progressivement de la dernière à la première place dans la symbolique des couleurs. Il représente la spiritualité, la royauté, la vérité et la sagesse.

La couleur des dieux

Si la Bible parle beaucoup de vêtements, elle décrit peu les couleurs, à l'exception notable du commandement de Yahvé concernant l'Arche d'Alliance sur lequel Aaron et ses fils « étendront un drap entièrement d'étoffe bleue ». Dans la mythologie égyptienne, Amon, figure tutélaire de l'Égypte, a la peau bleue, car il est le dieu du ciel. Dans *les Métamorphoses* d'Ovide, « l'onde est peuplée de dieux couleur bleu de mer », et, chez Homère, Athéna est « la déesse aux yeux pers » (au regard à dominante bleue). Plus généralement, dans l'Antiquité gréco-romaine, le bleu est associé à Zeus (Jupiter à Rome), ainsi qu'à Héra (Junon), déesse de la féminité.

La couleur des barbares

Malgré cela, les Romains voient les yeux bleus comme une disgrâce, et le signe d'un tempérament volage chez les femmes. Car l'Empire oppose sa couleur pourpre au bleu, *caeruleus color,* couleur des barbares, Bretons, Celtes ou Pictes, qui s'en teignent le corps pour effrayer leurs adversaires, telles des « armées de spectres » (Tacite). Il est aussi, chez les Germains, la couleur du manteau du dieu Odin, dieu de la guerre. Mais, en Grèce comme à Rome, le bleu n'est pas vraiment considéré comme une couleur. « Sa dimension symbolique, écrit Michel Pastoureau, est trop faible pour signifier ou transmettre des idées » (*Bleu, histoire d'une couleur*). Peu valorisé dans la symbolique du haut Moyen Âge, le bleu est délaissé tant qu'il reste difficile à produire.

La couleur des rois

Converti au christianisme, Clovis prend pour blason le lys d'or sur fond bleu azur, couleur de la chape de saint Martin, symbole de pureté, couleur de la bannière lors du couronnement des rois jusqu'à Charles X. Le prestige du roi de France est tel que toutes les grandes familles royales d'Europe le font entrer dans leurs propres armoiries. En héraldique, l'azur est ainsi signe de justice, d'humilité, de fidélité, de chasteté et de loyauté. Alors réhabilitée, la couleur bleue représente le royaume de Dieu, quand bien même serait-elle longtemps ignorée par les écrits liturgiques, et, par là, absente des vitraux. À la suite de saint Louis, premier souverain à s'habiller de bleu, la légende du roi Arthur aide à l'essor de la couleur, assimilée à une protection venue du ciel : car au XIIIe siècle apparaissent dans la littérature les personnages de chevaliers bleus, courageux, loyaux, et fidèles. À la même époque arrivent en Europe les icônes de Constantinople, butins de croisades, qui utilisent largement le bleu, alors considéré comme une couleur chaude. À la fin du Moyen Âge, en France, en Allemagne et en Italie, le bleu est ainsi devenu la couleur des rois et des princes, des nobles et des patriciens.

La couleur des chrétiens et des conservateurs

Au XIIIe siècle, lorsque le concile de Latran régit les tenues vestimentaires, il ne fait même pas partie des couleurs attribuées. Resté « libre », le bleu ne se pare pas de connotations négatives comme le rouge et se popularise. S'il devient ensuite l'attribut de la Vierge lorsque se généralise le culte marial, c'est du fait de son association au noir depuis l'époque antique, les tons sombres du manteau de Marie (le « Lys bleu ») exprimant le deuil de son fils destiné à la mort.

Considéré aussi par la Réforme protestante comme couleur honnête, couleur du ciel et de l'esprit, couleur de la nuit dont la symbolique recoupe en partie celle du noir, le bleu est passé entre le XIIe et le XIVe siècle d'un symbole de puissance à un symbole de moralité, assimilé au noir, que Luther considère comme la plus chrétienne des couleurs. Ainsi, le vêtement de travail ne peut être que bleu, les « cols bleus » et le premier bleu de travail est ainsi le blue jean, inventé par un tailleur, Levi-Strauss en 1850 à San Francisco. Triomphant à partir du XVIIIe siècle grâce à la découverte de l'indigo, colorant naturel, le bleu est à la Révolution la couleur la plus fréquente dans les uniformes : c'est l'apparition d'un bleu national, militaire et politique. En France, le bleu des chouans s'oppose au rouge des républicains, ces derniers s'en parant au XIXe siècle pour s'opposer au blanc monarchiste et au noir clérical, puis la symbolique du bleu glisse peu à peu vers le centre droit, jusqu'à être la couleur des conservateurs de la Chambre dite bleu horizon, juste après la Première Guerre mondiale.

La couleur des organismes internationaux

Devenu couleur froide et symbole de propreté (comme l'indique bien son utilisation sur les robinets), le bleu symbolise au XXe siècle autant l'eau que le ciel. Entre-temps, l'école romantique a développé une nouvelle symbolique, mélancolique, onirique, représentée par l'habit bleu et jaune de Werther dans *les Souffrances du jeune Werther* de Goethe. C'est aussi celle du *blues*, terme tiré de l'expression américaine « diables bleus », qui signifie « idées noires ». Aujourd'hui associé au rêve, le bleu l'est aussi à la paix (les casques bleus), car il est la couleur la plus consensuelle. C'est en tant que tel qu'il figure comme emblème des grands organismes internationaux, comme le Conseil de l'Europe, l'Union européenne, l'Unesco et l'ONU.
En astrologie, le bleu est la couleur de Jupiter, il symbolise l'eau. Dans le Tarot, le bleu profond représente la passivité, le domaine des profondeurs et celui de l'inconscient.

Cordon bleu, insigne de premier ordre de chevalerie, s'applique à tout ce qui est hors pair, désigne par extension un(e) cuisinier(e) de talent.

Voir bannière, blanc, ciel, drapeau, eau, lapislazulis, lis, noir, rouge, tarot, turquoise

blond

Chez les Anciens, les cheveux blonds, liés aux forces solaires, sont l'apanage des dieux, ce qui suscite la fascination des mortels. La blondeur est à la fois symbole de féminité sensuelle et de douceur enfantine.

La blondeur du péché

Dans l'Antiquité grecque, les dieux, les déesses, les héros sont blonds, d'une blondeur qui rappelle l'éclat du soleil, l'or des bijoux, la lumière rayonnante des blés. Achille lui-même, caché parmi les filles de Lycomède pour échapper à la guerre, est reconnu à cause de sa magnifique chevelure d'un blond ardent, en raison de laquelle on le surnommait Pyrrha (la rousse). Les Grecques cherchent à s'éclaircir les cheveux à l'aide d'urine d'âne, du moins les hétaïres et les prêtresses d'Aphrodite, d'où la réputation de sensualité des blondes. Quant aux Romaines, elles utilisent un mélange de cendre de hêtre et de graisse de chèvre ou bien se teignent les cheveux avec une préparation d'huile de lentisque et de lie de vinaigre. Elles peuvent aussi acheter à prix d'or des crinières blondes venues de Germanie. Ainsi les élégantes arrivent-elles à rivaliser avec les illustres déesses de l'Olympe gréco-romain, notamment Vénus, ce qui n'est pas sans susciter les critiques des premiers Pères de l'Église. Pour saint Cyprien, se teindre en blond relève d'une audace sacrilège puisque les femmes donnent à leur chevelure « la couleur des flammes éternelles ». Dans l'iconographie chrétienne, Ève, symbole de la tentation et du péché, est d'ailleurs souvent blonde, tandis qu'Adam est brun.

La blondeur divine et aristocratique

Au Moyen Âge, la blondeur perd son aura sulfureuse et devient un critère essentiel de l'idéal de beauté féminine et aristocratique. Il est vrai que la Vierge Marie, plutôt brune (par opposition à la blonde et tentatrice Ève), est souvent représentée blonde à partir du XIVe siècle. Le blond perd alors sa connotation sensuelle pour se parer de vertus saintes et bénéfiques. Il devient symbole de douceur et de pureté. Une chevelure blonde n'est pas le moindre attrait des héroïnes des chansons de geste et de la littérature courtoise. Iseult, l'amante tragique aimée de Tristan, est une belle aux cheveux d'or. La blondeur devient un élément esthétique indispensable à l'univers chevaleresque, courtois et chrétien. Une chevelure noire ou brune évoque selon Joinville, le chroniqueur de saint Louis, les Sarrasins, ennemis jurés et diaboliques de la chrétienté européenne. Au XVIe et au XVIIe siècle, la blondeur naturelle ou artificielle est encore considérée comme la teinte idéale, et le blond vénitien fait fureur. Les héroïnes des romans précieux sont toutes blondes. Blondes sont les bergères de l'*Astrée*. Blonde est la princesse de Clèves, dont la beauté est jugée parfaite à la Cour. Blondes sont les modèles italiens des Titien, Véronèse et Botticelli. Ainsi la blondeur, relevant de la symbolique solaire divine, puis chrétienne et aristocratique, participe depuis l'Antiquité à l'élaboration du canon de la beauté féminine. Elle est, en fait, signe de perfection morale.

La blondeur aryenne et américaine

Aux États-Unis, une fille blonde peut symboliser le « rêve américain ». La première poupée Barbie arbore ainsi une chevelure d'une blondeur éclatante, mais tout aryenne... puisque cette icône américaine était en fait l'effigie de Lili, une vamp allemande créée par le journal *Bild Zeitung*. Mais, dans les années 1950, la blondeur allemande a mauvaise réputation : n'est-elle pas associée aux théories raciales de la « pureté aryenne » de l'Europe du Nord, mise à l'honneur par les chemises brunes ? Barbie perd alors son origine allemande pour devenir la copie conforme de l'actrice

Jayne Mansfield et symboliser, avec sa taille fine, sa poitrine opulente, ses jambes interminables, ses talons aiguilles, ses yeux d'azur et sa chevelure dorée, la femme américaine oisive et sophistiquée, signe extérieur de richesse pour un homme.

La blondeur de rêve

Le monde du cinéma a toujours magnifié les stars blondes, de Marilyn Monroe, véritable blonde de légende, à Catherine Deneuve, de Jean Harlow à Sharon Stone, de Marlène Dietrich à Brigitte Bardot, parce que la blondeur féminine continue à fasciner : il n'existe ni fée brune ni sorcière blonde. Et si les hommes, comme les studios de Hollywood, préfèrent les blondes, c'est parce que celles-ci jouent sur un registre explosif : l'alliance des contraires. Alliance de l'érotisme et de la pureté enfantine, car la blondeur est aussi la couleur de l'enfance (puisque les cellules qui fabriquent le pigment, la mélanine, ne sont pas encore opérationnelles chez l'enfant). À la fois fragile héroïne et créature de rêve, la blonde valorise le mâle éternel, invité à dispenser une précieuse protection (d'où le mythe de la ravissante idiote dont sut jouer à la perfection Marilyn Monroe). Autre alliance, chez Hitchcock, celle de la froideur bon chic bon genre et de la sensualité un rien perverse : « le volcan sous la neige », ainsi qu'il définissait Grace Kelly. La blonde cache bien son jeu. « La femme blonde est comme le suspens, affirmait le cinéaste : plus grande est la part d'imagination, plus grande est l'émotion. »

Blondeur superficielle ou libérée ?

C'est sans doute en raison de multiples symboles liés à la blondeur (l'association avec la poupée Barbie, les « bombes sexuelles » du grand écran, à la fois sensuelles et inaccessibles, la fascination/répulsion qu'inspire la culture américaine, l'emprise des marques et de la publicité imposant des stéréotypes mondialisés de la beauté) que les blondes d'aujourd'hui font l'objet d'innombrables blagues. Elles sont censées être d'une intelligence inférieure et incarner une féminité vulgaire et superficielle. Mais les quolibets à l'encontre des blondes (vraies ou fausses) existent depuis l'Antiquité romaine, et le mythe de la ravissante idiote témoigne de l'envie qu'a toujours suscitée la blondeur, mais aussi de la volonté d'étouffer l'influence grandissante des femmes.

Auprès de ma blonde, parole d'une chanson de 1704, signifie « auprès de mon amoureuse, de ma femme ».

Les *chères têtes blondes* désignent les enfants.

Voir **Aphrodite, blanc, blé, cheveux, femme, neige, or, soleil**

bœuf

Le bœuf occupe dans la symbolique une place assez différente de celle de son cousin non châtré, le taureau. Caractérisé par sa force, sa patience et sa soumission, il est symbole de puissance et de bienveillance, mais aussi de passivité.

Tandis que le taureau saillit les femelles, le bœuf se console de la perte de sa virilité en ruminant. C'est par excellence l'animal que l'on sacrifie dans l'Antiquité aux divinités de la terre et de l'agriculture. On immole à Zeus des bœufs blancs, et des bœufs noirs à Hadès. Une hécatombe désigne chez les Grecs le sacrifice de cent bœufs.

Dans le Nouveau Testament, le bœuf est l'animal emblématique de saint Luc. On le retrouve aux côtés de l'âne dans la crèche, veillant sur l'enfant Jésus.

Travailleur efficace et animal sacrificiel, il peut être assimilé au Christ et à ses apôtres, comme l'écrit Yves de Chartres au XIe siècle : « Avec la charrue de sa croix, il a dompté la glèbe de notre chair. » Dans l'iconographie de la Nativité, le bœuf symbolise le Nouveau Testament, tandis que l'âne renvoie à l'Ancien.

Voir **âne, blanc, charrue, sacrifice, Zeus**

bois

Matériau naturel traditionnel, le bois est symbole de la force végétale et possède une dimension sacrée.

Le bois sacré des Anciens

Chez les Grecs et les Romains, on appelait « bois sacrés » des lieux plantés d'arbres de haute taille, souvent consacrés à un dieu, où étaient célébrés des sacrifices et dont l'accès n'était pas autorisé à tous. Le bois sacré (*lucus* en latin) était en quelque sorte le prolongement d'un culte de l'arbre presque universellement répandu. Il était considéré comme un temple, hanté par la présence immatérielle du divin, car les dieux y rendaient leurs oracles. Le bois, surtout celui du chêne, lié au savoir des prêtres, servait de support à la connaissance du sacré. La croyance en la présence d'une divinité dans le bois per-

siste aujourd'hui dans l'expression « toucher du bois ». En effleurant de la main un objet en bois, on fait appel à une présence surnaturelle et bienveillante pour conjurer le mauvais sort.

La bûche de Noël

La bûche, gros morceau de bois que l'on fait brûler dans la cheminée à l'occasion des fêtes de Noël, était un symbole conjuratoire de vie, de lumière et de chaleur au moment du solstice d'hiver, quand la nuit est longue et la nature désolée. Cette tradition, beaucoup plus ancienne que l'arbre de Noël, a probablement une origine païenne liée au culte du feu, réputé éloigner les esprits maléfiques et permettre la réapparition de la vie qui « renaît de ses cendres ».

Dans plusieurs régions de France, la bûche de Noël devait brûler pendant trois jours (Noël, Jour de l'an et Épiphanie) ou bien pendant les douze jours allant de Noël à l'Épiphanie, la durée du solstice d'hiver, réputée maléfique.

Les tisons, auxquels la croyance populaire attache une vertu de protection, sont conservés tout au long de l'année dans la maison. En Languedoc, on introduisait dans la bûche creuse des petits cadeaux que l'on distribuait avant l'embrasement.

En France, la tradition de la bûche perdure de nos jours sous la forme d'un gâteau de Noël en forme de bûche, fourré de crème au beurre, nappé de moka strié évoquant l'écorce, avec des décors forestiers en meringue et pâte d'amande.

Voir **arbre, baguette, bâton, cendre, chêne, druide, faisceau, feu, lumière, forêt, sanctuaire**

boîte

La boîte évoque le crâne, c'est une enveloppe rigide qui ne doit être ouverte qu'à bon escient, même si les mystères qu'elle renferme sont attirants.

La boîte intervient souvent dans des récits impliquant une femme : l'Avare de Molière aime l'or que contient sa cassette et qui ronge sa pensée comme l'amour pour une femme. Pandore ouvre la boîte offerte par Zeus en présent de mariage à son mari Épiméthée (le frère futile et étourdi de Prométhée, ami des hommes) et libère passions et malheurs. Quand elle la referme, seul l'espoir ne s'en est pas échappé. La curiosité pousse donc à l'ouverture des boîtes : boîtes à malices, boîtes à idées...

On peut effectivement n'y trouver rien, ou y retrouver la mémoire des souvenirs enfuis. Dans les contes, c'est souvent la troisième boîte, celle de bois, qui contient le trésor. En effet, l'apparence extérieure de la boîte est parfois trompeuse et révèle les défauts de celui qui l'ouvre. La boîte d'or ne contient que la dérision dans *le Marchand de Venise* de Shakespeare. Le contenu de la boîte n'a souvent de valeur que tant que celle-ci demeure scellée et conserve une part de mystère. Dans la chambre noire des peintres et des photographes, la transformation de la réalité en une image renversée n'est possible que grâce à l'obscurité et disparaît quand on fait pénétrer la lumière.

Voir **bois, cassette, crâne, Pandore**

boiteux

Être boiteux est un châtiment de ceux qui ont éveillé la jalousie des dieux. C'est un rappel de la nature charnelle et terrestre de l'homme.

Chez les Grecs, Héphaïstos (Vulcain pour les Romains) est le forgeron des dieux. C'est lui qui fabrique l'égide ou le bouclier de Zeus et c'est dans son atelier que sont fabriqués les éclairs du dieu. En d'autres termes, le dieu suprême n'est pas créateur de ses propres attributs et, comme pour punir Héphaïstos de son talent d'artisan, Zeus le rend boiteux.

Dans la lutte de Jacob avec l'ange de Dieu, celui-ci n'arrive pas à soumettre le patriarche juif. L'ange lui dit : « On ne vous nommera plus à l'avenir Jacob mais Israël, car si vous avez été fort contre Dieu, combien le serez-vous davantage contre les hommes » (Genèse, XXXII, 28). Mais, après l'épreuve, l'ange lui touche le nerf de la cuisse et Jacob/Israël « se trouve boiteux d'une jambe ».

Au Moyen Âge, les enfants nés boiteux étaient considérés comme la preuve vivante du péché de leurs parents, lesquels ne pouvaient que s'être livrés à certaines pratiques sexuelles condamnées par l'Église.

Voir **béquille**, **Héphaïstos**

bonnet phrygien

Coiffure d'origine anatolienne, conique et rouge, le bonnet phrygien est un symbole de liberté.

Le bonnet d'affranchi

Chez les Grecs et les Romains, le bonnet de forme conique était pris par les esclaves au moment de l'affranchissement et porté par le captif libéré au triomphe du général vainqueur. Il devint ainsi l'insigne de la liberté. Brutus le plaça entre deux poignards sur les deniers romains frappés après la mort de César. Il fut porté par Spartacus, originaire d'Asie Mineure, chef des esclaves révoltés contre Rome.

Au cours du XVIIIe siècle, le bonnet phrygien devient un puissant symbole de la liberté pendant la guerre d'indépendance des États-Unis. Le bonnet figure d'ailleurs toujours sur les drapeaux de la Virginie-Occidentale et de l'État de New York.

Le bonnet de la liberté

Dès 1789, les sans-culottes adoptent le bonnet phrygien, qu'ils appellent « bonnet rouge » et dont la mode se répand en 1791 d'autant plus facilement que le bonnet de laine était couramment porté dans le peuple. Fortement influencés par l'Antiquité romaine et la Révolution américaine, les Français choisissent en 1792 le bonnet phrygien comme coiffe officielle de Marianne, symbole de la mère-patrie révolutionnaire. Un décret stipule : « Le sceau de l'État serait changé et porterait pour type la France sous les traits d'une femme vêtue à l'Antique, debout, tenant de la main droite une pique surmontée du bonnet phrygien, ou bonnet de la liberté, la gauche appuyée sur un faisceau d'armes, à ses pieds un gouvernail. » Après le 9-Thermidor, le bonnet rouge fut peu à peu délaissé.

Le bonnet de la nation républicaine

C'est à partir des années 1880, pour marquer le rétablissement de la République, que les mairies et autres établissements publics en France montrent des bustes de Marianne coiffée du bonnet phrygien, objet de luttes symboliques au XIXe siècle entre la gauche républicaine et la droite conservatrice, laquelle lui préféra toujours le casque guerrier et la couronne antique.

Voir **casque, coq, couronne, faisceau, rouge, sceau**

bouc

Le bouc, animal nocturne, a des qualités comparables à celles du bélier, animal diurne, mais poussées à l'extrême. Il est réputé violent, lubrique, puant et rusé.

Il est tout le contraire de sa femelle la chèvre, gracieuse et agile. Les divinités inférieures de la Grèce, notamment celles de la troupe de Dionysos, ont des pattes et un sexe de bouc. À Athènes, on offrait un bouc *(tragos)* au vainqueur d'un concours de tragédie. Cette virilité comique mais de bon augure en Grèce fut fort mal considérée dans le monde biblique, où le bouc représente la puissance et la fécondité du sexe mais aussi l'impureté et la luxure. Au jour du Jugement dernier, béliers et brebis, élus, seront placés à droite, et les boucs, damnés, à gauche.

Du reste, la représentation traditionnelle du diable au Moyen Âge rappelle beaucoup celle des satyres du cortège de Dionysos : petites cornes, oreilles et pattes de bouc. Le bouc est ainsi associé à la sorcellerie. Goya a d'ailleurs représenté parmi ses « peintures noires » une scène saisissante de sabbat présidé par un grand bouc noir.

L'image du bouc émissaire vient de l'Ancien Testament. Le jour de Kipour, les israélites chassaient dans le désert un bouc chargé symboliquement des péchés de toute la communauté Ce bouc emportait ainsi avec lui hors du territoire les iniquités du peuple (Lévitique, XVI, 22).

Un bouc émissaire, personne sur qui on fait retomber symboliquement les fautes des autres et qu'on accuse de tous les malheurs.

Voir **agneau, bélier, droite/gauche, diable, Dionysos, sorcier**

bouche

La bouche est la porte qui laisse passer la parole et le souffle vital, et le gouffre qui engloutit la nourriture. Chantée par les poètes, elle est aussi l'une des principales voies de l'amour.

L'ouverture de la bouche, un symbole de survie

La cérémonie dite de « l'ouverture de la bouche », qui permet la survie de l'âme dans l'au-delà, était un rite funéraire essentiel en Égypte antique. Il se pratiquait sur les momies lavées et fumigées à l'encens. Un prêtre ouvrait la bouche du défunt à l'aide d'une lame en métal qui représentait le doigt de Horus. En même temps, on récitait des prières et on purifiait la bouche de la momie avec des boules de natrum. La cérémonie de l'ouverture de la bouche permettait à l'âme du défunt de réintégrer le corps qu'elle avait déserté au moment du trépas.

Une obole dans la bouche, un rite de passage mortuaire

Selon le mythe grec, Charon est le passeur des morts, celui qui leur fait traverser le fleuve Achéron pour gagner le royaume des Enfers. Charon n'accepte que les morts qui lui versent une obole, le sixième d'un drachme. Pour cette raison, on mettait une pièce de monnaie dans la bouche des morts. Non seulement les Romains, mais aussi les chrétiens du Moyen Âge perpétuent cette pratique qui prend alors chez ces derniers le nom de « denier de saint Pierre », permettant aux âmes de ne pas errer pour l'éternité à la porte du royaume des Enfers.

Le souffle divin

Dans la Bible, le verbe de Dieu crée le monde. La parole et l'existence, le verbe et la vie sont inséparables. Et c'est par la bouche, au moyen de la prière, que l'homme peut communiquer avec la divinité. Le souffle vital passe par la bouche. Cette capacité à souffler a inspiré à l'auteur du logo de la maison Larousse l'idée de la femme qui dissémine l'aigrette du pissenlit, « semant à tout vent » le verbe et la connaissance.

Dans le Coran, Dieu insuffle son esprit dans la glaise avec laquelle il façonne le premier homme pour lui donner vie. L'homme participe de la nature divine par l'intermédiaire de la bouche.

Ouvrir ou fermer la bouche

Si ouvrir la bouche est parler ou souffler, la fermer signifie se taire, comme l'exige la discipline de certains ordres religieux. Garder la bouche close, garder une information pour la bonne bouche ou prendre le temps de tourner sept fois sa langue dans sa bouche, c'est reconnaître le caractère dangereux de la bouche, organe de la parole, qu'elle soit franche et naïve, comme avec saint Jean Bouche d'or, ou dangereuse.

La bouche permet à l'homme de s'alimenter. S'il n'a pas de quoi satisfaire ses besoins, il peut « crever la bouche ouverte » ; si, en revanche, il possède plus que ce dont il a besoin, il peut faire « la fine bouche ». Mais la bouche est aussi le principal organe du glouton, de l'ogre, du dévoreur. Elle devient alors gueule, orifice infernal. C'est dans la bouche de Moloch que l'on expédiait les enfants destinés à être consumés par le feu qui brûlait à l'intérieur de la statue du dieu cananéen. De la bouche à l'antre, il n'y a alors qu'un pas, qui débouche... sur une bouche d'égout.

La bouche de l'être aimé, un symbole de l'amour

Enfin, les amoureux qui s'embrassent à bouche-que-veux-tu donnent à la bouche une tout autre signification. Les poètes n'en finissent plus de louer la bouche de l'aimée. Chez Ronsard, la bouche est vermeille, divine, aimée, honorée, belle, magnifique, et le baiser à Cassandre comble tous les sens du poète :

« Et vous, bouche de sucre pleine,
Qui m'engendrez de vostre haleine
Une odeur qui au cœur descend,
Et mille parfums y respend... »

C'est saint Jean Bouche d'or, un homme qui parle avec éloquence, par allusion au nom de saint Jean Chrysostome (du grec *khrusos*, « or », et *stoma*, « bouche »), l'un des plus éloquents Pères de l'Église.

Voir **langue, souffle, parole**

bouclier

Arme défensive portée au bras pour parer les coups de l'adversaire, le bouclier est le symbole de la protection passive et de la force .

Sous l'égide

Protégeant Zeus dans sa lutte contre les Titans, le bouclier en peau de la chèvre Amalthée devient symbole de protection, sous le nom d'égide : c'est avec ce même bouclier à la main que naît sa fille Athéna, déesse de la guerre, de l'agriculture, du foyer, protégée par le serpent qui figure sur l'égide. Adulte, Athéna offre à Persée les armes magiques dont il a besoin pour vaincre la Gorgone. Une fois celle-ci tuée, Persée donne à Athéna la tête coupée du monstre, qu'elle appose sur son bouclier.

Symbole de la puissance souveraine, puis de la protection ou du patronage d'un grand, l'égide n'est pas une arme destinée à frapper. C'est une arme dissuasive, visant à inspirer la crainte pour inciter les mortels à ne placer leur confiance qu'en celui qui la mérite, le dieu tout-puissant. Ainsi le bouclier est-il une représentation de la protection divine, comme si celui qui le brandissait opposait l'univers à son ennemi, dont les coups frappent une réalité supra-humaine : c'est cette force qui éteint les coups du Mauvais. Tel est décrit par Homère, dans l'Iliade, le bouclier d'Achille, sur lequel le forgeron Héphaïstos met « une représentation de la terre, du ciel et de la mer, du soleil et de la lune en son plein, et des astres ».

Les boucliers protecteurs de l'Empire romain

Selon une légende romaine, un bouclier était tombé du ciel pour guérir Rome de la peste. À sa conservation était attaché le sort de l'empire. Le roi Numa fit donc fabriquer onze anciles (boucliers) semblables, afin que le bouclier prodigieux ne pût être reconnu si quelqu'un tentait de le dérober, et ces douze anciles furent confiés à un collège de douze prêtres de Mars. Tous les ans, au mois de mars, ces prêtres parcouraient la ville en grande pompe et montraient les anciles (les boucliers), chacun en portant un au bras droit.

Un symbole de force

Bouclier grec ou écu du Moyen Âge, le bouclier est une marque d'honneur. Sa perte est infamante, et les princes le tenaient au bras pour rendre la justice. Le bouclier symbolise la force contre laquelle s'écrasent les traits des forces maléfiques : « Dieu est mon rocher, où je trouve un abri, dit l'Ancien Testament, mon bouclier et la force qui me sauve, ma haute retraite et mon refuge. Ô mon Sauveur ! Tu me garantis de la violence » (Samuel, XXII, 3). L'étoile à six branches composée de deux triangles entrelacés est aussi appelée « bouclier de David » *(Magen David)*. D'après une légende, il servait au roi de protection magique et de substitut au nom de Dieu. Le bouclier ne symbolise pas la foi, il est la foi.

Levée de boucliers, protestation unanime.

Voir **Athéna, arme, chevalier, égide, Gorgone, épée, étoile de David, sceau**

boue

Terre ou poussière gorgée d'eau, la boue exprime le charnier originel et fécond, celui d'avant la création, et la déchéance d'y retomber.

À l'origine de la création

Entre la terre vivifiée par l'eau et l'eau polluée par la terre s'étagent tous les niveaux du symbolisme et de la morale. Si l'on prend la terre pour point de départ, la boue représente une évolution de la terre qui fermente et vit. Ainsi, dans la cosmogonie grecque, régnait à l'origine le chaos, un mélange de terre, de boue et d'eau dévasté par les courants. De ce chaos naquit spontanément la terre-mère, qui sera la mère de toute chose. Selon la tradition biblique, la boue représente la matière primordiale et féconde d'où l'humanité fut tirée : « Alors Yahvé modela Adam avec la glaise du sol (*adâma*), il insuffla dans ses narines une haleine de vie et l'homme devint un être vivant », dit la Genèse. La boue unit le principe réceptif et matriciel (la terre) au principe dynamisant du changement et des transformations (l'eau), à l'image du néant originel de l'Ancien Testament: « Devant Dieu je suis ton semblable. J'ai été comme toi formé de la boue » (Livre de Job).

La boue du péché

Si l'on considère, au contraire, l'eau comme point de départ, avec sa pureté originelle, la boue, qui vient du mot gaulois « *bawa* » (« saleté »), est par excellence la matière qui salit, associée à la misère et à l'abjection. Un état, selon l'Ancien Testament, auquel nous pouvons symboliquement retourner si l'Éternel ne nous élève pas : « Dieu m'a jeté dans la boue, et je ressemble à la poussière et à la cendre » (Livre de Job). C'est ce symbolisme que reprend le mythe du Golem, être inachevé, ébauche humaine, matière brute, sans forme ni contours, selon la Kabbale, et état qui précède la création d'Adam, selon le Talmud.

Voir **Adam, brun, eau, Golem, poussière, terre**

bougie

Flamme vacillante, fragile et isolée, la bougie est la vie et l'espoir de l'individu, mais aussi l'inconsistance de son caractère. Lorsque sa flamme provient d'une autre bougie, elle est communion de l'espoir dans la prière.

Comme lumière, elle révèle, mais jamais un paysage lointain, toujours l'intériorité de l'être méditant sur lui-même, comme dans les tableaux de Georges de La Tour. Composée d'un tronc de combustible (initialement du suif ou de la cire) s'amenuisant au fur et à mesure qu'il alimente la flamme, elle peut signifier à la fois le corps périssable et l'âme qui s'élève. C'est là la bougie des veillées funéraires. Les bougies que l'on souffle aux anniversaires sont aussi les années de vie, le temps passé sur lequel on ne revient pas, mais dont l'extinction n'est que provisoire puisque les flammes se rallument l'année suivante sur un nouveau gâteau.

Voir **anniversaire, chandelier, feu, flamme, fumée, lumière**

bouleau

Autrefois arbre sacré en Europe de l'Est et du Nord, le bouleau était censé protéger les populations de la puissance des démons.

En réminiscence de ces associations, les peuples du Nord continuent de planter des bouleaux à côté des maisons. Sa capacité à chasser le mal fait du bois de bouleau un instrument pour battre les gens possédés par les esprits maléfiques. En anglais, *birch* signifie à la fois « bouleau » et « peine du fouet avec les verges ».

Le bouleau est l'emblème national de l'Estonie.

bouteille

La bouteille est un contenant qui ne vaut que pour son contenu, comme la boîte. En effet, elle contient une nourriture liquide destinée à satisfaire les besoins de l'âme et du corps, c'est-à-dire une eau-de-vie ou un esprit-de-vin.

C'est l'idée que véhicule la phrase bien connue : « Qu'importe le flacon, pourvu qu'on ait l'ivresse. » Ce contenu peut certes être empoisonné, mais, d'une manière générale, ce que contient la bouteille est un élément positif qui, une fois la bouteille débouchée, doit être utilisé promptement. On referme rarement une bouteille, sauf le naufragé sur son île, qui lui confie une parole d'espoir avant de la lancer à la mer. La bouteille est faite pour être vidée. On peut toutefois retarder ce moment, notamment quand elle renferme du vin, qui se bonifie en vieillissant au cours de son séjour en cave. « Avoir de la bouteille » devient alors une qualité.

Voir **boîte**

branche

La branche est la baguette magique, prolongement impératif du doigt de l'homme ou du magicien. Mais c'est aussi l'évocation de la parole des arbres dans la forêt, quand souffle le vent ; et parfois un obstacle, comme la ronce.

Absalon se révolte contre son père David et dresse contre lui les armées d'Israël. Il est tué par la garde royale, qui le trouve accroché par les cheveux, qu'il avait longs et épais, aux branches d'un grand chêne. Le chêne étant l'arbre divin par excellence, il est facile d'interpréter ici ses branches comme les doigts de la volonté divine. De fait, on retrouve des branches mobiles dans de nombreuses légendes, où elles figurent les doigts des arbres. Mais ce sont là en général des contacts malicieux et étrangleurs : les forces de la nature hostiles à l'homme. En revanche, la branche coupée qui bourgeonne est un symbole d'espoir et de prospérité, comme le rameau de la tribu d'Aaron, seule des douze tribus d'Israël à ne pas se plaindre de Moïse lors de la traversée du désert.

Voir **arbre, baguette, bâton, bois, chêne, doigt, faisceau**

bras

Si les deux bras levés peuvent signifier l'impuissance et la soumission, et les bras en cercle la tendresse, le bras, au singulier, représente le pouvoir, l'autorité et la force agissante.

Haut les bras

Lever les deux bras ouverts est un signe de soumission et de reddition au pouvoir supérieur de l'agresseur. Les bras levés à la verticale sont un signe de soumission à Dieu, un appel à l'aide et à la protection. En revanche, lever le bras droit, la paume de la main ouverte, symbolise depuis toujours la force, la volonté et la victoire. Les généraux vainqueurs, les empereurs romains ou les rois sont représentés ainsi dans la statuaire antique ou classique : le bras droit levé, la main ouverte. Dans la symbolique révolutionnaire ou contestataire, on lève le bras droit, poing fermé, symbole du combat. Les manifestants qui chantent *l'Internationale* sont familiers de ce geste.

Le bras armé

On ne parle jamais des bras, mais du bras de Dieu. « Avez-vous comme Dieu un bras tout-puissant, et votre voix tonne-t-elle comme la sienne ? » (Job, XL, 4). Cette association entre le pouvoir et le bras est telle que l'on oublie le caractère métaphorique du mot dans des expressions comme « le bras exécutif » ou « le bras droit du patron », ou tout simplement « le bras armé de l'État », qui peut avoir un sens littéral (les tirailleurs sont le bras armé de la France coloniale) ou métaphorique (le bras armé de l'Europe, de Microsoft, du capitalisme). Le bras séculier ou bras de justice est un symbole de force exécutrice. Cette expression fait allusion au pouvoir du juge séculier ou laïque dont l'action répressive complétait sous l'Ancien Régime celle des tribunaux ecclésiastiques, qui ne pouvaient infliger un châtiment corporel allant jusqu'à l'effusion de sang.

Prendre dans ses bras / bras de fer

Les bras peuvent encore évoquer la tendresse, lorsqu'ils forment un cercle accueillant : c'est la mère qui serre son enfant contre son cœur ou l'amant qui étreint l'objet de son amour, comme l'attestent d'innombrables chansons populaires, tel ce succès d'Édith Piaf : « Quand il me prend dans ses bras, je vois la vie en rose… »

À l'inverse, le bras est synonyme de force et de volonté. On attrape un adversaire « à bras le corps » pour le mettre au tapis, et on joue au « bras de fer » (au sens littéral ou figuré) pour savoir qui est le plus fort.

L'agriculture manque de bras signifie que l'agriculture manque de travailleurs.

Baisser les bras veut dire renoncer.

Se croiser les bras est synonyme de ne rien faire.

Prêter son bras à quelqu'un, c'est aider, protéger quelqu'un.

Recevoir à bras ouverts, c'est accueillir avec chaleur et effusion.

Retenir le bras de quelqu'un, c'est empêcher quelqu'un de poursuivre son action, de se venger.

Voir **cercle, doigt, main**

brebis voir agneau

brique

Née avec la sédentarisation, la brique est le symbole de la civilisation urbaine.

Fabriquée à partir de simple terre cuite, la brique est issue de la boue originelle et symbolise un état premier de la sédentarisation humaine : ainsi, parlant de Rome, l'empereur Auguste s'enorgueillit « de la laisser en marbre, après l'avoir reçue en briques ».
Matière des premières civilisations, elle représente un état à perfectionner, comme le dit l'Ancien Testament : « Les maisons de brique sont tombées, mais nous en bâtirons en pierres de taille ; des sycomores ont été coupés, mais nous les remplacerons par des cèdres »(Isaïe, IX, 10). En ce sens, la brique représente la civilisation urbaine née à l'Antiquité, assemblage d'éléments fragiles, où chaque brique d'argile ou de limon symbolise un individu, la cuisson permettant de créer un ensemble solide, mais périssable.

Voir **boue, terre**

brouillard

Nuage formé de fines gouttelettes d'eau en suspension, le brouillard représente l'incertitude.

Nuit et brouillard

Le brouillard est la représentation d'un état confus, trouble, de la matière, et, par analogie, de la pensée. C'est le monde de l'indécision. Dans la mythologie norvégienne, le Niflheim est la demeure du brouillard, l'endroit le plus au nord, perpétuellement envahi par les brumes et le givre. C'est dans le vide qui sépare le brouillard du Niflheim et la mer de flammes du Muspellsheim que la vie apparaît. À l'inverse, en Grèce antique, le brouillard du Tartare, le royaume des morts, symbolise les brumes de l'enfer.

L'Ancien Testament partage cette connotation négative: « Ce jour est un jour de fureur, un jour de détresse et d'angoisse, un jour de ravage et de destruction, un jour de ténèbres et d'obscurité, un jour de nuées et de brouillard. » (Les Prophètes, Sophonie, I, 15).

Dans le mythe teutonique du Nibelungen, Alberich, l'un des enfants du brouillard qui vivent dans l'atmosphère humide de l'Atlantide, a la faculté de se transformer en colonne de fumée lorsqu'il chante « Nuit et brouillard, je disparais », coiffé du casque qui le rend invisible. Lorsque les nazis donnent le nom de « nuit et brouillard » aux déportés, c'est en référence à cette faculté de faire disparaître sans laisser de traces.

Un brouillard protecteur

Le brouillard qui cache peut cependant être protecteur, tel celui de *l'Odyssée*. Revenu à Ithaque, Ulysse ne reconnaît pas sa patrie. En effet, Athéna « l'a enveloppé d'un brouillard pour qu'il demeurât invisible, qu'elle pût tout lui expliquer et que sa femme, ses amis, son peuple fussent dupes jusqu'à ce qu'il châtiât tous les excès des prétendants ». Par un effet significatif, ce brouillard n'empêche pas Ulysse de voir les choses, mais seulement de les reconnaître.

Recelant un destin à peine esquissé, le brouillard peut ainsi laisser apparaître le succès : alors que la bataille d'Austerlitz, commencée avant l'aube dans le brouillard, tourne mal pour les troupes françaises, la brume qui les dissimulait se lève et leur permet la victoire, au cri de Napoléon : « Que brille le soleil d'Austerlitz ! »

Voir **nuit**

brun

Symbole de la matière organique, de la terre vivante, le brun est un pendant terrestre du noir. Suscitant l'appétit lorsqu'il est de nuance chocolat ou isabelle (jaune), ou le dégoût lorsqu'il est associé à la décomposition et à l'excrément, le brun est un symbole ambivalent.

Rattaché à la terre, il en hérite la double connotation positive et négative. Il rappelle la simplicité de la nature sans fard, la rusticité du pain bis. C'est, du reste, la couleur monastique, celle de l'humble et austère bure des bénédictins, des cisterciens et des franciscains. En Occident, le brun ocre est la couleur de la terre nourricière, de l'abondance, de la fécondité ; c'est la couleur de la glaise, du limon, de l'humus, mais aussi du bois. Si la blondeur est un symbole de féminité et de douceur, les femmes brunes passent pour être vives, ardentes et passionnelles. Dans les romans, la couleur brune sied aux hommes, qui sont ainsi représentés comme plus virils, doués, ardents.

Couleur de la décomposition organique, le brun revêt aussi un sens régressif et peut incarner le repli sur soi, vers la terre originelle : en ancien français « brun » signifie « sombre, funeste, farouche ». Le « brun », c'est l'ancienne dénomination de l'ours. Substitut du noir, dont il a tout le symbolisme, il est associé au fascisme, appelé souvent la « peste brune », par référence aux chemises brunes des sections d'assaut du régime nazi.

Voir **blond, chemise, ours, terre, noir**

buis

Comme d'autres végétaux à feuilles persistantes, le buis est associé à l'immortalité et à la persévérance.

En Europe du Nord, le jour des Rameaux, le buis remplace la palme des pays méridionaux. On le trouve fréquemment dans les cimetières, mais cet emploi préexiste probablement à l'introduction du christianisme, car, pour les Celtes, le buis était également un symbole d'immortalité.

Voir **palme**

buisson

Ardent, le buisson représente la présence de Yahvé, et, ultérieurement, la Vierge Marie.

Dans la Bible, Yahvé apparaît à Moïse du milieu d'un buisson brûlé, mais non dévoré, par le feu. Yahvé dit à son prophète qu'il va délivrer son peuple des Égyptiens pour le faire monter « vers un pays ruisselant de lait et de miel » (Exode, III, 8).

Symbole d'un désir extrême qui est inaccessible car invisible, mais signalant l'assouvissement d'un rêve, le buisson ardent sera par la suite associé à la femme. Si la Vierge Marie est souvent désignée par la métaphore du buisson ardent, celui-ci servirait également d'euphémisme pour le sexe féminin.

Voir **femme, feu, rêve**

bulle

Petite sphère remplie d'air ou de gaz qui s'élève à la surface d'un liquide, la bulle représente la protection et la légèreté.

La bulle protectrice

Offrant protection et absence de gravité; la bulle originelle est le placenta, symbole de fermeture bienfaitrice : elle représente cette perfection de la finitude sphérique, celle d'un monde clos, de l'enceinte stérile en hématologie, relevant de la force protectrice.

Dans la Rome antique, après avoir été purifié avec l'eau, l'enfant reçoit à son neuvième jour son nom et une bulle d'or ou de cuir qui renferme des formules magiques et détient un pouvoir protecteur, bulle qu'il portera en médaillon jusqu'à l'âge de 16 ans. Il la suspendra alors au cou des dieux lares. La fonction des bulles *Agnus Dei* au Moyen Âge est la même : instituées par l'Église pour remplacer les amulettes et les incantations païennes, ce sont des bulles bénites, moulées dans de la cire, du cristal ou de l'or, qui renferment une formule pieuse et sur lesquelles est représenté un agneau.

Telle une bulle d'air

À l'inverse, la bulle comporte aussi une notion de fragilité : elle éclate, ne laissant aucune empreinte de son passage, et représente à ce titre l'éphémère, le rêve et le fantasme. Ainsi, dans *la Tentation de saint Antoine,* Gustave Flaubert fait dire à celui-ci : « Je vois des hommes légers plus transparents que des bulles d'air. » L'ébullition, à laquelle s'attache l'aéromancie perse (oracle basé sur l'observation de bulles d'air dans des liquides), peut être vue comme symbole de l'éphémère.

La bulle diplomatique

Dire ce qui sera, c'est aussi le rôle de la bulle diplomatique, un acte officiel qui tire son nom du sceau de forme ronde qui l'authentifie, telles la puissante Bulle d'Or de Metz, charte de la Constitution du Saint Empire romain germanique, ou les bulles papales, dont le nom vient du sceau *bulla* (« sceau en forme de boule ») qui ferme ces lettres, lesquelles n'échappent pas à l'éphémérité de l'action humaine, qui dure ce que durent les bulles de savon.

Voir **aussi amulette, cercle, sceau, sphère**

Le conte de fées est un récit initiatique conçu, non pour émerveiller ou terroriser l'enfant, mais pour le « faire grandir ». Il a une riche portée symbolique.

C

caducée

Emblème de la médecine attribué au demi-dieu Asclépios (à Rome, Esculape), le caducée, une des plus anciennes images indo-européennes (on la trouve en Inde et à Babylone 3000 ans avant J.-C.) symbolise la réunification de deux principes cosmiques contraires, en vue d'une élévation spirituelle.

Une marque distinctive

Le mythe raconte qu'Hermès sépara un jour, avec sa baguette, deux serpents qui se battaient. Le caducée fut en réalité, à l'origine, un bâton de berger encore pourvu de deux branches. Son aspect se modifia par contamination avec quelque sceptre ou symbole oriental, et sous l'effet de l'imagination des artistes, pour aboutir, à partir de la fin du Ve siècle av. J.-C., au type à serpents.

Le caducée fut, chez les Grecs, la marque distinctive des ambassadeurs et des hérauts. Celui des médecins est composé d'un faisceau de baguettes, autour duquel s'enroule le serpent d'Asclépios et que surmonte le miroir de la Prudence.

En occultisme, la baguette représente le phallus, l'arbre de vie, et les deux serpents la polarité du courant cosmique ascendant et descendant. L'ensemble symbolise donc l'énergie et la fécondité par l'équilibre dynamique des forces contraires.

L'alliance de forces contraires...

Les deux serpents représentent en effet les deux principes fondamentaux opposés : mâle/femelle, eau/feu, corporalité/spiritualité, dont l'action chaotique est ordonnée, dirigée vers un but supérieur le long du bâton, lequel symbolise alors l'axe du monde réunissant le matériel au spirituel.

On retrouve cette image de la double spirale permettant l'alliance des contraires dans d'autres symboles indo-européens ou orientaux : les deux mouvements de la svastika et de la svastika inverse, et même les circonvolutions du yin et du yang.

... qui permet l'élévation

Mais l'intervention divine (celle d'Hermès) permet au caducée de symboliser également l'élévation vers la spiritualité au travers de ces cycles. Ainsi, pour les alchimistes, les deux éléments opposés, mercure et soufre, une fois réunis, donnent-ils la pierre philosophale. C'est là l'objectif ultime, situé à l'extrémité supérieure du caducée, qui devient alors la marque de la maîtrise spirituelle – voilà pourquoi il est devenu l'emblème de la médecine ou de la divination. La véritable guérison, comme la véritable résurrection, est celle de l'âme, mais cela passe par le corps puisque tout n'est que réunion de principes opposés.

Voir **Asclépios, axe, baguette, bâton, branche, entrelacs, Hermès, phallus, serpent, svastika, yang, yin**

Caïn et Abel

Fils aîné d'Adam et d'Ève selon la Genèse, Caïn tua par jalousie son frère Abel. Le Nouveau Testament en fait le symbole du méchant, meurtrier de l'innocent, mais il incarne aussi le mal-aimé, l'exilé, le révolté. Abel son frère puiné est le modèle de l'amour et de l'innocence.

Le nomade et le sédentaire

Tous deux sont victimes du bannissement de leurs parents du jardin d'Éden. Condamnés à travailler pour gagner leur pain, Caïn se consacre à l'agriculture tandis qu'Abel garde les troupeaux. Le récit biblique du meurtre de l'un par l'autre est peut être l'écho du conflit de deux civilisations, celle du sédentaire, de l'agriculteur, celui qui accomplit un dur labeur, représentée par Caïn, et celle du berger nomade, qui prie et consacre du temps à Dieu, figurée par Abel. Une tablette sumérienne du IIe siècle av. J.-C., rapportant le conflit opposant un dieu berger et un dieu agriculteur, offre un curieux parallélisme avec le récit biblique.

Le contemplatif et le travailleur

Autre opposition, celle qui sépare celui qui s'active et celui qui prie, et que rappelle la parabole de Marthe et Marie, la ménagère active et la douce contemplative, dont l'histoire est racontée dans l'Évangile de saint Luc (X, 38-42) : « Comme ils étaient en route, il entra dans un village et une femme du nom de Marthe le reçut dans sa maison. Elle avait une sœur nommée Marie qui, s'étant assise aux pieds du Seigneur, écoutait sa parole.

Marthe s'affairait à un service compliqué. Elle survint et dit : Seigneur, cela ne te fait rien que ma sœur m'ait laissée seule à faire le service ? Dis-lui donc de m'aider. Mais le Seigneur lui répondit : Marthe, tu t'inquiètes et t'agites pour bien des choses. Une seule est nécessaire. C'est bien Marie qui a choisi la meilleure part ; elle ne lui sera pas enlevée. »
De même, Dieu accepte les sacrifices d'Abel et refuse ceux de Caïn jusqu'au jour où celui-ci, furieux, assassine son frère et s'enfuit.

Caïn le romantique

L'exil et l'errance de Caïn, poursuivi par le remords, sont racontés par Victor Hugo dans « La Conscience », poème de *la Légende des siècles,* qui s'achève par ce célèbre vers : « L'œil était dans la tombe et regardait Caïn. » Le maudit, cher aux romantiques, en proie à la culpabilité, est aussi le révolté du poème de Byron, « Caïn ».

Voir **berger, double, jumeaux**

cameléon

Symbole d'inconstance, c'est pourtant bien malgré lui que le caméléon change de couleur.

Ce n'est pas sous l'effet du mimétisme animal que se produisent ces modifications, mais sous celui d'états tels que la peur, la colère ou les changements de température.

cancer voir crabe

candélabre voir chandelier

cape voir chape

Capricorne

Signe solsticial qui commence l'hiver dans le calendrier grégorien (21 décembre-19 janvier).

Animal fabuleux consacré à Pan, représenté comme une chèvre, éventuellement à queue de poisson, Zeus le plaça parmi les constellations. Signe de la terre froide, ingrate et gelée gouverné par Saturne, sombre dieu du temps, le Capricorne est attiré vers les hauteurs des cimes. Il est de caractère ambitieux, persévérant et travailleur.

Voir **astrologie, chèvre, zodiaque**

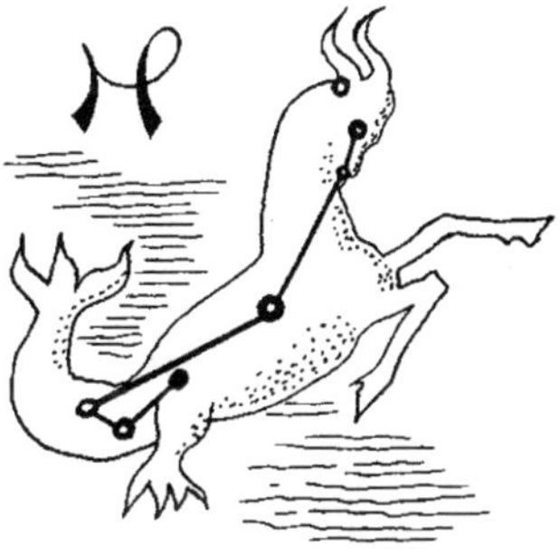

carpe

Symbole de longévité en Orient comme en Occident, la carpe est dans le folklore européen un emblème de mutisme et d'ignorance.

carré

Forme d'un quadrilatère ayant ses côtés égaux et ses angles droits, le carré symbolise la stabilité, la clôture, l'organisation rationnelle de l'espace.

Le *square* (le mot anglais pour « carré ») est le signe d'un urbanisme méthodique et maîtrisé. Le carré est un sym-

bole de la terre (on parle bien des « quatre coins de la terre »), par opposition au caractère supposé sphérique du ciel. Le carré, inséparable du chiffre 4, représente non seulement les quatre points cardinaux de la terre, mais aussi les quatre éléments (eau, feu, terre, air) dont toute chose matérielle est censée être composée.
Placer un carré dans un cercle, forme plane de la sphère, c'est reconnaître que celui-ci sur les plans physique et métaphysique englobe celui-là. Mettre un cercle dans un carré, c'est, comme chez les kabbalistes, reconnaître la présence divine dans le monde matériel.
La représentation schématique du Temple, avec sa façade carrée et son fronton triangulaire, signifie l'union de la terre et du ciel. On retrouve souvent ce symbole dans la main du Christ dans la peinture du Moyen Âge.

Un homme carré est un homme franc et décidé, qui a une attitude nette.

Une réponse carrée est une réponse déterminée, précise, franche.

Voir **cercle, cube, mandorle, quatre, temple, triangle**

carrefour

Lieu à la croisée des chemins, symbole du choix, le carrefour impose une situation où s'offrent plusieurs possibilités. Souvent le diable y rôde pour entraîner le voyageur dans la mauvaise direction.

Dans la tradition grecque, c'est là que l'on dressait des stèles à Hécate, déesse de la lune, de la divination et des sorcières. Il s'agissait tout à la fois

de lui demander conseil et de conjurer sa malveillance. Il est d'ailleurs intéressant qu'un dieu protège la route des voyageurs (Hermès), mais qu'il faille une déesse pour présider aux choix. Est-ce parce que le christianisme a finalement fait reculer le statut de la femme que les calvaires chrétiens ponctuent les carrefours pour les exorciser ? En tous les cas, faute de précautions, les sorcières y mènent leur sabbat, et c'est aux carrefours que l'on exposait les pendus. Les civilisations pastorales ou nomades ont conservé du carrefour une mémoire moins morbide : dans la géographie linéaire des trajectoires de ces peuples, un carrefour est plus le lieu de la rencontre prévue ou fortuite qu'un lieu d'indécision. Deux bergers qui se croisent hors de tout chemin créent un carrefour, c'est-à-dire une rencontre, un lieu de parole aussi sacré que l'amitié.

Voir **fourche, Hécate, Hermès, voie**

cartes à jouer

Les cartes à jouer, composées de quatre enseignes (trèfle, carreau, cœur, pique), de hautes cartes (roi, reine, valet) et de dix cartes chiffrées, sont utilisées en Europe depuis la fin du Moyen Âge. Ces cartes comportent un certain nombre d'éléments symboliques.

Conflit symbolique

Un jeu est une forme de conflit pacifique dans lequel les règles d'engagement sont codifiées. Étant donné l'emploi très répandu des cartes à jouer, il n'est pas étonnant que la langue courante abonde en expressions qui y font allusion.

Les cartes auraient été introduites en Europe par les musulmans, dont les enseignes préférées étaient le cimeterre, la coupe, la massue et le bâton de polo. Ces quatre symboles ont évolué selon les cultures nationales. En Espagne, le cimeterre est devenu une épée ou *espada.* L'anglais *spade,* pour pique, est dérivé de ce mot. Dans les pays de culture germanique, on trouve des motifs divers, dont la rose, le bouclier, le gland et la cloche. Les quatre motifs les plus répandus (cœur, carreau, trèfle, pique) sont d'origine française et datent du dernier quart du XVe siècle.

Code aristocratique et code populaire

Les Français se plaisent à donner des noms précis aux hautes cartes. Les rois de pique, de cœur, de carreau et de trèfle sont respectivement David, Alexandre, César et Charles (Charlemagne), représentant les empires hébreu, grec, romain et franc. Les valets sont Hector, prince de Troie, La Hire (camarade de Jeanne d'Arc), Ogier (chevalier de Charlemagne) et Judas Maccabée, chef d'une rébellion juive. Les reines sont Pallas (Athéna, déesse tutélaire des Athéniens), Rachel (épouse de Jacob et mère de Joseph), Argine (anagramme du latin *regina,* pour reine) et Judith, l'héroïne biblique.

Les rois, traditionnellement, sont les cartes les plus élevées, mais, dès la fin du XVe siècle, la carte la plus basse à un seul point commence à avoir une signification spéciale. Appelée « as » d'après le même mot en latin, désignant la plus petite pièce de monnaie, la carte peut même jouer un rôle plus important que le roi. À la fin du XVIIIe siècle, la promotion de l'as domine dans les jeux. Elle est due aux idées démocratiques de la Révolution française et symbolise la montée des classes populaires et la défaite de la monarchie. Sous la Révolution française, les rois eux-mêmes deviennent les héros du républicanisme antique, comme Platon et Brutus, les reines se transformant en vertus, et les valets, en braves.

Jouer sa dernière carte, c'est tenter sa dernière chance. Si on joue *cartes sur table,* on ne cache pas son jeu. Si l'on a *tous les atouts dans son jeu,* on dispose d'avantages décisifs. Celui qui connaît *le dessous des cartes* est au courant de ce qu'on cherche à cacher et, si l'*on abat ou montre ses cartes*, on révèle subitement ses intentions. Un politicien qui *joue la carte* écologiste, sécuritaire ou autre s'engage dans une action destinée à flatter telle ou telle partie de l'électorat.

Voir **tarot**

cascade

Symbole de rupture dans l'existence entre deux périodes, l'une agitée et tumultueuse (le torrent / la jeunesse), l'autre plus tranquille et utile (la rivière / l'âge mûr).

La remontée de la rivière au-delà de la cascade est toujours un retour vers l'instinct de notre tréfonds sauvage. Le cinéma s'en est largement fait l'écho négatif (*Délivrance,* de John Boorman, 1972) ou positif (*Mission,* de Roland Joffé, 1986). La cascade s'inscrit avec le fleuve, la rivière, le torrent et le ruisseau dans la symbolique du temps propre aux eaux courantes et s'oppose donc à l'intemporalité des eaux stagnantes : l'intemporalité positive du lac et l'intemporalité négative du marais. La cascade est un élément important du jardin et des estampes japonaises : avec le rocher, elle symbolise le caractère sacré du fluide vital qui descend de la montagne.

Voir **eau, flots, jardin, source**

casque

Couvre-chef protecteur, le casque symbolise la puissance, l'invulnérabilité et l'invisibilité.

Un symbole d'invincibilité

Dans ses *Odes,* Horace décrit comme symbole de la puissance l'*apex,* partie supérieure du casque à laquelle s'attache la crinière romaine. Mais le casque peut également posséder un caractère effrayant, tels ceux des Huns, ornés de figures animalières qui font ressembler les guerriers barbares à des démons. Comme le crâne, mais plus encore, le casque recèle et cache les pensées, tel celui d'Hadès, un casque en peau de chien qui rend son porteur invisible, même aux yeux des dieux, et le fait ainsi échapper à son destin.
D'autres dieux et héros se coiffent de ce casque d'invulnérabilité lors de leurs combats : Hermès devenu invisible peut ainsi tuer le géant Hippolyte. Athéna porte ce casque prestigieux, l'un de ses attributs avec la lance et l'égide, lorsqu'elle vient aider Diomède à combattre Arès.

Un symbole de guerre

Attribut d'Hadès, roi des Enfers, le casque symbolise aussi la guerre, jusqu'aux monuments aux morts de la Première Guerre mondiale. Ainsi Arès (Mars), dieu de la guerre et de la brutalité, représenté en armure complète dans la période classique, n'a-t-il par la suite besoin de porter que son casque pour être reconnu.
Pendant le combat, le casque permet au seigneur de paraître plus grand que nature, symbole d'élévation utilisé par Henri IV lorsqu'il donne à ses troupes, comme signe de ralliement, l'énorme panache blanc posé sur son casque.

Un symbole de foi

Le casque est la foi qui protège le combattant. L'Éternel, dit l'Ancien Testament, voyant qu'il n'y a plus de droiture, « se revêt de la justice comme d'une cuirasse, et il met sur sa tête le casque du salut » (Isaïe, LIX, 17), formule reprise telle quelle par l'apôtre Paul dans son Epître aux Éphésiens. De même, selon la légende, des clous de la croix du Christ, fruit d'une longue quête de la « vraie croix », étaient plantés dans le heaume de l'empereur byzantin Constantin Ier.

Voir **Athéna, crâne, égide, lance, Mars**

casquette

Coiffure à calotte plate, munie d'une visière, la casquette est souvent la forme populaire et populiste du chapeau. La casquette à pont, d'origine normande, à passe surélevée, est adoptée vers 1900 par les marchands de bestiaux et ensuite par les « mauvais garçons ».

« Salopards en casquette », c'est ainsi que le grand patronat de l'époque qualifiait les travailleurs en grève générale lors du printemps 1936.

Le port de la casquette de base-ball n'est plus l'apanage des seuls sportifs, puisque cet article est devenu la coiffure la plus répandue de la planète, symbole de l'*American way of life* sous sa forme la plus démocratique. La mode de porter la casquette de base-ball à l'envers viendrait du fait que les joueurs sont contraints à ce geste lorsqu'ils mettent un masque. L'angle auquel la visière est ajustée peut avoir des sens divers chez les gangs des grandes villes.

Voir **chapeau**

Cassandre

Fille de Priam et d'Hécube, Cassandre, prophétesse de son état, est condamnée à prêcher dans le désert.

Comme son frère Hélénos, elle a reçu le don de prophétie, mais, pour son malheur, Apollon s'est épris d'elle. Comme elle le repousse, il lui crache dans la bouche, la privant ainsi du don de persuasion. Pendant toute la durée du siège de Troie, elle ne cesse de mettre ses compatriotes en garde contre des dangers imminents, mais jamais on ne la croit, et c'est faute de l'avoir écoutée que les Troyens perdent la guerre. Captive d'Agamemnon, Cassandre périra avec lui lors de son retour à Argos, assassinée par Clytemnestre.

Voir **désert**

cassette

Coffret destiné à conserver papiers et objets précieux, la cassette est le symbole d'un trésor caché.

Dès le XVe siècle en France, la cassette sert à ranger objets de valeur et louis d'or. Elle est l'objet d'amour et la raison de vivre du personnage de l'Avare de Molière.

La cassette du roi, le trésor personnel, les finances personnelles d'un prince ou d'un souverain.

Voir **boîte, or**

castor

Ce mammifère industrieux est symbole de travail patient et efficace.

Une étymologie douteuse propage dans les bestiaires du Moyen Âge l'idée que le castor, quand il est poursuivi par un chasseur, se tranche les testicules avec les dents. En dérive une image du pécheur qui doit virtuellement se trancher les testicules et les jeter au visage du démon afin de vivre dans la pureté, débarrassé de ses vices.

caverne

Cavité profonde dans un rocher ou sous terre, refuge mystique, mais aussi symbole d'ignorance.

Hypnos, dieu du sommeil et frère de Thanatos (la mort), vit dans un antre sombre, traversé par le Léthé. La caverne est propice à la quiétude et à l'oubli qui conduit au sommeil, donc à la paix de l'âme et au repos du corps. La caverne est le lieu obscur où l'ascète se réfugie pour que sa méditation ne soit plus interrompue par l'agitation mondaine, et où la proximité de Dieu peut favoriser les miracles (la grotte de Bernadette Soubirous à Lourdes, par exemple). C'est aussi dans une grotte, près de La Mecque, où Mahomet avait l'habitude de méditer, que se situe la première révélation coranique.
Mais la nuit qui y règne est elle-même symbolique de l'ignorance humaine : c'est alors la caverne de Platon, où les hommes enchaînés ne voient que les ombres projetées contre les parois.

Le double aspect de la caverne: abri/ignorance s'unit dans son image de lieu transitoire de repos avant la renaissance. Les sept dormants d'Éphèse sont, dans le Coran, des chrétiens ou des juifs qui refusèrent de sacrifier aux idoles et qu'Allah plaça dans une caverne avant leur résurrection: « Écoute!... Le Jour où le crieur criera d'un endroit proche, le Jour où ils entendront en toute Vérité le Cri, ce sera le Jour de la résurrection » (Coran, L, 41-42).

Voir **antre, désert, ours, sanctuaire**

cèdre

Symbole de la majesté et de l'incorruptibilité, le cèdre est associé à la puissance des rois d'Israël.

Salomon utilise du bois de cèdre du Liban (arbre qui aujourd'hui figure sur le drapeau du pays) pour construire le Temple de Jérusalem. Résistant, dur, pérenne, le cèdre pour les Pères de l'Église en vient à symboliser les âmes incorruptibles.

Voir **Temple**

ceinture

Bande de tissu ou de cuir que l'on fixe autour de la taille, généralement à l'aide d'une boucle, pour maintenir les vêtements, la ceinture jouit d'un riche symbolisme en raison de ses connotations sexuelles.

Un attribut du pouvoir viril

La ceinture peut représenter l'agressivité et le pouvoir masculin. « Déposer sa ceinture » pour les soldats romains signifiait prendre sa retraite. Le dieu scandinave Thor portait une ceinture qui doublait la force de ses muscles. Cette agressivité peut néanmoins se décliner au féminin.

L'un des douze travaux d'Hercule consista à s'emparer de la ceinture d'Hippolyté, reine des Amazones, guerrières endurcies et célibataires qui estropiaient les mâles ou les réduisaient en esclavage. Bien que Penthésilée accueillît Hercule aimablement, l'homme le plus fort de la terre la tua et prit sa ceinture. Ce mythe traduit l'horreur qu'inspire aux Grecs une société matriarcale.

Ceinture et sexualité

La ceinture divise le corps en deux, la partie supérieure relève de la symbolique du haut (intellect, cœur, amour pur, aspiration vers une transcendance sans tache), la partie inférieure s'ancre dans la symbolique du bas (appétences « terrestres », luxure, péchés charnels). La ceinture, portée près des organes génitaux, désigne la partie inférieure de l'être humain. Faire une plaisanterie qui est « au-dessous de la ceinture », c'est proférer des propos grivois qui font allusion aux parties génitales.

Aphrodite (Vénus) portait une ceinture magique qui allumait le désir tant des hommes que des dieux. Lorsque Héra souhaitait rendre fou de désir son époux Zeus, elle empruntait la ceinture d'Aphrodite, qui avait le pouvoir d'ensorceler quiconque la mettait.

La ceinture cependant peut avoir une signification ambivalente, car, si elle peut déclencher le désir sexuel, elle peut aussi l'astreindre, le tenir « en respect », voire être garante de virginité. Cette double fonction n'est pas pour autant contradictoire, car ce qui dénote un objet de désir tout en le cachant ou en le frappant d'interdit ne fait qu'accroître l'envie de le posséder. Rien n'illustre mieux cette ambivalence que la coutume romaine de nouer une ceinture de laine autour des reins d'une jeune femme le jour de son mariage, ceinture que seul son mari avait le droit de défaire.

Ceinture et christianisme

En Occident, la célèbre ceinture de chasteté aurait été inventée pendant les croisades lorsque les hommes, partis combattre l'infidèle, l'attachaient à leur femme pour assurer sa fidélité. On ne sait pas avec exactitude si ces célèbres ceintures étaient vraiment destinées à empêcher le contact sexuel d'une femme avec un homme autre que son époux. Quoi qu'il en soit, il est évident que la ceinture de chasteté, ou plutôt le fantasme de cette ceinture, a des origines religieuses. Isaïe morigène les femmes « riches et superbes » et leur dit : « Dépouillez-vous de vos ornements, couvrez-vous, ceignez-vous les reins » (Isaïe, XXXII, 12). L'expression « se ceindre les reins » évoque la préparation au salut par le renoncement aux plaisirs.

Au XIIIe siècle, saint Thomas d'Aquin se souvient probablement des admonestations du prophète hébreu. Après avoir chassé une femme qui avait cherché à le séduire, il aurait été visité par deux anges qui lui dirent que sa chasteté serait préservée : « De la part de Dieu, nous vous ceignons de la ceinture de la chasteté, ceinture qu'aucune agression ne pourra détruire. » Cette histoire est devenue fort célèbre, et les membres du clergé demandaient l'intercession de Thomas pour préserver leur pureté sexuelle. La « ceinture de chasteté » pour l'Église avait donc des connotations masculines. La ceinture de corde à trois nœuds que portent toujours les moines franciscains symbolise l'obéissance au Christ et les vœux de pauvreté et de chasteté.

Quant à la ceinture ecclésiastique, bande d'étoffe qui entoure la soutane, généralement noire, elle est violette pour les évêques et les prélats, rouge pour les cardinaux, blanche pour le pape, et peut se terminer par des franges ou des glands, symboles de croissance spirituelle et de vérité.

Voir **Amazones, blanc, corde, gland, Hercule, nœud, noir, rouge**

cellier

Pièce où l'on entrepose le vin et les provisions, le cellier est le symbole de la sublimation.

Un lieu mystique

Lieu où l'on conserve le vin et l'huile, deux produits de la liturgie, le cellier renferme les nourritures terrestres et les nourritures spirituelles : c'est le lieu du repos et de l'élévation, comme le rappelle ce vers du Cantique des cantiques : « Le roi m'a introduite dans le cellier au vin, il a ordonné en moi la charité. » La lecture hébraïque associe le cellier au Sinaï, où fut donnée la Torah, comparée au vin, tandis que la lecture chrétienne l'associe au monastère, où se produit une quintessence de la morale humaine.

Bernard de Clairvaux distingue en effet trois celliers : le cellier des aromates, le cellier des fruits et le cellier du vin. Le premier représente la discipline, car le disciple compose ses mœurs à partir de diverses vertus sous la direction de son maître, comme le parfumeur compose son parfum à partir d'un bouquet d'arômes. Le deuxième cellier, dit des fruits, est le caveau de la nature, parce que ceux qui ont appris à faire céder leur volonté à celle d'un maître peuvent vivre en bonne intelligence avec leurs condisciples. Le plus élevé, le cellier à vin, est celui de la grâce, car, de même qu'on cueille au jardin ce qu'il y a de meilleur pour le déposer dans le cellier où il y a une place particulière pour chaque chose, on recueille le sens moral pour le déposer dans le cellier, d'où on tire ensuite tout ce qui peut servir à la vie de l'homme.

Le cellier, *cellarium* en latin, renvoie dans cette conception au calme et au silence de la cellule monacale (du latin *celare,* « cacher, tenir secret ») :

comme le vin, le moine vient du monde et se bonifie dans l'enfermement, gardé dans une paix profonde.

Richesse et angoisse

Le cellier est le lieu d'abondance et la chambre du trésor chez les Hébreux. Il représente également la félicité, comme il est dit dans le Cantique des cantiques : « Introduisez-moi dans le cellier au vin; faites-y venir ma bien-aimée. » Symbole aussi de félicité mystique, tel le « cellier intérieur » chez saint Jean de la Croix. À l'inverse, lieu de ceux qui se préoccupent de l'avenir, le cellier est un symbole de l'inquiétude, cette inquiétude que Jésus reproche à ses disciples dans l'Évangile selon Luc : « Considérez les corbeaux : ils ne sèment ni ne moissonnent, ils n'ont ni cellier ni grenier ; et Dieu les nourrit. Combien ne valez-vous pas plus que les oiseaux ! »

Voir **cloître, vin**

cendre

Poudre qui reste quand tout a été détruit, la cendre exprime le caractère éphémère de la vie et la mortification.

Renaître de ses cendres

Dans la conception grecque de l'origine du monde, les hommes sont nés des cendres des Titans, foudroyés par Zeus pour avoir démembré et dévoré Dionysos : tel le feu qui couve sous la cendre, la flamme peut revivre, chacun ayant en lui-même une parcelle de Dionysos. C'est le sens de l'emploi des cendres dans les rites de passage de la vie à la mort (les femmes se mettant de la cendre sur les cheveux lors d'un deuil), mais aussi de l'enfance à l'âge adulte, qu'évoque parfaitement le Phénix renaissant de ses cendres, ailes déployées au-dessus des flammes, symbole d'immortalité.

Un symbole de pénitence

Universellement associée au deuil et à la poussière, la cendre est chez les Hébreux anciens le symbole de la tristesse et de la pénitence, et matérialise les douleurs privées ou publiques, symbole repris par les premiers chrétiens. On se couvre de cendre pour marquer son humilité face à la vanité de l'expérience humaine, vouée à tomber un jour en poussière. « Si l'Éternel ne pensait qu'à lui-même, dit le Livre de Job, s'il retirait son esprit et son souffle, toute chair expirerait à l'instant, et l'homme retournerait en cendres. » C'est le sens du rite chrétien du mercredi des Cendres (*Feria quarta Cinerum*), où le prêtre trace une croix sur le front du fidèle en prononçant cette formule : « Souviens-toi, homme, que tu es poussière et que tu retourneras en poussière. » Si elle renvoie ici à la conception de l'âme, qui renaîtra à la vie, dans le Coran la cendre exprime en revanche le néant absolu : « Les œuvres de ceux qui ont mécru en leur Seigneur sont comparables à de la cendre violemment frappée par le vent, dans un jour de tempête. Ils ne tireront aucun profit de ce qu'ils ont acquis. »

Renaître de ses cendres, c'est prendre un nouvel essor.

Voir **crémation, feu, gris, poussière, Phénix**

cent (100)

Multiple et diviseur, le nombre cent symbolise à la fois la quantité, et la partie d'une quantité plus importante encore.

Cent = multiple

Quantité que l'on peut appréhender par l'esprit et l'œil humain, cent se pose en intermédiaire entre la dizaine et le millier : il existe en tant que symbole de multiple, ou de partie. « Que cent fleurs s'épanouissent et que mille initiatives rivalisent », a dit la Révolution culturelle chinoise. De même, si le géant Argus a cent yeux, c'est pour dormir en en gardant cinquante ouverts.

Dans le monde antique, cent est symbole de grande quantité : en Grèce, l'hécatombe (littéralement « sacrifice de cent bœufs ») est une métaphore pour désigner un sacrifice de grande taille, et, dans le monde romain, cent exprime « un très grand nombre », comme chez Virgile décrivant l'hydre aux cent têtes ou « Trois fois les cent dieux ».

Cent = 1

Dans le monde sémite, en revanche, le nombre cent symbolise un commencement : si, dans la Genèse, Abraham est âgé de cent ans à la naissance de son fils Isaac, de même que Sem, aîné de Noé, quand vient au monde son fils Arpacschad, un centenaire est jeune, comparé aux prophètes bibliques, dont la vie se compte en siècles.

Cent = perfection

En revanche, pour les chrétiens, le nombre cent revient souvent à exprimer la plénitude, la perfection et la béatitude céleste : le fidèle qui quitte tout pour Dieu « recevra le centuple dès cette vie ». C'est aussi la parabole du bon pasteur, où Jésus demande : « Si un homme a cent brebis et que l'une d'entre elles vienne à s'égarer, ne va-t-il pas laisser les quatre-vingt-dix-neuf autres dans la montagne pour rechercher celle qui s'est égarée ? » Pour donner la réponse, le chrétien ne réfléchira pas cent ans – le temps qu'Adam et Ève passèrent, selon l'Évangile de Barnabé, à pleurer leur péché après la chute.

Voir **un**

Centaures

Les Centaures sont des êtres fabuleux, moitié homme, moitié cheval. Ils représentent dans la mythologie la violence et le mal.

Les Centaures, comme les gandharva, remontent au même génie du folklore indo-européen lié aux nuages et aux eaux de la montagne. Les Grecs les disaient fils d'Ixion, roi ingrat et criminel condamné par Hermès à être attaché par des serpents à une roue qui tourne sans relâche dans les Enfers. Pour Homère, c'étaient des peuplades sauvages de Thessalie, célèbres pour leur indomptable vigueur. Ils étaient en général considérés comme des êtres malfaisants et brutaux. Ainsi, lors des noces de Pirithoos, roi des Lapithes, avec Hippodamie, voulurent-ils enlever la fiancée et faire violence aux femmes. Seuls deux Centaures furent sages et bienfaisants : Pholos, ami d'Héraclès, et encore plus Chiron, précepteur des héros, dont

Achille, Jason, Asclépios, et dont les domaines de prédilection étaient la chasse, la médecine et la musique.

Voir **cyclopes, démon, génie**

centre

Point situé à égale distance de tous les points d'un cercle ou d'une sphère, le centre est le point de perfection. C'est aussi un point de rayonnement, un lieu de convergence d'activités, de forces, d'actions diverses.

Un point essentiel

Symboliquement, le centre est très proche du cœur. Le centre-ville est le cœur de la ville. Paris est le centre de la vie culturelle et politique de la nation. Réussir à Paris, c'est atteindre le but. Paris « fait la loi ». Les autoroutes et les chemins de fer convergent vers ce centre entouré de son boulevard périphérique. À l'instar du centre d'une cible, la capitale comme centre présuppose des zones autour d'elle, qui se définissent par rapport à une centralité dont elles sont dépossédées. Un établissement scolaire de centre-ville jouit ainsi d'un plus grand prestige qu'une école située en périphérie.

Dieu, centre de l'univers

Dieu est assimilé par beaucoup de théologiens au centre. Mais le Dieu des religions monothéistes ne peut être un point isolé. Donc, c'est un centre omniprésent, un foyer d'où rayonnent ses attributs essentiels et vers lequel convergent les êtres qui reconnaissent la centralité divine : « N'as-tu pas vu que c'est devant Allah que se prosternent tous ceux qui sont dans les cieux et tous ceux qui sont sur la terre, le soleil, la lune, les étoiles, les montagnes, les arbres, les animaux, ainsi que beaucoup de gens ? » (Le Coran, XXII, 18). Le centre divin est créateur de tout.

Le centre du monde

Beaucoup de religions et de peuples ont élu des lieux précis et forcément différents comme « centre du monde. » Selon la mythologie grecque, Zeus envoie deux aigles aux extrémités de la terre, d'où ils repartent pour se retrouver à Delphes où l'on pose une pierre, l'*omphalos,* le nombril du monde. Jérusalem à son tour devient le nombril du monde. Les cartes médiévales du monde connu montrent la Terre comme un cercle, entouré de l'océan, avec Jérusalem, ville sainte et lieu de désir et de perfection, en son centre. Au tout début de l'islam, les musulmans prient en direction de Jérusalem. Après une altercation avec des juifs qui refusent de se convertir, Mahomet reçoit une révélation selon laquelle il faudrait désormais prier en direction de La Mecque, qui devient un nouveau centre du monde. Le point central du centre est la Kaaba, cube fait de briques, autour duquel les fidèles tournent sept fois, comme le Soleil et la Lune, et les cinq planètes visibles qui sont censées tourner autour de la Terre. Que ce soit vers Delphes, Jérusalem ou La Mecque, un pèlerinage est un voyage vers le centre du monde, d'où l'on repart après avoir rendu hommage aux dieux. Le centre attire, concentre et disperse.

Voir **bétyle, cube, foyer, Jérusalem, labyrinthe, mandorle, omphalos, sanctuaire, tabernacle**

Cerbère

Chien à trois têtes et à queue de serpent, Cerbère est le gardien des Enfers, dont il défend l'accès. Il représente le gardien, dans son acception la plus féroce.

Cerbère n'est vaincu que deux fois : par Héraclès (c'est l'un de ses douze travaux), qui l'enchaîne pour l'apporter à Eurysthée, qui manque de s'évanouir à sa vue, et par Orphée, qui le charme de ses chants afin qu'il lui laisse franchir la porte interdite. On appelle encore aujourd'hui cerbère le gardien peu accueillant d'un lieu public ou privé.

Voir **chien, enfer, portier**

cercle

Figure ronde dont tous les points sont situés à égale distance du centre, le cercle est le symbole du ciel, de l'unité principielle. Il est également associé à la symbolique de la roue, donc du mouvement, du dynamisme. Il peut représenter l'unité des contraires, la perfection et la permanence, et, puisqu'il n'a ni début ni fin, l'infini et l'éternité. Par ailleurs, sa signification s'apparente à celle du soleil, du disque ou de l'anneau.

Un cercle harmonieux

Le rapport symbolique du cercle au carré est celui du ciel à la terre : un symbole d'harmonie. Pour les Anciens, l'univers est un cosmos sphérique (la sphère est au volume ce que le cercle est à la surface plane). La sphère céleste trouve son point de contact avec la vie terrestre dans le cercle du zodiaque. La vie terrestre elle-même est cyclique, avec ses saisons immuables. Pour Platon et Aristote, les diverses formes de sociétés humaines, qu'elles soient des démocraties, des tyrannies ou des oligarchies, restent des modes d'organisation politique sujets à des permutations interchangeables, sans que l'une remplace définitivement l'autre. La notion linéaire de progrès est étrangère aux philosophes grecs, pour qui la conception du monde est un éternel retour.

Cercle protecteur, cercle sacré

Grâce aux fortifications qui les entouraient, beaucoup de villes, comme Paris, ont la forme d'un cercle. Le cercle, plus « maternel » qu'un rectangle à multiples angles, protège, rassure, met à l'abri, insuffle de la chaleur humaine. On parle, pour désigner des réunions, de cercle d'amis, de cercle littéraire, de cercle de famille. Les cercles du logo olympique sont censés rapprocher et unir les cinq continents comme les étoiles du drapeau européen figurant les peuples européens forment un cercle en signe d'union.

Le cercle est un lieu sacré qu'il faut purifier. Ses limites sont parfois aspergées de sang. Dans maints rites occultes ou pré-chrétiens, le sorcier entre dans un cercle pour invoquer les divinités bienveillantes et écarter les autres. On dessine des cercles imaginaires autour des malades alités et des nouveau-nés pour les protéger des démons. Le cercle marque une limite infranchissable, il protège, d'où son usage en matière de talisman : bague, bracelet, ceinture, collier, couronne.

En Irlande, les cercles de fées sont des lieux où les esprits dansent la nuit. Si un être humain est attiré dans le cercle, il ne s'en échappera qu'à grand-peine. Le cercle peut également signifier un enfermement, endroit clos duquel il est impossible de sortir, d'où le cercle vicieux et les cercles dantesques de l'Enfer.

Un cercle vertueux évoque un enchaînement de faits qui, par un effet cumulatif, favorisent l'amélioration d'une situation. *Le premier cercle* désigne les personnes les plus proches d'un pouvoir.

Voir **anneau, aura, auréole, chaîne, couronne, danse, disque, drapeau, étoile, mandorle, roue, soleil, sphère, tabernacle**

Cérès voir Déméter

cerf

En perdant à la fin de l'hiver ses bois qui repousseront au printemps, pourvus alors d'un andouiller supplémentaire (qui permet de déterminer l'âge de l'animal), le noble habitant des forêts traduit la force, le rajeunissement et la fertilité. C'est aussi un symbole christique et royal.

Le roi de la forêt

Si les cerfs que l'on voit sur les parois des grottes préhistoriques ont probablement une valeur magique, destinée à les attirer sous les flèches des chasseurs, le culte du cerf dans les civilisations nordiques raconte une histoire plus noble et plus spirituelle. Les Gaulois lui prêtaient des vertus morales et un rôle de conducteur des âmes dans l'au-delà. Cernunnos, dieu gaulois de la fécondité et de la prospérité, assis en tailleur parmi les animaux de la forêt, était lui-même couronné de bois de cerf, comme on peut voir dans diverses représentations, notamment sur le chaudron de bronze de Gundestrup.

Dans la mythologie, le cerf (ou la biche) est un attribut d'Artémis, déesse de la chasse, thème qui sera repris à la Renaissance. Au Moyen Âge, on recherche la poudre de bois de cerf, qui est un aphrodisiaque renommé, à l'instar de la poudre de corne de rhinocéros en d'autres régions du monde.

À l'image du Christ et de la monarchie

Mais le cerf est aussi symbole d'élévation spirituelle, comme l'attestent les légendes de saint Eustache, qui se convertit au christianisme, et de saint Hubert, qui revient à la pratique chrétienne, tous deux après avoir aperçu au cours d'une partie de chasse un cerf portant un crucifix entre ses bois. Symbole du salut chrétien, l'image pure du cerf provient des romans de chevalerie. Lors d'une chasse dans la forêt, Lancelot et ses compagnons rencontrent un cerf blanc portant un collier d'or suivi de quatre lions, tel le Christ accompagné des quatre évangélistes. Au Moyen Âge, la chasse au cerf n'est pas qu'un divertissement princier, mais revêt aussi une dimension mystique. Le cerf, victime sacrificielle de la chasse, se pare des vertus chrétiennes, les branches de ses bois symbolisant les dix commandements. Symbole du Christ, le cerf blanc ailé a servi de support aux armes de France de la fin du XIVe siècle jusqu'au milieu du XVIe siècle. Vers la fin du XVe siècle, il est pourtant concurrencé par le coq, emblème de Mercure, de Mars et de Jupiter et du peuple gaulois, ancêtre des Francs.

Dans l'iconographie chrétienne, la scène du cerf piétinant un serpent symbolise le triomphe du bien sur le mal.

Voir **Artémis, blanc, chasse, coq, forêt, lion**

chaîne

Succession d'anneaux engagés les uns dans les autres pour servir de lien, la chaîne symbolise l'union et la fraternité, et désigne aussi (au pluriel surtout) un état de dépendance et de servitude.

Faire la chaîne

La chaîne est le symbole des liens entre le ciel et la terre, mais aussi entre l'astre et l'homme, l'âme et l'esprit ou le corps, ou le corps et l'âme. La chaîne est aussi chaîne d'union, comme le cercle que forment les francs-maçons, qui se tiennent par la main en signe d'union fraternelle. Les compagnons ou les scouts faisaient de même en chantant au cours des

cérémonies de « fraternité » et formaient une ronde appelée « chaîne d'alliance ». Cette ronde avait des vertus magiques puisqu'elle intégrait l'individu dans la communauté.
La chaîne est aussi une succession ininterrompue de faits. Elle relie deux extrémités, mais pas forcément à la manière d'une corde. Qu'il s'agisse d'un argument logique ou de l'évolution d'une espèce, il peut y avoir des cassures, des vides, des chaînons manquants et des maillons faibles.

Briser les chaînes

Les chaînes forment aussi des liens de dépendance sociale, affective ou morale et symbolisent en particulier un état de servitude. Sous l'Ancien Régime, la chaîne désignait le convoi de condamnés reliés les uns aux autres par une lourde chaîne en fer, qui partaient pour le bagne. Mais, puisque les chaînes finissent par être brisées, elles sont ancrées dans notre imaginaire comme le symbole d'une nécessaire libération. La plus célèbre image du mouvement abolitionniste en Angleterre et aux États-Unis aux XVIIIe et XIXe siècles est celle d'un esclave à genoux, les pieds et mains attachés à deux chaînes, et qui crie : « Ne suis-je pas un homme et un frère ? » Le mot le plus fameux de Karl Marx est sans doute cette phrase du *Manifeste du parti communiste* : « Les prolétaires n'ont rien à perdre que leurs chaînes. Ils ont un monde à gagner. Prolétaires de tous les pays, unissez-vous. » Mais, au XXe siècle, l'invention du travail à la chaîne, symbole du capitalisme industriel des temps modernes, avec ses tâches fragmentées, répétitives et interchangeables, a bien montré qu'en dépit du progrès les chaînes se reforgent toujours.
Toutefois la chaîne n'est pas forcément associée à une lutte de libération. La chaîne en or portée autour du cou des élus, tels les maires, est le symbole des liens entre les citoyens et leurs représentants. Les derniers sont « enchaînés » aux premiers. Une chaîne d'or peut aussi attacher symboliquement deux amants.

Voir **anneau, centre, corde, danse**

chair

Dans l'Antiquité grecque et romaine, s'il existe bien une éthique du corps, la chair, par opposition à l'esprit, se signale par son absence dans la religion et la philosophie. La chair en tant que valeur distincte de l'esprit, de l'âme, ne prend son importance symbolique en Occident qu'avec l'avènement du christianisme.

La chair et l'alliance

Dans le judaïsme, la chair peut signer la présence de l'esprit. C'est le lieu où la transcendance se manifeste. La circoncision scelle, à même la chair de l'homme, l'alliance entre les Hébreux et Yahvé. Cette inscription physique est le symbole de l'existence du peuple élu. « J'ôterai de votre chair le cœur de pierre et je vous donnerai un cœur de chair » (Ézéchiel, XXXVI, 26).

Un symbole du mal…

Dans le christianisme, la chair n'est plus le lieu où s'inscrit le signe de l'union entre les hommes et Dieu. Pour saint Paul, le fait d'être « dans la chair » équivaut à une soumission aux lois mosaïques. « Car lorsque nous étions dans la chair, les passions criminelles, étant excitées par la loi, agissaient dans les membres de notre corps, et leur faisaient produire des fruits pour la mort » (Épître aux Romains, VII, 5). Se libérer de la lettre de la loi, c'est s'affranchir des entraves de la chair (de la circoncision) et s'ouvrir à l'Esprit. Il n'y aura qu'une seule « bonne chair », celle du Christ crucifié, mais c'est une chair qui appartient à Dieu qui quitte la chair de l'homme. La chair sera dorénavant le lieu du péché et du mal. « Car je sais qu'il n'y a rien de bon en moi ; c'est-à-dire dans ma chair » (Romains, VII, 18).

...et de la sexualité

L'opposition entre le Bien et le Mal se traduira vite par une opposition entre la chair et l'esprit, par un appel à la renonciation à la chair et par l'éloge du célibat. Le Christ ne connut pas la chair d'une femme, et saint Paul de poursuivre : « N'êtes-vous point lié avec une femme ? Ne cherchez point de femme. Que si vous épousez une femme, vous ne péchez pas aussi. Mais ces personnes souffriront dans leur chair des afflictions et des peines. » Le mariage, seul lieu licite de la connaissance de la chair d'autrui, est donc un état inférieur au célibat. Cette infériorité est inconcevable dans le judaïsme comme dans l'islam.

Le thème de la chair comme lieu de la renonciation est repris et approfondi par les Pères de l'Église. Dans la théologie de saint Augustin, le péché originel est autant un péché de la chair qu'un péché de la désobéissance à la volonté divine. Se détacher de la chair, c'est se rapprocher de Dieu. La virginité devient une vertu cardinale.

Le corps sacré du roi

Cependant, un corps vivant se sacralisera en Europe et notamment en France, celui des rois. Dans la cathédrale de Reims, lors du sacre, le roi est oint en plusieurs parties du corps, avec un liquide saint, mélange de chrême et d'huile de la sainte ampoule. Le roi sacré devient thaumaturge, capable de faire des miracles « christiques ». Il peut guérir les lésions de la chair, les écrouelles, en touchant les malades et en prononçant les mots : « Le roi te touche, Dieu te guérit. »

La chair du roi devient sacrée et tout attentat contre son corps est puni par la torture et la mort. La chair de l'auteur d'un attentant contre le corps royal portera comme marque d'une punition quasi divine les brûlures et les blessures de la justice royale.

La chair est faible, les plaisirs de la chair : ces expressions font référence aux appétits physiques, à la sexualité.

La chair de ma chair est une manière de désigner son propre enfant, mais aussi une création à laquelle on tient particulièrement.

Voir **circoncision, huile, nudité, onction, sang, roi**

chaleur

Température élevée d'un corps, d'un lieu, la chaleur est un symbole ambivalent, entre sécheresse et souffrance, vie et fécondité.

Sécheresse, fertilité et luxure

Dans l'Ancien comme dans le Nouveau Testament, la chaleur est toujours négative et liée à l'Enfer : symbole de soleil ardent, de sécheresse, de destruction, de souffrance et de luxure. De fait, dans les religions polythéistes, les divinités associées à la chaleur le sont souvent aussi à l'amour et à la fertilité. C'est le cas de Freya dans la mythologie nordique, dont l'attribut est un char tiré par deux chats, symbole de chaleur charnelle. De même, Apollon (Phébus à Rome) est dieu de la chaleur solaire et de la vie, et les dieux phéniciens Ba'al-Hadad et Demarus sont associés au pouvoir de fécondité, à la chaleur solaire et à l'humidité.
Charnelle, la chaleur renvoie également au corps dans la classification de la médecine ancienne, qui divise en quatre les tempéraments humains : le chaud est associé au bilieux (chaud-sec) et au sanguin (chaud-humide), alors que le froid correspond au nerveux et au lymphatique.

Divinité, fécondité et puissance

À l'inverse, la symbolique de la chaleur, issue des religions solaires païennes et reprise par la religion chrétienne, est l'expression de la divinité : c'est le vent du sud qui désigne la chaleur de la foi chez saint Eucher. C'est le feu du Père, la lumière du Fils et la chaleur du Saint-Esprit chez Catherine de Sienne, ou encore le thème du Saint-Esprit se révélant comme feu et lumière lors de sa descente sur les apôtres.
Pour les sémiologues Friedrich Max Müller et Michel Bréal, la grande majorité des mythes représentent des phénomènes solaires. Dès lors, la chaleur conjugue la symbolique de la vie et celle du soleil, principal agent du vivant, comme dans le mythe nordique de la création, fondé sur l'opposition entre le monde du froid et le monde de la chaleur, situé au sud, le Muspelheim. C'est dans le vide séparant ces deux mondes que naît la vie : la chaleur fait fondre la glace, et l'eau forme le premier géant, Ymir. C'est la chaleur symbolique de la terre-mère, qui porte sa fertilité, et dont la divinité s'étend à toute la création. Dans la mythologie celtique irlandaise, la chaleur émise par le corps du héros Cuchulainn (le forgeron) fait bouillir l'eau et fondre la neige. C'est aussi un symbole ambivalent de puissance créatrice et menaçante, par exemple dans la Grèce antique, où Pluton, roi des Enfers, partage les honneurs d'un temple commun avec Apollon, dieu solaire, consacrant la dualité de la chaleur souterraine et celle de l'astre du jour.

Voir **enfer, feu, glace, mère, sec, soleil, terre**

chameau

La mauvaise réputation du chameau, issue de la tradition chrétienne, a supplanté en Occident celle de l'animal courageux et sobre que lui prêtait la tradition orientale.

Dans l'islam, ainsi que dans la Bible, le chameau représente la richesse, alors que les chrétiens en ont fait un symbole de difformité et de péché. Dans l'Évangile de Matthieu, le Christ utilise l'image du chameau : « Il est plus difficile à un riche d'entrer au ciel qu'à un chameau de passer par le chas d'une aiguille. »

S'il est symbole de sobriété, c'est son caractère rancunier qui s'est imposé à l'époque récente, avec un curieux phénomène d'inversion de genre. D'une femme acariâtre ou méchante, on dira : « C'est un chameau », « quel chameau ! ».

Le chameau est, dans l'héraldique, emblème de patience et de sobriété.

champ

Portion délimitée de l'espace terrestre, le champ symbolise l'activité humaine. Il est par ailleurs une image du paradis.

Le champ vaut pour ses limites : au cinéma, « être hors champ » signifie être à l'extérieur du cadre de l'image. Cette structure élémentaire de l'inscription des signes permet le découpage de la vie sociale en sphères réservées : le champ de bataille est la portion de l'espace où l'usage de la violence est légitime. Hors du champ de bataille, les lois de la guerre ne s'appliquent plus... du moins dans les règles de la guerre courtoise définies, mais rarement appliquées, par la chevalerie du Moyen Âge.

Au sens de terrain cultivé, le champ symbolise le caractère cyclique des travaux agricoles, la communion des générations au travers des siècles d'activité paysanne. C'est la référence fondamentale des idéologies agrariennes qui dénoncent la ville comme l'espace de la promiscuité tumultueuse et destructrice. « Regardez cette campagne ! Contemplez cette grave composition ! Entendez cette paix vénérable des âges ! [...] Ah ! Que les blasés viennent donc devant le spectacle familier des champs entendre le sens de la tâche humaine et prendre conscience de la simplicité de l'Humanité ! » (Gaston Roupnel, *Histoire de la campagne française,* 1933).

Dans la mythologie grecque et latine, les champs Elysées sont le séjour des héros et des hommes vertueux aux Enfers. Comme le jardin d'Eden, ils sont donc envisagés comme une portion d'espace clôturée.

Voir **enfer, jardin, plaine**

champignon

Leur capacité à pousser très vite, souvent en la présence de la matière végétale en décomposition, liée aux caractéristiques hallucinogènes, phalliques ou vénéneuses de certaines espèces, font des champignons un symbole mystérieux, entre la vie et la mort, associés à la sorcellerie et au surnaturel.

De nos jours, le champignon est également devenu symbole de la puissance destructrice de la bombe atomique.

chandelier

Le chandelier à sept branches est un des symboles du judaïsme : la lumière divine de la Torah guide les hommes face aux ténèbres du paganisme.

Le chandelier à sept branches (la menora) occupe une place importante dans l'eschatologie, les rituels et l'iconographie de la religion juive. La symbolique de la menora plonge dans les civilisations les plus anciennes du Proche-Orient, dans

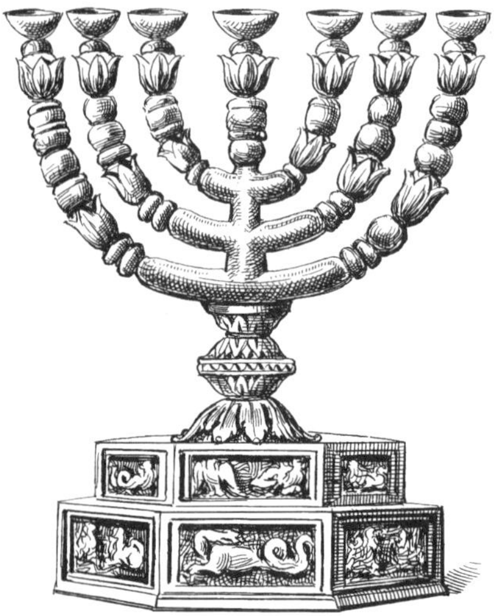

l'arbre sacré à sept branches des Assyriens et des Babyloniens, assimilé à l'arbre de vie éternelle.

Il est dit que Dieu commanda à Moïse de fabriquer la menora avec un talent d'or. Les sept branches sont ici les sept yeux de Dieu « qui voient par toute la terre ». Le sept, chiffre parfait, renvoie également aux sept jours de la semaine avec le shabbat ou au système solaire : le soleil, la lune et les cinq planètes connues à l'époque. La menora doit rester constamment allumée dans le Temple de Jérusalem, mais les invasions babyloniennes et romaines ont recouvert sa flamme à deux reprises. Après la destruction du second Temple de Jérusalem en 70 de notre ère, le chandelier à sept branches figure dans le triomphe de l'empereur Titus, ainsi qu'en témoigne un des bas-reliefs de l'arc triomphal édifié en son honneur sur le Forum. Après la victoire de Rome, le chandelier à sept branches symbolise l'espoir d'une rédemption, de la domination de l'esprit de Dieu sur la force À partir du IIIe siècle de notre ère, la menora apparaît dans la décoration des synagogues et des tombes où elle exprime l'espoir du salut individuel.

Symbole de destruction et de renaissance du judaïsme, la menora est aujourd'hui l'emblème de l'État d'Israël. Il est dit que la menora brûlera à nouveau dans le troisième Temple, à la venue des temps messianiques.

Voir **arbre, arche, bougie, cierge, Jérusalem, lumière, or, sept, Temple**

chant

Suite musicale de sons émis par la voix, le chant symbolise la sublimation de la parole.

L'expression d'une parole

Expression primitive de l'humanité, le chant symbolise la parole. Voltaire rapporte qu'on « promulguait les lois dans Athènes comme on chante dans Paris un air du Pont-Neuf. Le crieur public chantait un édit en se faisant accompagner d'une lyre ». Par le chant, la parole est sanctifiée et sublimée, qu'elle exprime la tristesse, comme les chants funèbres réunis dans le Livre des Lamentations, ou la joie, comme ces « chants d'allégresse » récurrents dans l'Ancien Testament. Les chants sacrés sont présents dans presque toutes les sociétés et sont associés au triomphe de la vie sur la mort : chants d'action de grâces, psaumes et chœurs de l'expression mystique, tel le Qasid et le Qawwali soufis. Mais le Coran critique violemment les troubadours, auxquels le prophète Mahomet voue une rancune tenace : dans la sourate des Poètes, le Coran dit ainsi que « ce sont les égarés qui les suivent. Ne vois-tu pas qu'ils divaguent dans chaque vallée, et qu'ils disent ce qu'ils ne font pas ? ».

Le puissance du chant

Le chant représente aussi les pouvoirs cachés, ceux du chant prophétique des Parques, ou ceux de Cybèle, qui guérit par des chants magiques les enfants qu'elle tient dans ses bras. C'est encore Orphée, inconsolable à la mort d'Eurydice, qui parvient avec son chant à faire pleurer le passeur Charon, puis à adoucir le terrible Cerbère, ce qui lui ouvre la porte du royaume des morts. Puissance aussi du chant choral, qui, en la matérialisant, symbolise l'unité, d'où son utilisation par les armées (chant martial, chant de guerre), comme par les religions. Expression de l'extase, le chant apparaît généralement comme une force irrépressible, tel celui des sirènes, ou encore celui d'Orphée, chant si beau qu'Apollon lui-même en est charmé. Fils de Calliope, dont le nom signifie « celle à la belle voix », laquelle lui a appris le chant, Orphée est découpé en morceaux par les Bacchantes, mais sa tête continue de chanter : jetée dans le fleuve avec sa lyre, celle-ci flotte en produisant un air mélancolique et dérive jusqu'à la mer, échouant sur l'île de Lesbos.
Là où la parole a une connotation de dissimulation, le chant symbolise la vérité de l'âme.

Voir **Apollon, Orphée, Sirène**

chaos

Confusion générale des éléments de la nature avant la formation du monde, symbole de désordre, de confusion, de destruction.

Le mythe du chaos

Le mot « chaos » nous vient de la *Théogonie* d'Hésiode (auteur grec du VIIIe siècle av. J.-C.) : « Donc, au commencement, fut Chaos, et puis la Terre au vaste sein, siège inébranlable de tous les immortels qui habitent les sommets du neigeux Olympe, et le Tartare sombre dans les profondeurs de la vaste terre, et puis Amour, le plus beau des immortels, qui baigne de sa langueur et les dieux et les hommes, dompte les cœurs et triomphe des plus sages vouloirs. »
Le chaos est une béance, c'est l'abîme sans fond qui précède l'émergence du jour et de la nuit, de la terre, des montagnes, des assises des dieux. Dans le récit grec, il n'y a pas de divinité qui crée *ex nihilo* et qui préexisterait à sa création. Le chaos représente la virtualité d'un univers créé dont les dieux ne sont que des habitants.

Une masse informe

Mais la définition habituelle du mot « chaos », entendu comme un enchevêtrement confus, désordonné et indifférencié, vient de l'auteur latin Ovide, qui écrit dans *les Métamorphoses* : « Avant la mer, la terre et le ciel qui couvre tout, la nature dans l'univers entier offrait un seul et même aspect ; on l'a appelé le Chaos ; ce n'était qu'une masse informe et confuse, un bloc inerte, un entassement d'éléments mal unis et discordants. »

Selon la théorie scientifique du chaos moléculaire, l'état primordial de la matière est un enchevêtrement de molécules de gaz dont la position et les vitesses sont imprévisibles, c'est-à-dire qui ne se conforment pas à des lois. L'application de la Loi met fin au Chaos.

Voir **abîme, boue**

chape

La chape, long manteau droit et large, sans manches, est portée par le prêtre et d'autres officiants à certains offices liturgiques, comme les vêpres ou les processions. Elle est aussi un vêtement d'apparat de couleur rouge ou violette, à capuche, bordé d'hermine, que mettent les cardinaux et les évêques, symbole de pouvoir spirituel et d'élévation.

Au Moyen Âge, les laïcs se servaient de la chape en drap d'or ou en velours pour les cérémonies. La cape est la forme laïque de la chape. Souvent associée aux héros des romans « de cape et d'épée », comme *les Trois Mousquetaires,* elle est le symbole d'aventures viriles et deviendra partie intégrante du déguisement de Zorro, de Superman et de Batman.

L'expression *« chape de plomb »* désignant un fardeau moral lourd à porter est une allusion à un ancien instrument de torture consistant en un manteau de plomb. Dans *la Divine Comédie,* Dante fait porter une chape de plomb aux hypocrites descendus aux Enfers. Le poids de la chape les fait marcher très lentement pour l'éternité.

Voir **hermine, manteau, rouge, violet**

chapeau

Coiffure de feutre ou de matières diverses, de formes variées, que les femmes et les hommes portent à l'extérieur, la symbolique du chapeau est souvent proche de celle de la tête dont il peut être un substitut.

Couvre-chef

En France, jusque dans les années 1950, il était d'usage de se couvrir la tête dès que l'on sortait et en toutes circonstances, pour les hommes comme pour les femmes mariées. Il n'était d'ailleurs pire insulte que de décoiffer quelqu'un en public. Coiffe, chaperon, bonnet, tricorne, haut-de-forme, capote, chapeau, quel qu'il soit, le couvre-chef faisait partie intégrante de toute garde-robe.

Sous l'Ancien Régime, pour les hommes, le chapeau est indispensable au point qu'on pouvait dire « à cette assemblée, il n'y avoit pas un chapeau » pour dire « pas un homme ». Il était d'usage de rester couvert devant un inférieur, et seul le roi pouvait garder son chapeau sur la tête en toute occasion.

Haut-de-forme, chapeau melon et béret

Le haut-de-forme, inventé par un chapelier anglais à la fin du XVIIIe siècle, est toujours de rigueur aux courses hippiques et royales d'Ascot. En revanche, comme symbole de la distinction sociale, il a presque disparu. Le dernier président des États-Unis à en avoir porté un fut Richard Nixon. Le chapeau melon, porté par les cadres moyens de la City et forme intermédiaire entre le haut-de-forme de l'aristocratie et la casquette en feutre de la classe ouvrière, n'est plus de mise.

Le couvre-chef emblématique de la France, peut-être davantage à l'étranger que dans le pays même, est le béret basque, en fait d'origine béarnaise. Le béret aurait quitté sa province d'origine lors des guerres carlistes en Espagne au XIXe siècle. L'afflux de touristes étrangers vers Biarritz à partir du Second Empire contribuera à sa renommée. Il est devenu un symbole de la Résistance et du patriotisme français pendant la Seconde Guerre mondiale.

Chapeau de cardinal et chapeau héraldique

Le chapeau de cardinal est un chapeau rouge, plat, à larges bords et à longs cordons de soie souvent décorés de glands, symbole de croissance spirituelle et de vérité, que le pape remet aux nouveaux cardinaux. Innocent IV (1242-1254) l'assigna aux cardinaux du clergé séculier comme insigne distinctif. Il est toujours d'usage de suspendre le chapeau d'un cardinal au-dessus de son tombeau. Le chapeau héraldique, lui aussi à larges bords, est utilisé à partir du début du XIVe siècle. Ornement extérieur de l'écu des dignitaires catholiques, il est dérivé du chapeau de cardinal.

Tirer son chapeau à quelqu'un, dire *Chapeau bas !* ou de façon encore plus lapidaire *Chapeau !*, quand bien même n'aurait-on pas la tête couverte, signifie que, au lieu de baisser la tête en témoignage d'hommage ou d'admiration, on ôte symboliquement son chapeau en signe de considération et de respect. *Faire porter le chapeau* à quelqu'un, c'est le rendre responsable d'un acte. La responsabilité relève de l'esprit, c'est-à-dire de la tête.

Voir **bonnet phrygien, casquette, cheveux, gland, tête**

chapelet (rosaire)

Objet de dévotion consistant en une sorte de collier de grains enfilés que l'on fait passer successivement entre ses doigts en récitant certaines prières, symbole de la continuité de la foi.

Le chapelet tire son nom de la couronne de fleurs, ou petit chapeau, que l'on plaçait sur la tête de la statue de

la Vierge et qui se terminait par une croix. Un chapelet se compose d'un collier comprenant cinq dizaines de petits grains séparées les unes des autres par un grain plus gros, et d'une chaîne comprenant un gros grain, trois petits grains, un gros grain, une croix, soit autant d'étapes de la récitation de la prière.

Ces prières sont généralement simples et apprises par cœur. L'objet n'est qu'un aide-mémoire facilitant l'ouverture de l'esprit à la méditation, voire à la transe. Le nombre des prières varie selon les religions. Chez les musulmans, le chapelet est formé de cent grains, représentant les quatre-vingt-dix-neuf attributs de l'Être divin, plus le nom d'Allah. Dans le bouddhisme tibétain, ses cent huit rondelles osseuses proviennent du crâne de personnes saintes. Il renvoie donc aussi au culte des esprits.

char

Véhicule à deux roues servant dans les combats et les cérémonies publiques, le char, conduit par des dieux, des nobles guerriers ou des empereurs victorieux, représente le soleil, la foudre et la puissance guerrière.

Le char des dieux

Dans l'Antiquité, le char est souvent l'attribut des divinités du tonnerre et du soleil : c'est le char de feu chez Thor et Frey, dieux du soleil et de la pluie dans la mythologie germanique, c'est le char du soleil chez Hélios, Apollon et Zeus en Grèce. Mithra, dieu perse du soleil, du feu et de la foudre, traverse le ciel monté sur son char ailé, tiré par quatre chevaux. Le char et la roue s'inscrivent ainsi dans la même représentation de la course du soleil.

L'attelage du char a également une portée emblématique, la symbolique de l'animal se confondant avec celle de la divinité : ainsi le char de Zeus est-il tiré par des aigles, celui d'Aphrodite par des colombes, celui d'Artémis par des biches, celui de Cybèle par des lions, celui de Junon par des paons, etc. La déesse-mère germanique Nerthus se déplace quant à elle dans un char tiré par deux génisses, bovins prometteurs d'abondance – elle était l'objet d'un culte fervent de la part des paysans.

Char de guerre, char de triomphe

Dans l'Orient ancien, le char de guerre est utilisé dès une époque très reculée. Monter sur un char est un symbole de bravoure, car il faut connaître l'art du dressage des chevaux. À l'époque archaïque, le char sert à conduire les nobles guerriers sur les champs de bataille. Plus tard, les armées perses utilisent des chars au combat ; leurs roues sont alors armées de faux.

Aux époques grecque et romaine, le char est surtout un objet de parade, symbole de victoire, utilisé dans les cérémonies de culte, notamment lors du triomphe des imperators romains. Le char attelé de chevaux blancs conduit le prince ceint d'une couronne de laurier vers le Capitole sous les vivats de la foule.

Éphémères chars des hommes

Le char d'ici-bas est vulnérable. Ainsi, dans le mythe des Atrides, le cocher Myrtile sabote le char de son maître Œnomaos, pour permettre à son rival Pélops de gagner la course dans laquelle ils sont engagés. Myrtile ayant remplacé l'axe du char par un axe de cire, celui-ci se brise dans la course, tuant Œnomaos.

Dans d'autres mythes, c'est le conducteur lui-même qui est fragile, le char symbolisant alors le pouvoir usurpé : lorsque Phaéton, intrépide fils du dieu-soleil Hélios, s'empare du char de feu de son père, il vient frôler de trop près la Terre, qui manque de s'embraser, provoquant la colère de Zeus qui foudroie le jeune audacieux.

Mais le char peut aussi être guidé par la volonté divine : « Comme ils continuaient à marcher en parlant, voici qu'un char de feu et des chevaux de feu les séparèrent l'un de l'autre, et Élie monta au ciel dans un tourbillon » (Livre des Rois). Arrachant l'homme Élie à la Terre, le char fait donc accéder Élie le prophète, l'homme spirituel, au divin.

Voir **aigle, Apollon, ascension, blanc, cheval, colombe, Hélios, laurier, lion, paon, roue, soleil,**

charbon

Combustible solide et noir, le charbon est le symbole de la régénération et du feu.

Dans la Bible, la symbolique du charbon est double : ardent et menaçant, il est la matière des imprécations et du feu volontaire. En revanche, le charbon de bois du Moyen Âge recèle une symbolique proche de celle de la forge, elle aussi affaire de feu maîtrisé : produit de la transmutation de la matière, il est issu de l'arbre cosmique abattu, renversé et sacrifié, et associe les attributs du feu, caché en son sein par la combustion fermée, du métal et de la forêt. À l'inverse, le charbon de terre de l'époque moderne symbolise ce qui a été et ce qui sera. Trésor arraché au ventre de la terre, il représente la régénération et le possible, ses « pierres noires » inertes recelant le feu.

Voir **feu, forgeron, noir**

chardon

Plante piquante symbolisant la souffrance humaine et chargée également d'une signification militaire.

Dans la tradition chrétienne, le chardon est le symbole des souffrances terrestres endurées par l'homme après l'expulsion du Paradis, puisque, selon le livre de la Genèse, Dieu dit à Adam: « Tu travailleras dur pour en tirer [du sol] de quoi manger ; il produira chardons et épines. »
« Qui s'y frotte s'y pique » : la devise de la ville de Nancy, dont les armoiries comportent un chardon, montre que cette plante est aussi à forte connotation militaire. Les Nancéiens adoptent le chardon comme emblème municipal à la suite de la défaite sous leurs murs du duc de Bourgogne, Charles le Téméraire, en 1477.

En Écosse, après la déroute d'une armée norvégienne à la bataille de Largs en 1263, le chardon devient symbole national pour des raisons semblables. Les Scandinaves, qui désiraient monter une attaque-surprise la nuit, enlèvent leurs chaussures afin de ne faire aucun bruit. Mais ils traversent un champ plein de chardons, et leurs cris réveillent les soldats écossais, qui les massacrent, sauvant ainsi la patrie. Les Écossais créent alors l'ordre du Chardon, qui existe toujours. Les chevaliers, dont le nombre est limité à seize, ont comme chef le monarque britannique.

Voir **Adam, arbre, pomme**

chariot

Véhicule à quatre roues transportant les fardeaux, il est le symbole de la force implacable et tranquille, de la fertilité, de la protection.

Inventé selon la légende par Héphaïstos, dieu de la forge dans la mythologie grecque, ou par son fils Érechtheus, le char est le véhicule de la marche en avant des armées et de la force implacable, comme l'est la colère divine : « Je vous écraserai comme foule la terre un chariot chargé de gerbes » (Amos, II, 13).

Véhicule lent, tiré par des bœufs, le chariot évoque la patience et la persévérance : Thespis, inventeur de la tragédie grecque et des masques de toile, allait en chariot de village en village. Char à quatre roues, le chariot reprend une partie de la symbolique de celui-ci. Associé à la fertilité, il est le char des divinités champêtres, comme Freyja dans la mythologie nordique, ou Saule chez les Baltes.

Lorsqu'il est bâché, le chariot s'associe à la symbolique de la maison, de la chambre et de la voûte. Il est une voûte protectrice, tel le chariot funèbre d'Alexandre, surplombé d'un croisement de tiges, aux extrémités sculptées d'animaux étranges, évoquant aussi la voûte céleste. Pour les Babyloniens, la Grande Ourse représente un chariot destiné à transporter le ravitaillement des soldats en campagne. Pour les peuples scandinaves, c'est le char de Thor tiré par trois chevaux.

Le Chariot est le septième arcane majeur du tarot. Lors du tirage, cette lame indique un redémarrage après une période bloquée.

Voir **char**

charrue

Instrument de labourage qui fend et retourne la terre, la charrue représente la fertilisation et la civilisation.

Un symbole d'union et de fertilité

Chez les peuples de la Méditerranée et les Celtes, la charrue symbolise une union verticale entre ciel et terre, et une autre, horizontale, entre le principe masculin (ou créatif) et le principe féminin (ou réceptif), qui permettent d'obtenir la moisson. Un rite de fécondation méditerranéen exige ainsi que les hommes huilent le soc des charrues.

Dans le Coran, le champ et le sillon labourés désignent la femme, l'homme étant dispensateur de la semence, et le soc s'apparente au *linga,* l'organe phallique qui pénètre la terre et ouvre le sillon.

C'est le sens des amours de Iason et de Déméter, à qui celui-là s'unit dans un sillon trois fois labouré, faisant violence à la déesse de la fécondité, symbole de la terre fertile, qu'il faut ouvrir par le soc de la charrue, et que même les dieux, Zeus ou Poséidon, ne peuvent féconder qu'en lui faisant violence. De leur union naîtra Ploutos, dieu de la richesse, représenté tenant une corne d'abondance dans une main et un araire dans l'autre. Pour remercier le roi Céléos et la reine Métanire qui lui avaient offert l'hospitalité à Éleusis alors qu'elle errait à la recherche de Coré, Déméter confie à leur fils Triptolème les secrets de l'agriculture et l'art d'atteler les taureaux à la charrue.

Inventée aussi par Athéna, l'industrieuse, qui dans la mythologie grecque enseigne aux hommes à atteler la charrue ; tombée du ciel selon une légende scythe rapportée par Hérodote, la charrue sert chez les Étrusques et les Romains à consacrer la fondation d'une ville : Romulus trace le sillon sacré de Rome, enceinte symbolique de la cité qui devient inviolable, au moyen d'une charrue de bronze, symbole de l'union sacrée entre ciel et terre.

L'instrument du droit chemin

Chez les chrétiens, la charrue est aussi l'instrument du droit chemin, marquant la direction à suivre fermement, ainsi qu'il est dit dans l'Évangile de Luc : « Jésus lui répondit : Quiconque met la main à la charrue, et regarde en arrière, n'est pas propre au royaume de Dieu » (IX, 62). C'est le sens de la fable d'Ésope « le Laboureur et le Loup », où un loup affamé se prend à lécher le soc d'une charrue, puis à la traîner dans le sillon ; mais, conclut Ésope, « les méchants ont beau faire profession de vertu : leur caractère empêche de les croire ».

La charrue industrieuse

Symbole de la création dans les traditions juive et chrétienne, la charrue symbolise aussi l'œuvre humaine, le labeur et le monde paysan. « Nous descendons tous de la charrue », écrit Madame de Sévigné. Le dauphin de France, futur Louis XVI, se fait peindre tenant une charrue (*Monseigneur le Dauphin labourant,* F. M. Antoine Boizot, 1769), signe que le roi se préoccupe de ses paysans. La charrue représente ici les valeurs morales et la grandeur véritable, symbolique utilisée par Sophocle dans *Antigone* (« La première des déesses, la terre ; incorruptible, infatigable, il la creuse et la retourne avec la charrue d'année en année »), et que l'on retrouve dans l'histoire du consul et dictateur romain Cincinnatus, qui, après avoir servi son pays, fond son épée pour la transformer en soc et continuer ainsi par son travail à œuvrer pour le bien commun.

C'est aussi un impératif biblique, que de transformer l'épée en soc de charrue, même si, à l'inverse, le prophète Élisée quitte la charrue pour suivre Élie.

Dans l'*Odyssée,* Ulysse tente de s'accrocher à sa charrue pour ne pas partir à la guerre : feignant la folie, il sème du sel sur ses champs et, ayant attelé deux animaux différents à sa charrue, se met à labourer la plage. Mais, lorsque les Grecs, qui ne croient pas à sa démence, placent son jeune fils Télémaque devant le soc de la charrue, Ulysse est contraint, pour ne pas écraser son fils, de modifier sa trajectoire, dévoilant ainsi sa ruse.

Voir **blé, Déméter, étoile, faucille, sable, sel**

chasse

Action de guetter ou de poursuivre les bêtes pour les prendre ou les tuer, la chasse symbolise la victoire par l'appropriation, la violence, mais aussi la quête spirituelle.

Le pouvoir sur la vie et la mort

Privilège de l'aristocratie, de l'Antiquité à la Révolution française, la chasse est le symbole des grands seigneurs, assimilés au prédateur suprême et naturel, ce qui explique son association aux divinités majeures. Ainsi la Genèse décrit-elle le roi de Babel Nemrod comme un « vaillant chasseur contre l'Éternel », qui tue l'animal pour le plaisir, en démonstration de force. Par la chasse, symbole de prédation, l'homme se place au sommet de la pyramide des espèces, en pièce maîtresse sur l'échiquier de la vie. Chasser, c'est aussi s'approprier un pouvoir de vie et de mort, à l'image de Dieu, et détruire métaphoriquement l'ignorance : aussi la chasse est-elle un rite initiatique, attaché à la civilisation, à l'éducation, à la connaissance et à la stratégie. C'est ainsi que la définit Xénophon dans *l'Art de la chasse,* où le Centaure chasseur Chiron apparaît comme le maître des plus grands héros grecs.

La chasse sauvage

À l'inverse, le mythe celte et scandinave de la « Chasse sauvage » symboliserait un déchaînement des pulsions de l'homme. Ce thème, qui constitue l'un des mythes les plus répandus du folklore de l'Europe du Nord, présente deux aspects principaux : tantôt la chasse est menée par des guerriers à cheval vêtus de noir, suivis par une troupe bruyante : c'est l'armée infernale qui sème la terreur sur son passage; tantôt il s'agit d'un véritable équipage de chasse conduit par le Grand Veneur, un chasseur fantôme poursuivant une proie, généralement un cerf, un sanglier ou une femme.
Pour certains spécialistes du folklore, la chasse sauvage sous son aspect « armée infernale » relève d'une mythologie masculine et virile de l'Antiquité germanique. Elle s'apparenterait alors aux confréries de jeunes gens, bien connues dans le folklore européen (mêmes règles propres à une société fermée, même droit à la rapine ou à la quête, même phénomène de tapage nocturne). Quant au mythe du « Grand Veneur », il aurait été modifié par la tradition biblique et intégré aux symboles de la chrétienté, où il a pris la forme d'un fabliau moralisant. Le Grand Veneur n'est autre que le diable, suivi par un cortège d'âmes damnées.

Une quête mystique

Symbole de quête mystique, la chasse est associée au défi ou à la mission, le mérite du héros chasseur grandissant avec le risque couru : le premier des travaux d'Héraclès (Hercule) est de capturer et de tuer le lion de Némée, monstre qui terrorise les habitants de la région.
Dans le cas de la chasseresse Atalante, qui porte le premier coup au terrible sanglier Calydon, dont elle reçoit la hure en récompense, dans celui de Thésée tuant le Minotaure, comme dans celui de toutes les créatures thériomorphes (de forme animale), la mise à mort représente la victoire sur la nature que symbolise la forêt, « antimonde » sauvage livré à des forces magiques.
La chasse recèle aussi une autre symbolique : celle du renoncement, comme chez saint Eustache (assimilé au XVe siècle à saint Hubert), païen et passionné de chasse, qui, frappé par une apparition du Christ et d'une croix lumineuse entre les bois du cerf qu'il poursuit, se détourne de cette distraction.
Le cerf deviendra alors l'emblème des vertus chrétiennes et du salut, ses dix bois symbolisant les dix commandements bibliques. On retrouve un thème voisin dans le mythe de la chasse à la licorne, laquelle pose sa tête sur le giron de la pucelle et docilement se couche à ses pieds, acceptant sa mort, son sacrifice symbolisant celui de Jésus.

Voir **centaure, cerf, chevalier, forêt, Hercule, licorne**

chat

Entre miaulement inquiétant et ronronnement serein, le chat protéiforme est porteur de symboles opposés entre féminité et maléfices.

Un animal bénéfique

L'une des plus grandes déesses égyptiennes, Bastet, est tantôt lionne, tantôt chatte, symbole de plaisir, de sécurité pour le foyer et de fertilité. Les chats sont ainsi l'objet d'une vénération toute particulière chez les Égyptiens, qui les momifiaient dans de petits sarcophages. Il est vrai qu'ils étaient particulièrement utiles dans un pays infesté de rats. Les parents consacraient leur progéniture à Bastet : le prêtre faisait une incision sur le bras de l'enfant, dans laquelle il versait quelques gouttes de sang de chat. Rêver d'un gros chat est, selon une clé des songes égyptienne, signe d'une abondante moisson. Dans la mythologie gréco-romaine, le chat est associé à des déesses lunaires comme Artémis.

Une créature du mal

Dans le monde chrétien, le chat est le versant sombre de la féminité : rusé, il avance sans bruit ; imprévisible, il sort brusquement ses griffes ; inquiétant, il voit dans le noir, et ses pupilles brillent dans l'ombre. Créature démoniaque, il a été associé aux sorcières, au sabbat desquelles il participe. De ces traits négatifs est née la mauvaise réputation du chat. Quand de plus il est noir, mieux vaut éviter de le rencontrer sur sa route, car il annonce l'obscurité et la mort. Dans les représentations de la Cène, on voit souvent un chat aux pieds de Judas,

car il symbolise la trahison, le chat jouant d'abord avec les animaux qu'il tue par la suite.
En même temps, sa beauté sensuelle en fait un symbole de lascivité. Le chat noir perché, hérissé, dos en voûte, sur le lit de l'*Olympia* de Manet fut perçu comme un pied de nez du peintre aux bonnes mœurs. Sur un blason, un chat est l'emblème de la liberté.

Voir **Bastet, noir**

château

Le château, séjour du seigneur et des siens, lieu de justice qui abrite aussi le trésor, représente à la fois un objectif réputé imprenable, que seuls les chevaliers d'une grande pureté peuvent conquérir, et un privilège nobiliaire. Il symbolise aussi le luxe dans lequel vit le seigneur, par opposition à la masure du pauvre.

Le château est gardé par des puissances magiques, positives ou négatives. Gardé par un dragon ou un chevalier maléfique, le château noir demeure caché au fond d'une sombre forêt et se dérobe aux regards ; il renferme un trésor ou une princesse endormie. Le château blanc est au contraire protégé contre les puissances du mal. L'inversion de signes est fréquente : l'action de la sorcière fait d'un château blanc un château noir, l'arrivée du sauveur fait du château noir un château blanc.
Le château dans le ciel peut être un symbole de pureté, donc de chasteté. Dans la tradition chrétienne, il est une image de la Jérusalem céleste, le trône de Dieu et la demeure des élus. Cet endroit inaccessible se retrouve dans l'expression « bâtir des châteaux en Espagne », qui signifie édifier des projets chimériques, irréalisables. Dans l'imaginaire populaire, le château est le lieu de tous les plaisirs, l'endroit où l'on n'accomplit aucun travail, s'opposant ainsi à la masure qui abrite l'humble travailleur, celui qui justement, par son labeur, permet au seigneur de mener « la vie de château ».

Voir **blanc, chevalier, dragon, forteresse, Jérusalem, noir, palais, prince, trône**

chaudron

Ustensile des préparations bouillonnantes et transformantes. On y passe du cru au cuit ; c'est là que l'on compose et que l'on décompose. Le chaudron est donc associé aussi bien à la naissance qu'à la mort.

C'est l'instrument nécessaire à toute potion comme à toute confiture. Il est aussi utile à la cuisinière qu'à l'ogre ou à la sorcière. Source de nourriture, il est souvent rattaché à la corne d'abondance, qui toujours fournit sa provende et jamais ne se vide : c'est par exemple le cas de celui du dieu irlandais Daghdha, mais dans bien des traditions celtiques il est lui-même toujours affamé et dévorateur.

Voir **mortier, sorcier**

chaussure voir soulier

chauve-souris

Mammifère volant nocturne, la chauve-souris, assimilée au vampire, est un animal de mauvais augure, lié aux peurs superstitieuses de la nuit.

Elle est rangée, dans le Lévitique (XI, 19), parmi les « oiseaux » impurs, à côté des vautours et des chats-huants. Le monde judéo-chrétien l'associe au satanisme, et ses mouvements erratiques semblent évoquer la folie, image reprise par Goya dans *le Sommeil de la raison.* Pour les Pères de l'Église, c'est l'image du pécheur qui vit dans les ténèbres.

Voir **vampire**

chemin voir voie

cheminée

La cheminée symbolise l'esprit et le centre de la maison, que l'on appelle d'ailleurs le « foyer ». Elle représente la convivialité, le lieu de rassemblement familial. La cheminée permet aussi l'ouverture verticale de la maison, son contact avec les esprits.

Vu de l'extérieur, le conduit de la cheminée renseigne sur la maison. Si la fumée s'élève claire et joyeuse, on y trouvera une table hospitalière. Si une maigre fumée traîne sa noirceur, il faut s'attendre à la pauvreté, à l'avarice ou à la sorcellerie. L'absence de fumée symbolise la mort ou l'absence.

Voie de communication spirituelle, le père Noël l'utilise pour pénétrer dans la maison, et les sorcières pour s'envoler vers le sabbat. Dans les tentes des nomades de Sibérie, l'ouverture sommitale par où s'échappe la fumée est elle aussi contact spirituel : c'est le ciel de la maison.

Voir **bûche, feu, foyer, fumée, maison, noir**

chemise

Article d'habillement masculin à manches et à col couvrant le buste, la chemise est un vêtement symboliquement associé à la personnalité de celui qui la porte.

La chemise comme symbole identitaire politique et militant voit le jour en Italie au XIXe siècle. Les « chemises rouges » sont les volontaires garibaldiens qui combattent pour l'unification du pays. Leur nom provient de la couleur de leur uniforme. Plus tard, « chemises noires » sera le nom populaire des groupements fascistes italiens, dont le premier fut constitué à Milan en 1919 par Benito Mussolini. Le costume des membres de la milice fasciste comprend la culotte grise, la chemise noire et la calotte noire avec gland. Emboîtant le pas aux Italiens, les Allemands auront droit aux « chemises brunes », nom donné d'abord aux adhérents du Parti national-socialiste. C'est en février 1925 que Hitler se montre pour la première fois vêtu d'une chemise brune. Par la suite, la dénomination de « chemises brunes » est souvent restreinte aux membres des SA ou *Sturm Abteilung,* sections d'assaut nazies.

Changer de quelque chose comme de chemise ou ***changer d'avis comme de chemise,*** c'est être volage et versatile. En revanche, ***donner jusqu'à sa dernière chemise,*** c'est faire don de sa personne, même si cela doit se traduire par un dénuement total.

Voir **brun, noir, rouge**

chêne

Puissance, virilité et grandeur, mais aussi justice, égalité et solidité, sont les attributs de cet arbre, vénéré dans à peu près toutes les cultures européennes.

Un arbre sacré

Pour les Grecs, le chêne est l'arbre de Zeus. La foudre divine lui est associée, sans doute en raison de la hauteur de l'arbre, qui le rend particulièrement vulnérable pendant les orages. Et puisqu'il n'y a jamais de tempête sans pluie, l'eau vient à se joindre à ses attributs. Par temps de sécheresse, les prêtres de Zeus plongent une branche de chêne dans une source sacrée pour qu'il pleuve de nouveau.

Les Romains vénèrent le chêne de Jupiter, nom latin de Zeus, à tel point que tous les chênes leur sont sacrés. Mais l'arbre sait aussi se démocratiser. Tout soldat, quel que soit son rang, est récompensé d'une couronne civique (*corona civica*), faite de feuilles de chêne, s'il sauve la vie d'un citoyen.

Les druides (dont le nom signifierait « hommes du chêne ») érigent leurs temples et pratiquent leurs rites au cœur des forêts de chênes, où, selon l'auteur latin Pline, ils récoltent le gui à l'aide d'une faucille d'or. Sans doute pour éliminer ces associations païennes, les premiers chrétiens construisent souvent leurs chapelles dans les bosquets de chênes.

Un symbole de justice

Il y a aussi des chênes très particuliers, qui sont devenus des symboles de la justice, non seulement parce que l'arbre reçoit souvent les foudres de Zeus, mais aussi en raison de la concentration en tanin de son bois, qui en fait un matériau quasiment imputrescible : il ne se corrompt pas. Louis IX, adossé à un chêne au bois de Vincennes, se serait entretenu avec tous ceux qui voulaient s'adresser directement à leur roi pour faire valoir leurs droits. Légende ou fait historique ? Quoi qu'il en soit, le chêne de saint Louis réunit en lui les attributs antiques de la justice et de l'égalité. Le célèbre chêne de Guernica, au Pays basque, jouait un rôle semblable, car c'est sous ses rameaux que les rois d'Espagne s'engageaient à respecter les lois promulguées par les assemblées locales.

Un gage de dignité et de solidité

Les feuilles de chêne sont un emblème honorifique, une marque de dignité. Les magistrats romains faisaient sculpter sur leur tombe des faisceaux de verges surmontés de feuilles de chêne. La feuille de chêne orne également en France le képi des officiers généraux et est représentée sur des décorations telles que la Légion d'honneur et la médaille de l'Ordre national du Mérite.

Le chêne est aussi symbole de solidité. Dans la tradition populaire, les noces de chêne se célèbrent après 80 ans de mariage. Dans l'iconographie chrétienne, le chêne est le symbole de la force de la foi du chrétien face à l'adversité.

En France, les monnaies en franc portaient souvent une couronne d'olivier et de chêne, autant de gages de la réussite et de la stabilité de la République française. Force physique, force morale, force politique... le général de Gaule fut représenté, le lendemain de sa mort, sous la forme d'un chêne abattu sur lequel se penchait une Marianne en pleurs dans un dessin de Jacques Faizant à la une du *Figaro,* et l'ouvrage d'André Malraux, *Les chênes qu'on abat...,* est une évocation du Général.

Voir **arbre, bois, couronne, druide, eau, éclair, foudre, gui, sanctuaire, Zeus**

chérubin

Le chérubin est un ange, mais à cette symbolique s'ajoute celle de l'enfant joufflu et charmant, du putto joyeux qui se confond avec l'Amour, ou du moins avec la naissance du sentiment amoureux.

Les chérubins sont des êtres célestes serviteurs de Dieu, d'après le Psaume XVIII. Ils sont représentés comme des êtres sans corps, réduits à une tête ailée. Sans doute faut-il trouver leur origine dans les taureaux ailés à tête humaine qui gardaient l'entrée des temples assyriens (*chéroub*).

Figure mythique du *Mariage de Figaro,* Beaumarchais dit de lui dans la préface de la pièce : « On ne l'aime donc pas encore; on sait qu'un jour on l'aimera. » Encore enfant, il représente pourtant les pulsions des premiers désirs, qui se traduisent chez Mozart par le rythme haletant de l'air dans lequel Chérubin tente désespérément de comprendre ce qui lui arrive.

Voir **ange, séraphin**

cheval

Le cheval occupe des fonctions contrastées dans la symbolique : solaire et lumineux, il est puissance, gloire et majesté ; diabolique, il appartient au monde chtonien des ténèbres.

La plus belle conquête de l'homme...

Des chevaux tirent le char d'Apollon, ainsi que le char d'or du pharaon, et c'est sur un cheval que parade le triomphateur. La plus belle conquête de l'homme présente l'avantage de donner de la hauteur au plus nabot des conquérants. Statues et tableaux équestres témoignent que les rois ou les grands chefs militaires ont toujours aimé être représentés à cheval, tels Marc Aurèle ou Bonaparte.

Dès les temps préhistoriques, le cheval figure en bonne place sur les peintures rupestres. Apprécié pour sa rapidité, il rend également service aux hommes par sa puissance de portage et de traction.

Il est depuis l'Antiquité symbole de supériorité, de beauté et de fidélité. Le premier haut fait d'Alexandre consiste à dompter Bucéphale, et c'est à un cheval ailé, Pégase (né du sang de Méduse après que Persée lui eut tranché la tête), qu'est confié le soin de transporter Persée jusqu'au rocher où Andromède enchaînée attend son sauveur. C'est encore sur Pégase que Bellérophon viendra à bout de la Chimère.

Le cheval, d'une manière générale, participe à l'initiation des héros. L'image du chevalier sur sa monture survivra au Moyen Âge et aux croisades, pour revenir en force dans l'imagerie romantique et symboliste. Devenue cliché, elle sera détournée avec humour par les Monty Python dans leur film épique, *Sacré Graal*

Dans toutes les civilisations, le cheval s'apparente aux forces vives de la nature : le vent, la tempête, les vagues. Au mois d'octobre, les Romains sacrifiaient un cheval à Mars, dieu de la guerre et de l'agriculture.

Si le char d'Hadès est tiré par des chevaux noirs, la mort, en revanche, chevauche un cheval blanc dans l'Apocalypse.

... animé par une force maléfique

Le cheval est aussi craintif et ombrageux : les chevaux du Soleil s'emballent quand le jeune Phaéton prend les rênes de son char et le fait dévier de sa course, semant la panique parmi les astres. Effrayé, le cheval se cabre, piaffe et hennit furieusement, devenant à son tour terrifiant. C'est cette vision angoissante que représente le peintre Füssli dans *le Cauchemar.* Ces forces maléfiques se retrouvent à l'œuvre chez les Centaures.

Pour Freud, le cheval est un symbole sexuel, « un moyen parfait d'expression de la sexualité infantile ».

Voir **Centaure, char, chevalier, Pégase**

chevalier

Le chevalier, spécialiste du combat à cheval, est, comme le héros, le symbole de l'homme idéal, mais, contrairement au héros, il ne doit rien aux forces surnaturelles, et c'est son seul devoir qui l'amène à être « sans peur et sans reproche ».

Un initié

Aux environs de l'an mil, la société européenne se pense selon une structure tripartite : trois « ordres » rassemblent ceux qui prient (*oratores*), ceux qui travaillent (*laboratores*) et ceux qui combattent (*bellatores*), dans une hiérarchie à la fois tranchée et complémentaire, sur laquelle se fonde l'imaginaire de la féodalité. Au cœur de l'ensemble des guerriers, qui défendent prêtres et paysans « des ennemis comme des loups », les chevaliers forment l'arme absolue et symbolique du monde féodal.

Attaché à un chef qui l'entretient et le « chase » (c'est-à-dire lui accorde une terre à titre viager), le chevalier apparaît d'abord dans les textes littéraires comme un jeune trublion qui s'oppose au seigneur, au père qui le nourrit. Puis, à la faveur des luttes entre Capétiens et Plantagenêts, le chevalier devient le membre d'un ordre quasi initiatique, consacré par la cérémonie de l'adoubement, et qui enveloppe nobles et souverains dans une équivoque égalité de droits et de vertus – c'est ce que symbolise la Table ronde du roi Arthur.

Une aventure solitaire

Très vite, face aux réalités de la vie de cour et de la pratique de la guerre, le chevalier va se construire un monde imaginaire. La cour est en effet une communauté policée, régie par des lois rigoureuses, mais placées sous le signe de la séduction et de la collectivité.

À la guerre comme à la chasse, le chevalier est toujours étroitement intégré dans un groupe. L'imaginaire chevaleresque crée le mythe de l'aventure solitaire, qui se déploie dans l'« antimonde », sauvage et livré aux puissances magiques, de la forêt.

L'aventure chevaleresque se définit comme une « quête », une recherche continue, dont l'objet peut varier (la Dame, le Graal, la Vérité, le Salut), mais dont les parcours se croisent.

L'aventure est nécessaire au chevalier, car il n'y a pas de valeur sans risque, pas d'initiation sans épreuve. L'idée s'imposera cependant qu'il appartient à un chevalier élu de mettre fin aux aventures et aux enchantements du monde. Toutefois, le fait d'avoir été adoubé ne confère pas automatiquement des vertus au chevalier, qui devra sans cesse lutter contre les forces mauvaises de la nature humaine.

Ainsi les chevaliers teutoniques ou les Templiers céderont-ils au vertige du pouvoir ou de l'argent. Le rêve même du chevalier, qui désire par-dessus tout participer à un grand projet, défendre la veuve et l'orphelin, peut lui-même déboucher sur une entreprise cocasse, comme celle de Don Quichotte.

Tout l'esprit de la chevalerie s'est incarné dans deux mythes fondamentaux, celui du Graal et celui de Tristan et Iseult, ainsi que dans une œuvre modèle, celle de Chrétien de Troyes, qui montre l'identité des lois de l'amour et de la société.

La symbolique des armes

Le poids symbolique de la chevalerie est si fort que les armes mêmes du chevalier ont chacune une signification. Son casque représente l'espérance, l'intelligence et la pudeur ; sa cuirasse, la prudence, la piété, la lutte contre le vice et l'erreur ; ses gantelets, la justice et l'honneur ; son écu, la foi, la protection contre l'orgueil, la débauche et l'hérésie ; sa lance, la charité, la sagesse et la vérité ; et son épée, la force, la parole divine, la bravoure et la puissance.

L'idéologie de la chevalerie s'est formée peu à peu sous l'influence de l'Église et de la noblesse pour se cristalliser dans un idéal de pureté devenu universel, qui a assuré jusqu'à nos jours la survie, entre autres, de l'adjectif « chevaleresque ».

Voir **arme, Arthur, casque, chasse, Graal, épée, forêt, prince, roi**

cheveux

Seule partie du corps qui, pour hommes et femmes, soit sujette à une radicale transformation, les cheveux se prêtent à une riche palette de significations possibles. Changer sa coupe, laisser pousser ses cheveux, se raser le crâne, cacher les cheveux ou porter des tresses, c'est affirmer une identité, se conformer à des normes sociales et religieuses ou, au contraire, arborer un signe de révolte.

Force vitale et virile

Dans beaucoup de cultures, les cheveux sont liés à l'âme ou à la force vitale. Préserver une mèche de cheveux d'un parent disparu, c'est conserver une partie de l'essence « vivante » du défunt. En Grèce, couper une mèche de cheveux à un mort libérait l'âme de celui-ci. En revanche, les musulmans laissent traditionnellement une touffe de cheveux sur le crâne d'un mort afin que celui-ci puisse être hissé vers le paradis.

Les hommes sikhs, qui ne se coupent jamais les cheveux, qu'ils gardent enroulés sous un turban, témoignent de l'importance qu'ils accordent aux cheveux longs, symbole de la force vitale. Les rastas aux « dreadlocks », très longues tresses multiples, expliquent habituellement leur coiffure en se référant à l'ancien empereur d'Éthiopie Hailé Sélassié, qu'ils considèrent comme un dieu. À leurs yeux, ce dernier fut le Lion de Judah, et les « dreadlocks » sont comme la crinière d'un lion.

Dans la Bible, Dalila, courtisane à la solde des Philistins, essaie de découvrir le secret de la force de Samson.

Lorsqu'il lui explique que son extraordinaire vigueur provient de ses longs cheveux, Dalila les coupe pendant son sommeil. Samson perd alors sa force, et Dalila le trahit en le livrant aux Philistins, lesquels lui crèvent les yeux et le réduisent en esclavage. Pour les Hébreux, la coupe involontaire des cheveux ou de la barbe est un geste d'humiliation et marque une volonté d'abaissement ou de castration. Mais saint Paul, voulant se démarquer des pratiques juives, influencé également par la coiffure courte des Romains, stigmatisera les hommes aux cheveux longs : « La nature elle-même ne vous enseigne-t-elle pas qu'il serait honteux à un homme de laisser toujours croître ses cheveux ? » (Corinthiens, XI, 14).

• En France, les rois mérovingiens, tels Dagobert ou Mérovée, possédaient une chevelure opulente, emblématique peut-être de leur pouvoir royal, mais aussi liée à une dimension superstitieuse, issue des coutumes des peuples germaniques. Une épaisse chevelure distinguait les hommes libres des esclaves et des populations romanisées, victimes des « grandes invasions ». Scalper son adversaire vaincu de haute lutte et lui arracher sa chevelure, emblème de sa force virile, était jusqu'au XIXe siècle une tradition dans maintes tribus d'Amérique du Nord.

Deuil et pénitence

S'arracher, se couper ou se faire couper volontairement les cheveux peut être un signe de deuil, de désespoir ou de soumission à une divinité. En Égypte, les prêtres se rasent le crâne et s'épilent entièrement le corps, pratique sans doute liée à l'association entre la pilosité et l'animalité. Dans l'*Iliade,* Achille s'arrache les cheveux après la mort de son amant Patrocle. Pour les moines chrétiens, la tonsure symbolise la couronne d'épines du Christ et marque le passage du statut de novice à celui de moine. Le moine offre sa tonsure au Christ, geste symbolisant l'offrande totale de sa vie. Comme les vestales romaines, les moniales chrétiennes doivent abandonner leur chevelure aux ciseaux de l'une des leurs lors de leur prise d'habit, signe de leur consécration à Dieu et à son ministère. Dans *René,* de Chateaubriand, on voit la « superbe chevelure » d'Amélie tomber sous le « fer sacré » pour qu'« un voile mystérieux, double symbole de la virginité et de la religion », couvre ensuite une « tête dépouillée ».

Émancipation féminine

Pour les femmes, exhiber des cheveux courts est généralement interprété comme un signe du désir de se rapprocher de l'état de l'homme, geste éminemment condamnable. Saint Paul écrit qu'il est « honorable à une femme de les laisser toujours croître, parce qu'ils lui ont été donnés comme un voile qui la doit couvrir » (I Corinthiens, XI, 15). Pour l'apôtre, la chevelure féminine est un ornement naturel, un don de Dieu, symbole de la pudeur féminine et d'une beauté sans artifice. Dans l'iconographie chrétienne, la Vierge Marie et les saintes portent souvent une souple chevelure blonde et éparse, à la noble

simplicité. Lors de son procès, Jeanne d'Arc, qui s'était coupé les cheveux à la manière d'un homme de l'époque, est accusée d'avoir porter atteinte à « l'honnêteté du sexe féminin », car les cheveux courts chez la femme sont « interdits par la loi divine, abominables à Dieu et aux hommes et interdits par les sanctions ecclésiastiques, sous peine d'anathème ».

Dans les années 1920, beaucoup de femmes choisissent une coupe courte appelée « à la garçonne » ou « à la Jeanne d'Arc ». La coupe est le signe du désir de se libérer du stéréotype féminin et coïncide avec les débuts du mouvement féministe moderne.

Chevelure féminine et sensualité

Malgré les propos d'un saint Paul défendant les cheveux épars, une chevelure ondulante est intimement liée à la sexualité. Traditionnellement, si ce sont surtout les cheveux roux qui sont associés à l'érotisme, voire à la sorcellerie, de longs cheveux blonds laissés en liberté apparaissent comme l'attribut des séductrices et des prostituées. La longue et défaite chevelure de Marie-Madeleine (qui a servi à sécher les pieds du Christ) est d'une troublante ambiguïté dans l'iconographie chrétienne. Ne représente-t-elle pas le vêtement ample et naturel apte à dissimuler les charmes de cette ancienne pécheresse ? À moins que, au contraire, tout soit fait pour que le repentir de Marie-Madeleine ne puisse faire oublier le désir qu'elle fait naître.

Dans la statuaire médiévale, les femmes à la chevelure éparse faisant pendant au roi barbu sont des images de luxure et d'orgueil. Plus la chevelure est ondoyante et longue, à l'image de celle d'Ève, plus elle est sensuelle et fatale. Ainsi la dissimuler sous quelque voile, bonnet, coiffe, l'emprisonner dans un chignon aussi serré que possible, est-il le moyen idéal d'éviter toute tentation éventuelle. Si, au Moyen Âge, il est d'usage pour les jeunes filles d'arborer une chevelure dénouée, symbole de virginité, une fois mariées, celles-ci doivent la nouer ou la masquer sous des bonnets ou des coiffes.

Les juives orthodoxes se rasent le crâne, mais portent une perruque. Se couvrir les cheveux est une pratique courante pour les chrétiennes lorsqu'elles entrent dans une église, cependant que l'homme ôte son chapeau. Dans l'islam, la dissimulation de la chevelure féminine par le *hijab,* espèce de foulard, au nom de la pudeur est devenue le symbole d'un militantisme religieux. La pratique va de pair avec la règle pour l'homme d'exhiber une barbe fournie et participe de la polarité symbolique masculine-féminine centrale à l'islam.

Obtenir une boucle de cheveux de son bien-aimé ou de sa bien-aimée est déjà un gage amoureux. Au XIXe siècle, des mèches de cheveux, pieusement conservées, encadrées ou portées en pendentif dans un médaillon, sont l'objet d'un culte, celui de la personne aimée (ou d'un membre défunt de la famille).

Raser les cheveux d'autrui

Couper les cheveux d'autrui peut être un signe d'humiliation et d'avilissement. En Grèce et à Rome, les esclaves ont le crâne rasé, comme l'auront les forçats et les prisonniers de nos contrées. À l'époque médiévale, être rasé ou tondu est une peine infamante que l'on réserve aux ennemis ou aux femmes adultères. « Je préfère, s'ils ne doivent pas monter sur le trône, les voir morts que tondus », aurait déclaré Clotilde, reine des Francs, à propos de ses petits-fils. En France, l'épisode le plus notoire de « tonsure » comme signe d'humiliation a lieu au lendemain de la Seconde Guerre mondiale, lorsque les femmes soupçonnées d'avoir entretenu des relations intimes avec les soldats allemands ont été tondues en public.

L'obligation d'avoir les cheveux très courts pour les hommes est la règle générale dans la plupart des armées. La raison souvent évoquée pour cette pratique, à savoir que les cheveux courts seraient plus « hygiéniques », ne tient pas, car les femmes qui servent sous les drapeaux sont dispensées de cette obligation. La coupe « militaire » masculine renvoie à la symbolique de la soumission à une hiérarchie étroitement définie. La coutume moderne des cheveux courts des combattants remonterait au XVIe siècle anglais et à la nouvelle armée modèle d'Olivier Cromwell. Le dictateur puritain, comme tous ses coreligionnaires masculins, portaient les cheveux très courts (on les surnommait les Têtes-Rondes) : ils se distinguaient ainsi des royalistes aux frisettes.

Ce sont sans doute des associations militaires et agressives qui motivent les *skinheads* à se raser le crâne, se démarquant ainsi des groupes « libertaires », où règnent les cheveux longs. Ceux-ci sont en effet associés au non-conformisme et à la révolte sociale depuis l'époque romantique.

S'arracher les cheveux, se désespérer, se lamenter.

Voir **barbe, blond, couronne, femme, hermaphrodite, lilith, poil, roux, sirène, tonsure, voile**

chèvre

La chèvre, à la différence du bouc, a fort bonne réputation. Elle est certes capricieuse, mais aussi merveilleusement agile.

C'est elle qui nourrit Zeus enfant, sous le nom d'Amalthée. Selon une autre version, cette même Amalthée est la nymphe qui l'élève. Un jour, l'enfant casse par mégarde une corne de la chèvre qui le nourrit. Il en fait cadeau à la nymphe et lui promet que cette corne sera toujours remplie des plus beaux fruits de la terre. C'est là l'origine de la corne d'abondance.
Le principal défaut de la chèvre est d'être capricieuse. Du reste, cet adjectif vient du nom latin de l'animal, *capra*. Bonne grimpeuse, elle se perche sur les rochers, sans crainte de tomber.

Sa voix cassée et tremblotante a donné un verbe qui qualifie la parole hésitante d'un vieillard : *chevroter*. On dit également de quelqu'un qui chante faux qu'*il chante comme une chèvre*.

Voir **Capricorne, corne d'abondance**

chevron

Le chevron, porté sur les uniformes, est un signe de pouvoir et d'autorité.

Un célèbre constructeur automobile français a comme logo deux chevrons dont l'un surmonte l'autre, comme sur un uniforme. Ce logo a évolué. Avant-guerre, il s'agissait de chevrons jaunes sur fond bleu. Après quelques remaniements, ce symbole fut rendu plus dynamique dans les années 1980 lorsque les chevrons sont devenus blancs sur fond rouge.

chien

Le chien, ami de l'homme, domestiqué depuis les temps les plus reculés, n'est traité dans la symbolique que par rapport à cette relation. On a toujours vanté ses qualités (fidélité, obéissance) et méprisé ses défauts (peur des coups et agressivité, qui se traduisent par aboiements et morsures).

Un symbole de la fidélité

Le chien, symbole de fidélité, se couche aux pieds de son maître sur les tombes médiévales. À la Renaissance, il est l'animal de compagnie par excellence. Le lévrier à l'élégance racée accompagne Diane comme les princes dans de nombreuses représentations picturales. Henri II n'hésite pas à payer un boulanger uniquement occupé à la fabrication du pain destiné à ses chiens, et Henri III se promène en permanence avec trois minuscules chiens dans un panier qu'il porte à son cou. Dans l'art classique, il est symbole de fidélité conjugale, contrairement au chat, symbole de luxure et d'infidélité. Le chien angoissé hurle à la mort et on rapporte de nombreux exemples de chiens s'étant laissés mourir sur la tombe de leur maître. Lorsque Ulysse parvient à Ithaque après dix ans d'errance, seul son chien Argos, âgé de vingt ans, le reconnaît. Il est parvenu à rester en vie pendant toute l'absence de son maître, dans l'attente de ce moment. À sa vue, il se lève et tombe mort aussitôt après.

Le gardien

Cette fidélité poussée à l'extrême en fait un gardien féroce. C'est un chien, Cerbère, qui garde la porte des Enfers de la mythologie. Mais, en même temps, le chien est psychopompe, et le dieu des morts égyptien Anubis à tête de chien, comme Hermès, guide les âmes dans l'au-delà. Quant à la déesse grecque Hécate, la déesse de la magie infernale, elle hante la campagne suivie de sa meute infernale. Dans l'Antiquité égyptienne et grecque, l'assimilation des chiens au monde des morts tient peut-être à l'observation de ces pauvres bêtes errant dans les cimetières. Le monde chrétien retiendra surtout le côté bienfaisant du chien et en fera l'attribut de plusieurs saints, notamment saint Roch et saint Dominique (le chien de ce dernier tenant une torche enflammée dans sa gueule). Dès le Moyen Âge, le chien est le fidèle compagnon du chasseur ; on loue ainsi ses qualités : « C'est la plus noble bête, la plus raisonnable, la plus avisée que Dieu fit jamais. »

Un animal impur

Dans la civilisation islamique, le chien fait l'objet d'un véritable interdit. C'est un être vil, un mangeur de cadavres, un fouilleur d'ordures, malgré quelques qualités : « Le cœur d'un chien ressemble au cœur de son maître. »
Les expressions populaires dans lesquelles intervient le chien sont presque toutes négatives.

Le chien philosophe

Durant l'Antiquité, on surnomme « cyniques » (du grec *kuon,* « chien ») les philosophes de l'école de Diogène, qui manifestent leur grogne à l'égard de la société. Pourtant, les cyniques acceptèrent le nom et le tournèrent en compliment, car ils s'arrogeaient en effet le droit à la marginalité, à avoir en public un comportement inacceptable pour une société policée : mordre, cracher, aboyer, et vivre selon la loi de la nature en rappelant à leurs contemporains leur manque d'authenticité.
Le chien dévoré par le loup représente pour l'alchimiste la purification de l'or par l'antimoine, avant-dernière étape du grand œuvre.

Malade comme un chien, être très malade. *Une vie de chien,* une vie très dure, très pénible

Voir **Anubis, Cerbère, Hécate, portier**

chiffres

Symboles servant à écrire les nombres dans un système de numération, les chiffres peuvent représenter une réduction du verbe, et le sens caché des choses.

À l'instar des nombres, qui sont illimités, les dix signes de la numération arabe (la décade 0, 1, 2, 3, 4, 5, 6, 7, 8, 9) et ceux de la numération romaine (I, V, X, L, C, D, M) expriment des quantités, mais aussi des symboles. La numérologie primaire (dite numérologie à neuf nombres) occidentale et latine en tire des significations relatives à l'homme et à l'univers, reliant l'apparence factuelle de ces dix chiffres à une infinité de messages, que les ésotéristes déchiffrent, chacun avec leur grille. La numérologie a été largement utilisée dans les milieux savants kabbalistes. Par exemple, l'« échelle » que Jacob voit en rêve

dans la Genèse (XXVIII, 12-17) n'est autre que le Sinaï, les mots hébraïques *sulam* (« échelle ») et « Sinaï » ayant la même valeur numérique : 130.

Le chiffre, paradoxalement composé d'une ou plusieurs lettres entrelacées ou juxtaposées de manière à n'en former qu'une seule en apparence, a longtemps été une marque pour désigner une personne.

Les chiffres furent beaucoup employés au XIVe siècle comme élément décoratif. Mais c'est surtout à la Renaissance que l'on fit grande consommation de chiffres, sur les reliures ou dans les sculptures des panneaux, où ils se mêlent aux devises et aux fleurons.

Le service du chiffre est un service dépendant d'un ministère affecté à la correspondance par message chiffré ou codé. *Faire du chiffre,* réaliser un important chiffre d'affaires. *Du linge brodé à son chiffre* est brodé d'un entrelacs formé des initiales d'un ou plusieurs noms.

Voir **entrelacs, Kabbale**

Chimère

Animal fabuleux ayant la tête et le poitrail d'un lion, le ventre d'une chèvre et la queue d'un serpent, la Chimère de la mythologie grecque est une créature redoutable qui lance des flammes et détruit tout sur son passage.

La Chimère ravageait la Lycie, et c'est pourquoi le roi de ce pays demanda à Bellérophon de l'en débarrasser. C'est ce que parvint à faire le héros, monté sur Pégase, le cheval ailé.
Le nom de Chimère a été étendu à des animaux fantastiques n'ayant de commun avec la Chimère des Anciens que la bizarrerie de leurs formes.
La Renaissance leur restitue la ressemblance humaine, et ce motif décoratif se rencontre fréquemment au XVIe siècle. En Europe, il disparaît peu à peu pour réapparaître, sous l'Empire, dans l'ornementation.
L'époque moderne a plus ou moins éliminé son caractère nuisible, au profit de son caractère fantastique, la chimère devenant un rêve inatteignable, une fabrication de l'esprit.

chouette

Comme Athéna, qu'elle représente sur les monnaies athéniennes, la chouette est à la fois l'emblème de la sagesse et du savoir et un symbole de mort.

Elle doit sa réputation de sagacité au fait que, la nuit, elle reste perchée sur sa branche, les yeux ouverts, apparemment plongée dans une profonde méditation. Les images tirées de la littérature enfantine la représente volontiers comme un vieux savant à lunettes, juchée sur une pile de livres.
Toutefois la Bible en fait un animal impur, et son hululement sinistre la signale comme un oiseau de mauvais augure, et même un symbole de mort dans plusieurs civilisations anciennes. La chouette, attribut des sorcières, se rattache aussi aux pratiques démoniaques.

Voir **Athéna, sorcier**

chrisme

Monogramme formé des lettres X et P, il symbolise le Christ.

Ce symbole chrétien est formé des deux premières lettres du nom du Christ en grec : X (*khi*) et P (*rhô*). Entrecroisées, ces lettres constituent le monogramme « constantinien » qui aurait formé l'insigne des armées de Constantin ; les lettres confondues donnent la croix monogrammatique. Le chrisme a été en vogue avant la croix simple, latine ou grecque. Il a été par la suite souvent accompagné des lettres « apocalyptiques » symbolisant le commencement et la fin de l'alphabet grec, l'alpha et l'oméga.
Souvent inscrit dans un cercle, symbole de Dieu et de l'éternité, ou dans une couronne, emblème de la victoire obtenue par la résurrection du Christ, le chrisme est parfois entouré d'anges. Reprenant la forme d'anciens symboles solaires, le chrisme y associe quatre points cardinaux, la boucle supérieure du « P » symbolisant le soleil élevé au sommet de l'axe du monde : le Christ.

Voir **alpha et oméga, anges, autel, axe, cercle, couronne, croix, losange, points cardinaux, roue, soleil**

chrysanthème

Le chrysanthème offre une symbolique ambivalente, puisque cette fleur d'or, comme le rappelle son nom (*krusos* : « or », *anthemon* : « fleur »), est associée à la fois à la prospérité en Asie et à la mort en France.

En Asie, d'où il provient, le chrysanthème jaune est une fleur solaire qui est censée prolonger la vie. Le chrysanthème jaune est l'emblème de la maison impériale japonaise.
Le chrysanthème est introduit en France à la fin du XVIIIe siècle comme plante ornementale. Au lendemain de la Grande Guerre, il devient la fleur que l'on associe aux cimetières : à la Toussaint, cette plante est l'une des rares à être en fleur. C'est de cette époque que naît la coutume de poser un pot de chrysanthèmes sur les tombes. Ailleurs en Europe, le chrysanthème n'est pas associé à la mort et au deuil. Aux Pays-Bas, par exemple, la fleur fait traditionnellement partie des bouquets de mariage et elle est associée aux fêtes de tous genres.

Voir **fleur**

cierge

Le cierge renvoie à la symbolique générale de la bougie, qui est celle de la lumière ténue, solitaire et précieuse, conjurant les ténèbres : mais, revêt une signification plus religieuse.

Un symbole de résurrection

Le cierge était utilisé dans les cultes païens. À Rome, accompagnant les cortèges funéraires et élément indispensable des cérémonies civiles et religieuses, il avait une valeur conjuratoire et de protection, proche de la symbolique de purification du feu.

L'allumage des flambeaux pour le culte chrétien déborde sa fonction utilitaire. Comme dans le culte juif, il a une haute valeur symbolique et festive. Pour les chrétiens, le cierge symbolise surtout la lumière divine et la résurrection du Christ.

L'office des Ténèbres était célébré au cours des trois jours suivant la mise au tombeau du Christ, alors que les cloches se taisaient. On y allumait un chandelier à quinze branches, symbolisant le dernier carré des fidèles : les onze apôtres qui n'ont pas trahi, les trois Marie et le Christ lui-même. Au cours de la cérémonie, les cierges étaient soufflés les uns après les autres. Celui du Christ était éteint en dernier, pour être rallumé à la fin de la cérémonie, symbolisant ainsi la résurrection.

Si le chandelier a disparu, le cierge pascal orné de cinq grains d'encens en croix, représentant les cinq plaies du Christ et gravé des lettres grecques alpha et oméga (signifiant que le Christ est le début et la fin de toute chose), est encore allumé dans le chœur de l'église chaque année du début de la nuit de Pâques jusqu'à l'Ascension. Sa flamme est transmise au cierge de chaque fidèle, signe de communion dans la foi. Il y a peu de temps encore, on ramenait cette flamme chez soi pour allumer un nouveau feu dans le foyer.

Intégration, offrande et protection

Après l'Ascension, le cierge pascal est placé dans les fonts baptismaux et sa flamme sert à allumer les cierges de baptême et ceux de la profession de foi que l'on offre à l'enfant, comme symbole de son intégration à la communauté chrétienne.

La fête de la Chandeleur, nom populaire de la présentation de Jésus au Temple (2 février), tire son nom des cierges bénits qu'on portait en procession. Autrefois ces cierges étaient conservés dans les familles. Ils avaient un pouvoir protecteur, en particulier contre la foudre, et on les allumait auprès des mourants.

L'usage du cierge aujourd'hui est très fréquent dans le culte chrétien. On allume un cierge devant la statue d'un saint pour implorer son aide ou sa protection. On met des cierges autour du cercueil lors des funérailles et on brûle toujours deux cierges lors de la célébration de la messe.

Brûler un cierge à quelqu'un, manifester sa reconnaissance à l'égard de quelqu'un qui vous a tiré d'une situation critique.

Voir **baptême, bougie, chandelier, feu, foyer, fumée, lumière, résurrection**

cigale

La Fontaine a propagé la réputation d'imprévoyance de la cigale, mais celle-ci, en raison de son aspect ratatiné et prématurément vieilli, est aussi symbole d'immortalité.

Éos (l'Aurore) était amoureuse de Tithon, un mortel qui, ayant goûté l'ambroisie, ne pouvait plus mourir, mais continuait de vieillir. Prise de pitié, Éos le transforma en cigale. Platon raconte dans son *Phèdre* l'origine merveilleuse des cigales : « Quand les

Muses naquirent et le chant avec elles, il y eut des hommes que leurs accents transportèrent de plaisir, à tel point que la passion de chanter leur fit oublier le boire et le manger, et ils passèrent de la vie à la mort sans même s'en apercevoir. De ces hommes naquirent les cigales ; et les Muses leur accordèrent le privilège de n'avoir besoin d'aucune nourriture ; mais dès le moment de leur naissance jusqu'à leur mort, elles chantent sans manger ni boire ; et après cela elles vont annoncer aux Muses quel est celui des mortels qui rend hommage à chacune d'elles. »

Symbole d'immortalité de l'âme, la cigale était utilisée fréquemment dans le mobilier funéraire. Aussi, ce seraient des cigales d'or et non des abeilles qui auraient orné le tombeau du roi Childéric Ier, père de Clovis.

Le bruit incessant qu'elles produisent inspire dans la tradition chrétienne des interprétations différentes. Pour les uns, c'est une vaine criaillerie qui ne mène à rien, et pour d'autres, comme saint François d'Assise, c'est un chant qui s'élève vers Dieu : « Chante, ma sœur cigale, et loue dans la jubilation le Seigneur qui t'a créée. »

Voir **abeille, ambroisie, chant**

cigogne

Comme la plupart des oiseaux migrateurs, la cigogne est symbole de clairvoyance, mais aussi, principalement en Orient, de longévité. On la donne aussi en exemple de piété filiale, car elle s'occupe de ses vieux parents au même titre que de ses petits.

La cigogne est l'un des attributs d'Héra, dans son rôle de protectrice des mères allaitantes. Sans doute est-ce là l'origine de la légende de la cigogne apportant les nouveau-nés dans son bec. Dans le monde chrétien, la cigogne est symbole de pureté et de piété filiale, comme le rappelle saint Basile : « Les prévenances des cigognes à l'égard de celles qui sont âgées suffiraient à rendre nos enfants, s'ils voulaient y prendre garde, affectueux envers leurs parents. »

cinabre

Couleur rouge vermillon, le cinabre exprime le pouvoir de régénération.

La symbolique du sang

Oiseau de cinabre dans le taoïsme, le Phénix associe à ce minerai ses propriétés d'autodestruction et de régénération. Pline l'Ancien rapporte ainsi qu'un dragon, souffrant de la chaleur dégagée par son propre sang en feu, se servit pour le rafraîchir du sang d'un éléphant. Aussi le cinabre végétal est-il appelé « dragon rouge » en alchimie, et le cinabre minéral « sang de dragon ». Le basilic, « roi des serpents », dont le sang est aussi rouge que le cinabre, est appelé « sang de Saturne ». Le cinabre s'inscrit dans la symbolique du rouge et du vermillon, mais à leur plus haut point.

Dans la Grèce antique, les statues de Priape, dieu de la fécondité et de la fertilité, sont peintes de cinabre, matière dont, à Rome, les gladiateurs victorieux s'enduisent le corps. Une symbolique qui traverse le Moyen Âge, jusqu'à Jules Verne, qui écrit :

« depuis le rouge cinabre de la vie jusqu'au blanc pâle de la mort» (*Vingt mille lieues sous les mers*).

La symbolique de la puissance

En tant que matière, le cinabre, sulfure de mercure, exprime dans le monde méditerranéen la richesse et la puissance. C'est la couleur de Pompéi, importé à prix d'or d'Espagne, et ne servant à Rome que dans les plus riches demeures. Au Moyen Âge, en Orient, les plus importants documents sont signés avec une encre à base de cinabre (à Byzance, c'est le privilège du seul empereur), réservée dans l'Occident médiéval aux enluminures les plus précieuses. Pour de nombreux alchimistes, le grand secret se trouve dans le cinabre, qui est appelé la terre-mère des métaux en alchimie.

Voir **alchimie, chaleur, feu, Phénix, Priape, rouge, sang**

cinq (5)

Nombre des doigts de la main et des sens, le cinq est le chiffre de l'homme, de l'harmonie et de l'équilibre.

Le symbole de l'alliance et de la protection

Dès le monde sémite, le chiffre cinq prend son importance et sa signification actuelles, celle de l'humain et du centre : dans le rite, d'abord, avec les cinq cailloux dont David use contre le géant Goliath, les cinq sortes d'animaux que Yahvé demande à Abraham de lui présenter pour conclure avec lui une alliance, et les cinq livres de la Torah ou Pentateuque par lesquels commence la Bible. Dans la tradition, ensuite, avec la croyance que la formulation du chiffre cinq ou de ses multiples conjure du mauvais œil. Le cinq, qui signifie en hébreu « saisissement, contraction comme par les cinq doigts », devient alors un charme en lui-même. Dans la Kabbale, le cinq est le chiffre de l'homme parfait, possédant le 1 divin dans sa réalisation (4) et donc maître de ses pulsions animales, car guidé par la volonté divine.

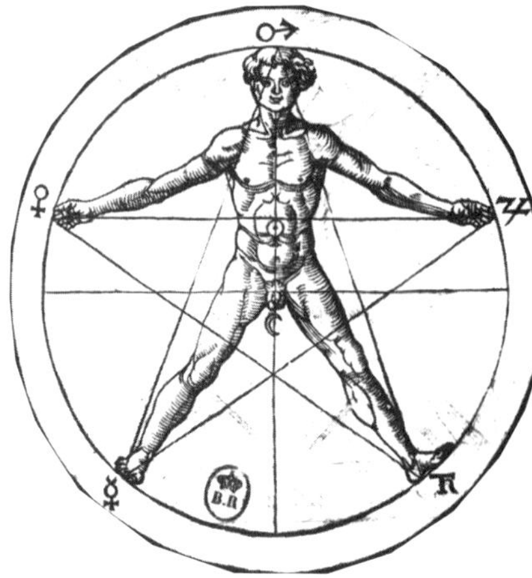

Le pentagramme ou la symbolique de la perfection

Pour Platon, le monde s'appuie sur cinq éléments essentiels : le feu, l'air, l'eau, la terre et l'univers. Pythagore et ses disciples représentent l'homme par un pentagramme, l'homme s'inscrivant dans une étoile à cinq branches, tête en haut, dont le symbolisme, associé à celui de l'étoile, est celui du nombre 5 : union des inégaux (3, mâle, et 2, femelle), mariage, accomplissement. Pour les

pythagoriciens, le pentagramme est le symbole de l'homme parfait, dont le corps se construit sur les proportions du nombre d'or. Le pentagramme de l'homme de Léonard de Vinci, un corps humain stylisé avec les jambes écartées, formant une étoile à cinq branches, révèle ainsi que les proportions du corps humain ne sont pas séparables d'une vérité et d'une harmonie cosmiques. Le pentagramme d'Agrippa de Nettesheim fixe le sujet au cœur de la création.
Les francs-maçons ont donné au pentagramme le même sens et ont appelé « étoile flamboyante » une étoile à cinq branches tête en bas, le pentagramme tirant sa puissance des contraires dont il est issu.

Le nombre de la vie et de la grâce divine

Le cinq est le nombre nuptial chez les Étrusques et les Romains, parce qu'il est le premier résultant de l'addition du premier nombre féminin (2) et du premier nombre masculin (3), une interprétation reprise par Jung, qui y voit un symbole de vie féconde et d'amour érotique.
Le cinq est associé dans le Nouveau Testament, de par les cinq plaies du Christ en croix, au nombre de la grâce divine. Dans l'Évangile de Thomas, Jésus parle des cinq arbres du paradis, qui « ne changent pas ni en été ni en hiver, non plus que leurs feuilles ne tombent. Celui qui les connaîtra ne goûtera pas à la mort ». Bien que la croix contienne le cinq en incluant le point d'intersection de ses branches, ce chiffre n'a pas été toutefois privilégié par le christianisme.

Les cinq piliers de l'islam

En revanche, c'est un chiffre important chez les musulmans, avec les cinq « piliers de l'islam » : profession de foi, prière, aumône, jeûne durant le mois de ramadan et pèlerinage à La Mecque. De plus, le chiffre cinq est omniprésent dans le culte : dans les cinq prières quotidiennes, dans les cinq clés des connaissances secrètes, ou dans les cinq doigts de la « main de Fatima », symbole préislamique de protection en Afrique du Nord.

Voir **amulette, étoile, franc-maçonnerie, main, œil, pentagramme**

circoncision

Excision rituelle du prépuce, la circoncision symbolise l'alliance avec Dieu et la purification ; elle constitue aussi un rite d'appartenance.

Un rite très ancien

Rite antérieur aux religions révélées, mais inconnu des peuples indo-européens, la circoncision transforme l'homme créé par la nature en homme de spiritualité, rattaché à Dieu : elle représente une alliance entre l'homme et le divin, déjà présente dans la mythologie mésopotamienne, où le serpent de Gilgamesh parvient à la longue vie en sacrifiant et laissant derrière lui une partie de lui même.
Dans la religion phénicienne, la circoncision a pour les hommes la même signification que la prostitution pour les femmes, celle de l'offrande de l'innocence de l'adolescence en l'honneur d'El, dieu solaire de Béryte et de Byblos.

La circoncision charnelle

Dans le judaïsme, la circoncision a pris un sens religieux particulier, celui de l'alliance charnelle avec Yahvé, le dieu d'Israël : la tradition juive la fait remonter à Abraham et l'appelle « l'alliance d'Abraham notre père ». Le Lévitique précise le commandement: « Au huitième jour on circoncira le prépuce de l'enfant » (XII, 3). La circoncision est le signe distinctif du peuple élu. Si elle ne représente pas la condition absolue de l'appartenance au peuple juif, elle est néanmoins investie d'une forte charge symbolique. L'interdiction de la circoncision par le roi séleucide Antiochos IV Épiphane (IIe siècle avant J.-C.) fut ainsi à l'origine de la révolte des Maccabées. Selon l'évangéliste Luc, c'est « le jour de sa circoncision *[que]* l'enfant reçut le nom de Jésus, nom que l'ange lui avait donné avant sa conception » (Luc, II, 21).

Le pur et l'impur

L'Ancien Testament oppose fréquemment les termes « circoncis » et « incirconcis », ce dernier étant synonyme d'« impur ». D'où l'interdiction faite aux incirconcis de participer aux cérémonies religieuses, d'entrer dans le sanctuaire ou même dans Jérusalem. À l'inverse, Grecs et Romains de l'Antiquité y voient une mutilation sexuelle, simulacre des castrations (les *sanguinaria*) du culte de Cybèle et d'Attis : dans sa politique d'hellénisation, Antiochos IV Épiphane l'interdira, tout comme Hadrien à Rome, au IIe siècle de notre ère.

Chez les musulmans, la circoncision, qui a lieu entre le septième jour après la naissance et la quinzième année, constitue une étape initiatique, un rite de passage de la vie enfantine à la vie adulte. Ce rite purifie l'homme de tout ce qui l'entrave, le prélèvement sur le corps permettant son épanouissement spirituel. La circoncision donne lieu à une fête populaire collective destinée à symboliser l'entrée des jeunes circoncis dans la *umma,* la grande communauté musulmane.

La circoncision spirituelle

Les textes bibliques évoquent aussi à plusieurs reprises une circoncision spirituelle, la circoncision du cœur, qui est retour et alliance à Dieu : « Jéhovah ton Dieu devra circoncire ton cœur et le cœur de ta descendance, pour que tu aimes Jéhovah ton Dieu de tout ton cœur et de toute ton âme, par égard pour ta vie » (Deutéronome, XXX, 6). Circoncire son cœur, c'est ici éliminer de ses pensées tout ce qui déplaît à Yahvé, ce qui est impur à ses yeux et ce qui rend le cœur insensible. Ainsi l'Église voit-elle dans le baptême une circoncision spirituelle.

Voir **alliance, baptême, chair, cœur, prépuce, purification, sang**

ciseau

C'est l'instrument qui permet de couper : principe mâle actif et créateur, agissant sur le principe femelle, passif, de la matière. Il civilise et habille, ou taille les poils de la bête.

L'usage des ciseaux est pourtant le plus souvent dévolu aux femmes, habituées aux travaux de couture, mais la tonte des moutons revient souvent aux hommes. Les femmes manipulent là un objet dangereux, angoissant pour la virilité. C'est ce qu'exprime très bien l'histoire biblique de Dalila privant Samson de sa force en lui faisant couper les cheveux pendant son sommeil. Les ciseaux suscitent donc la peur de la castration. Mais, quand il s'agit du ciseau de taille (bois ou pierre), le ciseau passe plutôt du côté de la symbolique de la passivité et du discernement, complémentaire de la symbolique du marteau : c'est le marteau qui exprime la volonté et la force ; le ciseau, lui, taille avec intelligence. Maillet et ciseau sont ainsi les symboles remis à l'apprenti dans la franc-maçonnerie : avec eux, il pourra commencer à travailler la pierre brute.

Voir **cheveux.**

clé

La clé ouvre et ferme. Elle réserve l'entrée de la maison ou du paradis, ainsi que la connaissance des mystères, à ceux qui la portent.

La clé d'accès

L'amulette Ankh de l'Égypte antique, en forme de croix surmontée d'un anneau, est appelée aussi « clé d'Égypte », « clé du Nil » ou « clé de la vie ». La clé était placée dans la main des momies pour symboliser l'accès du mort à la connaissance. Mais, placée sous le nez du pharaon par un dieu, elle donnait souffle de vie. De façon plus générale, pour comprendre les symboles, il faut en posséder la clé, comprise par les seuls initiés. Ce pouvoir d'ouvrir un espace se retrouve dans la remise des clés de la ville au roi ou au conquérant, ce qui symbolise sa possession.

C'est aussi pour cela que les réfugiés chassés de leur maison par des envahisseurs en gardent souvent les clés dans leur exil : ils restent symboliquement propriétaires de leur logement.

Les clés sont chargées de pouvoir. Au Moyen Âge, les moines chauffaient les clefs de l'église d'un saint particu-

lier pour les appliquer sur les plaies d'un malade. La clé, qui était ainsi considérée comme mystère et révélation à la fois, possédait les vertus curatives du saint lui-même.

Garder les clés

Certains personnages sont les gardiens des clés, comme saint Pierre aux portes du paradis chrétien. Ils choisissent ceux qui méritent le dévoilement mystique. C'est le rôle de tous les enseignants et initiateurs. Dans la tradition romaine, Janus, dieu aux deux visages, était le gardien des portes et le guide des âmes. Ses deux faces possédaient chacune une clé, que l'on retrouve d'ailleurs sur le blason papal : celle du paradis terrestre et celle du paradis céleste, dits aussi dans la tradition ésotérique « petits mystères » et « grands mystères ». Janus possédait en fait les clés des portes solsticiales, c'est-à-dire celles des deux moments de l'année où se renverse la dynamique solaire : celui de la croissance de la lumière et celui de sa diminution. Janus occupe donc le lieu d'origine des deux opposés fondamentaux du monde, de la même façon qu'Hermès ordonne l'enroulement des deux serpents sur le caducée, et qu'alternent le yin et le yang chez les taoïstes.

La clé d'interprétation

C'est qu'en effet, dans le symbolisme de la clé, se trouve l'idée qu'une porte ne peut être qu'ouverte ou fermée, qu'il n'existe pas d'entre-deux. Cette opposition binaire invite à toutes les interprétations, des plus triviales aux plus ésotériques.

Dans les civilisations de la lettre et non de l'image (le judaïsme et l'islam, par opposition au christianisme), la clé d'interprétation des textes divins se trouve être le texte lui-même : l'ordre des lettres et des mots. Il existe pour les juifs une vraie Torah, qui donnerait la connaissance de toutes choses si ses mots étaient replacés dans le bon ordre, mais la recherche de cette clé est à la fois pieuse et impossible, car elle mettrait l'homme à l'égal de Dieu. Chez les musulmans, les mots de la profession de foi, la *Ilaha illallah* (« Il n'y a de dieu que Dieu »), sont les dents de la clé ouvrant toutes les paroles divines. En musique, c'est la clé d'interprétation, d'*ut,* de *sol* ou de *fa,* qui permet de lire la partition dans la bonne tonalité.

Posséder une clé, c'est progresser dans l'initiation et dans l'intégration au monde. En termes psychanalytiques, l'interprétation freudienne voit parfois dans la clé un symbole sexuel phallique, mais, plus généralement, elle symbolise l'intégration du sujet au monde et aux différents univers qui le composent. Perdre ses clés en songe comme dans la réalité signale une perte de contrôle du sujet.

Prendre la clé des champs, s'évader de prison, trouver la clef qui mène vers la liberté. Mais c'est aussi la non-clef, la fuite devant une situation difficile, que l'on n'ose pas affronter.

Trouver la clé des songes, interpréter les rêves, accéder à la connaissance intime de soi.

Mot-clé, mot capital, essentiel, dont tout dépend.

La ténacité est la clé de la réussite, ce qui permet l'accès à quelque chose

Voir **amulette, croix, Janus, porte, portier**

clitoris

Petit organe érectile de la vulve, considéré comme la partie active et donc masculine des organes génitaux féminins.

L'excision du clitoris est un acte symbolique qui confirme la nature féminine de la femme et ôte l'élément masculin de sa sexualité.

Voir **circoncision, phallus, prépuce**

cloche

La cloche est un produit hautement élaboré de l'art métallurgique. Mais c'est surtout un médium, une annonce, un langage.

La cloche des animaux signale leur présence, tandis que la clochette ou la crécelle sert à prévenir de l'arrivée des lépreux. Le langage des cloches d'église est riche et varié, annonçant les fêtes carillonnées, les baptêmes, les mariages, sonnant le glas pour les funérailles, mais leur message n'est pas uniquement religieux. La cloche marque l'écoulement des heures et des jours, rythmant le temps des travaux des villageois en sonnant l'angélus matin, midi et soir, mais aussi avertit des événements graves : on entend le tocsin pour l'alerte ou le signal de la révolte. Le massacre de la Saint-Barthélemy, qui eut lieu dans la nuit du 23 au 24 août 1572 et fit près de 3000 victimes, commença, par exemple, avec le tocsin de l'église Saint-Germain-l'Auxerrois.

La cloche est donc surtout une voix : celle qui invite au rassemblement, celle qui symbolise l'autonomie communale des villes franches. Quand la cloche se tait, c'est que l'espoir sombre. Pendant les trois jours de la descente du Christ au tombeau, les cloches chrétiennes se taisent. On dit qu'elles partent à Rome se faire bénir et qu'elles en reviennent pour répandre des œufs dans les jardins avec le message joyeux de la résurrection : ce sont les cloches de Pâques.

cloître

Enclos des religieux, le cloître est le pendant de la grotte de l'ermite, le lieu du recueillement, du silence et de la solitude au sein de la communauté monastique.

Clos de murs, avec en son centre une fontaine et des rosiers qui s'élèvent vers le ciel, le cloître symbolise la vie intérieure et le repos de l'âme en harmonie avec son dieu.

Voir **caverne, désert, fontaine, jardin**

clown

Le clown représente le rire, la gaîté et la vie, mais, comme celle-ci, il connaît des moments de profonde tristesse.

Son nez rouge évoque l'ivresse, l'excès, la folie. Il est l'héritier des bouffons et des jongleurs du Moyen Âge, comiques itinérants qui allaient de château en château distraire les seigneurs et s'arrêtaient aussi sur la place des villages. Le clown est l'image inversée du roi, le ridicule prenant la place de la majesté ; la faiblesse, de la force ; et le rire, de la sévérité. Shakespeare fera un grand usage des bouffons pour dénoncer la folle prétention des hommes et des grands de ce monde à détenir le monopole du bon jugement.

cœur

Le cœur, muscle creux qui constitue l'élément central de la circulation du sang, bien que quasi absent des mythes grecs et romains, a une symbolique très large. Siège de l'intelligence et du jugement en Égypte ancienne, il est devenu le symbole de la sensibilité, des sentiments, du désir, de l'amour.

Le cœur égyptien, siège de la conscience morale

En Égypte, le cœur représente le centre du discernement, de la conscience et donc de la responsabilité individuelle. Il est l'organe par lequel le jugement divin s'exécute. Les Égyptiens croient que le cœur du défunt sera pesé en présence des dieux ; s'il est plus lourd qu'une plume d'autruche (la plume est elle-même symbole de Maât, déesse du bien, de la justice, de l'équité), l'âme du mort sera condamnée. Témoin incorruptible de la vie du mort, le cœur est souvent l'objet de supplications de la part des Égyptiens : « Mon cœur, [...] ne prononce pas de témoignage contre moi, ne me repousse pas devant les juges divins » (Livre des Morts).

Le cœur biblique : raison et sentiments

Dans la Bible, le cœur est polysémique. Il peut être métaphore des plaisirs corporels. « Je n'ai rien refusé à mes yeux de tout ce qu'ils ont désiré et j'ai permis à mon cœur de prendre ses délices dans tout ce que j'avais préparé » (Ecclésiaste, II, 10). Mais suivre son cœur peut signifier se laisser entraîner par les sens, sans souci du salut de l'âme. L'homme peut avoir un mauvais cœur, aussi Jérémie en appelle-t-il à sa circoncision spirituelle qui signifie un retour à Dieu. « Soyez circoncis de la circoncision du Seigneur, retranchez de vos cœurs ce qu'il y a de charnel » (Jérémie, IV, 4).

De tous les livres de la Bible, c'est l'Ecclésiastique qui fournit le plus d'expressions sur le cœur. Le livre nous dit que « le cœur qui marche par deux voies ne réussira point, et l'âme corrompue y trouvera un sujet de chute », mais aussi que « la crainte du Seigneur réjouira le cœur » (I,12). C'est par le cœur que l'on devient réceptif à la lumière divine. « Vous craignez le Seigneur, aimez-le, et vos cœurs seront remplis de lumière » (II,10). Le cœur, faisant écho à la symbolique égyptienne, y est également le centre du discernement et de la conscience : « Le cœur sage et intelligent s'abstiendra du péché et il réussira dans les œuvres de justice » (III,2). Il est à noter que la version hébraïque de l'Ecclésiastique est considérée comme peu sûre et qu'elle ne figure pas dans la Bible juive. Le livre contient en filigrane une polémique contre la philosophie grecque et soutient que la source de la vérité est à trouver dans le cœur qui s'ouvre à Dieu plutôt que dans les arguties subtiles de la pensée abstraite et rationnelle (médecine grecque). Après les Psaumes, l'Ecclésiastique est le livre de l'Ancien Testament le plus utilisé par la liturgie catholique. Notre symbolique occidentale du cœur, d'origine égyptienne, nous est transmise principalement par ce livre de l'Ancien Testament.

Une source de chaleur et d'intelligence

Or, si l'Ecclésiastique fait l'éloge du cœur contre la pensée abstraite, il faut reconnaître aussi qu'il est marqué par les débats concernant la fonction du cœur, organe qui joue un rôle central dans les débats médicaux et scientifiques qui agitaient les milieux intellectuels gréco-juifs, surtout à Alexandrie. Aristote, en élaborant une théorie psychophysique des sentiments, définit une émotion telle la colère comme « une chaleur bouillonnante dans la région du cœur », accompagnée d'un désir de vengeance. Le cœur et l'esprit, le corps et le cerveau, font partie intégrante de la même entité qu'est le corps humain. Selon le philosophe grec, le cœur est la partie centrale du corps. Il est la source de la chaleur corporelle. Le cœur est le siège physiologique, et non métaphorique ou symbolique, des émotions.

En Grèce, et plus tard à Rome, on considère que le cœur joue un rôle majeur dans la médiation entre l'esprit et le corps. Les stoïciens, notamment, élaboreront ensuite une théorie « cardiocentrique » de l'homme, selon laquelle le cœur est le siège de l'intel-

lect et de la mémoire. L'influence stoïcienne est apparente dans l'expression « apprendre quelque chose par cœur ».

Le cœur chrétien

Dans ce débat sur le cœur, le christianisme va s'inspirer de l'Ecclésiastique et opter pour la théorie « cardiocentrique » de la nature humaine. Le cœur devient le siège de l'amour de Dieu, mais aussi de l'amour du prochain. À un « docteur de la loi » qui cherche à le piéger par un raisonnement subtil, le Christ répond qu'il n'existe qu'un moyen de gagner la vie éternelle : « Vous aimerez le Seigneur votre Dieu de tout votre cœur, de toute votre âme, de toutes vos forces et de tout votre esprit, et votre prochain comme vous-même » (Luc, X, 27). Se purifier l'âme, avoir le cœur pur, signifie s'ouvrir à la vérité de Dieu et donc à l'amour. « Rendez vos âmes pures par une obéissance d'amour et que l'affection sincère que vous aurez pour tous les frères vous donne une attention continuelle à vous témoigner les uns aux autres une tendresse qui vienne du fond du cœur » (Première Epître de Pierre, I, 22).

Le sacré Cœur du Christ

L'iconographie chrétienne donne lieu à une représentation stylisée du cœur grâce au culte du sacré Cœur de Jésus. Ce culte catholique est tardif et apparaît vers le XIIe siècle, mais se répand au XVIe siècle. Représenté surmonté de flammes ou parfois percé ou entouré d'épines, le Sacré-Cœur symbolise l'amour rédempteur de Dieu et de la foi. Les origines du culte du Sacré-Cœur ont été attribuées entre autres à sainte Gertrude (morte en 1302). Dans sa célèbre vision, la sainte repose sa tête près de la blessure du Christ et entend les battements du cœur divin. Elle demande à saint Jean l'Évangéliste si, lors de la Cène, lui aussi n'avait senti les pulsations divines et pourquoi il n'en avait jamais parlé. Saint Jean répond à Gertrude que cette révélation avait été réservée à une époque ultérieure, où le monde, refroidi, aurait besoin de rallumer son amour du Christ. On représente l'allégorie de la charité parfois avec un cœur enflammé à la main ; c'est aussi l'attribut de saint Augustin, de sainte Catherine de Sienne et de sainte Thérèse.

Le cœur d'amour

Il est significatif qu'à la même époque le cœur comme symbole de l'amour profane trouvera son expression dans la littérature courtoise, par exemple dans le poème *le Cœur d'amour épris.* C'est également à la même période que le cœur est représenté graphiquement comme deux seins féminins de couleur rouge, couleur du sang et de la passion. Cette représentation du cœur, qui est devenue emblème universel, y compris dans le christianisme, symbolise l'amour charnel, car le cœur humain ne ressemble en rien à son symbole graphique. Cette représentation profane du cœur se renforcera aux abords de la Renaissance, où le cœur devient emblème de la déesse Vénus ; ce sont les flèches de Cupidon qui transperceront les cœurs humains, trop humains, frappés d'amour pour leurs semblables.

« Le cœur a ses raisons... »

La thématique du cœur de la vérité et de l'amour, inscrite dans la tradition catholique et la poésie courtoise, débouche sur une dichotomie entre les sentiments et la raison, exprimée par Blaise Pascal dans *les Pensées:* « C'est le cœur qui sent Dieu et non la raison. Voilà ce qu'est la foi. Dieu sensible au cœur, non à la raison. Le cœur a ses raisons que la raison ne connaît pas. »

Pour Pascal, le cœur est un supplément nécessaire à la finitude de la raison « intellectuelle », qui, elle, permet de découvrir les lois de la nature. Le cœur, sous la plume de ce mathématicien et physicien de génie, sert à soustraire la religion à la théologie « rationnelle » et met la foi sous son emprise.

« Je sens mon cœur... »

Plus tard, cette dichotomie sera encore plus nette, et le cœur « romantique », et lui seul, sera le siège de la vérité de l'homme. Jean-Jacques Rousseau, au tout début des *Confessions,* écrit : « Je forme une entreprise qui n'eut jamais d'exemple et dont l'exécution n'aura point d'imitateur. Je veux montrer à mes semblables un homme dans toute la vérité de la nature ; et cet homme ce sera moi. Moi, seul. Je sens mon cœur et je connais les hommes. Je ne suis pas fait comme aucun de ceux que j'ai vus. » Vérité individuelle, vérité naturelle et connaissance de soi trouvent leur point de convergence dans le cœur unique et sincère de l'homme qui se raconte. Le cœur ne ment plus. C'est bien cette notion du cœur qui domine aujourd'hui dans nos sociétés et que l'on peut voir à l'œuvre dans des expressions comme « du fond de mon cœur », « écouter son cœur », « suivre son cœur », « cri du cœur », sans oublier le slogan préféré des agents immobiliers : « À voir absolument ! Coup de cœur ! »

Avoir bon cœur, être bon, bienveillant. ***Avoir le cœur serré,*** éprouver de l'angoisse, du chagrin. ***Avoir le cœur gros,*** être très affligé. ***Faire contre mauvaise fortune bon cœur,*** supporter la malchance avec courage. ***Prendre une chose à cœur,*** s'y intéresser vivement. ***Les peines de cœur,*** les peines d'amour.

Voir **âme, Aphrodite, circoncision, femme, Maât, psychostasie, rouge, sang**

coffre voir arche, boîte, cassette

coiffure voir blond, cheveux

collier voir bijoux

colline

Ce relief de faible hauteur signale la proximité du divin par rapport à la plaine : c'est un début d'élévation, l'enfance de la montagne.

Chapelles et églises sont souvent situées sur des collines, comme le Sacré-Cœur, qui occupe à Montmartre le site d'un temple romain dédié à Mercure. Rome, la ville des sept collines, s'enorgueillit de ses éminences, mais les deux collines sacrées les plus prestigieuses sont sans conteste celle de l'Acropole athénienne qui porte le Parthénon, et le Golgotha de Jérusalem où fut crucifié le Christ. En dominant, la colline protège des assaillants : c'est le *dun* gaulois à vocation religieuse et militaire, qui donne par exemple le nom de ville « Verdun ». Elle est donc le refuge contre envahisseurs et inondations, le théâtre des défenses désespérées, comme celle des Zélotes qui préférèrent s'entretuer sur la colline de Massada plutôt que de se rendre aux Romains lors de la révolte des juifs contre l'Empire (66-70 ap. J.-C.).

La « colline inspirée » de Maurice Barrès, titre de son roman (1913), est un lieu mystique où souffle l'esprit. Enfin, poste d'observation, la colline symbolise le commandement militaire de César à Napoléon Bonaparte. Dans l'iconographie, elle permet de juxtaposer le chef de guerre au premier plan au champ de bataille lui-même. Elle met le décideur face à ses actes.

Voir **Jérusalem, montagne**

colombe (tourterelle)

Symbole de paix, d'humilité et d'amour, la colombe au plumage immaculé porte dans son bec un rameau d'olivier. Sa représentation par Picasso est universellement connue.

La paix et la simplicité

L'origine du symbole remonte... au Déluge. C'est une colombe que lâche Noé par une fenêtre de l'arche, et qui lui rapporte un rameau d'olivier, signe que les eaux ont entamé leur reflux et que des terres sont découvertes, signe aussi de la nouvelle alliance et de la réconciliation entre Dieu et les hommes. Emblème de paix, la colombe, dans la civilisation hébraïque et, au-delà, dans la civilisation chrétienne, est aussi un symbole de pureté de cœur, de douceur et de simplicité. Les Hébreux offraient une colombe en sacrifice quand ils n'étaient pas assez riches pour offrir un agneau.

Chasteté et Saint-Esprit

Après avoir baptisé le Christ, saint Jean-Baptiste voit descendre sur lui une colombe promise à un bel avenir

puisqu'elle deviendra la représentation traditionnelle du Saint-Esprit, par définition irreprésentable autrement que sous une forme symbolique : « J'ai vu l'esprit telle une colombe descendre du ciel et demeurer sur lui », telles sont les paroles de saint Jean-Baptiste (Jean, I, 32). On retrouvera cette figuration du Saint-Esprit en colombe dans toute la peinture religieuse à partir de l'époque de la Renaissance. Douze colombes au-dessus d'une croix peuvent désigner aussi les douze apôtres. Sur une mosaïque de Ravenne (Italie), des colombes se désaltérant dans une fontaine figurent les fidèles régénérés par l'eau du baptême.
Selon un bestiaire du XIIe siècle, la colombe est aussi le symbole du moine et de la vie contemplative et chaste, par opposition au faucon, qui représente la noblesse et la vie active. La colombe est aussi devenue un emblème de la Vierge Marie et peut figurer dans les représentations de l'Annonciation. Signe de son caractère sacré, la colombe eucharistique est un vase de métal précieux suspendu au-dessus de l'autel où sont conservées les hosties consacrées.

Amour et volupté

À cette vocation pacifiste et spirituelle s'ajoute la symbolique de l'amour. La colombe est l'attribut de la déesse Ishtar, déesse-mère de la fertilité et de la fécondité en Mésopotamie, puis d'Aphrodite et d'Éros, divinités de l'amour en Grèce. Le roucoulement de la colombe l'associe aux murmures tendres des amoureux. Dans le Cantique des cantiques, l'époux utilise la métaphore de la colombe pour parler à la bien-aimée : « Unique est ma colombe, unique est ma parfaite » (Cant., VI, 9). Un couple de colombes ou de tourterelles évoque depuis toujours l'idée d'un couple d'amants heureux . Le *Physiologus*, un bestiaire rédigé en grec au IIe siècle à Alexandrie et qui a eu un grand retentissement au Moyen Âge, donne en exemple les couples de tourterelles et leur fidélité par-delà la mort. Dans la poésie arabe et persane, la colombe symbolise la Femme aimée, incarnant beauté et douceur.

Une colombe, dans un gouvernement un partisan de la paix, d'une attitude de conciliation, de détente.

Voir **Aphrodite, baptême, blanc, Déluge, faucon, hostie, lis, olivier, paix, rose, Trinité**

colonne

Comme la tour et le pilier, la colonne est à la fois axe, support et verticalité, symbole du sacré et de la victoire.

Stabilité de la ligne droite

Chez les Égyptiens, le pilier Djed affecté au culte de Ptah et d'Osiris, et qui représente les colonnes soutenant le ciel ou bien un arbre ébranché, est symbole de stabilité et de durée.
La verticalité de la colonne vertébrale est au centre de l'énigme que le Sphinx pose à Œdipe. Le petit enfant qui marche à quatre pattes n'a pas encore atteint la verticalité qui est la marque de l'homme fait, avant que la colonne ne perde à nouveau sa verticalité dans le grand âge. La colonne vertébrale, axe de l'homme debout,

devient par extension ligne directrice, pièce maîtresse d'un raisonnement comme d'une ossature.
La colonne, symbole de perfection et de verticalité, est évoquée dans le Cantique des cantiques, où les jambes du bien-aimé sont comparées à « des colonnes de marbre blanc posées sur un socle d'or pur ».

Le support du sacré

Poteau central d'une cabane ou élément de soutien d'un plancher, d'une galerie, le support isolé a toujours été chargé de puissance magique. Objet d'un culte, comme l'est le foyer, il était en effet dépositaire des forces ancestrales. Quand les premières architectures ont distingué les demeures divines de celles des hommes par l'emploi durable, le support, devenu *colonne,* a conservé sa puissance, quel que fût le mode de réalisation.
C'est sur la colonne que repose l'édifice, qu'il s'agisse de la plate-forme du stylite, du palais royal ou du temple. Elle se doit donc d'être puissante et ne doit pas être ébranlée. C'est en écartant les colonnes du temple de Dagon que Samson, pourtant aveuglé, mais ayant recouvré sa force, obtient la victoire sur ses ennemis.
Dans l'architecture grecque classique, le portique de colonnes, qu'il s'agisse de propylées ou du temple lui-même, est l'élément le plus caractéristique d'un style, régi par un code encore souple de proportions modulaires et de formes à référence humaine. Le dorique se veut ainsi masculin ; l'ionique, féminin ; le corinthien, adolescent, même s'il est habillé de feuillages.
La colonne devient l'axe qui, tout en manifestant la puissance, relie le terrestre au céleste. Énormes comme celles du temple de Zeus à Olympie ou élancées comme celles des petits « trésors » des grands sanctuaires, ce sont elles qui confèrent à l'édifice son caractère sacré, son rôle de lien entre la terre et les cieux. Dans la symbolique franc-maçonne, les colonnes qui

ornent les loges rappellent le Temple de Salomon et nourrissent l'inspiration biblique de cette confrérie.
La colonne est aussi limite. Hercule, en route pour son expédition contre Géryon, passa par le détroit de Gibraltar et y fit élever deux colonnes pour commémorer son voyage. C'était là le point où il avait posé les bornes du monde connu.

La force du conquérant

De par sa forme, la colonne est aussi naturellement symbole phallique et symbole du pouvoir, au même titre que l'arc de triomphe. C'est ainsi que Trajan et Marc Aurèle firent édifier à Rome deux puissantes colonnes sur lesquelles ils firent sculpter la représentation de leurs victoires. De plus, avec son schéma en spirale, la colonne de Trajan évoque l'élévation de l'empereur vers les cieux. Quant à la colonne Vendôme, considérée comme un symbole de la tyrannie et des campagnes militaires de Napoléon, elle fut renversée par les communards avec la complicité de Gustave Courbet pendant la Commune de Paris.

Voir **arc, axe, foyer, Hercule, Œdipe, phallus, Sphinx, Temple, tour, verticalité**

comète

Message divin signalant un événement exceptionnel, la comète est un présage.

Le temps écoulé entre deux passages d'une même comète a empêché les astronomes de l'Antiquité d'en définir le rythme. Son apparition a donc été interprétée comme celle d'une nouvelle étoile... à l'image de l'étoile de Bethléem dans le Nouveau Testament, qui guide les Rois mages vers Jésus et qui était sans doute la comète de Halley, d'une périodicité de soixante-dix-sept ans. Selon le point de vue, le présage peut être bon ou mauvais : la comète qui apparut à Scipion l'Africain fut considérée comme un bon présage au début de la campagne qui amena la destruction de Carthage au IIIe siècle av. J.-C. Ce sont également des comètes qui sont censées annoncer la mort des rois et des généraux : César (44 av. J.-C.), Néron (66 ap. J.-C.), Henri IV (1610).... L'étude astronomique du rythme des comètes a progressivement atténué le crédit donné aux présages puisque ce sont les scientifiques qui pouvaient désormais prédire la date de retour de l'astre voyageur... Si bien que l'étude des comètes (comme celle des éclipses) au siècle des Lumières est devenue un enjeu symbolique de la lutte rationaliste contre les superstitions.

Voir **augure, étoiles, météorite**

compas

Instrument de savant, d'architecte et de marin, symbolisant l'élargissement progressif des cercles de la pensée, le compas est un franchissement dans les degrés de la connaissance.

Doté d'un point fixe définissant le centre et d'un point mobile définissant la circonférence, le compas crée le cercle en même temps qu'il le mesure. Il est un rapporteur de distances et d'angles qui permet l'existence de la géométrie des lignes et des surfaces courbes. L'origine du compas semble remonter aux Chinois, qui en tirèrent parti pour se diriger dans les mers de l'Inde, où ils en apprirent l'usage aux Arabes, qui, à leur tour, la transmirent aux navigateurs européens du XIIe siècle.

Dans la franc-maçonnerie, c'est l'une des trois « grandes lumières » avec le Volume de la Loi sacrée et l'Équerre. Compas et équerre y sont les symboles de la maîtrise. L'équerre représente la matière, car elle est indéformable et fait aussi allusion à la rectitude morale. Le compas ouvert à 90° représente la pensée qui comprend et rejoint la perfection du monde, mais aussi la mesure que doit posséder le maçon.

Le compas au-dessus de l'équerre représente la domination de la pensée sur la matière, et l'association des deux symboles peut aussi figurer (de par ses six pointes) les deux triangles isocèles du sceau de Salomon.

« Les jambes des femmes sont les compas du monde, qui en l'arpentant lui donnent sa forme et sa mesure. » Loin de l'abstraction mathématique, François Truffaut donne dans *l'Homme qui aimait les femmes* une bonne définition de cet instrument.

Voir **centre, équerre, franc-maçonnerie**

confluent

Le confluent symbolise l'union ou la différentiation.

Le royaume de Dieu

L'eau courante étant un principe de vie, les sites de confluence établissent la connexion entre les pouvoirs symboliques attachés à plusieurs rivières. C'est ainsi que Bénarès, l'une des sept villes sacrées de l'hindouisme, est établie à quelques distances en aval de la confluence du Gange et de la Yamuna. Son nom actuel, Varanasi, vient de deux rivières, la Varuna et l'Assi. Donnant sur le Gange par une volée de marches où les pèlerins viennent faire leurs ablutions, Panchganga Ghat est un des principaux temples de la ville. Il est réputé être construit à la confluence de cinq rivières sacrées : le Gange, la Yamuna, la Sarasvatî, la Kirna et la Dhupapapa, même si la confluence réelle de la Yamuna et du Gange est en fait située plus en amont. Le site réel de la confluence est lui-même particulièrement vénéré sous le nom de Tri-venî, « Triple Rivière », car la rivière Sarasvatî venue du fond de la terre est censée se joindre aux deux autres en ce point. La Yamuna est considérée comme plus sacrée que le Gange lui-même, car la remontée de cet affluent ramène à la source, à l'origine de la création. C'est bien ce qu'indique la Genèse dans la mention d'une grande partition du monde par les fleuves : du fleuve d'Éden découlent le Pishôn, le Gihôn, le Tigre et l'Euphrate.

Le monde des hommes

À l'amont de tous les lieux de rencontre des cours d'eau (confluence), le mystique trouve la grande division des cours d'eau (diffluence) de la sortie d'Éden qui, à l'aval, structure le monde des hommes, et, à l'amont, fait pénétrer le royaume de Dieu. Le rôle organisationnel du sacré et du profane joué par les confluents est si évident qu'il a presque une valeur universelle : nombre de confluents portent un temple, comme Lugdunum (Lyon) qui a son site originel sur la colline de Fourvière dominant la confluence du Rhône et de la Saône. C'est la « colline aux corbeaux » dédiée au dieu gaulois Lug. Mais il ne faut pas oublier le rôle militaire et commercial majeur joué par les confluences : ce n'est pas pour rien que nombre de grandes cités politiques et marchandes se sont installées légèrement à l'aval de confluences importantes (Grenoble, Rennes, Paris...).

Voir **colline, eau, fleuve**

constellation

La constellation symbolise un ordre éternel, car les étoiles qui la forment paraissent fixes les unes par rapport aux autres.

Les astrologues de l'Antiquité grecque rattachaient la constellation à la huitième sphère céleste, c'est-à-dire la plus lointaine. Selon les civilisations, le nombre et la forme des constellations varient considérablement. Les constellations qui forment les figures du zodiaque sont celles qui correspondent au plan de l'écliptique : elles sont traversées par les astres plus proches (le Soleil, les planètes, la Lune). Ces signes zodiacaux forment alors la toile de fond des travaux de l'astrologie, qui définit selon ces conjonctions les caractéristiques des moments et des lieux. Immuables, les constellations sont le lieu de rencontre de l'espace et du temps. On parlera alors en littérature d'une constellation de personnages pour évoquer l'entourage du héros et les mouvements plus ou moins erratiques de ce dernier entre les points de repère inamovibles de sa vie sociale et affective.

Voir **astrologie, étoile, planète, zodiaque**

conte de fées

Le conte de fées, est un récit initiatique, conçu non pour émerveiller ou terroriser l'enfant, mais pour le « faire grandir ». Il a une riche portée symbolique.

La forêt

La forêt, espace sauvage, non civilisé, non maîtrisé, est le lieu de tous les dangers. C'est là que sont rejetées toutes les créatures fantastiques qui peuplent les contes : ogres, sorcières, loups, peuple des nains... Elle symbolise donc par excellence le lieu de l'épreuve pour celui qui doit par force s'y aventurer, le lieu où il affronte son destin, pour atteindre l'âge adulte.

La catastrophe initiale

Les épreuves qui attendent l'enfant ou l'adolescent dans le conte sont multiples, mais commencent presque toujours par une séparation familiale liée à une « catastrophe » : ruine du père de la Belle dans *la Belle et la Bête,* danger de l'inceste dans *Peau d'Âne,* appauvrissement conjoncturel des parents dans *le Petit Poucet,* présence d'une marâtre dans *Blanche-Neige* ou *Cendrillon.*

L'épreuve la plus cruelle est sans doute celle à laquelle se trouve confronté le Petit Poucet : lui et ses frères mourront de faim ou seront mangés par l'ogre. Ces épreuves représentent le point de départ de l'initiation. Symboles de la rupture entre l'enfance et l'âge adulte, elles sont la première manifestation de la menace qui attend l'enfant-héros. Le psychanalyste Bruno Bettelheim écrit : « Pour qu'il y ait conte de fées, il faut qu'il y ait une menace – une menace physique dirigée contre l'existence physique du héros » (*Psychanalyse des contes de fées*).

Menace, défi, épreuves

La menace se concrétise ensuite sous la forme des rencontres que va faire le héros, généralement dans la forêt, et dont il devra triompher : la rencontre avec la Bête, avec l'Ogre, avec la reine-sorcière, avec le loup, avec le cadavre des femmes de Barbe-Bleue. Tous ces personnages symbolisent les difficultés de la vie réelle, par opposition à la vie paisible et heureuse qui est donnée comme norme du bonheur. Le héros parti à la découverte de lui-même affronte, le plus souvent avec succès, cet inconnu et l'emporte sur lui par son intelligence (le Petit Poucet, le Chat botté) ou sa droiture (Cendrillon, Blanche-Neige, Peau d'Âne). Ainsi le Petit Poucet utilise-t-il tous les ressorts de la ruse pour se tirer de la situation terrible dans laquelle il se débat en compagnie de ses frères : il se cache sous l'escabeau du père, puis sous le lit de l'ogre, échange le bonnet de ses frères contre les couronnes des petites ogresses pour tromper leur père, et enfin ment à la femme de l'ogre pour s'emparer de ses richesses.

La tentation, qui est l'une des épreuves, revêt elle aussi le plus souvent un caractère symbolique : ce sont les fruits rouges que ramasse le Petit Chaperon rouge, la pomme que la vieille femme offre à Blanche-Neige, les clefs qui ouvrent la porte du cabinet secret de Barbe-Bleue : « Étant arrivée à la porte du cabinet, elle s'y arrêta quelque temps, songeant à la défense que son mari lui avait faite, et considérant qu'il pourrait lui arriver malheur d'avoir été désobéissante ; mais la tentation était si forte qu'elle ne put la surmonter : elle prit donc la petite clef, et ouvrit en tremblant la porte du cabinet. »

Les héros, une fois surmontées ces épreuves diverses où ils ont côtoyé la mort, peuvent enfin jouir de la vie et connaître le bonheur : l'amour, le mariage, les enfants. Une des rares exceptions à cette victoire est la version noire du Petit Chaperon rouge de Perrault. Les frères Grimm y remettront bon ordre en organisant le « happy end » du chasseur qui vient libérer la petite fille et sa grand-mère.

Une forêt de symboles

Pour Bruno Bettelheim, le conte abonde en symboles sexuels : l'escalier du donjon représente l'acte sexuel, la clé qui tourne dans la serrure la pénétration, la couleur rouge du chaperon « les émotions violentes et particulièrement celles qui relèvent de la sexualité ». Quant au temps de sommeil imparti à la Belle au bois dormant, n'est-il pas le temps nécessaire à la jeune fille pour se préparer à l'acte sexuel et à la procréation ?

La couleur rouge est le symbole omniprésent du sang et de la sexualité féminine. Ainsi la méchante reine coupe-t-elle en deux la pomme qu'elle offre à Blanche-Neige et en mange la partie blanche, laissant la partie rouge, empoisonnée, à la jeune fille. Quant à Blanche-Neige, elle est décrite avec une peau aussi blanche que la neige et des lèvres aussi rouges que le sang, ce qui permet de penser, selon une interprétation psychanalytique, qu'elle est à la fois impubère et érotique. Blanche-Neige met fin à son innocence en croquant la partie rouge de la pomme, à la fois symbole de la puberté et du désir sexuel. Quant au Petit Chaperon rouge, hésitant « entre le principe de plaisir et le principe de réalité », elle présente « toutes les caractéristiques de l'enfant qui lutte déjà avec les problèmes de la puberté, pour lesquels elle n'est pas mûre sur le plan affectif, n'ayant pas encore maîtrisé ses conflits œdipiens » (*Psychanalyse des contes de fées,* Bruno Bettelheim).

Ils se marièrent et eurent beaucoup d'enfants...

Le bonheur et l'amour qui attendent le héros ou l'héroïne du conte peuvent aujourd'hui paraître quelque peu décalés. Pourtant, l'analyse, par Bettelheim, des contes de fées comme récit initiatique demeure crédible si l'on s'en tient à une interprétation très globale : « Tel est exactement le message que les contes de fées, de mille manières différentes, délivrent à l'enfant : que la lutte contre les graves difficultés de la vie est inévitable et fait partie intrinsèque de l'existence humaine, mais que si, au lieu de se dérober, on affronte fermement les épreuves attendues et souvent injustes, on vient à bout de tous les obstacles et on finit par remporter la victoire. »

Voir **blanc, chateau, forêt, pomme, prince, rouge**

8

coq

Par son chant, le coq, symbole de vigilance, annonce le retour de la lumière, chassant le mal et les fantômes de la nuit. Il est aussi un des symboles du peuple français et de la République.

Le coq éveilleur et vigilant

En Grèce, il est attribut de Zeus, d'Apollon et de Perséphone. Auprès de cette dernière, il est symbole de résurrection, alors que, auprès d'Arès et d'Athéna, il symbolise l'ardeur au combat.

Ce rôle noble le fait assimiler par saint Grégoire au prédicateur qui chasse les ténèbres de l'esprit. Éveilleur, ou réveilleur des consciences, le coq chante deux fois après le reniement de Pierre. Il devient alors l'attribut du saint, et le patron des gardiens de nuit. Placé comme girouette au faîte des maisons et du clocher du village, il représente celui qui scrute et surveille l'horizon en tous sens pour détecter et empêcher le mal. Le bestiaire médiéval tient d'ailleurs le coq en haute estime : « Il réveille le dormeur, rappelle à l'ordre l'angoissé, réconforte le voyageur, rassure de sa présence sonore celui qui fait route la nuit. »

Le coq chrétien, le coq gaulois

Le coq des clochers des églises de France appartient d'abord à un culte païen d'origine celte d'adoration du soleil levant, culte transformé par saint Patrick en dévotion au « soleil de justice », c'est-à-dire au Christ. Les moines celtes qui ont rechristianisé la Gaule entre le VIe et le IXe siècle se sont souvenus de cette croyance et ont introduit le coq de clocher sur les églises de Gaule.
Son rôle en tant qu'emblème de la France est probablement dû à une confusion sur le mot *gallus* qui, en latin, signifie à la fois « coq » et « Gaulois ». Pour les Romains, le coq a toujours été ainsi le symbole par excellence des Gaulois et, dès l'Antiquité, le coq apparaît sur des monnaies gauloises. Au XIVe siècle, le coq est utilisé pour symboliser la France, notamment en Allemagne, puis, à partir du XVIIe siècle, en Hollande. À la même époque, sous l'influence de Colbert, les artistes français l'utilisent fréquemment comme motif décoratif, notamment Le Brun dans la galerie des Glaces à Versailles.

Le coq républicain

La Révolution française fait du coq un large usage. Ainsi, le citoyen Solon Reynaud, le 15 ventôse, an II, rappelle le rôle du coq comme gardien non plus de la foi, mais de la République: « La municipalité prendra des mesures pour mettre à profit la structure du clocher surmonté d'un coq qui est le symbole de la surveillance, et lequel est mouvant pour fixer les regards sur tout côté afin de surveiller le salut de la République. » Bien entendu, Napoléon le refuse comme emblème, pour lui préférer l'aigle majestueux et l'abeille industrieuse, en invoquant la raison suivante : « Le coq n'a point de force, il ne peut être l'image d'un empire tel que la France. »
À partir de 1830, il est de nouveau très apprécié, mais c'est la IIIe République qui en fera un symbole quasi officiel : la grille du parc de l'Élysée, forgée à la fin du XIXe siècle, est ornée d'un coq. Celui-ci figure sur le sceau de la République française, qui date de 1848 : la Liberté assise tient un gouvernail sur lequel est représenté un coq.
Aujourd'hui le coq est surtout utilisé à l'étranger pour évoquer la France, notamment comme emblème sportif.

Voir **aigle, abeille, gouvernail, sceau, soleil**

coquelicot

Avec ses pétales rouge vif, le coquelicot est associé au sang et au sacrifice du Christ.

Cette symbolique fut transférée aux jeunes soldats des pays anglo-saxons tués sur les champs de bataille pendant la Première Guerre mondiale.
En Grande-Bretagne et dans d'autres pays du Commonwealth, des gerbes de coquelicots sont ainsi déposées sur les monuments aux morts. Autour du 11 Novembre, jour de l'Armistice, on porte à la boutonnière un coquelicot en papier.

Voir **pavot, rouge, sang**

coquille

Dans la mythologie grecque, la coquille véhicule le symbolisme de l'eau et de la fécondité. C'est sur une coquille que l'on représente traditionnellement Aphrodite, déesse de l'amour, la perle née des eaux. Avec le bourdon ou bâton ferré, la calebasse et la besace, la coquille est l'attribut de saint Jacques le Majeur, devenu « le Pèlerin ».

La coquille de saint Jacques

La coquille est un symbole fort et universel, lié aux rites funéraires comme aux rites de naissance comme en témoigne la fréquence des coquilles sur les stèles funéraires romaines ou bien le tableau de Botticelli qui représente une somptueuse coquille d'où émerge une Vénus nue. La coquille signifie vie cachée et résurrection.

La coquille, devenue aussi l'emblème de saint Jacques, rappelle à la fois que le saint, disciple du Christ, était pêcheur, et que l'océan abonde en coquillages sur la côte de Galice où aurait été découvert miraculeusement au IXe siècle, grâce à une étoile, le tombeau de saint Jacques le Majeur, apôtre de l'Espagne. Selon une tradition, la coquille était la preuve que le voyageur avait bel et bien accompli son pèlerinage jusqu'à Saint-Jacques-de-Compostelle, ville de pèlerinage fondée auprès du tombeau, puisque, une fois arrivé, il allait ramasser un coquillage sur la côte. Selon une autre coutume, depuis les débuts du pèlerinage de Saint-Jacques-de-Compostelle au XIIe siècle, des coquilles étaient aussi vendues au pèlerin, qui les accrochait ensuite sur son manteau. Certains en achetaient une quantité telle qu'ils repartaient de Saint-Jacques-de-Compostelle le manteau alourdi d'innombrables coquilles.

On retrouve la coquille sur les sceaux ou dans le décor de nombreuses abbayes. Le saint lui-même est souvent représenté avec une coquille attachée à son chapeau ; des coquilles jalonnent encore aujourd'hui le *camino,* le chemin de Saint-Jacques-de-Compostelle, dont elles sont l'emblème.

La coquille de Vénus

Par son dessin et par sa forme, la coquille rappelle aussi l'organe sexuel féminin. De Botticelli à Cabanel en passant par Raphaël ou le Titien, il n'est pas une Vénus qui ne surgisse des flots portée par sa conque. Il est plus que probable que le fruit même contenu par le coquillage ait contribué à fonder cette connotation sexuelle, ainsi que le suggère ce vers d'un poème de Verlaine, intitulé *les Coquillages*: « Mais un, entre autres, me troubla. »

Des vertus bienfaisantes

La coquille a parfois été désacralisée par l'usage qu'en faisaient de faux pèlerins escrocs, appelés « coquillards ». Pourtant, on lui prête des effets magiques, et de retour chez lui le pèlerin se hâte de l'accrocher au-dessus de la cheminée. Plongée dans l'eau et le vin, elle donne une boisson qui rend la santé aux malades. Promenée dans les champs, elle fait disparaître les mauvaises herbes et la vermine. On raconte qu'un chevalier ayant effectué le pèlerinage de Saint-Jacques faillit tomber dans une rivière, et qu'il fut sauvé par un pont fait de coquilles Saint-Jacques.

Voir **Aphrodite, eau, étoile, pèlerin**

corbeau

Ce rapace européen est symbole de guerre, de solitude, de malheur.

Ovide raconte qu'Apollon, s'étant épris de la nymphe Coronis, apprend un jour par un corbeau qu'elle le trompe. Apollon tue Coronis et condamne le corbeau, annonciateur de la mauvaise nouvelle, à porter des plumes noires en remplacement de son blanc plumage. Dans le monde chrétien, la couleur noire le fait assimiler au péché. Les premiers chrétiens voient même en lui le pécheur endurci qui remet sans cesse au lendemain ses efforts de rédemption. Le croassement du corbeau évoque pour saint Augustin le mot *cras,* qui signifie « demain » en latin, tandis que d'autres Pères de l'Église y voient l'idée d'espoir (c'est un corbeau qui apporte du pain à saint Paul ermite).

Avant de lâcher une colombe, Noé avait envoyé un corbeau enquêter sur l'état du monde quand il avait pressenti la fin du Déluge. Mais le corbeau n'était pas revenu, tandis que la colombe rapporterait un rameau d'olivier. Saint Hilaire interprète l'attitude du corbeau comme symbole du pécheur qui refuse de revenir dans le sein de l'Église et lui préfère l'agitation du monde.

En Grèce, le corbeau est consacré à Apollon, dieu de la divination, et remplit à ce titre une fonction prophétique. Considéré comme messager des dieux, son vol sera interprété par les devins, en Grèce comme à Rome.

Voir **Apollon, augures, Déluge, noir**

corde

La corde est un lien, au double sens de contrainte et de chemin. La corde du pendu résume tragiquement ces deux composantes symboliques : par la pendaison, on rompt le fil d'une existence en l'encordant au ciel dans une parodie d'ascension divine. Au Moyen Âge, la corde du pendu portait bonheur, mais était aussi utilisée en sorcellerie.

Si l'on décompose ces éléments, on voit tout d'abord que la corde (ou la chaîne) sépare, retient ou contient. Pour avoir donné le feu aux hommes, Prométhée est enchaîné à son rocher par Zeus : c'est un lien qui l'empêche de se soustraire à son châtiment. Mais c'est la chaîne de son ancre qui sauve le bateau dans la tempête. La contrainte exercée par le lien peut en effet être positive : c'est, par exemple, celle qui protège d'une puissance agressive, comme on peut le voir dans l'iconographie religieuse du Moyen Âge, où le dragon symbolisant Satan est représenté enchaîné.

La seconde dimension symbolique de la corde a trait à ce qui relie, permet l'ascension spirituelle ou la fraternité : les francs-maçons forment dans leurs réunions une chaîne humaine symbolisée dans l'iconographie par une corde à nœuds. L'assemblage des maillons de la chaîne est souvent assimilé au fil des idées, de même que la couturière reliant les pièces de l'habit avec fil et aiguille donne forme et sens à des éléments qui, pris en eux-mêmes, en sont dépourvus.

Voir **ceinture, chaîne, nœud**

cordon ombilical

Le cordon ombilical relie l'enfant à naître à sa mère. Le lien symbolisé est celui de la filiation, de la racine.

La coupure du cordon ombilical est une violence nécessaire sur le plan symbolique comme sur le plan médical : c'est elle qui fait passer le lien de filiation d'un état naturel à un état culturel dans lequel le père trouve sa place.

corne

Les cornes ont une symbolique contradictoire. Attributs de puissance, de virilité, dotées d'un caractère belliqueux, elles sont aussi portées par des créatures malfaisantes.

Un symbole de puissance divine

Tous les animaux inspirant l'autorité et le respect, tels les taureaux, les boucs, les cerfs, sont pourvus de cornes. L'emploi symbolique de la corne remonterait en fait à l'époque de l'homme de Cro-Magnon, qui utilisait probablement la corne du cerf et de l'aurochs (bovidé sauvage) dans les rites shamanistiques pour garantir le succès de la chasse.

Dans les civilisations de l'Orient ancien, notamment en Assyrie, la haute tiare ornée d'une ou plusieurs paires de cornes était un attribut royal. La mitre des évêques qui s'inscrit dans cette même tradition s'ornait au XIe siècle de deux pointes relevées en forme de corne, réunies par un même nœud signifiant la connaissance des deux Testaments.

À l'époque biblique, l'autel des holocaustes du Temple sur lequel on immolait les victimes des sacrifices offerts à Dieu avait des angles relevés en forme de cornes, symboles de la force et de la puissance divines. Les saisir assurait aux personnes en fuite le droit d'asile.

Amon, le dieu égyptien démiurge, « roi des dieux », « maître du ciel et de l'univers », est souvent représenté avec des cornes de bélier. Les Romains récompensaient les soldats particulièrement valeureux du *corniculum,* ou « décoration cornée ».

Les cornes de Moïse

Quant à Moïse, il est peint, à partir du XIIe siècle, le front garni de deux cornes. On attribue généralement cette curiosité anatomique (qui perdurera dans l'iconographie jusqu'au XVIIe siècle) à une erreur de traduction de la Vulgate, qui assimile à des cornes les rayons qui entourent le visage de Moïse lors de son retour du Sinaï.

Démons et tromperies

Mais des cornes ornaient aussi la tête des satyres et des faunes, qui symbolisent les débordements néfastes et incontrôlés de la nature. Par extension, elles sont devenues l'attribut du démon à figure de bouc.

Quant à l'expression, *porter les cornes,* elle se dit d'un mari particulièrement *cornair,* c'est-à dire sot, niais et, par extension, trompé par sa femme. Les cornes sont ainsi le symbole de la tromperie et de l'adultère dans le langage populaire.

Voir **bélier, bouc, cerf, démon, diable, tiare**

corne d'abondance

Débordante de fruits, de fleurs et de grains, la corne d'abondance est un symbole de richesse.

Associée aux divinités bienfaisantes comme Bacchus, dieu de la vigne, Cérès, déesse des moissons, Cybèle, protectrice des cités, ou Priape, protecteur des jardins et des vergers, elle est aussi l'attribut d'une divinité allégorique, l'Abondance, qui figurait sur les monnaies romaines.

La légende raconte que, tout petit, Zeus arracha par inadvertance la corne de sa nourrice, la chèvre Amalthée, qui l'allaitait. Pour la consoler, il lui promit qu'elle serait à l'avenir l'emblème de toutes les richesses possibles et qu'elle fournirait des quantités inépuisables d'aliments, d'où le nom « corne d'abondance ». La corne d'abondance était un élément symbolique et décoratif fréquemment utilisé, notamment à l'époque classique.

Voir **chèvre, Cybèle, Priape, Zeus**

coucou

Comme la belette, le coucou, qui pond ses œufs dans le nid déjà bâti d'un volatile plus industrieux, est symbole de paresse et d'inutilité.

Sa mauvaise réputation a enrichi l'imagerie sexuelle en donnant naissance au « cocu », celui dont le lit conjugal est emprunté par un autre.

coupole voir dôme

couronne

Cercle de fleurs, de feuillages ou de métal précieux qui enserre la tête en signe de récompense, de dignité, d'autorité, de puissance. Posée sur la tête, le « sommet » de l'être humain, la couronne relie celui-ci à un ordre transcendantal.

Couronnes des dieux et des pharaons

Insigne divin et royal en Égypte, les couronnes sont chargées de puissance magique et de symboles. Seuls les dieux et les pharaons les portent. Celles des dieux indiquent parfois leur lieu d'origine, ainsi pour le dieu Osiris, portant la couronne Atef (mitre de Haute-Égypte, surmontée d'un disque solaire et encadrée de chaque côté par une plume d'autruche). Les couronnes royales les plus fréquentes sont la couronne blanche, haute mitre terminée par un renflement bulbeux, symbole de la puissance du roi sur la Haute-Égypte, et la couronne rouge surmontée à l'avant d'une sorte de crosse, qui évoque la suzeraineté du roi sur la Basse-Égypte. Orné de l'*uraeus* (« serpent »), le *pschent* est constitué des deux couronnes précédentes emboîtées et rappelle la souveraineté du pharaon sur les deux royaumes unis. Le *kepresch* ou couronne bleue est une autre couronne d'apparat. Prétendu à tort casque de guerre, il est décoré de pois jaunes et de l'*uraeus*.

Couronnes végétales

Très utilisées dans l'Antiquité grecque et romaine, les couronnes de fleurs ou de laurier étaient le signe de la consécration aux dieux. Chaque divinité avait sa propre couronne de plantes, de fruits ou de fleurs : l'olivier pour Athéna, le chêne pour Zeus, le laurier pour Apollon, la myrte pour Aphrodite, l'épi de blé pour Déméter, la vigne ou le lierre pour Dionysos (Bacchus chez les Romains). Les couronnes ont également une fonction religieuse et sont portées par le prêtre sacrificateur ou par l'animal victime du sacrifice. Elles peuvent aussi accompagner le rituel funèbre, les couronnes de fleurs symbolisant l'âme du défunt. Les couronnes gardent ce caractère sacré lorsqu'elles ceignent le front des magistrats dans l'exercice de leur fonction ou celui des citoyens qui ont mérité ce signe honorifique. Les couronnes de laurier ou d'olivier étaient aussi un symbole de festivité ou de victoire. Elles ornaient le front du vainqueur (poète, acteur, athlète) de certains concours. Quant à la couronne de lierre, contraire symétrique de la vigne, elle était censée protéger des excès de l'ivresse lors des festivités en l'honneur de Dionysos.

À Rome, la couronne est à l'origine une récompense militaire ou un insigne religieux sans signification politique. La plus honorable des couronnes est la couronne civique, composée de feuilles de chêne, arbre associé à Jupiter et à la force morale, que l'on offre à celui qui a sauvé la vie d'un citoyen. Parmi les couronnes religieuses, la plus importante est la couronne de laurier que l'on portait dans les sacrifices de rite grec et que ceignait le triomphateur. À partir du règne d'Auguste, les couronnes de feuilles de chêne et de laurier deviennent des insignes impériaux et sont souvent sculptées dans le métal.

Couronne chrétienne, couronne d'épines

Ainsi, la couronne de laurier ou de fleurs, symbole de victoire pour les Anciens, est-elle devenue tout naturellement symbole de la félicité paradisiaque et de la victoire du chrétien sur la mort ou le mal. Dans l'iconographie chrétienne, on la trouve dans la main des martyrs ou remise par la main de Dieu. Au-dessus des épitaphes, les symboles du Christ (chrisme et croix) sont souvent peints dans une couronne.

La couronne d'épines est une des plus célèbres reliques chrétiennes. Les Évangiles rapportent que les soldats romains placèrent par dérision sur la tête de Jésus, roi des juifs, une couronne d'épines. La couronne d'épines est en fait symbolique d'un dieu solaire qui se sacrifie, qui souffre dans sa chair avant d'être nimbé d'une auréole, autre couronne ou disque solaire, signe de la transcendance absolue.

Couronnes de Noël

La couronne végétale la plus répandue de nos jours en Occident est la couronne de l'Avent, faite de branches d'arbres à feuilles persistantes, notamment le houx. Souvent posée sur un meuble pendant quatre semaines à partir du premier dimanche de l'Avent, elle porte quatre bougies qui symbolisent la croissance de la lumière à une époque où la nuit est plus longue que le jour. Son feuillage vert, aux vertus réconfortantes, rappelle la persistance de la vie au cœur de l'hiver comme la présence du Christ roi, le houx évoquant la couronne d'épines. La couronne de Noël que l'on suspend à l'extérieur de la porte d'entrée, coutume anglo-saxonne, est un symbole d'hospitalité et de festivité.

Couronne d'or, couronne solaire

Dès la haute Antiquité, le métal le plus intimement associé à la couronne est l'or. Métal luisant, de lumière, métal solaire, la couronne d'or marque de son éclat celui qui la porte et l'associe à la puissance du soleil qui fait régner la nuit et le jour. L'empereur romain, lorsqu'il revêt les attributs de Jupiter, coiffe la couronne d'or du dieu. La *corona radiata* (« couronne radiée ») à longues pointes est un attribut du Soleil ; elle orne les images des empereurs divinisés après leur mort et, plus exceptionnellement, mais dès le règne d'Auguste, celles des empereurs vivants.

Cette même *corona radiata* coiffe la statue de la Liberté à New York. Il s'agit en fait du transfert symbolique des valeurs de la monarchie à celles de la République, nouvelle « religion » du Nouveau Monde.

Un enjeu entre l'Église et la monarchie

Dans la tradition chrétienne, qu'elle soit catholique, orthodoxe ou protestante, c'est l'Église qui sanctionne le pouvoir du monarque. Ce dernier, lors de son couronnement, se voit poser une couronne sur la tête par le chef religieux. Charlemagne fait le voyage à Rome en 800 pour être couronné empereur des Romains par le pape Léon III. Aujourd'hui encore,

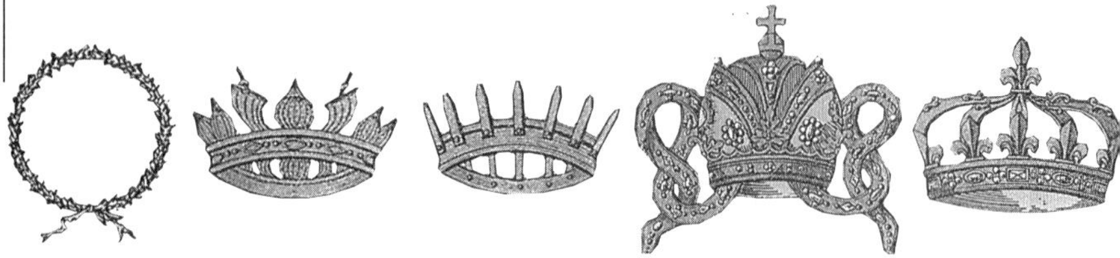

c'est l'archevêque de Canterbury, chef de l'Église anglicane, qui pose la couronne sur la tête du nouveau monarque.

Parfois les rôles sont inversés. Napoléon, selon la légende, prit la couronne impériale des mains de Pie VII lors de son couronnement à Notre-Dame. Le sens de ce geste, hautement symbolique, est clair : c'est le pouvoir de l'État qui l'emporte sur le pouvoir spirituel de l'Église.

Couronnes papales, héraldiques, royales, murales

Cette distinction entre pouvoir d'État et pouvoir spirituel peut se traduire par une couronne spécifique pour le chef religieux. En pays catholique, ce sera la tiare pontificale à trois diadèmes. La première référence à cette couronne papale remonte à la *Vita* du pape Constantin au début du VIIIe siècle.

Dès le XVIIIe siècle se répandirent également dans les églises les couronnes votives : les lustres en forme de couronne qui servaient à les éclairer, décorés de portes ou de tours, étaient le symbole de la Jérusalem céleste.

Pendant tout le Moyen Âge, les couronnes héraldiques sont considérées comme un simple élément décoratif, portées sur le heaume (casque) par les nobles et les roturiers. Les ducs ont droit à la couronne de huit fleurons dont trois et deux demis sont visibles ; les marquis, à la couronne mêlée de six fleurons et de deux groupes de trois perles en trèfle ; les comtes, à la couronne de seize perles ; les vicomtes, à la couronne de quatre grosses perles et quatre plus petites. Les barons n'auront droit qu'au bonnet avec spires de perles. Les couronnes royales primitives dérivent des couronnes héraldiques. Au XVe siècle seulement, l'usage de les fermer au moyen d'arcs apparaît. Cette couronne fermée est réservée aux rois. C'est le cas de la couronne royale de France avec ses huit fleurs de lis et ses deux cent soixante-treize perles.

Quant à la couronne murale et héraldique des villes, réminiscence de l'Antiquité, elle date, en France, de l'époque de Napoléon Ier. Les armoiries de la ville de Saint-Malo sont surmontées d'une couronne ducale qui rappelle l'appartenance de la ville portuaire au duché de Bretagne. Celles de la ville de Québec sont surmontées d'une couronne en forme de tours fortifiées, rappelant selon les autorités municipales que « Québec est une ville fortifiée et que son fondateur, Champlain, venait aussi d'une ville fortifiée, soit Brouage, en Saintonge ».

Roi et reine, marié et mariée

La couronne, insigne ou décoration, peut être décernée comme récompense. Cet usage culturel de la couronne vient de la tradition gréco-romaine. Lors de la fête de l'Épiphanie, celui qui trouve la fève dans la galette est déclaré « roi » ou « reine » et en arbore l'attribut: la couronne dorée, cette inversion de l'autorité correspondant à l'inversion des jours et de la nuit après le solstice d'hiver.
La notion de royauté peut être aussi transférée symboliquement aux roturiers lors du mariage, cérémonie qui peut s'apparenter à un couronnement. En France, dans les campagnes de l'Ancien Régime, la couronne de noces superposée à la coiffe de la mariée était le symbole d'une royauté temporaire. Son imposition et sa déposition s'accompagnaient de rites qui ressemblaient au couronnement d'une souveraine. La couronne nuptiale pouvait être de fleurs de toutes les couleurs et de clinquant. Au cours du XIXe siècle, elle s'est transformée en couronne de fleurs d'oranger, pour devenir le symbole de la virginité et de la fécondité.

Voir **aura, auréole, cercle, chêne, chrisme, croix, disque, fleurs, laurier, or, roi, soleil, serpent, tiare**

couteau

Instrument tranchant, le couteau renvoie à la symbolique de l'épée : c'est la force violente de la virilité et, par extension, du pouvoir politique. Attribut du guerrier, certes, mais aussi outil de cuisine autant qu'arme de chasse, le couteau est pourtant d'une symbolique plus riche.

L'instrument du pacte

Son histoire est aussi ancienne que celle de l'humanité, si on l'assimile, comme le firent Leroi-Gourhan et la plupart des paléontologues, avec les premières pierres taillées en biface. Le couteau est l'essence même de l'outil, et par là même une preuve d'humanité, au même titre que le langage.
Sa valeur rituelle est certaine : c'est le couteau du sacrificateur qui donne une vie en hommage aux dieux. C'est le couteau de la circoncision, qui marque une nouvelle étape dans l'intégration de l'enfant à la communauté religieuse juive, musulmane ou animiste. C'est lui qui ouvre les plaies nécessaires aux pactes de sang. Dans tous les cas évoqués, en tranchant la matière, il lie spirituellement, car il prouve l'humanité du manipulateur, comme celle de la chair tranchée. Tous les sacrifices sont donc en fait des sacrifices humains. C'est ce qu'exprime très bien le récit biblique au cours duquel l'ange Gabriel retient le couteau d'Abraham prêt à égorger son propre fils et substitue un mouton à l'enfant.

L'arme du pauvre

De petite taille, le couteau se prête aussi à la dissimulation et offre donc la possibilité de régler les problèmes du pouvoir viril, non pas par une manifestation éclatante de la puissance, mais par la traîtrise du coup (« le coup de poignard dans le dos ») porté par un instrument caché sous les vêtements. On tue à l'épée, mais on assassine au couteau: Brutus et ses complices viennent à bout de César à coups de glaives, courtes épées qu'ils conservaient sous leur toge. Les voyous parisiens du début du XXe siècle le dotent d'une variété impressionnante de surnoms : l'*eustache,* le *surin,* la *lingue*... C'est l'épée du manant, l'arme du pauvre.

Voir **armes, circoncision, épée, glaive, sacrifice, sang**

coyote

Comme le chien en Occident, le coyote mythique des Indiens d'Amérique est un animal néfaste, symbole de l'hiver et de la mort.

Sa mauvaise réputation a traversé l'Atlantique, et le mot « coyote » désigne une personne sans scrupules.

crabe

Le crabe, animal lunaire, symbole d'hésitation, avance et recule comme la lune.

Il marche de travers et se replie dans sa carapace au moindre danger, contrairement au chrétien, qui marche droit dans le chemin de la vertu.
Hippocrate le premier a comparé le cancer à un crabe. Pour les astrologues, le Cancer est l'un des douze signes du zodiaque : il gouverne le ciel de juillet, et les principales caractéristiques des natifs de ce signe sont l'attachement, la nostalgie de l'enfance, la subjectivité, l'amour du foyer (assimilé à la carapace), la tranquillité, l'imagination et la rêverie.

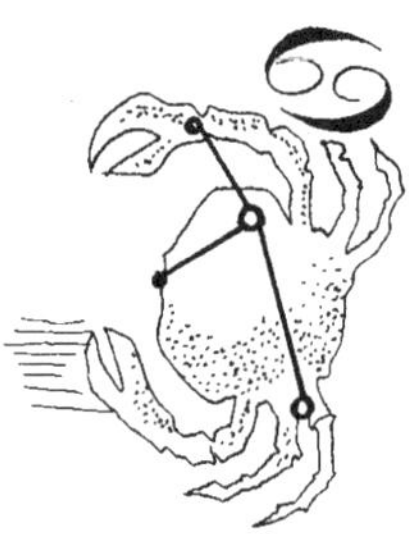

Un panier de crabes, groupe d'individus qui cherchent à se nuire les uns aux autres par de méchantes intrigues, qui finissent par créer une situation compliquée, inextricable.

crâne

Cernant la bouche et l'orbite des yeux, le crâne a la forme d'une coupole, rappelant la voûte céleste et soulignant par là sa capacité à devenir lieu de passage entre la vie et la mort. Golgotha, lieu où le Christ fut crucifié, signifie en hébreu « le lieu du crâne ».

Le crâne est ce que le squelette a de plus « vivant » et, pour cette raison, peut représenter une menace mortelle sur le drapeau des pirates ou les bouteilles de poison. Memento mori, symbole de notre mortalité inéluctable face à la vie terrestre et ses richesses, le crâne est un élément figuratif essentiel dans les natures mortes d'inspiration philosophique appelées « vanités », lesquelles se sont développées au XVIIe siècle. Hamlet tient au crâne de Yorick, déposé dans sa main, un discours sur la mort et la nature passagère de la vie. Le prince danois eût-il pu entrer dans un dialogue avec une autre partie du squelette du bouffon défunt ?
Pour les francs-maçons, le crâne, représenté entre deux tibias croisés en X, ou en croix de Saint-André, sym-

bolise la mort physique, mais aussi la possibilité de la résurrection et du triomphe de l'esprit sur la mort et l'existence matérielle.

Voir **os, squelette**

crapaud

Symbole de luxure, d'avarice et de mort, le crapaud est l'une des composantes essentielles de la cuisine des sorcières.

L'animal est impur, selon le Lévitique. Cette vision négative provient peut-être des sécrétions toxiques de l'animal, qui apparaît au Moyen Âge parmi les représentations des damnés, notamment chez le peintre Matthias Grünewald. Mais cette interprétation se trouve nuancée par sa réputation de longévité, voire d'immortalité, liée aux métamorphoses des batraciens. C'est peut-être de là que vient l'idée que le crapaud aurait une pierre précieuse incrustée dans le front, devenant ainsi symbole de bonheur et de richesse.

crémation

Action de brûler le corps des morts pour les réduire en cendres, la crémation symbolise à la fois la purification par le feu et un nouveau rituel mortuaire.

Purification et belle mort

Pratiquée dans l'Occident païen depuis l'âge du bronze, dans le culte d'Odin, le rite de la crémation, courant au cours des deux premiers siècles de notre ère en Grèce, en Étrurie et à Rome, est associé à la purification, dans le cadre de la recherche d'une belle mort.

C'est pour empêcher Hector d'accéder à cette belle mort qu'Achille attelle le cadavre du héros troyen à son char pour le défigurer, et bafoue tous les rituels qui précèdent la crémation ou l'inhumation. Sans tombeau, point de belle mort, car le tombeau qui a reçu les cendres du héros jouit de sa protection et fait l'objet d'un culte s'apparentant alors à celui des divinités chthoniennes (terrestres). Terme du rite funéraire, la crémation permet le repos de l'âme, qui part rejoindre le monde souterrain.

La crémation relève également dans l'Europe du Moyen Âge d'un rituel de purification face à un exceptionnel fléau, comme la peste noire ou la guerre.

La crémation interdite

Pour le judaïsme, la crémation fait subir à l'âme de grandes souffrances par sa brutale séparation d'avec le corps. En outre, elle peut détruire l'os minuscule (*louz*) autour duquel commencera de s'opérer la résurrection, et donc empêcher celle-ci. Dans le judaïsme comme dans l'islam, l'incinération est inconcevable du fait de la sacralité du corps, sanctifié par les nombreux rites pratiqués tout au long de l'existence. Pour l'Église chrétienne, elle empêche la réunion de l'âme et du corps lors de la « grande résurrection » du Jugement dernier. L'Église a ainsi toujours privilégié l'inhumation jusqu'à une date récente, afin de manifester sa foi dans le corps que Dieu a créé. C'est pourquoi en France, au XIXe siècle, les anticléricaux avaient pris l'habitude de se faire incinérer afin d'ignorer toute idée de résurrection.

Un rituel moderne ?

La crémation représente la sublimation en Inde : la fumée qui se dégage du corps qui brûle est un lien entre le défunt et les divinités. Une fois la crémation achevée, les cendres sont jetées dans le fleuve sacré, le Gange, au milieu des prières.
La crémation en Occident relève plutôt d'une symbolique moderne face à la mort et au deuil, à la fois procédé technique de destruction du cadavre et mode de sépulture, par la mise en urne. En l'absence d'un contexte approprié, elle est seulement vécue comme un procédé d'élimination rapide du défunt. À la symbolique traditionnelle et rurale de l'ensevelissement et de la lente décomposition du corps, où la mort est un passage, succède une symbolique urbaine de la destruction rapide et acceptée, où la mort est une fin et où la dispersion des cendres dans la nature s'apparente à une symbolique de fusion dans l'univers.

Voir **cendre, feu, fumée, résurrection, sacrifice, tombe**

crépuscule

Symbole de la décadence ou de la fin des temps (c'est *le Crépuscule des Dieux* de Richard Wagner), le crépuscule est un moment passager qui, à l'origine, concerne pourtant aussi bien les premiers feux matinaux du soleil (l'aube) que les derniers (le couchant).

Surtout, par son flamboiement de couleurs, le crépuscule peut aussi s'apparenter à l'accomplissement ultime, à la révélation soudaine de toute la beauté contenue et cachée, phénomène semblable à l'origine et à la fin des temps. Le crépuscule fait alors accéder à l'immortalité par un allongement à l'infini de l'instant. C'est ce qu'exprime Baudelaire dans son *Harmonie du soir :* « Un cœur tendre, qui hait le néant vaste et noir, / Du passé lumineux recueille tout vestige ! / Le soleil s'est noyé dans son sang qui se fige... / Ton souvenir en moi luit comme un ostensoir ! »

Voir **jour, soleil**

cristal

Transparent et incolore, le cristal de roche exprime la pureté, la transparence et la clarté.

La pierre de lumière

Appelé par les Grecs *krystallos* (« glace claire »), le cristal de roche ou « quartz hyalin » passait dans l'Antiquité pour de la glace congelée définitivement stabilisée. La lumière, qui, quelle que soit sa couleur, peut le traverser sans perdre de son intensité, a associé le cristal à la pureté, celle de l'âme de cristal, parfaitement pure, ou de la voix de cristal. Le cristal est appelé aussi « pierre de lumière » au Moyen Âge, « diamant alchimique » et « éclat des étoiles », ce qui nous renvoie à la conception des astronomes de l'Antiquité, pour lesquels la lune est faite de cristal. Pour saint Irénée, les fondements de la nouvelle Jérusalem seront de saphir, ses créneaux de jaspe et ses portes de cristal. Pierre de la lumière blanche à la forme géométrique bien définie, le cristal est donc opposé aux ténèbres et associé dès l'Antiquité à la limpidité, à la sagesse et à la divination, car, matière solide pouvant être traversée par le regard comme s'il n'avait pas de matérialité, il représente la phase intermédiaire entre le visible et l'invisible. Ainsi, en occultisme, la boule de cristal permet-elle de voir les augures.

Un diamant imparfait

Le cristal est cependant un diamant inachevé, à la pureté imparfaite, et recèle une autre symbolique, celle du diamant en gestation : là où le diamant, cristal de carbone pur, exprime la pureté naturelle, la transparence et l'éclat du cristal de roche représentent l'élévation vers la pureté. Il faut alors démêler le vrai du faux et ne pas prendre les véricles, fausses pierres de verre ou de cristal, pour le plus pur des diamants.

Voir **augure, blanc, diamant, glace**

crocodile

Si la symbolique occidentale n'a retenu que son côté terrifiant, le crocodile était adoré et divinisé chez les Égyptiens en la personne de Sobek, dieu de la fertilité, né de l'océan originel.

Le crocodile règne aussi bien sur la terre que sur les eaux. Les bestiaires du Moyen Âge en ont fait un symbole d'hypocrisie : c'est l'animal qui « pleure » en dévorant sa proie tandis que sa mâchoire supérieure se lève vers le ciel dans un geste d'adoration. Pour Jung, le crocodile est l'animal archétypal de la colère. En alchimie, le crocodile représente les éléments primordiaux de la matière : l'eau et la terre.

Verser des larmes de crocodile, verser des larmes insincères, le crocodile, selon la légende, feignant de geindre pour attirer ses victimes.

Voir **Sobek**

croissant

Forme échancrée de la Lune lorsque sa face éclairée est inférieure à la moitié d'un disque, le croissant symbolise le retour éternel et la résurrection et est devenu le symbole de l'islam.

Le croissant démiurge

Sur les plans graphique et symbolique, le croissant est la lune qui commence à croître. Le croissant réapparaît tous les vingt-neuf jours. Plus que tous les autres phénomènes célestes que peuvent observer les hommes, le croissant représente le changement et la mutabilité, mais aussi la permanence et la nature cyclique du temps.

Les divinités lunaires au Moyen-Orient sont toutes masculines. En Égypte, le dieu lunaire s'appelle Ioh, mais le dieu à tête d'ibis, Thot, est également représenté portant un croissant de lune sur la tête. C'est un démiurge créateur des choses et inventeur de l'écriture, un juge peseur des âmes et un magicien. Les Sumériens et les Assyriens adoraient aussi un dieu lunaire, ainsi que les Arabes pré-islamiques.

Au temps de la Rome antique, arborer un croissant était un signe de distinction honorifique. On reconnaissait ainsi les sénateurs au fait que le dessus de leurs chaussures, marque de citoyenneté romaine, était orné d'un petit croissant, la *lunula* en argent ou en ivoire.

Le croissant et le calendrier lunaire

Dans le Coran, on lit: « Ils t'interrogent sur le croissant. C'est un repère pour les hommes et pour le pèlerinage. » S'inspirant des indications coraniques et des consignes de Mahomet, les musulmans utilisent le calendrier lunaire pour déterminer les dates les plus importantes de la vie religieuse. Le croissant de lune (*hilal*) a ainsi pour mission essentielle de donner le signal du début du ramadan, mois sacré pendant lequel le jeûne est obligatoire entre le lever et le coucher du soleil. Le mois prend fin avec le nouveau croissant du mois suivant.

Or, certains historiens ont avancé l'hypothèse, rejetée par les musulmans, que le dieu lunaire adoré par les arabes pré-islamiques s'appelait Allah, dieu qui aurait eu pour épouse une déesse solaire. La lutte pour la victoire d'Allah, c'est-à-dire du principe lunaire masculin, se serait traduite par la suppression par Mahomet lui-même d'un calendrier luni-solaire au profit d'un calendrier uniquement lunaire pour calculer le temps de la vie religieuse.

Le croissant comme emblème

En Occident, la Lune est une divinité féminine, souvent identifiée à Diane, la *casta diva* ou déesse chaste, représentée avec un croissant de lune à la main ou sur le front. Avant la fondation de Constantinople, la ville de Byzance avait adopté comme emblème le croissant de lune de Diane. Cet emblème reste inchangé quand Byzance devient la capitale de la chrétienté orientale. Lorsque les Ottomans prennent Constantinople en 1453, ils y trouvent un symbole graphique qui correspond à l'importance de la lune et du croissant dans l'islam. Adopté ainsi par les Ottomans, le croissant de lune figure toujours sur le drapeau turc. Le croissant islamique prend également son importance par opposition à la croix des pays chrétiens. La Croix-Rouge en terre d'islam s'appelle le Croissant-Rouge. Le croissant comme emblème orne la plupart des drapeaux des États arabes contemporains.

Le croissant de lune est souvent porté en amulette dans le monde arabe, car on considère qu'il porte bonheur. Dans la poésie arabe classique, il est une des allégories de la beauté féminine.

Viennoiserie

Le croissant est également une patisserie. En 1683, tandis que les Turcs assiègent la capitale autrichienne, les boulangers de la ville entendent le bruit de l'ennemi et donnent l'alarme ; les musulmans sont repoussés. Pour remercier le corps des boulangers et célébrer la victoire, le souverain leur accorde le droit de fabriquer le *Hörnchen* ou « petite corne » en allemand. C'est ainsi que naît le croissant.

Voir **Artémis, croix, drapeau, étoile, lune**

croix

Ornement représentant une croix, symbole du christianisme et, par extension, de l'Occident, elle figure avec une majuscule le supplice du Christ et sa Passion. Elle se prête à des interprétations multiples, voire contradictoires.

La globalité

La croix peut représenter les quatre points cardinaux, donc l'universalité et l'omniprésence. Elle peut signifier aussi bien un mouvement vertical, vers une transcendance salvatrice, qu'un mouvement vers le bas ou la vie terrestre. Elle suggère donc un dualisme fondamental, la rencontre entre la verticalité et l'horizontalité, mais également, en son centre, l'union des contraires. Elle signifie l'imbrication de la vie et de la mort, d'un moment historique avec l'éternité, ou la descente de l'esprit dans la matière. Les quatre bras sont aussi les rayons d'une roue. Pouvant englober et dépasser les qualités symboliques d'autres figures, la croix est un symbole matriciel.

À l'origine des temps

La croix apparaît dès l'âge du bronze. La croix gammée ou svastika, qui symbolise alors un éternel retour, abonde dans le plus vieil art scandinave, comme dans l'art indien. L'Égypte ancienne représente l'immortalité de l'âme par la croix ansée, adoptée et largement utilisée par les Coptes en Égypte. Elle est appelée aussi clef de vie. Étant donné le fort probable lien entre le culte d'Isis et celui, ultérieur, de la Vierge Marie, on peut émettre l'hypothèse que la croix chrétienne doit certaines de ses associations à cette croix égyptienne, hypothèse d'autant plus plausible que la croix comme symbole chrétien n'apparaît que quelques siècles après la

mort du Christ et coïncide avec les débuts du culte de la Vierge Marie.

Le supplice de l'Empire romain

Avant qu'apparaisse en Orient la croix lors de la conquête romaine, les Assyriens et les Hébreux attachaient déjà à des pieux le cadavre des criminels pour rendre publics leurs crimes et l'efficacité de la justice. À Rome, les esclaves et les non-citoyens pouvaient être attachés à un pieu, parfois la tête en bas, et fouettés. Dans certains cas, on ajoutait une barre transversale (*patibulum*), placée soit au sommet du pieu (croix en tau), soit un peu plus bas (croix latine), sur laquelle le condamné était lié et même parfois cloué, les bras écartés ; il était ainsi exposé jusqu'à ce que mort s'ensuive. Réservé par Rome aux esclaves (c'est parce que saint Paul était citoyen romain qu'il eut la tête tranchée), le supplice infamant de la croix fut infligé au Christ.

La Passion du Christ

La croix est devenue le symbole du supplice du Christ et, par là, de la rédemption. On ignore, du fait de l'incertitude des textes, si l'instrument du supplice fut une croix en tau ou une croix latine. La forme en tau est accréditée par des sarcophages chrétiens des premiers siècles et par quelques textes patristiques. La croix latine qui, d'après l'Évangile, fut employée pour le supplice de Jésus-Christ est celle qui semble le mieux garantie par la tradition.

Quoi qu'il en soit, la croix comme symbole de la nouvelle religion est inconnue aux premiers temps du christianisme, notamment en raison des persécutions. La prudence obligeait de n'user de la croix qu'avec réserve. Sa représentation par les chrétiens se dissimulait alors sous la forme d'une ancre, d'un mât, d'une vigne. Toutefois la croix en tau, symbole de félicité chez les païens, attirait moins l'attention. Pendant plusieurs siècles, le Christ est représenté comme un berger portant un agneau, non comme un Dieu crucifié.

Constantin et les débuts de la croix chrétienne

La première croix connue dans l'art chrétien est une croix grecque, aux bras de même longueur, figurant sur un sarcophage du Ve siècle. Cette apparition de la croix comme symbole public s'explique par la conversion de l'empereur romain Constantin au christianisme. Constantin, qui dispute l'héritage de l'Empire romain à Maxence, défait son rival en 312 à la bataille du pont Milvius. Selon le chroniqueur Eusebius, cette victoire décisive doit être attribuée à l'apparition dans le ciel d'une croix de lumière accompagnée des mots « *en toutô nika* », mieux connus de nous dans leur version latine « *in hoc signo vinces* », c'est-à-dire « par ce signe tu vaincras ». Après cette manifestation divine, Constantin fait un rêve où le Christ lui dit de mettre une croix sur sa bannière. Toujours selon Eusebius, cette croix aurait été composée d'une lance verticale et d'une traverse surmontée d'une couronne d'or. À l'intérieur de la couronne figurait le chrisme, le monogramme du Christ formé des lettres grecs *khi* (X) et *rhô* (P).

La croix triomphante

La croix sur laquelle Jésus fut mis à mort est devenue pour les chrétiens l'objet d'un culte et le signe de leur foi. Elle aurait été découverte vers 326 à Golgotha par la mère de Constantin, sainte Hélène, impératrice de Byzance, qui effectuait un voyage en Terre sainte. Étant donné la nouvelle importance de la croix, Constantin va alors supprimer le supplice de la crucifixion. Ainsi, à partir de Constantin, la croix se répand librement. Son emploi sur les tombeaux, réservé d'abord aux martyrs, devient et restera constant pour tous les fidèles. Il est à noter que la croix existe d'abord sans représentation du Christ. C'est seulement vers le VIIe siècle que des scènes de crucifixion verront le jour dans l'art chrétien. Se succéderont ainsi dans la peinture des croix glorieuses sans le Christ, puis avec le Christ en majesté, enfin avec le Christ souffrant.

Bientôt deux types de croix domineront, la forme grecque avec des bras de même longueur et, en Europe occidentale, la forme latine. Les plans des églises s'inspireront de ces deux figures cruciformes : transept et nef de la même taille prédomineront dans la partie orientale de l'Europe, transept et nef à l'image de la croix romaine en Europe occidentale.

La croix tient une grande place dans le culte chrétien : on la trouve sur les autels, au-dessus des églises, sur les tombes. On la porte en procession, on la dresse au bord des routes. Surtout, on en marque les candidats au baptême, les confirmants, les malades et les mourants.

Le signe de croix

Quoique la croix soit absente de l'iconographie de la nouvelle religion, les premiers chrétiens, d'après Tertullien, traçaient probablement sur eux son image pour se faire reconnaître entre eux. Le signe de la Croix est resté d'un usage fréquent chez les chrétiens et peut marquer tous les actes de la vie quotidienne. Il est tracé sur tout objet ou personne recevant une bénédiction. Les Latins le font en portant la main droite du front à la poitrine, puis de l'épaule gauche à l'épaule droite, en disant : « Au nom du Père et du Fils et du Saint-Esprit. » Les orthodoxes et autres chrétiens portent la main de l'épaule droite à l'épaule gauche. L'ensemble des protestants, infidèles en ceci à Martin Luther, ont renoncé à la pratique personnelle du signe de la Croix. Les luthériens l'utilisent dans leur célébration communautaire pour signifier la bénédiction divine.

La légende dorée de la Croix

Ce thème, en rapport avec la vénération des reliques rapportées de Terre sainte, est inspiré de *la Légende dorée* de Jacques de Voragine, selon laquelle saint Michel aurait rapporté un fragment de l'arbre de la connaissance à Seth, qui l'aurait planté sur la tombe de son père Adam ; bien plus tard, ce bois aurait servi à construire la croix de Jésus, retrouvée ensuite par sainte Hélène, impératrice de Byzance. Cette « histoire de la vraie Croix », qui a inspiré en Italie les fresques de Piero della Francesca à Arezzo, ancre la croix dans la Genèse comme dans la symbolique de l'arbre dispensateur de vie, et du bois, support de la connaissance du sacré.

La croix de Saint-André

Il existe de multiples variantes, souvent à connotation militaire, de ces deux formes de base. La croix à quatre branches est dite de Saint-André quand elle est en sautoir (en X), ce disciple du Christ ayant été condamné à mort par un gouverneur romain en Grèce et crucifié sur une croix en forme de X.

Cette croix sur fond bleu compose le drapeau national écossais. Selon la légende, un roi écossais aurait en effet, au VIIIe siècle, imploré Dieu de lui accorder la victoire lors d'une bataille contre les Anglais. Lorsque la bataille commença, la croix de Saint-André apparut dans un ciel bleu, et les Anglais furent vaincus. Le lien est évident entre un tel récit national et celui de Constantin à la veille de la bataille du pont Milvius.

De même, le drapeau danois, ou *Dannebrog*, croix latine à l'horizontale sur fond rouge, est associé à une victoire remportée par les Scandinaves en Estonie en 1219. Le drapeau serait tombé du ciel à un moment difficile des combats et aurait assuré la victoire aux Danois. Le *Dannebrog* est le plus vieux drapeau national européen, dont les drapeaux norvégien, finlandais, suédois et islandais sont dérivés.

La croix de Lorraine, emblème de la France libre

Cette croix à double croisillon est d'origine grecque. Le croisillon supérieur aurait porté l'inscription « Jésus de Nazareth, roi des Juifs ». La croix de Lorraine figure parmi les emblèmes des ducs d'Anjou, ultérieurement ducs de Lorraine, à partir de 1473. Elle est également le symbole des Guises pendant la Ligue.

La croix de Lorraine devient l'emblème de la France libre en 1940 et du ralliement à la Résistance. Le vice-amiral Muselier, nommé commandant des forces navales et aériennes françaises libres et d'origine lorraine, qui avait rejoint Charles de Gaulle à Londres le 1er juillet, proposa la croix de Lorraine pour lutter contre la croix gammée. « J'estimais, disait-il, qu'il était nécessaire de donner à notre mouvement l'allure d'une croisade et qu'il fallait choisir un emblème que l'on pût opposer à la croix gammée. » Le symbole adopté par tous les Français libres figure sur de nombreuses décorations. L'insigne de l'ordre de la Libération est un écu portant un glaive surchargé d'une croix de Lorraine. Cet emblème fut représenté également sur les timbres créés sous les gouvernements du général de Gaulle.

Croix rouge, croissant rouge, carré rouge

La Croix-Rouge, organisation internationale à vocation humanitaire, a été fondée en 1859, à la suite de bataille de Solferino par le Suisse Henri Dunant afin de venir en aide aux victimes de la guerre. Dès sa fondation, elle a pris pour emblème une croix rouge (rouge comme le sang versé au combat) sur fond blanc, représentant le drapeau suisse inversé. Ce choix s'expliquait par la volonté de signifier la neutralité de l'organisation : tous les soldats blessés étant soignés quelles que soient leur nationalité, leur religion, leur conviction politique. Mais, loin d'être neutre, le symbole de la croix s'est avéré en fait lourd de sens. Ayant blessé les susceptibilités des soldats musulmans lors du conflit russo-turc de 1876-78, l'organisation prend un nom et un emblème différents en 1929 dans la plupart des pays de l'islam : le Croissant-Rouge. En décembre 2005, le comité international de la Croix-Rouge et du Croissant-Rouge a adopté un troisième emblème : un carré rouge reposant sur sa pointe sur fond blanc, permettant à Israël d'entrer dans l'organisation, en y inscrivant son propre emblème national : l'étoile de David.

Porter sa croix, supporter, endurer des épreuves.

Voir **amen, arbre, baptême, blanc, bois, chrisme, drapeau, église, étoile, étoile de David, main, points cardinaux, quatre, roue, rouge, svastika**

croix gammée voir svastika

Cronos (Saturne)

Cronos n'est devenu symbole du temps sous la forme d'un vieillard ailé et armé d'une faux que parce que son nom ressemble au mot *chronos,* qui signifie « temps » en grec.

Il est en fait le fils d'Ouranos (le Ciel) et de Gaïa (la Terre). Il prend le parti de sa mère dans la lutte qui oppose ses parents et coupe les testicules de son père, qu'il jette dans la mer.
Il épouse sa sœur Rhéa, mais, ses parents lui ayant dit qu'il serait à son tour détrôné par son fils, il entreprend de dévorer ses enfants au fur et à mesure que Rhéa les met au monde. Un beau jour, lasse de ce procédé, Rhéa s'enfuit en Crète pour accoucher en secret de Zeus et, au retour, donne à Cronos une pierre enveloppée d'un lange, qu'il avale aussitôt. Plus tard, Zeus se révolta, détrôna Cronos, le relégua dans le Tartare et l'obligea à rendre à la lumière les dieux qu'il avait engloutis (Hestia, Déméter, Héra, Hadès et Poséidon). On racontait que son règne avait été l'âge d'or de la terre. Son culte était peu répandu. En Italie, il fut de bonne heure assimilé à Saturne et en Sicile on l'assimila au Baal punique.

Voir **ogre, Zeus**

crosse

Symbole de l'autorité ecclésiastique, elle est l'attribut des évêques.

De nos jours encore, le bâton des bergers des rivages méditerranéens s'achève par une courbe circulaire presque fermée. C'est avec cette crosse que le pasteur rattrape par le cou ou la patte les brebis récalcitrantes. C'est donc la vocation pastorale qui est ici mise en avant dans le symbole religieux.

Voir **bâton, berger**

cube

Le cube est le carré à trois dimensions et représente la vie terrestre, mais dans un rapport étroit avec la transcendance.

Le cube le plus célèbre du monde est sans doute la Kaaba (qui veut dire « cube » en arabe), dressée au milieu de la Grande Mosquée de La Mecque. Construction faite de briques, et point focal du *hajj*, le pèlerinage à La Mecque, la Kaaba aurait été bâtie par Adam et reconstruite par Abraham et son fils Ismaël. La Kaaba est donc associée aux débuts de l'humanité et au point de départ de la tradition prophétique. Elle est l'équivalent terrestre du trône d'Allah. Comme s'ils mimaient les mouvements apparents du Soleil, de la Lune et des cinq planètes visibles autour de la Terre, les pèlerins doivent tourner sept fois autour de la Kaaba. Par ailleurs, celle-ci contient la pierre noire (elle était blanche à l'origine, mais les péchés de l'humanité la firent noircir), que les fidèles essayent de toucher, car elle aurait la propriété d'absorber physiquement les péchés.

Voir **Adam, bétyle, carré, centre, noir, pèlerinage, pierre, trône**

cuisse

La cuisse est souvent assimilée à la sexualité, comme on peut le constater dans une expression populaire telle « avoir la cuisse légère ». Lorsqu'on dit de quelqu'un qu'il « se croit sorti de la cuisse de Jupiter », on fait allusion à un mythe grec où la cuisse est justement considérée comme l'équivalent masculin de l'utérus.

Zeus (Jupiter chez les Romains) prend l'enfant d'une femme morte, Sémélé, et le place dans sa propre cuisse, où l'enfant demeure jusqu'à sa venue au monde. Cet enfant est Dionysos, divinité souvent représentée sous des traits androgynes. La cuisse, vue sous son aspect extérieur, ressemble à une colonne et s'apparente à l'ordre phallique, masculin. Mais l'intérieur de la cuisse est une matrice. Symboliquement, la cuisse réunit donc les qualités féminine et masculine.

Voir **androgyne, colonne, Dionysos, femme, hermaphrodite, phallus, Zeus**

cuivre

Métal de couleur rougeâtre, le cuivre est la matière de l'union, de l'association, avec ses métaux supérieurs et ses inférieurs.

Associé depuis l'Antiquité à Aphrodite (Vénus), née à Chypre, le métal appelé « bronze de Chypre » est selon Jean Chaptal, chimiste du XIVe siècle, rapproché de Vénus à cause de la facilité avec laquelle il s'unit aux autres métaux. En hermétique, cette association donne au cuivre les propriétés de Vénus, le calme et la réflexion.

En alchimie arabe ou occidentale, ce qui est extérieurement du cuivre est intérieurement de l'or, car, dans n'importe quelle chose, toute chose existe en puissance, même si on ne l'y voit pas. Ainsi le cuivre, d'après Rasès, est-il de l'argent en puissance : celui qui en extrait radicalement la couleur rouge le ramène à l'état d'argent.

Car, si le métal rouge fait partie du groupe de trois métaux (cuivre, argent et or) que les chimistes appellent « métaux nobles », le cuivre est simple ou même vulgaire dans l'Antiquité, au Moyen Âge et pour les alchimistes. Au-dessus de l'ordinaire cuivre se trouve le bronze, puis le cuivre mythique, l'orichalque (littéralement « cuivre des montagnes ») aux propriétés magiques, qui se retrouve dans les jambières d'Héraclès (Hercule), les boucles d'oreilles d'Aphrodite, et surtout, selon Platon, dans les usages courants de la légendaire Atlantide.

Voir **airain, alchimie, Atlantide, bijoux, métal**

Cybèle

Grande Mère, Mère des dieux, Grande Déesse, Cybèle sous ses divers noms-ssymbolise la puissance de la nature sauvage.

Déesse de l'Ida, du nom d'une montagne de Crète, elle avait été assimilée à Kubaba, autre déesse anatolienne, et à Rhéa.

C'était une divinité des cimes boisées. Son histoire et son culte variaient selon les lieux : en Crète, en Phrygie, où le roi Midas lui éleva un temple à Pessinonte et où naquit la légende qui la liait au berger Attis. Celui-ci, ressuscité, était emmené par Cybèle sur son char traîné par des lions. C'est à Pessinonte, néanmoins, qu'elle était représentée par un bétyle. Elle avait d'autres sanctuaires en Asie, et hors d'Asie, car le culte se répandit en Grèce, et fut adopté par les Romains en 204 av. J.-C.

Ce fut la première religion orientale officiellement introduite à Rome. À l'époque impériale, la doctrine religieuse se précisa : Cybèle, divinité chthonienne (souterraine) et patronne des mineurs, réglait la destinée des hommes et protégeait les âmes de la tentation et du mal.

Les pratiques cultuelles demeuraient orgiastiques. Les prêtres étaient des eunuques accoutrés en femmes. Ils célébraient leurs rites en des danses scandées par la flûte phrygienne, les cymbales et le tympanon, et qui se terminaient par le délire et l'automutilation.

Voir **bétyle, danse, mère, montagne, pierre, pin, sanctuaire**

Cyclope

Les Cyclopes, avec leur œil unique, symbolisent comme les géants et les Centaures la force brutale et aveugle.

L'Antiquité grecque a distingué des Cyclopes ouraniens (Argès, Brontès, Stéropès), dont les noms suggèrent l'éclair, le tonnerre et l'orage, des Cyclopes bâtisseurs, auxquels on attribuait des murailles cyclopéennes, des Cyclopes éleveurs de moutons, comme Polyphème, qui fut aux prises avec Ulysse, et enfin des Cyclopes forgerons, auxiliaires d'Héphaïstos.

Voir **Centaure, forgeron, Héphaïstos, œil**

cygne

Au cygne blanc immaculé, symbole de la beauté majestueuse et de la poésie, s'oppose le cygne noir, symbole de mort, occulte et malfaisant.

Autre dualité, le cygne est à la fois symbole mâle et femelle. Sous sa forme mâle et solaire, il est l'emblème d'Apollon et symbole de lumière. C'est sur un char attelé de cygnes qu'Apollon s'envole de Délos, son île natale. Sous sa forme femelle, il devient symbole de poésie lyrique et de mort.

À la mort de son ami Phaéton, foudroyé par Zeus, Cycnos fut tellement affligé qu'Apollon, ému, le changea en cygne – de là vient sans doute la légende du chant merveilleux du cygne mourant.

De l'histoire de Zeus transformé en cygne pour séduire Léda, la tradition n'a retenu que le cygne, mais, dans le récit originel, Léda elle-même s'était transformée en oie pour lui échapper. Le cygne est ici un symbole mâle, phallique, et l'oie s'impose comme son pendant femelle. Le mythographe aurait ainsi créé un être hybride, symbole de fusion, de passion aboutie.

L'image du cygne, emblème de l'âme du poète, a fortement marqué la poésie et la musique, notamment à l'époque romantique avec la *Mort du cygne* de Tchaïkovsky et *Lohengrin* de Wagner.

Dans l'iconographie alchimique, le cou du cygne représente le col du ballon, qui doit être surveillé de près pour éviter les fuites et la perte des vapeurs, qui aboutirait à l'échec du grand œuvre.

Le chant du cygne désigne le dernier chef-d'œuvre d'un artiste.

Voir **Apollon, blanc, noir**

cyprès

Dans l'Antiquité, le cyprès est associé au passage de la vie à la mort, donc à Hadès, dieu des Enfers.

Une saisissante allusion moderne à cette symbolique de deuil se trouve dans le célèbre tableau d'Arnold Böcklin, *L'Île des morts*. Mais, comme beaucoup d'arbres à feuilles persistantes, le cyprès est également associé à la longévité, sinon à l'immortalité. Pour les Phéniciens, le cyprès est l'arbre de la vie.

Voir **arbre, Hadès**

Symbole du soleil, le disque est l'emblème des divinités solaires.

D

dais

Généralement en tissu, le dais est un ouvrage surplombant qui rappelle la tente des nomades. Par là même, il symbolise la protection.

Il est placé au-dessus du trône royal ou papal, mais aussi au-dessus des jeunes mariés au cours de la cérémonie israélite du mariage (on l'appelle alors la *hupa*). Dans ce dernier cas, il symbolise le foyer à construire autant que la protection divine. On retrouve d'ailleurs un dais au-dessus de certains lits conjugaux.

Vu du ciel, le dais cache et protège, mais, vu de l'intérieur, il symbolise le ciel lui-même. Cela explique que le personnage qu'il recouvre soit doté d'une autorité qu'il reçoit spirituellement d'en haut et qu'il exerce temporellement autour de lui.

Voir **tapis**

danse

Suite composée et rythmée de mouvements du corps, la danse incarne la dualité humaine, faite de matière et d'esprit. Rituelle, elle peut être associée à une cérémonie magique et traduire aussi la joie et l'élévation. Longtemps symbole d'intégration, elle est devenue une expression individuelle.

Danse rituelle, danse essentielle

Depuis l'âge de pierre et les dessins des grottes de l'Addaura, en Sicile, et de Lérida, en Espagne, la danse revêt un sens magique ou religieux dans les sociétés primitives. Danse figurative, d'abord, qui représente les événements espérés : pluie, capture, victoire... Appel à des forces diffuses, surnaturelles, elle est mise à contribution pour remédier à tous les problèmes majeurs qui se posent dans la vie quotidienne, à commencer par le plus crucial : se procurer de la nourriture, s'assurer ainsi de la réussite de la chasse ou bien encore rendre la terre fertile par des mouvements à caractère sexuel : par exemple, lorsque les plantes sortent de terre, on danse autour des jeunes pousses en sautant.

Danses initiatiques et rites de passage

Moments capitaux dans la vie des êtres humains, l'initiation, le mariage et la mort sont marqués par des cérémonies intégrant fréquemment les danses. Tous ces rites, qui ont en commun la double idée symbolique de la fin d'une existence dans un monde et de la renaissance dans un autre, jouent un rôle capital. S'ils sont mal exécutés, les conséquences peuvent être catastrophiques pour l'individu comme pour le groupe.

Générateur de vie, le mariage doit assurer fertilité et longévité. La danse participe aux préparatifs rituels des fiancés (Cambodge), comme aux cortèges (hyménée en Grèce antique). Les rituels funèbres offrent souvent un large déploiement chorégraphique destiné à chasser l'âme du défunt et à faciliter son voyage dans l'au-delà (Côte-d'Ivoire, mais aussi Égypte antique).

Danses extatiques, danses mythiques

Fort anciennes et répandues, les danses d'extase conduisent les exécutants à communiquer avec les esprits supérieurs. Le chamanisme (en Océanie, en Amérique du Nord, en Indonésie et tout particulièrement en Asie centrale) consiste à rechercher l'extase dans un but pratique afin d'obtenir un résultat concret, une guérison notamment. Médiateur entre les dieux et les hommes, le chaman parvient par ses évolutions chorégraphiques à entreprendre un voyage dans les méandres de l'au-delà, guidé par un animal.

Aux Antilles, dans le culte animiste vaudou, les esprits investissent le

corps des adeptes en transse, qui exécutent alors d'impressionnantes danses de possession. Dans l'Antiquité, l'ivresse de l'âme, l'exaltation orgiaque, s'emparaient de ceux qui dansaient pour la déesse Hathor, en Égypte, ou pour Dionysos en Grèce. Pour les Grecs, la danse religieuse symbolise aussi la relation entre la terre et le ciel, par la représentation du mythe : c'est le cas des danses « kalliniques », célébrant la victoire d'Hercule sur le gardien des Enfers, de la danse « pyrrhique », danse des armes exécutée par de jeunes hommes nus tenant des boucliers, instituée par Pyrrhus, ou de la danse de la grue, attribuée au héros Thésée en mémoire de sa sortie du Labyrinthe.

La danse folklorique contemporaine possède la même fonction : rappeler par le corps des origines symboliques lointaines. Ainsi, la danse des Calusari, en Roumanie, où les danseurs s'entremêlent en tenant des massues et des boucliers qu'ils choquent avec fracas, représente la danse des prêtres saliens pour certains, ou l'enlèvement des Sabines pour d'autres.

Danses spirituelles, danses divines

Dans les sociétés monothéistes, la danse symbolise plutôt une élévation de l'âme vers le divin. Dans le judaïsme, la danse peut aussi bien être blâmée, comme lorsque Moïse, descendant du Sinaï, trouve son peuple en train de danser devant le Veau d'or (extase païenne), et célébrée, comme lorsque David saute et danse à l'arrivée de l'Arche d'Alliance dans sa cité (extase mystique). L'Ancien Testament loue la dimension festive et religieuse de la danse : « Qu'ils louent son nom avec des danses, qu'ils le célèbrent avec le tambourin et la harpe ! Car l'Éternel prend plaisir à son peuple » (Psaumes). La même signification d'élévation par la transe est à l'œuvre chez les derviches tourneurs du monde islamique, qui vivent grâce à la danse – symbole de l'adhésion de l'esprit à Dieu, d'intenses moments de spiritualité. Ils effectuent leurs doubles girations (sur eux-mêmes et autour de la salle), les bras en croix, la paume de la main droite tournée vers le haut, et celle de la main gauche vers le bas, afin de répandre sur terre les bénédictions reçues du ciel.

En raison de son caractère primitif et barbare, qui traduit les caractères et les passions, la danse fut longtemps condamnée par l'Eglise catholique, à l'exception de quelques caroles (danse en chaîne) dans les églises, pour célébrer la résurrection. La danse macabre est un thème qui se répand pourtant dans l'art chrétien européen, à partir du XIVe siècle : elle met en scène des gens de tous âges et de toutes conditions, entraînés en une ronde fatale par des squelettes ; elle symbolise une justice dernière et implacable, ainsi qu'une peur de la mort, omniprésente à l'époque.

Danse festive

Assemblée de personnes réunies pour danser, le bal trouve son origine dans la fête. En Occident, au Moyen Âge, et ce malgré les interdits de l'Église, la pratique de la danse se généralise pour célébrer un événement heureux, qu'il soit d'ordre personnel (notamment le mariage) ou collectif (réjouissances à l'occasion de récoltes, de foires, de fêtes patronales ou de réunions de corporations). Dans la société paysanne, si d'anciennes traditions païennes survivent jusque tard dans le Moyen Âge, elles tendent à perdre leur caractère magique : les danses autour des arbres de Mai ou des bûchers le jour de la Saint-Jean finissent par devenir simplement récréatives. La fête et la danse permettent d'échapper pour quelques instants à la monotonie de l'existence et à la rigueur du labeur quotidien.

Danse ouverte, danse fermée

Le répertoire des bals a toujours fait la part belle aux danses en chaîne fermée ou ouverte. Rondes et farandoles accueillent, en effet, tous les membres du groupe, quel qu'en soit le nombre. Collectives par leur forme, qui soude les participants, et par l'exécution simultanée des mouvements, elles émanent d'un groupe unanime. La ronde, symbole de renaissance, aurait peut-être une origine magique et cosmogonique liée à la conception circulaire du temps, rythmé par l'alternance perpétuelle des saisons.
La place à l'expression des couples et des individus ne se manifeste pas avant le XVe siècle, et cela dans le cadre du bal de cour. Cérémonie plus que divertissement, il s'agit moins de s'amuser que de paraître et faire bonne figure en obéissant aux strictes règles de l'étiquette. Danses collectives, puis suite de danses à deux, symbolisent la solidarité en même temps que la hiérarchie des personnes.
Si la danse de salon, qui naît au XVIIIe siècle, permet encore dans des figures l'échange de partenaires, c'est au cours du XIXe siècle, qui voit le triomphe de la bourgeoisie, que le couple de danseurs se referme sur lui-même. Depuis 1960, l'individu peut danser seul dans la foule. La danse ne manifeste plus une unanimité, mais juxtapose des solitudes… ou des libertés.

Voir **arbre, Bacchantes (les), chaîne, chant, Dionysos, feu, masque, orgie, saison, squelette, tambour**

dauphin

Salut, transformation, rapidité, chance, la symbolique du dauphin est directement liée au caractère sympathique de cet animal intelligent et joueur.

De nombreux dauphins ornent les murs du palais de Cnossos, en Crète, pays où ces mammifères marins étaient divinisés. Ce sont des dauphins qui, dans la Crète mythologique, transportaient les morts jusqu'à leur dernière demeure, l'île des Bienheureux.

Le dauphin a la réputation d'être l'ami de l'homme, et nombreuses sont les légendes d'hommes sauvés et transportés par les dauphins. L'idée trouve son origine dans l'épisode où Dionysos, enfant, est emporté sur un navire par des pirates qui veulent le vendre comme esclave. Le jeune dieu paralyse le bateau en faisant pousser tout autour de la coque et du mât des guirlandes de vigne et de lierre. Terrorisés, les pirates se précipitent dans la mer, mais Dionysos s'apitoie sur leur sort et décide de les transformer en dauphins. Les dauphins qui viennent en aide aux hommes seraient les descendants de ces pirates repentis. Pline l'Ancien rapporte l'histoire d'un enfant auquel un dauphin faisait chaque jour traverser un bras de mer pour lui permettre de se rendre à l'école. Un jour, l'enfant tomba malade et mourut. Le dauphin se laissa lui-même mourir quelques jours plus tard.

Dans le même ordre d'idées, le dauphin joue également le rôle d'intermédiaire divin. Le Christ sera représenté tantôt sous la forme d'un poisson, tantôt sous celle d'un dauphin accompagné d'une ancre où l'on retrouve les lignes de la croix.

Voir **ancre, poisson**

Dédale

Le nom de Dédale, ingénieur grec, incarnation du génie inventif de l'homme, est resté attaché à sa plus célèbre création : le Labyrinthe.

C'est lui qui, à la demande du roi Minos, construit le célèbre labyrinthe de Crète, où sera enfermé le Minotaure, fruit des amours monstrueuses de la reine Pasiphaé et d'un taureau blanc. C'est d'ailleurs Dédale lui-même qui avait fabriqué la fausse vache dans laquelle Pasiphaé s'était enfermée pour assouvir son désir. Une fois le Minotaure vaincu par Thésée, Minos irrité l'enferme avec son fils dans le Labyrinthe. Dédale fabrique alors avec des plumes d'oiseau et de la cire les ailes qui leur permettront de s'envoler pour quitter la Crète.

Un *dédale* désigne un lieu où l'on risque de s'égarer, aussi bien physiquement (un *dédale de couloirs*, par exemple) que mentalement (le *dédale des lois, de l'administration*).

Voir **Icare, labyrinthe, Minotaure, taureau**

delta lumineux voir franc-maçonnerie, triangle

Déluge

Inondation torrentielle d'après la Bible et les diverses traditions du Proche-Orient biblique, le déluge est la colère divine tombée du ciel pour anéantir les hommes, symbole de destruction et de renaissance.

Un mythe universel

L'histoire biblique du Déluge (Genèse, VI, 5 ; VIII, 22) présente de nombreuses affinités avec les récits suméro-akkadiens. Le mythe est en effet attesté chez les Sumériens : le Noé sumérien est Ziousoudra, qui resta enfermé sept jours et sept nuits dans l'arche. Dans la version akkadienne, plus développée, il est appelé Outanapishtim (XIe tablette de l'épopée de Gilgamesh). Le récit biblique reprend les grandes lignes du récit assyro-babylonien : le héros est averti du cataclysme imminent par la divinité ; il reçoit l'ordre de construire un vaisseau (l'arche de la tradition populaire) ; le déluge dure un temps symbolique (sept jours et sept nuits, ou quarante jours, selon les traditions) ; tous les êtres vivants périssent, sauf ceux qui ont trouvé refuge dans l'arche ; le vaisseau échoue dans le même pays montagneux (I'Ararat biblique est le pays d'Ouratou) ; dans les deux traditions, akkadienne et hébraïque, on lâche trois fois des oiseaux. La colombe au rameau d'olivier marque dans le récit biblique la fin du cataclysme. L'universalité de ce mythe a amené nombre de chercheurs à penser que des événements physiques majeurs avaient pu inspirer les récits, comme sans doute le remplissage de la mer Noire par les flots de la Méditerranée en 5500 av. J.-C., soit tout de même au moins 2 000 ans avant l'apparition de l'écriture qui devait permettre d'en fixer le récit.

Le Déluge biblique, préfiguration chrétienne du baptème

Si le récit biblique présente d'incontestables affinités avec les textes assyro-babyloniens, il s'explique aussi, au-delà des textes, par des traditions populaires répandues dans l'ancien Orient et que les écrivains bibliques ont repensées et réinterprétées suivant une théologie monothéiste qui s'inscrit dans l'histoire du salut de l'humanité. La tradition chrétienne fera du Christ un nouveau Noé, et du Déluge, une préfiguration du baptême. Les déluges s'achèvent donc par une renaissance, presque une seconde création.

Face au tsunami de décembre 2004 et à l'ouragan Katrina d'août 2005, les évocations du Déluge faites par certaines branches du christianisme ou de l'islam montrent que les thèmes de la colère divine et de la purification de l'humanité par les eaux demeurent vifs dans les périodes troublées. Le mythe de l'Atlantide n'est pas loin.

Voir **arc-en-ciel, arche, baptême, Atlantide, colombe, chaos, eau, flots, paix, purification, quarante, sept**

Déméter (Cérès)

Déesse de la terre, de la fertilité et des moissons, Déméter joue un rôle symbolique crucial dans la pensée grecque. Son culte principal est célébré à Éleusis.

À la recherche de Perséphone

Les mystères d'Éleusis, connus dans toute la Grèce, se rattachent à l'histoire de la longue errance de Déméter, dont la fille, Perséphone (Corê), avait été enlevée par Hadès. Déméter part à sa recherche, parcourant toute la terre pendant neuf jours et neuf nuits, un flambeau dans la main, sans

manger ni boire. Au dixième jour, Hélios lui révèle ce qui est arrivé à sa fille. La déesse renonce alors à son rôle nourricier et poursuit sa quête. Pendant ce temps, la terre dépérit et les moissons sèchent sur pied. En chemin, Démeter se déguise en vieille nourrice et recueille le jeune Triptolème, à qui elle confiera plus tard le soin de propager la culture du blé sur la terre.
Zeus, devant cette catastrophe, demande à Hadès de rendre sa fille à Déméter. Mais la jeune fille a déjà avalé trois grains de grenade, rompant le jeûne qui l'aurait rattachée à la terre. Zeus propose alors un compromis : Perséphone demeurera six mois par an sous la terre avec son époux, et pendant les six autres rejoindra sa mère sur l'Olympe, quittant le séjour infernal au moment où la terre reverdit à l'annonce du printemps.

Le culte de Déméter et les mystères d'Éleusis

Le culte de la déesse et les célèbres mystères d'Éleusis reposaient sur cette alternance de vie et de mort de la végétation, symbole de dépérissement et de résurrection. À l'origine, ce culte était strictement lié à la culture du blé ; mais, au cours des siècles, il se chargea d'une signification plus profonde : sur le vieux thème paysan se greffa, à l'image de la nature, le thème de l'immortalité de la race, puis de l'individu. Avec l'orphisme, le culte de la triade d'Éleusis (Déméter, Perséphone/Corê, Triptolème) promet une vie de bonheur pour l'éternité. Les attributs de la déesse sont l'épi, le narcisse, le pavot, et elle est souvent représentée assise, avec des flambeaux.
Les Grands Mystères duraient neuf jours (rappelant la durée de la première errance de Déméter), et l'initiation proprement dite était précédée de processions, de rites de purification et de jeûnes. Les initiés étant tenus de préserver le secret absolu sur le contenu de l'initiation, peu d'informations nous sont parvenues à son sujet.

Voir **blé, charrue, grenade, mère, moisson, Perséphone, purification, saison**

démon

Les démons, tantôt bienfaisants, génies familiers attachés à la destinée de l'individu, et tantôt malfaisants des mythologies antiques, deviennent avec le christianisme les auxiliaires de Satan, anges déchus qui habitent l'enfer et tentent les hommes, ennemis du bien et donc symboles du mal.

Bons et mauvais démons

Dans l'Orient ancien, où dieux et esprits ne sont pas toujours distingués, les mauvais esprits sont responsables de maladies, d'infirmités, de malheurs, de calamités extérieures ; on se défend contre eux au moyen d'incantations, d'exorcismes, d'amulettes.
L'Ancien Testament connaît ces démons et leur associe les dieux païens. Il y a des démons purs esprits, des démons thériomorphes (à forme animale) et anthropomorphes (à forme humaine). L'influence persane accentue l'opposition des bons et des mauvais esprits : de Dieu avec ses

envoyés et des démons. L'influence grecque, quant à elle, souligne le rôle des démons dans la divination et la possession, leur séjour aérien, les relations qui existent entre eux. La notion de Satan, d'abord ministre angélique de Dieu, puis chef des mauvais esprits, se dégagera par un processus particulier au judaïsme.
Pourtant, le *daimôn* des Grecs (de *daiein,* « diviser », « séparer », « distribuer »), mais aussi *daîmon,* (« puissance divine »), s'il peut être mauvais ou neutre, est le plus souvent bienveillant (synonyme de *théos* ou de *numen* en latin), génie, dieu inférieur, âme des morts ou encore médiateur entre les hommes et les dieux. On trouve même des démons attachés à des hommes personnellement, comme celui de Socrate, « démon » familier qui, dit-il, lui dicte sa conduite.

Les suppôts de Satan

Pour Philon d'Alexandrie, Moïse nomme « anges » les dieux, les esprits, les démons, tant bons que mauvais. Mais « démon » prend un sens péjoratif, notamment par la littérature apocalyptique, qui fait le pont entre l'Ancien et le Nouveau Testament, et expose la chute des anges, leur emprisonnement, leur châtiment ultime, leur acharnement contre les hommes. La théologie chrétienne raffinera la doctrine, notamment aux époques de la sorcellerie florissante. « Démon », nom individuel ou collectif, devient synonyme de diable et de Satan, désignant une sorte d'homme animal, soumis à tous les vices, lubrique, gourmand, envieux, violent. Au IIe siècle, Maxime de Tyr ne dénombrait pas moins de 30 000 démons ! Ce sont eux qui soufflent à l'oreille du juste ses mauvaises actions, le dédouanant d'une certaine manière de la responsabilité de ses fautes. Bientôt, du haut de leur chaire, les curés vaticineront contre les légions du diable et leurs œuvres, auxquelles le catéchumène est sommé de renoncer au cours des sacrements. Dans la hiérarchie chrétienne, les démons sont parallèles aux anges, mais du mauvais côté.
Dans l'iconographie du Jugement dernier, les démons précipitent les damnés dans le feu de l'enfer, tandis que les anges hissent les élus vers le paradis.
La figuration des esprits malins a joué un rôle immense dans l'art chrétien du Moyen Âge. On les aperçoit aux chapiteaux ou aux tympans des églises, aux corniches et aux gargouilles, sous une apparence tantôt proche de l'humanité, tantôt monstrueuse et conçue avec la fantaisie la plus débridée.

Le ***démon de l'envie, de la curiosité, de l'alcool,*** personnification des tentations, des vices, des instincts.

Le ***démon de midi***, désir sexuel qui s'empare des êtres humains à un certain âge (vers le milieu de la vie).

Voir **amulette, ange, Antéchrist, apocalypse, diable, enfer, feu, génie, Lilith**

dent

Les dents symbolisent l'agressivité et la force vitale.

Deux mythes grecs montrent l'association entre les dents et la combativité, mais dénotent aussi une sexualité déséquilibrée. Le roi Aétès impose à Jason une épreuve qui consiste à dompter deux taureaux féroces, puis à labourer un champ dans lequel il sèmera des dents de dragon. De ces dents naissent des géants que le héros devra tuer. Dans un autre récit, Cadmos terrasse un serpent monstrueux et en sème les dents. Il en naît des guerriers qui s'entretuent, ne laissant que cinq survivants, lesquels, avec Cadmos, deviennent les fondateurs de la ville de Thèbes. Dans les deux cas, il manque aux dents, qui sont pourtant fertiles, la semence féminine. Les dents sont résolument phalliques, elles font naître sans l'intermédiaire de mère des monstres ou des hommes durs et belliqueux qui ne cessent de s'entre-combattre. Les deux mythes sont à l'origine d'une image très inquiétante du rôle de la mère, dépossédée de ses attributs de conception. Médée, épouse de Jason, tue les enfants qu'elle a de lui, et Cadmos sera l'ancêtre d'Œdipe, qui épouse sa propre mère.

Les enfants naissent sans dents parce qu'ils sont sans défense ; lorsque celles-ci apparaissent, elles semblent pousser toutes seules, sans « fécondation ». La perte des dents symbolise le grand âge, le retour à l'enfance, et donc la passivité et l'impuissance.

Avoir la dent dure signifie avoir la critique sévère.

Avoir les dents longues, c'est être ambitieux.

Garder une dent contre quelqu'un, c'est lui en vouloir.

désert

Lieu vide, aride et peu fréquenté, le désert symbolise le renoncement à la vie sociale, au profit d'une ascèse qui seule permet d'espérer contempler le visage de Dieu.

Un lieu mystique...

Dans l'histoire juive, le désert est souvent le lieu de la révélation et du renouveau. C'est au désert que Moïse voit apparaître le buisson ardent et c'est dans la solitude du désert que les Tables de la Loi lui sont confiées. Un passage au désert est normalement suivi d'un retour dans la société, et, si l'ermite Jean-Baptiste prêche dans le désert plus qu'en ville, c'est qu'il n'est que le précurseur du Messie. Les cinq années que Mahomet passe au désert sont suivies du retour triomphal vers La Mecque.

...livré aux tentations

Pourtant, dans le christianisme, le passage au désert devient un but en lui-même avec saint Paul ermite (IIIe siècle) et surtout saint Antoine (IVe siècle), le père fondateur des ordres monastiques. Si se retirer dans le désert, c'est se mettre en position de rencontrer Dieu, c'est aussi prendre le risque de ne se voir que soi-même et donc d'être soumis à des tentations diaboliques, plus séduisantes encore que celles que procure la fréquentation du monde social. Jésus lui-même a été soumis à la tentation au cours des quarante journées passées au désert en méditation. La victoire n'est pas assurée, car c'est l'ascèse elle-même qui dote le diable du masque le plus avantageux : celui de l'orgueil. Chez les bouddhistes, la pratique exagérée de l'ascèse est donc proscrite. Le véritable désert est intérieur et se confond avec la paix de l'âme.

Parler, prêcher dans le désert, c'est parler ou prêcher sans être écouté.

Une traversée du désert désigne une disparition provisoire de la scène politique, une période d'inactivité forcée, nullement définitive cependant.

deux [2]

Premier multiple, le chiffre deux exprime les symboles contraires de la symétrie et de l'opposition : la thèse et l'antithèse.

Dualité et égalité

Dans l'Antiquité, le deux, premier chiffre divisible, était associé à la mère, symbolisant la division de l'enfant d'avec celle-ci, créant dès lors deux possibilités de rapports : dualité ou complémentarité.

Chiffre de la polarité, composé de deux unités, le deux possède une symbolique ambivalente d'opposition et de complément entre ses parties. Omniprésent dans l'Ancien Testament (les deux fils d'Abraham, les deux trompettes d'argent que Dieu demande à Moïse de forger, les deux boucs émissaires, les deux fils de Rébecca, les deux royaumes de Juda et d'Israël, les deux Veaux d'or...), le chiffre deux exprime autant la dualité que l'égalité. Être deux, c'est pouvoir témoigner, c'est passer de la pensée à la parole de la révélation, tels les deux anges d'Héliodore.

Dualité et antithèse

Dualité primordiale, d'abord, entre le bien et le mal, le jour et la nuit, le soleil et la lune, la lumière et les ténèbres, à l'œuvre dans les religions iraniennes, mithraïsme et manichéisme. Aussi le deux exprimait-il pour les Anciens l'amour et la haine, l'amour et la peur, et bien sûr la femme et son antithèse, l'homme, comme dans la tradition celtique, qui figure cette dualité par le Dieu Cornu et la Déesse. Antithèse de l'ange dans l'association du chiffre deux au diable : « Celui qui dit toujours non ». Antithèse du divin et de l'humain, de la création et de la créature chez les kabbalistes, où le deux représente Dieu et l'homme. Dans le Coran où cette dualité, divine d'Allah, et humaine de son prophète Mahomet, contrebalance progressivement le caractère négatif du deux lié à la division de l'unique. Dualité de l'âme enfin, où le chiffre deux représente le combat intérieur, car le deux, premier nombre à s'écarter de l'unité, symbolise donc le péché. Pour les pythagoriciens aussi, la dyade (le chiffre deux) est indétermination, imperfection, discorde ; elle représente la matière, tandis que l'unité est divine.

Complémentarité et synthèse

Le chiffre deux renvoie aussi au mythe de la séparation et de la réunion : celle des anges et des démons, celle de l'âme et du corps, celle du Messie et des hommes à « la fin des temps » de l'apocalypse.

Le Nouveau Testament s'attache par-

ticulièrement à cette symbolique de complémentarité du deux, telle la nature de Jésus, pleinement dieu et pleinement homme. « Au temps où vous étiez Un, vous avez fait le deux », dit ainsi l'Évangile de Thomas. Selon la Kabbale, tout ce qui existe, tout ce qui a été formé par l'Ancien, subsiste par un mâle et par une femelle.
À terme, le deux devient un, dit la Genèse : « L'homme quittera son père et sa mère, il s'attachera à sa femme, et les deux deviendront une seule chair » (II, 24). Ainsi, la résolution des contradictions de la symbolique du deux est dans la synthèse, clef de toute dualité.

Voir **androgyne, double, trois, un**

diable

Lucifer, démon, Méphistophélès, Belzebuth, Satan, prince des Enfers, ange déchu, le diable est l'incarnation du mal, le symbole de toutes les forces qui obscurcissent la conscience et empêchent de distinguer le bien du mal.

Le chef des anges déchus

On appelle encore les diables démons. Les théologies catholique et orthodoxe enseignent que les anges furent créés dans un état de bonheur et de grâce que certains perdirent dans leur révolte contre Dieu ; ils tombèrent en enfer et devinrent les diables, ou démons. Ils obéissent à un chef, le diable. Ce thème de la chute des anges est né dans le judaïsme tardif et a été repris par la tradition chrétienne. Les anges déchus, en perdant la grâce, ont conservé une partie des dons qui rendent la nature angélique supérieure à la nature humaine. Aussi sont-ils encore capables d'exercer leur puissance dans le monde :
1- ils tentent les hommes et s'efforcent de les porter au mal ;
2- ils peuvent jeter dans le trouble les facultés humaines par l'obsession et la possession ;
3- ils ont un pouvoir sur la nature matérielle, au point de produire des prodiges.

Serpent, monstre cornu et blonde tentatrice

Face à l'unité rassurante et paternelle de Dieu, le diable est un être foisonnant et multiple qui peut faire sienne la réponse à Jésus (Luc, VIII, 30) du démon du pays des Géraséniens : « Mon nom est Légion. » Il apparaît ou se dissimule sous les aspects et les noms les plus divers (Lucifer, le Démon, Belzébuth, Méphistophélès, le Malin), mais a une prédilection pour celui de diable, c'est-à-dire « le calomniateur » (du grec *diabolos*), et celui de Satan, qui traduit l'hébreu *hachatân*, « l'adversaire ».
De même, l'incarnation du Mal apparaît au Moyen Âge sous les figurations les plus variées (serpent, crapaud, dieux et déesses antiques, monstre, animaux fabuleux, etc.). Sous la forme d'un serpent ou d'un dragon, il est transpercé par la lance de l'archange ou piétiné par la Vierge ou d'autres saints. Le type médiéval le plus courant s'est fixé vers le XIIe siècle : il a une forme humaine, le corps velu, les oreilles pointues, les pieds fourchus ; il porte des cornes

et une longue queue (vitraux de Chartres, sculptures de la cathédrale de Paris). Il est parfois accompagné d'acolytes aussi patibulaires que lui. Le diable joue un grand rôle dans les scènes du Jugement dernier, où il est représenté entouré de ses légions, constituées de démons et de damnés, sur fond de rougeoiement infernal. Lors de leur pesée, saint Michel dispose les âmes sur un plateau de sa balance et sur l'autre les péchés commis par elles ; le diable s'accroche au plateau des péchés pour le faire pencher vers lui.

Avec la Renaissance, puis l'époque des Lumières, le diable connaît une évolution : son « physique » s'améliore et se féminise : il passe du monstre cornu et fourchu des cathédrales et des enluminures aux agréments de la femme tentatrice.

Le fourbe tentateur

Serpent séducteur dès la Genèse (I, 3), il fait de l'histoire humaine le lieu et le propos d'une lutte inexpiable avec Dieu pour la possession de l'homme, qu'il veut entraîner dans sa damnation (Livre de Job, I, 2-7). Il détourne ainsi Ève, puis Adam, de leur devoir d'obéissance, suscitant ainsi la condamnation des hommes au travail, à la souffrance et à la mort. Souvent perçu comme l'antithèse de Dieu, en tout cas son adversaire, il fut jadis ange de lumière (le mot issu du latin, *Lucifer,* signifie « porteur de lumière »), et se voulut l'égal de Dieu. Vaincu par saint Michel et ses armées, il se consacra ensuite à la propagation du mal parmi les hommes. Son arme absolue est la tentation, arme du fourbe par excellence, et il est passé maître dans l'art de faire miroiter aux yeux de l'homme faible des plaisirs paradisiaques, dans le seul but de s'emparer de son âme. C'est le mythe de Faust. Faust ne croit pas en Dieu, mais suffisamment au diable pour lui vendre son âme en échange du savoir et des biens terrestres. Le diable a l'habitude de se dissimuler pour mieux tenter les hommes et les amener à enfreindre la loi de Dieu. Pour tenter le Christ pendant les quarante jours qu'il passe dans le désert, il jette dans la balance tous les pouvoirs et les délices du monde (Matthieu, IV, 1-11 ; Luc, IV, 1-13) sans parvenir à égaler le poids d'une âme.

Pactiser avec le diable

Le diable aura plus de chance avec les imaginations médiévales, et le pacte avec le diable se profilera derrière toutes les figures majeures de la science et de la pensée, de Roger Bacon à Galilée, de Paracelse à Giordano Bruno. Seule peut rompre le pacte l'intervention de la Vierge ou de l'amour, comme dans la légende de Faust, personnage qui devient pour les écrivains des Lumières le symbole de la connaissance dévoyée, mais aussi le héros ambitieux de la conquête du savoir contre les puissances obscures. À partir du XVIIIe siècle, de même que sa représentation iconographique s'est modifiée, son interprétation morale abandonne l'aspect dominateur du chef des anges rebelles pour la solitude prométhéenne du héros vaincu, qui sera l'un des thèmes favoris du romantisme. Réfléchissant sur Dostoïevski (1923), Gide a conclu qu'« il n'est point de véritable œuvre d'art où n'entre la collaboration du démon ».

Avoir le diable au corps, manifester une grande énergie, de la vivacité ; faire le mal sans scrupule ; être pris d'une passion amoureuse violente.

Beauté du diable, charme irrésistible de quelqu'un qui suscite la tentation.

Donner, vendre son âme au diable, faire, signer un pacte avec le diable, accepter de se corrompre, de s'opposer à la morale ou à la justice pour obtenir quelque chose.

Voir **âme, ange, Antéchrist, blond, bouc, cheveux, corne, démon, dragon, enfer, femme, feu, fourche, génie, Lilith, pomme, serpent, Seth**

diamant

Corps le plus dur du règne minéral, constitué de carbone pur cristallisé, le diamant symbolise la pureté, la perfection et l'incorruptibilité.

Un symbole de solidité

Très rare dans l'Antiquité, le diamant est considéré comme la plus précieuse des gemmes. Il tire son nom du grec *adamos,* qui signifie « indestructible ». L'Ancien Testament dit : « J'ai rendu ton front comme le diamant, plus dur que le roc. Ne les crains point, et ne tremble point devant eux. » Pierre des vainqueurs, matière qui fend l'enclume, le diamant est la matière de la porte du Tartare, le séjour des morts, dans *l'Énéide* de Virgile : « Vulcain la composa des métaux les plus durs. Le diamant massif en colonnes s'élance. » C'est la symbolique des noces de diamant, anniversaire de la soixantième année de mariage. Perçu comme bénéfique lorsqu'il est d'une pureté et d'une limpidité absolues, incolore ou blanc-bleu, le diamant revêt un caractère maléfique quand il est jaune, rose ou noir.

Un talisman

Forme aboutie du cristal, le diamant est aussi associé à la perfection. Platon parle ainsi d'un axe du monde formé de diamants. De ce fait, le diamant participe de la symbolique du blanc et en reprend les caractères de pureté, de vertu et de chasteté : dans la chrétienté, il symbolise le vêtement de lumière de Dieu, luisant d'une lumière incréée, la substance universelle de l'univers, « Yésod » dans la terminologie hébraïque. Aussi lui a-t-on longtemps attribué la faculté de se reproduire lui-même.
On lui prête des pouvoirs de protection : Héphaïstos offre à Persée une serpe de diamant à sa naissance. L'auteur latin Pline l'Ancien le décrit comme le talisman universel, protégeant des poisons et de toutes les maladies. Utilisé en poudre par l'empereur de Prusse Frédéric II contre les excès alimentaires, le diamant est paré d'extraordinaires propriétés dans la tradition populaire de l'Europe occidentale : il tient à distance les animaux sauvages, les fantômes, les sorcières et les apparitions, chasse les soucis, la colère, donne force, courage et invincibilité aux hommes et enfin préserve les couples de l'infidélité. D'ailleurs, comme le chantait Marilyn Monroe : « *Diamonds are a*

girl's best friend » (« Les diamants sont les meilleurs amis de la femme »).

Voir **blanc, cristal**

Diane voir Artémis

Dionysos (Bacchus)

Fils de Zeus et de la mortelle Sémélé, Dionysos, dieu du vin, de la vigne et de l'ivresse, incarne la fécondité de la nature et la liberté des mœurs.

Un culte à mystères

Dionysos, dieu grec du vin et des vignerons, est à l'origine un dieu oriental, originaire de Thrace, et son culte comme celui de Déméter se célébrait sous forme de mystères. Dionysos comme Poséidon est un dieu de l'élément humide. Le dieu thrace hantait les sommets boisés, mais rendait des oracles, patronnait l'agriculture et présidait à un culte dont les manifestations dérivaient de l'ivresse éthylique ; selon la légende, des femmes, les Ménades, se livraient, la nuit, dans les montagnes, à des orgies mystiques.

Le mythe grec

Adopté en Grèce, Dionysos reçut des Béotiens une histoire mythique. Selon eux, il était le fils de Zeus et de Sémélé, foudroyée pour avoir voulu voir son divin amant dans toute sa gloire ; l'enfant, dont l'heure n'était pas venue, fut enfermé quelques mois dans la cuisse de Zeus jusqu'à l'heure de sa naissance. C'est pour cette raison que l'on appelle aussi Dionysos « le deux fois né ».

Il fut élevé par des nymphes, puis, frappé de démence, il parcourut le monde en propageant la culture de la vigne. Il aurait, sur un char tiré par des panthères, gagné l'Inde en une expédition triomphale. Appelé aussi Bacchus (du grec *Bakkhos*), il fut identifié à Rome avec le dieu italique *Liber Pater*.

Dieu de la nature et de l'ivresse

Dieu de la végétation, Dionysos incarne les forces de la nature, la sève qui parcourt les plantes et notamment la vigne et son précieux produit : le vin. Il symbolise également la fécondité de l'homme et vit, couronné de pampres, entouré d'un joyeux cortège de faunes et de satyres, de Ménades et de Bacchantes, où figuraient aussi Pan et Priape. Il a pour attributs le pin et le lierre (qui s'enroule autour des colonnes symboliques, près des autels). On voit encore en lui un dieu de la génération, assimilé souvent à un bouc (allusion à la fièvre érotique qui anime l'entourage du dieu) ou, plus souvent encore, à un taureau.

Les rites religieux dérivent primitivement de l'ivresse et de l'orgie, qui sont censées permettre au fidèle de s'intégrer à la divinité elle-même. Dans la légende, ces rites allaient jusqu'à l'omophagie, qui consistait à dépecer et à dévorer des victimes vivantes. Cela n'est pas sans rapport avec une réalité primitive, réprouvée par la Grèce classique, et qui freina l'adoption du culte par les cités. D'autre part, du cortège délirant de Dionysos et de ses compagnons de débauche, sont issus la poésie dramatique des Grecs et le dithyrambe. Le culte de Dionysos a eu, en Grèce, une influence considérable. Plus tard, à l'époque impériale romaine, ses fêtes continuèrent à se pratiquer. Dionysos, dieu du vin, et Déméter, déesse de la fertilité et des moissons, sont des dieux essentiels à la vie humaine.

Voir **androgyne, Bacchantes, bouc, cuisse, danse, Déméter, orgie, Pan, Poséidon, taureau, vigne, vin**

disque

Symbole du soleil, le disque est l'emblème des divinités solaires.

En Égypte, le disque ailé est l'une des manifestations de Rê. Le dieu est souvent représenté avec une tête de fau con au-dessus de laquelle se trouve un disque solaire. Souvent ce disque est flanqué d'ailes, symbolisant non seulement le mouvement du soleil, mais aussi une nouvelle vie et la résurrection.
Encadré de deux *uraeus* (serpent) et flanqué de deux ailes, le disque évoque aussi le dieu Horus et symbolise la protection divine. On le trouve dans les temples, au-dessus des portes ou dans les cintres des stèles. Des Égyptiens, il passe chez les Hittites, où il est l'emblème du dieu du Soleil, comme il le sera du dieu Ashour (dieu créateur) chez les Assyriens, et du dieu Ahura-Mazdâ, dieu suprême chez les Perses.
Les Grecs empruntent le disque solaire aux Égyptiens pour en faire l'un des attribut de Hélios (« soleil » en grec) et d'Apollon, dieu solaire. Le halo qui entoure la tête du Christ est un disque solaire qui hérite de cette ancienne signification. Le Christ lui-même est un dieu solaire, de lumière et de vie, qui promet la résurrection.

Voir **Apollon, auréole, cercle, Hélios, Horus, nimbe, Rê, résurrection, serpent, soleil, tonsure**

dix (10)

Somme des quatre premiers chiffres, le dix (10) est le symbole de l'achèvement et du retour à l'unité.

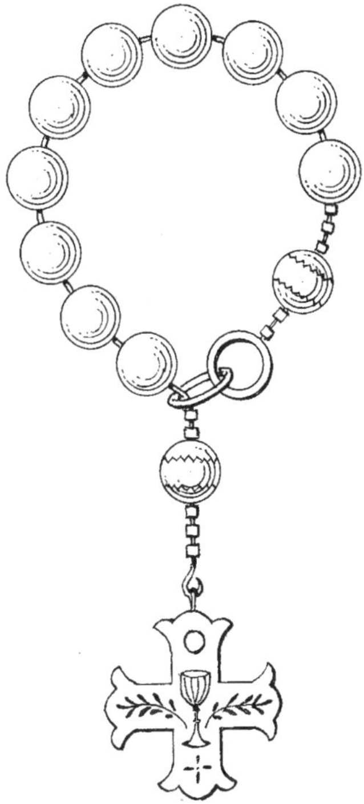

Le dix de la perfection

Dans l'Ancien Testament, le chiffre dix, qui associe l'unité (symbole de la création) et le zéro (symbole de la matière et du chaos), se rapporte à la perfection dans l'ordre divin : aussi est-il généralement associé aux forces et à la loi divines : cette symbolique de la puissance se retrouve dans les dix commandements, dans la décade sacrée des dix premiers chapitres de la Bible, la Genèse, dans les dix plaies d'Égypte, dans la demande d'Abraham à Dieu d'épargner Sodome s'il s'y trouve seulement dix justes, dans les dix vices qui excluent du royaume de Dieu, dans la dîme (un dixième) destinée aux lévites et aux pauvres, dans les dix peuples ennemis d'Israël…

Le rite hébraïque reprend cette symbolique, tels les dix jours pendant lesquels est ouvert le Livre de la vie entre Rosh ha-Shanah et Yom Kippour, telle l'exigence de réunir dix hommes pour former un quorum de prière et ouvrir la synagogue, tels les dix degrés d'élévation mystique nécessaires dans le Talmud pour atteindre la gloire divine, ou encore les dix *sephiroth* de l'Arbre séfirotique de la Kabbale, considérés comme des attributs divins.

Le dix de la connaissance

Le dix est aussi le nombre de la Tétraktys pythagoricienne, représentée par un triangle de dix points disposés en une pyramide de quatre étages : somme des quatre premiers chiffres.

0
0 0
0 0 0
0 0 0 0
: 1+2+3+4.

Pour Pythagore, cette décade symbolise la création universelle et exprime l'ensemble des connaissances humaines : elle est le plus sacré des nombres. C'est le dix synonyme de totalité, d'achèvement, de retour à l'unité après le cycle des neuf premiers nombres. Pour le philosophe et alchimiste allemand Agrippa von Nettesheim, « dix est appelé le nombre de tout ou universel ». Somme de cinq + cinq, le dix symbolise fréquemment l'opposition de deux parties égales, comme dans la parabole christique du royaume des cieux, semblable à dix vierges, dont cinq sont folles, et cinq sages (Matthieu, XXV, 1-13). Le Nouveau Testament donne moins de place au dix que l'Ancien Testament. Dans le christianisme, le dix est associé à la multitude, telles les paraboles de Jésus, notamment celle des dix deniers, dont chacun est indispensable, tels aussi les dix lépreux guéris par Jésus, ou telle la Bête de l'Apocalypse, dont les dix cornes portent dix diadèmes.

Cela mérite 10 (sur 10) signifie qu'un travail est parfait (par allusion à la notation scolaire).

Voir **cinq, triangle**

dix mille (10 000)

Dix mille représente la multitude de la multitude, l'infini.

« Saül en a battu mille, David dix mille », dit l'Ancien Testament, car, si mille symbolise une grande quantité, dix mille est un multiple de cette immensité. Plus grand nombre cité dans le Deutéronome, dix mille symbolise la quantité et l'infini : c'est la fusion de ce qui est comptable et de l'impossible à compter.

Aussi dix mille représente-t-il l'abondance, comme lorsque le peuple dit à David : « Toi, tu es comme dix mille d'entre nous » (Livre de Samuel), ou dans ce passage du Livre de Daniel : « Mille milliers le servaient, et dix mille centaines de milliers se tenaient debout devant lui. »

Dix mille représente la plénitude, à l'image des dix mille vers de chacun des vingt livres écrits par Zoroastre. La même symbolique est à l'œuvre dans la mythologie grecque, où l'hydre de Lerne au corps de chien possède cinquante, ou cent, voire jusqu'à dix mille têtes. Dans l'épopée des Dix Mille décrite par Xénophon dans *l'Anabase*, armée de mercenaires grecs enrôlés par Cyrus le Jeune, faisant retraite après une défaite à travers l'Arménie, c'est autant la multitude qui est désignée que la capacité de croissance de cette multitude. Les chefs de cette armée s'étant fait massacrer, les Grecs en ont élu d'autres. Mais quantité n'est que vanité, comme le dit saint Paul en s'adressant aux Corinthiens : « Quand vous auriez dix mille maîtres en Christ, vous n'avez cependant pas plusieurs pères. »

dix-sept (17)

Chiffre essentiel, le dix-sept représente la séparation, la mort et la loi divine.

Une symbolique néfaste

Dix-sept est le chiffre de la chute, pour Abû Tâlib Al-Makkî, qui relève dix-sept péchés dans la tradition musulmane, la sunna. Dans la Rome antique, il est symbole de mort : son orthographe en chiffres romains étant l'anagramme de *VIXI* (« J'ai vécu » en latin), qui rappelle la formule du décès, *VIXIT* (« Il a vécu »). Cette crainte du nombre dix-sept est encore vivace chez les Napolitains et les Corses, la légende disant ainsi que Bonaparte repoussa d'un jour son coup d'État pour qu'il n'ait pas lieu le 17 brumaire, mais le 18.

C'est au dix-septième jour du mois d'Athyr que la mythologie égyptienne place la mort d'Osiris, une époque de pleine lune : aussi les pythagoriciens appellent-ils ce jour « interposition » et ont-ils pour le dix-sept une totale répugnance. Cette interposition est traduite par le mot grec *antiphraxis* (« interposition » ou « mur de séparation », car le dix-sept se situe entre les chiffres seize, nombre carré, et dix-huit, carré double). Le dix-sept, signe de séparation, est le nombre de jours pendant lesquels Ulysse dérive sur son radeau après que Calypso l'a libéré. Dans la Genèse, Joseph a dix-sept ans lorsque ses frères se retournent contre lui et qu'il devient esclave en Égypte.

Dans les religions révélées, le dix-sept de la séparation est associé à l'épreuve : ainsi, c'est le 17 du mois de Tammuz que les Tables de la Loi sont brisées, la tradition hébraïque considérant comme néfaste la période de trois semaines qui suit cette date. De même, c'est le dix-septième jour du mois que débuta le Déluge, dit la Genèse. Le dix-sept scande aussi la fin de l'épreuve : « Le septième mois, le dix-septième jour, l'Arche se posa sur les monts d'Ararat » (Genèse).

Le nombre de la loi divine et de la liturgie

Somme de 9 et de 8, le nombre 17 a une signification qui fait écho au 72, produit de 9 et de 8. Pour les pythagoriciens, ceux qui sont appelés à ressusciter sont au nombre de dix-sept : une symbolique de renaissance et de mutation qui a grandement influencé le mysticisme chiite.

Le dix-sept est aussi le nombre du Livre, celui des dix-sept livres qui composaient la Torah initiale, selon le Talmud, celui des dix-sept bénédictions de la loi juive, celui de la Kabbale, où 17 se lit comme la somme de 8 (*hé*) et de 9 (*vav*), centre du nom de Yahvé. Dans l'islam, dix-sept gestes liturgiques composent les cinq prières quotidiennes. Dix-sept mots composent l'appel à la prière. Enfin, selon Jâbir Ibn Hayyân, « tout, dans l'univers, est gouverné par le nombre 17, les métaux, par exemple, possèdent dix-sept pouvoirs », et la forme de toute chose au monde est 17.

Voir **Déluge, huit, neuf**

doigts

En raison de leur mobilité et de leur combinaison entre eux, les doigts peuvent composer une palette gestuelle très large et se prêter ainsi à des significations symboliques fort diverses.

Majeur saturnien, annulaire nuptial et auriculaire mercuriel

Le médius ou majeur, doigt du milieu, est le doigt de Saturne. Il serait lié à la rate et au pancréas. C'est le doigt de la bile et, relevé, il peut signifier la colère et l'injure.

L'annulaire, doigt du dieu solaire, représente l'union sous le regard de Dieu. L'alliance nuptiale se glisse d'ailleurs à l'annulaire gauche (tradition qui remonte à la plus haute Antiquité puisqu'on disait qu'une veine très fine (*veina amoris*) reliait ce doigt au cœur). L'auriculaire est le doigt de Mercure (Hermès chez les Grecs), le messager des dieux. L'expression « mon petit doigt me l'a dit » est une allusion à cette association.

Le langage des doigts

Chaque doigt aurait sa ou ses significations propres. Traditionnellement, le pouce représente le jugement. Tourné vers le bas, il signifie la condamnation à mort des gladiateurs lors des jeux romains. Levé, il signifie l'approbation. Pour les Anciens, l'index est le doigt de Jupiter, dieu suprême. Les Tables de la Loi que Moïse reçoit de Dieu sont « écrites du doigt de Dieu » (Exode, XXXI, 18). C'est ce même doigt qui crée Adam dans la célèbre fresque de la chapelle Sixtine exécutée au Vatican par Michel-Ange. « Mettre à l'index », c'est interdire les œuvres écrites qui seraient susceptibles de déplaire à Dieu.
Si l'on forme un cercle avec l'index et le pouce, la configuration signifie « OK » dans les cultures anglo-saxonnes. En revanche, en Grèce, ce cercle équivaut au bras d'honneur français. Le voyageur averti se doit donc de bien apprendre le langage des doigts !

« V » de la victoire ou « bras d'honneur » ?

Si l'on écarte l'index et le médius pour former un V, tout en serrant les trois autres doigts, on forme un signe dont le sens peut varier dans le monde anglo-saxon. Si l'on montre le dos de la main, c'est-à-dire si la paume est tournée vers la personne qui fait le geste et que l'on accompagne le V d'un mouvement brusque

du poignet, on fait l'équivalent du bras d'honneur français au Royaume-Uni, en Irlande, en Australie et en Nouvelle-Zélande. À la bataille d'Azincourt, en 1415, les soldats français l'auraient utilisé pour signifier leur intention d'amputer l'index et le médius des archers gallois, doigts dont on se sert pour tirer la corde de l'arc. Après les victoires anglaises, le geste est employé par dérision par la soldatesque d'outre-Manche pour humilier les Français.
Sans mouvement du poignet et la paume vers l'extérieur, l'index et le médius forment le « V » de la victoire. Ce geste, rendu mondialement célèbre pendant la Seconde Guerre mondiale par Winston Churchill, fut développé par les services de propagande britannique au début de la guerre. La résistance belge employait déjà le « V », qui peut signifier « victoire » ou « *vrijheid* », « liberté » en néerlandais. L'idée fut développée par la BBC, et, le 20 juillet 1941, une campagne européenne, avec un message de Churchill, autour du « V » comme symbole de résistance anti-allemande, fut lancée.

Voir **anneau, baguette, branche, bras, main**

dôme

Couverture d'un grand édifice constituée par la surface convexe et extérieure d'une coupole, le dôme représente la voûte des cieux et symbolise l'autorité.

L'ordre cosmique

Un dôme est une construction en forme de voûte. Cette forme a sans doute pour origine les cabanes rondes en branchages recourbés reliés au centre et recouverts de chaume.
Ce sont les Romains qui, les premiers, ont mis au point des techniques de cadrage pour soutenir d'immenses voûtes, comme on en voit toujours au Panthéon (IIe siècle après Jésus-Christ). La forme circulaire du dôme a une signification toute particulière pour les Romains. Sa géométrie sans angles représente l'ordre et l'harmonie et sa très grande hauteur devient le symbole de l'unité impériale sous la voûte céleste.
Repris dans l'architecture romane et byzantine, les dômes, images des cieux des églises, sont souvent peints d'un Christ Pantocrator en surplomb, et font résonner les chants des fidèles et des moines. Le symbolisme du dôme va s'imposer à Saint-Pierre-de-Rome (1538) avec la Contre-Réforme. Les Byzantins, inspirés par les influences classiques et orientales, avaient traduit leurs aspirations cosmiques dans l'intérieur de leurs édifices à coupole. Désormais le demi-globe crucifère va se silhouetter dans le ciel, établir la continuité entre l'espace architectural du temple divin et de l'environnement urbain.

Un symbole du Nouveau Monde

Aux États-Unis, le dôme devient une référence architecturale délibérée à Rome. Non seulement le Capitole à Washington, mais aussi les capitoles de quarante États américains, sont surmontés d'un dôme. Ce choix d'un style néoclassique, ouvertement promu par Thomas Jefferson (1743-1826), l'un des plus influents présidents du pays et de surcroît architecte amateur accompli, établissait un lien symbolique entre les valeurs de la nouvelle république américaine et Rome, berceau historique des valeurs républicaines. Les dômes américains en viennent à désigner une nouvelle « religion », celle du civisme et de la liberté.

Voir **voûte**

double

Répété deux fois ou formé de deux choses identiques, le double exprime le renforcement et la dualité.

Une force dédoublée

Le double exprime généralement un caractère maléfique et puissant. Dans l'Antiquité grecque, il représente la force multipliée des créatures qui se présentent par deux, tels les deux serpents du caducée d'Hermès, les deux dragons envoyés par Héra pour tuer Héraclès à sa naissance, les têtes de l'hydre de Lerne qui repoussent en double exemplaire chaque fois qu'Héraclès les coupe, telles encore Chrysaor et Pégase, les deux créatures qui jaillissent du cou de la gorgone Méduse, tranché par Persée, ou bien Typhon, monstre ailé terminé par deux serpents, ou ces deux nains de la mythologie scandinave, qui tuent le géant Kvasir et mêlent son sang à du miel, créant l'hydromel magique.

Le double menaçant

Lorsqu'il apparaît comme sosie, le double prend diverses formes, toutes étant alors symbole de menace : l'ombre, le reflet dans l'eau, tel celui de Narcisse, le miroir, les jumeaux ou le dédoublement. Le double est un alter ego, le double est inquiétant et souvent mortifère ; identique, il est rejeté comme un corps étranger, rejoignant l'explication sartrienne de l'antisémitisme dans *Réflexions sur la question juive*.

Le thème du double gémellaire, symbole de l'opposition (les Dioscures Castor et Pollux, Persée et Andromède, les deux anges de la Vie et de la Mort), revient dans de nombreuses cosmogonies : l'univers naît toujours d'un long et difficile partage entre deux entités, deux forces antagonistes qui s'attirent et se repoussent, comme dans le combat des dieux olympiens contre les Titans, ou des Ases contres les Vanes en Scandinavie. Le double comme symbole d'opposition est aussi à l'œuvre dans le manichéisme iranien, ou dans le « Palais de la double hache » du Minotaure, le Labyrinthe, palais-prison de la hache à la fois destructrice et protectrice. À un niveau humain, cette opposition se retrouve dans le thème du *Doppelgänger* (« sosie »), double fantomatique d'une personne vivante.

Identiques mais différents

Le double symbolise aussi la double origine, comme l'est celle d'Héraclès, tout à la fois fils d'Amphitryon et de Zeus, celui-ci ayant pris l'aspect de celui-là, parti à la guerre, pour se glisser dans la couche d'Alcmène, son épouse.

De même, l'apôtre Thomas, dont le prénom signifie « le jumeau » en araméen, et que Jean surnomme du même mot en grec, « Didyme », ne reconnaît pas Jésus à la résurrection et doit toucher ses plaies pour vérifier qu'il ne s'agit pas d'un double. Le thème des frères ennemis est corollaire à celui du double dans la Bible, comme le montre l'histoire de Caïn et d'Abel.

Le double exprime enfin les combats intérieurs. Euterpe, muse grecque de la musique, mais aussi de la poésie lyrique, et dont l'attribut est la flûte double, est représentée avec deux visages, montrant l'image de la double nature humaine. Le dieu romain Janus, gardien des portes, du dedans et du dehors, est aussi figuré avec deux visages opposés, l'un regardant devant lui, l'autre derrière. Sa figure à double face n'est pas sans rappeler les deux faces d'une porte (*janua*, en latin) : Janus était en effet le dieu des portes, et plus généralement des passages, dans l'espace et dans le temps (comme le passage d'une année à l'autre). Le 1er janvier, mois de l'année qui lui était consacré, est un moment qui compte doublement : bilan de l'année passée, promesse de l'année à venir.

Double vie, phrase à double sens, agent double, ces expressions évoquent ce qui a deux aspects, dont un seul est manifeste ou révélé.

Voir **année, Caïn, deux, Gémeaux, Janus, jumeau, Narcisse, Ka**

douze (12)

Nombre biblique essentiel, le douze (12) représente la plénitude, l'ordre cosmique et la filiation spirituelle.

Le douze de la perfection

Nombre de ce qui est achevé, qui forme un tout, le douze correspond à la plénitude et à l'intégralité dans les civilisations hébraïque et orientale antiques. Il est symbole de perfection, étant le produit de trois, pouvoir divin, par quatre, pouvoir matériel, une autre interprétation y voyant les trois plans du monde, multipliés par les quatre points cardinaux, exprimant alors l'univers dans sa complexité.

Par extension, Pythagore (inventeur de la gamme chromatique à douze notes) considère le douze comme le symbole de l'ordre et du bien, régissant l'espace et le temps, d'où son appellation de nombre cosmique.

Le douze, compas du monde

Le douze de l'ordre spatio-temporel se retrouve dans les douze pierres précieuses qui représentent les douze pouvoirs cosmiques sur le pectoral du grand prêtre Aaron, puis des grands prêtres juifs dans les douze provinces que le dieu égyptien Râ visite chaque jour, passant une heure dans chacune d'elles, dans le partage de l'Empire romain en douze diocèses par Dioclétien, et dans les douze articles du Credo, associant alors au symbole d'ordre celui du pouvoir créateur.

Symbole de l'organisation terrestre et temporelle (les douze mois de l'année, les douze heures du jour et de la nuit), le douze régit aussi l'univers des dieux. Aux douze compagnons d'Odin dans la mythologie scandinave (dont le paradis est divisé en douze salles), aux douze dieux de l'Égypte et aux douze divinités principales de la mythologie grecque (la duodécade), font écho les douze constellations du zodiaque, dont les douze lettres « simples » de l'alphabet hébraïque sont les initiales.

Le douze représente aussi la filiation, tels les douze tribus d'Israël, les douze fils d'Ismaël et ceux de Jacob dans la Genèse, ou encore les douze prophètes « mineurs » de l'Ancien Testament, qui forment le Dodekapropheton. Il est le nombre de la sou-

mission symbolique : Jésus-Christ, Mahomet, saint François d'Assise, Confucius et Mithra se choisissent douze disciples. C'est à cette symbolique que renvoient les douze grands prêtres des Chroniques, les douze imams du chiisme duodécimain et les douze maréchaux de Napoléon ou bien les douze étoiles du drapeau européen.

Le douze biblique, symbole de l'élection

Dans l'Ancien Testament, ce sont douze rameaux qui confirment le choix d'Aaron (Nombres, XVII, 21), de même que, dans l'Apocalypse, chacune des douze tribus compte 12 000 individus, soient 144 000 serviteurs qui seront sauvés. C'est l'Apocalypse encore qui énumère les douze portes de perles de la Jérusalem céleste et les douze assises de son rempart, tandis que l'arbre de vie de l'Ancien Testament produit chaque année douze fois des fruits. Symbole de nourriture matérielle et spirituelle, le douze de la Cène, où Jésus rompt douze pains, en écho aux douze pains de proposition de l'Ancien Testament, revient à la symbolique originelle de l'accomplissement.

Voir **drapeau, étoile, pain**

dragon

La symbolique du dragon, animal fantastique à corps de reptile, à l'épine dorsale pourvue de pointes acérées, souvent ailé, souvent doté de plusieurs têtes, crachant le feu, est positive en Orient, où le rôle de gardien vigilant lui est souvent dévolu, et négative en Occident, où il est l'une des incarnations du mal.

Un gardien malfaisant

En Occident, il est tantôt symbole du mal, des forces cachées et contenues, de l'ombre à assimiler ou à ter-

rasser, et tantôt gardien d'un trésor. Le dragon apparaît dès le IIIe millénaire en Mésopotamie, à travers la figure de Humbaba, féroce gardien de la forêt des Cèdres tué par Gilgamesh. Comme tout gardien, le dragon se doit d'être féroce et invincible, et sa peau coriace ne saurait être transpercée par le fer, sauf s'il est brandi par un héros doté d'une force surnaturelle. Son arme absolue est le feu qu'il crache par sa gueule béante. Jason aura recours aux sortilèges de Médée pour en venir à bout et conquérir la Toison d'or. C'est encore un dragon qui garde les pommes d'or du jardin des Hespérides, avant d'être vaincu par Héraclès. Dans la mythologie scandinave, le dragon Fafner, gardien d'un trésor, sera tué par Siegfried.

La représentation chrétienne de Satan

Dans la Bible, le dragon se confond avec le Léviathan et deviendra la représentation des forces du mal et de Satan lui-même. C'est cette image qu'il gardera dans l'Occident chrétien. Les damnés sont précipités dans la gueule béante d'un dragon. Saint Georges et saint Michel auront pour tâche de terrasser le dragon, ce qui fera l'objet d'innombrables scènes peintes ou sculptées. Par la suite, la Vierge Marie, sainte Marguerite et d'autres saints seront représentés foulant aux pieds un dragon.

Un emblème de puissance

Dans les mythologies celtique et nordique, le dragon est un emblème de puissance, et c'est à ce titre qu'on le retrouve sur les bannières, ainsi qu'à la proue des navires vikings. Le Mabinogion, une légende galloise, rapporte la lutte de deux dragons, le dragon rouge, emblème du roi Arthur et du pays de Galles, et le dragon blanc, emblème d'une race étrangère, qui finissent après un terrible combat par tomber ivres morts au fond d'un chaudron rempli d'hydromel. Une fois le dragon blanc, symbole de mort, et le dragon rouge, symbole de fureur, enterrés dans leur chaudron à Oxford, au centre de l'île de Bretagne, plus aucun mal ne saurait survenir aux habitants de l'île. C'est l'or puissant des alchimistes qui se trouve ainsi enfermé dans le coffre d'Oxford. En effet, en alchimie, le dragon joue un rôle considérable. Son énergie vitale en fait le *soufre des philosophes*. Il possède une force prodigieuse, appelée *sperme de la nature*. Son feu interne donne naissance au *mercure philosophique*.

Voir **alchimie, Arthur, Antéchrist, chevalier, démon, diable, héros, Léviathan, prince**

drapeau

Morceau d'étoffe ou drap, le plus souvent rectangulaire, attaché à une hampe, et sur lequel figure un emblème, le drapeau, autrefois enseigne militaire, est devenu, depuis le XIXe siècle, l'emblème d'une nation, dont il porte les couleurs.

Le drapeau peut aussi être l'emblème d'une organisation, comme les Nations unies et la Croix-Rouge, d'une région, d'une ville ou d'une unité militaire. Les drapeaux composent également les éléments de certains systèmes signalétiques, par exemple sur les plages, où un drapeau rouge signifie que la baignade est interdite.

Guerre et drapeaux

Les drapeaux ont évolué suivant leur emploi militaire. Les Romains représentaient sur leurs étendards des animaux totémiques, comme le loup, le cheval, le sanglier ou l'aigle, qui devaient assurer protection et victoire. Ce symbolisme se christianise avec l'avènement de Constantin et sa vision d'une croix à la veille d'une bataille décisive. Les soldats de l'empereur auraient porté le signe de la croix sur leur bouclier, pratique reprise par les croisés, lesquels montrent une préférence pour la croix rouge sur fond blanc de saint Georges, saint patron des soldats. Le bouclier deviendra l'écu de l'héraldique, et les motifs et symboles de l'héraldique seront à leur tour une source pour la composition des drapeaux.

Au Moyen Âge, les drapeaux sont utilisés principalement pour identifier des chefs particuliers, tels les chevaliers. Au XVIIIe siècle, lorsque les armées deviennent nationales et centralisées, les drapeaux, souvent très élaborés, identifient les unités militaires. Saisir le drapeau de l'ennemi comme trophée marque une victoire symbolique sur celui-ci. Toutefois, il subsistera dans la France de l'Ancien Régime et de la Révolution une multiplicité de drapeaux militaires, car, même si les drapeaux colonels sont identiques pour tous les régiments, les drapeaux d'ordonnance sont souvent très différents. Napoléon imposera l'uniformité dans ce domaine. À

partir de 1804, le tablier est partagé en un losange central blanc et quatre triangles bleus et rouges alternés. Depuis 1812, il n'y a plus, par régiment, qu'un seul drapeau, qui est divisé en trois bandes verticales, le bleu à la hampe.

Parallèlement à l'emploi de drapeaux dans les armées de terre, à partir du début du XVIe siècle, le pavillon des navires permet d'identifier leur pays d'origine, évolution qui contribue au développement de drapeaux nationaux. Par ailleurs, les marins élaboreront un système signalétique qui leur sera propre à l'aide de drapeaux. Le pavillon noir des pirates signifiera ainsi « pas de quartier ».

L'enchevêtrement du symbolisme militaire et patriotique, représenté par le drapeau national, a donné lieu à diverses expressions. Si l'on est « sous les drapeaux », on appartient aux armées ; défendre « l'honneur du drapeau », c'est défendre l'honneur de l'armée et de la patrie ; « mourir pour le drapeau », c'est se sacrifier pour son pays.

Le drapeau tricolore

Tout drapeau composé de trois couleurs est un tricolore. Le drapeau néerlandais est un tricolore fait de trois bandes horizontales, rouge, blanche et bleue, les couleurs des armoiries de Guillaume d'Orange. Ce drapeau est utilisé par les Néerlandais dans leur guerre d'indépendance contre les Espagnols et acquiert, de ce fait, des connotations patriotiques et « modernes ». Influencé par ce type de drapeau, le tsar Pierre le Grand (1672-1725) l'introduira en Russie. Après l'effondrement de l'Union soviétique, le gouvernement russe abandonne le marteau et la faucille sur fond rouge pour revenir aux anciennes couleurs du pays (trois bandes horizontales blanche, bleue, rouge). Le tricolore russe exerce son influence sur les mouvements nationalistes slaves et pro-russes des pays balkaniques (Slovénie, Bulgarie, Slovaquie, Croatie, Serbie et Monténégro), qui l'adopteront à leur tour.

Le tricolore français est adopté le 17 juillet 1789. Si les mêmes couleurs (bleu, blanc et rouge) que le marquis de Lafayette avait conçues pour la cocarde apparaissent sur ce drapeau, l'ordre des bandes ne s'est fixé qu'en février 1794, « bleu au mât, blanc au centre et rouge flottant ». Ce tricolore est, comme le tricolore russe, en partie dérivé du tricolore néerlandais. Lafayette, qui avait combattu à côté des Américains dans leur guerre d'indépendance, aurait pu être influencé aussi par les couleurs du drapeau américain. La version la plus répandue, selon laquelle les couleurs de Paris, le rouge et le bleu, se seraient ajoutées au blanc royal et virginal, a une fonction de propagande précise : diminuer l'importance des influences étrangères sur les couleurs nationales de la France.

Du roi au drapeau, symbole de la nation

Quelles que soient ses origines, le tricolore français est un excellent exemple du principe de substitution symbolique. Ni la bannière de la maison de France, d'azur à fleurs de lis d'or, ni la cornette blanche (étendard de cavalerie), insigne du commandement, n'ont jamais vraiment fait fonction d'emblème national. Ainsi, jusqu'à la fin de l'Ancien Régime, on peut dire qu'il n'existe pas de drapeau national : la personne du roi, corps sacré et intouchable, est le symbole même du principe royal, alors inséparable de la nation. La transformation de ce principe en 1791, son abolition en 1792 et la suppression de la personne du roi (1793) amènent la Convention à créer un symbole de la patrie, sous forme d'une enseigne tricolore et uniforme : c'est le premier drapeau national de la France comme expression « sacrée » et transcendante du sentiment national. Les enjeux symboliques du tricolore français se font jour en 1873, lorsque la tentative de restaurer la royauté échoue parce que le prétendant à la couronne, Henri de Chambord, insiste sur la suppression du tricolore et le retour au drapeau blanc de la maison de France.

Associé à la devise « Liberté, égalité, fraternité », le tricolore français inspirera les drapeaux italien, roumain et irlandais.

Le drapeau rouge

Le drapeau rouge, symbole de la gauche révolutionnaire, est d'origine française. Lors de la IIe République (1848), on voulut remplacer le drapeau tricolore adopté par le roi des Français Louis-Philippe, par le drapeau rouge, symbole de la misère du peuple et de la rupture avec le passé. Les républicains en envisageaient l'introduction, car il était associé au sang des martyrs et plus particulièrement des combattants massacrés par la garde nationale sur le Champ-de-Mars le 17 juillet 1791 (les forces de l'ordre ayant hissé le drapeau rouge avant l'assaut), deux ans exactement après l'adoption du drapeau tricolore. En juillet 1792, en souvenir de ce massacre, Paris déploie le drapeau rouge en signe d'hostilité à la monarchie. Cependant, le poète Lamartine déclare devant les foules que le drapeau tricolore « a fait le tour du monde avec la République et l'Empire, alors que le drapeau rouge n'a fait que le tour du Champ-de-Mars dans le sang du peuple ». Le mouvement pour la suppression du drapeau tricolore est abandonné, mais le drapeau rouge sera choisi de nouveau par les communards de Paris en 1871. Après la révolution de 1917, l'Union soviétique choisit le drapeau rouge en souvenir de la Commune française, considérée par Marx et Lénine comme la première révolution authentiquement prolétarienne. Le drapeau rouge demeure l'emblème de la révolution sociale face au drapeau tricolore, étendard de la France bourgeoise.

Le drapeau blanc

Le drapeau blanc marque le désir d'arrêter les combats grâce à une trêve, un cessez-le-feu ou une reddition. Ce symbolisme lié à la couleur blanche, laquelle connote la pureté et la paix, par opposition au rouge du sang et des armes, est fort ancien, l'historien romain Tacite parlant déjà du drapeau blanc de la reddition en l'an 109.

La Convention de Genève stipule qu'« agiter un drapeau blanc » doit être interprété comme une intention de déposer les armes et que s'en servir dans le dessein de tromper le camp adverse constitue un crime de guerre.

Mourir pour le drapeau, mourir pour la patrie.

Être sous les drapeaux, accomplir son service militaire, appartenir aux armées.

Voir **aigle, bannière, blanc, bleu, croissant, étoile, faucille, héraldique, lis, noir, or, rouge, sang**

droite/gauche

La distinction droite/gauche a une forte portée symbolique en Occident.

Le bien et le mal

Sans doute parce que la plupart des gens sont droitiers, mais aussi en raison de l'association ouest-gauche avec le crépuscule, les tentations nocturnes, les démons et le mal et, *a contrario,* est-droite avec le soleil levant, la vie et la résurrection, l'opposition droite/gauche démarque deux catégories morales. Cette distinction devient on ne peut plus claire lorsqu'on considère que le mot « sinistre » nous vient du latin *sinistra* qui signifie tout simplement « gauche ». Lors de la consultation des augures, les Grecs puis les Romains considéraient les présages venant de la gauche comme néfastes et ceux venant de la droite comme bénéfiques.

Les élus à droite, les damnés à gauche

Dans la Bible, la séparation entre ceux qui iront au paradis et ceux qui seront condamnés aux enfers suit le même schéma : « Quand le Fils de l'homme viendra dans sa majesté accompagné de tous les anges, il siégera sur le trône de sa gloire. Et toutes les nations étant assemblées devant lui, il séparera les uns d'avec les autres ; comme un berger sépare les brebis d'avec les boucs. Et il placera les brebis à sa droite, et les boucs à gauche. Alors le roi dira à ceux qui seront à sa droite : Venez, vous qui avez été bénis par mon père, possédez le royaume qui vous a été préparé dès le commencement du monde. [...] Il dira ensuite à ceux qui seront à la gauche : Retirez-vous de moi, maudits : allez au feu éternel, qui avait été préparé pour le diable et pour ses anges » (Matthieu, XXV, 31-34, 41).
Dans beaucoup de représentations du Jugement dernier, comme celle de Michel-Ange dans la chapelle Sixtine, on voit effectivement les damnés à la gauche du Christ. Il ne faut pas oublier non plus que, selon saint Luc, le Christ lui-même est à la place d'honneur, à la droite de Dieu : « Mais désormais le Fils de l'homme sera assis à la droite de la puissance de Dieu » (Luc, XXII, 69).

Être de droite, être de gauche

Il est à noter que la distinction politique gauche/droite est d'origine toute différente. Ces appellations remontent au début de la Révolution française. L'emploi, dans le vocabulaire politique, du mot « droite » date indirectement des séances de l'Assemblée constituante à l'été 1789, où pour la première fois des désaccords politiques s'expriment dans la répartition des bancs, les défenseurs d'un pouvoir monarchique fort se plaçant à la droite du président, les députés « patriotes », hostiles au veto royal, s'asseyant à gauche
Progressivement, les termes « droite » et « gauche » en sont venus à désigner

A. DE GOICHON.

en France (puis dans d'autres pays) les deux grandes tendances politiques opposées de l'opinion.

Une *personne droite* est une personne franche, loyale, honnête.

On dit d'un être ou d'un style qu'il est *gauche*, pour suggérer qu'il est maladroit ou emprunté.

druide

Prêtres, poètes et devins celtes, les druides symbolisent le verbe et la sagesse.

Les « très savants »

Les druides forment tant en Gaule qu'en Bretagne ou en Irlande une classe sacerdotale héritière et gardienne des traditions religieuses des Celtes. Ils paraissent s'être recrutés par cooptation dans le milieu des nobles. Refusant de conserver les connaissances et le sacré par écrit, les druides ne transmettent leur savoir qu'oralement, par mémorisation. Aussi sont-ils des symboles de sagesse, de science sacrée et de connaissance. Gardiens de la « tradition primordiale » et des rituels, ils incarnent, par la religion et la mémoire, l'unité symbolique du monde celte, dans lequel l'unité politique n'existe pas. Ils professent une philosophie centrée sur l'immortalité de l'être.

Vêtus de blanc

Dans les forêts, dans les clairières sacrées, les druides, prêtres savants d'une religion sans édifice et à l'innombrable panthéon, symbolisent à eux seuls la transcendance, à l'égal des brahmanes indiens, partageant avec ces derniers la plus haute pureté : aussi sont-ils vêtus de blanc, symbole de la primauté de leur fonction, par opposition au rouge des rois et des guerriers. Ils pratiquent divers rites dont un seul nous est connu, la cueillette du gui.
Associés à la lumière et au feu, notamment dans la fête de Beltaine, les druides ont pour symbole le chêne, pour ses tanins utilisés en médecine et pour la dureté et la longévité de son bois. Enfin, ils sont dans la mythologie celte le symbole du sanglier, l'animal consacré à Lug, dieu de la lumière, de la guerre, de la magie, et dieu primordial.

Voir **blanc, bois, chêne, faucille, feu, forêt, gui, or, rouge, sanctuaire, sanglier**

Comme l'échelle, l'escalier symbolise à la fois l'ascension et la chute spirituelles.

E

eau

Quatrième élément constitutif du monde, l'eau symbolise la pureté, la fécondité, la féminité et la réceptivité.

L'eau créatrice

Symbole de sens opposé, selon qu'elle désigne la pluie, la mer, les lacs, les rivières, les sources ou les cascades, l'eau est le support du sacré par excellence, symbole de vie, moyen de purification ou de régénérescence, et promesse de développement.

La notion d'océan des origines se retrouve dans presque toutes les civilisations. Dans la Grèce présocratique, elle est le principe universel, la matière dont tout est fait et dont tout doit sortir. De même, le Noun égyptien (les eaux primordiales) est la matière où s'est posé le dieu soleil Rê au premier matin de la Création, un rôle originel repris par l'Ancien Testament, où la création du monde commence par la séparation de la terre et des eaux, et où une source donne naissance au jardin d'Éden. La Bible voit aussi dans l'eau le principe créateur de l'humanité, car c'est d'eau et de terre qu'est façonné le premier homme.

Eaux dormantes ou vives

Divisée par Aristote en quatre familles – eau stagnante, eau de fontaine, eau de rivière et eau de mer –, l'eau voit sa symbolique changée par son état. L'eau souterraine est généralement menaçante, parole des songes, des énergies inconscientes, aussi sa traversée est-elle un passage symbolique, le cours d'eau à franchir représentant un lien entre le terrestre et le divin, une purification ou un accès à la connaissance. C'est le fleuve des Égyptiens et des Grecs, qui sépare les vivants des morts, ou la rivière à laquelle les Celtes livrent leurs défunts enterrés dans un tronc creusé.

Dès lors, cette traversée de l'eau est aussi un symbole de vérité, celle de l'épreuve de l'eau amère chez les

Hébreux et des ordalies du Moyen Âge. Frontière entre le Bien et le Mal, l'eau apparaît alors comme un moyen de transport dangereux, maléfique, à la différence de la terre, féconde. L'enfant ou la femme sortant de l'eau sont maléfiques, celui qui est sauvé des eaux est miraculé. Menaçantes aussi, les eaux dormantes sont généralement négatives : le bain rituel juif du Miqvé doit ainsi être effectué dans des eaux non dormantes, et, dans le langage courant, l'eau « morte » est celle qui ne s'écoule pas.

L'eau divine

Lorsque Moïse fait surgir une source en frappant un rocher avec son bâton, cette eau symbolise la Loi divine. On retrouve cette image dans la parabole chrétienne de la Samaritaine, dans laquelle Jésus dit : « Celui qui boira de l'eau que je lui donnerai n'aura jamais soif, et l'eau que je lui donnerai deviendra en lui une source d'eau qui jaillira jusque dans la vie éternelle » (Jean, IV, 14). L'accession à la perfection divine est donc assimilée à une irrigation de l'âme.

L'eau mélangée au vin lors de l'Eucharistie représente l'humanité qui se mélange dans le sang du Christ ; chez les orthodoxes, l'eau ajoutée est bouillante, symbolisant la chaleur de la foi qui a reçu l'Esprit-Saint. De même, dans l'islam, la servante d'Ibrahim (Abraham), qui porte son fils, est sauvée par l'eau de Zam-Zam, aujourd'hui source sacrée de La Mecque.

Dès lors, l'eau est aussi symbole de fertilité, et souvent associée à la condition féminine dans les écrits bibliques : femme qui lave, porte l'eau ou puise, telle Séphora que Moïse épouse après l'avoir rencontrée près d'un puits. En Grèce antique, l'eau est signe de fécondité pour les hommes et les troupeaux, et les fleuves sont fréquemment représentés sous la forme d'un taureau ou d'un personnage dont les cornes rappellent celles du taureau reproducteur. Dans le monde hellénistique, les pouvoirs de fertilité et d'oracle de l'eau sont liés ; l'eau jaillissant des entrailles de la terre est le don d'une divinité chtonienne (du monde souterrain) : son lent cheminement dans les profondeurs du sol lui a permis d'apprendre ce qui a été et ce qui sera.

L'eau protectrice

Par analogie, l'eau est l'élément protecteur, comme dans le rite zoroastrien consistant à lancer de l'eau sur les pas de celui qui part en voyage, ou dans la traversée de la mer Rouge par Moïse, qu'elle protège tout en détruisant l'ennemi. À Rome, lors des fêtes de Palès, les bergers aspergent leur troupeau afin de le préserver des maladies, et les armées et les flottes sont soumises à des lustrations solennelles avant les expéditions. Dans la liturgie chrétienne, on retrouve cette signification dans l'eau bénite dont se sert le prêtre pour asperger les fidèles (l'aspersion est un symbole de protection et de conjuration) et procéder à toutes les bénédictions. L'usage de l'eau bénite est très ancien dans l'Église, puisque Tertullien (fin du IIe siècle) mentionne déjà les aspersions d'eau faites par les chrétiens pour chasser les démons.

L'eau purificatrice et régénératrice

Dépassant en puissance le feu purificateur, qu'elle éteint jusqu'à le faire disparaître, l'eau fait partie de tous les rites de purification. Dans la Grèce antique, les lustrations nettoient les individus de la souillure du crime, et même les cités, telle la purification du peuple athénien par Épiménide de Crète après le massacre de Cylon.

À Rome, si les thermes servent autant aux bains hygiéniques qu'aux immersions dans les eaux curatives, c'est en définitive au pouvoir bénéfique de l'eau que revient la guérison, grâce aux divinités qui l'habitent. Cette symbolique de purification lustrale est partagée par les trois religions monothéistes. Ainsi dans l'islam, où les ablutions précèdent la prière et la plupart des actes de la vie quotidienne, ou dans le judaïsme, avec le bain rituel. Mais la purification passe aussi par la destruction de l'humanité soumise au Déluge, tel qu'il est raconté dans l'épopée de Gilgamesh ou dans l'Ancien Testament. Ceux qui ne respectent pas la loi divine sont noyés, seuls les justes survivent aux flots dévastateurs. L'eau symbolise donc aussi la régénération, ce retour à la *materia prima* (« matière originelle »), aux eaux supérieures que la Genèse situe au-dessus du firmament, à la fontaine de Jouvence à laquelle on va se ressourcer : elle est symbole du liquide amniotique originel.

Il n'est pire eau que l'eau qui dort, dit le proverbe, signifiant par là qu'il ne faut pas se fier à l'apparence tranquille des gens qui gardent leurs sentiments secrets.

Voir **ablution, baptême, barque, bâton, boue, cascade, Déluge, feu, fleuve, flots, fontaine, jardin, lac, marais, océan, Poséidon, purification**

échelle

Elle exprime les valeurs de la verticalité, de l'ascension, et les étapes à franchir dans l'évolution spirituelle au fur et à mesure que l'initié en gravit les échelons.

Ses formes dérivées sont multiples : il y a bien sûr l'escalier, mais l'arc-en-ciel ou les montagnes peuvent aussi la figurer dans diverses traditions. En ce cas, l'échelle se confond avec les piliers du ciel. À la différence des abstractions que recouvrent les termes d'élévation ou de chute, l'image concrète de l'échelle permet d'imaginer une double circulation montante et descendante au travers des différentes sphères célestes, au nombre de sept dans la plupart des traditions.

La Bible en fournit un exemple connu dans la Genèse : le prophète endormi a la vision d'une échelle éblouissante sur les degrés de laquelle est installée toute une hiérarchie d'anges. Au sommet sont les plus saints, les *H'ayot,* mais tous ces personnages – y compris Jacob lui-même – baignent dans la même lumière. La double circulation ascendante et descendante des anges semble alors signifier la dialectique monothéiste entre une divinité immanente aux choses terrestres (le bas de l'échelle) et une divinité

transcendante (l'inaccessible dernier échelon).

Un autre exemple de cette circulation verticale est contenu dans le livre de l'échelle de Mahomet, qui ne nous est parvenu que dans une version latine du XIIIe siècle. Emporté sur une échelle de pierres précieuses (le *mi'radj*) par l'archange Gabriel, Mahomet a la vision de l'enfer, du paradis et de Dieu lui-même.

Voir **ange, escalier, montagne, rêve, verticalité**

éclair

Lueur très vive traduisant virtuellement la décharge d'électricité atmosphérique lors d'un orage, la foudre destructrice manifeste le courroux des dieux, mais, associée à l'eau, on lui prête un pouvoir fécondant.

Symbolisé par un fouet (Égypte) ou un marteau (Grèce), l'éclair jaillit des nuages, ce qui le rapproche de la pluie : c'est pourquoi son pouvoir est aussi fécondant que destructeur. C'est d'ailleurs pour éviter l'embrasement du monde que Zeus foudroie Phaéton, dont le char commençait à brûler les montagnes. Dans la Bible, les mêmes associations produisent les mêmes effets, mais au profit du Dieu unique. L'éclair frappe l'holocauste dressé par le prophète Élie.

Voir **foudre, tonnerre**

éclipse

Occultation de la lumière solaire, l'éclipse est associée à des événements dramatiques, à un changement d'ère dans l'histoire sur lequel le genre humain n'a pas prise.

De mauvais augure

Une éclipse fait généralement partie des signes annonciateurs de la fin du monde : on la trouve parmi les phénomènes célestes décrits dans l'Apocalypse de saint Jean. L'éclipse la plus célèbre est sans doute celle qui s'étendit sur Jérusalem lors de la crucifixion du Christ : « C'était environ la sixième heure quand, le soleil s'éclipsant, l'obscurité se fit sur le pays tout entier, jusqu'à la neuvième heure. Le rideau du Temple se déchira par le milieu, et Jésus dit en un grand cri : Père, je remets mon esprit entre tes mains. Et, ce disant, il expira » (Luc, XXIII, 44-46). L'éclipse des Évangiles correspond à l'apparition de l'étoile de Bethléem lors de la naissance du Christ.

Il faut en fait remonter aux traditions animistes pour voir l'éclipse plus naturellement intégrée aux cycles cosmogoniques. C'est par exemple la manifestation du jaguar céleste qui tente de dévorer le soleil et dont on peut se prémunir en lançant des flèches vers l'astre attaqué et en criant pour effrayer le fauve (P. Clastres, *Chronique des Indiens guayakis*).

Dans les traditions vietnamiennes, les enfants doivent alerter un seigneur endormi à coups de casserole pour faire recracher le soleil avalé par une grenouille géante. C'est donc avec le temps non cyclique du monothéisme que l'éclipse est devenue le signe d'une fatalité bien plus dramatique. L'étude du rythme des éclipses et des étoiles filantes est devenue au siècle des Lumières symbolique de la lutte contre les superstitions.

Voir **apocalypse, augure, étoile, comète, soleil, voile**

égide

Cuirasse ou bouclier merveilleux de Zeus et d'Athéna, l'égide est une invulnérable protection.

Le mot grec *aigis* signifiait à la fois « orage » et « peau de chèvre ». Chez Homère, l'égide est ainsi un symbole de terreur, car le bouclier de Zeus fait naître une nuée d'orage, sillonnée par les éclairs et qui verse des torrents de pluie. Plus tard, l'égide est devenue un manteau fait avec la peau d'Amalthée. Celle-ci fut représentée avec une frange de serpents. Zeus confiait par-

fois l'égide à d'autres dieux, Apollon et surtout Athéna. Aussi l'égide finit-elle par devenir l'attribut de cette dernière. Elle affecte la forme d'une cuirasse ou d'un bouclier rond, et est bordée de serpents. Athéna fixe sur l'égide la tête décapitée de la monstrueuse gorgone Méduse, offrant à l'ennemi une vision d'horreur qui sème l'épouvante dans les rangs de l'ennemi, voire le pétrifie. Ainsi, si l'égide est dans l'Antiquité le symbole de l'invulnérabilité, c'est parce qu'elle est une arme de dissuasion. Symbole de la puissance, elle rend le combat inutile et protège en faisant croire aux ennemis que celui qui s'en recouvre est invincible comme Zeus, qu'Homère qualifie d'*aigiokos* (« celui qui porte l'égide »). Aussi les empereurs romains sont-ils souvent représentés portant sur la poitrine une amulette, miniature de l'égide, ornée de la tête de la Gorgone, pour représenter leur puissance souveraine.

Être sous l'égide de quelqu'un, de quelque chose, c'est être sous sa protection.

Voir **Athéna, bouclier, éclair, Gorgone, nuage, orage, serpent**

église

Société religieuse fondée par Jésus-Christ, et communauté chrétienne, l'Église est la représentation de l'assemblée des chrétiens.

La croix et la pierre

La forme de l'église obéit à une symbolique architecturale. Le plan des églises de l'Occident latin adopte la forme de la croix depuis le début du Moyen Âge : une nef centrale (du latin *navis,* « navire »), long axe principal et deux ailes transversales, ou transept. Les églises d'Orient adoptent également le plan en croix grecque inscrite dans un carré, de dimensions plus réduites, couvertes d'une coupole. L'église est aussi décrite comme un temple dont les fidèles seraient les pierres. Toutefois, comme le dit saint Augustin : « Beaucoup semblent être dedans, qui sont en réalité dehors, et d'autres semblent être dehors, qui sont en réalité dedans. » L'Église peut être aussi symbolisée par une barque, notamment dans la mosaïque de la *Navicella* de Giotto (Saint-Pierre de Rome), ou sous la forme de l'église-bâtiment en réduction, écho de la parole de Jésus à son apôtre : « Tu es Pierre, et sur cette pierre je bâtirai mon église. »

La représentation symbolique de l'espace

En mettant en évidence un espace lumineux propice à la prière, à la vénération et à l'élévation de l'âme, la conception de l'église occidentale médiévale se fondait sur l'interaction du symbolisme théologique et de l'harmonie géométrique. Ainsi l'entrée était à l'ouest, lieu du soleil couchant, des ténèbres et de la mort, que le fidèle laissait symboliquement derrière lui en entrant dans le sanctuaire et en s'approchant de l'autel, à l'extrémité est, direction du soleil levant, de la lumière et de la résurrection. Le côté nord représentait l'Ancien Testament, et le côté sud, le Jugement dernier et la nouvelle Jérusalem, paradis chrétien sur terre.

Dans les églises byzantines, là aussi, la répartition des thèmes tient compte du caractère symbolique qui s'attache aux différentes parties de l'église conçue comme un microcosme du monde céleste : le Christ Pantocrator se tient dans la coupole, image des cieux. Dans la nef, symbole de la vie terrestre, on trouve des représentations de la vie du Christ, de martyrs et de saints personnages. Le chœur, où s'accomplit l'Eucharistie, lieu de passage entre terre et ciel, sera orné d'une Vierge à l'Enfant, symbole de salut. La richesse ornementale alliée aux jeux de lumière solaire et à l'or des mosaïques et des icônes rend la présence divine sensible et participe à l'édification des fidèles.

De la femme voilée à la reine couronnée

Comme le Temple de Jérusalem, symbole dans le judaïsme de la présence de Dieu parmi les hommes et de l'unité du peuple de Dieu autour du sanctuaire, l'Église représente la communauté : les premiers chrétiens se désignent par le mot grec *ecclésia* qui signifie « assemblée », reprenant le terme de la Bible hébraïque, « l'assemblée de l'Éternel » (Deutéronome, XXIII, 2), aussi traduit en grec par le mot *synagôgè*.

Église et Synagogue, souvent représentées sous la même apparence d'une femme, sont donc à l'origine semblables : dans le premier art chrétien, deux femmes voilées tenant un livre symbolisent la double origine de l'Église : conversion des juifs et conversion des païens (mosaïques de Sainte-Pudentienne et de Sainte-

Sabine, à Rome – fin du IVe siècle-début du Ve siècle). Mais la statuaire du Moyen Âge les oppose en mettant en évidence le triomphe de l'Église (reine couronnée, tenant la croix ou l'étendard de la foi, ainsi que le calice destiné à recueillir le sang du Christ) sur la Synagogue (reine déchue, aux yeux bandés, tenant une bannière à la hampe brisée).

Voir **autel, bandeau, centre, croix, dôme, Jérusalem, pierre, sanctuaire, temple, voile**

éléphant

Le dieu Ganesh, à tête d'éléphant, est en Inde garant de prospérité et de longévité (ce pachyderme vivant près de soixante-dix ans).

La Rome antique en fait aussi un symbole de sagesse, associé à la victoire. Les troupes d'Hannibal traversant les Alpes avec leurs éléphants sont restées gravées dans les mémoires, et les éléphants figuraient dans les cortèges des triomphateurs à Rome. Au Moyen Âge, comme l'atteste le *Physiologus,* se répand l'idée que l'éléphant est chaste et vertueux, comme Adam et Ève avant la transgression, car il s'abstient de toute activité sexuelle pendant la gestation de sa femelle, qui dure deux années.

Par *«éléphants du parti»*, on fait allusion à l'influence et au prestige de certaines personnalités au sein d'une formation politique.

elfe

Génies du folklore scandinave, les elfes symbolisent les forces de l'air, du feu, de la terre et, en général, les phénomènes atmosphériques. Les elfes incarnent aussi la féminité et les forces obscures du désir.

Esprits capricieux, les elfes sont tantôt bienfaisants, tantôt malfaisants. Issus des vers grouillant dans le cadavre d'Ymir dépecé par Odin, légende qui rappelle celle de Cronos enchaîné par Zeus dans le Tartare, les elfes occupèrent bientôt les espaces aériens, tandis que les nains se voyaient octroyer le monde souterrain.
On comprend dès lors que les elfes, êtres charmants, nés de la décomposition, soient liés aux divinités chtoniennes et symbolisent les forces inconscientes du désir, déguisées sous un aspect séduisant.
Les elfes sortent la nuit en bandes et se répandent dans la campagne pour troubler l'imagination des jeunes gens et des jeunes filles, qu'ils ensorcellent. Les elfes pullulent dans le folklore du monde entier. Nous ne citerons ici que quelques-uns des plus connus: gnome, lutin, troll, sylphe, sylphide, kobold, korrigan, issus des mythologies nordiques, sans oublier les djinns et éfrits des légendes islamiques, les *péri* arabo-persans et les farfadets provençaux.

Voir **démon, génie**

enfer

Lieu de privation et de châtiment des âmes humaines après la mort, l'enfer est un symbole universel à toutes les civilisations et à toutes les religions.

Les enfers païens

Corollaire du Jugement dernier et de la pesée de l'âme, la conception de l'enfer dans l'imaginaire occidental a essentiellement une origine païenne. Cependant, de grandes variations existent selon les civilisations, entre la vision d'un enfer comme lieu de séjour de tous les morts, et celle d'un lieu de souffrance des méchants.

Dans la Mésopotamie, on trouve, dans les profondeurs de la terre, un Kigallou, environné d'une septuple enceinte, où les morts sont plongés dans une obscurité épaisse et n'ont pour nourriture que les offrandes des vivants déposées dans les tombeaux.

Les anciens Égyptiens ne croient pas à des châtiments d'outre-tombe, mais ils enseignent que, contrairement aux justes, bénéficiaires d'une vie éternelle toute semblable à celle d'ici-bas, les méchants sont voués au néant. Le mazdéisme distingue, quant à lui, un ciel, présidé par Ormuzd, et un enfer, abîme où l'impie est livré aux démons.

Chez les Gréco-Romains, l'enfer est un royaume souterrain gardé par des démons ou par le chien Cerbère, que peuplent des âmes errantes. C'est dans l'Hadès (ce nom désigne aussi les Enfers) que les âmes sont jugées après la mort et, le cas échéant, punies dans les sombres régions infernales de l'Érèbe et du Tartare, entourées d'un triple mur d'airain pour empêcher toute évasion. Les coupables subissent dans le Tartare des peines variées, appropriées à leurs crimes, tels les supplices de Tantale, de Sisyphe ou des Danaïdes.

Le châtiment de la géhenne

Tandis que le judaïsme primitif semble ne voir dans l'enfer qu'une sorte de prolongement affaibli de la vie terrestre dans un lieu souterrain (le schéol), les textes rabbiniques en viennent, après l'exil de Babylone, à distinguer un séjour de délices pour les bons, et une géhenne, où les méchants souffrent éternellement. Avec Sodome et Gomorrhe, la géhenne est l'image principale de l'enfer dans l'Ancien Testament. La géhenne tire son nom de la vallée d'Hinnom (*Ge-Hinnom*), près de Jérusalem, célèbre pour ses cultes païens, en particulier les sacrifices d'enfants par le feu, qui y étaient pratiqués. Cette vallée, transformée à l'époque de Jésus en décharge publique et brûloir permanent, devient le symbole du péché, du lieu maudit par excellence, son nom désignant l'éternel châtiment, le « schéol des méchants ».

Dans le Deutéronome, l'Éternel déclare par la bouche de Moïse que son feu « brûlera jusqu'au fond du séjour des morts ». Dans cet enfer, les damnés seront tourmentés : « Que le méchant passe de la froideur de la neige aux plus excessives chaleurs ; que son crime descende jusque dans l'enfer » (Job, XXIV, 19).

Selon l'islam, tous les croyants doivent jouir, dans le Firdaws, ou Djanna, de joies sans fin, tandis que les musulmans impénitents et les infidèles subiront, physiquement même, tous les supplices possibles de la fournaise de la géhenne, également l'un des noms de l'enfer dans le Coran : « Le châtiment de la géhenne est destiné à ceux qui n'auront pas cru à leur Seigneur. »

Le feu de l'enfer chrétien

Le christianisme enseigne, lui, que la mort fixe l'âme dans la ligne de sa dernière option spirituelle libre : l'enfer est l'état de ceux qui ont choisi de se séparer de Dieu. De cette séparation volontaire naît une souffrance spirituelle qui se prolongera éternellement (peine du *dam*) et qui s'accompagnera de souffrances sensibles, variant avec la culpabilité de chacun (peine du feu).

En réalité, cette doctrine, d'ailleurs de plus en plus contestée de nos jours, est celle du catholicisme qui, au Moyen Âge, avait fondé son apologétique sur des représentations horrifiantes de l'enfer, symbole du mal, peuplé de démons et de damnés, jetés selon l'Apocalypse dans un feu éternel, le feu éternel n'étant pas une destruction, mais un supplice permanent.

Selon la pensée chrétienne contemporaine, l'enfer devient le symbole des tortures psychiques engendrées par l'âme révoltée contre Dieu, rejoignant la doctrine des protestants, pour qui le mot « enfer » a, depuis plus longtemps, un sens purement symbolique, qui désigne simplement l'état des âmes privées de contact avec Dieu.

La vision de l'enfer

Dans l'univers imaginaire de l'enfer païen, juif, musulman ou chrétien, un grand nombre d'éléments symboliques convergent, telles l'image du souterrain et de l'enfermement, celle de la pestilence, et surtout celle de la noirceur et de la température extrême : froideur, comme dans l'enfer zoroastrien ou dans le schéol, chaleur et feu éternel, comme dans l'enfer chrétien ou dans la géhenne. S'ajoutent à ces éléments des représentations allégoriques et iconographiques du Jugement dernier et de l'enfer.

Si les Anciens ont souvent décrit les aventures de héros aux enfers (Orphée, Hermès, Énée, etc.) ou les supplices de condamnés (Danaïdes, Sisyphe), le peintre Polygnote avait représenté, à Delphes, la prise de Troie et les enfers, mais on n'en connaît que la description par Pausanias. Le programme de représentation du Jugement dernier et de l'enfer par panneaux horizontaux parallèles s'est progressivement mis en place dans l'art byzantin comme dans l'art occidental, et les premières fresques sont apparues vers les IXe-Xe siècles.

Au Moyen Âge, la représentation des tourments réservés aux pécheurs est l'un des thèmes essentiels de l'iconographie chrétienne, en particulier pour la décoration sculptée des cathédrales (Jugement dernier d'Autun, de Bourges, d'Orvieto). L'enfer y est symbolisé par un brasier, auquel on accède souvent par la gueule béante du monstre Léviathan.

Michel-Ange, à la chapelle Sixtine (1541), inaugure une conception plus païenne de l'enfer (où apparaît le Charon antique), qui inspirera notamment Rubens ; à l'opposition horizontale du paradis et de l'enfer, il substitue la montée des élus et la descente des damnés dans une mêlée vertigineuse.

L'enfer d'une bibliothèque désigne le département où sont déposés les livres de caractère licencieux ou pornographique, interdits au public.

Voir **âme, Antéchrist, apocalypse, chaleur, démon, diable, feu, Hadès, Léviathan, limbes, Moloch, psychostasie, Sisyphe, vallée**

entrelacs

Ornement composé de lignes courbes entrecroisées qui peuvent être abstraites, géométriques ou figuratives, l'entrelacs est employé comme motif décoratif par les tribus germaniques et les Vikings, mais ce sera chez les Celtes christianisés que la forme atteindra son expression la plus achevée.

Dans *le Livre des Kells,* chef-d'œuvre artistique de l'Irlande du IXe siècle, qui contient les Évangiles en latin, l'entrelacs n'a pas un rôle simplement décoratif ; il a une fonction symbolique et théologique. Par exemple, un entrelacs de serpents, de paons, de poissons et de vignes compose un entrecroisement de motifs religieux dont on ne peut séparer les fils. Le serpent représente le péché originel, mais aussi la mue ou une vie nouvelle. Le paon représente la vanité, mais aussi l'incorruptibilité du Christ, car on croyait que la chair du volatile était imputrescible. Le poisson est un symbole du Christ, mais aussi de l'humanité, comme l'est la vigne. L'entrelacs est donc essentiellement polysémique, comme le sont les symboles de la foi chrétienne.

Voir **arabesque, chiffre, étoile de David, hexagramme, paon, poisson**

épaule

Articulation unissant le bras au thorax, formant un plan horizontal sur lequel repose la tête, les épaules utilisées pour porter des objets ou des personnes, sont synonymes de solidité et de soutien.

Ces connotations sont évidentes dans des expressions comme « donner un coup d'épaule à quelqu'un », « avoir les épaules larges » ou dans le verbe « épauler ».
Dans la mythologie grecque, la plus célèbre paire d'épaules est sans conteste celle d'Atlas. Avec ses frères, le Titan était entré en guerre contre Zeus, qui les vainc. Pour punir Atlas, le dieu suprême le condamne à porter sur ses épaules la voûte céleste, le poids du monde et le pilier qui sépare le ciel de la terre.

Avoir la tête sur les épaules, être sensé, équilibré.

épée

Arme blanche faite d'une longue lame et d'une poignée, l'épée symbolise la séparation, la force militaire et divine.

Un instrument de séparation

Entre Adam et le jardin d'Éden se place l'épée de feu, symbole de séparation du bien et du mal. Alexandre le Grand tranche le nœud gordien de son épée, outil de discernement intellectuel. Thémis, déesse grecque de la justice, a pour attribut, outre la balance, une épée qui l'aide à séparer la culpabilité de l'innocence. Au Moyen Âge, le chevalier est frappé sur l'épaule par une épée lors de la cérémonie de l'adoubement, geste qui symbolise la séparation en deux de sa vie : celle d'avant l'entrée en chevalerie et celle d'après. Et c'est une épée, symbole de chasteté, qui sépare Tristan et Iseult dans leur sommeil, leur sauvant ainsi la vie lorsque le roi Marc, époux d'Iseult, les surprend dans la forêt.

Force militaire

Dans l'islam, l'épée, la reine des armes, est un attribut militaire autant qu'un symbole du pouvoir religieux. Khaled Ibn Al Walîd, qui livre bataille aux qoraïchites païens qui dominent La Mecque, reçoit de la bouche du Prophète le surnom prestigieux d'« Épée de l'Islam ». Et c'est l'épée longue, forgée dans les meilleurs aciers, qui est l'instrument essentiel de la supériorité des Germains lors des grandes invasions.

Force divine

L'autorité venant de Dieu, l'épée est aussi la marque de la volonté divine, qui frappe le coupable et combat l'ennemi, telle l'épée du dieu Freyr, capable de combattre seule, dans la mythologie scandinave. L'épée, tenue en main, exprime la force et les capacités masculines au service de Dieu, elle est l'axe par lequel « descend » la puissance céleste pour ordonner la terre. Lors du sacre du roi de France, l'archevêque de Reims lui donne l'épée qui lui permet de protéger les églises et de rendre justice.

Lorsque le tyran grec Denys l'Ancien fait suspendre une épée tenue par un simple crin de cheval au-dessus de la tête de son courtisan Damoclès, qui exaltait sans cesse le bonheur d'être roi, celle-ci incarne le pouvoir divin à côté duquel la puissance en ce monde est vaine.

L'épée mythique, souvent donnée à l'homme par des dieux et leur revenant à terme, est mue par la volonté divine. À la mort d'Arthur, son épée, jetée dans un lac, est saisie par une main mystérieuse qui jaillit de l'eau. L'épée acquiert le caractère d'un personnage et est nommée et crainte comme tel. C'est *Al Battar* (la batailleuse) pour le prophète Mahomet, Balmung pour Siegfried dans la *Chanson des Nibelungen*, ou Durendal pour Roland de Roncevaux, lequel, craignant que son épée ne tombe aux mains des Sarrasins, tente de la briser sur un rocher : mais, au lieu de casser, Durendal fend le rocher.

Un symbole de lumière

L'épée est aussi un symbole de lumière : Excalibur, l'épée magique du roi Arthur dans la Table ronde, provient du mot celte *kaledfoulc'h*, qui signifie « dure foudre » ; l'éclat de l'épée de Charlemagne aveugle ses ennemis, reprenant la symbolique de l'épée dans la Bible : la lutte spirituelle entre le bien et le mal. Lorsque Adam et Ève sont chassés du paradis terrestre, l'archange Michel se tient derrière eux en brandissant son épée, pour les punir de leur péché et pour conjurer le mal.

Un privilège nobiliaire

Chez les peuples barbares, l'épée est généralement réservée au chef. Elle est enrichie de pierres de couleur, serties dans de l'or, de l'argent ou du bronze. Emblème du chevalier au Moyen Age, elle devient vite le symbole du statut nobiliaire auquel les chevaliers ont accédé. À partir du XVe siècle, les aristocrates tendent à se réserver le droit du port de l'épée, qui devient un privilège et un signe honorifique. Au XVIIe siècle, on parle de la noblesse d'épée, symbole de la noblesse authentique issue du Moyen Âge face à la noblesse de robe, qui se recrute parmi la bourgeoisie enrichie. Mais l'épée de cour du temps de Louis XIV, avec son pommeau et son fourreau décoré et enrubanné, n'a plus qu'une valeur de symbole social. Cet objet de parade, bientôt remplacé par la canne à pommeau, n'est-il pas le signe inéluctable du déclin de la noblesse, à qui on interdit les duels et qui se soumet à la personne du roi ?

Voir **arme, bouclier, cape, couteau, chevalier, Tristan et Iseult**

épi voir blé

épine

Les épines sont surtout associées à la couronne que porte le Christ au moment de sa crucifixion.

En plus d'être signe d'humiliation et de souffrance, cette couronne d'épines revêtirait d'autres significations. Selon certains, elle serait une alliance, scellant le mariage entre Dieu et une humanité pécheresse. Pour d'autres, elle serait un dérivé de la couronne solaire et, de ce fait, devrait être rapprochée de la symbolique de l'auréole.

Voir **auréole, couronne, tonsure**

épingle

L'épingle à cheveux retient sagement le pouvoir séducteur de la chevelure féminine. Elle symbolise la modestie et la discrétion qui siéent à la jeune fille vertueuse et dévouée à ses tâches.

On ôte l'épingle d'un geste, et, par ce geste, la ménagère devient reine de la nuit.

La broche comme la fibule tiennent les habits sur le corps et marquent par là la culture, l'humanité du sujet. Ce sont des bijoux peu discrets dont la valeur symbolique tient surtout aux motifs abstraits ou figuratifs dont ils sont le support : ces représentations placent l'individu sous la protection d'esprits tutélaires. Dans le nord de l'Europe, elles sont aussi bien masculines que féminines : les héros celtes en sont parés. Mais, dans la civilisation méditerranéenne, la fibule est nettement féminine. En forme de croissant, elle rappelle la lune et la fécondité. Son épingle est longue et dangereuse, c'est une arme qui blesse le cœur des hommes.

En Chine ancienne, l'épingle à cheveux a une valeur symbolique importante qu'on retrouve dans l'expression « atteindre [l'âge de porter] une épingle », qui signifie atteindre l'âge de la majorité (15 ans) et du mariage. La jeune fille abandonne les coques sur le côté pour le chignon retenu par des épingles. Une cérémonie de remise de l'épingle à cheveux marque de façon solennelle ce passage de l'enfance à l'âge adulte.

Voir **bijou, cheveux, croissant**

équerre

Triangle rectangle, composé de deux bras perpendiculaires formant un angle droit, l'équerre (avec le compas) est un instrument d'architecte et de bâtisseur. C'est un des symboles de la franc-maçonnerie.

L'équerre représente la terre et les constructions humaines. C'est un instrument de mesure qui assure les bonnes proportions et les angles corrects du monde matériel. Elle est aussi un symbole de rectitude morale. L'équerre, associée au compas, représente la convergence de la matière

et de l'esprit, de la terre et du ciel, dans l'univers des signes de la franc-maçonnerie.

Voir **compas, franc-maçonnerie, triangle**

équinoxe voir soleil, solstice,

Éris (la Discorde)

Cette divinité mineure en apparence joue néanmoins un rôle essentiel dans la mythologie, où elle personnifie la discorde.

Il suffit de donner le nom de ses enfants pour comprendre son caractère nuisible : peine, oubli, faim, douleur, secret.

Son intervention la plus fameuse est le moment où elle jette au milieu du banquet des noces de Thétis et de Pélée une pomme sur laquelle sont écrits ces simples mots : « À la plus belle ». C'est l'origine du jugement de Pâris, de l'enlèvement d'Hélène et de la guerre de Troie.

Voir **Hélène, pomme**

Éros (Cupidon, l'Amour)

Éros, dieu de la passion amoureuse, joue un rôle essentiel dans la vie des hommes.

Un dieu créateur

Dans les plus anciennes théogonies, Éros est considéré comme un dieu créateur né du chaos primitif et l'un des éléments primordiaux du monde. C'est lui qui assure la reproduction des hommes, mais aussi la cohésion interne du cosmos. C'est ce rôle vital,

lié à son origine (le chaos primitif ou l'œuf primordial), qui fait l'objet des débats du *Banquet* de Platon. Éros est-il force toute-puissante ou quête éternellement insatisfaite ?
Il paraît avoir été aussi la divinisation de la rosée.

Le dieu de l'amour

Depuis le VIe siècle av. J.-C., il est d'abord le dieu de la passion amoureuse ; à ce titre, il a inspiré presque tous les poètes et les artistes. Plus tard, il fut compris comme le plus jeune des dieux, intermédiaire entre

les dieux et les hommes, marqué par la pauvreté et l'inquiétude. Peu à peu, il prit sa forme définitive et fut représenté sous l'aspect d'un enfant, pourvu ou non d'ailes, qui enflamme les cœurs de sa torche ou les blesse de ses flèches. Il intervient dès lors dans de nombreuses légendes, dont celle de Psyché, et l'on donna peu à peu à ce mythe une signification symbolique. L'histoire d'Éros et de Psyché était en effet le thème favori des néoplatoniciens, qui y virent la promesse d'un bonheur éternel dans l'au-delà pour l'âme après un parcours initiatique d'épreuves. Il fut assimilé par les Romains à Cupidon. Dans la théorie freudienne, Éros symbolise l'ensemble des pulsions de vie.

Voir **chaos, œuf, Psyché, rosée**

escalier

Comme l'échelle, l'escalier symbolise à la fois l'ascension et la chute spirituelles.

Mais, lorsque l'escalier est en colimaçon, ce mouvement vertical s'effectue en spirale autour d'un axe central. L'élévation s'appuie alors sur un pilier qui représente un principe philosophique, une règle ascétique, un art ou l'amour. Ainsi, dans le petit tableau *le Philosophe en méditation* de Rembrandt, l'élément principal du tableau est un escalier monumental qui s'élève en spirale dans les ténèbres, à côté et au-dessus du vieillard à la tête inclinée, symbole à la fois de l'élévation de la pensée et de l'obscurité ultime à laquelle l'homme reste en définitive confronté malgré les efforts de la réflexion. Tout

un jeu de symboles sociaux se décline, de l'humble utilité des marches de bois grossier de l'échelle du meunier à la splendeur des escaliers de pierre à double révolution des châteaux, comme celui de Fontainebleau, témoin de la scène émouvante et grandiose des adieux de Napoléon à ses troupes.

Voir **échelle, spirale**

escargot

L'escargot est par excellence l'animal lunaire. Comme la Lune qui apparaît et disparaît, il sort et rentre ses cornes, signe de mort et de renaissance.

Sa coquille en spirale et sa lenteur se traduisent en termes symboliques par l'idée de mouvement et de durée cyclique. Une notion d'égoïsme se rattache toutefois à son repli dans sa coquille. Sa forme en spirale évoque le labyrinthe initiatique. Dans les hiéroglyphes égyptiens, l'escargot représentait l'évolution de la vie.

L'escargot, qui sort de terre après la pluie, est un symbole de régénération cyclique, de la renaissance après la mort. Il est donc de ce fait associé à la fertilité, et rêver d'un escargot peut indiquer un désir de maternité ou de paternité. Dans la doctrine chrétienne, l'escargot est le symbole de la résurrection du Christ. De nos jours, l'escargot est surtout lié à la lenteur.

Esculape voir Asclépios

est voir points cardinaux

étendard voir bannière, drapeau

étoile

Les astres (planètes et étoiles) sont les signes et non la cause des inflexions de la destinée. Reflets célestes des destinées humaines, à la fois présents et absents, ils sont aussi, par la perfection de leur représentation graphique, un symbole d'absolu, d'espérance ou de réussite.

Une bonne étoile

Avant Hipparque et Ptolémée (IIe siècle av. J.-C.), les astres étaient déjà répartis en huit sphères, depuis la Lune (1re sphère) jusqu'aux étoiles fixes (8e sphère), qui sont le « marchepied » de Dieu dans les traditions musulmanes ou le ventre constellé d'étoiles de la déesse Nout dans la tradition égyptienne.
En calculant la position des astres des sphères proches dans les constellations d'étoiles fixes qui forment les signes du zodiaque, l'horoscope ne détermine pas la vie sur terre. Il indique plutôt la mesure d'une destinée céleste que l'on peut rapprocher du monde des idées de la philosophie platonicienne. L'observation des étoiles doit donc guider l'action sans que la question des choix – et donc des erreurs humaines – soit escamotée. Le sens de l'astrologie n'est donc pas si éloigné de l'usage des étoiles : phares célestes pour les marins, elles n'indiquent pas la direction, mais la position.

L'expression « naître sous une bonne étoile » rappelle cette notion d'éclairage particulier, mais aussi le prix que les poètes et les mystiques attachent à ces occupantes des hauteurs célestes. L'étoile du soir est ainsi la « messagère lointaine », et l'étoile du matin celle qui exprime la bonté de dieu :

« Brillante étoile du matin
Par tes rayons, l'amour divin
Nous donne sa lumière »
(Cantique de la fin du XIXe siècle).

Au firmament

Les célébrités du monde du spectacle, que l'on nomme des « stars », forment des constellations plus ou moins inaccessibles qui elles aussi font rêver à une existence supérieure, plus éthérée. L'étoile brille ainsi par son talent, sa réussite, sa renommée. Dans la Rome antique, lors de la cérémonie du triomphe, juché sur un char tiré par des chevaux blancs, la tête ceinte d'une couronne de lauriers en or, le général victorieux arborait une toge pourpre semée d'étoiles. L'étoile désigne aussi le suprême échelon de la hiérarchie de certains corps de ballet. Une danseuse étoile a un rayonnement international. En France, l'étoile est aussi l'insigne de grade des officiers généraux de l'armée. L'étoile à cinq branches, symbole de

perfection, selon Pythagore, était portée au XVIIIe siècle sur les épaulettes par les princes qui, ayant le grade de maréchal de camp ou de lieutenant général, commandaient le régiment dont ils étaient propriétaires. Par imitation, les étoiles furent adoptées, sous la Ire République, en 1793, comme insigne de grade par les généraux et devinrent réglementaires en 1803. Elles sont aujourd'hui portées sur les manches ou sur les pattes d'épaule et sur la coiffure des officiers généraux des trois armées.
Indice de classement attribué à certains lieux dans l'hôtellerie, l'étoile, unique ou multiple, indique la catégorie dans laquelle est rangé l'hôtel (un quatre-étoiles est, par exemple, le symbole du palace de luxe).

Une étoile, un État

Symbole de réussite et de grandeur, l'étoile se retrouve sur nombre de drapeaux. Sur le drapeau américain, le « *Stars and Stripes* » (« les étoiles et les bandes ») brandi par les armées du Nord pendant la guerre de Sécession, (1861-1865) chaque étoile représente un État de l'Union. Depuis 1950, on compte cinquante étoiles sur le drapeau américain.
Sur le drapeau européen au fond bleu azur, des étoiles figurant les peuples de l'Europe forment un cercle en signe d'union. Elles sont au nombre invariable de douze, symbole de perfection et de filiation. L'étoile à cinq branches, associée au croissant, symbole de l'islam (figure de résurrection et de protection), orne plusieurs drapeaux nationaux des États musulmans aujourd'hui.

L'étoile rouge

Ce symbole du communisme a une origine militaire et planétaire. L'étoile rouge est assimilée à la planète Mars qui s'inscrit dans une symbolique d'action, d'énergie, de courage et de violence. L'étoile rouge a été adoptée dès avril 1918 par l'armée soviétique et portée sur la vareuse, la coiffure et le manteau. Elle a ensuite été choisie par d'autres pays socialistes, notamment la Chine. L'étoile rouge soviétique était au début surchargée d'un marteau et d'une charrue, qui fut remplacée en 1922 par une faucille, symbole de l'union des paysans et des ouvriers en URSS.

Avoir ses étoiles, être général.

Voir **astrologie, augure, bleu, cinq, croissant, douze, drapeau, étoile de David, faucille, Mars, météorite, pentacle, planète, rayure, rouge, zodiaque**

étoile de David (l')

L'étoile à six branches, ou hexagramme, composée de deux triangles entrelacés, est devenue au cours de l'histoire un symbole du judaïsme.

Un motif décoratif très ancien

Cette figure n'a pas une origine spécifiquement juive. Dès l'âge du bronze, on la trouve comme ornement et, peut-être, comme signe magique en Mésopotamie et aux Indes. Dans les siècles qui précèdent l'ère chrétienne, elle se trouve, aussi bien chez les non-Juifs que chez les Juifs, en concurrence avec l'étoile à cinq branches et la croix gammée, comme motif décoratif, emploi qui se perpétuera dans

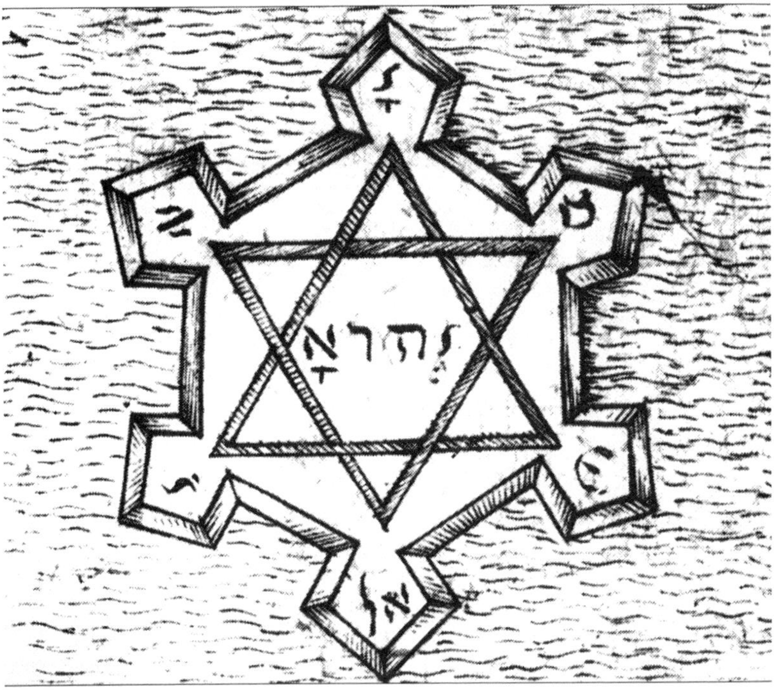

certaines églises à Byzance et en Europe occidentale.

Création du monde et étoile messianique

L'étoile de David représente les six jours de la création du monde et le shabbat en son centre. Selon l'interprétation chrétienne, on explique aussi ses deux triangles inversés comme la réconciliation entre la trinité divine et la trinité humaine (l'esprit, l'âme et le corps). La prophétie de Balaam (Nombres, XXIV,17) fait état d'une « étoile qui sort de Jacob ». L'étoile messianique est le signe de la fidélité de Dieu envers le peuple d'Israël qui attend son Messie. « Moi, Jésus [...]. Je suis le rejeton et la postérité de David, l'étoile brillante du matin » (Apocalypse, XXII,16). C'est une étoile qui indique aux bergers et aux Rois mages le chemin vers la crèche où est né le Sauveur.

Une protection magique

Au début du Moyen Âge, on commence à lui accorder une valeur magique ; les sources arabes l'appellent « sceau de Salomon ». On a, dans le Talmud, des allusions à son emploi comme signe de la domination sur les démons et comme substitut du nom divin, dont l'usage est interdit. Peu après 1300, un commentaire rabbinique associe l'hexagramme au bouclier, qui selon une légende servait au roi David de protection magique. On retrouve le bouclier de David comme motif décoratif courant dans les manuscrits bibliques, à partir du XIIIe siècle, en Allemagne et en Espagne ; il figure aussi sur des amulettes. La signification juive de l'hexagramme s'impose alors peu à peu.

Un symbole du judaïsme

Les noms de « bouclier de David » et de « sceau de Salomon » sont indistinctement employés, entre 1300 et 1700 ; le premier finit par éclipser l'autre. Après 1492, le bouclier de David figure dans les marques d'imprimeurs, à Prague, en Italie et en Hollande, ainsi que dans les armoiries de plusieurs familles juives d'Italie. Dès le XVIe siècle, il apparaît comme emblème officiel des communautés juives, représenté sur leurs sceaux en Bohême, Moravie, Autriche, Allemagne du Sud et Hollande.
Au XIXe siècle, il joue pour les Juifs le même rôle que la croix pour les chrétiens : celui d'un emblème et d'un signe de reconnaissance. Dès 1840, l'écrivain allemand Heine, pourtant converti au christianisme, s'en sert pour signer les articles que, de Paris, il envoie à son journal. Choisi comme emblème lors du premier congrès sioniste de Bâle en 1897, il figurera sur le premier numéro du journal sioniste de Herzl. Mais, paradoxalement, c'est l'obligation faite aux Juifs par les nazis de porter l'étoile jaune, qui allait lui donner toute sa légitimité.
L'étoile de David se trouve, en bleu sur fond blanc, sur le drapeau de l'État d'Israël.

Voir **blanc**, **bleu**, **bouclier**, **chandelier**, **croix**, **drapeau**, **entrelacs**, **hexagramme**, **jaune**, **sceau de Salomon**, **six**, **svastika**, **triangle**

éventail

Accessoire composé d'un demi-cercle fixé à une monture pliable que l'on agite pour produire un courant d'air, l'éventail est utilisé dans certaines cérémonies religieuses. Il participe de la symbolique du souffle et de l'écran.

En Égypte, l'éventail, le plus souvent sous forme de lotus ou de palmier, est habituellement constitué de plumes d'autruche. Puisqu'il représente l'air qu'il remue, il est symbole de la respiration, voire de la vie elle-même. Dans l'art égyptien, le signe de l'ankh (« souffle de la vie ») est associé à l'éventail. Or, l'ankh est représenté par une croix, la *crux ansata,* et ce lien entre l'éventail et la croix explique probablement le statut symbolique du premier dans le christianisme. Dans l'Église catholique, l'éventail, composé de cuir, de soie ou de plumes, était agité au-dessus des espèces sacrées, ostensiblement pour les protéger des insectes, mais symboliquement pour qu'elles reçoivent le souffle divin. Dans l'Église orthodoxe, l'on se sert toujours de l'éventail à cette fin.
L'éventail sert aussi d'écran. Son emploi répandu chez les femmes en Espagne, surtout en Andalousie,

pourrait s'expliquer par l'influence de l'islam, car l'éventail, à l'instar du voile, peut cacher le visage.

Voir **croix, souffle**

excrément

Quoique le mot « excrément » se rapporte à tout ce que le corps peut évacuer ou excréter, il s'emploie aujourd'hui pour désigner les matières fécales expulsées par l'anus. À ce titre, l'excrément est le non-dit, le grand absent de la représentation sous toutes ses formes. Évacué par le corps physique, il l'est également par le corps social. Les mots vulgaires qui désignent l'excrément ou l'acte de déféquer sont utilisés pour marquer le rejet, le mépris et l'exclusion.

Une source d'impureté

Parmi les grands systèmes métaphysiques et religieux, seul l'islam parle de l'excrément dans le détail, mais pour entourer le sujet de maintes précautions et prescrire les gestes nécessaires à la maîtrise d'une source importante d'impureté. Bien que Mahomet eût recommandé de se nettoyer l'anus avec un nombre impair de pierres, le musulman après défécation se nettoie avec la main gauche et se rince à l'eau. La flatulence lors de la prière annule celle-ci et nécessite un rite de purification. Au paradis, le corps, au moins celui des hommes, est ressuscité, mais n'urine ni ne défèque. Les djinns, personnages coraniques et esprits maléfiques, se nourrissent d'os et d'excréments.

Un cadeau

Le premier penseur à ne pas inscrire l'excrément dans un discours de purification et d'exclusion est Sigmund Freud. Selon le fondateur de la psychanalyse, l'excrément est l'objet érotique satisfaisant la pulsion anale. Loin d'être rejeté parce qu'il est sale, il n'est considéré comme sale que parce qu'il est rejeté dans la demande éducative que la mère fait porter sur l'enfant lui-même.
Ce n'est que pour faire plaisir à sa mère que l'enfant se détache de cet objet et le rejette au point que, tout jeune, pensant qu'elle le lui demande au titre de cadeau, il le lui offre comme tel. Les excréments de l'enfant sont donc les premiers éléments dans un système d'échange.
L'avarice a pour Freud une origine anale, car c'est au fond le refus d'offrir ses excréments à sa mère. Dans son essai *l'Homme aux loups*, le savant viennois écrit : « Nous nous sommes habitués à ramener l'intérêt qu'inspire l'argent, dans la mesure où il est de nature libidinale et non de nature rationnelle, au plaisir excrémentiel. » Le disciple de Freud, Sandor Ferenczi, soutiendra que les pièces d'argent ou d'or ne sont « rien d'autre en somme que de l'excrément désodorisé, desséché et rendu brillant ».

Voir **anus, droite/gauche, purification, scarabée**

Combustion créant chaleur, lumière et flammes, le feu symbolise l'action fécondante, purificatrice et illuminatrice, mais aussi la destruction.

F

faisceau

Assemblage de verges liées autour-d'une hache, le fer en dehors, le tout relié par une courroie de cuir rouge, le faisceau est un symbole d'autorité et de la puissance légale sous la Rome antique. Il figure sur le sceau de la République française et a été un emblème du régime fasciste italien.

L'autorité romaine

Du temps de la République romaine, les faisceaux étaient portés sur l'épaule gauche par les licteurs (sorte d'appariteurs) qui précédaient dans leurs déplacements les magistrats, détenteurs de *l'imperium,* c'est-à-dire de la puissance divine. Le faisceau porté par les licteurs est symbole de cette puissance. Il signifie le droit de vie et de mort; pendant longtemps, ce sont les licteurs qui sont chargés de procéder aux exécutions capitales : « Va, licteur, lie les mains [du condamné], délie les verges [pour le fouetter avant de lui trancher la tête], frappe de la hache », dit la sentence. En se faisant précéder de licteurs porteurs de faisceaux, les magistrats romains entendaient montrer la grandeur et la majesté de leur fonction et imposer au peuple une plus grande soumission et une plus grande obéissance.

Un symbole de la République française

Cet attribut a été fréquemment employé comme motif décoratif sous la Révolution française.

Le faisceau de licteurs est en effet au cœur de la symbolique républicaine qui s'élabore au lendemain de la Révolution de 1789 et il y reste jusqu'à nos jours. L'emblème qui figure sur le passeport franco-européen représente un faisceau sur deux branches d'olivier et de chêne, portant une plaque sur laquelle sont inscrites les lettres RF (République française). Le sceau – dont le dessin remonte à septembre 1848 – représente la Liberté assise, tenant, dans la main droite un faisceau, et dans la gauche la barre d'un

gouvernail. Les armes de la République – inchangées depuis un décret de juin 1953 – consistent en un écu ovale azur sur lequel figure un faisceau posé en pal sur deux branches de chêne et d'olivier lié par un ruban, le tout en or, chargé de la devise « Liberté, égalité, fraternité », et entouré du grand collier de la Légion d'honneur. Il est apposé sur le panonceau réservé à la France dans la salle de l'Assemblée de l'Organisation des Nations unies à New York.

L'emblème de l'Italie fasciste

En mars 1919, Mussolini fonde à Milan les Faisceaux italiens de combat. La référence est en fait ambivalent : les *fasci*, ce sont tout à la fois les associations de travailleurs siciliens soulevés en 1893-1894 et les faisceaux d'action révolutionnaire des interventionnistes de guerre. Le mot, en fait, appartient au vocabulaire d'extrême gauche bien que, depuis 1917, les associations nationalistes s'en soient emparées. Mais Mussolini se réfère aussi au faisceau des licteurs de la Rome antique, « symbole de l'unité, de la force, de la justice ». Une fois, le pouvoir conquis, Le Duce aura la volonté de développer le sentiment national et de renforcer son pouvoir personnel : il multipliera les références à ce passé prestigieux en s'inspirant de la symbolique archaïque et de l'apparat empruntés à la Rome impériale. Les faisceaux envahiront l'imagerie officielle au point de figurer sur les boîtes aux lettres. La Chambre des députés prend le nom de Chambre des faisceaux en 1939.

Voir **baguette, bâton, bois, branche, chêne, gouvernail, hache, olivier, sceau**

fantôme voir revenant

faucille

Instrument agraire de la récolte, la faucille a une forme en croissant. Elle est, pour cela, essentiellement associée à la lune et à la féminité. Symbole du cycle de la vie rattaché à la mort et à la renaissance, elle est à la fois coupure et promesse de germination future.

La faucille et le marteau

La faucille et le marteau entrecroisés sur fond rouge désignent explicitement l'alliance des ouvriers et des paysans, légitimée par le sang des camarades morts dans la lutte. L'association de la faucille et du marteau est celle d'une puissance masculine dangereuse et d'une féminité régulatrice. Cette opposition des symboles réunis se retrouve dans les deux attributs complémentaires : la couleur rouge et l'étoile. L'étoile, symbole de l'espérance et de la pensée pure, est contrebalancée par le rouge du sang versé. C'est un rouge à la fois vital et mortifère.

La symbolique communiste

La symbolique communiste se présente donc comme la réunion d'éléments symboliques violemment opposés, laquelle synthétise à la fois la puissance humaine et ses limites, le passé et l'avenir, le monde des idées et le monde de la matière. Emblème d'une idéologie universaliste, la symbolique communiste connaît peu de variations locales. Les emblèmes du Burkina-Faso, la *daba* (la houe) et la kalachnikov entrecroisées, ne font que souligner les mêmes idées. La *daba* est un instrument agraire utilisé pour le sarclage, activité souvent dévolue aux femmes ; la kalachnikov, quant à elle, reprend la symbolique du marteau par sa puissance destruc-

trice – pour construire, il faut d'abord faire table rase. Ce sont donc à peu prés les mêmes significations qui sont portées. La disparition du rouge au profit du vert semble un apport plus particulièrement africain.

Voir **croissant, drapeau, étoile, lune, marteau, rouge, sang, vert**

faucon

Le faucon à la vue perçante est un symbole solaire, royal, de clairvoyance, de domination et de liberté. Au Moyen Âge, il devient l'emblème de la noblesse.

Chez les Égyptiens, le faucon est l'incarnation d'Horus, maître du ciel. Il est le principe céleste lui-même, et la divinité tutélaire des pharaons est représentée tantôt comme un faucon, tantôt comme un homme à tête de faucon. L'un des motifs les plus récurrents des pectoraux égyptiens est un faucon aux ailes déployées.

Au Moyen Âge, en Europe comme au Moyen-Orient, le faucon est également utilisé pour la chasse, apanage des seigneurs. Le fauconnier lui couvre la tête d'un capuchon avant de le lâcher pour qu'il s'envole vers sa proie. Véritable emblème de la noblesse, qui pratiquait la chasse au vol, le faucon est un animal de très grand prix qui se porte sur le poing avec fierté, même quand on ne chasse pas. Il peut servir de rançon ou d'impôt, être donné en hommage à un suzerain ou en pardon à une église ; il est interdit aux roturiers d'en posséder. Un faucon exceptionnel peut être traité comme un prince : le gant qui sert à le porter sur le poing est souvent orné de pierreries, et le capuchon de cuir qui couvre sa tête peut être brodé d'or ou garni de perles.

Le faucon encapuchonné devient symbole d'espérance : « *Post tenebras, spero lucem* » (« Après les ténèbres, j'attends la lumière » – Job, XVII, 12) est la devise de nombreux imprimeurs de la Renaissance.

Un faucon, dans les conflits et les rapports entre les États, est un partisan des solutions de force, à l'opposé d'une colombe.

Voir **colombe, chasse, Horus**

faux

Comme la faucille, la faux est la lame en forme de croissant lunaire associée aux moissons et à la fécondité. Ce n'est qu'au XVe siècle qu'elle est devenue le symbole de la mort, la grande égalisatrice des destinées humaines.

Le symbole semble donc avoir été retourné, mais, la moisson annonçant les prochaines semailles, il est logique que le symbole mortifère n'ait pas totalement perdu son sens régénératif. L'arcane n° XIII du tarot de Marseille, dit « arcane sans nom », représente un squelette manipulant la grande lame, mais ce sont les illusions humaines qui s'abattent, ouvrant à l'initié un nouveau cycle de révélations mystiques.

Voir **croissant, faucille, lune, squelette, tarot**

fée

Les fées, créatures féminines dotées de pouvoirs surnaturels, interviennent pour le bien ou pour le mal dans la vie des hommes.

Des êtres surnaturels

On rencontre chez la plupart des peuples la croyance en des êtres magiques, qui se mêlent à la vie des hommes, président à leur naissance pour leur attribuer des dons bénéfiques ou maléfiques, et leur font sentir au cours de l'existence l'action de leur bienfaisance ou de leur malfaisance. Ce sont les Moires grecques, ou les Parques romaines, qui dévident et coupent le fil de la vie humaine. Leur nom (*fatae* en latin) évoque le destin et la mort. On les appelle aussi trolls, elfes, kobolds, dames, bonnes dames, dames blanche, ou filandières ; elles sont, comme les génies, tantôt bonnes et tantôt mauvaises.

Bonnes fées, mauvaises fées

Auprès de Cendrillon, la marraine-fée représente, selon Bruno Bettelheim, la bonne mère qui vient rétablir l'équilibre face à la cruauté de la marâtre. Dans la légende arthurienne, les fées Viviane et Morgane, élèves de Merlin, sont à l'origine de sombres histoires d'amour et de vengeance, tandis que Mélusine, victime elle-même d'un enchantement (un jour par semaine, le bas de son corps se transforme en queue de serpent), est une bâtisseuse, une bonne mère, une épouse aimante, bref, elle accomplit une grande œuvre, jusqu'au jour où, trahie par son époux, elle est condamnée à revenir à sa nature surnaturelle et à hanter les lieux où elle avait jadis fait le bien. Contrariées, les fées deviennent parfois d'une cruauté incontrôlable, symboles de l'image néfaste de la femme depuis la création d'Ève.

Fées païennes, fées chrétiennes

Sous l'influence des croyances chrétiennes, elles se christianisent plus ou moins, en dépit de leur origine païenne : on les voit recommander aux chevaliers le respect des observances de l'Église. Les croyances se rapportant à elles ont duré de longs siècles : il y est fait des allusions très précises dans le procès de Jeanne d'Arc. Les légendes relatives aux fées sont devenues ensuite des thèmes littéraires. Elles connaissent un vif succès au XVIIe siècle (sous l'influence des *Contes* de Charles Perrault), ainsi qu'au XIXe siècle.

Voir **chevalier, contes de fées, femme, fil, génie, ondine, revenant, sirène**

femme

Vice, désobéissance, péché, sont les attributs peu flatteurs associés à la femme, mais une vision plus idéalisée lui accorde la pureté et l'amour désintéressé. Pandore, Ève, Marie, ou bien la dame du temps des troubadours, autant de mythes qui symbolisent la femme et ancrent sa représentation dans l'imaginaire occidental.

Pandore ou Athéna ?

Selon une constante anthropologique, la femme est souvent associée au désordre. Dans la mythologie grecque, Zeus, voulant se venger de la générosité de Prométhée qui avait dérobé le feu pour en faire présent aux mortels, race trop puissante, commande à son forgeron Héphaïstos (Vulcain chez les Romains) de fabriquer la première femme, Pandore. Elle est belle, séduisante, mais aussi fort curieuse. Les dieux lui offrent une boîte dans laquelle chacun met quelque chose de néfaste, tout en lui conseillant de ne jamais l'ouvrir. Mais, un jour, ne pouvant plus résister à la tentation, Pandore en soulève le couvercle, et tous les malheurs, douleurs et faiblesses qui frapperont l'humanité s'en échappent. Seule l'espérance demeurera au fond.

Il existe pourtant des divinités féminines – plutôt que des femmes – qui sont l'objet de dévotions toutes particulières. Déméter (Cérès chez les Romains, d'où le mot « céréales ») est la déesse des cultures et l'une des divinités les plus importantes du monde grec. On lui voue un culte entouré de mystères à son temple d'Éleusis, près d'Athènes. Athéna, déesse tutélaire des citoyens de la ville d'Athènes, est une déesse guerrière qui symbolise l'influence de la raison et de l'esprit.

Fille d'Ève

Pour les Juifs comme pour les Grecs, le premier homme est créé avant la première femme. Dieu enlève une côte à Adam pour lui fabriquer une épouse sans nom. Elle écoute le serpent qui lui propose d'aller cueillir le fruit interdit de l'arbre de la connaissance du bien et du mal, fruit qu'elle partage avec Adam. C'est seulement après cet incident que la femme reçoit un nom, Ève, qui provient du mot hébreu pour « vivant ». Ève est la première mère, mais sa fonction symbolique dans la culture occidentale est fort éloignée des associations positives que peut avoir la maternité. Ève devient le symbole de la femme désobéissante, pécheresse, trompeuse et séductrice. C'est elle qui devient responsable du péché originel.

Dans sa Seconde Epître à Timothée, Paul est on ne peut plus clair au sujet des origines de cette nature dégradée de la femme : « Je ne permets point aux femmes d'enseigner, ni de prendre autorité sur leurs maris ; mais je leur ordonne de demeurer dans le silence ; car Adam a été formé le premier et Ève ensuite. Et Adam n'a pas été séduit ; mais la femme, ayant été séduite, est tombée dans la désobéissance » (Timothée, II, 12-14).

Tertullien, écrivant au IIe siècle, rappelle aux femmes qu'elles partagent toutes « l'ignominie du péché originel et d'être la cause de la chute du genre humain. Vous êtes celles qui avez ouvert la porte au Diable. Vous êtes celles qui avez cueilli le fruit de l'arbre interdit. À cause de vous, le fils de Dieu devait mourir ».

Plus tard, saint Thomas d'Aquin considérera la femme comme essentiellement défectueuse et inférieure à l'homme, à qui elle doit se soumettre. Martin Luther écrit que, comme châtiment du péché d'Ève, la femme doit s'absenter de l'univers de l'homme pour rester consignée au foyer « comme un clou qu'on enfonce dans un mur ».

La Vierge Marie, une « anti-Ève »

Le judaïsme, comme l'islam, ne connaît pas de transcendance féminine. Dieu y est résolument masculin et patriarcal. Mais le christianisme, du moins dans ses variantes catholique et orthodoxe, supplée à l'absence théologique de tout principe féminin en créant une « anti-Ève » dans le personnage de la Vierge Marie. À ce sujet, il faut rappeler que le dogme de la conception immaculée ne se rapporte pas seulement à la conception divine du Christ, mais également à sa « mère ». La Vierge Marie elle-même n'a pas été conçue de manière charnelle. Elle n'a pas été souillée par le péché originel, par la faute d'Ève.

Les lointaines origines du personnage de la Vierge remonteraient en fait au culte de la déesse égyptienne Isis, dont les fonctions les plus importantes étaient liées à la maternité, à la fidélité conjugale, à la guérison des malades. Isis est la mère de Horus, le dieu qui devient homme afin de régner sur un royaume terrestre. Le culte d'Isis fut répandu à travers le

Moyen-Orient et, du temps du Christ, Isis était la déesse la plus populaire de l'Empire romain. Les Vierges noires trouvées dans maintes églises françaises sont en fait des figurines en basalte de cette déesse. Le culte de la Vierge Marie commencera au IVe siècle. En 787, le deuxième concile de Nicée statue que seul Dieu peut être adoré, mais que les fidèles peuvent vénérer la Vierge.

La rose de l'amour courtois

Entre Ève et la Vierge Marie, mais plus proche de cette dernière, une troisième « femme symbolique » voit le jour au Moyen Âge. Il s'agit de la femme de la poésie courtoise, célébrée notamment par les troubadours provençaux. Cette « nouvelle femme » devient l'objet d'un culte et de règles de conduite chevaleresque minutieusement élaborées. Le haut lieu de ce culte est au XIIe siècle la cour d'Aliénor d'Aquitaine à Poitiers. L'amour courtois souligne que l'amour passionnel de la femme peut ennoblir l'homme. C'est une conception novatrice en Europe. Ni les Grecs ni les Romains ne croyaient que l'amour passionnel entre les sexes pouvait transformer un homme, car, pour eux, un tel amour était considéré comme une folie ou un châtiment des dieux.

Dans l'amour courtois, la femme est hiérarchiquement supérieure à l'homme, qui doit faire l'éloge perpétuel de la beauté de l'objet aimé. C'est un amour qui n'est jamais satisfait, car la femme, mariée, demeure inatteignable. Le désir n'est dès lors jamais assouvi. Comme dans le culte de la Vierge Marie, la femme est donc tou-

jours séparée de la sexualité. La femme de la poésie courtoise est à l'origine de la notion d'« éternel féminin ». Elle nourrira la conception romantique de la femme et de l'amour. Tiraillée entre Ève et la Vierge Marie, la femme ne connaîtra les débuts de sa véritable libération qu'avec la mise en cause d'une symbolique plus de deux fois millénaire.

Voir **Aphrodite, blond, cheveux, Déméter, diable, Hélène, Isis, Lilith, mère, nudité, Pandore, Pénélope, rose, sorcier, ville**

fenêtre

Les ouvertures de la maison symbolisent les orifices de l'homme, et en particulier ses yeux.

Comme ces derniers, les fenêtres sont le vecteur d'une double circulation : le regard du dedans vers le dehors, la lumière du dehors vers le dedans. C'est pourquoi des fenêtres fermées indiquent à la fois la culpabilité secrète ou la peur du monde extérieur et la méditation introspective. Certains bouddhas méditants sont représentés les yeux fermés. Ouvertes, les fenêtres sont prêtes à la révélation divine, mais cette extraversion peut aussi être le signe d'une nature trop peu réfléchie.

Nombre de monuments religieux sont orientés selon une tradition, et, en ce cas, l'orientation des fenêtres joue un rôle spirituel important. Selon qu'elles sont situées au nord, à l'est, au sud ou à l'ouest, elles reçoivent une lumière morte, jeune, mûre ou vieille. À l'intérieur de l'édifice, les choses sont renversées : c'est le mur nord qui reçoit le plus de lumière. Cet intérêt pour l'orientation des fenêtres peut devenir savant : dans la cathédrale d'Amiens, un rayon vert traverse au midi de chaque solstice d'été un vitrail représentant le fondateur de la tribu de Juda (à laquelle appartient le Christ) avant de venir mourir dans la nef, sur le dais recouvrant le grand crucifix.

Voir **église**

fenouil

Symbole de l'acuité visuelle et de la lumière spirituelle, les gerbes de fenouil parent, dans l'Antiquité, les adeptes du culte de Dionysos.

L'association entre le végétal et la vue n'est pas évidente, mais selon Pline les serpents améliorent leur vision en mangeant les bulbes de fenouil.

Voir **Dionysos**

fer

Métal gris-blanc, malléable et ductile, le fer représente la dureté et l'ambivalence entre protection et menace.

Un métal ambivalent

L'utilisation courante du métal commence vers 1200 av. J.-C. En effet, après avoir travaillé le fer météoritique, l'homme a su traiter le fer terrestre grâce à des techniques de forgeage très élaborées. En Égypte et en Mésopotamie, au IIe millénaire, le fer est considéré comme le septième des huit produits minéraux les plus précieux ; on l'utilise alors pour les armes de parade, volontiers incrusté d'or ou d'argent. D'un usage militaire courant chez les Celtes, il est, au Moyen Âge,

utilisé dans les riches édifices, églises et châteaux, qu'il orne et protège.
Mais le fer est aussi symbole de malédiction : le fer météoritique tombe du ciel, il est donc à la fois cadeau divin et corps étranger, lié aux mauvais démons. Le fer conservera cette ambivalence jusqu'au Moyen Âge, protégeant du mal en même temps qu'il le propage par les armes. Ainsi les Romains distinguent-ils le fer bénéfique et le fer maléfique : le *plumbum album*, « plomb blanc », et le *plumbum nigrum*, « plomb noir ». Le fer s'apparente aux outils forgés avec ce métal, à commencer par l'épée. Il est ce qui coupe le bois et le corps, l'arme comme le scalpel. L'islam reprend cette symbolique contradictoire du fer à la fois dangereux et utile pour les hommes, qui permet entre autres de se défendre contre les influences des démons.
Au Moyen Âge, la superstition prête au fer, métal de la transformation et des propriétés de l'attraction, le pouvoir d'éloigner les démons, de détruire les elfes et les fées. On porte des amulettes et des bagues de fer pour se protéger de divers dangers. De cette symbolique sont issues les superstitions liées au fer à cheval, censé garantir un bonheur d'autant plus durable que les clous qui y restent attachés sont plus nombreux. Le clou de fer à cheval façonné en bague, ou la tête de ce clou façonnée en chaton, ont la réputation de protéger contre le mauvais œil, les accidents, le meurtre.

L'âge de fer

C'est la dureté qui caractérise l'âge de fer, quatrième âge de la cosmogonie grecque, l'ère de tous les excès et de tous les crimes. Issue du fer, la cinquième race (la nôtre) est condamnée à la souffrance et à la dégénérescence : pires encore que leurs pères, les fils perdent le respect de ce qui est juste, adorent le pouvoir, et la force remplace le droit. Aussi le fer est-il un corollaire de la guerre, associé à la flamme, à la forge et à la lance. La Croix de fer créée en 1813, en Allemagne, est ainsi une récompense militaire, l'ordre le plus prisé de l'armée prussienne.
Le fer est généralement attribué aux dieux grégaires : à Arès, dieu grec de la guerre (Mars à Rome), ou à Chrysor, dans la mythologie phénicienne, qui invente le fer et ses usages.
Le fer est fondu par le forgeron Héphaïstos (Vulcain à Rome), surnommé Mulcifer (« celui qui manie le fer »), et, dans la mythologie slave, l'invention du fer est attribuée à Prove, dieu de l'équité et des jugements, dont les attributs sont le serpent, symbole de la prudence, et le fer chaud des ordalies.
L'Ancien Testament utilise aussi l'image du fer pour exprimer l'idée de rigidité, de solidité et de dureté. La Bible parle ainsi de sceptre de fer, de joug, de muraille, de régime de fer : « Le ciel sur ta tête sera d'airain, et la terre sous toi sera de fer » (Deutéronome, XXVIII, 23).

Par le fer et par le feu, par la violence.

Une santé de fer, une santé résistante, robuste.

Voir **airain, amulette, arme, épée, Héphaïstos, forgeron, Mars, météorite, métal**

feu

Combustion créant chaleur, lumière et flammes, le feu symbolise l'action fécondante, purificatrice et illuminatrice, mais aussi la destruction.

Le mal

Élément dont la domestication marque le début de la civilisation, le feu semble habité d'une vie autonome, il est l'âtre et le foyer, mais aussi l'incendie destructeur, ce qui l'associe à la souffrance, au châtiment, à la guerre – en un mot, à la mort. Chargé d'une connotation négative lorsqu'il provient des ténèbres, entrailles de la terre ou nuages d'orage, le feu symbolise les tourments de l'enfer, les flammes de l'incendie, les destructions entraînées par le « feu du ciel ». Dans la Rome antique, la superstition exige que l'on verse de l'eau pour conjurer le sort chaque fois qu'est prononcé le mot *ignis* (« feu »).

L'instrument de dieu

Comme le soleil, le feu symbolise l'action fécondante, tel le dieu égyptien Ptah, qui féconde une génisse en prenant la forme d'un feu céleste. Dans l'Iran ancien mazdéiste et zoroastrien, le feu est le protecteur des États, feu sacré qui anime les êtres et les différencie des créatures. Il est entretenu dans des sanctuaires où il ne s'éteint jamais. Les Grecs reprennent cette symbolique de vie par le « feu inextinguible » (*pyr asbeston*), qui brûle sans cesse à Athènes. Représentation de la divinité, le feu sacré brûle dans les temples d'Apollon, dans ceux de Déméter, d'Athéna et de Zeus, Delphes lui consacrant le culte d'Héphaïstos, le forgeron qui fabrique les armes des divinités.

Le thème du forgeron est récurrent dans l'Antiquité, le feu étant le seul élément que l'homme puisse « produire » : il est de ce fait la marque de sa ressemblance avec la divinité. Mais cet instrument des dieux est symbole de souffrance s'il n'est pas maîtrisé ou légitime, comme dans le mythe de Prométhée : le feu, privilège de l'Olympe, est dérobé aux dieux par celui-ci, qui le donne aux hommes ; pour le punir, Zeus le condamne à être enchaîné au sommet du mont Caucase, où un aigle lui ronge éternellement le foie. Ici, le feu symbolise la puissance, ou le savoir. Selon Freud, « l'acquisition du feu est un forfait, il est obtenu par brigandage ou larcin. C'est là un trait constant de toutes les légendes sur la prise de possession du feu ».

Dans le christianisme, on retrouve cette symbolique de « flamme vivante », associée à la vie spirituelle et à l'âme éternelle, dans l'épée de feu des chérubins qui gardent l'entrée du paradis terrestre, ou dans les langues de feu qui manifestent la descente du Saint-Esprit sur les apôtres le jour de la Pentecôte. Saint Jean baptise Jésus dans l'eau, mais il dit aussi ceci : « Tu baptiseras par le feu », le feu symbolisant l'Esprit saint.

Le feu de l'âtre

Le feu est aussi le symbole sacré du foyer domestique. La conservation du feu a toujours fait l'objet de grands soins. De nombreux rites sont attachés à l'allumage du feu. Hestia

(Vesta à Rome) protège la famille et la ville, et dans chaque maison grecque brûle la flamme d'Hestia, qui protège ses habitants.

À Rome, le temple rond de Vesta, déesse du foyer domestique, rappelait la forme des cabanes primitives. Le foyer sacré de la cité y était entretenu en permanence par ses prêtresses chastes, les vestales. Le feu est associé ainsi à la féminité et à la pureté, par la relation étroite qui existe entre le feu et le fourneau, centre de la maison et de la famille. Ainsi, le jour des noces, la mariée doit toucher au feu et à l'eau, car le feu est mâle, et l'eau, femelle. N'est-ce pas aussi, s'interroge Plutarque, « parce que le feu purifie, l'eau nettoie, et qu'il faut que la femme demeure pure et sans tache toute sa vie ? ».

Purification et régénération

En consumant, le feu rejoint le symbolisme des rites initiatiques de mort et de renaissance, comme le Phénix qui renaît de ses cendres. Ainsi, lorsqu'un roi perse meurt, on éteint le feu perpétuel des « maisons de feu » pour ne le rallumer qu'au couronnement de son successeur. La régénération par le feu passe aussi par une action purificatoire de destruction du mal, telle la flamme de la religion zoroastrienne, qui détruit les mauvais sorts. La déesse grecque Déméter place chaque nuit le mortel Démophon dans le feu pour le rendre immortel.

Dans l'Apocalypse, lorsque le premier ange sonne la trompette, un orage de grêle et de feu mêlés de sang est jeté sur la terre, brûlant un tiers de celle-ci : le feu purificateur représente ici le jugement de Dieu contre le mal.

Au Moyen Âge, la conception purificatrice du feu se retrouve dans les marches aux flambeaux, que l'on effectue autour des malades mentaux et des pécheurs, ainsi que dans les châtiments : c'est le supplice du feu auquel est condamnée Jeanne d'Arc, c'est aussi l'épreuve juridique du feu dans laquelle l'accusé prouve son innocence en en sortant sans trace de brûlure, ou encore le bûcher des sorcières et des hérétiques, qui connaîtront sur terre les feux de l'enfer. Seul Lucifer, ange rebelle précipité dans les flammes de l'enfer, est exclu de la régénération ; il incarne le feu qui ne consume pas.

Sauter sur le feu

Le feu symbolise aussi le passage à l'état de foi : selon Virgile, les prêtres du culte d'Apollon marchaient sur des braises lors de cérémonies, un rite de passage sur le feu que l'on retrouve dans tout le monde païen, depuis les Égyptiens jusqu'aux fêtes solaires grecques, au cours desquelles on sautait sur le feu, une tradition reprise par les feux de la Saint-Jean, que l'on allumait dans la nuit du 23 au 24 juin, au début du solstice d'été, dans la société rurale traditionnelle. Avant ou après l'allumage, les participants faisaient aussi le tour du bûcher une ou plusieurs fois. Les fumées avaient la vertu d'éloigner les maladies et les mauvaises influences. Les rondes, et surtout les sauts par-dessus la flamme, avaient un caractère magique. Ces pratiques étaient réputées contre les maladies, pour obtenir le mariage dans l'année, pour assurer de bonnes récoltes. Les tisons, braises ou charbons qui proviennent du foyer protègeaient les maisons de la foudre et de l'incendie.

Aller au feu, faire son baptême du feu, aller au combat, à la guerre.

Mettre un lieu à feu et à sang, le livrer à la destruction, au saccage, au massacre.

Avoir le feu sacré, montrer une grande ardeur, un enthousiasme durable dans une entreprise, une action, pour une idée (par allusion au feu que les vestales devaient entretenir à Rome sur l'autel de la déesse Vesta, sans jamais le laisser s'éteindre).

Un tempérament de feu, un tempérament ardent, vif, enthousiaste.

Voir **apocalypse, bois, bougie, cendre, cheminée, cierge, crémation, diable, enfer, flambeau, flamme, forgeron, foyer, fumée, maison, métal, Phénix, Prométhée, purification, sacrifice, solstice, torche**

fève

Végétal portant une graine, la fève est associée à la mort, mais aussi à la résurrection.

Les fèves de l'au-delà

Pour les Égyptiens, le champ de fèves est un lieu imaginaire où résident temporairement les âmes des défunts avant leur réincarnation. La fève est ainsi considérée comme une nourriture pour les morts. C'est en raison de cette association que certains Grecs sous influence égyptienne, comme les pythagoriciens, qui croyaient en la transmigration des âmes, en interdisent la consommation. Mais, pour d'autres, manger des fèves est un moyen de communier avec les morts lors de rites printaniers. Ainsi, la fève est-elle liée aux cultes funéraires de la Rome antique. Pendant les trois jours des Lemuria, au mois de mai, les Romains croyaient au retour des mânes ou âmes des morts dans leur ancienne demeure. Pour les convaincre de retourner dans l'au-delà, ils leur consacraient des offrandes et jetaient des fèves noires dans les ténèbres.

Pythagore et les fèves

En effet, la tradition biographique rapporte que le mathématicien et philosophe grec Pythagore (VIe siècle av. J.-C.) demandait à ses disciples de s'abstenir des fèves. Il allait même jusqu'à déconseiller d'en donner aux bœufs. La signification de cet interdit a été discutée dès l'Antiquité, à commencer par Aristote. Était-elle religieuse ? Les fèves présentant une analogie avec la nature venteuse de l'âme et pouvant même abriter l'âme des morts. Était-elle politique ? Les fèves, dont on faisait usage pour tirer au sort les magistrats, symbolisent le régime démocratique – or Pythagore et ses disciples étaient partisans d'un régime théocratique, aristocratique et conservateur. Ou bien était-elle plus prosaïquement diététique ? Les fèves étant de nature indigeste. Quelle qu'en soit la raison, le respect de ce tabou par Pythagore lui aurait peut-être coûté la vie. Alors qu'il était poursuivi par ses ennemis, rapportent certaines sources, il aurait refusé de traverser un champ de fèves et provoqué ainsi sa perte.

Le porte-bonheur de la galette des Rois

La fève, qui porte en elle sa graine comme l'amande, n'est pas seulement liée à la mort, mais est aussi un symbole de vie et de fécondité. Selon une interprétation chrétienne qui se greffe sur ces associations symboliques païennes, la fève de la galette des Rois mages, jadis véritable graine, et de nos jours petite amulette porte-bonheur en céramique ou en plastique, rappelle la naissance du Christ qui, par sa mort physique, promet la vie éternelle. Celui qui trouvait la fève dans le « gâteau de la fève » était considéré comme chanceux; il était désigné comme « roi » et les convives étaient placés sous son obéissance pendant toute la période de l'Épipha nie dans les sociétés traditionnelles. L'Épiphanie est peut-être un souvenir des réjouissances païennes des saturnales romaines, qui coïncidaient avec le solstice d'hiver. C'était une période festive où les esclaves étaient mis sur un pied d'égalité avec leurs maîtres et riche en présages au moment où la nuit commençait juste à raccourcir. La galette des Rois avec sa fève en est sans doute une survivance.

Voir **amande, amulette**

figuier

Cultivé au Moyen-Orient depuis plus de 4 000 ans, le figuier est symbole de sexualité et de fécondité, mais aussi du péché.

Symbole de la sexualité pour les Égyptiens, chez les Grecs, il est l'arbre sacré de Dionysos, dont les rites mettent l'accent sur l'épanouissement de la force vitale. Pour les Romains, le figuier, arbre bienfaisant, est un symbole de vie et se trouve être à l'origine de la ville de Rome puisque la nacelle de Remus et Romulus fut poussée par les flots du Tibre sous le figuier *Ruminal*.

Est-ce en souvenir de telles associations qu'Adam et Ève, pour cacher leur honte et leur nudité, se couvrent de feuilles de figuier après avoir mangé le fruit de l'arbre de la connaissance (lequel est une figue dans certaines traditions), ce qui donne une valeur négative au figuier? Aujourd'hui encore, lors de leurs offices, les mormons portent des tabliers représentant des feuilles de figuier. Mais, dans la symbolique chrétienne, le figuier est aussi un arbre dont les rameaux secs ne portent plus de fruits. Il peut donc symboliser la Synagogue et les Églises hérétiques.

Voir **arbre, nudité**

figurine

Statuette de bois, de terre, de pierre ou de bronze, la figurine représente une divinité, un être humain ou un animal. Il s'agit d'esprits, protecteurs le plus souvent, ce qui assimile parfois l'objet à une amulette.

Dans tous les cas, les figurines renferment une parcelle de l'âme de ce qu'elles représentent, ce qui permet à distance une communication ou même une action sur l'être représenté. Dans les traditions chamaniques, on nourrit, on habille les figurines et on parle avec elles. Cela permet de communiquer avec le monde des morts : chez les Nenets comme dans la plupart des traditions sibériennes, les défunts demeurent dans le foyer sous la forme de poupées taillées dans leurs anciens vêtements. Ailleurs, ce sont les esprits des animaux qu'il faut se concilier au travers de leurs figurines pour que la chasse soit propice. Mais, en sorcellerie, c'est sur les vivants que la figurine permet d'agir, pour peu qu'elle incorpore ongles ou cheveux de la personne, tradition ancienne qui remonte à l'Égypte des pharaons : cacher une figurine en cire ou en papier dans une maison était alors considéré comme un moyen d'attirer le malheur sous son toit.

Voir **amulette**

fil

Le fil est la matière même de l'existence avec lequel se tissent les destinées individuelles.

Le fil de la destinée

Le fil est tissé à la quenouille, enroulé au fuseau et coupé aux ciseaux par les trois Moires, filles d'Ouranos et de Gaïa, ou de Zeus et de Thémis selon les sources. Les trois Moires bornent l'existence humaine : la naissance relève de la quenouille maniée par Lachésis, le fil des événements se rapporte au fuseau enroulé par Clotho, et la mort est figurée par les ciseaux maniés par Atropos. Sous le nom des *tria fata* (« trois fées »), les Moires étaient représentées en statue sur l'agora athénienne et faisaient l'objet d'un culte ambigu : elles étaient aussi détestées que vénérées, et les dieux eux-mêmes devaient s'incliner devant leurs décrets : Apollon renonce à défendre Hector, vaincu en duel par Achille, parce que les Moires en ont décidé ainsi.

La trame de la vie

C'est donc « *au bout du fil* » que se trouve le sens humain des choses, en matière téléphonique comme en bro-

derie. En effet, lorsque Pénélope aura terminé son ouvrage, c'est elle-même qu'elle offrira, entérinant la mort d'Ulysse, à l'un de ses prétendants. En défaisant la nuit le fil de ce qu'elle a tissé le jour, elle offre l'image parfaite de ce qui n'a pas de sens : elle incarne l'espoir insensé dans le retour d'Ulysse.

On voit donc que filé, tissé, le fil forme une trame et renvoie au filet du pêcheur et à la toile de l'araignée. En tant que tel, il incarne l'intentionnalité bienveillante ou malveillante des humains : on parle de la trame d'une histoire comme de la trame des complots. Cependant, quand il se déroule simplement de sa bobine, c'est alors le fil d'Ariane, celui qui permet à Thésée de sortir sain et sauf du Labyrinthe de Cnossos, après y avoir tué le Minotaure. Le fil d'Ariane indique alors le chemin spirituel à suivre, plus par la grâce que par la raison.

Tirer les fils d'une affaire, moyens secrets d'action ou d'influence.

Voir **ciseau, fée, fuseau, labyrinthe, Pénélope, quenouille, rouet, tissage**

filet

Le filet, mince tissage, permet pourtant de capturer le gros gibier comme les petits poissons. Il est donc associé à la ruse et à l'intelligence, mais aussi au hasard.

Le filet maléfique

Une fois lancé, qui sait ce qu'il attrapera ? Tout dépend de celui qui le manie et de ses intentions. Cependant le filet peut servir des buts, parfois comiques : c'est sous ses mailles de bronze qu'Héphaïstos captura sa femme Aphrodite s'ébattant avec son amant Arès, dieu de la guerre. Lorsqu'il y est enchevêtré, le sujet est en proie à un monde de lois et de jugements dont il n'arrive pas à se défaire. En termes psychanalytiques, on y verra plutôt l'ensemble des complexes et des inhibitions non maîtrisées. Le diable est d'ailleurs supposé être doté d'un grand filet où il entasse les âmes des pécheurs, et la tradition négative du filet remonte au moins à son emploi par une catégorie de gladiateurs romains : les rétiaires, qui étaient en outre armés d'un trident.

Le filet mystique

Le filet est aussi sacré et peut servir l'intervention divine : dans son Évangile, saint Luc décrit comment Jésus-Christ permit la remontée d'un filet plein de poissons dans la barque de Simon, Jacques et Jean, qu'il invita alors à se faire « pêcheurs d'hommes », c'est-à-dire les apôtres de la nouvelle foi. L'image du pêcheur est sans doute moins connue que celle du bon pasteur, mais le sceau papal en reprend l'iconographie : il représente un pêcheur remontant son filet pour sortir les âmes de l'obscurité.

Enfin, les traditions arabo-persanes donnent au filet une valeur mystique. Les étoiles y figurent comme les nœuds des mailles invisibles englobant l'univers et lui donnant sa forme. Ou bien c'est en jetant un filet de pensées mystiques que le soufi parviendra à appréhender Dieu dans sa totalité.

Voir **barque, pêcheur, poisson, sceau**

flambeau

Torche qu'on portait autrefois à la main pour s'éclairer, le flambeau est le signe de la victoire, de la réussite.

Si la flamme symbolise l'amour, la vie et la transcendance, le flambeau que porte Éros peut être dressé pour indiquer l'embrasement amoureux, ou retourné pour indiquer la fin de l'amour ou la mort de l'être aimé.
Le flambeau permet aussi la transmission. Passer le flambeau ou transmettre le flambeau à quelqu'un, c'est transmettre à d'autres la continuité d'une tâche ou d'une œuvre pour en assurer la pérennité, allusion aux coureurs des jeux antiques qui se passaient un flambeau de main en main.
Le flambeau est un symbole de prestige : le flambeau de la foi ou de la vérité confère à celui ou celle qui le tient un statut de guide allégorique de l'humanité. Brandi à bout de bras par la statue de la Liberté de Bartholdi à New York, qui commémore l'indépendance des États-Unis en 1776, le flambeau (qui s'élève à 93 mètres au-dessus de la mer) représente la Liberté éclairant le monde et les vertus qu'entend défendre la nation américaine.

Voir **feu, flamme, torche**

flamme

La flamme fait partie du feu, mais contrairement à lui elle ne peut couver. Vive, brillante, elle symbolise la permanence de la vie ou du souvenir.

La flamme lèche, consume et dévore le papier, le bois et la bougie. C'est là son caractère négatif, destructeur, celui que l'on retrouve dans les flammes et les tourments éternels de l'enfer et dans le bûcher des sorcières. Mais elle s'élève aussi à la verticale et évoque alors la transcendance, l'élévation de l'âme. C'est le sens de la bougie qui brûle à côté du crâne sur les représentations de Marie-Madeleine, notamment dans les tableaux de La Tour.
Cette flamme pure est aussi celle du souvenir, qui rappelle la vie de ceux qui ne sont plus. Il en est ainsi de la flamme qui brûle éternellement sur la tombe du Soldat inconnu, que l'on ranime solennellement en son honneur chaque année pour indiquer que le souvenir perdure. C'est aussi le sens de la flamme olympique, dont la tradition remonte aux Jeux olympiques de l'Antiquité, pendant lesquels une flamme brûlait en permanence sur l'autel de Zeus.
La flamme est aussi symbole de l'amour qui consume l'amoureux et rend sa passion manifeste au moment où il « déclare sa flamme ». Du bûcher au feu de joie, la portée symbolique de la flamme est aussi diverse et vivante que l'histoire – commémorée par la flamme olympique – du héros de Marathon, le coureur porteur de bonne nouvelle qui s'écroule mort à l'arrivée.

Descendre en flamme, quelqu'un ou quelque chose, le critiquer violemment.

Parler avec flamme, parler avec ardeur, chaleur, passion.

Ranimer la flamme, ranimer ou maintenir vivace une tradition héroïque.

Voir **anniversaire, bougie, enfer, feu, flambeau, torche, verticalité**

flèche

La flèche symbolise la pénétration, mais aussi la volonté, le prolongement lointain de l'individu dans un espace et un temps qu'il cherche à tendre comme la corde de son arc et à orienter comme la trajectoire du projectile.

La volonté de puissance

Cette volonté projetée, où la flèche devient presque le vecteur d'une communion entre le tireur et sa cible, se trouve magnifiée dans la tradition du tir à l'arc japonais, le *kyudo*. Tout autre est la posture du Sagittaire : le centaure céleste bande son arc vers le ciel, dans une volonté de puissance démesurée, comme si sa flèche ne devait jamais redescendre ou, du moins, comme si le point où elle commencera à infléchir sa course devait marquer les limites de l'univers. C'est un des seuls cas où la flèche ne soit plus orientée : elle définit là une sphère plus qu'un point.

La volonté divine

Cette orientation de la flèche peut induire des trajets aussi bien verticaux qu'horizontaux. Les rayons du soleil sont associés à des flèches descendantes indiquant les volontés divines. Les flèches des cathédrales comme les minarets marquent au contraire l'élévation des hommes vers Dieu. On en oublierait presque des significations plus anciennes : les flèches, originellement, sont des armes destinées à tuer. Artémis, déesse chasseresse, en fait un abondant usage, de même que son frère Apollon, qui, mécontent des Grecs au cours de la guerre de Troie, répandit à coups de flèches la peste dans leur camp.

De la peste à l'amour

Cette association de la flèche à la peste comme punition divine rejaillit dans le martyre de saint Sébastien, qui fut livré comme chrétien aux archers de l'empereur romain Dioclétien ; s'étant remis de ses blessures, il est devenu le patron protecteur des pestiférés... mais aussi une icône des milieux homosexuels, tout à la fois par identification de ses souffrances avec les persécutions dont ceux-ci firent de tout temps l'objet et en raison de sa représentation picturale sous les traits d'un éphèbe.

Moins tragique est l'association de la flèche avec le transport amoureux : c'est sous la figure d'un enfant ailé que l'Éros grec (le Cupidon romain) blesse les cœurs de ses flèches : celles à pointe d'or les enflamment, celles à pointe de plomb les éteignent.

Voir **arc, archer, arme, Artémis, Éros, Sagittaire**

fleur

La fleur qui éclôt au printemps est symbole de fraîcheur (« fraîche comme une fleur »), de beauté et d'éclat (« belle comme une fleur »), de l'élite (« la fine fleur ») et de la jeunesse (« la fleur de l'âge »).

Fêtes fleuries et mariage

À Rome, pendant la République, les *ludi florales* en honneur de la déesse Flora avaient lieu à la fin d'avril. Bien que le but des *ludi* fût de plaire à la

déesse pour que celle-ci protège les fleurs des arbres fruitiers, les jeux prenaient un aspect carnavalesque avec des manifestations théâtrales. Les « batailles des fleurs » des carnavals modernes, comme celui de Nice, sont un rappel des festivités romaines.

Les fleurs étant associées au renouveau de la vie au sortir de l'hiver et donc à un nouveau départ, il n'est pas étonnant qu'elles jouent un rôle important dans les mariages. Le mariage est en fait l'une des très rares occasions en Occident où les hommes portent encore une fleur, invariablement à la boutonnière. Le lis, fleur associée à la Vierge Marie, mais aussi à la passion sensuelle, est devenu un classique des mariages, comme l'est le beau bouquet de fleurs porté par la mariée. Autrefois celle-ci tournait le dos à ses amies célibataires et jetait son bouquet derrière elle – celle qui le rattrapait avait toutes les chances au cours des douze mois suivants de trouver l'âme sœur.

Le langage des fleurs

Le choix du bouquet de fleurs que l'on offre est aujourd'hui essentiellement déterminé par le parfum ou la beauté des spécimens. Dans les traditions populaires, les fleurs ont en revanche une valeur emblématique. Des sentiments très divers, des préférences et des aversions, des souhaits et des répugnances sont exprimés dans un langage symbolique dont les significations sont données par la forme de la plante, sa couleur, son parfum, mais aussi par les rimes et les jeux de mots que son nom permet de faire, ainsi que par des significations religieuses. Les significations sont variables selon les pays, voire les régions, mais certaines d'entre elles sont assez générales.

L'anémone évoque l'attente et l'abandon ;
le bleuet, la délicatesse ;
le coquelicot, l'ardeur et la fragilité ;
le crocus, la joie ;
le cyclamen, les sentiments durables ;
le dahlia, la reconnaissance ;
le fuchsia, la gentillesse ;
le glaïeul, la réussite ;
l'iris, le message ou la tendresse ;
le jasmin, l'amour voluptueux ;
le lierre, l'amitié profonde, l'attachement, la fidélité éternelle ;
le lilas blanc, l'amitié ;
le lilas mauve, l'amour naissant ;
le lis blanc, la majesté, la pureté ;

le muguet, le bonheur ;
le myosotis est offert à un être cher pour que celui-ci ne nous oublie pas (l'anglais pour « myosotis » est toujours *forget-me-not* (« ne m'oublie pas ») ;
l'œillet, la grâce et le talent ;
l'orchidée évoque la ferveur, la sensualité, la séduction ;
la pâquerette, la beauté innocente ;
la pensée, le souvenir d'amour ;
la pivoine, la confiance, la sincérité ;
la rose blanche, l'amour et la pureté ;
la rose rose, l'amour et la beauté ;
la rose rouge, l'amour ardent et charnel ;
la tulipe, la grandeur ou la déclaration
la véronique, la fidélité ;
la violette, la modestie ou l'amour secret.

Couvrir de fleurs, décerner louanges et éloges à quelqu'un

Partir la fleur au fusil, partir avec enthousiasme et gaîté, notamment en parlant des soldats qui allaient au combat.

Voir **coquelicot, chrysanthème, lis, pensée, rose**

fleuve

Symbole de l'écoulement du temps, le fleuve renvoie aux étapes de la vie, de l'histoire de l'humanité ou de la création, mais son cours partage aussi les différentes régions du monde.

Quatre fleuves sacrés

En passant par les branches des confluents, la remontée du fleuve à la rivière, de la rivière au torrent, au ruisseau et à la source est une remontée vers la montagne, vers le pilier des cieux et donc vers le sacré. Le Gange, l'Indus, le Brahmapoutre et la Yamuna prennent tous naissance au pied du mont Kailash dans l'Himalaya, qui est l'axe du monde et le trône de Shiva. Le Gange en particulier est issu de la chevelure du dieu. Les quatre fleuves sacrés font alors figure de partition fondamentale du monde.
L'origine sacrée de la géographie terrestre est située dans la Bible à la séparation des quatre fleuves qui sortent du jardin d'Éden pour définir les régions essentiellement connues des Hébreux : il s'agit du Pishôn, qui « contourne tout le pays de Havila, où il y a l'or » ; du Gihôn, qui « contourne tout le pays de Kush » ; du Tigre, qui « coule à l'orient d'Assur », et enfin, « le quatrième fleuve est l'Euphrate » (Genèse).

Remontée et passage du fleuve

Dans le livre *Au cœur des ténèbres* de Joseph Conrad comme dans sa reprise cinématographique (*Apocalypse Now* de Francis Coppola), la remontée du fleuve est d'abord une remontée vers la sauvagerie dans le délitement progressif des oripeaux matériels et moraux du civilisé : l'homme redevient enfant, l'humain redevient bête. C'est que le pèlerinage vers la source divine doit s'effectuer dans un état de pureté réservé aux ascètes. Pour les autres, le sens naturel du fleuve doit les porter vers l'embouchure et les flots marins, c'est-à-dire vers la mort et le retour au chaos fondamental de l'océan primitif. La posture de l'homme immobile face au fleuve est celle de la contemplation philosophique : tout s'écoule, et par conséquent « on n'entre jamais deux fois dans le même fleuve » comme le professait Héraclite d'Éphèse. Les quatre fleuves sacrés ne sont pas les seuls à diviser les régions du monde : la figure du pont et de son gardien, comme celle du bac et de son passeur, renvoient au rôle de frontière joué par tous les fleuves. Saint Christophe porta le Christ d'une rive à l'autre et Charon réclame une pièce d'or pour transporter les âmes des morts vers l'au-delà, sur l'autre rive du Styx.

Voir **axe, barque, confluent, cascade, eau, jardin, montagne, quatre, source**

flots

Les flots sont l'élément primordial, la nourriture de la vie, le principe fécondant.

La Genèse débute par son invocation comme substrat : « Il y avait des ténèbres au-dessus de l'abîme, et le souffle de Dieu tournoyait au-dessus des eaux » (I, 1). Les flots interviennent à la création et à la fin du monde : dans l'évocation du Déluge, les flots sont certes destructeurs, mais ils sont également purificateurs : c'est une humanité lavée de ses péchés qui entame sa deuxième vie.

Voir **arche, cascade, Déluge, eau, fontaine, océan**

flûte

Instrument à vent formé d'un tube creux percé de trous, la flûte représente la force de vie.

Un instrument érotique et festif

Symbole phallique dans l'Antiquité, la flûte est en Grèce l'attribut des dieux et des héros : Hermès invente le flageolet ; Silène, la flûte de Pan ; et le satyre Marsyas, le collage des roseaux à la cire d'abeille. Un autre mythe attribue la flûte à la nymphe Syrinx, qui, pour échapper aux assiduités du dieu Pan, se transforme en roseaux : ce dernier en coupe un bouquet dont il fait une flûte.

La flûte est associée à la faute et à l'orgueil : Marsyas est cruellement châtié pour avoir osé prétendre à la supériorité de sa modeste flûte sur la lyre d'Apollon. Apollon fait pousser des oreilles d'âne à Midas parce que celui-ci a préféré la flûte de Pan à sa lyre. Pourtant, la flûte aux sons mélodieux est symbole de plaisirs érotiques. Des satyres jouant de la flûte entraînent le cortège de Dionysos, et Euterpe, Muse de la musique, joue de la flûte double.

Image du désir irrépressible en Grèce, la flûte est l'instrument de la joie dans l'Ancien Testament : associée à la fête, accompagnée de percussions et de cris, elle est ici aussi associée à la vanité : « La harpe et le luth, le tambourin, la flûte et le vin, animent leurs festins ; mais ils ne prennent point garde à l'œuvre de l'Éternel » (Isaïe, V, 12).

Éloquence et poésie

À Rome, la flûte représente l'éloquence ; on en joue lors des festins en l'honneur des dieux, des banquets de magistrats, et les avocats vont couronner la statue de Marsyas pour rendre celui-ci favorable à leurs plaidoiries.

Le monde médiéval garde l'image pastorale du berger musicien, qui fait référence au berger présent lors de la Nativité, que les Évangiles décrivent jouant de la flûte sous les étoiles. L'islam chiite attribue la flûte à Ali, gendre du Prophète, qui lui aurait confié des secrets ; Ali, ne pouvant plus les taire, les confie à un puits, un peu de sa salive y tombe et fait pousser le roseau qui donnera la flûte. Dans le soufisme, la flûte (*ney*), dont les « neuf yeux » représentent la gamme de l'élévation mystique, est le symbole de l'âme en quête de sa source divine bien-aimée, aussi bien que le symbole de la nostalgie de celui qui en a été séparé.

Voir **banquet, berger, chant, danse, harpe, lyre, Pan, phallus, salive**

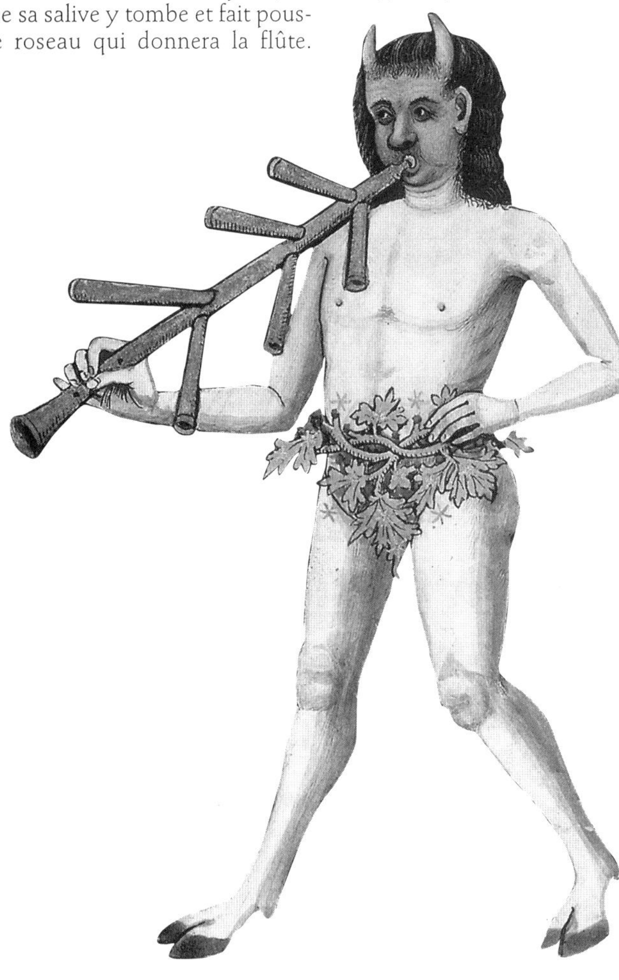

foie

En raison de la bile amère qu'il sécrète, le foie, un des quatre organes essentiels selon la médecine hippocratique, est associé aux humeurs colériques et vengeresses. Siège de la mélancolie, outil de punition (divine), mais aussi miroir céleste, il permettait aux augures romains de formuler leurs présages.

Le foie divin, siège de la vengeance

En grec, la bile produite par le foie se dit « *kholé* », d'où le mot « colère ». Zeus punit Prométhée de ses transgressions en l'enchaînant à un rocher et en envoyant tous les jours un aigle lui dévorer le foie, lequel se régénérait pendant la nuit. Dans l'islam, le foie est également l'organe de la vengeance.

Dans la Rome antique, le foie des animaux qu'on sacrifiait était examiné par des prêtres, les haruspices, pour connaître l'avenir. Cet organe était censé être une projection de l'univers céleste et de la maison des dieux, et chaque anomalie découverte sur l'organe indiquait quel était le dieu concerné par le présage.

Un symbole de l'art culinaire français

Le foie est aussi lié en France à la dégustation du foie gras, un des sommets de l'art culinaire du pays, dont la recette remonte à l'Antiquité romaine. Au IVe siècle, Palladius indique dans son *De Rustica* la manière d'engraisser les oies : « Si l'on veut que leur foie s'attendrisse, on roulera en petites boulettes des figues sèches broyées, trempées dans de l'eau, et on leur en donnera au bout de 30 jours d'engrais et cela pendant 20 jours consécutifs. » Cette forme de gavage, empruntée aux Grecs, était complétée par une macération du foie dans du lait et du miel. C'est en effet aux figues, fruits particulièrement bénéfiques pour les Romains, que le foie doit son nom : le foie engraissé (dont la forme rappelle par ailleurs celle de la figue) devient en latin *jecur ficatum* (« le foie dû aux figues »), puis seulement *ficatum*, d'où le mot français « foie ». Symbole d'opulence sur une table au même titre que le caviar et le homard, le foie gras est aussi, pour certains, symbole de cruauté envers les animaux.

Mythologie de la crise de foie

Le foie dans notre mythologie quotidienne est associé à un inconfort digestif, mais aussi aux plaisirs de la table. À ce titre, le foie est lié à la symbolique française de la bonne chère et du bon vin, à tel point d'ailleurs que, pour certains hépatologues, la crise de foie serait une pathologie exclusivement française qui ne reposerait sur aucun fondement physiologique réel, les Français accusant à tort leur foie comme responsable de leur malaise digestif. La crise de foie renverrait en fait aux représentations symboliques et culturelles de cet organe en France, instrument du châtiment après des transgressions gastronomiques, et à la culpabilité que susciteraient les bombances des jours de fête (les Anglais préférant incriminer l'estomac, et les Américains, le cœur).

Voir **augure**, **figuier**, **Prométhée**

fontaine

La fontaine évoque un flot jaillissant, irrépressible et sans fin. C'est l'idée que l'on retrouve dans la fontaine de vie ou de Jouvence.

La fontaine de Jouvence

Porteuse de la symbolique de l'eau en général, la fontaine se caractérise surtout par son caractère jaillissant. Son flot pur et toujours changeant évoque l'idée de jeunesse perpétuelle, donc de longévité, comme le rappelle la source fabuleuse de la mythologie romaine : la fontaine de Jouvence. Juventa, nymphe d'Italie, aimée de Jupiter, fut changée par ce dieu en une fontaine qui avait la vertu de rajeunir ceux qui s'y baignaient. Dans les romans du Moyen Âge, la fontaine de Jouvence joue un grand rôle : les chevaliers errants la recherchent en vain à travers le monde. Dans la mythologie nordique, Odin donne un de ses yeux en échange d'une gorgée d'eau de la fontaine de la connaissance coulant de l'arbre Yggdrasil, l'axe du monde.

Fontaines de vie

Dans le judaïsme, le thème de la fontaine de vie s'oppose à celui du puits, qui représente la Loi, inaltérable et éternelle. Dans la tradition chrétienne comme dans l'islam, la fontaine de vie occupe une place centrale au paradis. Quatre fleuves en jaillissent en direction des quatre points cardinaux. La fontaine de vie, l'eau vive du Nouveau Testament, symbolise la parole du Christ dans les Évangiles.

Fontaines-cultes

Dans la société traditionnelle, les fontaines, qui ont le caractère sacré des sources naturelles, sont l'objet de croyances et de pratiques rituelles, vestiges d'un ancien culte gaulois. Parfois, elles ont été créées par les fées, qui ont fait jaillir l'eau en frappant le sol de leur baguette. En accomplissant certains rites auprès d'elles, on peut guérir les maladies (chaque fontaine a sa spécialité), influencer le temps (faire pleuvoir), protéger le bétail (on y mène boire les bêtes). Des sources sont consultées comme des oracles. Lors de la christianisation de la Gaule, les fontaines, qui portaient le nom de divinités locales, ont été « baptisées », recevant alors des noms de saints célèbres par leurs miracles (fontaine Saint-Eutrope, dans le Loir-et-Cher, qui guérissait des œdèmes). Très souvent, une église, une chapelle ou un petit autel avec la statue du saint dans une niche ont été construits à proximité d'une fontaine pour la consacrer définitivement au nouveau culte.

Voir **baguette, cascade, eau, fée, fleuve, flots, jardin, points cardinaux, sanctuaire, source**

forêt

Sauvage et dangereuse, ou enchantée et bienveillante, la forêt est toujours profonde et étendue, car elle symbolise l'espace non civilisé. C'est l'antithèse du champ qui figure l'espace humanisé par sa clôture, l'inconscient par opposition à la conscience.

Un lieu inconnu et inquiétant

La forêt figure en bonne place dans les contes et légendes de toutes les cultures sédentaires. C'est l'inconnu près de chez soi, la demeure du loup, de l'ogre ou de Babayaga, la sorcière des contes russes, dont la maison repose sur des pattes de poulet. Cette popularité s'explique aisément : dans leur dynamique de défrichement, les cultivateurs sont des éradicateurs d'arbres, ils s'en sont fait des ennemis et craignent les racines et les branches, qui agrippent et étouffent, ainsi que les voix qui murmurent dans le bruissement des feuilles. Or, pour le bois de chauffe ou la récolte des glands, il a été nécessaire de conserver des espaces forestiers et de les fréquenter. Ces derniers sont situés loin du village, à la périphérie des circonscriptions seigneuriales, si bien que les franges nomades de la population (par exemple, les muletiers des *Maîtres Sonneurs* de George Sand) peuvent voyager au loin en suivant ces lisières forestières, sans jamais se rapprocher des habitations. Le porcher ou la petite ramasseuse de bois courent donc vraiment grand risque d'une rencontre avec l'inconnu. C'est alors vers la forêt que la société sédentaire rejette ses membres nécessaires mais inquiétants, tels les rebouteux, si bien que ce lieu finit par concentrer tout ce qui est rejeté : c'est la poubelle de l'âme.

Un monde d'aventures

Cet inconscient n'est pas entièrement noir, mais il est immaîtrisable : la forêt peut être rayonnante, traversée de sentes ombragées menant à des châteaux magiques, et égayée de chants d'oiseaux. Mais voici que le ciel s'obscurcit et que les oiseaux se taisent. Et tout à coup les chemins ne mènent plus nulle part, ou bien semblent tous se diriger vers cette inquiétante chaumière dont la cheminée vomit une fumée lourde et noire.

Dans les romans du Moyen Âge, la forêt est indissociable de l'aventure solitaire du chevalier. En chassant dans la forêt, « antimonde » sauvage, livré aux puissances magiques, le chevalier y fait son apprentissage du courage et de la vertu. Pénétrer dans la forêt n'est pas un acte gratuit, mais un rite d'initiation qui peut s'achever en une quête mystique.

La forêt magique

C'est parce qu'il est de culture urbaine que Ronsard peut faire de la forêt le refuge d'une magie antique et agonisante : « Écoute, bûcheron, arrête un peu le bras ; / Ce ne sont pas des bois que tu jettes à bas ; / Ne vois-tu pas le sang, lequel dégoutte à force / Des nymphes qui vivaient dessous la dure écorce ? »

Quand la forêt recule, c'est un monde désenchanté qui lui succède. Même Baudelaire, grand laudateur des masques et de l'artificialité, voit dans les troncs des arbres les piliers d'un temple infini : « La Nature est un temple où de vivants piliers / Laissent parfois sortir de confuses paroles ; / L'homme y passe à travers des forêts de symboles / Qui l'observent avec des regards familiers. » Quand la nature devient temple, le poète rejoint la tradition antique, selon laquelle la fréquentation des forêts sacrées était interdite aux non-initiés. Même les initiés devaient respecter des dates d'ouverture précises, comme lors de la réunion des druides gaulois dans la forêt des Carnutes. Nous ne sommes pas loin des traditions japonaises, qui font de la forêt l'espace sacré par excellence, le lieu où l'on adore moins le créateur que sa création.

Voir **arbre, bois, cerf, champs, chasse, château, cheminée, chevalier, contes de fées, druide, fumée, sanctuaire**

forgeron

Artisan qui travaille le fer après l'avoir fait chauffer à la forge, le forgeron représente la puissance surhumaine.

Le forgeron démiurge

Symbole de civilisation, puisqu'il maîtrise le feu et le métal, le forgeron est un démiurge, qui transforme et modèle la matière à sa volonté, avec un marteau (principe actif) et une enclume (principe passif). En battant son enclume, il imite le geste du dieu et transmue le minerai tiré des entrailles de la terre en armes et en outils. Aussi est-il associé au sorcier dans les sociétés archaïques, où le feu est symbole de destruction, et le fer, de maléfice.

Dans l'Antiquité, l'art de faire des outils est d'essence surhumaine (divine ou démoniaque), et le forgeron, « maître du feu souterrain », est admiré et craint à la fois. Associé à l'impureté, il est condamné à vivre en dehors de la cité. Ainsi, Héphaïstos, le forgeron des dieux grecs, travaille-t-il loin de l'Olympe, exilé sur l'île de Lemnos. Le caractère magique de son art se reflète dans la représentation du forgeron : la malformation physique du boiteux Héphaïstos est le prix à payer pour acquérir la connaissance des métaux.

Le fabricant d'armes magiques

Héphaïstos (Vulcain chez les Romains) est le symbole de la force et de l'énergie. Maître du feu tellurique, il forge, avec les Cyclopes, à l'intérieur des volcans les objets sacrés des dieux : le casque d'Athéna, l'épée d'Arès (Mars), et même la foudre de Zeus.

Dans la mythologie slave aussi, le forgeron fabrique la foudre : Svarog, dieu du ciel et du feu céleste, forgeron divin, maître de tous les métiers, donne la foudre à son fils, le dieu guerrier Perun, tout comme Ptah confie la forge à Horus dans l'Égypte ancienne. Associé à la puissance, le dieu forgeron est un dieu magicien, fabricant d'objets magiques.

Le transformateur

À l'inverse, d'autres mythologies séparent la fonction de dieu du feu de celle de dieu de la forge, le forgeron représentant alors la puissance transformatrice et la force : Gofannon chez les Celtes gallois, Kalvaitis chez les Baltes, le héros Kaveh en Iran ne créent pas le cosmos, qui leur est donné par un dieu supérieur, mais ils le transforment, par alliance avec le divin. Ainsi, dans la mythologie scandinave, Wieland forge l'anneau magique des Nibelungen, qui a la faculté de faire renaître le trésor, tandis que le dieu forgeron, sorcier et alchimiste Mimir symbolise la sagesse de la nature, puisant sa force et son savoir dans les racines d'un arbre cos-

mique, Yggdrasil. Associé aussi à la naissance de l'alchimie, le Tubalcaïn de la Genèse, fils de Lamech, ouvrier au marteau, est « le forgeron du fer et de l'airain », mais son feu n'est pas celui de l'enfer.

Voir **airain, arme, boiteux, casque, épée, fer, feu, foudre, Héphaïstos, marteau, métal, volcan**

forteresse

Une forteresse se doit d'être imprenable et inaccessible. Ce lieu fortifié est donc le symbole de la protection, de l'isolement, de la vie intérieure.

Cette forteresse intérieure est donc le lieu privilégié de l'échange avec la di-

vinité, ou encore l'image de la divinité elle-même, en tant que refuge, secours absolu. Dieu lui-même devient forteresse : « Oui, c'est Dieu, ma citadelle, le Dieu de mon amour », lit-on dans les Psaumes.
La forteresse est aussi symbole du pouvoir absolu et de son arbitraire, et c'est bien ce caractère fortement emblèmatique qui a amené les Parisiens révoltés à s'attaquer au donjon de la Bastille le 14 juillet 1789.

Voir **château, mur, palais, tour**

Fortune

La Fortune, sous les traits d'une femme debout, chancelante sur une sphère ou portée sur les flots par une conque équipée d'une voile, est le symbole d'une puissance mystérieuse, censée fixer aux êtres humains leur sort.

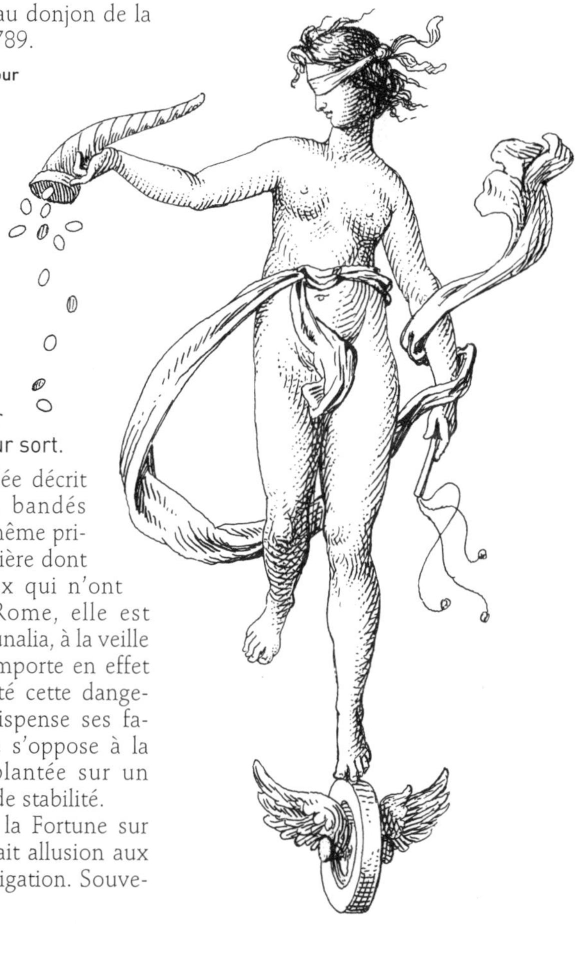

Dans *l'Âne d'or,* Apulée décrit la déesse aux yeux bandés comme « aveugle et même privée d'yeux vu la manière dont elle récompense ceux qui n'ont aucun mérite ». À Rome, elle est honorée lors des Fortunalia, à la veille du solstice d'été. Il importe en effet de mettre de son côté cette dangereuse divinité, qui dispense ses faveurs au hasard. Elle s'oppose à la Vertu, solidement plantée sur un socle carré, symbole de stabilité.
La représentation de la Fortune sur une conque marine fait allusion aux incertitudes de la navigation. Souveraine de la mer, elle était fort redoutée des marins.
Ses principaux attributs sont la corne d'abondance, et surtout la roue, symbole du destin qui tantôt élève et tantôt abaisse les hommes, quels que soient leurs mérites et leurs démérites, à laquelle s'ajoutent divers attributs en rapport avec ses multiples

aspects : le *polos* (sphère, symbole d'universalité), le gouvernail, la proue de navire.

On parle de ***bonne*** ou de ***mauvaise fortune*** pour désigner la chance, le hasard.

Voir **bandeau, barque, coquille, corne d'abondance, globe, gouvernail, roue**

foudre

Décharge électrique accompagnée d'une vive lumière (éclair) et d'une violente détonation (tonnerre), la foudre, attribut de Jupiter, symbolise sa parole et sa volonté de puissance et de destruction.

La foudre, représentée par un faisceau de dards en zigzag, était l'attribut principal de Jupiter. Les Grecs et surtout les Romains attachaient une grande importance aux manifestations de la foudre, qui devinrent un moyen de divination très populaire (art fulguratoire). L'endroit où était tombée la foudre devenait un lieu sacré. La foudre signifie tout autant la colère divine que la puissance, comme en témoignent les expressions lexicales : « les foudres de l'Éternel », pour les châtiments de Dieu ou bien un « foudre de guerre », pour un guerrier redoutable.

Les foudres de l'Église, l'excommunication.

S'attirer les foudres d'un supérieur, s'attirer une grande colère et de vifs reproches.

Voir **augure, chêne, éclair, fouet, hache, Jupiter, marteau, massue, orage, tonnerre, Zeus**

fouet

Instrument servant à guider les animaux, le fouet corrige les attitudes mauvaises. Il est par là devenu le symbole du pouvoir judiciaire ; il possède aussi des vertus fécondantes.

On en a fait effectivement grand usage, depuis le martinet dont on menaçait les enfants, jusqu'au knout destiné aux serfs russes, ou à la garcette de la marine royale. Il est rarement mortifère, mais souvent humiliant, donc réservé aux classes sociales les plus basses.

Pourtant, s'il symbolisait bien le pouvoir judiciaire des pharaons, le *nekhekh* (« fouet ») égyptien se rattachait à une autre tradition : celle du dieu Osiris. Image de la régénération des êtres (il était lui-même ressuscité d'entre les morts), Osiris était devenu le dieu agricole des moissons et des crues du Nil. Son fouet claquant était assimilé à la foudre, elle-même associée à la pluie. Loin de s'apparenter à un asservissement des animaux à leur maître, le fouet peut donc avoir symboliquement une valeur de porteur de pluie. On retrouve d'ailleurs cette image dans la mythologie grecque, où la foudre figure comme le fouet ou le marteau de Zeus.

Les flagellations rituelles, qui peuvent aller jusqu'à faire jaillir le sang des pénitents, sont d'ailleurs des exorcismes à la sécheresse ou à d'autres fléaux, et il n'est pas impossible que les flagellants des cultures chrétienne ou chiite reprennent cette symbolique sous le couvert de l'actualisation de la passion du Christ ou du meurtre d'Ali.

Voir **éclair, hache, marteau, massue, sceptre**

four

Foyer fermé, il est à la fois symbole de gestation et de mort.

Il rappelle le chaudron plus que la cheminée : c'est un feu secret, mis en boîte, qui se prête aux transformations. Il se résume finalement au sein maternel, nom qui lui est d'ailleurs donné en émaillerie. Son pouvoir magique tient à cette fermeture sur lui-même, mais également aux hautes températures auxquelles il est porté. Il est plus lié à la métallurgie qu'à la cuisine, raison pour laquelle il est le lieu où l'œuvre au noir des alchimistes pourra s'accomplir.

Lieu de gestation, il est aussi lieu de mort. Le four crématoire voit retourner le corps à l'état de cendre, mais y faire entrer un vivant peut servir d'ordalie : celui qui en sort sans brûlures est innocent devant Dieu.

Voir **alchimie, feu**

fourche

Symbole de la différenciation d'une unité première en deux éléments distincts, la fourche, comme le carrefour, évoque la complexité du choix et est associée, par là, à la duplicité.

Comme il s'agit en outre d'un instrument agraire destiné au ramassage, son usage a pu être attribué au diable engrangeant et torturant les âmes qu'il a trompées. Queue ou langue fourchues évoquent toujours quelque chose de mensonger et d'infernal.

Mais la fourche indique également la réunification de deux éléments distincts, comme le lien commun reliant les deux branches d'un même arbre généalogique. Elle est ainsi associée à la filiation et, en termes anthropomorphiques, à un tronc supporté par ses jambes. Comme ce lien de filiation ramène à l'origine, le point de jonction de la fourche peut alors figurer un sexe féminin. Le principe masculin sera, lui, figuré par la poutre qui, dans une charpente, vient prendre appui sur ce même point, entre les deux branches.

Voir **carrefour, diable, trident**

fourmi

Le symbolisme de la fourmi rappelle celui de l'abeille. Comme l'abeille, elle a créé une société organisée, au sein de laquelle elle s'active sans relâche, subvenant aux besoins du jour et prévoyant ceux du lendemain.

La Bible la prend en exemple : « Va vers la fourmi, paresseux, considère ses mœurs et deviens sage : elle qui n'a ni chef, ni surveillant, ni maître, elle assure en été sa provende, à la moisson recueille sa nourriture » (Proverbes, VI, 6). Mais La Fontaine prendra le contre-pied de cette bonne réputation en faisant de la fourmi une égoïste et une fieffée avare, qui n'hésite pas à abandonner la cigale à la famine, conséquence de sa vie de joie et de paresse.

Le caractère patient et méticuleux de son travail se retrouve dans l'expression « un travail de fourmi », et la fourmilière est le lieu d'une organisation sociale parfaite. Il y règne une activité fébrile, et saint Bernard en utilise l'image pour dénigrer les intérêts matériels des hommes : « Que sommes-nous en effet, nous enfants des hommes et habitants de la terre, sinon des fourmis appliquées à des travaux inutiles et vains ? »

Voir **abeille**

foyer

Lieu où l'on fait le feu, le foyer est le symbole de la communauté.

Le foyer est à la famille ce que le soleil est à la terre : centre de chaleur autour duquel le groupe se réunit, il donne par analogie son nom à la maison, symbolisant celle-ci. À Rome, où Vesta (Hestia chez les Grecs) est la déesse du foyer, le foyer-autel rassemble la symbolique solaire, centrale et protectrice : lieu de rassemblement, le foyer est aussi celui des célébrations et des sacrifices. Pour le mythologue Mircea Eliade, le foyer représente le centre du monde, un foyer établi « au cœur du réel : dans les sociétés traditionnelles, tout ce qui explique le monde est réel ; le chaos environnant existe et il est une menace parce qu'il est irréel ». Le foyer symbolise donc le refuge, il est un sanctuaire, un lieu originel et protecteur, renvoyant à l'image du nombril du monde.

Voir **autel, centre, cheminée, feu, maison, omphalos, sacrifice, sanctuaire, soleil**

franc-maçonnerie

Société mondiale qui n'est pas secrète mais fermée et repose sur un ordre initiatique, la franc-maçonnerie est fondée sur la fraternité et vise à réunir les hommes par-delà leurs différences. Les membres de la franc-maçonnerie s'appellent « frères » et se reconnaissent à certains signes qu'ils font serment de ne pas dévoiler.

Un art de bâtir : de la pierre brute au Temple idéal

La franc-maçonnerie moderne est apparue en Grande-Bretagne au XVIIe siècle, puis en France au XVIIIe. Elle se veut héritière de la franc-maçonnerie opérative, dont les membres étaient bâtisseurs de pyramides ou de cathédrales. Par analogie, les francs-maçons travaillent à la construction du « Temple de l'humanité », ce temple étant d'abord l'homme, ensuite la société, afin de préparer l'avènement d'un monde plus humain et plus éclairé. La franc-maçonnerie se définit elle-même comme « un système particulier de morale enseigné sous le voile de l'allégorie au moyen de symboles » (rituel anglais). Le cœur de la maçonnerie est en effet, dans son symbolisme, tiré de l'art de bâtir et inspiré de la légende de

Hiram, architecte du temple de Salomon à Jérusalem.

Un rite initiatique

Le futur initié, en recevant la lumière, devient *apprenti*, chargé de « dégrossir la pierre brute » à l'aide de deux outils : le ciseau et le maillet. Plus tard, devenu *compagnon*, il sera amené à utiliser de nouveaux outils. Enfin, élevé au grade de *maître*, il sera capable d'enseigner la science maçonnique aux apprentis et aux compagnons.

La personne même du « frère » subit des transformations : il est au départ « pierre brute », et c'est quand il devient « pierre cubique » qu'il peut s'intégrer à l'ensemble du Temple idéal.

Tout le symbolisme de l'initiation au grade de maître repose sur la légende de l'assassinat de Hiram, architecte du temple de Salomon. La cérémonie d'initiation rappelle ainsi les trois coups portés au Maître, qui se refusait à livrer ses secrets : ses compagnons le frappent à la gorge (organe de la parole) au moyen de la règle, au cœur (siège des émotions) au moyen de l'équerre, et au front (siège de l'intelligence) au moyen du maillet. Après qu'on l'a symboliquement « tué » en lui portant ces coups, le récipiendaire est couché dans un cercueil que l'on recouvre d'un drap noir. Il est désormais dans « le monde souterrain ». Puis on place sur le drap noir une branche d'acacia : la puissance de l'univers invisible se manifeste par la croissance de cet arbre sacré, qui présage la résurrection de Hiram. Le récipiendaire est alors ressuscité par trois frères, possédant déjà le grade de maître.

Les outils et les symboles

Les outils symboliques de la maçonnerie jouent un rôle-clef dans le déroulement des cérémonies. À ces

outils s'ajoutent d'autres signes, hérités de la Kabbale ou de l'hermétisme, qui permettent aux hommes et aux femmes de mieux se comprendre, en dépit des barrières sociales.

L'équerre (selon Ragon, tuileur général de la franc-maçonnerie, fondateur, en 1814, de la loge « les Vrais Amis ») « a la propriété de rendre les corps carrés [...]. Suspendue au cordon du Vénérable, elle signifie que la volonté d'un chef de Loge ne peut avoir qu'un sens, celui des statuts de l'ordre, et qu'elle ne doit agir que d'une seule manière, celle du bien ».

L'équerre symbolise la matière, qu'elle rectifie et qu'elle ordonne, et donc l'action de l'homme sur celle-ci, mais aussi la rectitude morale.

Le compas, écrit encore Ragon, permet de « décrire des cercles dont il indique nettement le centre, la valeur des rayons et celle du diamètre. Intellectuellement, le Compas est l'image de la pensée dans les divers cercles qu'elle parcourt ; les écartements de ses branches et leurs rapprochements figurent les divers modes du raisonnement qui, selon les circonstances, doivent être abondants et larges ou précis et serrés, mais toujours clairs et persuasifs ».

Le compas est mobile, tandis que l'équerre est fixe. Leur combinaison exprime l'emprise de l'homme sur la matière.

La règle, symbole de droiture, de méthode et de loi, est brodée sur le sautoir de l'Expert avec l'œil divin et l'épée. Avec le compas, elle permet de tracer toutes les figures de la géométrie.

Le maillet et le ciseau expriment le travail sur la pierre brute, et donc le travail que doit effectuer l'apprenti sur lui-même. Ragon en donne la définition suivante : « Le maillet, emblème du travail et de la force matérielle, aide à renverser les obstacles et à surmonter les difficultés. Le ciseau est l'emblème de la sculpture, de l'architecture et des beaux-arts. Son usage serait presque nul sans le concours du maillet. Sur le plan intellectuel, ils concourent au même but ; car le maillet, emblème de la logique, sans laquelle on ne peut raisonner juste, et dont aucune science ne peut se passer, a besoin du ciseau, qui est

l'image du mordant des arguments de la parole, avec lesquels on parvient toujours à détruire les sophismes de l'erreur. »
À ces outils de base, il faut ajouter le *niveau*, symbole de l'égalité originelle, qui inspire au maçon l'idée que toutes les choses doivent être considérées avec une égale sérénité.
La truelle, qui permet de cimenter les pierres de l'édifice (le Temple idéal), est le symbole de l'amour fraternel qui unit tous les maçons.
Le tablier, principal élément du « décor » du maçon, fait de peau d'agneau, se compose d'un rectangle et d'une bavette triangulaire. Il est l'emblème du travail et représente la « tunique de peau » dont Adam et Ève se revêtent quand ils sont contraints de quitter le jardin d'Éden. Le tablier de l'apprenti est blanc, et celui du maître, recouvert d'emblèmes maçonniques.
Les colonnes qui ornent l'entrée des loges rappellent la construction du temple de Salomon.
L'étoile flamboyante à cinq branches fait référence à une figure géométrique sacrée pour les pythagoriciens : le pentagramme, qui fait intervenir le fameux nombre d'or, gage de perfection et d'équilibre. L'étoile diffuse des rayons lumineux dans l'intervalle des pointes, et la lettre G, au centre, peut revêtir différents sens : gnose, *God* (mot anglais pour Dieu), génération, géométrie.
Le delta lumineux ou triangle sublime [Δ], parfois entouré de rayons, appartient à la symbolique du 3, chiffre sacré des triades, invite au dépassement de la dualité, du manichéisme, des contraires. Parfois surmonté d'un œil, le delta évoque la connaissance, le Grand Architecte, principe organisateur du monde, qui peut être Dieu pour certains maçons.

Voir **acacia, cinq, compas, équerre, étoile, Hiram, œil, pentagramme, tablier, temple, triangle, trinité, trois**

froment voir blé

fronde

Arme de jet faite de matière souple, la fronde représente la force du faible.

Depuis l'épisode biblique du jeune berger David touchant le géant philistin Goliath d'une pierre lancée avec une fronde, celle-ci est le symbole de la résistance du faible contre le puissant, mais aussi du juste contre le mal, ainsi que l'écrit Agrippa d'Aubigné : « Vous défendez à coups de fonde [fronde] les logis de la vérité » *(Les Tragiques)*.
Elle est la moins noble des armes pour l'Ancien Testament : « Ozias leur procura pour toute l'armée des boucliers, des lances, des casques, des cuirasses, des arcs et des frondes. » Au plus bas échelon de la hiérarchie de l'armement, la fronde, arme du peuple, s'oppose à l'épée de la noblesse ou à l'arc du soldat.
En astrologie arabe, la fronde représente l'ingéniosité, l'habileté et le talent : cependant, arme qui porte loin, la fronde est inutilisable dans le combat rapproché et nécessite une distance entre l'assaillant et l'assailli.

voir **arc, arme, épée**

fruit

Porté par les plantes après la floraison, le fruit apparaît souvent comme la finalité de la croissance végétale, d'où l'utilisation du mot dans des expressions qui ont trait aux résultats d'une action : le « fruit d'un mariage », le « fruit de son travail », le « fruit de son expérience ». Si une action ne se traduit pas par les résultats escomptés, elle est « sans fruit ».

Le *fruit défendu* désigne le fruit qu'Adam et Ève mangèrent malgré la défense de Dieu ; par extension, l'expression désigne un plaisir dont il n'est pas permis d'user et qui en est d'autant plus désirable.

Voir **arbre, pomme, figue, grenade, orange**

fumée

Immatérielle, la fumée représente à la fois l'esprit et l'impalpable.

Le lien avec l'invisible

Phénomène apparent qui révèle l'existence d'un phénomène caché, la fumée visible est un lien avec l'invisible. Dans le monde grec, lors des festins voués aux dieux, les mortels mangent la viande, et les dieux reçoivent la fumée des os et de la graisse. C'est en inspirant la fumée sortie d'un gouffre que la Pythie de Delphes délivre ses oracles. Par son caractère ascendant, la colonne de fumée est ce qui conduit vers le divin, d'où l'utilisation de l'encens dans le monde antique, particulièrement lors des sacrifices et des rites religieux, où il est employé pour éloigner les démons. Hérodote mentionne l'usage de la fumée d'encens chez les Assyriens, les Babyloniens et les Égyptiens. Les Hébreux brûlent l'encens en action de grâce, et Yahvé ordonne à Moïse la construction d'un autel d'or sur lequel celui-ci sera brûlé (Exode, XXX, 1-10). Chez les chrétiens aussi, la fumée est un axe entre le divin et l'humain. La fumée de l'encens symbolise l'élévation de la prière (Apocalypse, VIII, 3-4). L'encens et la myrrhe comptaient parmi les présents des Rois mages, selon l'Évangile de Matthieu.

Fumée qui cache, fumée qui révèle

Porteuse d'un message indicible, la fumée est aussi ce qui cache. Elle élève un mur protecteur durant l'Exode. Noire, elle enveloppe et défigure le visage de Psyché, qui n'a pu s'empêcher d'ouvrir le flacon renfermant la potion de Perséphone, qu'elle est allée chercher aux enfers.
La colonne de fumée est le guide du voyageur, signe de la présence humaine pour Ulysse, ou de la présence de la Chimère cracheuse de fumée suffocante, pour Bellérophon, en route pour la combattre ; lorsque celui-ci la terrasse, la Chimère s'effondre, laissant échapper une dernière flamme et un dernier nuage de fumée.

La fumée destructrice

Par analogie, elle est le symbole de la séparation de l'âme et du corps humain, notamment chez les peuples pratiquant la crémation, une symbolique reprise par le poète romain Lucain à la mort de Pompée : « Hélas ! Ce feu se dérobe à moi, la fumée qui

emporte Pompée s'évanouit dans l'air » (*la Pharsale*, livre 10).
Dans le Coran, la fumée est chargée d'une symbolique négative : associée à la noirceur, au néant, à l'avilissement. Même lorsqu'elle est l'expression de la volonté divine, elle représente un châtiment douloureux : dans la sourate *Ad-Dukhan* (la fumée), Dieu avertit les incroyants : « Eh bien, attends le jour où le ciel apportera une fumée visible. » Cette association avec le néant et le châtiment se retrouve dans l'Ancien Testament : c'est la fumée accompagnant les dix plaies qui accablent l'Égypte. Ainsi, le feu miraculeux décrit dans le Talmud ne génère aucune fumée : il est le feu céleste, celui qui disparut avec le Second Temple.

Voir **bougie, cheminée, crémation, feu, flambeau, parfum, purification, sacrifice, tabac**

fuseau

Le fuseau est l'axe organisateur autour duquel s'enroule le fil des existences. Il est aussi symbole de mort.

Clotho, une des trois Moires de la mythologie grecque, embobine autour de ce petit bâton de bois tournoyant comme une toupie le fil formé des matières textiles prélevées sur la quenouille par Lachésis. C'est ainsi que s'organise le temps des destinées. Il reste quelque chose de cette image du temps dans l'organisation des méridiens terrestres autour de l'axe polaire en fuseaux horaires.
Terminé par une petite garde perpendiculaire, le fuseau vide peut évoquer une croix. Dans son tableau *la Madone au fuseau*, Léonard de Vinci a bien utilisé les multiples significations de l'objet : la Vierge inquiète retient son enfant qui se penche sur le fuseau vide, symbole de son destin à peine amorcé (aucun fil ne s'y enroule encore), mais figurant déjà la crucifixion.
Les frères Grimm nous content par ailleurs que, lorsque la Belle au bois dormant se pique le doigt avec un fuseau, elle arrête l'enroulement du fil de son existence, son destin en est gelé. Mais il faut aussi sans doute voir un second sens phallique à ce fuseau-là, qui vient blesser la jeune fille à la puberté.

Voir **contes de fées, croix, fil, phallus, quenouille, rouet, tissage**

Des trois Gorgones, seule Méduse est dangereuse. Elle possède le terrible pouvoir de pétrifier quiconque pose les yeux sur elle.

G

gant

L'une des rares pièces de l'habillement qui épouse parfaitement la partie du corps à laquelle elle est destinée (d'où l'expression « aller comme un gant »), le gant est associé à la symbolique de la main.

Puisque la main est liée au combat, jeter ou relever le gant, c'est lancer ou répondre à un défi. Au Moyen Âge, on jette un gantelet de fer à la figure de celui que l'on veut provoquer en duel. Plus tard, le gant de peau est jeté aux pieds de l'adversaire. Si celui-ci relève le défi, il ramasse le gant. Cette coutume ne s'est éteinte en France qu'au XIXe siècle.
Les gants ont aussi une fonction liturgique et d'apparat dans l'Église catholique. Ils sont un symbole de pureté. Réservés aux évêques et aux cardinaux, ils ne sont portés que lors d'une messe pontificale. La couleur des gants doit correspondre à la couleur liturgique de la fête célébrée, mais ils ne sont jamais portés le Vendredi saint, ni lors d'une messe pour un défunt.
Porter des gants, jusqu'au milieu du XXe siècle, était un signe de distinction sociale qui protégeait les mains et garantissait leur blancheur. Ôter ses gants face à quelqu'un est une manifestation de déférence.

Voir **blanc, main**

gauche voir droite

Géant (Titan)

Dans toutes les légendes antiques ou modernes, les géants sont des créatures énormes, dotées d'une force surhumaine, le plus souvent cruels et nuisibles.

Dans la mythologie, ce sont les fils de Gaïa, la Terre, engendrés pour libérer les Titans (fils d'Ouranos et de Gaïa), qui s'étaient emparés du pouvoir et avaient été enfermés par Zeus dans le Tartare. Les dieux se liguèrent contre les Géants, et le combat qui s'ensuivit, la Gigantomachie, orne le fronton de nombreux temples antiques. La littérature enfantine a abondamment utilisé l'image du géant, souvent assimilé à l'ogre.

Voir **ogre, tour**

Gémeaux

Troisième signe zodiacal du printemps dans l'actuel calendrier grégorien (21 mai-21 juin).

Les Gémeaux forment une constellation zodiacale caractérisée par ses deux principales étoiles : Castor et Pollux, disposées parallèlement à la Voie lactée. La double nature du Gémeau est expressément soulignée : d'un côté, le justicier armé d'une massue à la manière d'Hercule ; de l'autre, le porteur de lyre, à la façon d'Apollon. Ce signe d'air gouverné par Mercure est susceptible d'accorder des talents d'expression, de l'inspiration, voire le don pythique.

Voir **astrologie, double, jumeaux, zodiaque**

genêt

Connu aussi sous le nom d'ajonc, cet arbuste dont les fleurs jaunes éclosent dès le mois de janvier est non seulement l'emblème officieux de la Bretagne, mais a également prêté son nom à une dynastie.

Le comte d'Anjou, mort en 1150, aurait eu l'habitude d'arborer un brin de genêt à son casque. En épousant Mathilde, dernière héritière en ligne directe de Guillaume le Conquérant, le comte fonde la dynastie dite des Plantagenêts. Le terme est en fait une invention de Shakespeare, mais le nom est resté. En français, on dit les Angevins.

génie

Le génie est une créature fantastique, invisible, personnalisant une force. C'est aussi un serviteur dévoué dans les contes orientaux. En fait, le génie symbolise la part du spirituel en l'homme, qui l'apparente à l'animal « double » des Amérindiens ou encore à l'ange gardien des chrétiens.

La personnalité divinisée d'un homme

Dans la mythologie romaine, le génie (*genius*), qui rappelle le *daimôn* des Grecs, est une représentation de l'âme : « personnalité divinisée d'un homme, tel qu'il est venu au monde » (Georges Dumézil), double du moi, c'est-à-dire moi profond, moi réel, qui semble protéger l'individu (rarement lui nuire), et, en ce sens, sorte de démon. Chaque action était dictée à l'homme par son *genius* particulier ; la femme avait une *junon* qui jouait le même rôle. Le génie était représenté comme les Lares. D'autres génies étaient les protecteurs des quartiers, des légions, des édifices et des villes. Il existait un génie du peuple romain et, sous l'Empire, le génie de l'empereur fut l'objet d'une adoration spéciale.

Bons et mauvais génies

Par bien des aspects, génies et démons appartiennent à la même famille. Nombre de génies mésopotamiens ont un aspect menaçant, mais ils sont capables d'effrayer les forces du mal et de protéger les hommes des maux qui les guettent.

À Rome, les créatures inquiétantes que sont larves et lémures s'opposent aux Lares, génies protecteurs du foyer. On retrouve cette opposition en Asie et notamment en Birmanie, où les « nats », génies du foyer, sont tout autant capables de nuire que de se montrer bienfaisants. Dans toutes les civilisations, on rencontre de bons et de mauvais génies, auxquels il est possible de faire porter la responsabilité de ses bonnes ou de ses mauvaises actions.

Le génie peut représenter l'essence d'une nation : on parle du génie de la France.

Voir **démon, lémures**

gerbe

Faisceau de végétaux coupés, la gerbe symbolise la moisson, l'abondance, la prospérité.

Liée, la gerbe de céréales, dont les épis sont tous disposés du même côté, symbolise la multiplicité unie par la volonté : la « gerbe de feu » de l'Apocalypse est la manifestation du dessein divin dans la réunion des éléments ; la gerbe de fleurs multicolore, elle, représente la mosaïque d'un peuple réuni ; et la gerbe d'eau, la vie. La gerbe célèbre le triomphe de la fertilité, le jaillissement de la vie. Pendue au faîte d'une maison neuve lorsque la charpente est achevée, ou sur la porte d'entrée de la maison, la gerbe de blé, « gerbe d'or », représente la prospérité et le bonheur, symbole repris dans la main droite de la Marianne de la République française.

En héraldique, la gerbe symbolise l'agriculture et la moisson. Dans l'Ancien Testament, l'Éternel s'adresse au peuple hébreu exilé et lui commande : « Quand vous serez entrés dans le pays que je vous donne, et que vous y ferez la moisson, vous apporterez au sacrificateur une gerbe, prémices de votre moisson » (Lévitique, XXIII, 10).

Dans la liturgie juive, situé entre Pessah (Pâque) et Chavouoth (Pentecôte), l'Omer est l'offrande de la première gerbe de la moisson : les anciens Hébreux allaient en procession la couper pour la porter au temple, où elle était offerte suivant les rites prescrits. Après quoi, on pouvait manger le fruit de la nouvelle récolte.

Voir **blé, faisceau, fleur, moisson**

glace

Emblème du froid, la glace est associée à l'immobilité.

La glace se retrouve évidemment en abondance dans la mythologie nordique. Si elle est à l'origine de la création, issue du Nilfheim, le monde primordial de la glace et de la brume, c'est en fondant que la glace devient fertile : ses gouttes engendrent le titan Ymir et la vache Audhumbla dont il se nourrit. Quasi absente des cultures méditerranéennes, la glace y symbolise le néant et la désolation, comme dans l'Ancien Testament : « En ce jour-là, il n'y aura point de lumière ; il y aura du froid et de la glace » (Zacharie, XIV, 6).

La symbolique commune de la glace est l'immobilité, qui s'oppose au feu intérieur : le cristal est ainsi assimilé par les Grecs à la glace (*kristallos*), parce qu'il est perçu comme congelé pour l'éternité, et donc immuable.

Voir **blanc, cristal, neige**

glaive

Épée courte à deux tranchants, symbole de la guerre, des combats ou de la puissance du pouvoir judiciaire.

Le glaive de Dieu désigne la justice, la puissance divines.

Voir **arme, épée**

gland

Petit noyau qui devient chêne majestueux, le gland est symbole de croissance spirituelle, de fécondité, mais aussi de prospérité et de vérité. C'est la raison pour laquelle les glands décorent les cordes du chapeau d'un cardinal.

Le gland peut symboliser la fertilité féminine et masculine. La forme du gland, le corps à moitié enveloppé par une calotte, mais dépassant de celle-ci, représente l'enfant qui émerge de l'utérus. Par contre, deux glands côte à côte représentent les testicules.

En raison de la longévité du chêne, certains Européens gardent toujours un gland dans leur poche, croyant que celui-ci leur assurera une vie longue et prospère.

Cependant, le gland peut s'inscrire dans une symbolique négative, car il sert à l'alimentation du porc, animal associé à la luxure et au démon.

Voir **chapeau, chêne, porc**

globe

Objet rond affectant la forme d'une sphère, le globe est un symbole de souveraineté et est souvent associé au pouvoir absolu. Dans l'art chrétien, un globe surmonté d'une croix désigne le magistère temporel et spirituel du Christ, la domination de la foi chrétienne sur le monde.

La sphéricité de l'univers ayant été affirmée par la science grecque, le globe en vient à symboliser la portée universelle des empires terrestres tout en gardant une dimension transcendante. Adopté par les empereurs romains (le globe était surmonté d'un aigle, d'une colombe ou d'une Victoire) puis byzantins jusqu'au XIVe siècle et par les empereurs d'Occident à partir de Charles le Chauve (IXe siècle). Il ne fut d'abord qu'un thème iconographique et ne se matérialisa en objet qu'à partir du début du XIe siècle. Presque tous les souverains d'Occident, à l'exception des rois de France (Charles VIII et Louis XII exclus) adoptèrent ce symbole du pouvoir.

Le globe est toujours utilisé lors du couronnement du monarque britannique. C'est alors une sphère creuse et dorée, incrustée de bijoux. Il est le premier objet présenté par l'archevêque de Canterbury au nouveau monarque. Dès que le souverain reçoit le globe du prélat, il le remet aussitôt sur l'autel. Le geste signifie que le pouvoir du monarque, quoique chef de l'Église anglicane, est subordonné à celui du Christ.

Voir **aigle, croix, monde, sceptre, sphère, terre, trône, Victoire**

gnome voir nain

gnomon

Cadran solaire primitif, constitué d'une simple tige, appelée style, dont l'ombre se projette sur une surface plane symbole de la pleine compréhension spirituelle des lois de l'univers, le gnomon est le plus ancien et le plus simple des instruments d'observation astronomique.

Simple perche verticale fichée sur un support horizontal, c'est l'ancêtre du cadran solaire et de l'équerre. Il permet de calculer l'azimut et la hauteur de l'astre, et c'est avec un gnomon qu'Eratosthène calcula au IIIe siècle av. J.-C. la circonférence de la Terre.

Il devint ensuite un instrument d'architecte se présentant comme une équerre en forme de L, et c'est en tant que tel qu'il pénétra la tradition ésotérique des mathématiques pythagoriciennes qui posent l'univers comme régi par des nombres. Tout nombre « carré » (résultant de l'addition de nombres égaux comme 9 = 3 + 3 + 3, soit un carré de coté 3) se loge dans un nombre gnomonique impair (7 en l'occurrence), image de l'esprit englobant la matière. Ce nombre gnomonique est figurable géométriquement sous la forme d'un L, et son addition au nombre carré forme un nouveau nombre carré (7 + 9 = 16, soit un carré de coté 4). La succession des nombres gnomoniques (3, 5, 7, 9), toujours impairs, forme nécessairement un nombre carré.

Voir **carré, chiffre, équerre, nombre, terre**

golem

Dans la culture juive, automate à forme humaine que de saints rabbins avaient le pouvoir d'animer. Le golem représente ce qu'il y a de bien et de mal dans l'acte créateur, mais aussi l'idée que la créature peut parfois surpasser son créateur.

Un golem est, dans la légende judéo-kabbalistique, une représentation humaine en argile à laquelle il est possible de donner vie au moyen d'une formule magique, à l'imitation de la création d'Adam par Dieu. C'est souvent un robot ou un automate. Le nom du golem provient de la Bible dans les Psaumes : le mot est utilisé pour désigner une matière qui n'a pas encore pris forme. Le sens actuel du mot apparaît au Moyen Âge.

Selon la Kabbale, le magicien qui veut créer un golem pétrit une boule d'argile et en fait une statue de la taille d'un enfant. Puis il inscrit sur son front le mot hébreu signifiant « vérité » (*emet*). À partir de cet instant, la créature se met à vivre, tout en demeurant incapable de parler. Elle obéit à son maître et exécute toutes les tâches qu'il lui commande. Quand il veut s'en débarrasser, soit que la créature (qui croît sans cesse) soit devenue trop encombrante, soit trop autoritaire, le magicien doit enlever au mot « *emet* » la première lettre : les lettres restantes forment le mot « *met* » signifiant « mort ». Le plus célèbre golem fut « fabriqué » à Prague par le rabbin Löw, au XVIe siècle, à une époque où les juifs persécutés éprouvaient le besoin d'être protégés.

Voir **Adam, boue, Kabbale**

Gorgones (les)

Des trois Gorgones, petites-filles de Gaïa, la Terre, seule Méduse est dangereuse. Elle possède le terrible pouvoir de pétrifier quiconque pose les yeux sur elle.

Les Gorgones sont trois sœurs : Sthéno, Euryale et Méduse. Ces monstres à la tête entourée de serpents avaient des ailes et des griffes d'airain.

Le héros Persée, avec l'aide d'Athéna, tranche la tête de Méduse. Du sang qui coule de son cou naît Pégase, le cheval ailé. Méduse est donc symbole de mort et de renaissance. Athéna placera sa tête hideuse au milieu de son bouclier, l'égide. Comme toute arme absolue, la tête de Gorgone est ambivalente : tant qu'elle est vivante, elle ne peut que nuire, car sa nature est mauvaise ; mais sa tête morte a des vertus apotropaïques, qui servent à détourner vers d'autres les influences maléfiques.

Voir **Athéna, bouclier, égide, œil, serpent, tête**

gouvernail

Appareil servant à diriger un navire, le gouvernail symbolise la direction d'un groupe ou d'un État.

Chez les Grecs et les Romains, le verbe latin *gubernare,* du verbe grec *kubernân* qui signifie « gouverner un navire », est déjà employé au sens figuré, associé à l'autorité et à la prudence. Le chef de timonerie possède la *kubernêtikon,* l'art de la timonerie qui permet, comme à Ulysse, de mener ses hommes à bon port. Tenir le gouvernail d'un navire ou d'un char, c'est le commander, et le pilote qui tient la barre tire son pouvoir de ce poste stratégique : le timonier désigne à la fois le marin chargé de la veille et celui qui tient la barre : vision et autorité sont ainsi associées au gouvernail.

Dans l'*Euthydème,* Platon, s'inspirant d'un vers d'Eschyle (*les Sept contre Thèbes*), voit l'homme politique authentique comme celui qui « se tient vraiment, tout seul, à la poupe de la Cité, gouvernant toutes choses ». Dans le *Politique,* le dieu Cronos est identifié à un démiurge qui conduit la marche de l'univers comme un pilote tient le gouvernail de son navire. L'image a conservé son actualité dans la politique contemporaine. Mao Zedong était qualifié en Chine de « Grand Timonier », et Valéry Giscard d'Estaing, lors de sa campagne pour l'élection présidentielle de 1974, adopta comme slogan « Giscard à la barre ». Quant aux sujets de tels timoniers, il leur reste à espérer de n'être pas trop mal barrés.

Graal

Le Graal est le nom donné par la tradition romanesque du Moyen Âge à l'objet précieux dont le mystère et la quête orientent l'aventure des chevaliers de la Table ronde, depuis Perceval jusqu'à Galaad. Symbole initiatique, le Graal représente la recherche de l'impossible.

Le Graal et la symbolique du réceptacle

Le mot « Graal » lui-même, présent dans quelques dialectes (*grazal* en provençal), est attesté dès le début du XIe siècle sous sa forme latine *gradalis.* Il a été très vite l'occasion de jeux étymologiques, créant une confusion sans doute volontaire entre la corbeille où lève la pâte (*cratis*), le plat qui sert à gré, la coupe (*crater*) et même la pierre philosophale.

Coupe qui contient la présence divine, sinon le sang de Dieu, le Graal du Moyen Âge répond aux mythes antiques du dieu descendu sur terre, sacrifié, qui continue cependant à vivre sous la forme de la substance essentielle de son âme, conservée comme relique dans un vase.

Le Graal serait le calice de la Cène, dans lequel Joseph d'Arimathie aurait recueilli le sang de Jésus en croix. La légende veut que cette coupe ait le pouvoir de nourrir, d'éclairer et de rendre invincible celui qui la tient. Transporté par Joseph lui-même jusqu'aux rives de l'Angleterre, le Graal se serait ensuite égaré.

Le Saint-Graal des chrétiens symbolise ce qui recueille et porte le message divin, une symbolique du réceptacle que l'on retrouve en Égypte dans les cornes du taureau Apis, qui portent le disque solaire, ou dans le *lapis exilis,* émeraude tombée du front de l'ange déchu, Lucifer et qui, creusée en vase, recueille le sang du Christ. Mais la filiation essentielle du Graal vient de la mythologie celte : le Graal serait à l'origine le chaudron merveilleux du dieu Dagda.

Le récit de la quête

La première version connue de la Quête du Graal est due à Chrétien de Troyes (vers 1180). Perceval, chevalier naïf, participe à une grande fête dans le château du Roi-Pêcheur, un « roi blessé » personnage étrange qui règne sur une terre désolée, rendue stérile à la suite d'une faute mystérieuse. Seul un élu, le bon chevalier, pourra le guérir et rendre la terre fertile. Un autre récit, datant de 1200, donne à la quête sa dimension spirituelle, tandis que d'autres versions paraissent en Angleterre.

Vers 1205, le bavarois von Eschenbach compose le poème *Parzifal,* dont Wagner tirera un opéra. Il reprend

l'histoire telle qu'elle avait été contée par Chrétien de Troyes mais remplace la coupe par une pierre lumineuse tombée du paradis. Instruit par divers personnages rencontrés en chemin, Parzifal revient au château du Graal, pose au Roi-Pêcheur la « question juste », et, ce faisant, guérit le souverain agonisant.

Le sens de la quête

La quête ne pourra aboutir que par l'entremise d'un chevalier parfaitement pur. Les chevaliers du roi Arthur, dans la version popularisée par les récits anglais, partent en quête d'aventures. Ils s'attendent à être confrontés à des événements extraordinaires qui leur donneront l'occasion de faire valoir leurs vertus morales. Mais le Graal est un objet aussi mystérieux que déroutant : il est tout proche mais les chevaliers ne le voient pas, incapables d'attacher aux réalités spirituelles l'importance qu'elles méritent. La recherche de cet inaccessible Graal symbolise la recherche d'une spiritualité qui seule donnera accès à la récompense ultime, la quête elle-même devenant plus importante pour le chevalier que la révélation.

Dans la version anglaise, c'est Galaad, le fils de Lancelot, parfois assimilé à Parsifal, pur entre les purs, qui rapportera le Graal à la Table Ronde. Ce retour du Graal marque la fin de la quête et symbolise la venue de temps nouveaux où règneront la paix et le christianisme triomphant.

Les récits du XIIIe siècle oppose le Graal à la Dame (la Rose) comme objet du désir chevaleresque. La résurrection des mythes du Graal aux XIXe et XXe siècles (W. Morris, T. S. Eliot, H. Hesse, Tolkien, etc.) fera de ce dernier l'archétype des objets de quête (Jung).

voir **Apis, Arthur, chaudron, chevalier, lance, roi, rose, sang**

grenade

Avec ses nombreux pépins rouges et sa ressemblance, lorsqu'elle est ouverte, avec la vulve, la grenade se prête facilement à des significations symboliques qui relèvent du mariage, de la fécondité, de la sexualité et de la résurrection.

La grenade de Perséphone

Dans l'Antiquité, la grenade est consacrée à Déméter, déesse des cultures, à Héra, déesse du mariage, et à Aphrodite, déesse de l'amour. La grenade joue un rôle important dans le mythe de Déméter et de Perséphone. Hadès, dieu des enfers qui a enlevé et emmené Perséphone, fille de Déméter, dans son royaume souterrain, aurait offert, probablement par ruse, quelques grains de grenade à la jeune fille, ce qui la condamne à passer le reste de sa vie dans le royaume des ombres. La grenade, en effet, est le symbole du mariage et a pour propriété de rendre indissoluble l'union des époux. Zeus, ému par la douleur de Déméter qui fait régner l'hiver sur terre, trouve un compromis : Perséphone ne passera que les mois d'automne et d'hiver dans la demeure de son ravisseur. Les prêtres des rites d'Éleusis, célébrés au printemps en honneur de Déméter, sont couronnés de branches de grenadier.

Un symbole de prospérité et de résurrection

Pour les Grecs, la grenade aurait jailli du sang de Dionysos, dieu de la vigne et du vin, lorsqu'il fut tué par les Titans avant d'être ranimé par Rhéa, la mère de Jupiter. Les Pères de l'Église reprendront cette légende païenne pour en faire un symbole de la résurrection. Les grains de grenade enfermés dans leur coque lisse et solide représentent la foule des croyants protégée par une Église forte et unie.

Dans la tradition juive, on mange de la grenade le soir de Roch Hachana (Nouvel An) en signe de vie et de prospérité pour l'année à venir.

Voir **blé, Déméter, Hadès, saison, résurrection, vin**

grenouille

La grenouille est associée à l'eau, à la pluie mais aussi à la mort. Mais ses états successifs d'être amphibie (œuf, têtard, animal terrestre) en font un symbole d'évolution, et donc de naissance, de germination et même de résurrection.

Dans la Bible, les grenouilles sont l'une des sept plaies envoyées par Dieu aux Égyptiens (Exode, VII, 27). L'Apocalypse de Jean assimile les grenouilles à des esprits impurs (XVI, 13). Associée à la métarmorphose dans les contes, la grenouille peut changer de nature et se transformer en beau prince.

Voir **Contes de fées**

griffon

Le griffon, animal fantastique solaire et terrien, possède une tête et des serres d'aigle et un corps de lion. Symboles de courage et de puissance, les griffons sont avant tout les gardiens d'un trésor, mais aussi du temple, du palais ou de la tombe.

Dans les contrées hyperboréennes, ils ont la garde des trésors d'Apollon et font continuellement la guerre aux Arimaspes, peuple de cyclopes qui cherchent à s'emparer du trésor. Attribut de la déesse Némésis, le griffon devient à Rome symbole de vengeance.

C'est bien dans cette acception qu'on les trouve déjà chez Eschyle qui, dans *Prométhée enchaîné,* parle des griffons comme des chiens de garde de Zeus qui a cruellement châtié le défenseur de l'espèce humaine. Ce sont « les chiens muets de Zeus, aux museaux aigus ».

Le griffon figure sur certains blasons, où il allie le symbolisme du lion (la force et le courage) à celui de l'aigle (la puissance et la vigilance).

Dans l'iconographie chrétienne, il est d'abord une créature du mal, puis symbolise la double nature de Jésus-Christ. L'aigle, oiseau du ciel, est d'essence divine, tandis que le lion, animal terrestre, rappelle sa condition humaine.

Dans le chant XXXII du *Purgatoire* de *la Divine Comédie,* Dante décrit des griffons tirant un char triomphal, symbole de l'Église, tandis que s'élèvent peu à peu les sept têtes hideuses de la bête de l'Apocalypse.

Voir **aigle, apocalypse, double, dragon, lion, palais, temple, tombe**

grillon

Le grillon est symbole de bonheur ou de chance.

Le grillon du foyer est le compagnon indissociable d'une vie simple et heureuse, et il a toujours été associé à la prospérité des maisons où il s'installait. On lui prêtait le pouvoir d'écarter les sorciers ou d'attirer la fortune par son chant, comme l'atteste ce proverbe flamand : « Si les boulangers ne font pas plus souvent banqueroute, c'est qu'ils ont toujours des crinchons autour d'eux », ou encore cette comptine bretonne :

« Guersillon,
Viens dans ma maison;
Chante ta petite chanson,
Et répands ta bénédiction. »

Le grillon du foyer, se dit d'une ménagère parfaite.

gris

Intermédiaire entre le blanc et le noir, le gris est la représentation de la mortification et du deuil.

Deuil et pénitence

Chez les peuples qui enterrent leurs morts, le défunt retourne à la terre, il redevient cendres, tendant donc vers le noir. En Égypte ancienne, Oupouaout, dieu-chacal des cultes funéraires, est représenté en gris, tandis que, dans l'Ancien Testament, le gris, résultat de la combustion et de l'anéantissement de la matière, est associé à la cendre et en reprend la symbolique de pénitence et de deuil. Chez les Romains, le gris, mélange du blanc de la vie avec le noir de la mort, est la couleur des vêtements de deuil. Aussi est-il associé en Occident à la dépression, à la tristesse et à la solitude : couleur de la poussière qui s'amoncelle sur les choses inertes, couleur du stagnant. Sa seule valeur positive est celle de la sagesse, de la connaissance qu'apporte l'âge et l'expérience, par allusion à la teinte de la chevelure des vieillards. Mat dans un Moyen Âge qui met la brillance au-dessus de tout, le gris est associé à l'ombre, une caractéristique à l'origine de la peinture en grisaille, imitation des ombres du bas-relief.

Une couleur spirituelle

L'alchimie ne voit pas dans le gris cet état avancé de la noirceur, mais une avancée vers le blanc, la couleur grise étant celle du régime de Jupiter, état transitionnel dans lequel, dit Pernety, « la noire matière saturnine se blanchit graduellement ».

D'autres traditions y perçoivent un équilibre du noir et du blanc extrêmes. Pour le clergé du Moyen Âge, le gris représente l'union du blanc de l'innocence et du noir de la culpabilité. Aussi est-il l'emblème chrétien de la repentance, de la mort terrestre et de l'immortalité spirituelle, et la couleur des nombreux ordres monastiques, qui y voient aussi un symbole de modestie, la couleur de l'humilité et de la pauvreté, avec le noir et le marron.

La grisaille du quotidien, une vie monotone, terne, sans éclat.

Faire grise mine à quelqu'un, lui faire mauvais accueil.

Faire travailler sa matière grise, faire travailler son intelligence, sa réflexion.

Voir **blanc, brun, cendre, noir**

grue

Plantée sur une seule patte, la grue est généralement associée à l'idée de bêtise et de maladresse.

En tant qu'oiseau migrateur, elle joue aussi le rôle de protectrice des voyageurs et de conductrice des âmes mortes. Ainsi les grues exécutent devant Thésée, après sa victoire sur le Minotaure, une danse qui représente les méandres du labyrinthe. On a découvert dans les fondations de Notre-Dame de Paris un autel gallo-romain sur lequel figuraient trois grues, personnages d'une légende dans laquelle intervient l'Hercule gaulois.
Le sens récent de « prostituée » n'est dû qu'à la position habituelle de la grue, perchée sur une seule patte comme la prostituée appuyée sur un mur.

gui

Plante à feuilles persistantes, rameau d'or de la mythologie latine, le gui représente la fertilité, l'immortalité et la guérison.

C'est une branche de gui, aux feuilles toujours vertes, assimilée au « rameau d'or », symbole de vie et de régénérescence, qui permet à Énée de sortir vivant des Enfers dans l'*Énéide* de Virgile. Selon un autre auteur latin, Pline, les druides récoltaient le gui dans les bosquets de chênes, à l'aide d'une faucille d'or, pour célébrer le Nouvel An, car les Celtes croyaient que le gui attestait la présence du dieu dans le chêne qui le portait. En même temps, les prêtres sacrifiaient deux taureaux blancs. Le jus des baies du gui était censé guérir les maladies bovines. Dans les pays de culture anglaise, on s'embrasse toujours sous un bouquet de gui le Jour de l'an (« Au gui, l'an neuf ») ce qui porte bonheur.

Voir **bois, chêne, druide, faucille, or**

Hélios, le Soleil, était célébré dans l'île de Rhodes. On le figurait coiffé d'une couronne radiée.

H

hache

La hache symbolise la brutalité, mais, comme pour le fouet et le marteau, cette brutalité rappelle le tonnerre donc la pluie, la fertilité.

Un symbole royal

Les deux croissants de la hache double (le *labrys* grec archaïque, comme la francisque des Francs) évoquent deux aspects d'un monde lunaire et humide. Il faut d'ailleurs noter que cette hache double est sans doute à l'origine du mot crétois de labyrinthe (palais des haches).

La double hache est en fait un symbole royal et religieux que l'on a retrouvé dans les vestiges des palais crétois de l'époque minoenne. La double hache représenterait peut-être le pouvoir, notamment le pouvoir de sacrifier un animal, privilège du roi. Les faisceaux de baguettes portés par les licteurs qui précédaient les magistrats au temps de la Rome antique étaient surmontés de la hache de décapitation, symbole du droit royal de haute et basse justice.

Un symbole brutal

Le mythe de Procuste insiste sur la brutalité de l'instrument : bandit à l'humour douteux, l'homme coupait à la hache les pieds de ses invités trop grands pour le petit lit où il les allongeait. La hache à deux fers ou francisque, symbole de puissance et d'autorité, fut aussi l'emblème adopté par le régime de Vichy de 1940 à 1944. ainsi qu'une décoration du régime pétainiste. La hache a servi néanmoins de plus nobles buts : c'est en frappant le crâne de Zeus de cet instrument pour lutter contre un simple mal de crâne qu'Héphaïstos en a fait jaillir Athéna toute casquée. Saint Matthieu dans son Évangile l'utilise sous forme de parabole : « Déjà la hache est prête à attaquer la racine des arbres : tout arbre qui ne portera pas de bon fruit va être coupé et jeté au feu. » Pour le bien ou pour le mal, la hache assène des arguments définitifs.

Voir **double, faisceau, fouet, labyrinthe, marteau, massue, tonnerre**

Hadès (Pluton)

Une des grandes divinités helléniques. Fils de Cronos et de Rhéa, il reçut en partage, après la victoire des dieux sur les Titans, le royaume souterrain et l'empire des morts.

Les Cyclopes lui donnèrent un casque magique, qui le rendait invisible. Dans la croyance populaire, Hadès se confond avec Pluton. Redouté des mortels, le maître des Enfers enlève Perséphone, qui apporte dans son domaine comme un écho des richesses de la terre. Le nom de Pluton, plus tardif que celui de Hadès, reflète l'aspect bienfaisant du dieu souterrain, qui présidait à la richesse agricole. Les Romains le disaient fils de Saturne et d'Ops.

Voir **Déméter, enfer, moisson, Perséphone, saison**

haillons

Vêtements en loques, en guenilles, les haillons peuvent représenter la pauvreté extrême, autrement dit la marginalisation sociale, mais aussi une métamorphose éventuelle. Symboliquement, les haillons sont souvent associés à la royauté. Le haut et le bas de l'échelle sociale sont ainsi reliés.

La vérité intérieure

Dans l'*Électre* d'Euripide, l'héroïne éponyme, désireuse de se venger de sa mère Clytemnestre, meurtrière de son époux Agamemnon, se met ainsi à l'écart de la société d'Argos. « Ce n'est pas aux splendeurs des fêtes, mes amies, ni aux colliers d'or que s'envolent mes désirs... Regardez la saleté de ma chevelure et ces vêtements en haillons. »
Diogène, philosophe cynique, toujours vêtu de haillons, aurait vécu dans un dénuement absolu pour signaler son mépris à l'égard de la vulgarité matérialiste de ses concitoyens athéniens. Dans ces deux cas, la marginalisation voulue, symbolisée par les haillons, signale une vérité et une force intérieures qui ne peuvent s'exprimer en se conformant aux valeurs ambiantes, symbolisées, elles, par les riches parures, les bijoux, les « colliers d'or ».
Le roi Lear, réduit involontairement à un état de dénuement total, observe : « Les moindres vices se voient à travers les haillons ; les manteaux et les simarres fourrés les cachent tous. » Dans la pièce de Shakespeare, c'est contre son gré que Lear est vêtu de haillons, mais, comme pour Électre et Diogène, ils n'en signifient pas moins une vérité intérieure.

Le mythe de Cendrillon

Obliger quelqu'un à porter des haillons, c'est exprimer par le mépris et la cruauté une supériorité sociale. Cendrillon, contrainte par ses deux méchantes sœurs à se vêtir de haillons, voit ces derniers, grâce à sa marraine, se transformer en « une robe d'or, d'argent et de pierreries ». Ainsi vêtue, elle se rend au bal, où le Prince tombe amoureux d'elle. Rentrant après minuit, sa magnifique parure se transforme à nouveau en haillons. Plus tard, quand les serviteurs du roi découvrent que la pantoufle de vair abandonnée par Cendrillon va parfaitement à la jeune fille, sa marraine lui offre une robe encore plus splendide que celle de la veille.
S'ils peuvent symboliser le rejet voulu des valeurs dominantes, les haillons, dans le conte de fées, représentent une métamorphose semblable à celle de la chrysalide qui devient papillon. Dans le premier cas, nous avons affaire à une vérité qui entre en contradiction avec les valeurs sociales, dans le second à un conformisme moral et à la réalisation du rêve d'une ascension sociale. Les valeurs du « conte de fées » se traduisent dans l'expression américaine « *from rags to riches* » (« des haillons à la fortune »), cliché qui décrit le rêve des pauvres immigrés.

Voir **contes de fées**

hameçon

L'hameçon figure le piège sous l'appât, la tentation. Il suggère toujours une certaine dose d'ironie, car la victime ne peut s'en prendre qu'à sa propre faiblesse.

Manipulé par le pêcheur, l'hameçon est source d'angoisse ou de surprise, comme le filet : que sortira-t-il de l'eau ? Dans le conte du Poisson d'or, il est assimilé à une figure de la chance, puisque par trois fois le miséreux y trouve accroché le génie frétillant qui exauce tous ses vœux. Pour la tradition chrétienne, l'hameçon du missionnaire est l'amour.

Voir **pêche**

Hâpî

Dieu égyptien du Nil.

Sa tâche était de veiller sur les viscères des morts. Sa tête de singe formait d'ordinaire le couvercle de celui des quatre vases canopes où étaient enfermés les poumons, dont il avait la garde. Considéré comme un dieu, Hâpî est figuré comme un être androgyne, ventre replet, poitrine aux seins gonflés et pendants, le chef couronné d'un buisson de papyrus, présentant sur ses bras étendus des fleurs de lotus et des poissons. Toutes ces images sont symboliques de la fécondité du fleuve sacré, « le père des dieux ».

Voir **androgyne, fleuve, lotus, singe**

harpe (cithare, lyre)

Ancêtre de tous les instruments à cordes, inventé par Hermès, mais maîtrisé par Apollon, la lyre, ou la harpe, figure l'harmonie universelle.

Sa complexité technique en est sans doute la raison : c'est un instrument plus aristocratique que ses contemporains pastoraux, flûtes ou tambours. Le satyre Marsyas est écorché vif par Apollon pour avoir un temps convaincu un jury de la supériorité de son jeu de flûte sur les sons qu'Apollon tirait de sa lyre. C'est également l'instrument d'Orphée, avec lequel celui-ci arrête les rivières et convainc Hadès de laisser remonter Perséphone d'entre les morts. C'est que la lyre a participé à la création du monde lui-même. Elle est l'harmonie des sphères : ses sept cordes correspondent aux sept corps célestes, et, dans sa variante à douze cordes, elle figure les signes zodiacaux.

Le dieu irlandais Daghda a créé le monde en jouant de la harpe, et, dans les traditions celtes, cet instrument a souvent le pouvoir d'endormir les hommes ou de les réveiller : elle est un principe de vie. On la retrouve aujourd'hui comme emblème du pays de Galles et de l'Irlande, pays

celtes sous occupation anglaise, où l'instrument fut longtemps interdit.
Comme souvent, le christianisme a adapté ce symbolisme à ses besoins : les bêtes de l'Apocalypse de saint Jean seront vaincues par des joueurs de harpe, et, a contrario, Jérôme Bosch figure la crise spirituelle comme une crucifixion sur les cordes d'une harpe dans son *Jardin des plaisirs terrestres*

Voir **Apollon, chant, flûte, lyre**

Harpie

Harcelantes et criardes, les Harpies (ou Harpyes), qui incarnent le harcèlement et l'agressivité, ont gardé jusqu'à nos jours une réputation peu sympathique.

Créatures fantastiques de la mythologie, les Harpies (ravisseuses d'enfants et d'âmes) sont trois sœurs dont le nom suffit à évoquer le caractère maléfique : Bourrasque, Vole-vite et Obscure.
On les représente tantôt comme des femmes ailées, tantôt comme des oiseaux à tête de femme, pourvus de serres acérées. Elles figurent dans de nombreuses légendes, dont celle de Jason et d'Énée.
Au Moyen Âge et à la Renaissance, les Harpies deviennent symboles d'avarice. On connaît les représentations de la Fortune chancelante, montée sur une roue. Mais celle-ci est parfois représentée sous les traits d'une harpie ailée, aux yeux bandés.

Voir **démon, Fortune, roue**

Harpocrate

Nom grec désignant Horus l'enfant.

« Horus l'enfant », conçu par la déesse Isis après la mort d'Osiris, succéda, après maintes difficultés, à son père comme roi divin de l'Égypte. De nombreuses statuettes de bronze le représentent comme un enfant, nu, les cheveux ramenés en une tresse sur l'épaule droite et portant un doigt à sa bouche. Les Grecs, se méprenant sur ce geste de l'enfance, firent d'Harpocrate le dieu du silence.

Hathor

Déesse égyptienne du ciel et de l'occident.

Son nom signifie « Demeure d'Horus » (le Soleil). Figurée soit comme une femme, soit comme une vache, son corps constituait l'étendue céleste ; elle donnait naissance au Soleil (enfant ou veau d'or, à chaque aube). Celui-ci, devenu homme ou taureau, la fécondait à midi et disparaissait au soir dans sa bouche par la gestation nocturne. Ce mythe valut au Soleil l'épithète de « taureau de sa mère », qui évoque l'inéluctable cycle de l'astre, issu chaque jour de ses propres forces vitales, par l'intermédiaire d'un principe féminin à la fois épouse et mère.
Accueillant le Soleil au soir, Hathor est aussi la déesse de l'occident : protégeant le mort dans ses pérégrinations, présidant aux déserts et aux pays étrangers. Figurée également comme une femme au chef coiffé de deux grandes cornes lyriformes de vache, enserrant à leur base le disque solaire, elle est «la dorée», la déesse de la musique et de la danse.

Voir **corne, disque, mère, soleil, taureau, vache**

haut voir verticalité

Hécate

Patronne des magiciens et gardienne des carrefours, Hécate est une déesse nocturne, inquiétante, qui peut prendre la forme d'animaux, comme la jument ou la louve. Le chien lui était consacré.

Elle apparaît encore sous la forme d'une femme à trois têtes ou à trois corps. Dans les temps anciens, Hécate était une déesse bienfaisante, protectrice de la jeunesse et du bétail. Elle assurait aux marins de bonnes traversées. En revanche, elle envoyait aux hommes les terreurs nocturnes, les fantômes et les spectres. La légende l'apparente à Circé et à Médée, ou en fait leur inspiratrice. La nuit, elle hante les carrefours en compagnie de chiens et de fantômes, brandissant deux torches enflammées. Les Grecs plaçaient des statues d'Hécate aux carrefours. Sous l'Empire romain, on honorait en Hécate la déesse de la magie infernale.

Voir **carrefour, chien, flambeau, fourche, Lilith, revenant, sorcier, torche**

Hélène

Hélène de Troie est, si l'on en croit la légende, la plus belle des mortelles. Comme Ève et Pandore, elle symbolise la femme fatale.

Née d'un œuf, dont accoucha Léda, femme de Tyndare, elle fut vite célèbre par sa beauté. Enlevée par Thésée, qui l'emmena en Attique, Hélène fut délivrée et ramenée à Sparte par ses frères Castor et Pollux. Puis elle fut recherchée en mariage par tous les héros de Grèce. La jeune princesse épousa Ménélas. Craignant le mécontentement des prétendants déçus, Tyndare, roi de Sparte, leur avait fait auparavant jurer, sur les conseils d'Ulysse, de défendre en toutes circonstances celui qui serait l'heureux élu. Aussi, quand Pâris enlève Hélène, plus ou moins consentante selon cer-

taines versions, les Grecs partent-ils en expédition contre Troie afin de récupérer la belle, auprès de qui, après une longue guerre, Ménélas finira paisiblement ses jours.
Pour les historiens d'aujourd'hui, Hélène paraît avoir été originellement une déesse minoenne de la végétation, victime d'un rapt qui l'avait entraînée dans le royaume des morts.

Voir **femme, œuf, Pandore**

Hélios

Hélios, le Soleil, qui se confond souvent avec Apollon, a pour sœurs l'Aurore et la Lune.

De l'océanide Clymène, il eut plusieurs fils, dont Phaéton. Chaque jour, il conduisait son char à travers le ciel. Il séjournait volontiers en Éthiopie ou dans l'île d'Æa et possédait des troupeaux sacrés. Ses représentations et son culte tenaient peu de place, et il était nettement éclipsé par Phébus (Apollon). Il était célébré dans l'île de Rhodes, dont il était le protecteur, où un colosse à son effigie figurait dans le port. On le figurait coiffé d'une couronne radiée. À la fin du paganisme, il acquit une nouvelle importance, dans le cadre d'un monothéisme solaire, issu de la philosophie néoplatonicienne.

Voir **Apollon, char, couronne, soleil**

héliotrope

Souvent confondu avec le tournesol, qui, lui, provient des Amériques, l'héliotrope est la fleur solaire par excellence, car il tourne pour suivre le mouvement apparent du soleil.

Pour les Grecs, l'héliotrope symbolise la passion inconsolable. Selon l'un de leurs mythes, Clythie, fille amoureuse du Soleil (Hélios en grec), se transforme en héliotrope lorsque son amant l'abandonne pour une autre.

L'héliotrope orne les couronnes des empereurs romains. L'iconographie chrétienne reprend le symbole pour désigner la lumière de Dieu.

Voir **Hélios, soleil**

Héphaïstos (Vulcain)

Dieu et patron des forgerons, à l'origine du feu souterrain, puis, plus spécialement, des foyers domestiques et artisanaux. Il était le maître des arts de la forge et du travail des métaux.

Fils de Zeus et d'Héra ou d'Héra seule, ce dieu boiteux des deux pieds, peut-être nain et sale, eut le cruel destin d'aimer les créatures les plus belles : Charis, la Grâce, puis Aglaé, enfin Aphrodite elle-même, qui le trompa souvent. Dans ses ateliers souterrains, dont la fumée sortait par les volcans, il travaillait lui-même, le torse nu, la tête couverte de la calotte de l'ouvrier athénien. On lui attribuait la cuirasse d'Héraclès, le sceptre et l'égide de Zeus, le bouclier d'Achille, etc.

C'est le Vulcain des Romains. Cette vieille divinité italique, adorée aussi par les Étrusques, était à l'origine le dieu du feu malfaisant qui dévore et détruit. À Rome, son culte semble avoir été adopté dès les plus lointaines origines. Ses sanctuaires étaient souvent construits hors de l'enceinte des villes puisqu'il fabriquait des armes, dont l'usage était interdit à l'intérieur de Rome ; il avait un sanctuaire au champ de Mars. Il était surtout vénéré à Ostie, comme protecteur des navires contre l'incendie.

Voir **arme, boiteux, bouclier, égide, fer, feu, forgeron, foyer, métal, nain, volcan**

Héra (Junon)

Divinité grecque du mariage symbolisant la grandeur et la souveraineté maternelles.

Son culte remonte à l'époque mycénienne, et des rapprochements ont été faits avec l'Asherah sémitique. Fille de Cronos et de Rhéa, elle épousa son frère Zeus, et cette union devint, malgré infidélités et querelles, le modèle des mariages humains. Héra était aussi une divinité de la terre féconde, de la végétation printanière et des fleurs. Protectrice des épouses, on la dit souvent jalouse, méchante et vindicative. Pour se venger du jugement du Troyen Pâris, elle prit position contre ses concitoyens dans la guerre de Troie. À Rome, on l'identifia avec Junon. Elle a pour emblème le paon, symbole d'orgueil. À l'époque archaïque, Héra est représentée drapée, son voile, emblème du mariage, retombant sur ses épaules. Dans la statuaire classique, elle est assise tenant d'une main un sceptre, emblème royal, de l'autre une grenade, symbole de fécondité. Plus tard, son voile disparaît, mais elle garde une sévère majesté.

Voir **grenade, Junon, mère, paon, voile, Zeus**

Héraclès voir Hercule

héraldique

L'héraldique est la connaissance des règles qui permettent de composer et de décrypter les armoiries, donc de dévoiler le système symbolique qu'elles représentent.

Armoiries, émaux et figures

C'est l'existence de règles, au reste peu nombreuses (emploi de sept émaux répartis en trois groupes : métaux, couleurs, fourrures ; interdiction de superposer ou de juxtaposer deux émaux appartenant au même groupe), qui différencie le système héraldique européen de tous les autres systèmes emblématiques, antérieurs ou postérieurs, civils ou militaires. Les armoiries se composent d'un écu, considéré comme placé sur un buste humain, la dextre apparaissant à la gauche de celui qui le regarde, la senestre à la droite. Il se divise en neuf points. Le champ est la surface de l'écu sur laquelle sont représentées les figures (pièces, meubles, partitions). Tout meuble étant un symbole, ou du moins censé en être un, est donc stylisé.

Reconnaître le chevalier

L'apparition des armoiries en Occident au milieu du XIIe siècle est liée à l'évolution de l'équipement des combattants : les transformations du casque et du haubert le rendant méconnaissable à la bataille et lors du tournoi, le chevalier prend peu à peu l'habitude de faire peindre sur la grande surface de son bouclier des figures – animales, végétales, géométriques – servant à le faire reconnaître au cœur de la mêlée. On peut commencer à parler d'armoiries à partir du moment où un même combattant fait toujours usage des mêmes figures et des mêmes couleurs.

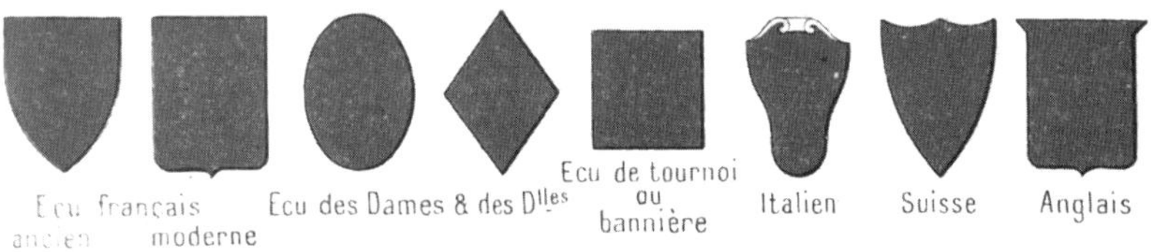

FOURRURES

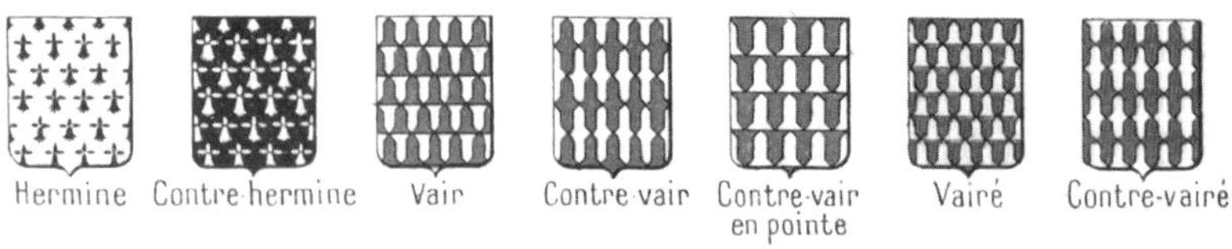

D'abord individuelles et réservées aux seuls chevaliers, les armoiries deviennent progressivement héréditaires. Puis, au début du XIIIe siècle, leur emploi s'étend aux femmes, aux ecclésiastiques, aux « bourgeois », aux artisans, et même aux paysans ; enfin, un peu plus tard, aux communautés civiles et religieuses et aux institutions.

Figures héraldiques

Les armoiries peuvent, surtout pour les époques anciennes, refléter la personnalité de ceux qui les ont portées. La relation entre l'élément signifiant et la chose signifiée peut se situer à différents niveaux, mais son étude apporte toujours à l'historien d'utiles informations sur les croyances, les aspirations, la sensibilité, la culture et les procédés symboliques de ceux qui ont composé ou qui se sont choisi des armoiries. Citons pour exemples l'opposition politique entre l'aigle et le lion dans l'Europe des XIIe et XIIIe siècles, le rôle de roi des animaux tenu par l'ours et non par le lion pendant la majeure partie du Moyen Âge, le caractère banalisé du dragon et des monstres aux XVe et XVIe siècles, et le «snobisme» dans le choix de certaines figures héraldiques (lévrier, léopard, fleurs de lis) aux XVIIe et XVIIIe siècles.

Un système de signes

Enfin, dans une perspective à la fois anthropologique et sémiologique, l'héraldique nouvelle se propose d'étudier le blason en tant que système de signes. Codes sociaux, les armoiries situent en effet l'individu dans le groupe et le groupe dans la société. Le blason s'apparente ainsi à d'autres systèmes emblématiques, comme ceux des civilisations précolombiennes, du Japon médiéval, des tribus mamelouks et de plusieurs peuplades africaines ou océaniennes. L'étude comparée de ces différents

systèmes tente de rechercher, au-delà des différences dans l'expression, la permanence de certains thèmes, de certains mythes, de certaines structures symboliques communes à toutes les époques et à toutes les civilisations.

Voir **chevalier, chiffre, lion, lis, ours**

herbe

Petite plante qui pousse naturellement partout dans les prairies, les clairières, les jardins, voire au bord des routes, l'herbe symbolise à la fois la volonté de discipliner la nature et le désir de s'en affranchir.

Le tapis vert de la nature

Même si l'herbe est d'une importance primordiale pour certains animaux domestiques (les herbivores comme le cheval, la vache et le mouton), symboliquement, elle n'est pas un aliment. L'herbe est un arrière-plan, c'est le degré zéro, le « va-de-soi » du monde végétal. L'herbe est un tapis vert sur lequel on peut marcher, s'asseoir ou pique-niquer (un déjeuner sur l'herbe). Enlever ce « va-de-soi », « couper l'herbe sous les pieds » de quelqu'un, c'est supprimer ce qui est tenu pour acquis et enlever la base de toute action.

Arracher les mauvaises herbes

L'herbe peut être inutile ou nuisible à la culture. Il faut arracher les mauvaises herbes. Son omniprésence envahissante débouche sur la volonté impulsive de la couper, de la maîtriser, de la tondre. Ce dernier verbe n'est pas innocent, car il renvoie à la symbolique de la tonsure des cheveux. Tondre l'herbe, c'est comme tondre les cheveux d'autrui. C'est établir un pouvoir, une échelle de valeurs où prédomine le désir de domination. Le gazon à l'anglaise, où l'herbe forme un tapis uniforme où nulle « mauvaise herbe » ne doit apparaître, est le symbole même de la maîtrise dans des limites précises, souvent celles d'un rectangle, d'une nature désordonnée.

Une nature affranchie

Par contre, en raison même de son caractère omniprésent et indiscipliné, l'herbe peut représenter une nature affranchie de toute hiérarchie sociale et culturelle. La « mauvaise herbe » peut avoir droit de cité. Rien n'illustre mieux cette possibilité symbolique que le long recueil de poèmes, intitulé *Feuilles d'herbe*, de l'Américain Walt Whitman. Libre des contraintes poétiques habituelles, abordant des sujets tabous au XIXe siècle, comme le désir homosexuel, Whitman y prêche l'égalitarisme absolu, la fusion sans distinction de tous les êtres. Comme il écrit : « L'idiome américain est ma langue, et je vais écrire un livre appelé *Feuilles d'herbe* parce qu'on trouve des feuilles d'herbe partout dans mon pays...Une feuille d'herbe n'est rien moins que le labeur des étoiles. »

Quant au fameux *Déjeuner sur l'herbe* de Manet (1863), il fait scandale au Salon des Refusés par son sujet, sa liberté de facture et sa modernité. Il est bien inconvenant, d'après un critique, d'installer aux côtés de deux étudiants en béret et paletot « une fille vêtue simplement de l'ombre des feuilles » posée sur un « fort gazon d'un vert arsenical », partie de campagne légère que semble surprendre un spectateur voyeur.

Voir cheveux, jardin

Hercule

Héraclès, célèbre héros grec, l'homme aux douze travaux, personnifie le courage et la force, vertus cardinales. Il est apparenté et identifié à l'Hercule romain.

Les douze travaux

Les légendes le concernant sont complexes et parfois contradictoires. Dans les versions les plus classiques, il était fils de Zeus et d'Alcmène, femme d'Amphitryon. Héra envoya deux serpents pour le dévorer dans son berceaus mais il les étouffa de ses mains. Après divers exploits, il se rendit à Thèbes, où il épousa Mégara, fille de Créon. Dans un accès de folie, il la tua ainsi que leurs enfants. Pour expier ce crime, la Pythie l'envoya auprès du roi de Tirynthe, Eurysthée, qui lui imposa une série d'épreuves, les douze travaux d'Héraclès :

1 tuer le lion de Némée ;
2 tuer l'hydre de Lerne ;
3 s'emparer de la biche de Cérynie ;
4 capturer le sanglier d'Érymanthe ;
5 abattre les oiseaux du lac Stymphale ;
6 nettoyer les écuries d'Augias ;
7 capturer le taureau crétois de Minos ;
8 tuer Diomède ;
9 s'emparer de la ceinture de l'Amazone Hippolyté ;
10 tuer Géryon ;
11 cueillir les pommes d'or du jardin des Hespérides ;
12 enchaîner Cerbère.

Autres exploits

Le mythe des douze travaux (douze est le nombre du triomphe, de l'accomplissement, du couronnement) paraît remonter à l'époque mycénienne, et peut avoir subi l'influence de la littérature orientale. Il a pu symboliser également la lutte du soleil, assimilé à Hercule, contre les ténèbres. Armé de sa massue, Hercule avait aussi, à travers le monde, exterminé les tyrans, les brigands et les monstres, combattu Alcyonée, Achéloos, les Centaures du Pholoé, le roi égyptien Busiris, soutenu le ciel sur ses épaules pour soulager Atlas, délivré Hésione d'un monstre, pris part à l'expédition des Argonautes, tué le Géant Antée et le Centaure Nessos, séparé les montagnes de Calpé et d'Abyla (les Colonnes d'Hercule), délivré Prométhée, combattu les dieux eux-mêmes, etc. Il avait eu force aventures amoureuses, et même abdiqué devant la femme, en se faisant l'esclave d'Omphale. Enfin, il épousa Déjanire, qu'il délaissa pour Iole. Déjanire lui envoya une tunique trempée dans le sang du Centaure Nessos. Brûlé par le vêtement empoisonné, Hercule dressa un bûcher sur le mont Œta et se jeta dans les flammes. Il fut admis dans l'Olympe et reçut l'immortalité en épousant Hébé, déesse de la jeunesse.

La postérité d'Hercule

Il apparaît ailleurs en dieu navigateur et civilisateur. Pythagoriciens, cyniques et stoïciens ont contribué à élaborer un Hercule juste et malheureux, destiné, au début de l'ère chrétienne, à se poser en rival du Christ. D'autre part, maints athlètes, philosophes ou souverains se sont comparés ou identifiés à Hercule, spécialement à l'époque hellénistique. Hercule était honoré dans de nombreux sanctuaires. Il était le protecteur des gymnases et le dieu qui écartait les dangers. Hercule apparaît d'abord comme un guerrier armé de l'épée, puis son arme favorite devient l'arc et surtout la massue. Il est souvent revêtu de la peau du lion de Némée, dont le mufle est rabattu sur le front. Hercule symbolisant la force, vertu cardinale, la Renaissance comme l'époque classique feront un grand usage de son image, tant dans les beaux-arts (innombrables statues et peintures de l'homme à la massue, Henri IV lui-même se faisant représenter en Hercule comme plus tard Louis XIII et Louis XIV) que dans la littérature.

Une force herculéenne, un travail herculéen, une force digne d'un Hercule, un travail titanesque

Voir **ceinture, douze, héros, hydre, lion, massue**

hérisson

« Que symbolisent les épines sinon le péché ? » écrivait saint Augustin. À l'interprétation négative de cette caractéristique naturelle de l'animal s'ajoute une réputation d'hypocrisie, liée à sa manière de se replier en boule pour fuir le danger.

Les représentations des sept péchés capitaux en font le symbole de la gourmandise ou de l'avarice, idée peut-être due au *Physiologus,* qui rapporte que le hérisson se roule sur les fruits afin qu'ils se plantent sur ses piquants, ce qui lui permet de nourrir ses petits. Selon une autre croyance répandue dans le monde anglo-saxon, les hérissons tétaient le pis des vaches, les ensorcelaient et tarissaient leur lait. Il est par contre avéré que le hérisson peut s'attaquer aux petits animaux de la basse-cour et gober les œufs des poules, ce qui justifie sa mauvaise réputation.
L'aspect extérieur du hérisson est utilisé dans l'imagerie populaire pour décrire une personne d'abord difficile. Victor Hugo décrit « un caractère qui n'est qu'un hérisson tout en pointes ».

hermaphrodite

Contrairement à l'androgyne, qui symbolise l'unicité première de l'être humain avant sa séparation en deux genres distincts, l'hermaphrodite est un être de nature double, à la fois masculine et féminine.
Fils d'Hermès et d'Aphrodite, Hermaphrodite unit en son nom même le masculin et le féminin, comme le fait l'androgyne, mais à la différence de celui-ci qui représente un « type » universel, Hermaphrodite est la fusion individuelle de deux sexes.
Selon la mythologie grecque, Hermaphrodite fut d'abord un adolescent, de genre entièrement masculin,. Lorsqu'il se baignait dans les eaux d'un lac en Carie, Salmacis, la nymphe de ce lac, amoureuse de sa beauté, l'enlaça et demanda aux dieux de confondre leurs corps. Un être nouveau naquit. Souvent, Hermaphrodite figure parmi les compagnons de Dionysos, dieu du ivresse. La statuaire antique en fait une créature à l'harmonieux corps de femme, dotée des attributs sexuels masculins, toute différente des images monstrueuses de l'Asie. Dans la fusion des deux dieux, Hermès et Aphrodite, c'est la divinité masculine, Hermès, le messager des dieux, qui domine. D'ailleurs le plus célèbre hermaphrodite de la mythologie grecque, Tirésias, est également devin et messager.
Ce type, créé dans la statuaire au début de la période hellénistique, se répandit surtout au IIe siècle av. J.-C. Il est représenté parfois debout luttant contre un satyre, mais, le plus souvent, endormi avec une grâce alanguie et mélancolique.

Voir **androgyne, Dionysos, double**

Hermès (Mercure)

Dieu grec des voleurs, des marchands et des carrefours, Hermès, messager des dieux, est le patron des voyageurs. Il est aussi le symbole de l'occultisme occidental.

Agilité intellectuelle et rapidité

Le personnage d'Hermès fut d'abord une divinité pastorale, ou dieu du bélier, connu dès l'époque préhellénique. Il subit ensuite une profonde transformation à l'époque homérique. Selon les mythes classiques, fils de Zeus et de Maia, il naquit en Arcadie. Ingénieux et malin, il vola à Apollon son troupeau de bœufs et, avec une carapace de tortue, fabriqua la première lyre. Il intervint à diverses reprises dans la guerre de Troie. Il veille sur les routes et sur ceux qui les parcourent, hérauts, voyageurs et marchands; ainsi, par extension, il protège le commerce et toute l'activité urbaine, et même, à l'occasion, les voleurs. Dans la Grèce antique, des statues d'Hermès étaient ainsi installées aux carrefours des routes et à l'angle des rues, où elles assuraient la protection des passants contre les brigands. Hermès est aussi symbole de rapidité, de diplomatie et de bienveillance. Il patronna des associations de marchands établis à Rome et à Délos. Il est aussi un dieu psychopompe : c'est lui qui conduit les âmes aux Enfers. C'est enfin le dieu de la gymnastique, honoré dans les palestres à Sparte, Athènes et Olympie, en particulier. Il a été assimilé au Mercure des Romains.

L'une de ses missions les plus difficiles consistera à tuer le géant Argos aux cent yeux, à qui avait été confiée la garde d'Io transformée en vache par Zeus. Il endort le monstre en jouant de la flûte.

Hermès porte des sandales et un casque ailés, qui lui permettent d'accomplir sa mission. Il est également porteur d'un caducée, bâton autour duquel s'enroulent deux serpents, le sien étant en outre ailé, rappelant sa rapidité et sa fonction de messager officiel des dieux.

Le dieu de l'occultisme

Hermès intéresse l'occultisme par plusieurs de ses fonctions : inventeur de toutes les sciences, mais particulièrement de l'écriture et de la magie, messager des dieux, guide des âmes lors des initiations et après la mort. Assimilé par les Grecs, à l'époque hellénistique, au dieu lunaire Thot, inventeur de tous les arts et de toutes les sciences, il est souvent tenu pour un très ancien roi d'Égypte auteur, selon la tradition, de nombreux livres secrets relatifs à la magie, l'astrologie, l'alchimie, et reçoit le qualificatif de « trismégiste » (trois fois grand). Dès lors, on rapporte l'hermétisme à Hermès Trismégiste. Hermès est devenu ainsi le père putatif et le symbole de l'occultisme occidental. Le Moyen Âge chrétien tiendra Hermès pour un prophète, la Renaissance en fera un témoin de la vieille théologie aux côtés de Zarathoustra, Platon et Moïse.

Voir **ailes, caducée, carrefour, enfer, flûte, lyre, Thot**

hermine

Blancheur, innocence, pureté, justice, c'est la fourrure hivernale de l'hermine qui fonde sa réputation prestigieuse. Elle est ainsi un des symboles du pouvoir et de l'autorité dans les tenues de cérémonie des rois et des grands dignitaires.

Pouvoir et pureté

Sur un portrait de femme, elle est signe de chasteté. Si l'on en croit la devise royale, l'hermine préfère la mort à la souillure. On retrouve donc naturellement cette fourrure douce, précieuse et coûteuse sur la robe des membres du haut clergé, de l'enseignement, des rois et encore aujourd'hui sur celle des juges.

Emblème de la Bretagne

L'hermine héraldique identifie la Bretagne. On raconte que, au cours d'une chevauchée, un des premiers rois bretons, Conan Mériadec, aperçut dans les roseaux d'un ruisseau aux bords fangeux une hermine. Conan, intrigué, arrêta sa monture et contempla l'hermine : le petit animal à la fourrure de neige avançait, puis reculait, et cherchait à nouveau à franchir la vase noirâtre sur une petite branche trop frêle pour lui. Il semblait vraiment affolé à la vue de cette boue.

« Pourquoi ce gracieux animal est-il si apeuré ? Et pourquoi ne fuit-il pas au plus vite ? demanda le roi à l'officier qui l'accompagnait.

– Roi des Bretons, l'hermine n'est point blessée, mais elle veut rester sans tache. Elle craint de salir sa robe immaculée en franchisant ce ruisseau.

– Ô merveille de pureté ! s'exclama Mériadec. L'honneur exige que le roi Conan la protège et la sauve. »

Et comme si elle avait compris le langage des deux hommes et deviné la bonté de Conan, l'hermine courut sur la main que lui tendait le roi et se réfugia dans les plis de son manteau. (D'après *Le Breton parlé/Vannetais* de Merriadeg Herrieu.)

Voir **blanc, lis, manteau**

héron

Oiseau de bon augure, le héron, symbole de curiosité, représente en Égypte le soleil levant.

Il est parfois utilisé dans l'imagerie chrétienne, s'élevant et planant au-dessus des tourments de la vie, comme au-dessus des nuages. Le héron est souvent utilisé par les écologistes comme emblème des parcs naturels.

héros

Nom donné par les Grecs aux grands hommes divinisés, le héros, généralement issu d'un dieu (ou d'une déesse) et d'un mortel (ou d'une mortelle), représente la force surhumaine.

Un être mythique et bienfaisant

Avec l'épopée mésopotamienne de Gilgamesh apparaissent les premiers héros, Gilgamesh et Enkidu, dont la puissance égale celle des dieux, mais qui sont condamnés à mourir. En Grèce, le héros homérique est un guerrier, un chef, souvent fils d'un dieu ou d'une déesse (Achille, Ajax, Ulysse). Hésiode fait de lui un être mythique et bienfaisant. À partir du Ve siècle avant J.-C., le héros devient un mortel héroïsé après sa mort et honoré par un culte. Les héros sont dès lors souvent plus ou moins protecteurs ou fondateurs de cités (Thésée en Attique). L'héroïsation exprimait parfois la reconnaissance d'une cité envers l'un de ses citoyens, tel le culte rendu aux tyrannicides athéniens Harmodios et Aristogiton. Le culte d'un héros est lié au tombeau qui a reçu ses cendres et qui jouit de sa protection. Ainsi les restes d'Œdipe furent-ils transférés d'Athènes à Thèbes. Ce culte s'apparente à celui des divinités chtoniennes (souterraines). Le héros éponyme est celui qui donne son nom à un lieu, à une cité, à un dème, à une tribu ou à une famille. La coutume a été très répandue, et presque chaque lieu de la Grèce posséda son héros éponyme, chaque objet son héros tutélaire et chaque famille illustre son héros ancestral. Plus d'une fois, le héros a été un être imaginé pour personnifier un rite, un fait ou une chose. Héraclès (Hercule) et Thésée se caractérisent autant par leur force physique, qui vient à bout de tous les monstres et de tous les obstacles, que par leur profonde humanité.

Doté d'une force exceptionnelle

Avec le temps, chaque nation, chaque groupe humain a voulu se doter d'un héros, qui prend valeur de symbole du groupe. Ainsi, les saints sont en quelque sorte les héros de la chrétienté. Pour Jung, le héros représente la vigueur psychique, et ses prouesses s'apparentent à un parcours initiatique individuel. Dans le langage commun, un héros se distingue du commun des mortels par des qualités de résistance physique ou d'abnégation, qui en font un être exceptionnel.

Voir **Achille, cendre, chevalier, Hercule, Jason, Œdipe, Prométhée, tombe, Ulysse, ville**

hibou

Animal nocturne, le hibou est considéré comme un oiseau de mauvais augure, symbole de mélancolie et de solitude.

Les Grecs en ont fait l'attribut des Parques, les sœurs fatales qui coupent le fil de la destinée. Le hibou est souvent associé aux sorcières et à la mort. Chez les Indiens d'Amérique, les chamans donnaient aux mourants des plumes de hibou pour les aider à passer dans l'autre monde.

Voir **augure, chouette**

hippopotame

Force de destruction aveugle, mais aussi fécondité : telles sont les caractéristiques de l'hippopotame retenues par la symbolique.

Le panthéon égyptien reflète cette dualité : l'hippopotame est à la fois l'incarnation de Seth, frère et assassin d'Osiris, et de Thouéris, symbole de fécondité humaine et végétale. Les Égyptiens cherchaient à se protéger de cet animal dangereux en moulant dans l'argile de petites statuettes qu'ils décoraient ensuite de feuillages pour qu'il reste caché et emprisonné dans le Nil. Dans le Livre de Job (XL, 15), l'hippopotame devient Béhémoth, symbole de la force brute et des pulsions mauvaises de l'homme qui ne peut parvenir à s'élever sans l'aide de Dieu.

Voir **Seth, Thouéris**

Hiram

Le symbolisme de l'initiation au grade de maître chez les francs-maçons gravite autour de la mort d'Hiram, architecte du Temple de Salomon.

Hiram et le Temple de Salomon

L'histoire d'Hiram est racontée dans le Livre des Rois (III Rois, VII, 13-47) : « Le roi Salomon demanda de pouvoir engager Hiram de Tyr [...]. Hiram acheva tout l'ouvrage qu'il devait faire pour le roi Salomon dans la Maison du Seigneur : les deux colonnes, les volutes des deux chapiteaux qui sont au sommet de ces colonnes, les deux entrelacs pour couvrir les deux volutes des chapiteaux [...]. Ce que fit Hiram pour le roi Salomon dans la Maison du Seigneur était en bronze poli. »
La Bible ne parle toutefois pas de sa mort, qui constitue la base de la légende sur laquelle repose le rituel de la franc-maçonnerie. Les travaux touchant à leur fin, trois compagnons, voulant s'arroger les privilèges du maître, lui tendirent un piège à la porte du Temple. Tous trois lui posèrent successivement la même question, à laquelle le maître refusa de répondre. Ils le frappèrent alors à mort en utilisant une règle, une équerre et un maillet. Puis ils enterrèrent son cadavre et plantèrent à l'endroit où ils l'avaient enseveli un rameau d'acacia, l'arbre de vie.

Le rituel symbolique maçonnique

L'accession au grade de maître, mort symbolique, passe par les trois étapes de l'assassinat d'Hiram, l'homme juste et vertueux mis à mort par des ignorants. Dans le rituel, le récipiendaire est recouvert d'un drap noir, et une branche d'acacia est placée sur le drap. À la question : « Êtes-vous maître ? », l'initié doit répondre par la phrase rituelle : « L'acacia m'est connu. » Les trois coups reçus représentent les trois morts : la mort physique (la gorge), sentimentale (le sein gauche, côté cœur) et mentale (la tête). Ensuite viendra la renaissance, symbolisée par la branche d'acacia. Le nouvel Hiram ainsi ressuscité devient maître à son tour, investi des qualités d'Hiram : savoir, détachement et générosité.

Voir **acacia**, **équerre**, **franc-maçonnerie**, **temple**

hirondelle

La pauvreté des matériaux utilisés pour son nid et l'élégance de son vol ont de tout temps fait de l'hirondelle un symbole d'humilité, d'élévation spirituelle et de résurrection.

Hugues de Saint-Victor résume les qualités spirituelles de l'hirondelle en se fondant sur la Bible : « L'hirondelle symbolise la superbe de l'esprit par son vol élevé et la contrition de son cœur par son cri aigu » (Isaïe, XXXVIII, 14). Isis, sœur et veuve d'Osiris, tournoyait au-dessus du cercueil de celui-ci jusqu'au retour du soleil, sous la forme d'une hirondelle en poussant des cris plaintifs. Une Ode d'Anacréon, traduite par Leconte de Lisle, rappelle l'origine mythologique de l'oiseau chez les Grecs : « Comment te punirai-je, babillarde ? Faut-il couper tes ailes légères, ou même ta langue, comme on dit que fit Téreus autrefois ? Pourquoi es-tu venue, avant l'aube, crier à mes oreilles et me ravir Bathyllos, en troublant mes songes heureux ? » C'est à partir du Moyen Âge que s'instaure l'habitude (popularisée par le proverbe) de faire de l'hirondelle, oiseau migrateur, le messager du printemps, et donc un symbole de résurrection.

Voir **résurrection**

homme

« Homme » est souvent synonyme d'« humanité ». Est-il possible d'échapper à ce cercle sémiotique où la moitié de l'espèce humaine (*Homo sapiens*) en désigne la totalité ?

De toute manière, l'étymologie en dit long sur la position subalterne de la femme. *Adam* signifie « homme » en hébreu, ou, plus exactement, « homme créé par Dieu avec la terre ». C'est en effet, comme le dit la Genèse (II, 7), avec du limon que Dieu forma Adam, avant de répandre « sur son visage un souffle de vie ». Dans le Coran aussi, Allah créa le premier homme avec de l'argile et lui insuffla son esprit.
La dualité de l'homme apparaît dans les mythes de sa création. Seul mammifère à station debout, son corps se prête à la symbolique des extrêmes : ses pieds l'attachent à la terre, quand son visage est tourné vers le ciel ; fait de matière, il est aussi conçu à l'image de Dieu, ainsi que celui-ci le dit dans la Genèse : « Faisons l'homme à notre image et à notre ressemblance » (I, 26). Mouvement vers le bas, mouvement vers le haut. Matière et chair. Esprit et Dieu. L'homme représente ainsi un nœud de relations cosmiques.

Voir **Adam, boue, chair, deux, femme, golem, Lilith, nudité, poussière, souffle, un, verticalité**

Horus

Dieu-faucon de l'Égypte ancienne, aux attributions et aux lieux de culte multiples.

Dans l'idéologie ancienne, Horus est confondu avec le ciel, où l'on peut voir, durant tout le jour, l'oiseau planant ; il est le dieu des espaces aériens, dont les deux yeux sont le soleil et la lune ; il se confond, fréquemment, avec l'astre lui-même (à Edfou, entre autres, où l'image divine est souvent constituée par un disque solaire flanqué des deux grandes ailes de l'oiseau, image qui deviendra, dans toute l'Égypte, sur les portes des temples notamment, le symbole de la divine protection). Dans la légende d'Osiris, le fils du dieu et d'Isis est un Horus, dit Horus l'enfant (Harpocrate, pour les Grecs), promis à la succession de son père en tant que roi de la Terre.
Horus apparaît d'abord sous la forme d'un faucon. Incarné dans le corps du rapace, il est perché sur les épaules du pharaon Khephren, dont il protège la nuque de ses ailes. Il est également figuré sous l'aspect d'un homme à tête de faucon. On doit citer deux autres types iconographiques : celui de l'Horus sur les crocodiles, figuré sur des stèles et des monuments magiques, et celui de l'Horus légionnaire, terrassant un monstre.

Voir **crocodile, disque, faucon, Harpocrate, œil**

hostie

Pain eucharistique après la consécration. Le mot latin *hostia* désigne la victime sacrifiée, en particulier le Christ dans le sacrifice eucharistique.

Le corps du Christ

L'hostie est un pain confectionné avec de la farine de froment, et, dans l'Église latine, contrairement à l'usage de l'Église grecque, ce pain est azyme, c'est-à-dire sans levain. Les hosties sont très minces, et de forme ronde. Selon le concile Vatican II, le Christ est présent sous cinq formes dans la liturgie : dans l'assemblée réunie pour la prière, dans la parole de Dieu lorsqu'elle est proclamée, dans le prêtre lorsqu'il célèbre la messe, dans les sacrements, et enfin dans l'hostie ou le calice offerts pendant la messe. Issue de l'*hostia* romaine, victime sacrificielle (en général une génisse), l'hostie chrétienne associe Jésus à la victime, l'Agneau de Dieu immolé pour son peuple.
Dans la liturgie, l'hostie est ainsi décrite comme étant le corps du Christ, en référence à la Cène, durant laquelle Jésus partage le pain azyme entre ses apôtres. Symbole de l'union des croyants, le sacrement de l'Eucharistie est une reconstitution de ce moment, le prêtre calquant ses gestes sur ceux du Christ. Cependant, si la référence à la Cène est symbolique, la présence du corps du Christ dans l'hostie ne l'est pas pour les catholiques : cette présence est réelle, grâce au processus de transsubstantiation par lequel le pain se transforme en une autre substance, celle du corps du Christ, sans subir aucun changement physique ni chimique.

L'hostie et la légende du Graal

C'est en référence à cette présence du corps du Christ que le conte du Graal met en scène le père du Roi pêcheur, qui ne se nourrit depuis quinze ans que de l'hostie qu'il trouve chaque jour dans la coupe sacrée, et qui le maintient en vie malgré ses blessures. Outre le sens chrétien, on retrouve ici la symbolique solaire des hosties dorées, dont la forme ronde représente l'éternité : ainsi, chaque année, dit la légende apocryphe, on sortait de son cercueil le corps de saint Thomas miraculeusement conservé et on le posait sur un trône, d'où il distribuait l'hostie au cortège des fidèles.

Contenant un principe actif, symbole de nourriture spirituelle, l'hostie est ce qui anime, comme l'indique son nom médiéval de « pain à chanter », dans un âge où la messe était chantée. C'est en référence à ce pouvoir et à son sens sacré que l'hostie est l'objet d'attaques particulières lors des profanations d'églises, ou de rites sataniques, où on donne des hosties en pâture à des crapauds.

Voir **chair, Graal, pain**

huile

Corps gras servant aux onctions lors de sacrements, l'huile est un symbole de la lumière divine et de la royauté.

Vie, prospérité et pureté

Sous l'Antiquité, pour les peuples de la Méditerranée et du Proche-Orient, l'huile est une denrée essentielle et précieuse. Elle fournit éclairage et nourriture, mais elle représente aussi la lumière et la prospérité, et fait l'objet d'un usage rituel. Sa couleur dorée fait d'elle un élément solaire, tandis que sa fluidité l'apparente à l'eau, à laquelle elle emprunte sa symbolique de fertilité. Ainsi Ramsès III offre-t-il une plantation d'oliviers au dieu Râ afin, dit-il, que les huiles symboles de vie et d'éternité puissent toujours « garder vivantes les lampes de [s]on sanctuaire ».

Chez les Hébreux, l'huile est un lien, le moyen de passage entre Yahvé et les hommes. Dans l'Ancien Testament, lorsque Adam est sur le point de mourir, c'est sous la forme d'huile de miséricorde qu'il demande à Dieu la rédemption promise. Et c'est à la demande de l'Éternel que Moïse prépare l'huile dont il devra oindre l'autel, l'Arche de l'Alliance et ses fils, l'application de l'huile avant chaque culte étant associée à la pureté et à la lumière.

L'huile de Dieu

L'islam, qui utilise aussi l'huile comme aliment et source d'éclairage, partage la symbolique méditerranéenne d'abondance et de pureté. Chez les mystiques musulmans, l'huile représente la pure substance, l'esprit de Dieu offert à l'homme, tel le rêve que fait le mystique soufi Ruzbehan Baqli de Chiraz avant son initiation : en compagnie de deux hommes d'une grande beauté, il voit une huile si légère qu'elle paraît transparente ; c'est, lui dit l'un d'eux, « l'huile de la Grande Ourse, spécialement recueillie pour toi ». Cette huile possède donc des propriétés célestes que l'on retrouve aussi dans la fête juive d'Hanoukka, qui commémore la victoire des Hébreux sur les Grecs dans leur lutte contre la politique d'hellénisation forcée que voulut imposer le roi séleucide Antiochus IV Épiphane en Terre sainte. La fête d'Hanoukka associe ainsi l'huile à la lumière divine. Lorsqu'ils entrent dans le Temple reconquis, les Juifs hasmonéens n'y trouvent qu'une fiole d'huile pure. D'une quantité à peine suffisante pour brûler un jour dans le chandelier (Menora), cette fiole brûle huit jours durant. Sur le plan liturgique, cette petite flamme, que tout destinait à s'éteindre et qui survit au-delà de ses réserves d'énergie, représente la lumière de l'élection divine. Sur le plan historique, elle est associée à l'endurance du peuple d'Israël.

L'huile des rois

Déjà omniprésente dans les traditions juives de l'Ancien Testament, l'huile oint les rois d'Israël, ce qui leur confère l'autorité, la puissance et la gloire. L'huile qui oint les rois chrétiens symbolise l'Esprit-Saint. Lors du baptême de Clovis, c'est une colombe qui apporte la fiole renfermant l'huile sainte de l'onction rituelle, la sainte ampoule, qui deviendra l'instrument de l'onction de la lignée royale française et un des symboles du sacre. À la fin du Moyen Âge, une autre légende apparaît : l'huile contenue dans la sainte ampoule reste toujours au même niveau et ne se fluidifie pas pour les traîtres. Le sens araméen du mot Christ (« celui qui a reçu l'onction d'huile ») renvoie au même symbolisme de royauté, le Messie étant le roi attendu.

Mais l'huile est aussi associée au sacrifice : c'est dans le jardin de Gethsémani (« le pressoir à huile ») sur le mont des Oliviers, que Jésus passe la nuit à prier avec ses disciples lors de sa passion. Chez les chrétiens, l'huile, seule ou mêlée de baume pour constituer le saint chrême, symbolise ainsi la protection et la bénédiction de Dieu aux deux extrémités de la vie : de l'onction du baptisé à celle des malades, jusqu'à son application dans les rites mortuaires.

Voir **chandelier, lampe, lumière, olivier, onction, roi**

huit (8)

Le huit est le chiffre de la justice, de la résurrection et de la perfection divine.

Le chiffre de la justice

Chiffre de l'équilibre et de l'ordre cosmique en Égypte ancienne, le huit tire cette propriété du caractère totalisateur de ses éléments: somme des quatre points cardinaux et des quatre directions intermédiaires, le huit se retrouve dans la rose des vents comme dans les huit divisions du ciel de la tradition grecque. Les pythagoriciens, qui l'appellent la Grande Tetrachtys, y voient l'union du divin (3) et du microcosme (5), et analysent aussi la somme de deux 4 comme un équilibre, allégorie de la Balance universelle et donc symbole de justice. La même association de huit à la justice et à l'accomplissement se retrouve dans la tradition judéo-chrétienne, telles les huit personnes sauvées du Déluge par l'arche de Noé dans l'Ancien Testament, et les huit malédictions aux scribes et aux pharisiens proférées par Jésus (Évangile selon Matthieu, XXIII,13-31), ou encore dans le récit de la tradition juive selon lequel le Temple de Jérusalem possédait huit portes, dont la huitième ne devait s'ouvrir que pour le retour du Messie.

Un symbole de résurrection

De manière similaire, chez les chrétiens, le huit symbolise l'avènement de la justice divine, une ère nouvelle à laquelle les justes parviennent après le jugement de Dieu. Dans l'Apocalypse, il est le symbole du jugement de l'Agneau. Chiffre de la rédemption

et de la renaissance, le huit est donc aussi le chiffre du Christ, symbolisé par les croix à huit pointes, que l'on retrouve dans les églises arméniennes, dans l'architecture desquelles le huit et ses multiples ont une importance capitale. Le symbolisme de résurrection trouve aussi son origine dans le fait que le huit succède aux sept jours de la Création : c'est pour indiquer ce sens de passage vers une autre vie que les baptistères et les fonts baptismaux des premiers chrétiens sont octogonaux. Par l'octogone christique, on passe du monde profane et terrestre (représenté par le carré) au monde sacré et céleste (représenté par le cercle ou le dôme). Pour les Pères de l'Église, le huit est le symbole de la vie nouvelle, de la résurrection finale et de la résurrection anticipée qu'est le baptême.

Le chiffre du miracle et de la perfection divine

Le huit lié à Jésus représente une allégorie de la divinité. Ainsi, pour saint Jérôme, qui reprend les termes de la première Kabbale de Moïse, après les sept jours de la Création, le huitième

est réservé au travail du Messie : c'est pour cela que le Christ fait toujours ses miracles le jour du shabbat. On retrouve cette association dans les Évangiles, telles les huit béatitudes du sermon sur la montagne (Évangile selon Matthieu, V, 3-11).
De même, en numérologie, le huit est le chiffre de la perfection, ainsi que de l'infini, représenté en mathématiques par un huit couché, la boucle sans fin, symbole du mouvement perpétuel.

Voir **anneau, carré, octogone, quatre, résurrection**

huître

L'huître, de par le milieu aquatique où elle vit et sa forme évoquant la vulve, symbolise la sexualité féminine.

Elle donne naissance à la perle, par une conjonction mystérieuse que Pline l'Ancien (*Histoire naturelle*) voit comme l'union d'une goutte de rosée et de la coquille de l'huître. Cette conception sans tache a permis à la chrétienté d'y voir l'image de l'Incarnation. L'huître devient alors le symbole de Marie : elle s'ouvre à la rosée du ciel et aux rayons du soleil et conçoit une perle précieuse, « Notre-Seigneur Jésus-Christ » (Hugues de Saint-Victor).
On a aussi pu voir dans l'huître, collée à son rocher, le symbole de l'obstination dans l'erreur : « Il n'y a que les huîtres et les sots qui adhèrent » (Paul Valéry).

Voir **coquille, perle, rosée**

huppe

Symbole de beauté et de richesse en raison de sa crête emplumée, la huppe est néanmoins à l'origine du mot « salope », qui vient de « sale huppe », l'oiseau étant connu pour sa saleté.

Pierre Belon, naturaliste du XVIe siècle, écrivait : « Sa chair ne vaut rien et il n'y a personne en aucun pays qui en veuille tâter. » Au XVIIIe siècle, Buffon note que « la huppe enduisoit son nid des matières les plus infectes [...] et cela dans l'intention de repousser par la mauvaise odeur les ennemis de sa couvée ». Dans le Coran, l'oiseau, symbole de noblesse et d'opulence, a un rôle plus flatteur : c'est une huppe qui sert d'ambassadrice à la reine de Saba auprès de Salomon.

hydre

Serpent monstrueux à sept têtes, habitant le marais de Lerne, en Argolide. Hercule (Héraclès) fut envoyé par Eurysthée pour en libérer le pays. L'hydre est symbole du mal sans cesse renaissant, du vice et des sept péchés capitaux.

Enfant des monstres primordiaux Typhon et Échidna, l'hydre (« eau » en grec) devient la créature d'Héra qui prépare sa vengeance contre Hercule. L'hydre possède sept têtes de serpents surmontées de têtes anthropomorphes qui repoussent au fur et à mesure qu'on les coupe. Hercule devra faire appel à son fils (ou à son neveu Ialos) pour réussir à abattre les nombreuses têtes du monstre, dont le sang était particulièrement vénéneux.

La symbolique chrétienne y trouve son compte : tout être qui s'approche du vice risque la corruption.

Voir **Hercule**

hydromel

Boisson fermentée faite d'eau et de miel, l'hydromel est le breuvage des dieux, ainsi qu'un symbole de connaissance, de savoir et de sagesse.

Dans la mythologie scandinave, l'hydromel confère à celui qui en boit l'immortalité et la connaissance. Selon l'Antiquité grecque, l'hydromel est à l'origine de l'invention de la poésie. Breuvage réservé dans ce monde comme dans l'autre aux élus et aux initiés, l'hydromel est la boisson des dieux de l'Olympe. Il est aussi associé aux actes sacrés des druides, source de courage pour les Celtes et d'immortalité pour les Francs, pour lesquels le paradis (le Walhalla) est le lieu où l'on se nourrit de sanglier et où l'on boit jusqu'à l'ivresse l'hydromel versé par des nymphes vierges, les Walkyries. Par analogie, la « lune de miel », une expression qui remonte à l'époque babylonienne, fait référence à la tradition de fêter les noces en consommant de l'hydromel.

Voir **ambroisie, druide, nectar, miel, Walkyries**

hyène

La hyène, charognard nocturne, est symbole de gloutonnerie, de lâcheté, d'hypocrisie, de mort et de maléfice.

Sa réputation d'hypocrisie est surtout liée à son cri, qui évoque en effet un rire humain. De plus, la hyène attaque ses proies en meute, et par-derrière. « Hyène » est l'insulte ultime réservée aux femmes basses et impitoyables, celle que Samson adresse à Dalila dans le poème *Samson Agonistes* de John Milton.

hysope

Plante aromatique dont les bouquets, trempés dans du sang, sont utilisés dans les rites de purification du Temple de Jérusalem.

« Vous m'aspergerez avec l'hysope, et je serai purifié » (Psaumes, L, 9).

Voir **purification, sang, temple**

Espace de terre entouré d'eau de tous cotés, l'île est le lieu sacré par excellence, l'au-delà des eaux, l'Avallon des Celtes où repose le roi Arthur e où les morts revivent.

IJK

Ibis

L'ibis, dans la Bible comme chez les Égyptiens, symbolise la sagesse.

Chez les Égyptiens, l'ibis, symbole de l'éloquence et du savoir, est l'attribut de Thot, dieu et patron des scribes et des arts qui participe au jugement des morts. On a retrouvé dans les tombes de nombreux ibis sacrés momifiés. Cette réputation s'explique entre autres par le rôle bénéfique que joue l'ibis en débarrassant le pays des serpents et en épouillant les mammifères.
Dans la Bible, Yahvé demande à Job : « Qui a mis dans l'ibis la sagesse, qui a donné au coq l'intelligence ? » (Job, XXXVIII, 36).

Voir **Thot**

Icare

La notoriété d'Icare, l'homme-oiseau, symbole curieusement détourné de l'aviateur courageux, est telle que l'on a tendance à oublier que c'est son

père, Dédale, l'inventeur des ailes qui le transportent à travers les airs... et que son vol n'est que de courte durée. Minos, le roi de Crète, décide de punir Dédale, qui a indiqué à Ariane le moyen par lequel Thésée pourrait sortir du Labyrinthe, et l'y fait enfermer avec Icare. Mais Dédale, jamais à court de ressources, entreprend aussitôt de fabriquer deux paires d'ailes pour son fils et lui, qu'il fixe à leurs épaules avec de la cire, et grâce auxquelles ils s'élèvent sans peine dans les airs. Dédale avait pris soin de prévenir son fils de ne pas monter trop haut vers le soleil ni descendre trop bas vers les rochers. Mais Icare, grisé par sa nouvelle puissance, s'élève de plus en plus haut, la cire fond, et le malheureux est précipité dans la mer. La scène a été immortalisée par de nombreux artistes dont Bruegel l'Ancien, qui a choisi de situer la mort du jeune présomptueux dans l'indifférence générale : en dépit du drame qui se déroule sous leurs yeux, le laboureur, le berger et le pêcheur poursuivent leurs tâches respectives.

Voir **ailes, Dédale, labyrinthe, oiseau**

if

Arbre d'une longévité exceptionnelle – il peut vivre jusqu'à mille ans –, au feuillage et aux baies toxiques, l'if symbolise l'alliance entre la vie et la mort.

Arbre sacré dans l'ancienne Irlande, son bois était alors très prisé pour la fabrication d'arcs, de flèches et de boucliers. La taxine, contenue dans les graines et la sève de l'arbre, est un puissant poison que les guerriers de l'Antiquité et du Moyen Âge utilisaient pour infliger des blessures mortelles à leurs ennemis. Les druides selon certaines légendes auraient utilisé des branches d'if pour la confection de leurs baguettes magiques. « Gardien des mystères » dans la tradition celte, l'if déploie ses ramages dans maints cimetières, principalement en Europe du Nord.

Voir **arbre, baguette, branche, druide**

île

Espace de terre entouré d'eau de tous cotés, c'est le lieu sacré par excellence, l'au-delà des eaux, l'Avallon des Celtes où repose le roi Arthur et où les morts revivent. Mais c'est aussi un paysage intérieur, le reflet de celui qui l'habite, dans une dynamique récessive, un plongeon vers l'enfance.

L'île mystérieuse

Lorsqu'elle est peuplée, ses occupants imposent leur marque régressive sur les visiteurs imprudents : Calypso retient Ulysse de longues années sur son rocher et assure l'immortalité au héros tant qu'il ne la quittera pas ; Circé transforme les compagnons d'Ulysse en pourceaux, et la consommation des fleurs de lotus fait perdre la mémoire à ces mêmes compagnons sur l'île des Lotophages. Ces évocations se retrouvent sur l'île du docteur Moreau ou dans les chasses du comte Zaroff.

L'île du naufragé

Lorsque l'île est déserte, c'est le naufragé qui la nomme et en fait l'image de sa propre psyché. L'île de Saint-Hélène est par exemple étroitement associée à l'exil de Napoléon. Sur le plan symbolique, c'est l'île déserte de l'attente sans espoir après la catastrophe de Waterloo. C'est dans sa relation au naufrage que l'île déserte se comprend le mieux : elle est la terre ferme ardemment souhaitée, la planche de salut. Une fois installé, le naufragé découvre la nature insulaire de son refuge et c'est la perte de l'espoir : Robinson la nomme « l'île de la désolation » dans la version de l'histoire racontée par Michel Tournier (*Vendredi ou les Limbes du Pacifique*). À ce stade, l'homme opère un premier retournement : c'est vers la mer qu'il projette ses rêves, croyant y voir une voile lointaine ou construisant un esquif. Vient en suite le temps de l'organisation, au cours duquel le naufragé prend possession de son île : il l'explore pour en nommer différents points, en recenser les richesses, pour l'évaluer en termes abstraits, compréhensibles par son cerveau de « civilisé ». Toujours chez Tournier, c'est la période où Robinson installe une clepsydre pour doter l'île d'un temps mesuré, domestique les chèvres sauvages, cuit du pain et rebaptise son île

Ciuitas amaurotu
Fons anydri
Ostiū anydri

« Speranza ». *Dans Sa Majesté des Mouches* (William Golding), c'est le moment où les enfants survivants de la catastrophe aérienne décident d'instaurer des « règles ». Le second retournement majeur intervient alors : les règles s'effondrent, les naufragés retournent à la sauvagerie et découvrent le visage crépusculaire de l'île. Ce sont, par exemple, les guerres qui opposent deux factions des révoltés du *Bounty* (Robert Merle, *L'Île*) ou le retour au cannibalisme chez Golding.

L'île du renouveau

L'originalité du roman de Tournier est de proposer ensuite une série de retournements encore plus fondamentaux : l'île devient matrice d'un homme nouveau qui sort à la lumière après s'être recroquevillé durant un temps non mesurable dans une cavité souterraine étroite et obscure. L'île se peuple alors de symboles qui guident l'homme nouveau sur une voie solaire où tout est à réinventer, à commencer par sa sexualité. L'homme devient jupitérien, alors même que tous ceux qui le connaissaient le croient mort. Michel Tournier réconcilie ainsi les deux aspects symboliques de l'île (séjour sacré des morts/plongée vers l'enfance) : l'insularité renvoie l'homme dans les limbes, cet au-delà des enfants mort-nés.

Voir **eau, récif**

Isis

Déesse-reine égyptienne, sœur et femme d'Osiris, mère d'Horus, elle est le modèle de l'amour conjugal et du dévouement maternel.

La légende d'Isis, rendant la vie sur terre à Osiris, roi des hommes (tué traîtreusement par son frère Seth), et concevant de lui un fils qui régnera sur le trône de son père, fut très populaire. Isis fut associée à Osiris dans tous les temples de ce dernier. Ce fut aussi une grande magicienne. Le culte d'Isis est tôt répandu et adopté hors d'Égypte, dans les zones fréquentées par les navigateurs. À l'époque hellénistique, ce culte se répand dans les îles de l'Égée (Délos), en Asie Mineure, puis en Occident. La déesse acquiert des caractères proprement gréco-romains, se confond avec Déméter et s'associe à Zeus-

Sérapis. Sous l'Empire romain, elle devient pour ses fidèles la première des déesses, à la fois divinité universelle, créatrice du monde, maîtresse des éléments, initiatrice de la civilisation et victorieuse de la mort. Elle est surtout une bienfaitrice, accueillant maternellement tous les humains. Aussi a-t-elle parmi ses fidèles les exclus de la société, dont les prostituées et les esclaves, qui espèrent trouver en elle l'espoir du salut dans l'au-delà. À Rome, les cultes égyptiens paraissent avoir culminé sous Hadrien. La bimbeloterie égyptienne accompagnait le culte et les croyances, qui avaient pris la forme d'une religion à mystères, avec initiation et pratiques purificatrices et ascétiques.

Voir **croix, Déméter, femme, mère**

Isis (nœud d') voir nœud

ivoire

Substance blanche et lisse dont sont faites les défenses de l'éléphant, l'ivoire symbolise la pureté, la richesse et la douceur.

À la symbolique du blanc, lié à la pureté, s'ajoute la préciosité : rare, cette matière n'orne que les demeures royales, tels les palais d'ivoire de la Bible, les bijoux ou les instruments de prix. Symbole de grande richesse, l'ivoire est associé à la grandeur et à l'incorruptibilité, comme dans l'expression née du vers de Sainte-Beuve : « Et Vigny plus secret, comme en sa tour d'ivoire, avant midi, rentrait. »

Turris eburnea (« tour d'ivoire ») est l'une des métaphores les plus courantes pour désigner la Vierge Marie, perçue comme une tour d'ivoire dont la pureté est inviolable. Cette formule de vénération des litanies de la Vierge reprend la symbolique de force associée à la dureté de l'ivoire. Mais, comme le suggère un verset du Cantique des cantiques (« Votre cou est comme une tour d'ivoire »), l'ivoire peut être une allégorie de la peau, son aspect poli évoquant la douceur. On retrouve cette analogie entre l'ivoire et la peau blanche dans le mythe grec de Pygmalion, qui taille dans l'ivoire la belle Galatée, dont la carnation semble si humaine qu'il s'éprend de la statue.

Voir **blanc, hermine, tour**

jade

Roche métamorphique très dure, de couleur noire, verte ou blanchâtre, le jade est la pierre royale et philosophique de la Chine antique.

La pierre du ciel

Dès les débuts de la civilisation chinoise, le jade est la matière noble par excellence. Il est utilisé dès la haute Antiquité comme pierre d'apparat (bijoux, objets d'art). Sa dureté, ses couleurs, son éclat, sa sonorité et son contact se chargeront avec le temps d'un riche contenu symbolique, voire magique. Selon une légende, un arc-en-ciel fut transformé en hache de jade pour aider les premiers hommes à lutter contre les bêtes sauvages. C'est donc la pierre du ciel. Symbole de pureté, c'est l'attribut du souverain, mais c'est aussi le symbole des cinq vertus morales du confucianisme et un symbole d'amour.

Santé et immortalité

Utilisé par les empereurs de Chine comme objet cultuel et façonné en objet symbolique, le jade est censé prévenir et guérir les maux. Réduit en poudre, il assure l'immortalité aux taoïstes ; dans les rites funéraires, il empêche la putréfaction des chairs, soit en obturant les orifices du cadavre, soit en lui tenant lieu de linceul. Le culte du jade influencera enfin l'art céramique. Les Portugais, qui introduisirent le jade en Europe à partir de leurs comptoirs chinois, l'appelèrent « pierre des lombes », ou « néphrite », et lui prêtaient des pouvoirs contre les maladies du rein.

Des formes symboliques

Les principales formes recensées sont le *ge* (hache-poignard et hallebarde imitant le bronze), le *bi* (disque percé en son centre qui symboliserait le Ciel), le *zong* (cylindre pris dans un cube qui symboliserait la Terre), des représentations humaines et animales, en ronde-bosse parfois, des pièces d'ornement (agrafes, pommeaux d'épée, boucles de ceinture, épingles à cheveux...).
En Occident, les noces de jade célèbrent les 26 ans de mariage.

Voir **épingle, pierre**

jais

Charbon pétrifié de couleur noir brillant, le jais protège des maléfices.

Ambre noire de l'Antiquité, le jais est paré des mêmes propriétés protectrices que l'ambre jaune. Dans le monde méditerranéen, il préserve du mauvais œil, des sortilèges et des hallucinations. Aussi en fait-on des amulettes au Moyen Âge, notamment les *figa* de Saint-Jacques-de-Compostelle, une main fermée avec le pouce levé. Associé à la noirceur charnelle, celle de la chevelure, des chevaux, et à la connotation de beauté du noir brillant, celui du regard et de la pupille, le jais est le symbole de l'extrême noirceur, reprenant une partie de la symbolique du noir, comme le deuil. En effet, jusqu'au XIXe siècle, seuls étaient tolérés pendant la période de deuil les bijoux de jais.
Chez les Celtes, on accorde au jais la vertu de protéger de la foudre, des

empoisonnements, de la sorcellerie, des serpents et des esprits malins.

Voir **ambre, amulette, bijou, charbon, noir, œil**

Janus

Janus aux deux visages opposés est à Rome le gardien des portes et le dieu des passages et du changement d'état, du passé au futur, ou d'une condition à l'autre.

Son culte était célébré au moment des mariages, des naissances, des semailles et des récoltes. Ancien roi du temps de l'âge d'or, il bénéficie d'une grande réputation de sagesse.
Les statues de Janus étaient installées au seuil des bâtiments publics et sous les arches. Son temple possédait deux entrées, fermées en temps de paix, ouvertes en temps de guerre afin que le dieu puisse se porter au secours des Romains. Janus a donné son nom au mois de janvier.

Voir **année, double, mois, paix, porte**

jardin

Le jardin (du grec *paradeisos*, « jardin »), symbole sur terre du paradis céleste, existe dès l'époque de Sumer au IIIe millénaire.

Un paradis perdu

Dans le livre de la Genèse (II-III), le paradis terrestre est le jardin d'Éden, un lieu idyllique où Dieu plaça le premier homme et la première femme, considérés comme les ancêtres de l'humanité. À cause de leur transgression du précepte divin (péché originel), qui détruisit l'harmonie de la création, ils furent chassés du paradis. Le thème biblique du paradis perdu est une version d'anciens mythes mésopotamiens qui se rattachent au mythe d'un âge d'or disparu. L'art des jardins, art de l'harmonie de la nature, peut s'interpréter comme une tentative de récréer sur terre le jardin à jamais disparu. L'art des jardins est donc une tentative démiurgique de domination du monde, une tour de Babel horizontale.

Le lieu de l'humilité

Le jardin médiéval, enclos de murs, est un élément fortement symbolique du monastère et du château.
Saint Benoît s'intéresse au rôle spirituel et temporel du jardin de l'abbaye : « Si cela est possible, on doit construire le monastère de telle sorte qu'on y trouve tout le nécessaire, c'est-à-dire : de l'eau, un moulin, un jardin, une boulangerie et des officines, pour que l'on puisse y pratiquer les différents métiers, de sorte que les moines n'auront pas besoin de sortir au dehors, ce qui ne vaut rien du tout pour eux » (Règle de Benoît). Ce jardin du monastère, lieu d'humilité, permet au moine d'élever son âme tout en se rendant utile à la communauté. C'est l'*hortus conclusus* du Cantique des cantiques, où le jardin apparaît comme une figure de l'âme. Le plan du jardin du monastère de Saint-Gall, en Suisse (820), nous montre une organisation en damiers : jardin des herbes aromatiques et médicinales *(herbarius)*, jardin potager *(hortus)* et enfin jardin de la Vierge, ou voisinent la rose rouge (le sang du Christ et des martyrs), le lys blanc (la pureté virginale) et le puits, qui représente le Christ, source de vie.

L'amour en un jardin

Le jardin du château médiéval, lui aussi enclos de murs, est organisé de façon moins rigoureuse. C'est un espace de plaisir et de loisir où sont exaltés les cinq sens : le bruit de l'eau de la fontaine placée en son centre, les couleurs des fleurs qui charment la vue ; leurs parfums qui réjouissent l'odorat. Écorces, feuilles et épines inspirent le sens du toucher, et les fraises, framboises et autres baies plaisent au goût. Le jardin devient un lieu idéal, retiré à labri des angoisses et des laideurs du monde où s'épanouissent les codes et les manières fixés par l'amour courtois. *Le Roman de la Rose*, écrit vers 1230 par Guillaume de Lorris, raconte les étapes initiales d'un parcours amoureux, la tentative d'un amant pour s'emparer de l'objet aimé, représenté par une rose au cœur d'un « jardin d'amour ».

Nature ordonnée et paradis paysager

Loin d'un idéal mystique ou poétique, les plans de ville de la Renaissance sont symptomatiques de la tentative de maîtriser l'espace : l'ordonnancement géométrique des jardins « à la française » est représenté en vue orthoclinale, qui souligne l'harmonie, alors que la ville elle-même est encore représentée dans une moyenâgeuse perspective cavalière. L'art des jardins a donc précédé l'urbanisme, ce dont l'organisation de la ville de Versailles rend bien compte : le dessin des rues est le reflet du dessin des allées du jardin dessiné par Le Nôtre pour un souverain qui se faisait appeler le « Roi-Soleil ». Si le jardin à la française compose donc un tout ordonné et hiérarchisé selon les lois de la géométrie et de l'optique, le jardin paysager à l'anglaise au XVIIIe siècle, avec ses allées tortueuses, ses parterres aux vastes surfaces dégagées de gazon, ses grottes, ses ruines, ses labyrinthes, ses kiosques et ses chaumières, symbolise une nature désordonnée, pittoresque et déjà romantique.

Paradis d'Orient

Parterres d'arbustes odorants, volupté des essences fleuries et parfumées, arbres fruitiers, fontaines et murmures d'eau, pavillons accueillants, etc., sont décrits dans le Coran lors de l'évocation du séjour des croyants dans l'au-delà. Pour les musulmans, le paradis est un jardin peuplé de houris, vierges éternellement jeunes, où le croyant retrouvera les siens.

Toutes les créations du monde islamique tendent vers ce rêve, et le jardin se doit de faire apparaître tous les signes extérieurs de l'Éden. Ainsi réapparaît la notion de paradis telle que la concevaient les dynasties achéménides et sassanides. Le jardin, tel un énorme parc sauvage, est clos et hors de la ville. Forêt et parterres se côtoient et sont encadrés de larges allées menant à des pavillons isolés. Probablement créé en Iran (d'innombrables miniatures et de somptueux tapis historiés l'ont immortalisé), l'art des jardins se propage jusqu'en Andalousie et au Maghreb, où il atteint la perfection avec la cour des Lions de l'Alhambra et l'Agdal du roi à Marrakech. Le jardin y hérite des traditions savantes de l'irrigation en oasis, il est ceint de hauts murs, symbole d'intériorité, et se remplit d'essences fruitières ou odoriférantes, symbole de la toute-puissance de la création divine. La fontaine murmurante représente l'eau, source de vie. Chez les Perses, le jardin est divisé en quatre parties (les quatre fleuves qui se séparent à la sortie d'Éden). Chez les Arabes, il se divise en huit, comme les huit parties du Coran. Le jardin, paradis et image de l'oasis originelle, occupe une place essentielle dans l'imaginaire musulman.

Jardins d'Asie : un microcosme symbolique

D'abord inspiré par la Chine, le jardin japonais, quoiqu'il soit très étudié et porteur d'une symbolique élaborée, se veut une évocation poétique de la nature. Le jardin chinois est un monde clos, isolé du siècle, où le lettré aime à se réfugier. Plus proche de la nature que le jardin occidental, il est un microcosme idéalisé, la quintessence. Œuvre d'imagination conçue pour et par l'individu, il vise à recréer ce qui, dans un plus vaste paysage, serait une randonnée de fantaisie.

Chez les Japonais, l'art des jardins est également un art de la mesure : le plus beau des jardins ne peut être que fort petit, car c'est en miniaturisant les éléments (comme le font les bonzaïs, par exemple) que l'on peut faire pénétrer un monde entier dans un volume réduit sans étouffer l'espace : c'est la puissance évocatrice des éléments composant le jardin, qui doit dématérialiser l'espace. Dans un conte japonais, un homme s'inquiète de savoir où dort le mendiant qu'il croise tous les jours au marché. Celui-ci lui confie son secret : tous les soirs, il devient minuscule et entre dans une petite boîte où repose le plus beau des jardins.

Voir **Adam, arbre, cascade, cloître, eau, fleuve, fontaine, labyrinthe, huit, puits, quatre, rose, tapis**

jarre

De forme ronde et creuse pour recevoir les liquides, la jarre figure la matrice féminine et est un symbole d'abondance.

C'est le réservoir inépuisable des eaux du ciel comme des eaux des rivières avant d'être la source de toutes les nourritures. On la retrouve auprès de toutes les divinités de la fertilité, comme Osiris, mais également comme attribut d'Hébé, déesse grecque de l'éternelle jeunesse, et comme figure du signe du Verseau.

Le premier miracle réalisé par Jésus a été de transformer sur la prière de sa mère Marie des jarres d'eau en jarres pleines du meilleur vin au cours des noces de Cana. Ici aussi, le symbolisme reste attaché à la promesse d'une éternelle abondance.

Voir **eau, Osiris, Verseau**

Jason

Le héros Jason, symbole de l'explorateur, doit sa notoriété à l'expédition des Argonautes.

Ce capitaine hors pair, grâce à l'aide d'Héra, parvient jusqu'en Colchide, « aux confins du monde connu », pour dérober au roi Aétès la Toison d'or, qui assurait paix et prospérité ~~au~~ royaume auquel elle appartenait. Médée, magicienne et fille d'Aétès, trahira son père pour aider Jason, à qui elle a fait promettre de l'épouser. Deux enfants naîtront de cette union. Mais, un jour, Jason répudie Médée pour une autre femme. Pour se venger, celle-là assassine ses propres enfants.

Voir **héros**

jaspe

Pierre colorée de taches, le jaspe ou calcédoine impure est associé à la fertilité lorsqu'il contient du rouge.

Pierre transparente...

Alors que le jaspe contemporain est un quartz de couleur rouge, brune, jaune ou verte, celui de l'Antiquité est une pierre mouchetée, verte et transparente, différente de la pierre aujourd'hui appelée jaspe. C'est cette symbolique antique de transparence qui est utilisée dans l'Apocalypse pour décrire la sainte Jérusalem : « Son éclat était semblable à celui d'une pierre très précieuse, d'une pierre de jaspe transparente comme du cristal » (Apocalypse, XXI, 11).

...de chance et d'éternité

En Égypte ancienne, on fait des amulettes de jaspe rouge, symbole de la vie et des aspects positifs de l'univers, comme le nœud d'Isis. D'un emploi plus rare, le jaspe vert est plus spécialement destiné à la fabrication des scarabées.

Chez les Babyloniens, le jaspe est la pierre de l'accouchement, chargée d'influences gynécologiques favorables. Conservant cette symbolique dans la Grèce antique, puis à Rome, jusqu'à l'Europe médiévale, le jaspe, pierre de l'enfantement, est aussi associé à l'éternité, comme dans l'Apocalypse de Jean, où Dieu est décrit « comme une vision de jaspe vert et de cornaline ».

La pierre du sang des martyrs

Le jaspe sanguin reprend les propriétés symboliques du rouge sang. Une légende rattache sa formation à la chute de quelques gouttes du sang du Christ sur un morceau de jaspe qui se trouvait au pied de la croix. C'est pourquoi les chrétiens du Moyen Âge gravent des scènes de la crucifixion sur du jaspe sanguin, et qu'il est pour eux la pierre des martyrs. Une croyance occidentale prête aussi au jaspe sanguin, dont le nom véritable est héliotrope, le pouvoir d'arrêter les hémorragies.

Voir **amulette, cristal, rouge, sang, vert**

jaune

Symbole solaire, associé à la divinité, le jaune d'or est aussi positif que le jaune pâle est néfaste.

Un symbole solaire

Couleur du soleil, associé au miel, le jaune est la couleur de la lumière céleste révélée aux hommes. En Égypte, où les rayons solaires sont perçus comme étant le sperme d'or du dieu Rê, le jaune est la chair même des dieux, il symbolise « le char du Soleil et ses dieux », et l'on peint les chambres funéraires en jaune (et en bleu) pour assurer la survie de l'âme. Cette symbolique solaire, liée à la divinité, se retrouve en Grèce, où le jaune est attribué à Apollon ; en Perse, où il l'est à Mithra, le nom de Zoroastre (« Zartosht ») signifiant « celui qui est doré » ; et dans le christianisme, où la tête de Jésus est entourée d'une auréole dorée. « Dans sa pureté la plus grande, dit Goethe dans le *Traité des couleurs*, [le jaune] porte toujours en lui la nature du clair et possède un caractère de serein enjouement et de douce stimulation », symbolique que l'on retrouve dans les champs de blé et les bouquets de tournesols de Van Gogh.

Maillot jaune

Son essence divine fait du jaune l'attribut des princes et des rois, symbolisant l'origine sacrée de leur pouvoir, associée à la longévité et à la solidité de l'or, le métal le plus précieux. En Chine, c'était la couleur dévolue à l'empereur, fils du Ciel et garant de l'ordre cosmique. Il s'agissait d'une marque impériale (associée au dragon) qu'il était interdit de reproduire. Le jaune peut être aussi la couleur du leader et de celui qui réussit dans le domaine sportif. Le maillot jaune, dans le Tour de France cycliste, désigne ainsi le premier du classement général, qui porte traditionnellement (depuis 1919) un maillot de cette couleur. Cette opération publicitaire avait été lancée par le journal *L'Auto*, qui était imprimé sur du papier jaunâtre.

La couleur de la félonie et de l'ostracisme

Cependant, si le jaune d'or est associé à la divinité et à la gloire, le jaune pâle est synonyme de trahison et d'hypocrisie, une symbolique de la félonie commune au christianisme et à l'islam. Dans l'iconographie médiévale, Judas, dont les cheveux sont roux, est vêtu de jaune, la couleur des marques infamantes imposées aux juifs, comme la rouelle du Moyen Âge ou l'étoile à six branches de la période nazie. À la fin du Moyen Âge, le jaune, associé à Lucifer et au soufre, est la couleur des bouffons : il est ainsi lié à la folie et au désordre. Le jaune est ainsi extrêmement ambivalent, d'une nuance à l'autre, la couleur des grains mûrs étant aussi celle qui annonce l'automne.

Un jaune, un briseur de grève. Cette expression vient des syndicats jaunes, organisations apparues en 1899 et 1900 à Montceau-les-Mines et au Creusot pour faire obstacle aux syndicats ouvriers et dont l'emblème était à l'origine un gland jaune et un genêt – qui figuraient autrefois sur le mât des corsaires.

Rire jaune, rire avec contrainte pour dissimuler son dépit ou sa crainte.

Voir **auréole, blond, diable, étoile de David, or, Rê, roux, soleil, soufre**

Jérusalem

La Jérusalem terrestre est le centre du monde spirituel. La Jérusalem céleste est la demeure de Dieu qui descendra sur terre à la fin des temps pour abriter tous les justes.

Le centre du monde

Remontant à la plus haute Antiquité, la ville de Jérusalem fut fondée longtemps avant la rédaction des premiers textes bibliques (première mention au XXIe siècle av. J.-C.). C'est Josué, puis le roi et prophète David, qui la conquirent vers l'an 1 000 av. J.-C., pour en faire la capitale du royaume d'Israël. Salomon y construisit le Temple. Jésus y prêcha et y fut crucifié. La ville où Jésus mourut devient un centre de pèlerinage qui se couvre d'églises et de monastères.

Le prophète Mahomet y fut transporté dans son fabuleux voyage nocturne (Al-isrâ) : « Gloire à Celui qui fit aller de nuit son serviteur du sanctuaire sacré au sanctuaire le plus éloigné dont nous avons béni les alentours, afin de lui montrer certains de nos signes. Il est celui qui entend et sait tout ! » (sourate XVII). C'est sur l'esplanade du Temple, que doit avoir lieu le Jugement dernier, selon la croyance musulmane.

Troisième lieu saint de l'islam, Jérusalem occupe sans conteste la première place pour les juifs et les chrétiens, et il n'est pas besoin de rappeler la litanie des luttes dont elle est encore l'objet. Jérusalem est la Ville sainte, la Cité de David, le point de mire de toute prière. Selon un adage rabbinique, dix mesures de beauté ont été données au monde, dont neuf à Jérusalem. La croyance en son exacte centralité était très répandue au

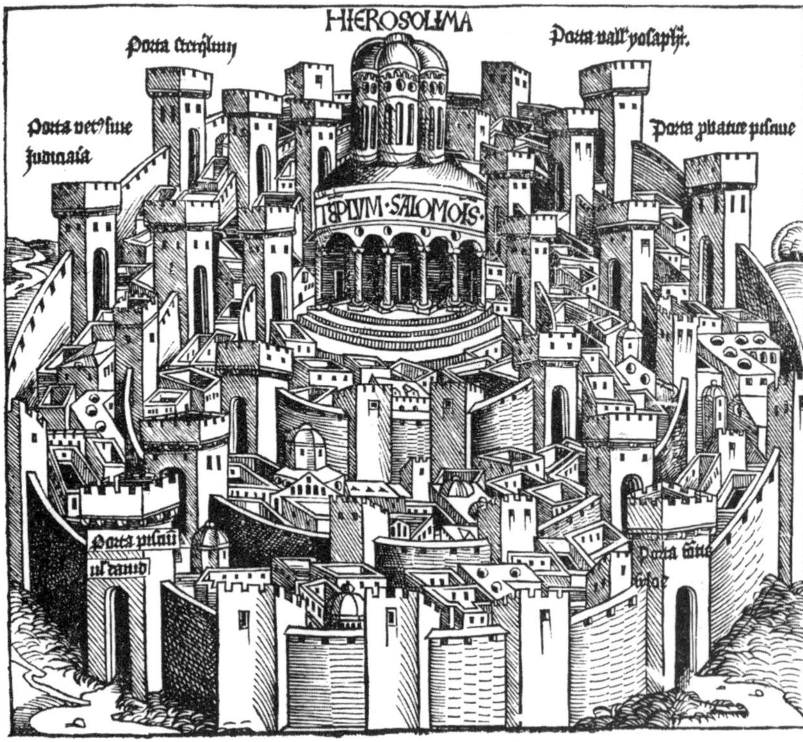

Moyen Âge. On a même dit que la Terre sainte était plus haute que tout autre pays et que Jérusalem en était le point culminant.

La Jérusalem céleste

Dès la destruction du Temple et le premier exil des juifs à Babylone en 597 av. J.-C., la question se posait de savoir si la vraie Jérusalem – ou le vrai Israël – n'était pas le royaume de concorde que Dieu instaurera à la fin des temps.

Cette vision d'une Jérusalem céleste, destinée à descendre sur terre, prit particulièrement corps avec l'Apocalypse de saint Jean, l'épisode s'inscrivant dans la suite des visions de destruction du monde : « Alors je vis un ciel nouveau et une terre nouvelle, car le premier ciel et la première terre ont disparu et la mer n'est plus. Et la cité sainte, la Jérusalem nouvelle, je la vis qui descendait du ciel, d'auprès de Dieu, prête comme une épouse qui s'est parée pour son époux. »

La Jérusalem céleste y est précisément décrite : « Elle avait douze portes et, aux portes, douze anges et des noms inscrits : les noms des douze tribus des fils d'Israël. À l'orient trois portes, au nord trois portes, au midi trois portes et à l'occident trois portes. Les remparts de la cité avaient douze assises, et sur elles les douze noms des douze apôtres de l'agneau. Celui qui me parlait tenait une mesure, un roseau d'or, pour mesurer la cité, ses portes et ses remparts. La cité était carrée » (XXI, 12-16). Entièrement transparente, faite de cristal et ornée de pierres précieuses, la lumière divine en émane de toutes parts. La ville ne porte pas de temple pour la prière puisque Dieu y réside.

Sur les mosaïques des églises romanes du haut Moyen Âge, Jérusalem devint avec Bethléem un bercail mystique pour des agneaux symbolisant l'Ancienne et la Nouvelle Alliance. On suspendit également dans les églises des lustres ou couronnes de lumière en forme d'enceinte à douze portes, figurant la Cité céleste.

Voir **Apocalypse, carré, centre, couronne, cristal, dix, douze, église, labyrinthe, pèlerin, temple, ville**

joug

Le joug symbolise le travail pénible, exercé sous la contrainte. Mais il peut avoir un sens mystique.

Le joug représente l'oppression et la domination. Dans l'Antiquité romaine, le joug était un javelot attaché horizontalement sur deux autres fichés en terre et sous lequel le vainqueur faisait passer en signe de soumission les chefs et les soldats de l'armée vaincue.

S'il symbolise donc l'esclavage, il peut aussi s'agir d'un esclavage volontaire, accepté grâce à une grande qualité : la patience. Il faut pour cela être deux, comme il y a deux bœufs pour tirer la charrue. Le mot sanskrit qui le désigne est *yoga*, « union ». Il s'agit donc d'une discipline spirituelle à laquelle on s'attelle pour retrouver son unité personnelle autant que le message divin. Jésus précise que le joug de la foi est léger à porter.

Etre sous le joug de quelqu'un, être dans la contrainte matérielle ou morale.

jour

Clarté symbolique de la vérité révélée, le jour est l'unité fondamentale du décompte du temps. À travers la dialectique nuit/jour, cette unité est également le couple fondamental de l'expérience humaine. Le jour a toujours été, dans toutes les civilisations, symbole de naissance ou de renaissance.

Et la lumière fut...

Le jour est l'unité de base prise en compte par la Bible pour raconter la création du monde dans la Genèse. À ce titre, diverses interprétations ont pu être données du septième jour, celui où Dieu se repose, symbole de la vie éternelle dans la religion juive. Dieu a donc créé le monde en sept jours, mais le premier fut entièrement consacré à la création du couple jour/nuit, qui instituait la temporalité : « Dieu dit : Que la lumière soit et la lumière fut. Dieu vit que la lumière était bonne, et Dieu sépara la lumière et les ténèbres. Dieu appela la lumière jour et les ténèbres nuit. Il y eut un soir et il y eut un matin : premier jour » (Genèse, I, ,3-5).

Les ténèbres qui régnaient avant la création, lorsque « l'esprit de Dieu volait au-dessus des eaux », n'étaient donc pas la nuit, mais plutôt un crépuscule infini. Le jour est la première gloire de Dieu, et c'est « au grand jour » que les traîtres sont démasqués et que l'étendue des défaites ou des victoires est révélée après la confusion des combats nocturnes. Une très vieille tradition guerrière voulait d'ailleurs que les combats s'arrêtent au coucher du soleil (par exemple lors de la bataille de Poitiers en 732).

Jour de fête et jour néfaste

Le shabbat des juifs (le samedi), le dimanche des chrétiens et le vendredi des musulmans marquent le jour du Seigneur, car chaque jour a une identité dans la semaine, qui correspond à un corps céleste et à une divinité. Cette particularité des jours se retrouve dans le rythme annuel, puisque carême débute à Mardi gras et s'achève à Pâques, ou encore parce que, « à la Sainte-Catherine, tout bois reprend racine ».

Le jour établit ainsi des correspondances à diverses échelles de temps : le matin, le début de la semaine, l'apparition de la lune, le printemps et la jeunesse de l'homme sont en relation, de même que le soir, la fin de la semaine, la fin du cycle lunaire, l'hiver et la vieillesse. C'est ce que rappelle l'énigme que le Sphinx pose à Œdipe : « Quel est l'animal qui a quatre pieds le matin, deux à midi et trois le soir ? » C'est en effet la course du soleil au cours de la journée qui définit le plan de l'écliptique où se rangent les constellations du zodiaque. Les conjonctions astrales et calendaires établies dans ce plan font les journées fastes ou dangereuses, de même que certaines rencontres hasardeuses : un vendredi avec un 13 par exemple.

Repère dans le calendrier profane ou religieux, le jour peut aussi être considéré de manière plus globale et renvoyer à une date plus ou moins éloignée, non déterminée : un jour ou l'autre, un de ces jours. Unité de temps relativement courte, le jour est par essence et par étymologie éphémère, et celui qui vit « au jour le jour » ne se préoccupe guère de son avenir à long terme.

Le jour solaire, symbole de vie et de vérité

Le jour commence à l'apparition du soleil et s'achève à son coucher. L'astre roi est d'une grande régularité dans son parcours, contrairement à la lune, dont les cycles compliqués rappellent les périodes de la femme : la lune traverse le zodiaque en 28 jours. La nuit est senestre, féminine, germinative, maligne, magique, lunaire, alors que le jour est dextre, masculin, mature, franc, sacré, solaire. Le jour s'oppose donc à la nuit, et, dans toutes les civilisations anciennes, les hommes se sont inquiétés à l'idée que le jour pourrait ne pas revenir. Toutes

les mythologies ont un dieu-soleil qui représente ce retour tant espéré, indispensable à la vie.
Le jour, c'est ainsi la lumière qui s'oppose à l'obscurité. Il y a dans le jour l'idée d'une révélation, d'une apparition. Ainsi la mère « donne le jour à son enfant », qui « voit le jour » au moment où il quitte la nuit utérine, et les archéologues et les chercheurs mettent « au jour » ce qui était enfoui ou ignoré. La nuit est le domaine du secret, mais le secret peut être révélé « au grand jour », le jour étant du domaine du public, du visible, de la vérité révélée.

La course de Rê, le dieu-soleil

L'illustration la plus explicite du difficile et nécessaire retour du jour est celle du parcours symbolique de Rê, le soleil des Égyptiens. Chaque retour de Rê, donc du jour, symbolise la victoire du celui-ci contre les forces de la nuit représentées par le serpent Apopis, serviteur de Seth, le dieu du désert et de la stérilité. Rê, le soleil, est enfanté le matin par Nout, la déesse du ciel. Il navigue dans sa barque matinale jusqu'à l'heure de midi, où il atteint le point culminant de sa course. Rê devient alors Rê-harakhti ou Horus, le dieu à tête de faucon. Le soir, après avoir parcouru le pays d'Égypte, il entame la traversée des douze heures de la nuit. La barque solaire devient celle de la lune, et Rê, avalé par la bouche de Nout, pénètre dans le royaume des morts. Plusieurs d'entre eux l'accompagnent dans son périple nocturne, parmi lesquels le dieu-chacal qui dirige la barque dans le monde souterrain. À la septième heure a lieu le combat entre Rê et Apopis, le serviteur de Seth. Chaque jour, Rê sort victorieux de cette lutte et réapparaît au grand jour, assurant la permanence de la vie et de la prospérité des hommes.

Voir **crépuscule, Hathor, lumière, midi, Nout, Rê, rosée, soleil, taureau**

joyau voir bijou

jumeaux

Les jumeaux symbolisent soit l'unité et l'entendement parfait, soit la jalousie, la discorde et la haine.

Castor et Pollux, l'accord parfait

Les plus célèbres jumeaux de la culture occidentale représentant l'accord parfait sont Castor et Pollux (appelés les Dioscures). Nés du même œuf, les enfants de Léda et d'un Zeus déguisé en cygne ont Hélène de Troie et Clytemnestre pour sœurs (toutes deux issues d'un autre œuf). Les frères accompagnent les Argonautes lors de l'expédition de la Toison d'or. Une tempête, qu'Orphée fait cesser, s'abat sur les marins, et des étoiles apparaissent sur la tête des jumeaux, d'où le nom des deux étoiles éponymes dans la constellation des Gémeaux. Ces jumeaux deviennent aussi les dieux préférés des marins de l'Antiquité.
Si Castor et Pollux vivent une harmonie parfaite, le thème de la discorde, qui est le plus souvent associé à la gémellité, est présent dans le fait que Hélène, leur sœur, est à l'origine de la guerre de Troie.

Opposition et union, Jacob et Esaü

Quoi qu'il en soit, c'est bien la haine plutôt que l'harmonie qui régit les relations entre jumeaux. C'est bien ce que Racine observe dans *la Thébaïde*, pièce où les frères jumeaux Polynice et Etéocle se haïssent dès l'utérus :

« Pendant qu'un même sein nous
[refermait tous deux
Dans les flancs de ma mère une
[guerre intestine
De nos divisions lui marqua
[l'origine. »

Les deux fils d'Isaac et de Rébecca, Jacob et Esaü, comme Polynice et Etéocle, se livrent une bataille sans merci avant leur naissance : « Les deux enfants dont elle était grosse s'entrechoquaient dans son ventre. » Dieu dit à Rébecca : « Deux nations sont dans vos entrailles : l'un de ces peuples surmontera l'autre peuple et l'aîné sera assujetti au plus jeune. » Lors de l'accouchement des jumeaux, « celui qui sortit le premier était roux et tout velu comme une peau, et il fut nommé Esaü. L'autre sortit aussitôt et il tenait de sa main le pied de son frère. C'est pourquoi il fut nommé Jacob » (Genèse, XXV, 22, 25).

Esaü vend son droit d'aînesse contre un plat de lentilles, mais il reste le fils préféré d'Isaac, tandis que Jacob a les faveurs de sa mère, Rébecca. Aveugle, Isaac souhaite bénir Esäu, mais Jacob, poussé par sa mère, se couvre les mains de peaux de chevreaux pour être aussi velu que son frère. Jacob va vers son père qui lui dit : « Pour la voix, c'est la voix de Jacob, mais les mains sont les mains d'Esaü » (Genèse, XXVII, 22). « Êtes-

vous mon fils Esaü ? Je le suis », répond Jacob, et Isaac le bénit. « Que les peuples vous soient assujettis et que les tribus vous adorent. Soyez le Seigneur de vos frères » (Genèse XXVII, 29).

Esaü, vivant de la chasse, est l'homme de la nature, velu, candide, impulsif, quand Jacob est l'homme qui marchande, qui ruse, qui trompe. Chaque jumeau symbolise des aspects différents de la condition humaine, mais également leur synthèse – Jacob dit : « Je suis Esaü. » Le jumeau cadet entre ainsi dans le corps de l'aîné. Jacob deviendra Israël (celui qui lutte avec Dieu), et une alliance sera scellée entre sa tribu et Yahvé. Dans le récit biblique, la gémellité symbolise l'union et l'opposition selon le schéma d'un plan divin.

Meurtre et fondation : Romulus et Remus

L'histoire de Romulus et de Remus, comme celle de Jacob et d'Esaü, marque la fondation d'une nation, celle de Rome. Les deux jumeaux, nés du dieu Mars et de Rhea Silvia, fille du roi d'Albe, se disputent un pouvoir qui ne peut être divisé. Seul un seul frère peut devenir roi. D'après la version la plus répandue, Romulus dessine à l'aide d'une charrue le sillon sacré délimitant les frontières de la ville nouvelle. Remus, pour se moquer de son frère, franchit d'un bond cette frontière inachevée et symbolique. Furieux, Romulus le tue. Le tracé, pour devenir sacré, exige le sacrifice d'un homme issu du même ventre que celui qui sacrifie. La dissension et la discorde fraternelles sont à l'origine de la fondation de la ville éternelle. Ce geste fondateur continuera à hanter les esprits romains.

Voir **arme, charrue, Caïn, double, Gémeaux, Hélène, œuf, poil, roux, sacrifice, ville**

Junon

Divinité italique, puis romaine, fille de Saturne et de Rhéa, femme de Jupiter et reine du ciel, déesse de la femme et du mariage.

Ses attributions diverses ressortent de ses nombreuses épithètes : on peut citer *Juno Regina,* associée à Jupiter et à Minerve dans la Triade du Capitole; *Juno Lucina,* déesse de l'enfantement, en l'honneur de laquelle se célébrait la fête familiale des *matronalia*; *Juno Caelestis,* l'Ashtart de Carthage, transportée à Rome. Enfin, *Juno Covella* était invoquée pour la croissance de la lune. Junon a été aussi assimilée à l'Héra grecque. Chaque femme avait sa Junon personnelle, qui était l'équivalent du génie des hommes.

Dans la statuaire romaine, les représentations de la déesse s'inspirent du type d'Héra lorsqu'elle apparaît comme l'épouse de Jupiter. De nombreuses sculptures, répliques d'originaux grecs ou d'originaux romains de l'époque impériale, montrent la déesse voilée (symbole du mariage romain) ou portant un diadème, tenant le sceptre ou la foudre (signes de royauté). Elle peut chevaucher un lion ou trôner dans un char attelé de lions (symbole de force et de justice). Un croissant et des étoiles ornent le front de *Juno Caelestis.* Mais le type romain le plus original est celui de la matrone par excellence, celle qui préside à la naissance : elle tient alors des ciseaux ou porte un enfant.

Voir **ciseaux, femme, foudre, génie, Héra, Jupiter, lune, mère, trinité, voile**

Jupiter

Fils de Saturne et de Rhéa, il était à la fois, sous l'Antiquité romaine, dieu-père et dieu du Ciel. Devenu le dieu principal et souverain, il fut assimilé au Zeus grec.

Ses pouvoirs ressortent de ses épithètes : *Jupiter Elicius,* qui faisait tomber la pluie; *Jupiter Fulgur,* dieu du tonnerre et de la foudre ; *Jupiter Stator,* qui arrêtait les ennemis ; *Jupiter Feretrius,* le dieu des trophées ; *Jupiter Capitolin,* auquel était consacré le grand temple du Capitole de Rome, où il était adoré avec Minerve et Junon. Georges Dumézil a observé aussi sa participation primitive à une autre triade, celle de Jupiter, Mars et Quirinus (ancien dieu sabin guerrier). On célébrait de nombreuses fêtes en son honneur, outre celles de *Jupiter Optimus Maximus* («très grand et très bon»), qui étaient l'occasion de jeux solennels. Les sacrifices avaient une signification nationale, offerts par les consuls entrant en charge, par les triomphateurs et les empereurs nouvellement proclamés, et dans toutes les circonstances d'importance. Les pays de garnison faisaient preuve d'un attachement à *Jupiter Optimus Maximus* (I. O. M. sur les inscriptions). Outre son assimilation à Zeus, Jupiter a été associé par syncrétisme à divers dieux suprêmes de l'Orient : Sabazios, Amon, Dolichenos, etc.

Le Jupiter romain de l'époque impériale, roi des dieux, est représenté barbu et assis en majesté ou bien debout brandissant la foudre, généralement imité du Zeus grec.

Voir barbe, éclair, foudre, Junon, père, sacrifice, tonnerre, trinité, Zeus

ka

Mot égyptien signifiant « double » et symbolisant le pouvoir procréateur, l'ensemble des énergies vitales dans leur fonction créatrice et conservatrice.

Le ka anime les dieux et les hommes. Le mot est écrit au moyen du signe phonétique des deux bras levés.

Voir **double**

Kabbale (la)

La Kabbale est une interprétation juive ésotérique et symbolique du texte de la Bible, dont le livre classique est le *Zohar*, ou « Livre de la splendeur ». Les adeptes des sciences occultes utilisent dans un sens magique les symboles de la Kabbale.

La doctrine de la Kabbale

Dans la tradition juive, la connaissance profonde du sens caché de la Torah a été révélée dans un passé lointain à de saints personnages qui l'ont conservée et transmise d'initié à initié. La doctrine de la Kabbale part de l'idée que Dieu ne saurait être reconnu que dans la perspective de la Création. Dieu, l'Être infini, est inaccessible dans son essence. Cependant, il se manifeste dans l'histoire comme dans la nature par les dix *sephirot,* ou « émanations ». Pour les kabbalistes, l'homme est la forme parfaite qui contient toutes les autres. Le *Sefer Ha-Zohar* (« Livre de la splendeur »), rédigé par Moïse de León entre 1270 et 1280, a permis la diffusion de l'exégèse ésotérique et mystique de la Torah au Moyen Âge.

Les mystères de la Création

Lue par un kabbaliste, la Genèse révèle des mystères concernant la création du monde, d'Adam et d'Ève, du jardin d'Éden, de l'arbre de la science du bien et du mal et de l'interaction de toutes ces créatures avec le serpent. Le plus ancien texte kabbalistique, le *Sefer Raziel HaMalach,* aurait été transmis à Adam chassé du Paradis par l'ange Rariel. « Il bannit l'homme et posta à l'orient du jardin d'Éden les Chérubins et la flamme du glaive fulgurant pour garder le chemin de l'arbre de vie » (Genèse, III, 24). Un des éléments fondateurs de la Kabbale, l'arbre de vie, ou arbre des *sephirot,* a été rapproché de l'arbre de vie des Assyriens. Selon la Kabbale, l'arbre des *sephirot,* dont les premières illustrations remontent au XIIe siècle, représente la structure de l'homme et de l'univers. Les dix « nœuds » ou *sephirot* qu'il comporte sont des « émanations », ou « nombres », qui représentent des épreuves, champs de conscience ou forces en action dans la réalité que nous percevons, les voiles placés entre l'homme et la connaissance pure, et les interactions entre ces forces.

Science des nombres et sens cachés

La Torah elle-même (les cinq premiers livres de la Bible) aurait été remise à Moïse sur le Sinaï, rédigée en texte codé possédant des sens cachés. La méthode d'interprétation du texte, la « gématrie », a été pleinement exploitée par l'école du rabbin Yitzchak Luria au XVIe siècle. Chaque lettre représente un nombre (l'hébreu ne

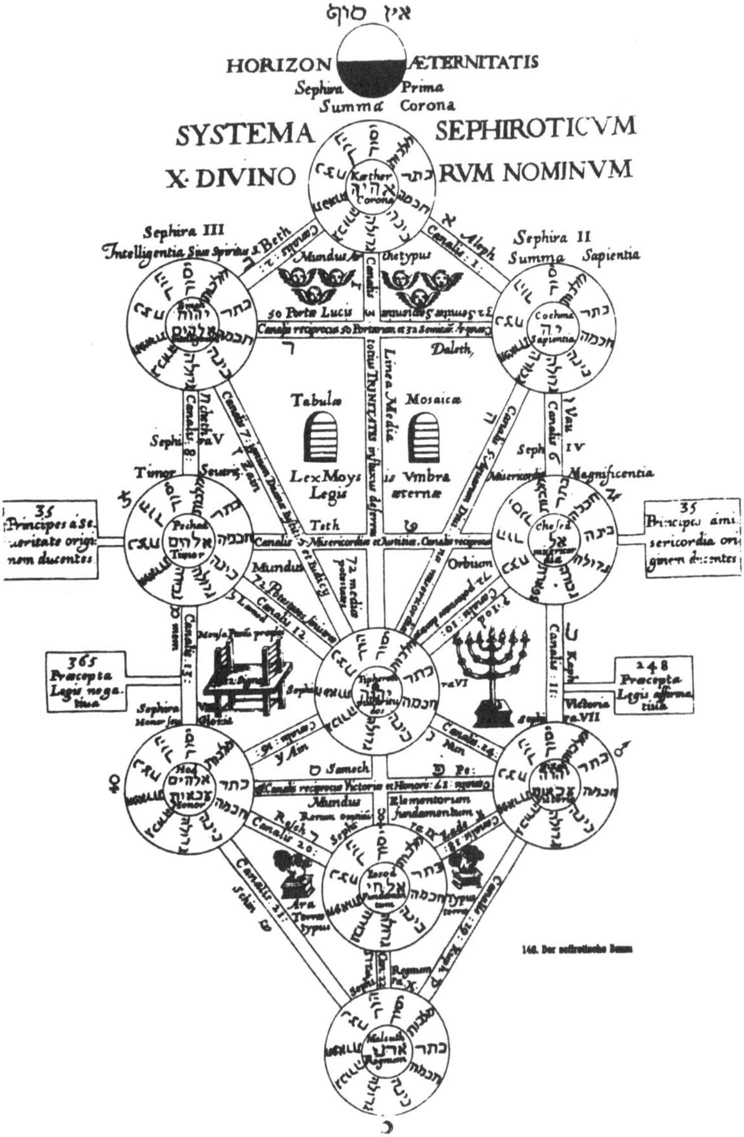

148. Der sefirotische Baum

comporte pas d'écriture distincte des nombres). En transformant les lettres en chiffres, les kabbalistes trouvaient le sens caché de chaque mot : chaque syllabe et/ou lettre formant un mot a une valeur numérique. La somme de ces chiffres est la « clef » du mot, qui peut être remplacé par un autre mot du texte possédant la même « clef ». C'est de ce type de transformations qu'étaient dérivés les sens cachés des textes sacrés. D'autres méthodes d'interprétation incluent le *notarikon,* fondé sur l'initiale des mots, la *themoura* ou anagramme, et le *tsirouphim* ou métagramme, qui modifie l'ordre des lettres de l'alphabet.

Voir **arbre, chérubin, chiffre, clé, Lilith**

Khepri

Dieu-scarabée de l'Égypte ancienne, adoré à Héliopolis comme l'une des formes du soleil levant (en raison, sans doute, de l'homophonie que présente son nom avec la racine *khepri* signifiant « venir à l'existence »).

Voir **scarabée, soleil**

Khnoum

Dieu égyptien, figuré comme un homme à tête de bélier, parfois sous la forme de l'animal lui-même. Dieu créateur et générateur de vie.

À Éléphantine, il fut aussi le dieu de la crue du Nil, dont il gardait les sources avec ses parèdres, les déesses Satis et Anoukis, et qui recevait des sacrifices dans toute l'Égypte. Il fut également conçu comme un dieu-potier qui façonna l'œuf primordial d'où l'univers devait sortir, et qui modelait sur son tour le ka des petits d'hommes.

Voir **bélier, ka, œuf**

Le lion, roi
des animaux,
est aussi celui
de la symbolique
animalière,
devançant de loin,
dès le Moyen Âge,
l'aigle et le taureau.

L

labyrinthe

Vaste édifice comprenant d'innombrables salles agencées de telle manière que l'on n'en trouve que très difficilement l'issue, le labyrinthe, où on ne peut que s'égarer ou bien revenir sur ses pas pour repartir de nouveau, symbolise un voyage initiatique dont l'itinéraire est semé d'embûches et de dangers parfois mortels.

Le Labyrinthe, palais du Minotaure

Selon la mythologie, le Labyrinthe était le palais du Minotaure, où se serait déroulée la rencontre d'Ariane et de Thésée. Cela pourrait renvoyer au palais des rois minoens, mais l'on a aussi pensé aux grottes cultuelles. Le mot semble attesté en mycénien, où une tablette de Cnossos pourrait nommer la maîtresse du Labyrinthe. On a fait le rapprochement avec *labrys,* qui serait le nom lydien de la double hache, et avec Labraunda, sanctuaire carien d'un dieu à la double hache.

Le Minotaure, monstre anthropophage mi-humain mi-bovin et progéniture de Pasiphaé et d'un taureau, vit au centre du Labyrinthe construit en Crète par Dédale sur commande du roi Minos. Suite à une guerre contre les Athéniens, Minos impose un tribut à la ville défaite. Ce tribut consiste en sept jeunes hommes et sept jeunes femmes jetés en pâture au Minotaure. Rentrant de voyage, Thésée demande à son père Égée, roi d'Athènes, de faire partie des victimes afin de délivrer le pays. Thésée arrive en Crète, où la fille de Minos, Ariane, tombe amoureuse de lui. Elle lui propose alors de le faire sortir du Labyrinthe au moyen d'une pelote de fil, mais à la condition qu'il l'emmène comme épouse à Athènes. Thésée accepte. Après un dur combat, le héros tue le Minotaure et sort du Labyrinthe, à la lumière du jour, avec les quatorze jeunes gens, grâce au fil d'Ariane. Il repart avec Ariane, mais, selon la version la plus répandue, l'abandonne sur l'île de Naxos. Avant

son départ, il avait promis à son père de hisser la voile blanche si son voyage etait un succès. Il oublie de le faire, et Egée, voyant la voile noire, qui signifie l'échec, se jette, désespéré, et se noie dans la mer à laquelle il donne son nom.
Avant Thésée, seules deux personnes avaient réussi à s'échapper du Labyrinthe : l'architecte Dédale et son fils Icare, enfermés par Minos lui-même. Mais sa conception était tellement parfaite que même l'architecte ne fut pas capable de trouver la sortie. Cependant, avec son fils, il réussit à s'en échapper par les airs, en s'élevant grâce à des ailes faites de cire et de plumes.

Le symbole de la condition humaine

Le mythe du Labyrinthe est l'un des plus noirs de la mythologie grecque. Le labyrinthe symbolise la partie obscure et animale de l'homme. Face à sa nature profonde, l'homme ne sait pas où il va, il se cherche, mais il est perdu. Même la sortie par l'élévation n'en est pas une, car Icare s'envole trop près du soleil, qui fait fondre la cire de ses ailes. Il tombe dans la mer et se noie. L'autre porte de sortie est l'amour d'Ariane, mais Thésée l'abandonne à son sort. Le fil d'Ariane, qui devait mener à l'amour, produit la déception. Même le voyage de Thésée, bien qu'il tue le Minotaure et sorte à la lumière du jour avec les quatorze jeunes gens, se solde par un échec : le suicide de son père. L'amour et l'élévation spirituelle ne sont donc pas des portes de sortie du labyrinthe ; l'homme et la femme se

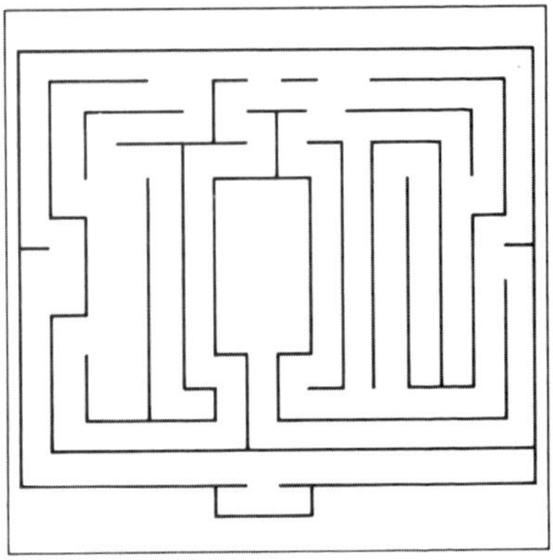

trouvent irrémédiablement confrontés à l'échec de leurs projets les mieux élaborés ; et le monstre anthropophage, bien qu'il périsse, finit par avoir le dernier mot.

L'image du pèlerinage

Le mythe de Dédale, héros constructeur et sculpteur, lié à celui de Thésée, a donné lieu à de nombreuses figurations de labyrinthes dans l'Empire romain. Ce motif, repris par les bâtisseurs médiévaux, qui l'insérèrent dans le dallage de diverses églises (cathédrales d'Amiens, de Chartres, de Reims, de Sens, etc., collégiale de Saint-Quentin), était assimilé au pèlerinage en Terre sainte, et de ce fait son centre symbolisait habituellement la cité de Jérusalem. Les fidèles qui ne pouvaient pas se rendre à la ville sainte pouvaient participer à ce pèlerinage de substitution en suivant ses méandres à genoux, ce qui leur valait des indulgences. Les déambulations des pénitents traçaient un chemin spirituel.

Le labyrinthe végétal

Dans la même tradition, les jardins du Moyen Âge et de la Renaissance ont possédé des labyrinthes. Les Européens éprouvent ainsi un véritable engouement pour ces labyrinthes végétaux, mode qui ne s'est jamais éteinte, car on en construit de nouveau aujourd'hui. Souvent entourés d'un jardin qui encourage la méditation ou l'amour, ces labyrinthes seraient-ils une manière de détourner par le jeu et la légèreté d'esprit le message somme toute terrifiant du labyrinthe ? L'humour et l'esprit ludique triompheraient-ils du coté noir et insoutenable de la nature humaine ?

Voir **bibliothèque, centre, Dédale, église, hache, héros, fil, Icare, jardin, mandala, Minotaure, Jérusalem, pèlerin, taureau**

lac

Les eaux claires et immobiles du lac sont symboles d'intemporalité.

Le Christ marchant sur les eaux du lac de Tibériade, c'est la divinité révélée aux pécheurs. Ces derniers plongent leurs filets dans les eaux, substrat primordial de toutes choses. Les poissons qu'ils relèvent sont alors les richesses de la foi. Cette intemporalité est aussi celle de la fée Viviane : la Dame du lac chère au cœur de Lancelot et qui éleva ce dernier dans le palais de cristal que Merlin avait construit au fond des eaux, palais lui-même en relation avec Avallon, l'île magique des mages et de la résurrection des guerriers. Le lac est alors la fenêtre sur l'autre monde.

Voir **chevalier, eau, filet, fleuve, marais, pêcheur, poisson**

lait

Élixir de vie, gage de renaissance ou d'immortalité, « le lait de la tendresse humaine » est aussi une métaphore de la faiblesse et de la compassion.

L'origine du monde

Dans le *Ramayana*, à l'origine du monde, les dieux et les démons barattent la mer de lait où, en durcissant, se forment successivement le soleil, la lune, la déesse de la beauté, les merveilleuses apsaras et, enfin, l'amrita, la liqueur d'immortalité. Le lait, comme l'eau, symbolise le milieu préexistant à toute création, à toute forme individualisée de la réalité.
Mais le lait est aussi jaillissement, sorti du sein maternel, il est l'aliment des dieux et des pharaons d'Égypte. Les Grecs racontent ainsi l'origine de la Voie lactée : un jour qu'Hermès avait placé par ruse le jeune Héraclès sur le sein de la déesse endormie pour le faire téter, Héra se réveilla, furieuse, et repoussa le nouveau-né, mais celui-ci, avec la force qu'on lui connaît, avait déjà tiré si fort que le lait gicla et se répandit dans le ciel en une grande traînée blanche : la Voie lactée.

L'innocence de l'enfance

Roland Barthes, dans ses *Mythologies*, expose le caractère calme, rassurant du lait, par opposition aux vertus dionysiaques du vin. Il oppose au vin « national » le lait « exotique », et fait du lait un véritable « anti-vin » « [...] parce que, dans la grande morphologie des substances, le lait est contraire au feu par toute sa densité moléculaire, par la nature crémeuse, et donc sopitive, de sa nappe ; le vin est mutilant, chirurgical, il transmue et accouche ; le lait est cosmétique, il lie, recouvre, restaure. De plus, sa pureté, associée à l'innocence enfantine, est un gage de force, d'une force non révulsive, non congestive, mais calme, blanche, lucide, tout égale au réel ».

Voir **blanc, eau, feu, mère, miel, sein, vin, voie lactée**

lampe (lanterne)

Comme elle protège la flamme du vent, et comme son réservoir à huile la dote d'une longue durée de vie, la lampe est associée à une lumière stable et rassurante, plus divine qu'humaine.

Elle se démarque de la bougie vacillante des espoirs humains. C'est une source originelle : le principe de la lumière est dans la lampe, la raison de la lampe est dans la lumière. C'est à elle que viennent s'alimenter des flammes plus incertaines. D'une certaine manière, la lampe est destinée à voir, la bougie, à être vue. L'iconographie ne s'y trompe pas : les scènes à la bougie sont des scènes d'introspection, comme chez le peintre Georges de La Tour, tandis que les scènes à la lampe sont associées soit à la sainteté, soit à la sagesse des personnages qui la manipulent. Diogène est représenté par Jacob Jordaens cherchant un honnête homme en plein jour, une lampe à la main. Picasso confère à la lampe électrique qui révèle les horreurs du bombardement de Guernica le rôle d'une conscience humaniste universelle, qui est pour lui le communisme.

Voir **bougie, flamme, huile, lumière**

lance

Arme d'hast à long manche et à fer pointu, la lance est un symbole phallique, lié au pouvoir, mais aussi un axe mystique.

Un attribut guerrier, symbole de l'autorité de l'État

Symbole du principe mâle, la lance est fréquemment tenue par les déesses et les héroïnes guerrières : lance d'or de l'Athéna grecque, que la déesse brandit dans nombre de représentations, devant à ce geste son qualificatif « Pallas » (du grec *pallein,* « brandir »), lance infaillible de Céphale, donnée par la déesse Artémis, ou encore lance de la déesse romaine Bellone, accompagnée de Mars.

Une symbolique particulière est associée au fer de lance, et une autre à son manche : ainsi, les auteurs grecs Homère et Hérodote désignent tantôt la lance par son fer, tantôt par son bois, un troisième terme nommant la lance entière, une symbolique reprise dans la tradition romaine de lance honorifique, privée de fer, qui est la partie phallique de la lance. La lance nue est l'emblème de puissance, associée à l'autorité de l'État et au pouvoir politique.

Dans la mythologie germanique, la lance de Wotan, dieu du Ciel, est le reliquaire des traités conclus entre les dieux, chaque accord étant gravé dans le bois de la lance Gungnir : garante des traités et leur donnant un caractère sacré, elle symbolise le droit commun qui doit s'imposer à tous, parce que d'origine divine.

La lance et le Graal

Symbole solaire, la lance est aussi associée à la foudre, notamment chez les Grecs et les Celtes, comme on le voit dans les représentations de Jupiter ou de Lug, dieu celtique des arts et des techniques, dont elle est le symbole sacré : elle foudroie, mais protège aussi, en rendant invincible. Elle est fréquente dans la mythologie celtique, où on la retrouve comme attribut du roi Arthur, dont la lance est capable de faire saigner le vent. Elle est à la base du mythe de Lug, lequel se sacrifie en se transperçant de sa lance pour acquérir la sagesse universelle, le sang du dieu étant recueilli dans une coupe, le futur Graal, et, dans d'autres versions, dans un chaudron. Dans le récit du Graal, la coupe est ainsi le principe féminin, et la lance, l'organe masculin.

Compagnon et talisman

C'est en tant que principe mâle et positif de l'univers que la lance ou le glaive terrassent les dragons de la mythologie, comme celui de saint Georges, dont les attributs sont la lance brisée et la bannière blanche à croix rouge, symbole de la résurrection. La lance est un symbole axial, liant le ciel à son porteur.

Pour la chevalerie médiévale, la lance s'apparente à la Passion du Christ, à cause de la sainte lance qui aurait servi à ouvrir son flanc au Calvaire selon saint Jean (XIX, 34). Assimilée à la sainte lance, la « lance blanche » du Graal, lance d'argent qui saigne, symbolise la force de l'Esprit. Lance meurtrière, elle est également source de vie, ayant la vertu de guérir les blessures qu'elle inflige, telle la lance d'Ogmé (qui tue et guérit) de la mythologie bretonne.

Voir **arme, Athéna, dragon, Graal, phallus, résurrection, Wotan**

langue

Organe principal de la parole chez l'homme et moyen d'expression et de communication d'une communauté, la langue est bien de nature double, mais cette dualité est d'abord physiologique, car la langue est le seul organe intérieur qui peut s'extérioriser. La symbolique de la langue joue sur cette opposition entre le dehors et le dedans, entre les apparences trompeuses et la vérité profonde.

La « mauvaise langue »

Dans l'Ancien Testament, la médisance est un péché, et Dieu punit celui qui le commet. Parce qu'ils ont médit de la Terre promise par Dieu, les Hébreux sont condamnés à errer dans le désert pendant quarante ans. La calomnie ou la délation sont des délits très graves selon les textes du judaïsme rabbinique, car la parole peut tuer celui qui en est victime. Un rabbin babylonien du IVe siècle formulait une prière ainsi : « Mon Dieu, garde ma langue de dire le mal et mes lèvres de parler faux. »

La langue de Dieu

Il est à noter que dans l'Ancien Testament et le Coran, et bien que les deux livres abondent en images anthropomorphes de Dieu et que le Verbe divin y soit d'une importance capitale, la langue de Dieu n'est pas un instrument de la parole. La langue divine est faite de flammes. « Voilà la majesté du Seigneur qui vient de loin ; il paraîtra dans une fureur ardente dont nul ne pourra soutenir l'effort. Ses lèvres sont pleines d'indignation et Sa langue est comme un feu dévorant » (Isaïe, XXX, 27).

Dans le Nouveau Testament, cette langue de feu se divise, se fragmente, et devient manifestation du Saint-Esprit : c'est le miracle de la glossolalie, lorsque, le jour de la fête juive des Semaines, les disciples du Christ « virent paraître comme des langues de feu qui se partagèrent, et s'arrêtèrent sur chacun d'eux. Aussitôt ils furent tous remplis du Saint-Esprit, et ils commencèrent à parler diverses langues, selon que le Saint-Esprit leur mettait les paroles en la bouche » (Actes des apôtres, II, 3-4), événement commémoré par la Pentecôte. La langue symbolise le Verbe dévorant de l'Esprit dans l'esprit des hommes. Dans l'iconographie chrétienne, la colombe, autre symbole du Saint-Esprit, est parfois figurée avec de multiples langues sortant de son bec.

Voir **colombe, feu, flamme, parole**

lapin/lièvre

Le lapin et le lièvre évoquent immédiatement l'idée de rapidité et de fécondité. Leur activité essentiellement nocturne les rattache à la lune.

Le lapin porte également une forte symbolique érotique que l'on retrouve dans l'expression « chaud lapin ». En Grèce, le lapin était un animal fétiche d'Aphrodite, et on le trouve souvent associé à la déesse dans l'art. Lorsqu'on le voit aux pieds de la Vierge, il devient symbole de pureté et du mystère de l'Incarnation, de la chasteté victorieuse de la luxure.

De tout temps, les hommes ont cru voir un lièvre ou un lapin dans les taches de la lune, comme l'atteste la comptine :

« J'ai vu dans la lune
Trois petits lapins
Qui mangeaient des prunes
Comme des p'tits coquins. »

C'est à cette croyance que se rattache l'histoire des œufs de Pâques : Œstra, déesse germanique de la fidélité, possédait dans la lune un lièvre qui pondait des œufs une fois par an, au moment de Pâques. Les œufs de Pâques (*Easter*, dérivé du nom de cette déesse, signifie « Pâques » en anglais) sont donc symbole de renouveau et de résurrection. Les taoïstes, de leur côté, voient parmi les taches de la lune un lapin occupé à broyer dans un mortier l'élixir d'immortalité.

Voir **œuf**

lapis-lazuli

Pierre semi-précieuse bleue, tachetée de blanc ou d'or, le lapis-lazuli est une allégorie du ciel nocturne.

Pour la symbolique antique, dans laquelle la représentation des yeux est un thème majeur, cette pierre de couleur bleue représente à la fois la force sacrée et le ciel. Objet de culte chez les Sumériens, qui associent le bleu du lapis-lazuli à la voûte céleste, la « pierre des pierres » est un don du ciel. Également sacré en Égypte, où il était lié au culte de la déesse Isis et employé pour la fabrication de sceaux, le lapis-lazuli symbolise les yeux du dieu. On en fait en Égypte ancienne de minuscules amulettes associées à la joie et au plaisir, et, dans le monde musulman, des talismans associés à la symbolique de protection contre le mauvais œil, propre aux pierres bleues.

Pour les Romains, le lapis-lazuli est paré de vertus aphrodisiaques. Le Moyen Âge, qui l'appelle « outremer » ou « pierre d'azur », lui prête le pouvoir de conserver la santé des membres et de protéger l'âme de l'erreur, de la convoitise et de la peur.

Voir **amulette, bleu, œil, turquoise**

larmes

Bien que l'on puisse verser des larmes de bonheur, sur le plan symbolique, les larmes représentent toujours la douleur.

L'expression « vallée de larmes », d'origine biblique, se réfère à la Terre et aux peines que l'on doit endurer ici-bas avant d'accéder au Ciel, séjour de la béatitude et de la vie éternelle.

Par allusion au crocodile, créature mi-aquatique mi-terrestre, symbole de duplicité, qui, selon la légende, feint de geindre pour attirer ses victimes, l'expression ***« verser des larmes de crocodile »*** signifie que l'on pleure de façon simulée pour émouvoir et tromper.

Voir **crocodile, vallée**

laurier

Cette plante, toujours verte, consacrée dans l'Antiquité à Apollon, censée protéger de la foudre, c'est-à-dire du courroux divin, était réservée aux protégés des dieux. On en tressait des couronnes aux empereurs, aux généraux, aux poètes, aux artistes.

Le nom grec (« daphné ») de cet arbuste provient d'un mythe apollonien. Apollon poursuit la naïade Daphné, qui se lasse des avances amoureuses du dieu. Désespérée, elle pousse des clameurs d'imprécation et se métamorphose en laurier. Apollon, qui ne se départ point de sa passion, fait une couronne de ses feuilles.

Dans l'Antiquité romaine, on offrait des couronnes de laurier aux généraux vainqueurs lors de la cérémonie du triomphe et aux empereurs, dignes

d'être les protecteurs de Rome, mais aussi aux artistes et aux poètes. L'association entre le laurier et les arts vient du fait que, pour les Anciens, Apollon est le dieu tutélaire des poètes et des musiciens. En Grande-Bretagne, le poète officiel du monarque porte le nom de « poète lauréat ».

Se couvrir de lauriers, remporter des victoires, des succès.

S'endormir sur ses lauriers, ne pas poursuivre par paresse ou par vanité une carrière ou une action glorieusement commencée.

Voir **couronne, olivier, palme**

lémures (les)

Dans la religion romaine, les lémures sont les spectres d'individus décédés ; ils représentent les terreurs nocturnes.

Les ombres des morts doivent être écartées pour que les vivants puissent connaître la paix. C'est pourquoi ces spectres sont fêtés annuellement à Rome, le 9 mai, au cours des Lemuria. Des rituels de purification sont organisés, et des haricots ou des fèves sont lancés dans la nuit afin de les apaiser pendant toute une année.

Voir **fève, revenant**

léopard

Rapidité, noblesse, courage, force irrépressible, le léopard est dès l'Antiquité symbole à la fois de création et de destruction.

Il est l'emblème de la déesse-mère dès le VIe millénaire avant notre ère. Deux léopards tirent le char de Dionysos, divinité orientale, et l'animal figure sur de nombreuses fresques et mosaïques dans tout le bassin méditerranéen. La mythologie fait le rapprochement entre ses taches et les yeux d'Argus, géant aux cent yeux et à la force redoutable. Le léopard monstrueux qu'évoque Daniel dans la Bible (Daniel, VII, 6) fonce avec la force impitoyable d'une calamité que rien ne saurait arrêter. Le léopard est l'emblème du royaume d'Angleterre.

Léviathan

Monstre marin, force incontrôlable de la nature, surtout connu par la Bible, où il est compris différemment selon les passages : tantôt il s'agit du crocodile du Nil (qui exista en Palestine), tantôt, comme dans le Livre d'Isaïe, c'est un symbole du paganisme, une des innombrables incarnations du Mal.

Un monstre

Qu'il soit par la suite représenté comme un serpent de mer, une baleine ou un crocodile, le Léviathan est décrit dans la Bible comme un monstre terrifiant : « De sa gueule partent des torches, des étincelles de feu s'en échappent. De ses naseaux sort une fumée, comme d'une chaudière bouillonnante. Son souffle enflamme les charbons et une flamme sort de sa gueule » (Job, XLI, 11-14).

Symbole du Mal

La symbolique du Léviathan, monstre si puissant qu'il « tient le fer pour de la paille, l'airain pour un bois vermoulu », trouve son origine dans un mythe mésopotamien relaté dans les tablettes d'Ugarit, où il est question de la victoire de Baal sur Lotan, monstrueux serpent à sept têtes, ennemi de la création. C'est dans cette même filiation que, pour les anciens Juifs, le Léviathan représentait tous les ennemis d'Israël, comme les Assyriens ou les Égyptiens. Dans le Livre de Job, Dieu qualifie Léviathan de « roi des plus fiers animaux ». Fier et tout-puissant, il est alors semblable à Satan, qui est autorisé par Dieu à soumettre Job à tant d'étranges et douloureuses épreuves. Pendant des siècles, les érudits se sont interrogés sur la véritable nature de Léviathan et de Béhémoth, l'autre monstre décrit dans le Livre de Job. Certains voyaient en Béhémoth un éléphant et en Léviathan une baleine, mais, de toute manière, ces monstres terrifiants figurent le pouvoir diabolique.

Voir **Antéchrist, démon, diable, serpent**

levier

« Donnez-moi un point d'appui et je pourrais soulever le monde ! » La phrase, attribuée à Archimède, souligne bien que, derrière le levier, se cache avant tout la volonté, toujours susceptible de démesure.

Cet instrument permet la démultiplication de la force. Du côté du point d'appui, on trouve la « résistance », partie courte de la perche, située vers l'objet à soulever. La partie longue est du coté du manipulateur, et on l'appelle la « puissance ». En termes ésotériques, le levier symbolise donc le désir de connaissance, mais la force qu'il génère doit être contrôlée par les outils de la mesure : la règle et le niveau.

lézard

Le lézard, pourtant si prompt à fuir, est symbole de lenteur et de paresse.

Comme le serpent, il mue, ce qui en fait un symbole de résurrection. En Occident, le lézard est un animal familier qui hante les murs ensoleillés de la maison. Dans le Lévitique, il est cité au nombre des animaux impurs et est donc un des emblèmes du mal dans certaines natures mortes.

libellule

Toute de grâce et de légèreté, la libellule partage le symbolisme du papillon, auquel se surajoute la symbolique de l'eau.

Victor Hugo chante le tremblement magique de son vol :
« La frissonnante libellule /
Mire le globe de ses yeux /
Dans l'étang splendide où pullule /
Tout un monde mystérieux ! »
La libellule appartient à cet univers enchanteur et merveilleux qui séduira les symbolistes. Elle est notamment l'un des thèmes récurrents des œuvres d'Émile Gallé.

licorne

Animal fabuleux ayant un corps de cheval, une tête de bouc, une longue corne au milieu du front et souvent des pieds fourchus, elle est devenue, comme l'hermine, l'image même du Christ et un symbole de chasteté et de pureté.

« Défie-toi de la licorne »

Mentionnée par Pline et Aristote, on disait la licorne originaire de l'Inde sous l'Antiquité ; elle avait la tête rouge, la corne blanche et noire, et symbolisait à la fois la force et la virginité. La licorne apparaît dans la Bible (Livre de Job et Psaumes) comme une animal malfaisant et violent. Saint Basile avertit ainsi le croyant : « Prends garde à toi, ô homme, et défie-toi de la licorne, c'est-à-dire du démon, car elle fait aisément le mal et le trame contre les hommes »

L'art de chasser la licorne

La licorne acquiert une image positive à partir du XIIe siècle. Pierre de Beauvais relate l'histoire de la capture de la licorne donnée par le bestiaire *Physiologus* : « Il existe une bête appelée en grec *monocéros*, c'est-à-dire en latin *unicornis*. *Le Physiologue* dit que la nature de la licorne est telle qu'elle est de petite taille et qu'elle ressemble à un chevreau. Elle possède une corne au milieu de la tête, et elle est si féroce qu'aucun homme ne peut s'emparer d'elle, si ce n'est de la manière que je vais vous dire : les chasseurs conduisent une jeune fille vierge à l'endroit où demeure la licorne et la laissent assise sur un siège, seule dans le bois. Aussitôt que la licorne voit la jeune fille, elle vient s'endormir sur ses genoux. C'est de cette manière que les chasseurs peuvent s'emparer d'elle et la conduire dans les palais des rois. » C'est en effet « l'odeur de chasteté » de la jeune fille, parfois représentée nue, qui attire la licorne.

La licorne christique et la pureté ambiguë de la vierge

Dans son *Bestiaire*, Guillaume le Clerc de Normandie donne les premières interprétations chrétiennes de cette scène de chasse et de capture : « Cette bête extraordinaire, qui possède une corne sur la tête, représente Notre Seigneur Jésus-Christ, notre sauveur. Il est la licorne céleste qui est venue se loger dans le sein de la Vierge, qui est d'une si grande bonté. » De même, représentée dans certaines scènes, la mise à mort de la licorne, dont le flanc est percé par une lance, n'est pas

sans rappeler la Passion du Christ sur la croix.
Pourtant, il y a dans le symbolisme de la licorne une incontestable dimension érotique, et la pureté de la jeune fille est parfois traitée de manière ambiguë, notamment lorsque, sur certaines représentations, celle-ci caresse la corne de la bête du bout des doigts ou la presse contre ses seins. À la Renaissance, la jeune fille est souvent seule avec une licorne qui lui sert de confidente. La bête immaculée conserve cependant une forte valeur emblématique et représente la pureté, la chasteté, et la force des belles dames qu'elle accompagne.

La licorne salvatrice

Au Moyen Âge et à la Renaissance, les vertus thérapeutiques de la licorne sont tout aussi connues que l'étrangeté de sa capture. Dès le IIIe siècle de notre ère, Élien de Préneste faisait allusion à l'utilisation par les Indiens de la corne du rhinocéros ou « cheval unicorne » pour lutter contre les poisons : « L'Inde produit des chevaux et des ânes à corne unique. De ces cornes, ils font des coupes pour boire, et si quelqu'un met un poison mortel dans la boisson, celui qui en boit ne souffrira aucun mal. Car il semble que la corne du cheval, comme celle de l'âne, soit un antidote contre le poison. » Si Hildegarde de Bingen préconise l'usage d'un onguent à base de foie de licorne pour guérir la lèpre, c'est un bestiaire grec du XIIIe siècle qui relate la scène de la purification de l'eau. L'auteur mentionne un grand lac où s'abreuvent les animaux. « Mais avant qu'ils ne soient rassemblés, le serpent vient et lance son poison dans l'eau. Alors les animaux remarquent bien le poison et n'osent pas boire, et ils attendent la licorne. Elle vient et elle se dirige immédiatement vers le lac et, faisant avec sa corne le signe de la croix, elle rend le poison inoffensif. Tous les autres animaux boivent alors. » L'interprétation chrétienne du récit de la purification des eaux est évidente : le serpent (le diable) empoisonne l'eau (répand le péché à travers le monde), tandis que la licorne (le Christ) chasse le mal et purifie les hommes de leurs péchés.

La Dame à la licorne

La Dame à la licorne est un célèbre ensemble de six tapisseries datant de la fin du XVe siècle. Chaque pièce s'ordonne suivant le même principe : un fond rouge semé de fleurs et orné d'une île de verdure sur laquelle évoluent une jeune femme aidée parfois d'une servante, un lion et une licorne. Si les cinq premiers panneaux évoquent les cinq sens, le sixième est plus secret. La jeune femme, debout devant une tente qui porte l'inscription « À mon seul désir », dépourvue de parure, glisse des joyaux dans un coffret présenté par la servante en présence d'un lion et d'une licorne. Cette tapisserie symboliserait en fait un renoncement aux passions provoquées par les sens, et le texte signifierait « selon ma seule volonté ». Le lion et la licorne seraient les emblèmes héraldiques du commanditaire de la tapisserie mais leur présence inscrit cependant cette scène dans la double symbolique chrétienne et courtoise.

Ils rappellent le roman d'aventures médiéval *le Roman de la dame à la licorne* (XIVe siècle), dans lequel le chevalier et la dame, ayant vaincu leurs ennemis, quittent le château, la dame montée sur la licorne, le chevalier sur son lion. Le lion est par essence un animal solaire, masculin, et la licorne à la blanche robe un animal lunaire, féminin. Le monde de l'amour courtois a donné un sens nouveau au couple du lion et de la licorne. Celui-ci est évident : on n'imagine ni un chevalier à la licorne, ni une dame au lion. Mais, dans un bestiaire du XIVe siècle, le couple traditionnel de la dame et de la licorne réapparaît. L'image, qui prend alors un sens nouveau, devient un symbole d'amour courtois. Réfugié contre le sein de la Dame s'observant dans un miroir, une licorne s'endort, symbolisant un homme sans défense pris au piège de l'amour.

La constellation de la licorne ne reçut son nom qu'au XVIIe siècle et figure dans quelques traités d'astrologie, sous le signe de la Vierge (*Virgo*).

Voir **blanc, chevalier, corne, femme, hermine, lac, lance, lion**

lierre

Comme d'autres plantes à feuilles persistantes, le lierre évoque l'amour éternel, la fidélité et l'immortalité.

Le lierre, plante grimpante qui pousse en enserrant le tronc des arbres, est l'un des symboles de l'amour éternel, dont la devise est : « Je meurs ou je m'attache. » La feuille de lierre était utilisée dans les pratiques magiques de divination amoureuse. D'autre part, le caractère persistant de ses feuilles toujours vertes en fait aussi un symbole d'éternité. Dans l'Antiquité ainsi, les athlètes, les poètes, comme les soldats victorieux, portent souvent des couronnes de lierre, symbole de gloire éternelle.

Pour les chrétiens du Moyen Âge, le lierre est associé à l'immortalité de l'âme qui survit au corps, ce dernier étant représenté par un arbre mort sur lequel grimpe la plante.

Voir **couronne, laurier, olivier**

lièvre voir lapin

Lilith

Selon la Kabbale, Lilith serait la première femme, créée en même temps qu'Adam à partir de l'argile. Incapable de s'intégrer à la vie des hommes, stérile et maudite, elle sème la haine dans les couples et dévore les enfants. Elle est le symbole du mal et des démons de sexe féminin.

Lilith, la première Ève ?

Ce démon femelle de la tradition rabbinique est peut-être d'origine sumérienne. Connue à Babylone, Lilith est dénoncée dans la Bible (Isaïe, XXXIV, 14). Le Talmud désigne aussi sous ce nom l'ensemble des démons de sexe féminin. La littérature mystique juive fait de Lilith la reine des démons, la parèdre de Satan. Selon une première version du mythe, Lilith est la première épouse d'Adam, égale à lui car tirée directement de l'argile : « Dieu créa l'homme à son image, à l'image de Dieu il le créa ; mâle et femelle il les créa » (Genèse, I, 27), et Ève fut créée après le départ de Lilith afin de la remplacer auprès de lui – à moins que Lilith n'ait résulté de la rupture de l'androgynat primitif. Dans le second récit, il n'est plus question de création simultanée : Dieu crée Adam le sixième jour, puis : « Yahvé fit tomber une torpeur sur l'homme, qui s'endormit. Il prit l'une de ses côtes et referma la chair à sa place. Yahvé bâtit en femme la côte qu'il avait prise de l'homme, et il l'amena à l'homme. L'homme dit : Celle-ci, cette fois, est l'os de mes os et la chair de ma chair ! Elle sera appelée femme, car c'est d'un homme qu'elle a été prise, celle-ci ! » (Genèse, II, 21-23). Selon une autre version, c'est après la chute que Lilith réussit à séduire Adam : de mauvais esprits seraient issus de cette union.

L'égalité des sexes

Selon la Kabbale, Lilith, première compagne d'Adam et créée en même temps que lui, prouve la volonté divine d'assurer l'égalité des sexes, idée que reprendra d'ailleurs le mouvement féministe. Lilith voulut faire reconnaître à Adam cette égalité, notamment dans la manière de faire l'amour : qui serait dessus, et qui dessous ? *(Alphabet de ben Sira)*. Adam refusant de céder à sa volonté, Lilith prononça le nom ineffable de Dieu et se trouva aussitôt dotée d'une paire d'ailes qui lui permirent de s'envoler du jardin d'Éden. Yahvé dépêcha alors trois anges à sa recherche, la menaçant, si elle ne revenait pas auprès d'Adam, de mettre au monde d'innombrables enfants, dont cent (ou mille) mourraient chaque jour. Les anges trouvèrent Lilith sur les bords de la mer Rouge, se livrant à d'effroyables orgies avec les démons. Devant la cruauté de la sentence, elle menaça de se précipiter dans les flots. Les anges, touchés par sa détresse, lui donnèrent en compensation un pouvoir absolu sur les nouveau-nés, pendant huit jours pour les garçons et vingt jours pour les filles. Toutefois, ces pouvoirs demeureraient inopérants si l'enfant portait une amulette avec l'image de ces anges. C'est pourquoi les femmes juives avaient l'habitude d'accrocher au cou de leurs nouveau-nés de telles amulettes. Les anges ayant échoué dans leur mission, Yahvé créa Ève pour la remplacer. Lilith, femme stérile, deviendra l'ennemie d'Ève, des femmes enceintes et des couples légitimes.

La reine des succubes

Par la suite, Lilith rencontre Samaël, maître des anges déchus, ange de la mort, serpent primordial, chef de tous les Satans, qui s'éprend d'elle et accepte de la reconnaître comme son égale. Ils deviennent époux et forment dès lors un couple maudit. Lilith devient la reine des succubes, démons qui se présentent sous les plus belles enveloppes corporelles possibles, celles de femmes sensuelles et séductrices, pour mieux détourner les hommes de leur devoir en leur faisant perdre leur âme. Maîtresse des incubes (démons masculins qui abusent des femmes pendant leur sommeil) et des succubes, Lilith approche les hommes dans leur lit et féconde la semence répandue dans leur sommeil pour donner naissance à des démons. Un texte de Johann Jakob Schudt raconte en 1717 : « Les Juifs de Francfort croient fermement que, lorsque le sperme échappe à un homme, il formera de mauvais esprits avec l'aide de Mahalath et Lilith, mais qu'ils mourront en leur temps. La semence que répand à terre la masturbation féconde Lilith et lui engendre des fils. »

Goule, strige, sorcière, on retrouve Lilith dans la démonologie occidentale, où elle fait disparaître les enfants pour les tuer et utiliser leur chair et leur sang pour confectionner des philtres maléfiques. Dans l'iconographie chrétienne, on donne souvent au serpent qui tenta Ève les traits de Lilith.

Une beauté ténébreuse

Lilith est une créature de la nuit (c'est d'ailleurs le sens de son nom en hébreu, *laila*), souvent représentée sous les traits d'une séductrice envoûtante, parée d'une longue chevelure ondoyante, aux jambes de serpent et aux ailes déployées, errant à travers le monde, semant la haine dans les familles. C'est la Lamia des Grecs, démone croqueuse d'enfants. Parfois elle porte une tiare et rappelle l'Hécate de la mythologie grecque. On la compare aussi à la Lune noire, second satellite de la Terre, second foyer de l'orbite lunaire, qui incarne la solitude, le vide. L'être marqué par la Lune noire, ne pouvant atteindre l'absolu, choisit de renoncer au monde, au prix de sa propre destruction ou de celle d'autrui.

Voir **Adam, ange, cheveux, démon, diable, femme, Hécate, lune, serpent, sorcier**

limbes

Séjour de félicité naturelle des enfants morts sans baptême, qui, n'étant pas rachetés du péché originel, ne pouvaient jouir de la vision béatifique, cet au-delà né de la tradition grecque est le lieu de l'indécision permanente.

Les enfants qui y demeurent n'ont fait ni le bien ni le mal et ne peuvent en conséquence être jugés sur leurs actes. Dans la tradition chrétienne, l'enfant porte le poids du péché originel du ventre de sa mère jusqu'au baptême. Il semble donc que les limbes chrétiens, réinventés au XIIe siècle, soient une réaction « parentale » destinée à atténuer l'enfer des nouveau-nés. « Un enfant mort sans baptême ne peut être enterré en espace consacré, c'est-à-dire dans le cimetière du village. Il n'appartient pas à la communauté chrétienne. L'absence de sépulture est la marque sociale de son impossible salut » (Didier Lett, historien médiéviste).

Cette doctrine, classique dans la scolastique, est mise en question dans la théologie moderne ; l'Église ne s'est toutefois jamais prononcée sur cette question.

Ce projet est encore dans les limbes, ce projet est vague, incertain.

Voir **baptême, enfer, paradis**

lion

Des fresques de la grotte Chauvet à la Metro Goldwyn Mayer, en passant par les princes, les héros, les saints, les dieux, les corporations, les villes, les États, une lignée ininterrompue d'hommes ou de groupes humains s'identifie au lion rugissant ou lui rend hommage. La Fontaine met le lion en scène dans dix-sept de ses *Fables*. Le lion, roi des animaux, est aussi celui de la symbolique animalière, devançant de loin, dès le Moyen Âge, l'aigle et le taureau. Sa réputation en fait un être à la fois puissant, dominateur, fier, courageux, vigilant, généreux, juste et sage.

Le lion superbe et généreux

Dans l'Antiquité, le lion est symbole d'une force colossale, qui ne peut être maîtrisée que par un individu surhumain, dieu ou héros. Gilgamesh, héros babylonien, Héraclès, héros grec, et Samson, héros biblique, terrassent des lions à mains nues et revêtent leur peau. Mais la force de l'animal peut aussi être vaincue par les vertus morales ou par la foi. Le lion se couche alors et s'incline devant celui qu'il devrait attaquer, sauvant ainsi Daniel, Blandine, et tant d'autres. De nombreuses légendes rapportent l'histoire du lion reconnaissant, comme celle de saint Jérôme au désert : l'ermite ayant arraché une épine de la patte d'un lion, celui-ci le suit partout comme un chien fidèle.

C'est encore lui que l'on retrouve dans les fables de Plaute, de Marot et de La Fontaine, se faisant l'ami d'une souris ou d'un rat après que ce dernier a rongé le filet qui le retenait prisonnier. De cette force découle naturellement la capacité à protéger ceux qui se placent sous sa garde. Chargé d'interdire l'accès, de surveiller, d'attaquer l'envahisseur, il se fait gardien des portes et des trônes. Sur les drapeaux et bannières, ainsi que sur des pièces de monnaie de toutes les époques, le lion symbolise le chevalier, le roi ou l'État protecteur. Sa bravoure et sa fougue l'inscrivent dans une symbolique toute militaire. Commémorer un fait d'armes par la statue d'un lion remonte à l'Antiquité, au moins au *Lion de Chéronée* (338 av. J.-C.), symbole de la défense grecque contre les armées macédoniennes. C'est enfin, dit-on, un animal généreux qui n'attaque l'homme que lorsqu'il a faim.

Le lion royal et christique

Dès la plus haute Antiquité, le lion est un symbole royal. En Égypte, le pharaon aimait autant le chasser que se comparer à lui. Douze lions ornaient le trône de Salomon, et le roi de France Charles V (qui régna de 1360-1380) prend l'animal comme emblème, afin d'être à l'image du grand roi biblique : juste et éclairé.

Au début de la chrétienté, le lion, comme la plupart des autres symboles solaires, est devenu aussi emblème du Christ, « lion de Juda ». Il porte une auréole en forme de croix, et parfois aussi un rouleau ou un livre, représentant son rôle de juge et de maître. Au Moyen Âge apparaît une légende selon laquelle les lionceaux ne viennent réellement à la vie que trois jours après leur naissance, au moment où leur géniteur vient se pencher sur eux pour leur communiquer son souffle vital. Ce délai de trois jours rappelle le temps passé par le Christ au tombeau dans l'attente de sa résurrection. Le lion ailé, symbole omniprésent de Venise, est l'em-

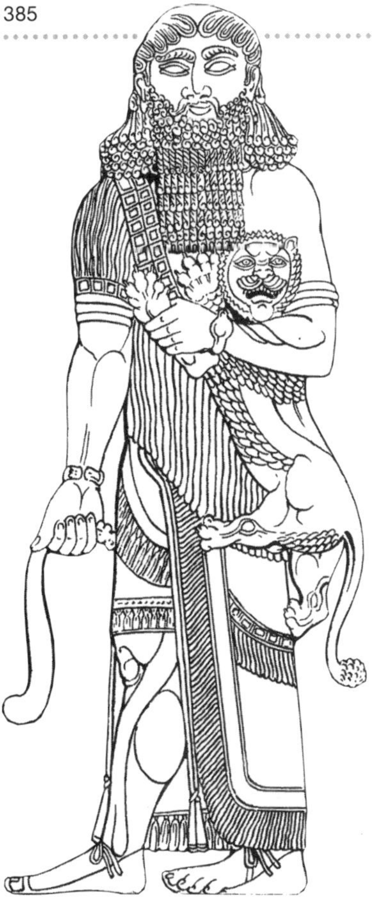

(I Pierre, V, 8). Si la férocité du lion fait partie intégrante de nombreux contes antiques et même modernes (même si le loup tend à le remplacer), dès le XIIe siècle, le lion prend cependant dans la symbolique animalière une image positive et supplante définitivement l'ours comme roi des animaux ainsi qu'en témoigne l'héraldique.
C'est l'astrologie qui exploitera la part cruelle et les travers du lion. Deuxième signe de l'été dans l'actuel calendrier grégorien, il occupe le ciel du 23 juillet au 22 août. Orgueil, agressivité, susceptibilité, tyrannie caractérisent les natifs de ce signe.

La part du lion, la plus grosse part, celle qui revient au plus fort.

Un contrat léonin, contrat inégal qui joue sur la notion de « part du lion » et non sur la réputation de justice de l'animal.

Voir **Antéchrist, chevalier, héraldique, Hercule, loup, ours, résurrection, roi, soleil, taureau, trône, zodiaque**

blème de saint Marc, dont l'Évangile met l'accent sur la souveraineté du Christ et sur sa résurrection.

Le lion rugissant ?

S'il symbolise le bien, le Christ, le roi, le lion peut aussi représenter dans la chrétienté Satan, ou l'Antéchrist. Dans sa première Épître, saint Pierre décrit ainsi le démon : « Votre adversaire le diable, comme un lion rugissant, rôde, cherchant qui engloutir »

lis (ou lys)

Fleur à connotation ambivalente, car elle est associée à la fois à l'érotisme, à la virginité et à la pureté chrétienne. Elle est aussi un des emblèmes de la royauté en France.

Le lis érotique

Dans le Cantique des cantiques (II, 1-2), poème dialogique d'ardent amour physique, on lit : « Je suis le narcisse du Sarôn, le lis des vallées. Comme un lis entre les épines, telle est ma compagne entre les filles. » Le lis est donc ici associé à la fécondité et à l'érotisme.

En raison de son pistil de forme phallique, le lis peut également être associé à la sexualité masculine. Le lis représente la dernière transformation de Hyacinthe, amant d'Apollon. Il est un des emblèmes de Junon, déesse romaine de la fécondité.

Le lis de Marie

Dans le Nouveau Testament, le lis est associé par le Christ à la renonciation aux choses matérielles et à l'abandon mystique de l'amour de Dieu : « Et du vêtement, pourquoi être en souci ? Observez les lis des champs comme ils croissent : ils ne peinent ni ne filent. Or je vous dis que pas même Salomon, dans toute sa gloire, n'a été vêtu comme l'un d'eux » (Matthieu, VI, 28).
Le lis que l'on retrouve dans l'art chrétien est le lis blanc de la Vierge Marie. Dans les tableaux représentant l'Annonciation, l'archange Gabriel tient souvent un lis à la main.

Le lis de Clovis

Le lis héraldique serait originaire de Byzance, où il est la fleur emblématique des empereurs. La fleur de lis, selon la légende, serait devenue l'emblème des rois de France lorsque Clovis, premier roi franc à s'être converti au christianisme et donc désireux de donner une légitimation biblique à la royauté, choisit le lis comme symbole de sainteté et de pureté. Mais la fleur de lis n'est toutefois officiellement adoptée par les rois de France que plusieurs siècles plus tard, sous la dynastie capétienne. Dès le XIe siècle, les lis héraldiques commencent à remplacer sur l'étendard de cendal rouge de Saint-Denis (que porte le roi de France avant de partir au combat) les lions ou les léopards d'origine germanique. Tandis que l'or et l'azur s'imposent progressivement comme couleurs royales, les rois capétiens Louis VII et Louis VIII frappent des deniers sur lesquels figurent des fleurs de lis, mais celles-ci ne deviennent l'emblème de la royauté que sous Philippe Auguste. Sous Louis VIII, les vêtements de sacre sont à leur tour semés de fleurs de lis, symbole de pureté.

Majesté et flétrissure

Vers 1250, la fleur stylisée devient la marque du pouvoir royal, et cela jusqu'en 1830. Le roi de France est le « prince aux fleurs de lis ». En 1285, le roi Philippe III réduit le nombre de pétales à trois, ce chiffre renvoyant à la sainte Trinité et à la majesté de Dieu, et symbolisant la majesté des rois qui règnent en son nom. Lors du sacre royal, l'archevêque remet au roi la couronne ornée de huit fleurs de lis. En 1687, un arrêt réserve la fleur de lis d'or sur champ d'azur aux rois de France et en interdit l'utilisation par ses sujets. Mais la fleur de lis n'est pas qu'un symbole de pureté ou de majesté, elle était aussi une marque de flétrissure (de l'ancien français, *flatir,* « jeter à terre ») sous l'Ancien Régime. Appliquée au fer rouge par le bourreau, par décision de justice royale, cette marque infamante stigmatisait les condamnés jusqu'en 1832. Milady, la séductrice criminelle des *Trois Mousquetaires*, est démasquée à cause de sa fleur de lis : « Je lui donnai mon bien, je lui donnai mon nom ; et un jour je

m'aperçus que cette femme était flétrie : cette femme était marquée d'une fleur de lys sur l'épaule gauche» (*les Trois Mousquetaires,* chap. LXV).
Le lis est l'emblème de la ville de Florence en Toscane.

Le lys dans la vallée, expression tirée du Cantique des cantiques, où elle désigne la Bien-Aimée. Elle a été popularisée par le titre du roman d'Honoré de Balzac.

Voir **bannière, blanc, bleu, couronne, hermine, huit, Junon, or, roi, trinité**

lit

Tous les événements fondamentaux de l'existence s'y déroulant, le lit symbolise la succession des étapes obligées de la destinée : naissance, procréation, invalidité, mort.

Il est donc lié à la succession des générations, et les familles conservent et utilisent parfois pendant des siècles des lits qui ont été successivement des lits de malades, des lits funéraires, des lits conjugaux, et des lits de femmes en couches. On peut parler des cycles familiaux comme des saisons, d'où l'analogie entre les rythmes agraires et les événements qui se déroulent dans le lit. Les années agricoles fastes apportent des naissances, les années maigres, des décès, et on place des grains sous les matelas pour assurer la fertilité du couple comme celle des champs.
Ces cycles familiaux sont liés à la transmission. On dit d'un enfant dont le père s'est remarié qu'il est «d'un premier lit», ce qui n'est pas sans rejaillir sur ses droits à l'héritage, matériel ou spirituel. Mais la situation

d'immobilité horizontale est aussi celle, quotidienne, du sommeil, du repos salvateur et des rêves. On est alors sur le lit comme sur le pont d'un navire en partance.

Voir **saison**

livre

Le livre est le dépôt d'un savoir et symbolise l'émancipation par la connaissance.

Le livre mystique

Cette connaissance n'est pas forcément ouverte à tous, et l'arbre de la connaissance du bien et du mal porte le fruit défendu du jardin d'Éden. Le livre mystique est donc celui de Dieu, et son sens est caché aux hommes. Dans la tradition chrétienne, le statut de connaissance ultime est retranché dans la Jérusalem céleste, puisque la Bible elle-même est considérée comme un ensemble de textes rapportés, de témoignages soumis à caution. En témoigne le caractère tardif du choix définitif des textes (concile de Carthage en 397, mais il faut attendre le concile de Trente en 1546 pour que les livres deutérocanoniques soient reconnus définitivement par les catholiques), le nombre d'écrits apocryphes et la variété des traductions.

La parole de Dieu

Chez les juifs et les musulmans, le Livre ultime n'est pas aussi lointain : il existe chez les juifs une Torah mystique, composée des lettres de la Torah connue, mais dans un ordre inconnu. De même les musulmans considèrent-ils le Coran comme parole divine : seuls l'ordre et le choix des sourates sont considérés comme dépendants de choix historiques opérés par les califes du VIIIe siècle. Dans ces civilisations de la lettre, la traduction est fatalement une perversion, et la lecture, une clef du paradis. Beaucoup de musulmans ont appris le Coran par cœur sans en connaître la langue.

La force de l'écrit

Il faut, pour comprendre le poids symbolique du livre, se rapporter à son statut dans les sociétés purement orales : l'apparition de l'écrit fixe les choses, interdit la part d'improvisation qui existait dans le conte, la parabole ou la récitation rituelle des mythes des origines. L'écrit empêche d'adapter l'histoire ancienne aux exigences du présent, car il fait référence. L'existence de livres n'autorise plus l'improvisation, mais limite la liberté du lecteur soit à l'exégèse (le commentaire et la critique savante d'un texte de référence), soit à l'écriture d'un nouveau livre. On passe du Livre aux livres. Quoi de plus logique que les alchimistes et magiciens répondent alors par leurs ouvrages multiples aux religions du livre unique : Nicolas Flamel, le Grand Albert rejoignent vite l'Index des livres interdits.

Le livre de la liberté

L'écrit devient alors un symbole d'émancipation. D'ailleurs, l'État, dès l'Antiquité romaine, a toujours pratiqué la censure sur des livres, symboles d'une production intellectuelle jugée dangereuse pour le pouvoir. Les œuvres d'Ovide, après sa condamnation à l'exil, sont retirées des bibliothèques publiques. Quant à Caligula, l'empereur fou, il veut éliminer les ouvrages d'Homère, de Virgile et de Tite-Live. Plus près de nous, l'État nazi, comme tous les États totalitaires, s'est attaqué par le feu au symbole du livre, pratique inspirée de l'Inquisition. L'autodafé nazi du 10 mai 1933 contre les livres « dissidents » écrits par des auteurs communistes ou juifs a marqué le début de la mise au pas de la culture par l'État.

Deux célèbres ouvrages d'anticipation soulignent également le caractère inquiétant que peuvent avoir les livres pour l'État : dans *Farenheït 461* de Ray Bradbury, le pouvoir s'emploie à les brûler, et les individus résistent en les apprenant par cœur. Dans *1984* de George Orwell, les livres sont réédités chaque année et modifiés de manière à ne pas laisser suggérer que les idéologues du pouvoir aient jamais pu commettre une erreur de jugement. Dans ce roman, le dictionnaire lui-même se simplifie : chaque année, il présente une nouvelle « novlangue » appauvrie de quelques milliers de mots.

Des livres plutôt qu'un Livre

Les livres, au pluriel, sont donc des antidotes au totalitarisme intellectuel, l'opposé du « Petit Livre rouge » de Mao, dont le seul caractère démocratique tenait à la taille. Opposer la pluralité des lectures à l'unicité du livre nous renvoie à la valeur symbolique de la bibliothèque. Cela est important aujourd'hui, quand Internet donne accès à une bibliothèque universelle de textes changeants, susceptibles d'être retouchés, et dont la facilité d'accès n'a d'égale que la difficulté à établir la source de chacun d'eux.

Voir **bibliothèque, feu**

losange

Parallélogramme aux côtés de longueur égale, le losange ou rhombe est un symbole chrétien qui représente la résurrection du Christ.

Cette figure géométrique serait la dalle carrée, vue en perspective, qui aurait bouché la tombe du Christ et qui, selon saint Marc, aurait été miraculeusement enlevée trois jours après la crucifixion pour permettre au Christ de ressortir parmi les hommes. Le losange représente donc la résurrection, alors que la croix représente la mort physique.

La forme rhomboïdale et non carrée peut s'expliquer par le fait que le carré est associé exclusivement à la terre, par opposition au cercle divin. Dans le *Livre de Kells* par exemple, le chrisme contient un losange en son centre. L'imbrication des deux symboles signifie la mort et la résurrection. Le losange, motif répandu sur les insignes que portaient les pèlerins au Moyen Âge, fut également imbriqué dans la lettre grecque « alpha » pour composer un signe rappelant que le Christ est le Verbe, l'alpha et l'oméga incarnés.

Voir **alpha et oméga, carré, chrisme, croix, entrelacs, pèlerin, résurrection, rhombe**

lotus

Plante aquatique ornementale représentée par des nénuphars, symbole de création divine et de beauté.

Le lotus joue un rôle primordial dans la mythologie égyptienne. Cette plante, élément marquant du paysage ancien, où elle était représentée par deux espèces (lotus blanc et lotus bleu), servait de support au premier soleil lors de la création du monde. En Inde, la fleur de lotus symbolise la beauté. Elle semble également avoir symbolisé la naissance divine, l'immortalité et la pureté originelle. C'est dans les *Brahmana* qu'elle est pour la première fois associée au mythe de la création. Plus tard, le *Mahabharata* raconte que Brahma serait né d'un lotus poussé du nombril de Vishnou.

Voir **nénuphar**

loup/louve

Si l'on en croit des siècles de légendes, le loup est un animal ambivalent dans le domaine symbolique ; bête démoniaque semant la terreur et la destruction, il est aussi force et courage. Sa femelle, la louve, est à la fois associée à la fécondité et à la débauche.

Une force et un amour de loup

À Athènes, le loup est consacré à Apollon, dieu de la lumière, et chez les Romains, à Mars, dieu de la guerre, ce qui confère au loup courage et puissance. Le destin victorieux de Rome trouve sans nul doute son origine dans la louve qui, avant même la fondation de la ville, allaita Romulus et Remus. La louve est alors symbole de fécondité et de tendresse maternelle.

Le désir du loup

Le mot latin *lupa,* qui signifie « louve », désigne aussi la prostituée, et c'est de là que dérive le mot français « lupanar ». Le loup comme la louve représentent donc le désir, s'inscrivant ainsi dans une symbolique sexuelle qu'a d'ailleurs reprise Freud pour analyser un de ses plus célèbres patients, « l'homme aux loups », surnommé ainsi en raison d'un rêve terrifiant peuplé de plusieurs loups qu'il raconta au fondateur de la psychanalyse. C'est bien entendu dans cette même symbolique que s'inscrit le loup tentateur et dévoreur du Petit Chaperon rouge. Pour le psychanalyste Bruno Bettelheim, « le loup ne se contente pas d'être le séducteur mâle, il représente aussi les tendances asociales, animales, qui agissent en nous » (*Psychanalyse des contes de fées*).

La peur du loup

Dans la symbolique chrétienne, si le Seigneur est le berger, le loup est sans aucun doute l'incarnation de Satan. Les peurs ancestrales ont d'ailleurs prêté aux sorcières la faculté de se changer en loup, et aux hommes, celle de se changer en loup-garou. Le Christ lui-même envoie ses disciples à travers le monde « comme des agneaux parmi les loups » (Luc, X, 3). L'un des hauts faits de saint François d'Assise sera d'avoir apprivoisé le loup féroce de Gubbio, et la peinture représente les disciples de saint Dominique (*Dominis canes,* « chiens de Dieu ») attaquant les loups.
Le loup est l'animal qui a le plus marqué la mémoire populaire, car, ré-

veillant les peurs les plus irrationnelles, il est le symbole du mal, de l'inconnu, de ces forces mystérieuses que l'on ne peut maîtriser. On disait qu'il sortait des bois en période de grand froid pour semer la terreur dans les campagnes et s'attaquer à l'homme. Pourtant le loup des anciens temps n'était pas qu'un fantasme, mais un véritable fléau pour les paysans, dont il dévorait le bétail, provoquant misère et famine. L'histoire cruelle du Petit Chaperon rouge, dévoré par le « grand méchant loup », éveille parmi les enfants une peur qui, selon Jung, relève de l'inconscient collectif. La symbolique du loup, incarnation animale des forces du mal, est restée particulièrement forte dans l'imaginaire contemporain. Le dessinateur Calvo a fait du loup le symbole de l'horreur nazie dans une bande dessinée clandestine et Walt Disney et Tex Avery se sont servis du loup pour représenter Hitler dans les dessins animés de propagande commandés par l'armée américaine.

Des loups sont entrés dans Paris, paroles de la célèbre chanson de Serge Reggiani *les Loups,* est une allusion à l'occupation de Paris par les nazis en 1940.

Un jeune loup, jeune homme ambitieux, désireux de réussir au plus vite dans le monde de la politique ou des affaires, et qui ne recule devant rien pour y parvenir.

Avoir vu le loup, se dit d'une jeune fille qui a eu des relations sexuelles.

Voir **agneau, contes de fées, diable, loup-garou, mère, prostituée, rêve**

loup-garou

Être malfaisant qui, selon certaines croyances, avait le pouvoir de se métamorphoser en loup la nuit et qui reprenait forme humaine le jour. Le loup-garou est un symbole de folie dévastatrice.

L'image de la férocité

« L'homme est un loup pour l'homme. » Montesquieu jugeait fort affligeante cette affirmation pessimiste du philosophe anglais Hobbes. La fascination qu'exerce depuis toujours le loup sur l'homme s'explique peut-être en partie par le fait que l'animal vit en couple, au sein de la société organisée qu'est la meute. Mais, à l'inverse de l'homme, le loup se laisse guider par son instinct, et c'est exactement ce qui arrive à l'homme-loup. Par les nuits de pleine lune, le malheureux, victime d'une malédiction, se transforme en loup sanguinaire.
Le premier de ces « lycanthropes » est Lycaon, roi d'Arcadie châtié par Zeus qui le transforme en loup. Ovide raconte : « Ses vêtements se changent en poils, ses bras en jambes ; devenu un loup, il conserve encore des vestiges de son ancienne forme. Il a toujours le même poil gris, le même air farouche, les mêmes yeux ardents ; il est toujours l'image de la férocité. »

La « folie louvière »

Dans son *Dictionnaire infernal* (1825), Collin de Plancy définit la lycanthropie comme une « maladie qui, dans les siècles où l'on ne voyait partout que démons, sorcelleries et maléfices, troublait l'imagination des cerveaux faibles, au point qu'ils se croyaient

métamorphosés en loups-garous, et se conduisaient en conséquence. Les mélancoliques étaient plus que les autres disposés à devenir lycanthropes, c'est-à-dire hommes-loups ». Le loup-garou partage les appétits de l'animal auquel il s'assimile, se jette sur les brebis et les hommes pour les dévorer, sort la nuit de préférence, hurle à la mort, les yeux hagards, les jambes meurtries par les ronces qu'il enjambe sans y penser. Cette étrange maladie fut appelée « mélancolie », « rage lupine » ou « folie louvière ». Le loup-garou fascine par sa force et sa hardiesse. Il est le solitaire, celui qui ne parvient pas à s'intégrer dans une société qui ne lui convient pas et s'y oppose par la violence.

La descendance des loups-garous

Le mythe du loup-garou prendra des proportions impressionnantes entre 1500 et 1700, où les registres judiciaires indiquent une invasion de loups-garous, semant la terreur dans les villes et les campagnes, en France et en Allemagne. Le christianisme y verra tout naturellement l'œuvre du diable, et il deviendra indispensable de détruire la bête, si possible sur un bûcher, comme les sorcières et les hérétiques. Dans un film admirable, les frères Taviani mettent en scène, dans le fin fond des montagnes de Sicile, un homme possédé par la lune, qui se croit chaque mois transformé en loup, à la grande épouvante de la jeune femme qui partage sa vie dans la solitude (*Chaos,* 1984). Soulignant encore la proximité de l'homme et du loup, Boris Vian, dans la nouvelle intitulée *le Loup-garou,* inversera la situation en racontant l'histoire d'un pauvre loup, contraint de se transformer en homme.

Le loup-garou est encore aujourd'hui un personnage récurrent de la littérature et du cinéma fantastiques.

Voir **démon, diable, loup, lune, ogre, sorcier**

lumière

Symbole de la divinité suprême, de l'Esprit, de la vérité, de la conscience et de la vie.

La lumière est la valeur ultime qui dépasse les astres, les yeux ou les flambeaux dont elle jaillit, elle est l'accomplissement au plein sens du terme. La lumière de la menora (chandelier à sept branches du Temple de Jérusalem) dont la flamme est allumée en permanence représente la présence de l'esprit de Dieu au milieu du peuple d'Israël. Le Christ est la lumière du monde, Allah est la lumière des cieux et de la terre, et les croyants sont la lumière de l'humanité.
Il est intéressant que l'œil, organe récepteur, soit considéré comme plein de lumière comme le soleil, astre émetteur. L'association des figures du soleil et de l'œil pour représenter Dieu exprime bien la perfection lumineuse : regardant et regardé se confondent dans une complétude absolue qui peuple l'abîme et repousse à l'infini les parois du gouffre existentiel. La lumière est la réponse ultime à toute question. Les peintres sont des artisans de la lumière, puisque seule cette dernière révèle les formes. Cette lumière des peintres est elle aussi lumière spirituelle : l'ampoule qui surplombe le *Guernica* de Picasso n'a aucune valeur picturale dans cette représentation cubiste d'un massacre aux couleurs ternes ; elle symbolise en revanche la lumière du regard et semble dire : maintenant, vous avez vu. La symbolique communiste du peintre réinvestit au compte de l'athéisme cet élément spirituel éternel : la conscience.

Avoir des lumières particulières sur un sujet, avoir des connaissances sur un sujet.

Recevoir la Lumière (toujours avec une majuscule), être initié en franc-maçonnerie.

Voir **bougie, chandelier, flambeau, lampe, jour, midi, œil, soleil**

lune

L'astre nocturne se rattache à la femme et à son pouvoir matriciel et symbolise aussi la mort et la résurrection.

Un symbole féminin

La lune réfléchit la lumière du soleil, astre masculin par excellence, et son ventre se creuse et s'arrondit en vingt-huit jours, comme la femme pendant le cycle menstruel. C'est un astre inféodé, mais nécessaire à la germination. Comme nombre de jardiniers le savent, le pouvoir fécondant de la lune donne son rythme à la vie biologique, mais il faut qu'un geste masculin vienne brider ce pouvoir (la plantation, le désherbage, la taille...) qui sinon se dérègle et aboutit aux mutations monstrueuses : malformations, handicaps sont souvent imputés à la lune, et les hommes frappés de malédiction deviennent loups-garous à la pleine lune. La Lune est le dix-huitième arcane majeur du tarot, dans lequel elle figure la fécondité, l'inquiétude, l'illusion, le public, l'imagination et l'intuition, autant de qualités ou de défauts rattachés traditionnellement à la femme et qui font contraste avec la froideur supposée de l'astre. Sa lumière blafarde évoque

sans doute la féminité castratrice, l'idéal féminin inatteignable ou l'absence de la mère. En tous les cas, en sus de représenter la passion, elle représente la raison, car elle est réflexion de la lumière solaire et donc de connaissance indirecte ; mais elle symbolise aussi le rêve, l'imagination.

De la fécondité à la chasteté

Les ambiguïtés des images attachées à la féminité se retrouvent dans la personnalité des indénombrables déesses lunaires : chez les Grecs anciens, Selênê est la pleine lune au ventre fécond qui s'unit à Zeus et à Pan et à qui Endymion donne cinquante filles. Artémis est le croissant de lune, vierge éternelle et sauvage, protectrice des jeunes filles non mariées et déesse de la chasse. Sous la lune d'Hécate, les marins naviguaient en sécurité, et la déesse présidait aux accouchements. Mais Hécate est aussi la sorcière qui se tient aux carrefours. En Gaule, Belisana inspire la forme de la faucille des druides avec laquelle le gui toujours vert est récolté sur les chênes sacrés. C'est encore l'Isis des Égyptiens, l'Astarté des Phéniciens, la Mylitta des Perses, l'Alilat des Arabes, etc.

Mort et résurrection

Selon le Coran, la lune fut créée afin de permettre de mesurer le temps. « Allah en a déterminé les phases afin que vous connaissiez le nombre des

années et le calcul du temps ». Le calendrier religieux des musulmans reste lunaire. Dans les pays du Maghreb, la lune est un emblème de la beauté féminine. Il s'agit là sans doute de réminiscences pré-islamiques car aucun verset du Coran ne permet de telles associations. Dans le christianisme, la lune ne joue qu'un rôle mineur. Elle est pourtant l'un des symboles de la Vierge Marie.
En Amérique, les Guaranis, les Aymaras, les Quechuas et autres peuples indiens obligés de se convertir au catholicisme sous la férule espagnole associèrent Marie à leurs propres déesses lunaires et telluriques, en particulier à la Pachamama, syncrétisme qui aboutit presque à faire de Marie la principale divinité du catholicisme baroque latino-américain.

Voir **croissant, étoile, faucille, femme, loup-garou, résurrection, soleil, sorcier**

lynx

Le lynx, animal sauvage, est, selon la croyance médiévale, doté d'une vue perçante, capable de traverser les murailles.

Dans l'imagerie des cinq sens, à la Renaissance, le lynx représente la vue. L'emblème de la famille d'Este de Ferrare est un lynx aux yeux bandés.

lyre

Instrument de musique à cordes pincées de l'Antiquité et du Moyen Age, symbole de l'inspiration et du talent poétique.

Apollon et Orphée ont fait de la lyre, ancêtre de la harpe, un instrument à l'harmonie sophistiquée, par opposition à la flûte, ou au flageolet des bergers inventé par Pan, divinité rustique et fruste. Sur le Parnasse, les Muses dansent au son de la lyre d'Apollon, et la tête d'Orphée, coupée par les Ménades, traverse la mer, accompagnée de la lyre du poète.
La lyre, pourtant abandonnée depuis des siècles, est devenue l'instrument symbole de la musique et de la poésie.
La poésie lyrique chante l'amour, la mort et la mélancolie de l'homme confronté à sa destinée.

Voir **Apollon, chant, danse, flûte, harpe, Orphée, Pan**

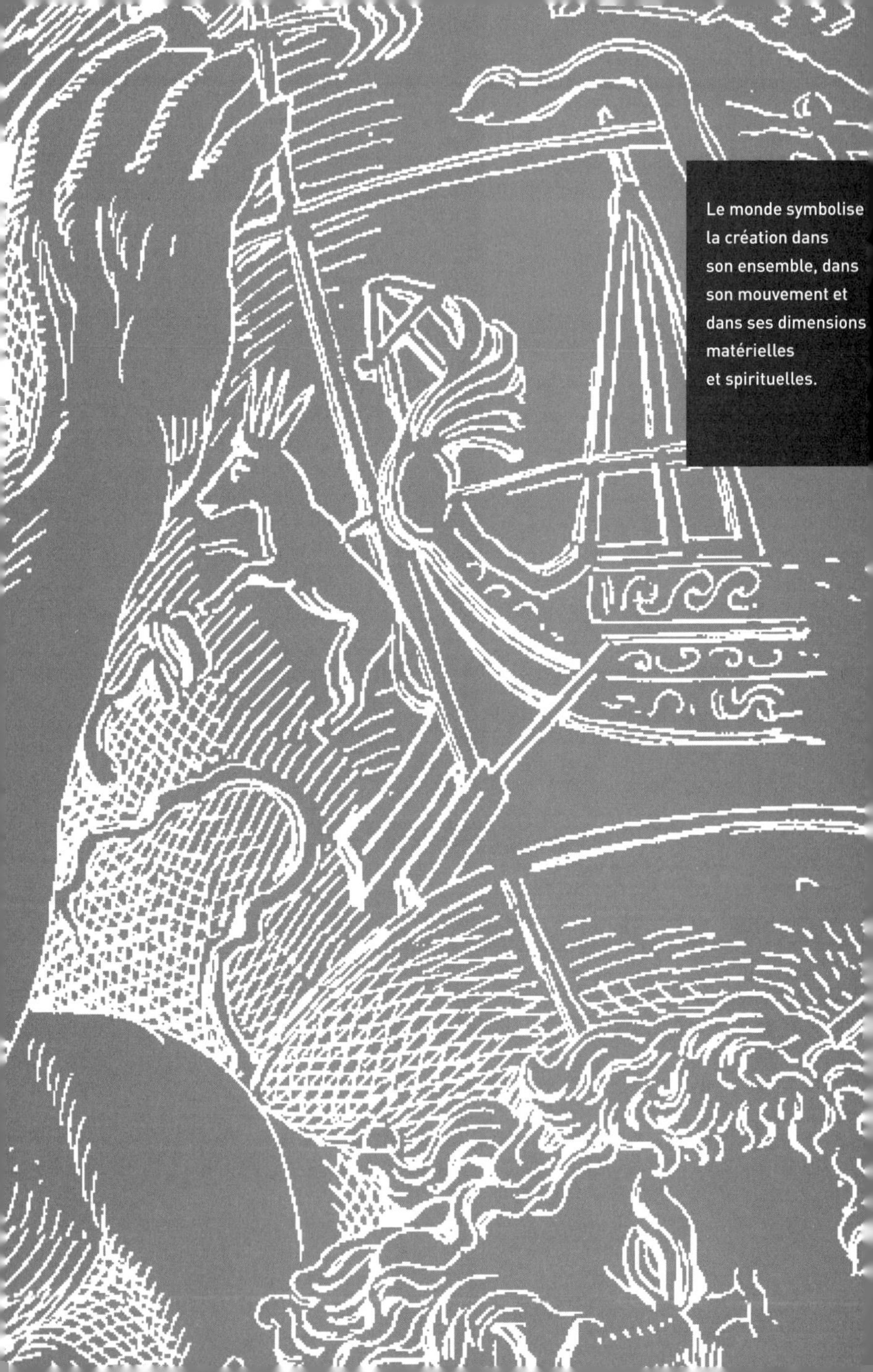

Le monde symbolise la création dans son ensemble, dans son mouvement et dans ses dimensions matérielles et spirituelles.

M

Maât

Divinité du panthéon égyptien, symbole de la vérité et de la justice.

Elle était représentée comme une femme, portant sur la tête la plume d'autruche qui servait à écrire son nom. Une plume la symbolisait sur un des plateaux de la balance utilisé lors de la pesée du cœur du défunt devant le tribunal d'Osiris. L'« offrande de Maât » était l'acte religieux essentiel du rituel quotidien : la petite statuette de la déesse, que les rois offraient aux dieux dans leurs chapelles, incluait toutes les autres offrandes. Elle était la justice sociale, la vérité morale, souvent nommée « fille de Rê »; elle représentait aussi (beaucoup plus profondément) l'ordre du monde, garantissant la stabilité de l'univers.

Voir **âme, cœur, Osiris, plume, psychostasie**

main

Extrémité des membres supérieurs de l'homme, munie de cinq doigts, organe de la préhension et de la sensibilité, la main est un symbole de puissance humaine et divine, ainsi qu'un moyen d'expression essentiel.

Quand l'attribut l'emporte sur la main

La main ne peut être réduite aux doigts. Bien que, pour les Grecs et les Romains, chaque doigt soit relié à une force divine, la main est quasi absente de la mythologie antique comme symbole *sui generis.* Hercule se sert de ses mains pour tuer des serpents ou étrangler le lion de Némée, mais celles-ci ne sont que l'instrument par lequel s'exprime sa force. Seules, elles ne représentent rien. L'attribut que l'on tient à la main (thyrse, caducée, bouclier, trident…) l'emporte sur la main elle-même, qui fait partie d'une gestuelle presque exclusivement humaine. Cependant, les mains de certaines divinités, notamment Asclépios, dieu de la médecine, furent parfois investies de pouvoirs thaumaturges, mais cette

« divinisation » de la main est certainement d'origine égyptienne.

La puissance de la main

Le cerveau pense et la main exécute. Notre environnement matériel et naturel a été transformé par le travail *manuel* collectif. « Faire est le propre de la main », observait Paul Valéry. La main-d'œuvre est l'action humaine concentrée sur l'organe d'exécution. L'extraordinaire caractère préhensile de la main est le propre de l'homme. Il lui a permis de tenir, de contrôler et de façonner des objets complexes, mais il a aussi contribué à la naissance de représentations figuratives, donc aux arts plastiques. Sans la main, nous n'aurions ni le *David* de Michel-Ange ni les peintures rupestres de Lascaux. La conscience de cette puissance de la main est apparente dans des expressions comme « de main de maître », « avoir des mains en or » et « avoir la main verte ». La main exprimant la puissance de l'homme est ainsi un symbole d'autorité et de force de caractère, comme en témoigne l'expression « main de fer ».

Le langage des mains

La main accompagne la parole comme moyen de communication. En fait, il est fort difficile de communiquer sans utiliser ses mains. Dans une relation amicale, on peut donner, tendre ou serrer la main à quelqu'un, ou encore travailler « la main dans la main ». Dans ces cas, la main est ouverte. Dans une relation hostile, on peut lever la main sur quelqu'un et éventuellement « en venir aux mains ». Le bras levé et la main fermée sont un signe de militantisme et d'agressivité, comme chez les Panthères noires américaines. Les mains croisées au niveau du poignet signifient la défaite ou la résignation. En pronation et tournées vers l'extérieur, elles expriment la douleur. La main droite posée sur la poitrine signifie le deuil ou le repentir. Motif funéraire dans l'Antiquité, ce geste sera utilisé à la même fin par l'iconographie chrétienne.

La main de Dieu

Le Dieu des religions monothéistes n'est pas censé se révéler autrement que par ses effets, par ses « signes ». Malgré un anthropomorphisme évident, ces signes sont le produit de la main de Dieu, et notamment de sa main droite, main des bénédictions, par opposition à la main gauche, main des malédictions.

Dans l'Exode, c'est par sa main que Dieu noie Pharaon et son armée dans les eaux de la mer Rouge. C'est par sa main qu'il laisse partir les Hébreux et c'est par sa main qu'il les établit ailleurs et qu'il leur fait connaître sa Loi : « Votre droite, Seigneur, s'est signalée, et a fait éclater sa force. Votre droite, Seigneur, a frappé l'ennemi de votre peuple. [...] Vous avez étendu votre main, et la terre les a dévorés. [...] Vous les introduirez et vous les établirez, Seigneur, sur la montagne de votre héritage, sur cette demeure très ferme que vous vous êtes préparée vous-même, dans votre sanctuaire, Seigneur, que vos mains ont affermi » (Exode XV, 6, 12, 17).

La présence de la main de Dieu « sur la montagne », c'est-à-dire sur le Sinaï, est bien plus qu'une image, c'est une nécessité théologique. « Le Seigneur donna à Moïse les deux tables du témoignage, qui étaient de pierre, et écrites du doigt de Dieu » (Exode, XXXI, 18). Ici, il est légitime de rattacher le doigt divin à la main de Dieu. Le doigt qui écrit est identique à la main qui sauve, punit, fait connaître sa volonté par ses signes ou distribue les effets de sa justice. La main qui écrit établit la loi pour les hommes. Le Dieu qui écrit de sa main s'érige en autorité absolue, en un Dieu de justice, qui édicte les règles auxquelles il faut se conformer.

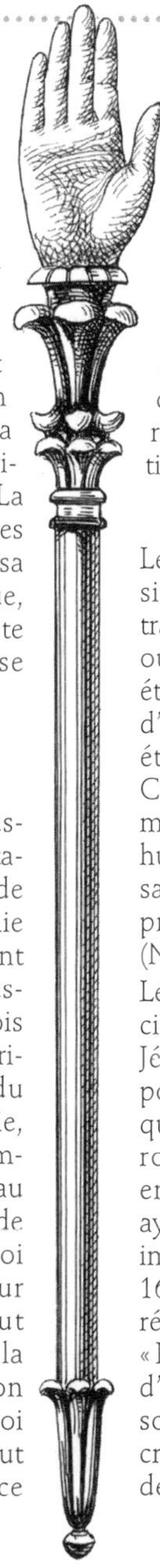

Main de justice et main invisible

Le symbolisme de la main de justice du Dieu de l'Ancien Testament sera repris par les rois de France. Insigne de la monarchie introduit sous le règne de saint Louis (1226-1270), la main de justice, main d'ivoire souvent à trois doigts ouverts représentant la Trinité et placée à l'extrémité du bâton royal de France, fait partie, avec le sceptre, des *regalia* ou symboles du pouvoir royal remis au roi lors de son sacre. La main de justice, mettant en scène le roi comme émissaire de Dieu sur terre, signifie que le roi peut rendre la justice, dont il est la seule source légitime dans son royaume terrestre. La main du roi peut bénir et caresser. Elle peut aussi frapper. Au XIVe siècle, ce symbole apparaît aussi sur les monnaies et les sceaux.

Dans un tout autre contexte, la « main invisible » est une métaphore inventée par l'économiste écossais Adam Smith. Cette main gère et règle à l'insu des acteurs économiques les lois de l'échange pour produire une optimisation de l'utilisation des richesses. L'image est une dérivation laïcisée de la main de Dieu.

Les mains guérisseuses

Les Égyptiens pratiquaient l'imposition des mains comme rite de transmission d'une force positive, ou fluide magnétique. Cette force était transmise à un roi par la statue d'une divinité dont l'une des mains était placée sur la nuque royale. Chez les juifs, l'imposition des mains ne concerne que les êtres humains et les animaux destinés au sacrifice. Lors de l'ordination d'un prêtre, on lui impose les mains (Nombres, XXVII, 18).

Le geste prend une importance cruciale dans le Nouveau Testament. Jésus impose d'abord les mains pour bénir : « Je vous dis en vérité que quiconque ne recevra point le royaume de Dieu comme un enfant n'y entrera point. Et les ayant embrassés, il les bénit en leur imposant les mains » (Marc, X, 15-16). Jésus fait le même geste pour réaliser des miracles de guérison : « Imposant les mains sur chacun d'eux, il les guérissait. Les démons sortaient du corps de plusieurs en criant et disant : Vous êtes le Fils de Dieu » (Luc, IV, 40-41).

Lorsque Dieu se fait chair, sa main bénit et guérit. La main divine néo-testamentaire n'est pas une main qui écrit la Loi sur une table de pierre, mais qui s'engage dans un corps à corps dont les enjeux sont l'expulsion du mal et le royaume céleste. Ce pouvoir est ensuite transmis aux hommes, par exemple lors de l'ordination des prêtres. L'exorcisme dans certaines sectes protestantes, comme les pentecôtistes, se fait toujours par l'imposition des mains. Les rois thaumaturges français guérissaient les écrouelles par ce même geste, pouvoir qui leur était transmis lors du sacre, cérémonie qui octroie donc aux rois les pouvoirs de la main du Dieu de l'Ancien et du Nouveau Testament.

Discours, bénédiction, prière

Le geste chrétien de la bénédiction dérive de la figure de l'*orator,* personnage qui prononce des paroles solennelles et qui, sur les statues romaines, a le bras levé, mais non tendu, et la main à demi ouverte. Les premiers chrétiens prient selon la gestuelle païenne, les coudes pliés et l'avant-bras dressé près des flancs pour former un axe vertical avec les paumes tenues vers l'avant. Le pouce est écarté du reste de la main. Dans l'An-

tiquité, cette pose est celle de la supplication de l'orant et dominera en Occident jusqu'au XIIe siècle, lorsque les mains seront jointes pour prier. Cette disposition dérive du code féodal, où le vassal, pour signifier sa soumission, doit poser ses mains jointes dans celles de son seigneur.

La main, expression de la mélancolie

Dans un autre contexte, la main qui soutient la tête représente dans l'Antiquité la profondeur et le « poids » de la pensée ou de la mélancolie. Les statues antiques de philosophes mettent souvent en valeur la main sur laquelle repose la tête, légèrement inclinée, du sujet. Des artistes comme Dürer, Giorgione, Goya, et, dans leurs autoportraits, Van Gogh et De Chirico utiliseront ce geste pour signifier l'isolement et la douleur de l'existence.

La main comme instrument :
Se faire la main, s'essayer à quelque chose ; *Mettre la main à la pâte,* aider;

La main utilisée pour frapper ou manier les armes :
Lever la main sur quelqu'un, le frapper ; *À mains armées,* les armes à la main;

La main, symbole de l'aide ou de l'acceptation :
Tendre la main à quelqu'un, lui offrir son aide, lui faire une offre de réconciliation ; *Demander la main de quelqu'un,* obtenir une jeune fille en mariage ;

La main, symbole de l'action et de l'effort :
Avoir la main heureuse, réussir dans ce qu'on entreprend ; *Avoir les mains libres,* avoir toute liberté d'agir ;

La main, symbole de la possession et de l'autorité :
Changer de main, passer d'un possesseur à l'autre ; *Passer la main,* renoncer à ses pouvoirs et les transmettre ; *Reprendre en main,* redresser une situation compromise ; *Avoir la haute main sur,* commander;

La main, symbole de l'action violente :
Ne pas y aller de main morte, agir avec brutalité.

Voir **bras, chair, doigt, droite-gauche, gant, ivoire, roi**

maison

La maison est le refuge de l'individu ou l'individu lui-même.

Foyer et reflet

Le plus souvent, c'est une famille qui y habite, protégée par les dieux domestiques, comme, chez les Grecs, Hestia, la déesse qui maintient le feu allumé dans le foyer. Mais la maison a un maître, comme la famille a un chef, et c'est à lui que la maison se rapporte principalement. La maison est alors le nid duquel l'oiseau prend son envol, pour se révéler rapace ou alouette, le terrier d'où sort le renard ou le blaireau.

Toutes les caractéristiques de la maison (basse, haute, pourvue de murs aveugles ou percés de fenêtres, de pièces étroites et obscures ou larges et aérées...) révèlent la personnalité de celui qui l'habite : pauvre, riche, secret, expansif, conformiste, extravagant… C'est le lieu d'où l'on contemple le monde avant la sortie nocturne ou diurne. Magritte a peint une étrange demeure (la sienne en fait) sous un ciel éclatant dans une forêt plongée dans l'obscurité : c'est docteur Jekyll et Mr Hyde dans le secret de son laboratoire. La maison est un reflet du monde, un miroir qui réfléchit l'autre miroir qu'est l'univers. Les choses y sont inversées : l'homme est le maître de la maison en ce qu'il règle ses relations avec le dehors, mais, entre ses murs, c'est la ménagère qui règle les rapports internes.

Un organisme vivant ?

Chez les Kabyles algériens, le mur extérieur sud, qui reçoit la lumière, est dévolu aux hommes (pour les facilités de la conversation publique), quand le mur intérieur nord est dévolu aux femmes (pour les commodités du tissage et des tâches ménagères). La maison est un organisme : les gaz s'exhalent par la cheminée, les fluides par les canalisations, le regard par les fenêtres, l'action par la porte. Il se nourrit de bois, de pétrole ou d'électricité. Les films d'horreur lui prêtent des maladies : suintements, tremblements, fissures, qui sont autant de signes d'une mémoire : on dit d'une maison qu'elle est hantée, comme on dit d'une personne qu'elle est possédée.

Voir **feu, foyer**

mandala

Cercle magique et symbolique qui représente dans le bouddhisme une image du monde idéal.

Le cercle et le carré

Dans le bouddhisme du Grand Véhicule et dans le tantrisme, un mandala est un cercle sacré qui figure le divin. « Voie » de la méditation, le mandala est une représentation symbolique du monde, sous la forme d'un assemblage de carrés entourés d'enceintes circulaires, destiné à permettre à ceux qui le regardent avec concentration de réintégrer leur nature propre au sein de l'univers. Bien que, dans la pensée indienne, la Terre soit ronde, le quadrilatère joue un rôle essentiel au sein du mandala, associant au symbolisme du cercle celui des points cardinaux, et créant un axe qui relie le ciel et la terre. « Centre du cercle » (*Kylkhor*) dans le bouddhisme tibétain, le mandala est une représentation du monde idéal, dans laquelle le centre figure la concentration, et la périphérie, l'organisation. Le troisième cercle, « cercle du lotus », est l'image de la renaissance spirituelle.

La carte du monde

Pour certains, l'origine des mandalas est à rapprocher des constructions cultuelles mégalithiques européennes, telle celle de Stonehenge. D'autres y voient l'héritage des miroirs de bronze de la dynastie chinoise des Han, qui représentent la création du monde. Une troisième explication se réfère aux tambours des chamans, sur lesquels était peinte la carte du monde. On peut toutefois noter la similarité, dans la forme et la fonction de représentation symbolique des forces, entre les mandalas orientaux et les laby-

rinthes ou les rosaces des cathédrales occidentales.

Voir **axe, carré, cercle, chrisme, labyrinthe, points cardinaux, monde**

mandorle

Forme ovale ressemblant à une amande, entourant complètement un personnage en majesté (souvent le Christ ou la Vierge Marie) dans les manuscrits, les fresques, les tympans.

Le mot « mandorle » vient de l'italien *mandorla,* qui veut dire « amande ». La mandorle qui entoure le Christ ou la Vierge Marie symbolise le rayonnement de la gloire de Dieu.

Voir **amande, aura, auréole, nimbe, résurrection**

mandragore

La mandragore, plante magique à racine anthropomorphe qui poussait sous les gibets, est symbole de fécondité, de prospérité et de mort.

L'homoncule

Cette plante méditerranéenne à fleurs rouges, blanches, bleues, pousse sur une grosse racine qui se divise en plusieurs tronçons, ressemblant vaguement à un corps humain, avec deux jambes poilues. C'est à cet aspect d'homoncule qu'elle doit sa réputation à la fois bénéfique et maléfique, et que depuis toujours elle suscite crainte et vénération. En effet, selon les traditions rabbiniques, la mandragore aurait poussé au paradis terrestre. Chez les Grecs et les Romains, on l'utilisait dans les philtres : elle faisait naître l'amour, guérissait la stérilité, multipliait l'argent. On la cueillait dans des endroits déserts, souvent dans le voisinage des gibets.

Une technique d'arrachage sophistiquée

Le rituel de l'arrachage se déroulait pendant les nuits de pleine lune. Après avoir tracé trois cercles autour de la mandragore, l'officiant creusait pour en dégager la racine. Une jeune fille était placée à côté de la plante pour lui tenir compagnie. On passait ensuite une corde autour de la racine, puis on attachait l'autre extrémité au cou d'un chien noir. Lorsque l'on appelait le chien, celui se mettait à tirer sur la corde, donc sur la plante, qui, en s'arrachant du sol, lançait un terrible cri d'agonie. La racine était ensuite lavée et macérée, puis enveloppée dans un linceul. Après avoir subi ces « bons » traitements, la plante assurait à son possesseur prospérité et fécondité. À l'inverse, celui qui arrachait la mandragore sans respecter le rituel devenait fou en entendant les

hurlements de la plante et était ensuite poursuivi par sa malédiction.
Les mandragores qui poussaient au pied des gibets étaient particulièrement appréciées, car on les disait fécondées par le sperme des pendus.

Vertus thérapeutiques et aphrodisiaques

La mandragore fut appelée « main de gloire » ou « herbe du matagon » (le mot « *matagona* » désignant une sorcière). Les sorciers l'utilisaient dans la fabrication des onguents dont ils s'imprégnaient avant de partir au sabbat. La plante est mentionnée dans les plus anciens textes de médecine connus, les tablettes de Nippur. Hippocrate recommande son usage pour soigner la mélancolie et l'angoisse, ainsi que pour l'anesthésie. Les Grecs l'appellaient *Circéa* ou « plante d'amour », en raison des vertus aphrodisiaques de ses baies et de sa racine, et l'un des surnoms de Vénus est « *Mandragoritis* ». Les baies rougeâtres de la mandragore étaient consommées par les Arabes, qui les appelaient « pommes du diable » ou « pommes d'amour », en raison des rêves érotiques qu'elles provoquaient. Dans la Bible, Rachel, atteinte de stérilité, concevra un enfant après avoir consommé des baies de mandragore.

Voir **potence**

manne

Nourriture miraculeuse dont bénéficièrent les Hébreux au cours de la traversée du désert du Sinaï après leur sortie d'Égypte, la manne représente la Providence.

Dans l'Ancien Testament, la manne est « le pain que l'Éternel vous donne comme nourriture » (Exode, XVI, 15), une nourriture envoyée aux Hébreux lors de leur traversée du désert du Sinaï, un sens repris tel quel par le Coran : « Nous avons fait descendre sur vous la manne et les cailles. » Produit miraculeux, la manne céleste est une allégorie du don de Dieu.

Son nom provient de l'expression par laquelle les Hébreux exprimèrent leur étonnement à sa vue : « *Man hou ?* », « qu'est-ce que cela ? » (Exode, XVI, 15). Elle est ainsi décrite : « Elle ressemblait à la graine de coriandre : elle était blanche, et elle avait le goût qu'avait la plus pure farine mêlée avec du miel » (Exode, XVI, 31).

À l'inverse de cette symbolique providentielle, saint Jean fait dire à Jésus dans son Évangile : « Vos pères ont mangé la manne dans le désert et ils sont morts. C'est ici le pain qui descend du ciel afin que celui qui en mange ne meure point. Je suis le pain vivant » (Jean, VI, 49-51). Ainsi, pour les chrétiens, la manne, pain du désert, est une prophétie du pain eucharistique et représente la parole de Dieu sous la forme de l'Eucharistie.

La manne, une aubaine, une chose providentielle.

Voir **blé, pain**

manteau

Vêtement à manches longues que l'on porte à l'extérieur, par-dessus les autres vêtements, le manteau cache, mais est surtout un signe honorifique.

Le manteau est d'abord un vêtement protecteur qui sert à dissimuler. Un objet « vendu sous le manteau » est vendu clandestinement. Dans notre imaginaire, l'exhibitionniste est celui qui s'expose impudiquement en ouvrant son manteau. « Couvrir quelque chose du manteau de l'indifférence », c'est le rendre invisible et sans importance.

Dans l'héraldique, le manteau, complété par le pavillon, était l'attribut des souverains. Il était d'azur et semé

de fleurs de lis d'or pour les rois de France. Les princes et les ducs portaient quant à eux un manteau de pourpre. Sous l'Ancien Régime, le chancelier de France et les principaux magistrats avaient un manteau de « gueules » (manteau de couleur rouge). Sous la Restauration, les pairs de France portaient un manteau d'azur. Souvent rallongé par une traîne, doublé d'hermine, le manteau est un symbole de somptuosité, de rang social et d'autorité

Voir **chape, hermine**

marais

Les eaux stagnantes du marais sont signes d'intemporalité, mais d'une intemporalité sans joie.

Si le fond du lac mène au monde magique, le fond du marais n'est peuplé que de morts sans repos, comme le fond d'un cachot. L'hydre est tuée par Hercule dans les marais de Lerne, et les Poulpikans s'attaquent à qui s'aventure dans les marécages bretons. On peut évoquer les maladies pour comprendre la mauvaise réputation des marais, jugés malsains, car la maladie est une hésitation entre la vie et la mort. La présence de feux follets y est aussi pour quelque chose, mais, surtout, il s'agit du réceptacle d'eaux hésitantes qui ne savent dans quelle direction couler, des eaux aussi indécises que les fantômes aperçus en se penchant vers la surface. Dans *le Seigneur des anneaux,* Tolkien reprend l'image du marais comme un antique champ de bataille où vainqueurs et vaincus sont frères dans la mort. Le marais s'oppose ainsi au lac, le reposoir final des eaux écoulées. Si le lac est une arrivée, le marais est un éternel carrefour entre ciel et terre.

Voir **eau, carrefour, hydre, lac**

Mars

Dieu de la guerre, identifié au dieu grec Arès.

Dans un très lointain passé, il aurait été un dieu agraire. Dieu des combats sous l'épithète de *Mars Gradivus,* il était célébré sur le champ de Mars à l'extérieur de la Ville, où il avait un autel, mais également à Rome même dans les temples élevés par Auguste sur le Capitole et au Forum. Des lances et douze boucliers (dont l'un tombé du ciel) lui étaient consacrés. Ses fêtes, processions et lustration (purification) des armes sous la direction de prêtres guerriers, les Saliens, avaient lieu d'abord dans le mois qui lui était consacré et qui ouvrait l'année romaine, époque où, avec la belle saison, les armées entraient en campagne, puis de nouveau en octobre, au retour des troupes. Mars était aussi vénéré, sous l'épithète de *Mars Silvanus,* comme dieu de la nature, de la végétation et protecteur de l'agriculture. La légende purement romaine de Mars ne mentionne que ses amours avec Rhea Sylvia d'où naîtront Romulus et Remus; les autres légendes étant la transposition des mythes concernant Arès (amours de Mars et de Vénus).

Voir **année, arme, bouclier, lance, mois, purification**

marteau

Instrument du forgeron, le marteau est associé à des forces démiurgiques masculines, qui, pour créer, écrasent, forcent et détruisent dans un premier temps.

Dans la mythologie scandinave, le marteau de Thor a ce pouvoir destructif intense, et cette caractéristique de ne pouvoir être utilisé que par son maître.

Être entre le marteau et l'enclume, signifie que l'on se trouve placé entre une force active et une force passive, dont la jonction sera explosive.

Voir **drapeau, faucille, forgeron, massue**

masque

Le masque est instrument de dissimulation, de transformation, d'incarnation, de possession.

Dissimulation et inversion

La signification du masque la plus évidente est celle de la dissimulation, de la mise à distance du moi réel et d'un moi de représentation : masque de voleur et masque de carnaval. Depuis les fêtes dionysiaques et les saturnales de l'Antiquité, le masque permet l'expression de désirs réfrénés. L'interversion des sexes et des rôles sociaux est courante à Carnaval. En Guyane française, seules les femmes sont déguisées, et ce sont elles qui invitent les hommes à danser. À Dunkerque, les jeunes hommes se déguisent en vieilles femmes.

Le masque et le mythe

Mais le carnaval doit n'avoir qu'une durée limitée, sinon le masque de dissimulation risque de coller au visage et de se substituer à la personnalité réelle. Il devient masque de transformation. Chez les Amérindiens christianisés par les Espagnols, Carnaval a néanmoins pu recouvrir une autre signification : au Pérou et en Bolivie, deux camps masqués rejouent la conquête européenne, l'oppression des Indiens et leur évangélisation. On y actualise une histoire des origines, mais, dans ce cas précis, le récit fondateur n'a rien de mythique et correspond à un traumatisme profond. Le masque fonctionne alors comme catharsis : en faisant revivre le traumatisme, il provoque une décharge émotionnelle libératrice.

Le masque des danses rituelles permet d'incarner un dieu, un esprit. Aucun esprit carnavalesque dans les cérémonies africaines, au Nouvel An chinois ou au cours des danses balinaises. Il ne s'agit pas de représentation d'une légende, mais d'actualisation d'un mythe des origines : le masque permet d'incarner l'immuable, de révéler à intervalles réguliers le pourquoi des lois sociales qui règlent la vie quotidienne : prohibition de l'inceste, partage des parcelles agricoles, relations à l'autorité…

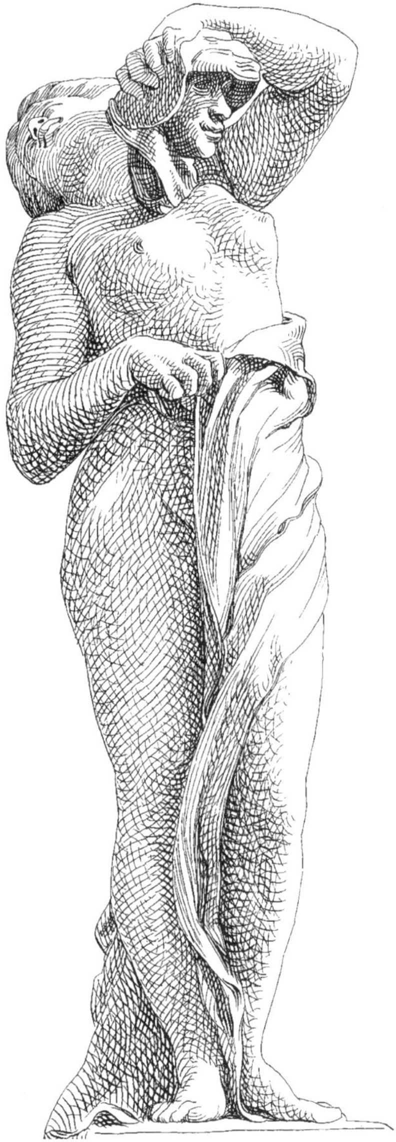

Masque magique

Par son masque, le porteur prend possession des forces invisibles, les incarne et en même temps se prémunit contre elles, car le masque est un catalyseur appelant les forces mystiques et un bouclier protégeant contre leurs actions désordonnées. Il n'est pas en lui-même un esprit. C'est un médiateur. Mais, permettant le contact avec le monde des esprits, son usage est dangereux. Le porteur de masque se doit de respecter des interdits rituels divers (sexuels, alimentaires…), faute de quoi l'esprit peut le prendre. C'est alors un masque de possession.

Le masque appelle les dieux parce que les diverses divinités ne nous apparaissent que masquées : la totalité divine serait un spectacle inconcevable pour des yeux humains. Même dans ses relations amoureuses avec les mortelles, Zeus n'apparaît jamais que déguisé. Sémélé, la nymphe qui portait Dionysos, fruit de ses amours divines, demanda un jour à Zeus de lui apparaître sans masque, dans toute sa puissance. Zeus avait juré d'exaucer son vœu, mais la nymphe en mourut. Seul Jésus-Christ est une divinité sans masque, mais c'est une divinité incomplète puisqu'il ne représente qu'un des éléments de la sainte Trinité.

Le masque funéraire permet de retenir l'âme, de la concentrer ou de la diriger, de manière à ce qu'elle trouve son chemin dans l'au-delà et ne hante pas les vivants. Chez les Égyptiens, le masque des momies permettait à l'âme de retrouver son corps pour l'emmener dans l'au-delà.

Voir **âme, danse**

massue

Proche du marteau, du fouet ou de la hache, la massue est un symbole de force brutale, rattaché à la foudre, donc à la pluie et à la fertilité.

C'est l'arme d'Hercule : le demi-dieu à la force légendaire s'en aide pour terrasser le lion de Némée et l'hydre de Lerne au cours de ses travaux. La force brutale incarnée par la massue est généralement manipulée par des êtres malfaisants, toujours un peu bornés, tel le cyclope de l'*Odyssée*, qui dévore les compagnons d'Ulysse. C'est en taillant la massue en pointe (en faisant alors preuve de plus d'intelligence que de force) que les survivants crèvent l'œil de leur bourreau. Dagda, le dieu irlandais de la fertilité, des contrats et des équilibres manie une énorme massue qui tue par une extrémité et soigne par l'autre. Ses autres instruments sont moins violents : un chaudron inépuisable et une harpe.

Voir **foudre, fouet, hache, Hercule, marteau, Ulysse**

Méduse voir Gorgones (les)

menhir

Le menhir représente la profondeur du temps, la volonté de durer, le mystère au cœur de la vie et de la mort.

Ces pierres dressées datent du néolithique, et le sens en a été perdu, laissant les scientifiques dans la conjecture. De nombreux alignements ou cercles de menhirs (Carnac, Stonehenge) correspondent à des positions astrales et constituent des observatoires astronomiques autant que des lieux de culte. Mais, surtout, la plupart des menhirs semblent se rapporter à des sépultures dont ils garderaient l'entrée. Leur forme dressée, vaguement phallique, signalerait la volonté de vivre. En ce sens, le menhir serait résolument un signe, un point de repère destiné à être vu de loin, à en imposer de près et à traverser les âges...

Cette interprétation a le mérite ambigu d'être conforme à ce qui nous en reste : des monuments impressionnants, muets, aux vocations mystérieuses, des médiums entre ciel et terre. Confondant période celte et période néolithique, certaines confréries en font des symboles druidiques et utilisent les mégalithes comme lieux de culte dédiés à des divinités solaires ou lunaires. La démarche n'est pas rationnelle, mais fonctionne sur le plan symbolique : c'est bien le mystère en lui-même qui est ainsi honoré à Carnac ou à Stonehenge. Le grand mégalithe noir qui traverse le film *2001, l'Odyssée de l'espace* de

Stanley Kubrick n'a ni plus ni moins de sens.

Voir **bétyle, pierre, solstice**

Méphistophélès voir diable

mer voir océan

mercure

Seul métal liquide à la température ambiante, le mercure représente la mobilité. Principe de l'alchimie, avec le soufre et le sel, le mercure est le symbole du froid.

Un principe générateur...

En hiéroglyphes égyptiens, le signe d'Hermès (le dieu grec équivalant au romain Mercure, le messager des dieux) est le même que celui de la planète Mercure, l'astre qui fait le plus rapidement le tour du Soleil. Après avoir été appliqué à l'étain, ce hiéroglyphe a désigné le métal mercure : le principe de liaison, attaché au dieu, la rapidité de la planète et la fluidité du métal se sont ainsi trouvés associés. Mouvant et propice à la transformation, le mercure est considéré comme un principe générateur, animé de forces propres et de vie. Ainsi, en termes d'alchimie, on peut « fixer » ou « tuer » le mercure (en réduisant sa fluidité).

...vif-argent...

L'Antiquité voit dans le mercure une forme liquide de l'argent, d'où l'appellation de « vif-argent », inspirée à Aristote par la mobilité du métal liquide. Le mercure tire de sa propriété physique un symbolisme de liaison, de transformation, associé à la recomposition, puis, par l'alchimie, à la transmutation, ce qui lui confère des vertus magiques, comme la panacée mercurielle du XVIIe siècle, aussi appelée mercure doux ou protochlorure de mercure, qui guérit notamment de « toutes sortes de véroles ».

...aux vertus magiques

Ingéré, le mercure tué peut donner l'immortalité, guérir les afflictions ou transformer une grande quantité de métaux en or. Il est le métal de la science des choses cachées, du retour à la matière primale, celui dans lequel, pour les alchimistes, tout le secret réside : « Dans le mercure se trouve tout ce que cherchent les sages », dit le Philosophe des alchimistes. Ces derniers opposent le mercure du vulgaire à celui des sages,

« car tout mercure vulgaire est mâle, c'est-à-dire corporel, spécifié, mort, tandis que le nôtre est spirituel, féminin, vivant et vivifiant ».

Voir **alchimie, argent, Hermès, métal**

mère

La mère symbolise le principe de toute vie, la fertilité, la protection, la nourriture et la terre.

La source de vie

Par son symbolisme duel, la mère fait le lien entre l'au-delà et l'ici-bas, entre l'immortalité et la mort, entre le pur et l'impur. Elle est, dès le néolithique, celle qui est au départ de toute chose, l'origine du monde : aussi est-elle la mère des dieux, source de la vie, telles les déesses célestes, mères des dieux d'Asie Mineure, en Thrace et dans le monde hellénique.
Ces mères originelles sont fréquemment figurées par une allégorie du sein créateur : le labyrinthe ou la caverne, lieu de naissance récurrent des dieux et des héros, comme Mithra ou Jésus. Ces mères des dieux portent alternativement les noms de Grande Déesse et de Grande Mère, ou bien encore de Déesses-Mères ; elles présidaient à la génération et à la fécondité, et étaient considérées comme protectrices de l'humanité et de la femme en particulier.
Ainsi Nout, déesse originelle égyptienne, mère du ciel et de la voûte céleste, ou la grecque Rhéa, mère de Zeus et des principaux dieux de l'Olympe. Dans le *Kalevala*, épopée antique de la Finlande, Isnatar chante : « Je suis la plus ancienne des

LA NATURE

femmes, je suis la première mère des humains, j'ai été cinq fois épouse et six fois fiancée. »

Mère-Terre

La mère des dieux est fréquemment associée à la Terre, telle la déesse suprême des Grecs, Gaïa, centre et point de départ de l'histoire de l'humanité, associant au symbolisme de la source ceux de la fécondité et la fertilité. C'est la mère terrestre, fertile, telle la déesse phrygienne Cybèle, la grande déesse-mère Dana chez les Celtes, ou la Ninhoursag sumérienne, également appelée « celle qui enfante ». D'où le symbolisme de mère nourricière, que l'on retrouve en Égypte chez Hathor, chez Isis, représentée en train d'allaiter, ou chez l'Artémis d'Éphèse (Diane) et ses rangées de seins superposés, gonflés de lait. « C'est la terre que je chanterai, écrit Homère, mère universelle aux solides assises, aïeule vénérable qui nourrit sur son sol tout ce qui existe » *(Hymnes «À la Terre»).*

Mais, comme la terre nourrit et protège, puis ensevelit ou détruit, la mère revêt tour à tour un caractère bénéfique et maléfique, voire funeste : la mère est en effet un symbole duel, tout à la fois nourricière et dévorante, telles les déesses Cybèle, Déméter, Isis ou Ishtar, qui vont jusqu'à manger leurs propres enfants ou menacer d'engloutir l'humanité, ou encore ces ogresses affamées des contes.

Matrice

La mère qui porte un enfant sans avoir été fécondée, symbole de matrice, revient dans de nombreuses religions de l'Antiquité : vierge qui met au monde un enfant divin, elle est le symbole de la pureté, du désintéressement et du dévouement : ce sont Sémiramis à Babylone, représentée tenant sur ses genoux l'enfant Tammuz ; Nana en Phrygie, tenant l'enfant Attis ; ou, dans le christianisme, la Vierge Marie tenant l'enfant Jésus. La mère-matrice représente la protection, d'où l'association chrétienne de l'Église à la mère, et du croyant à l'enfant. Cependant, à l'exception de la Marie des premiers siècles de la chrétienté, dont le Moyen Âge gomme le caractère décidé et indépendant, les religions du Livre font de la mère un personnage secondaire, associé à la protection, à la pureté, et à l'amour.

La Grèce, mère des arts ; *l'oisiveté, mère de tous les vices,* symbole littéral de la source, du pays d'origine, d'élection.

Une maison mère, une cellule mère, désigne en apposition à un mot ce qui est à l'origine, au centre, ce qui est le noyau fondamental.

Voir **Cybèle, Déméter, femme, Hathor, Héra, Isis, Junon, lait, sein, terre**

métal

Une symbolique duelle se rattache au métal, corps simple et malléable, associé à la puissance créatrice, mais aussi aux flammes et au caractère souterrain de l'enfer.

À chaque métal son astre

Depuis l'Antiquité grecque et romaine, les noms des métaux et de leurs composés désignent aussi les divinités, les planètes et les jours de la semaine, l'ordre des métaux s'affirmant par là comme le reflet de celui de l'univers et du temps. Cette analogie remonte à un mythe préhellénique, selon lequel les métaux dérivent du corps d'un dieu ou d'un être surnaturel immolé. Ainsi, en hermétisme, ancien art de forgerons et de mineurs, chaque métal est associé à un astre ou à une divinité olympienne, qui en détermine les propriétés : la lune semble trouver sa blancheur et son éclat tempéré dans l'argent, alors que l'or, incorruptible, est représenté par Apollon, le dieu-soleil, source primordiale de toute vie et de toute activité. Le plomb, lourd et vil, est en relation avec Saturne, le dieu détrôné par Jupiter, qui se reflète lui-même dans l'étain, le plus léger des métaux. Le cuivre prend en s'oxydant la couleur verte de Vénus, et le fer qui rougit au feu et fournit des armes est associé à Mars, dieu de la guerre. La mobilité du vif-argent est rappelée par les mouvements rapides de la planète Mercure et par l'agilité du messager des dieux, coureur permanent et toujours en mouvement.

Du pur à l'impur

Les quatre éléments sont associés à des métaux : le plomb à la terre, l'étain à l'air, le cuivre à l'eau et le fer au feu. On voit que de ce symbolisme des métaux se dégage une hiérarchie de valeurs, allant du pur à l'impur, dans laquelle le fer prend la place la plus vile, une indignité que l'on retrouve dans le monde hébraïque : l'Ancien Testament relate ainsi que, lors de sa construction par Salomon, le Temple fut fait « de pierre entièrement préparée avant d'être transportée; et on n'entendit ni marteaux, ni hache, aucun instrument de fer, dans la maison, quand on la bâtit » (Rois, VI, 7). En haut de la hiérarchie se trouve le bronze, avec lequel l'architecte Hiram fit l'autel, et le « métal fondu », avec lequel il coula la « mer » au sein du Temple. La « mer de bronze », était en fait, une large vasque destinée aux ablutions rituelles.

Le mythe hésiodique des races métalliques

À propos du mythe grec des races, le poète Hésiode et ses disciples décrivent une succession de races : la race d'or, la race d'argent, la race de bronze, la race de fer, plus d'autres, non nommées, tandis qu'Ovide, dans ses *Métamorphoses*, parle de quatre âges successifs de l'humanité : âge d'or, âge d'argent, âge de bronze et âge de fer. Dans le monde grec, la notion d'alliance entre l'homme et la nature rapproche les métaux du symbolisme de l'agriculture, les métaux poussant, croit-on, dans le sein de la mine, à l'image des végétaux. Chez les mineurs de l'Antiquité, on retrouve ainsi des rites de purification par le jeûne, la méditation et les prières, dont le but est de préparer à l'intrusion dans l'espace sacré de la terre. De même, la métallurgie donne à l'homme le pouvoir quasi divin de collaborer à l'œuvre de la nature, comme dans l'agriculture. Le métallurgiste qui transforme le minerai en métal achève la gestation commencée dans la terre-mère, associant ainsi le minerai métallique à l'embryon. La fusion est donc une activité hautement ritualisée, répondant à un symbolisme sexuel et marital. D'où l'ambivalence du statut du forgeron dans l'Antiquité : à la fois « maître du feu » porteur des mystères de la création, et nomade, reprenant le caractère impur des métaux et la symbolique infernale du feu – donc, à ce titre, isolé de la cité.

Voir **ablution, airain, alliage, argent, bronze, cuivre, fer, feu, forgeron, mercure, métal, plomb, or, temple, terre**

météorite

Comme l'étoile filante, le météorite est un message descendu des cieux divins.

Une étoile qui ensemence la terre

Contrairement à l'étoile filante, le météore atteint le sol et y provoque une explosion, une pluie de feu comme dans l'Apocalypse de saint Jean ou dans la description des sept plaies d'Égypte par Joseph. Que son rôle soit positif ou négatif, l'aérolithe est donc une portion d'étoile qui vient ensemencer la terre. Le météorite lui-même est parfois retrouvé après l'explosion et fait alors l'objet de différentes formes de vénération, comme chez les Inuits du Groenland, où il était d'une importance d'autant plus fondamentale que le fer qu'il contient souvent était leur seule source de métal pour armer le fil de leurs couteaux et harpons avant la colonisation danoise.

La pierre noire

Le météore le plus célèbre demeure néanmoins la pierre noire qui orne un angle de la Kaaba à La Mecque. Son culte remonte aux périodes païennes préislamiques. Par une habile manœuvre politique, Mahomet a pu lui donner une signification monothéiste en la faisant passer pour une pierre confiée par Dieu à Abraham, ou, dans d'autres version, pour un souvenir emporté du paradis terrestre par Adam. On lui prête en tous les cas le pouvoir d'absorber les péchés de celui qui la touche. D'où sa couleur noire.

Voir **augure, bétyle, comète, cube, étoile, fer, noir, pierre**

midi

Midi, c'est le milieu de la journée. Le soleil au zénith (point le plus haut par rapport à la terre) évoque l'idée d'écrasement, mais aussi d'absolu.

Quelques vers du *Cimetière marin* de Paul Valéry condense assez bien la symbolique de midi :

« Ce toit tranquille où marchent
des colombes,
Entre les pins palpite, entre
les tombes ;
Midi le juste y compose de feux
La mer, la mer toujours
recommencée ! »

Évoquant tout à la fois l'éternité, l'immobilité et l'absolu, midi est l'heure de la perfection et de la plénitude de la lumière, une lumière écrasante, car il n'y a point d'ombre. De Paul Valéry à Serge Gainsbourg en passant par *l'Étranger* de Camus, midi est « le juste », c'est le moment où l'homme se trouve dans sa vérité tout entière, « sous le soleil exactement », avant que l'astre n'aborde sa courbe descendante vers le crépuscule et la nuit.

Midi, plus prosaïquement, c'est aussi l'heure du déjeuner, une notion bien floue à travers le monde occidental : le grec utilise le mot « *mesimeri* », qui signifie midi, mais renvoie à une période allant de 2 à 3 heures de l'après-midi, tandis que, pour les Britanniques, *midday* se rapporte précisément à l'heure de midi.
Enfin, le Midi évoque la chaleur du Sud, la mer, les nourritures pimentées, l'accent chantant, par opposition au Nord, supposé froid, aux intérieurs douillets et confinés, aux immensités glacées.

Démon de midi, tentations d'ordre sexuel qui assaillent l'homme (le plus souvent) vers le milieu de sa vie.

Voir **démon, jour, lumière, points cardinaux, soleil**

miel

Substance sucrée, produite par les abeilles à partir du nectar de fleurs, le miel évoque la douceur, le plaisir (notamment sexuel) et la prospérité. Sa symbolique est voisine de celle du lait.

Dans l'Ancien Testament, Dieu parle à Moïse de la Terre promise comme d'un « bon et vaste pays [...] ruisselant de lait et de miel » (Exode, III, 8).

La nourriture des dieux et des enfants

Dionysos, dieu de la vigne et du vin, serait aussi le « créateur » du miel. Les abeilles, attirées par les cymbales de sa troupe de Satyres, se réfugièrent dans un arbre creux, où le dieu découvrit le miel, pour en faire ensuite don aux hommes.
Principal composant de l'hydromel, le nectar des dieux, le miel, comme le lait, relève de l'univers de l'enfance. Il est ainsi la première nourriture de l'enfant Zeus, avec le lait de la chèvre Amalthée. Certains textes babyloniens rapportent que les offrandes préférées d'Ishtar et de Mardouk étaient le miel. Chez les Celtes, l'hydromel, préparation à base d'eau et de miel fermenté, est boisson d'immortalité.

Prospérité, santé et renaissance

L'état de santé d'un écosystème se juge à ses abeilles, qui récoltent les bons produits de la nature pour les transformer en or liquide et nourrir les hommes. Depuis toujours, le miel symbolise la santé et la vie. Ainsi, dans les mystères de Mithra, les initiés appelés à une renaissance spirituelle recevaient du miel dans leurs mains et sur leur visage, pratique répandue dans l'Antiquité pour assurer la survie des nouveau-nés. Une coutume balkanique consiste à badigeonner de miel, symbole de fertilité, le visage des mariés le jour de la noce. Lors du repas du Nouvel An juif, on déguste des pommes plongées dans le miel pour que l'année soit douce et prospère.
Les vertus thérapeutiques du miel viennent encore enrichir sa symbolique. Pline l'Ancien recommande de boire chaque jour une coupe de miel mêlé à du vinaigre de cidre pour laver le corps de ses impuretés et assurer une bonne santé. La symbolique du miel s'étend à la sagesse et au savoir : on raconte que Pythagore ne se nourrit toute sa vie que de miel.

La douceur du miel

Les juifs d'autrefois répandaient quelques gouttes de miel sur le premier livre de leur enfant pour que son apprentissage se fasse facilement et en douceur. Le miel est aussi symbole de saintes paroles, celles de Dieu étant « plus douces que le miel » (Psaumes de David, CXVIII, 103). Pour lui, le Cantique des cantiques chante le miel de l'amour : « Tes lèvres, ma fiancée, distillent le miel vierge. Le miel et le lait sont sous ta langue. » Les « paroles de miel » traduisent une bonté infinie, si infinie qu'elle peut devenir douteuse et que les propos de l'hypocrite peuvent être qualifiés de « mielleux ».

Lune de miel

L'expression « lune de miel » date du XIXe siècle. Elle fait référence aux premiers temps, réputés les plus heureux, du mariage, soulignant par là la symbolique sexuelle du miel, lié au plaisir. La « lune de miel » était une coutume de l'Antiquité : à Athènes et à Rome, pendant le mois lunaire suivant le mariage, la mère de la mariée apportait chaque matin aux jeunes époux un bol de miel, symbole de douceur. Dans plusieurs pays nordiques, on offre aux époux du pain et du miel, pour symboliser la nourriture et la douceur dont ils auront besoin au cours de leur vie commune. Cependant, toute l'ambiguïté de l'amour se retrouve dans le dicton : « Ni ton miel, ni ta piqûre » – mais, les hommes faisant le plus souvent le choix du plaisir et du danger, il pourrait s'énoncer ainsi : « Et ton miel et ta piqûre » !

Apaiser les démons et nourrir les morts

Dans beaucoup de cultures, le miel est une offrande aux morts, qu'il s'agisse de nourrir des esprits surnaturels qui pourraient nuire à la bonne migration de l'âme du défunt ou d'assurer sa subsistance pendant son séjour dans l'au-delà. Le miel fait partie du rituel funéraire dans de nombreuses civilisations. Il est utilisé en offrande aux dieux des morts ou pour nettoyer les cadavres. Quand Achille organise les funérailles de Patrocle, il fait placer à côté de sa dépouille des urnes d'huile et de miel. On dit qu'Alexandre le Grand fut embaumé dans du miel et de la cire. Enfin, pour entrer aux Enfers, il fallait non seulement placer une pièce sur la langue du mort pour payer à Charon la traversée du Styx, mais il fallait aussi prévoir un gâteau au miel en offrande à Cerbère.

Voir **abeille, lait, Mithra, ours, ruche**

milan

Le milan à la vue perçante, oiseau consacré à Apollon, est comme la plupart des rapaces et des fauves symbole de clairvoyance.

À Rome, le vol de ces oiseaux dédiés à Apollon était interprété par les augures au même titre que celui du corbeau et des oies.

Voir **augures**

mille (1000)

Le nombre mille désigne une quantité considérable, une multitude indéfinie, et donc l'infinité du paradis.

De même qu'en Égypte ancienne, le papyrus de Leyde renferme mille chants à la gloire du dieu Amon, le nombre mille exprime chez les Hébreux une quantité indéfinie, et est synonyme de « Grande Multitude », à l'instar des 144 000 élus de l'Apocalypse. Dans l'Ancien Testament, le jeune David est nommé chef de mille hommes. Et dans l'Apocalypse, ce sont les deux témoins qui peuvent frapper la terre de mille fléaux. Par extension, mille exprime aussi un temps très long, telle l'alliance que Dieu conclut avec Abraham pour mille générations ou, dans l'Apocalypse, tous ceux qui refusent d'adorer la Bête et son image, qui reprennent vie et règnent mille années avec le Christ.`

Paradis et terreur

Associé à la durée du règne de Dieu, le nombre mille est chargé d'une symbolique de complétude divine et d'immortalité : Adam aurait ainsi dû vivre mille ans, s'il n'avait pas péché. Dans la tradition talmudique, mille est le symbole de la doctrine impérissable, et pour les premiers chrétiens, il représente la perfection de la vie. Le millénarisme est ainsi un ensemble de croyances liées à l'espoir du retour terrestre du Messie et de ses élus, censés régner mille ans (qui doit être entendu selon l'Église au sens symbolique – temps très long – et non littéral), croyance qui trouve son origine dans l'Apocalypse de saint Jean (chapitre XX). Cependant le nombre mille peut aussi être associé à la peur de la fin du monde, croyance que l'on trouve dans l'Apocalypse qui prévoit mille ans de délai avant le grand choc cosmique. Ainsi a-t-on longtemps cru, à tort, que les populations de l'Occident chrétien avaient vécu l'an 1 000 dans la terreur de la fin des temps. Il s'agirait en fait d'un mythe largement forgé par les historiens du XIXe siècle. L'arrivée de l'an 2 000 a pu susciter cependant ces mêmes frayeurs.

Min ou Minou

Dieu égyptien très ancien, ithyphallique (représenté avec un pénis en érection). Dieu de la fécondité que les Grecs assimilèrent à Pan.

Sa grande fête annuelle, marquée par une majestueuse procession, ouvre la période des moissons. Il est aussi un dieu-roi et un protecteur des caravanes. Il est peut-être originaire des bords de la mer Rouge, ainsi que semblent le prouver certaines statues archaïques du dieu, présentant un décor de coquillages et d'éléphants. Très proche en sa forme est l'Amon ithyphallique de Louqsor. Min a parfois pour parèdre, à Coptos, la déesse Isis.

Voir **moisson, Pan, phallus**

Minotaure

Le Minotaure est un monstre mangeur d'hommes, issu des amours coupables de Pasiphaé, reine de Crète et épouse du roi Minos, et du blanc taureau dont elle s'était éprise.

Enfermé dans le Labyrinthe construit par Dédale, le Minotaure reçoit en pâture, chaque année, un tribut de sept jeunes filles et de sept jeunes hommes d'Athènes, jusqu'au jour où Thésée,

aidé par la fille de Minos, Ariane, parvient à le tuer à mains nues. Ce récit est l'écho du culte crétois du taureau et des sacrifices humains qui étaient pratiqués à l'époque minoenne.
Le combat de Thésée et du monstre a été souvent représenté dans l'Antiquité (peintures, mosaïques), mais il a aussi inspiré un grand nombre d'œuvres à Picasso, chez qui le monstre cruel se fait monstre amoureux et souffrant.

Voir **Dédale, Icare, labyrinthe, Moloch, ogre, sacrifice, taureau.**

minuit

Le milieu de la nuit, heure du sommeil et de l'oubli, est aussi le temps de toutes les terreurs. Minuit représente ainsi le secret, le mensonge, l'erreur, le danger, l'heure du crime.

Si midi est la gloire du jour, minuit est le plus profond de la nuit et symbolise la peur, le moment où un jour bascule dans l'autre, et ou, par extrapolation, tout peut basculer. C'est l'heure où apparaît le fantôme du père de Hamlet, et où Cendrillon doit quitter le bal. La « permission de minuit » fixe les limites de la liberté à l'heure où le monde extérieur devient un domaine dangereux

miroir

Le symbolisme du miroir tourne autour des idées de vérité et de réalité, mais, comme il inverse en réfléchissant, il se rapporte tout autant au mensonge, à la flatterie, au narcissisme et au rêve. D'une manière générale, il ouvre la question de l'identité : la personnalité réfléchie est-elle identique à la personne réfléchissante ?

Voir le vrai

Nous parlons de miroirs fidèles parce qu'ils donnent tout d'abord à voir le vrai, ce qui les rend indispensables pour corriger notre propre représentation de nous-mêmes et du monde. C'est le rôle du miroir du maquillage, comme du miroir de la chambre noire qui aide les peintres à déjouer les pièges de la perspective. C'est enfin le rôle du miroir nécessaire aux observations astrales dès l'Antiquité : sur sa surface réfléchissante sont tracés les mouvements des corps célestes.

Reflet de la lumière divine

Les yeux sont les miroirs ou les puits de l'âme. Et, comme l'homme fut créé à l'image de Dieu, il en ressort que l'homme et l'univers sont des miroirs divins qui se contemplent l'un l'autre. Le miroir « redresse » puisque la main droite y apparaît à droite, et la main gauche, à gauche : il est l'image positive de Dieu et, comme la clef, un symbole symbolisant les symboles : ce qui ouvre ce qui est déjà ouvert, l'enfant et la matrice à la fois. Le Soleil et la Lune sont souvent associés à des miroirs réfléchissant la lumière divine, et les créatures maléfiques comme les vampires ne peuvent se refléter dans les glaces. En Égypte ancienne, le disque du miroir devient le symbole du Soleil se levant. Au-delà de la toilette du matin, le regard dans le miroir est ainsi une rencontre avec la divinité solaire.

Beauté et vanité

Le miroir est un attribut d'Aphrodite. Elle y contemple sa propre beauté, ce qui n'est pas sans danger : Narcisse s'est suicidé pour n'avoir pas pu saisir son propre reflet miroitant dans l'eau d'un étang. La vérité du miroir n'est pas acceptable par tous. Le vieillissement surtout fait peur. La méchante reine de l'histoire de Blanche-Neige s'angoisse un peu plus chaque jour d'être dépassée en beauté par une plus jeune, et son miroir le lui fait impitoyablement savoir.

Ce thème de la fascination pour la beauté, le vieillissement et la mort a été abondamment traité en peinture dans ce qu'on appelle les « vanités » : des représentations de jeunes filles absorbées par leur reflet, et négligemment accoudées à un crâne. L'image réfléchie peut être insupportable. Hamlet force sa mère à se contempler dans une glace pour qu'elle voie l'insupportable vérité de ses péchés et cesse de se servir de ses courtisans comme d'un miroir flatteur. Les hommes font en effet de mauvais reflets. Toujours chez Shakespeare, on peut assimiler Iago au miroir mensonger d'Othello : sa peau noire fait de celui-ci un sujet de moqueries ; il en a honte, mais Iago, sous ses flatteries, utilise cette honte pour déformer, non pas la femme d'Othello, mais l'image qu'Othello se fait de sa relation à sa femme.

« De l'autre côté du miroir »

C'est de cette relation ambiguë et teintée de peur que dérive l'idée d'une certaine indépendance du miroir, perçu comme un autre monde peuplé de volontés obscures, ou plutôt comme un anti-monde, puisque tout y est inversé. La civilisation occidentale est tout entière traversée par ce questionnement : Alice, l'héroïne de Lewis Carroll, se demande ce qu'il y a dans la pièce située « de l'autre coté » du miroir au-dessus de la cheminée... Le feu brûle-t-il dans l'âtre comme de ce coté-ci ?

D'où la fantaisie de bien des miroirs : on rencontre ainsi des miroirs déformants, mais aussi des miroirs paresseux qui prennent le temps de réfléchir, des miroirs pressés qui prennent de l'avance sur le monde réel, des miroirs qui font entrer dans le monde des morts (cf. *Orphée* de Jean Cocteau), des miroirs plus « vrais » (ou du moins plus accusateurs) que nature, comme le portrait de Dorian Gray, et enfin des miroirs qui font entrer le sujet dans son propre rêve, comme chez Lewis Carroll.

Un monde d'illusion

De l'autre coté du miroir, Alice trouve le monde des « créatures » : les objets familiers et les personnages littéraires de son monde ordinaire s'y meuvent et s'y expriment. Mais les créatures y parlent un langage narcissique, autoritaire et égocentrique. Elles sont toutes occupées à justifier leur propre existence dans un monde absurde, figuré comme un immense échiquier où s'exerce une compétition féroce. Alice elle-même ne sait plus qui elle est ni ce qu'elle fait là. C'est que le miroir, comme le rêve, consiste en une démultiplication du moi, qui peut aller jusqu'à la perte de l'identité.

C'est là le ressort sur lequel jouent les palais des glaces : des successions de miroirs qui renvoient des images jusqu'à l'infini, images dont on ne sait plus laquelle croire et de laquelle se défier, comme dans le final majestueux de *la Dame de Shanghai* d'Orson Welles. De l'autre côté du miroir, le rêve n'est jamais loin du cauchemar. C'est que le reflet n'a jamais de réelle autonomie : on n'y rencontre que ce qu'on y apporte, ses peurs, ses espoirs, ses illusions. Toujours la vérité en somme.

Voir **crâne**

Mithra

Mithra est un dieu indo-perse dont le nom signifie l'« ami » ou le « contrat ». C'est le dieu de la lumière et de la justice, et il est souvent représenté, comme Hélios, la tête entourée de rayons. Il symbolise la régénération physique et psychique par le sang répandu.

Naissance, miracles et ascension de Mithra

Avec Ahura Mazda, le grand dieu créateur des Perses, Mithra est le champion de la lutte des forces du bien contre celles du mal. Il combat les ténèbres, assure la sécurité de la création, protège les hommes et fertilise la terre. Son existence terrestre commence par sa naissance le 25 décembre dans une grotte. Pendant son passage sur la terre, il accomplit de nombreux miracles et combat avec succès des animaux redoutables, comme le taureau. Le séjour terrestre

de Mithra se termine par un banquet avec le Soleil et son ascension au ciel.

Le dieu des soldats

Le culte de Mithra se propagea dans tout l'Orient ancien et en Égypte, pour parvenir en Italie au Ier siècle avant notre ère, où il rivalisa un temps avec le christianisme jusqu'au IIIe siècle. Le culte de ce dieu était exclusivement réservé aux hommes, ce qui explique son succès auprès des militaires, du simple soldat à l'officier supérieur. Il se répandit ensuite parmi les légionnaires romains, qui le propagèrent jusqu'en Gaule et en Germanie.

Le baptême du sang

Les lieux de culte de Mithra sont ornés d'une scène étrange : on voit un jeune homme, la tête couverte d'un bonnet phrygien, en train de frapper au cœur un taureau. Un chien lèche le sang de la blessure tandis qu'un scorpion mord les testicules du taureau et qu'un serpent le pique à la patte ; des épis de blé jaillissent de la queue du taureau. Cette scène, représentée sur un bas-relief, était le point central du lieu de culte, ou *mithraeum*. Le culte de Mithra se déroulait généralement dans une caverne au plafond voûté comme le ciel et renfermant la représentation du dieu (le *mithraeum* de Rome était creusé sous le Capitole). Il comportait des rites tels qu'un baptême par le sang (le « taurobole ») : le myste, ou initié, était placé dans une fosse recouverte d'un lattis de bois, et l'on égorgeait un taureau au-dessus de sa tête, tout en procédant à des rites de purification et à des offrandes de pain et de vin. Le meurtre du taureau symbolisait la promesse du salut, et le sang répandu, la fécondation de la terre.

L'espoir de salut

La confrérie mithriaque se divisait en sept grades, conformément au nombre des corps célestes, placés sous la protection de sept divinités (Saturne, Vénus, Jupiter, Mercure, Mars, la Lune, le Soleil). Ceux qui atteignaient le grade supérieur prenaient le titre de *pater patratus*. Lorsque le christianisme triompha du paganisme, de nombreuses églises prirent la place du *mithraeum*. En effet, la religion mithriaque avait plus d'un point commun avec le christianisme : la vie de Mithra, la notion de rédemption par le sang, la survie des âmes et l'espoir d'un retour de Mithra à la fin des temps.

Voir **ascension, caverne, pain, père, résurrection, sang, sacrifice, soleil, taureau, vin**

mois

Division actuelle de l'année solaire, qui en compte douze, le mois (du latin, *mensis*, « mesure ») est d'une durée de 28 à 31 jours. Les mois se rattachent à la symbolique de la lune, du cycle menstruel, de la gestation et des travaux des champs et de la nature. Le nom des mois est issu de la tradition latine.

Douze mois

Le découpage de l'année en douze mois relève d'une tradition occidentale, l'influence des calendriers solaire

ou lunaire ne modifiant pas ce découpage. (Les Atzèques et les Mayas, quant à eux, divisaient l'année en 18 mois de 20 jours.) Il est vrai que le nombre 12, symbole de filiation et de sacralisation, est aussi, depuis la plus haute Antiquité, le nombre des cycles temporels : douze heures du jour, douze heures de la nuit, douze signes du zodiaque. C'est le nombre de la perfection et de la finitude temporelle.

De Janus au dixième mois

Les noms des douze mois de l'année sont issus de la tradition romaine. Janvier (de Janus, dieu à double visage protégeant les commencements et les passages), mars (du nom du dieu de la guerre, qui marque le début des opérations militaires), mai (de Maius, un dieu ancien), juin (de Junon), sont dédiés à des dieux ; juillet (de Jules César) et août (d'Auguste), à des empereurs. Certains mois portent des noms religieux : février (*februm* en latin) est le mois des purifications dans la cité comme dans chaque maison, avril est le mois de l'« ouverture » (*aperire* en latin). Enfin, quatre mois étaient simplement numérotés : septembre (septième), octobre (huitième mois, où on clôt le temps officiel de la guerre), novembre (neuvième), décembre (dixième mois, au cours duquel on célèbre les saturnales).

Les travaux et les mois

Le découpage de l'année en mois a inspiré à de nombreuses civilisations le désir de représenter les activités ou les caractéristiques propres à chacun d'entre eux. L'idée qu'à chaque mois correspondent un signe du zodiaque et une tâche donnée est récurrente de la fin de l'Empire romain jusqu'au XIXe siècle. Miniatures et fresques médiévales s'appliquent à représenter au fil des saisons les travaux agricoles affectés à chaque mois, comme dans *les Très Riches Heures du duc de Berry*.

La lune réglant les marées et le cycle menstruel des femmes, les mois se rattachent également à la symbolique de cet astre, en opposition au symbolisme solaire, qui associe au jour les éléments air et feu.

Germinal et messidor

Le calendrier républicain, qui remplace le calendrier grégorien entre le 24 novembre 1793 et le 1er janvier 1806, symbolise, dans l'optique des révolutionnaires, une ère nouvelle, en rupture avec l'ancien temps, synonyme d'esclavage. Ce nouveau calendrier choisit d'abandonner les références aux dieux dans la dénomination des mois, pour formaliser une nouvelle mesure du temps, liée aux données météorologiques et à la vie de la nature dans une perspective éclairée par la raison et la pédagogie. Ainsi vendémiaire (premier mois de l'année républicaine) évoque la vendange ; brumaire, la brume et le brouillard ; frimaire, le froid (mois de l'automne) ; nivôse, la neige ; pluviôse, la pluie ; ventôse, le vent (mois d'hiver) ; germinal, la germination des plantes ; floréal, la floraison ; prairial, la prairie (mois du printemps) ; messidor, la moisson ; thermidor, la chaleur ; et fructidor, la fructification (mois d'été).

Voir **année, douze, Janus, lune, Mars, saison, solstice, zodiaque**

moisson

Récolte des céréales parvenues à maturité, la moisson a une riche portée symbolique : abondance et vie, mort et résurrection, foi et jugement, rétribution et châtiment.

Destruction et résurrection

Fin du processus agricole entamé par les semailles, la moisson représente la rétribution. Positive, elle est représentée par des femmes : Renenoutet en Égypte (figurée avec une tête de serpent), Déméter en Grèce, Cérès à Rome. En revanche, la main qui tient la faucille et qui coupe les blés est généralement masculine : ainsi Saturne, dieu romain des semailles et des grains, a pour attribut le couteau recourbé avec lequel il fauche la moisson. En Égypte ancienne, où la moisson est le symbole de la résurrection éternelle, la fête de la « sortie de Min » est une action de grâce, ainsi qu'une prière pour la régénération de la nature meurtrie par les récoltes : expression de l'équilibre des forces divines, la moisson peut donc avoir une connotation symbolique positive ou négative. Ainsi, dans la religion phénicienne, Aliyan, dieu des fleuves et des sources, est l'adversaire de Mot, dieu de la moisson, associé à la chaleur et à la sécheresse.

La moisson est indissociable de la mort en Grèce antique, comme on le voit dans le mythe de Déméter (Cérès à Rome). Celle-ci, déesse du blé et de la moisson, refuse, après l'enlèvement de sa fille Perséphone (Proserpine), par Hadès, le maître des Enfers, de regagner l'Olympe et de fertiliser la terre tant que sa fille ne lui sera pas rendue. Zeus trouve un compromis : Perséphone vivra avec sa mère six mois de l'année, passant les six autres en compagnie de son époux et ravisseur – la moisson représentant ici le passage entre la vie et le séjour des morts, entre le monde de la surface et le monde souterrain.

La moisson, un moment de la vérité

Dans l'Évangile selon Matthieu, Jésus refuse que les paysans arrachent la toxique ivraie, de peur qu'ils ne déracinent en même temps le blé : « Laissez croître ensemble l'un et l'autre jusqu'à la moisson, et, à l'époque de la moisson, je dirai aux moissonneurs : Arrachez d'abord l'ivraie, et liez-la en gerbes pour la brûler, mais amassez le blé dans mon grenier » (XIII, 30). Ici, l'ivraie symbolise le vice, et la moisson, la foi des vrais croyants, un don de Dieu qu'il revient aux hommes de faire prospérer, ainsi que le dit Matthieu : « Alors [Jésus] dit à ses disciples: La moisson est grande, mais il y a peu d'ouvriers » (Matthieu, IX, 37).
Dans l'Apocalypse de Jean, la moisson représente le tri des âmes : « L'heure de moissonner est venue, car la moisson de la terre est mûre. Et celui qui était assis sur la nuée jeta sa faucille sur la terre. Et la terre fut moissonnée. Et un autre ange sortit du temple qui est dans le ciel, ayant, lui aussi, une faucille tranchante. » Ici donc, à la faveur de la fin du monde, la pénibilité des travaux de la moisson et du battage s'associe à la double symbolique de rétribution et de châtiment, qui sera reprise par le Coran : « Telle ne cessa d'être leur lamentation jusqu'à ce que Nous les eûmes moissonnés et éteints » – la moisson n'étant pas ici le symbole de la fertilité et de la profusion, mais l'image du champ dévasté après la récolte.

Voir **apocalypse, blé, charrue, Déméter, gerbe, saison, résurrection**

Moloch

Moloch, comme Cronos, comme le Minotaure, est un mangeur d'enfants, un ogre impitoyable, l'idole ennemie du vrai dieu. Son nom est synonyme de cruauté absolue, et livrer ses enfants à Moloch signifiait les immoler au dieu féroce.

Sacrifice d'enfants par le feu

Moloch signifie « roi » dans les langues sémitiques. Dieu des Phéniciens et des Carthaginois, parfois assimilé à Baal, il exigeait des sacrifices d'enfants nouveau-nés. Milton, dans *le Paradis perdu,* décrit le monstre couvert du sang des victimes et des larmes de leurs mères. Ces sacrifices humains étaient censés redonner des forces au dieu-soleil.
Les enfants étaient placés sur les mains d'une énorme statue de bronze mues par un mécanisme qui faisait lever les bras de la statue, laquelle en-

fournait les jeunes victimes dans sa bouche. Un feu allumé à l'intérieur de la statue les consumait. Les prêtres dansaient en s'accompagnant de flûtes et de tambourins pour que la foule n'entende pas les hurlements des victimes.

La vallée de la géhenne

Son culte serait passé à Israël, et on lui aurait sacrifié des victimes humaines dans la vallée d'Hinnom (Ge-Hinnom), qui a donné son nom à la géhenne près de Jérusalem. Plusieurs passages de la Bible font référence à Moloch, à qui Salomon avait fait élever un temple. Dans le Lévitique, Dieu s'adresse en ces termes à Moïse : « Tout homme d'entre les fils d'Israël ou d'entre les étrangers résidant en Israël qui livre un de ses descendants à Molek sera mis à mort ; le peuple du pays l'assommera avec des pierres. » On croit plus généralement aujourd'hui que ce nom est celui d'un sacrifice humain, avec consécration par le feu, pratiqué sur les hauts lieux cananéens et carthaginois.

Voir **danse, enfer, Minotaure, ogre, feu, sacrifice, sang, vallée**

monde

Le monde symbolise la création dans son ensemble, dans son mouvement et dans ses dimensions matérielles et spirituelles.

Il comprend l'enfer, la terre des vivants et les cieux divins. Ces trois niveaux sont mis en relation par les cycles de la vie biologique : naissance, vie, mort, ainsi que par les événements spirituels : les actes qui plaisent ou déplaisent aux dieux. Les trois niveaux forment donc un système général que l'on nomme cosmogonie, et qui est doté de sa dynamique propre, résultat d'une lutte perpétuelle. L'équilibre du monde est en fait celui de l'égalité des pressions. Vingt et unième arcane majeur du tarot de Marseille, le monde représente une jeune fille nue en mouvement, entourée d'une guirlande de feuilles ovale. Dans chaque coin, une créature de couleur différente : un lion, un aigle, un cheval et un ange. Soit sans doute l'alliance d'un carré (les quatre points cardinaux de la terre des hommes, les quatre évangélistes ou les éléments de la vision d'Ézéchiel), d'un ovale qui représenterait l'œuf primordial ou la pierre philosophale, et d'une figure humaine en marche. Cet ultime arcane représenterait donc la perfection de l'être au monde d'un humain accompli, un être à la fois stable et en perpétuel mouvement, riche de toute sa spiritualité et en accord avec toutes choses.

Voir **carré, globe, quatre, œuf, points cardinaux, sphère, tarot**

monnaie

La monnaie peut évoquer la richesse ou l'avarice, mais les pièces en elles-mêmes ne portent pas une valeur symbolique forte, car elles sont des marques d'une certaine valeur échangeable contre n'importe quel bien.

La signification la plus sérieuse de la monnaie est liée à sa définition même comme capacité d'échanger. Depuis que la monnaie fiduciaire a remplacé les pièces d'or ou d'argent, cette tendance est accentuée jusqu'à l'absurde : un billet de banque est un chiffon qui vaut de l'or. Cette idée d'échange est bien marquée dans la Bible, quand Judas vend Jésus pour trente pièces d'argent. La faiblesse de la somme souligne que, pour les chrétiens, la valeur de certaines choses rend ridicule la notion d'échange. L'enrichissement personnel n'est en effet pas très bien vu : pour Jésus-Christ, « il est plus facile à un chameau de passer dans le chas d'une aiguille que pour un riche d'entrer au paradis », et le commerce des objets du culte cause le scandale bien connu des marchands du Temple. Comme la pièce (ou le billet) porte la marque du pouvoir politique qui l'a émise, l'étendue de l'espace terrestre où circule celle-ci figure l'étendue du rayonnement du souverain. En ce sens, les croyants ont pu être assimilés chez les Pères de l'Eglise à la bonne monnaie, frappée au sceau du Christ et destinée à se répandre dans le monde entier.

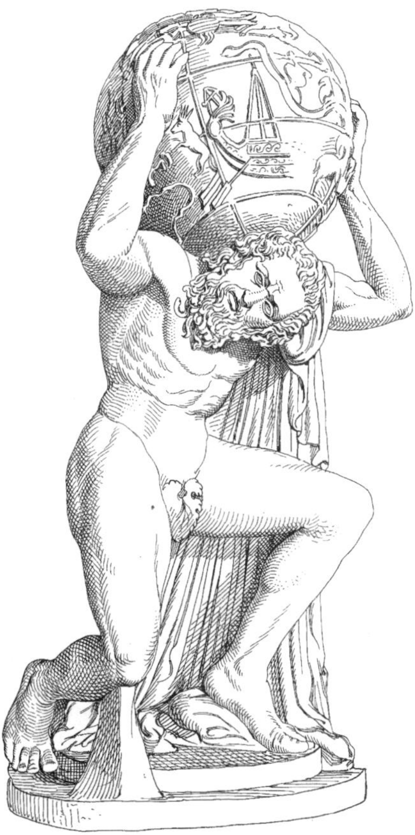

Voir **argent, excrément, or**

monstre voir Moloch, Minotaure, ogre, loup-garou, Python, revenant, vampire

montagne

Élévation du sol, naturelle et très importante, la montagne est le symbole de l'élévation spirituelle. Elle met en relation la terre et le ciel, et c'est aussi l'axe du monde.

Le pilier du ciel

Pour les Anciens, le sommet des hautes montagnes, inaccessible et caché par des nuages, était en général le séjour des dieux. Par extension, et selon une coutume d'origine sémitique et phénicienne, les Grecs finirent par vénérer la montagne elle-même à l'égale d'une divinité. Dans sa *Théogonie,* Hésiode mentionne un certain nombre de montagnes sacrées et divinisées : l'Olympe, séjour des dieux, qui fait alors figure de pilier du ciel, et le mont Ida en Crète, lieu de naissance de Zeus. Les montagnes, personnifiées dans la mythologie grecque, s'apparentent aussi à des héros, tel Atlas, le Géant que Zeus condamne à soutenir la voûte céleste sur ses épaules et qui avait été changé en montagne, pétrifié à la vue de la tête de Méduse. Ce mythe a donné son nom à la chaîne de montagnes du sud du Maghreb, car, pour les Anciens, ce large et haut massif, qui contrastait avec les étendues désertiques qu'il surplombait, ne pouvait que soutenir le ciel.

Le lieu de la révélation divine

Dans la Bible, le mont Sinaï est la montagne sacrée où Moïse reçoit la révélation du nom de Yahvé, conclut le pacte d'alliance entre Israël et son dieu, et reçoit les Tables de la Loi. Dieu lui-même descend sur la montagne pour apparaître au peuple : « Or la montagne du Sinaï était toute fumante, parce que Yahvé y était descendu dans le feu ; la fumée s'en élevait comme d'une fournaise et toute la montagne tremblait violemment. Le son de trompe allait en s'amplifiant; Moïse parlait et Dieu lui répondait dans le tonnerre » (Exode, XIX, 18-19).

L'axe du monde

Le bouddhisme est théoriquement une religion sans dieux, mais la montagne peut s'associer à la sainteté du personnage : en Corée, le mont Namsan était considéré comme une représentation terrestre du monde du Bouddha. Vers l'an mille, la montagne fut couverte de statues, de gravures rupestres, de pagodes et de temples, pour devenir « la montagne des 10 000 bouddhas ». Il faut dire qu'en Asie la montagne figure plus comme axe du monde que comme pilier du ciel. C'est par exemple le mythique mont Méru du bouddhisme tibétain (demeure des dieux qui contient d'extraordinaires richesses), que l'on associe la plupart du temps au mont Kailasa, bien réel celui-là, situé dans l'Himalaya et culminant à 6714 mètres. Dans cette acception, la montagne renvoie à l'arbre, autre figure de l'axialité cosmique. Pour les traditions animistes locales, c'est une échelle cosmique par où est descendu le grand instructeur des hommes. Le mont Kailasa est ainsi devenu un lieu saint, centre de vénération pour les hindous et les bouddhistes. Le pèlerinage (Kora) consiste à faire le tour de cette montagne-axe dont l'ascension interdite est gardée par des monstres.

Des temples-montagnes

Le mont Kailasa, montagne cosmique et inaccessible au sommet de laquelle vivent le dieu Shiva et son épouse Sakti, est situé au centre de l'univers, et l'iconographie indienne le représente sous l'aspect d'une pyramide à degrés dont chaque étape correspond au monde d'une catégorie d'êtres. Cette cosmologie a été traduite par les architectes de l'Inde sous la forme de temples à toiture pyramidale, dont le type s'est transmis en Asie du Sud-Est.

Voir **arbre, Atlas, axe, buisson, centre, colline, colonne, fumée, pilier, pyramide, temple, verticalité**

mortier

Le mortier est la matrice ou le sexe féminin.

Le produit des moissons y est écrasé pour en extraire le grain ou la farine. Il existe des mortiers d'abondance qui ne se vident jamais, à l'image de la corne ou de certains chaudrons.

Voir **chaudron, corne d'abondance, pilon**

mouche

Harcèlement et agitation stérile sont les caractéristiques de la mouche et en font un symbole du mal.

Antithèse de l'abeille, dont l'agitation sert un but, la mouche bourdonne en vain et se pose sur les excréments et la pourriture. Elle tourmente les hommes et les animaux sans rien leur apporter de bon. En Grèce, on invoquait Zeus Apomyios (« chasseur de mouches ») pour lutter contre ces insectes malfaisants. Dans le monde chrétien, les mouches représentent la corruption, et saint François de Sales évoque la différence de comportement entre les abeilles « à l'empressement ordonné » et les mouches « libertines ». Blaise Pascal, quant à lui, leur prête un pouvoir plus nuisible encore : « La puissance des mouches : elles gagnent des batailles, empêchent notre âme d'agir, mangent notre corps » (*Pensées*).

moustique

Le moustique, caractérisé par sa petitesse et la cruauté de sa piqûre, est symbole d'agressivité.

C'est un buveur de sang qui se pose sans bruit pour mieux surprendre sa victime et colporter les maladies les plus dangereuses. Dans la Bible, l'invasion des moustiques est l'une des sept plaies d'Égypte. « Aaron étendit la main et frappa la poussière de la terre : il y eut les moustiques sur les hommes et sur les bêtes, toute la poussière de la terre fut des moustiques dans tout le pays d'Égypte » (Exode, VIII, 13).

mouton voir agneau, bélier

muguet

Fleur associée par les Celtes et les Gaulois aux fêtes célébrant le retour du printemps, le muguet en vient au fil des siècles à symboliser l'amour, le bonheur et la convivialité.

Au Moyen Âge, les soupirants accrochent un brin de muguet à la porte des demoiselles pour signaler leur affection et leurs intentions conjugales. Cette coutume était particulièrement répandue au mois de mai, traditionnellement le mois des fiançailles.

Il y a une centaine d'années, ce sont les petites mains de la haute couture qui adoptent le muguet comme symbole du bonheur, pratique vite reprise par toute la classe ouvrière lors de la fête du Travail, le 1er mai.

mur, muraille

Ouvrage de maçonnerie se présentant sous la forme d'un plan vertical, le mur est symbole de protection, de limite, mais aussi de séparation et de division.

L'enceinte

Le mur encercle, emprisonne, cache, donc sépare le monde clos du monde ouvert. La femme qui cache un enfant dans son ventre est enceinte, comme une ville, une forteresse. Curieusement, on parle d'un mur d'enceinte et d'une femme enceinte, comme si le corps se faisait mur pour protéger le fœtus. Pourtant le jardin clos (*hortus conclusus*) est un lieu secret, associé à la fiancée dans le Cantique des cantiques (« Elle est un jardin bien clos, ma sœur, ma fiancée ; un jardin bien clos, une source scellée... »), et, pendant tout le Moyen Âge, à la Vierge Marie. Mais ce mur protecteur, à l'intérieur duquel, semble-t-il, la vie serait plus belle, sert aussi à repousser au-dehors tout ce qui est indésirable.

Muraille de Chine et *limes* romain : la limite

Le premier empereur de Chine, Shi Huangdi, en 221 avant notre ère, fit réaliser une muraille longue de 6000 kilomètres et haute de 6 à 8 mètres pour se protéger contre les incursions barbares. Symbole de l'immensité de la Chine, la « Grande Muraille » est le prototype des murs de défense. Le *limes* qu'entreprirent de construire les Romains afin de défendre leurs territoires contre les barbares était également un mur de défense continu qui cernait les contours de l'Empire. Il s'étendait en Europe centrale, en Asie, au Maghreb et en Grande-Bretagne (mur d'Hadrien). Le *limes* matérialise alors la frontière, la limite du monde fini. Au-delà vivent les barbares, ceux qui habitent en dehors des frontières de l'Empire. Le mur se fait alors symbole d'hostilité, de refus.

La séparation

Vestige du temple érigé sous le règne de Hérode à Jérusalem (Ier siècle av. J.-C.), le mur occidental, dit « mur des Lamentations », lieu traditionnel de culte et de prière où les fidèles juifs viennent déplorer la ruine du temple de Yahvé et la dispersion du peuple élu, est une barrière spirituelle entre juifs d'Israël et juifs de la diaspora. Enjeu symbolique dans les luttes nationalistes qui opposent juifs et Palestiniens (le mur fait aussi partie de l'enceinte du Dôme du Rocher, un des lieux sacrés de l'islam), il reste un obstacle à la paix entre ces deux peuples.

D'autres murs, à travers l'histoire, ont joué un rôle encore plus nettement séparateur, comme le Mur de Berlin, rebaptisé dès sa création « mur de la honte », qui, en établissant une frontière étanche entre l'Est et l'Ouest dans une ville, est devenu le symbole de la guerre froide et de la division par un « rideau de fer » d'un continent, d'un pays, d'un peuple.

Un mur d'indifférence, de silence, obstacle à la communication ou à la compréhension entre les personnes.

Parler à un mur, parler à une personne insensible, qui ne se laisse pas émouvoir.

Se heurter à un mur, ne trouver aucun interlocuteur qui vous écoute, n'obtenir aucune réponse à une démarche.

Voir **cloître, forteresse, jardin, temple, ville**

Muses (les)

Filles de Zeus, les Muses, patronnes des arts, ont été conçues par le maître de l'Olympe et Mnémosyne (la Mémoire) au cours de neuf nuits d'amour.

Elles charment de leurs chants et de leurs danses les dieux de l'Olympe, mais se consacrent aussi aux diverses expressions de la pensée humaine. Sur le Parnasse, montagne proche de Delphes, Apollon dirige le chœur des Muses. Ces divinités très anciennes ont acquis sur le tard leur « spécialisation », qui fait d'elles les patronnes de neuf disciplines : Calliope, l'épopée ; Clio, l'histoire ; Euterpe, la flûte ; Érato, le chant lyrique ; Melpomène, la tragédie ; Polymnie, la pantomime ; Terpsichore, la danse ; Thalie, la comédie ; et Uranie, l'astronomie.

Voir **chant, danse, neuf**

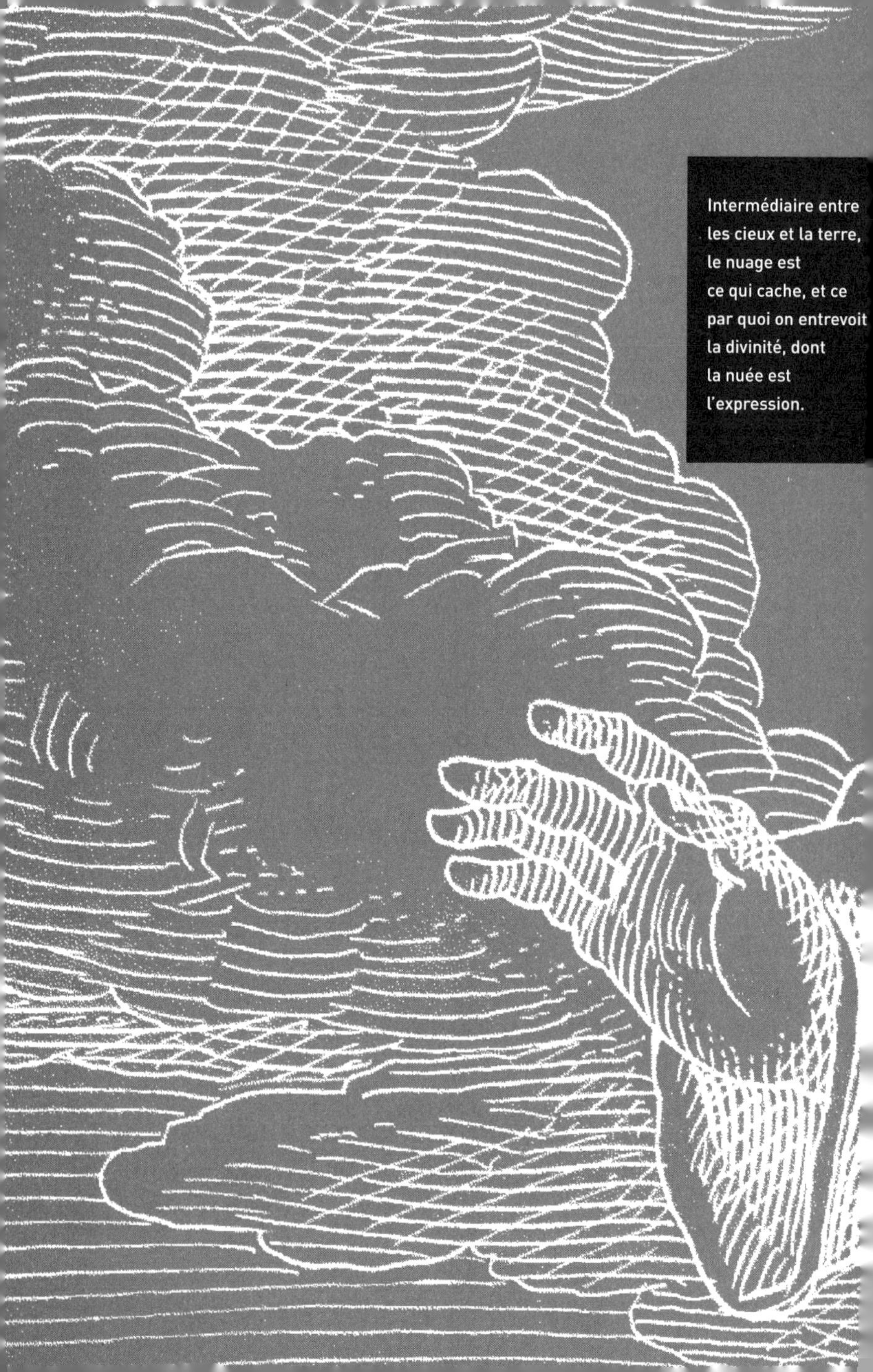

Intermédiaire entre les cieux et la terre, le nuage est ce qui cache, et ce par quoi on entrevoit la divinité, dont la nuée est l'expression.

NO

nain

Les nains, personnages fantastiques des contes nordiques et germaniques, sont des génies nés de la terre, qui symbolisent les forces obscures présentes en l'homme.

Les forces obscures du désir

Dans la mythologie germanique, le dieu Odin découpe en morceaux le corps du géant Ymir pour en faire les divers éléments qui constituent la terre. Mais il s'aperçoit bientôt que des vers grouillent autour des plaies béantes de celui-ci. Il décide alors de donner forme humaine à ces vers et les condamne à vivre sous la terre. En compensation, il leur donne de grands pouvoirs. Ces créatures chtoniennes (par opposition aux elfes aériens) symbolisent les forces inconscientes du désir.

D'habiles forgerons

L'origine magique et souterraine des nains leur a valu la maîtrise de la forge, qui est à l'époque de la formation des mythes la plus utile des techniques, liée au plus magique des éléments : le feu. Cette maîtrise les amène à forger les objets symboliques de la puissance d'Odin (Wotan) et des grands dieux de la mythologie germanique et scandinave : la lance du dieu de la guerre Odin, le bateau du dieu solaire Freyr, qui peut contenir tous les dieux Ases et se ranger dans la poche, la chaîne du loup Fenrir, qui ne se brisera qu'au jour du *Ragna Rok* (« la fin des dieux »), les grilles de l'enfer, le collier de la déesse Freyja, déesse de l'amour et de la fécondité. De même, dans la mythologie grecque, c'est Héphaïstos, dieu difforme des forgerons, qui forgera les plus grandes armes des dieux et des héros.

Gardiens des trésors

Gardiens de fabuleux trésors en minerai précieux cachés dans les entrailles de la terre ou au plus profond des fleuves, comme l'or du Rhin, les nains forgerons sont souvent des êtres retors qui forgent des épées qui se brisent et des lances qui s'émiettent. Ils peuvent aussi avoir un rôle initiatique, tel Alberich, le nain forgeron qui élève Sigurd et forge à nouveau l'épée brisée de son père, cadeau d'Odin, pour le pousser à combattre le dragon Fafnir, son propre frère, gardien de l'or du Rhin.

Le nain bouffon, révélateur de l'inconscient humain

Le nain, qui devient à la Renaissance un favori des grands de ce monde, est associé au bouffon. Il est le fou qui tient de sages propos à l'insu de son maître. L'ambiguïté de sa position tient au fait qu'il révèle la dualité des êtres, et ne cesse de dire sans le dire, ou de manière dissimulée, que la situation sociale d'un individu n'est en rien garante de sa supériorité. Il montre l'autre face de la réalité, celle que la situation acquise fait oublier. Le bouffon exprime d'un ton grave des vérités anodines et, sur le mode de la plaisanterie, les choses les plus profondes. Tournant les bienséances en dérision, usant d'une logique qui s'émancipe de la logique ordinaire, il rétablit l'harmonie des relations humaines telle qu'elle devrait être.

Des nains obscènes de la Rome antique aux nains bouffons de la Renaissance, on observe une fascination pour l'inversion des valeurs traditionnelles de la beauté formelle et de la logique ordinaire. Le goût actuel pour les nains de jardin et les « lancers de nains » n'est qu'une variation contemporaine de cette tendance.

Voir **elfes, forgeron, génie, Héphaïstos**

Narcisse

Dans la mythologie grecque, Narcisse est un très beau jeune homme qui tombe éperduement amoureux de son image aperçue dans l'eau d'une fontaine.

Désespéré de ne pouvoir saisir cet autre lui-même, il languit et meurt. Dans la mythologie originelle, il était la victime d'une illusion. Poètes et philosophes en ont fait un vaniteux.

narcisse

À la suite du mythe grec de Narcisse, cette fleur devint le symbole de l'amour de soi ; elle est aussi associée à la mort.

Étymologiquement, les mots « narcisse » et « narcotique » sont liés, car les deux proviennent du grec *narké,* qui signifie « engourdissement ».

Perséphone, fille de Déméter, était en train de cueillir des narcisses lors-

qu'elle fut ravie par Hadès, dieu des Enfers, qui l'obligea à passer les mois d'hiver avec lui. La fleur de Perséphone en viendrait alors à être associée à l'engourdissement hivernal. En Grèce, on plantait des narcisses près des tombeaux.

Voir **Perséphone**

nard

Plante dont on extrait en Orient un parfum capiteux. Marie-Madeleine en oint les pieds du Christ, d'où le lien symbolique que les Pères de l'Église établissent entre le nard, l'humilité et le paradis.

Néfertoum

Dieu solaire égyptien. Son emblème était le lotus bleu.

Il est représenté soit comme un homme à la tête surmontée d'une fleur de lotus, soit comme un enfant émergeant du calice de la fleur. Il fut assez tôt adopté par Ptah (le dieu de Memphis) comme dieu-fils, dans une triade dont la déesse-mère était Sekhmet. Il fut aussi absorbé par la théologie solaire, « fleur parfumée pour la narine de Rê ». En sa forme d'enfant naissant du lotus, il est parfois assimilé au jeune soleil de l'aube.

neige

Eau congelée qui tombe des nuages en flocons blancs et légers, la neige est symbole de pureté et de brièveté.

La neige reprend les attributs symboliques du blanc, notamment la pureté et, par extension, l'innocence et la virginité, la sérénité et la paix. Mais elle est aussi associée à l'endormissement de la glace. Doublement éphémère, parce que sa blancheur immaculée la rend fragile à la souillure, et parce que, fondant aux beaux jours, elle porte en soi un monde caché, celui d'après la fonte. Dans la mythologie nordique, un titan émerge des neiges fondantes du Ginnungagap : c'est le géant Ymir, puis la vache nourricière Audhumla. Dans l'*Avesta* iranienne, le livre saint des zoroastriens, la neige annoncée par Ahoura Mazda est assimilée au déluge biblique ou sumérien : « Ô bel Yima, fils de Vivahgvant ! Sur le monde terrestre les mauvais hivers vont s'abattre, ils feront tomber d'épais flocons de neige, même sur les plus hauts sommets des montagnes. »

Être blanc comme neige, avoir une réputation intacte, être innocent.

Voir **blanc, cristal, déluge, glace**

Neith

Déesse égyptienne représentée comme une femme coiffée de la couronne de Basse-Égypte et portant parfois un arc et des flèches.

Divinité archère, elle repousse de ses flèches les êtres malfaisants, protégeant notamment le sommeil ; elle est aussi l'une des quatre déesses veillant sur les sarcophages. Dans une autre tradition (moins ancienne), elle peut également se confondre avec Nout, la voûte céleste.

Voir **arc, Artémis, flèche**

Nekhbet

Déesse égyptienne adorée sous forme d'un vautour et divinité tutélaire de la Haute-Égypte.

Dans ce rôle de protectrice de la royauté, elle domine souvent (une aile étendue, l'autre pendante) les représentations du roi, et elle coiffe symboliquement les reines.

Voir **vautour**

nénuphar

En Égypte, le nénuphar joue le même rôle que le lotus en Orient. C'est la fleur de la création et de la résurrection, qui émerge de la vase et des eaux sombres pour ouvrir ses pétales au soleil.

Comme motif funéraire, la fleur apparaît en Grèce et en Italie. Enfin, hautement stylisé, le lotus serait également à l'origine de l'ordre ionique des chapiteaux de l'Antiquité.

Voir **lotus, soleil**

neuf (9)

Le neuf représente la finitude du monde et l'échelle de ses valeurs, la complétude humaine et le recommencement.

Mesure et gradation

Plus grand des chiffres, le chiffre neuf revient dans de nombreuses civilisations comme outil de mesure et de classification de l'univers : classification des sciences, des arts et des connaissances humaines, répartis entre les neuf Muses de la Grèce antique : Clio présidait à l'Histoire, Euterpe à la Musique, Thalie à la Comédie, Melpomène à la Tragédie, Terpsichore à la Danse, Érato au Chœur lyrique, Polymnie à la Poésie, Uranie à l'Astronomie, et Calliope à l'Épopée.

Le neuf est aussi associé à la hiérarchie des anges, divisés en neuf chœurs dans l'Apocalypse, aux neuf dons de l'Esprit de Dieu, établis par saint Paul, ou encore aux neuf cercles de l'Enfer de Dante (limbes, luxure, gourmandise, avarice et prodigalité, colère et acédie, hérésie, violence, fraude, trahison), une métaphore des degrés de la déchéance humaine, en écho aux neuf cieux que parcourt Dante avant d'arriver à l'Empyrée. De même, dans la religion mithriaque, le ciel est divisé en neuf couches célestes, tout comme, dans la Bible, les échelles de Jacob et de Joseph d'Arimathie comptent neuf barreaux, symbolisant les degrés que doit franchir celui qui cherche Dieu.

Le chiffre de l'accomplissement

Dans la Kabbale, le neuf est le chiffre de l'accomplissement. Pour les chrétiens, il est associé à celui qui exécute la volonté divine : composé de trois fois la Trinité, le trois étant le symbole de la perfection, le neuf (3 × 3) est le chiffre de la perfection absolue. En Égypte, le neuf est le nom de la montagne sacrée du Soleil, et, chez les peuples nordiques, pour lesquels l'univers est divisé en neuf mondes, le neuf est associé au dieu Odin, qui reste pendu à l'arbre cosmique Yggdrasil pendant neuf jours et neuf nuits, pour recevoir les tablettes sacrées du savoir : les « Runes ».

Dernier nombre simple avant les décimaux, le neuf est symbole de finition et représente l'ensemble d'un cycle jusqu'à son achèvement, rappelant évidemment les neuf mois de gestation, mais aussi les neuf ouvertures du corps de l'homme selon l'islam (narines, oreilles, yeux, bouche, sexe, anus).

... et de la régénérescence

Dans l'Égypte ancienne, ce sont neuf dieux qui sont responsables de la création du monde et de la configuration de l'univers (Énnéade): le démiurge solaire Atoum-Rê, émergeant du chaos liquide initial (le Noun), aurait donné naissance au couple Chou (l'air) et Tefnout (l'humidité de l'atmosphère), lesquels auraient créé à leur tour Geb (dieu de la terre) et Nout (déesse du ciel) ; Geb et Nout auraient engendré Osiris (premier roi, bénéfique, de la terre), Isis (son épouse), Seth (son frère, qui symbolise les forces hostiles), Nephthys (épouse stérile de ce dernier). Ainsi le neuf permet-il de rendre compte des éléments principaux de l'ordre cosmique et de l'ordre terrestre.

Le neuf représente aussi une fin et un commencement, conduisant donc à une renaissance. Ainsi, chez les Romains, on célèbre la fête de la purification pour tous les enfants mâles neuf jours après leur naissance, et on enterre les morts neuf jours après leur décès; quant aux défunts, ils étaient célébrés tous les neuf ans.

Voir **kabbale, Muses (les), trinité, trois**

niche

La niche est en architecture un renfoncement ménagé ou creusé dans un mur, destiné à accueillir la présence divine.

Dans l'islam, où la représentation de la figure humaine est interdite, la niche elle-même, ou *mirhab* des mosquées, indique la direction de La Mecque et rappelle par sa forme la voûte céleste reposant sur des piliers terrestres. Dans les églises chrétiennes, les niches renferment des statues de saints, et l'arrondi de la voûte évoque à la fois le ciel et l'auréole de son occupant. La niche reprend dans l'architecture chrétienne le principe du *naos,* habitacle de la divinité dans les temples antiques, ou celui de la grotte de l'ermite.

Dans tous les cas, la niche recèle quelque chose de précieux, d'où l'expression récente empruntée à l'anglais : une *« niche économique »,* qui n'est autre que le petit secteur miraculeux dans lequel il est possible de générer beaucoup d'argent.

Voir **caverne, centre, sanctuaire, temple, voûte**

nimbe

Cercle ou disque lumineux entourant la tête, qui constitue un insigne honorifique et signale dans l'iconographie chrétienne l'importance d'un personnage.

Dans l'Antiquité, la plupart des divinités de l'Olympe sont représentées nimbées (comme on peut le voir sur les fresques de Pompéi ou les miniatures du manuscrit de Virgile du Vatican). Dans l'iconographie chrétienne

des premiers temps, seul le Christ est entouré d'un nimbe. Après le IIIe siècle, les apôtres, la Vierge, puis les saints, acquièrent cet attribut, ainsi que les notabilités laïques : empereurs, dignitaires, etc. Mais leur nimbe est uni, tandis que celui du Christ est marqué du signe de la croix (on le dit crucifère ou crucigère). Le nimbe peut être doré, transparent, aller du bleu au vert et au brun, être orné de perles. En Occident, il prend, à partir du VIIIe siècle, une forme rectangulaire lorsqu'il est attribué à un vivant: le donateur Théodote s'est fait représenter à Santa Maria Antiqua (Rome) portant une maquette de la chapelle entre les mains et un nimbe rectangulaire (milieu du VIIIe siècle).

Voir **aura, auréole, cercle, disque, rectangle**

nœud

Le nœud est un symbole très riche. Il signifie une situation inextricable, le lien et/ou la rupture, et possède une valeur de talisman en Égypte ancienne.

Le nœud gordien

Le nœud gordien est l'image même du problème insoluble: inextricable, il est finalement tranché, par la force, d'un coup d'épée (au lieu d'être dénoué) par Alexandre le Grand, dont la personne figure alors le pouvoir absolu qui fait fi des obstacles s'opposant à sa volonté. On parlera en psychanalyse d'un nœud de complexes, comme d'un filet entre les mailles duquel l'individu s'empêtre sans trouver les paroles libératrices.

Un symbole de vie

En Égypte ancienne, les nœuds sont un symbole de vie. Le nœud d'Isis était une des amulettes les plus courantes dans le Bas-Empire. Comme la croix Ankh (qui était originellement un nœud magique fait d'herbes et de joncs), elle est signe d'immortalité et orne souvent la ceinture des dieux, qui peuvent aussi la tenir à la main.

Liaison et passage

Mais le nœud est aussi une science de la liaison. Le vocabulaire imagé des marins rend compte d'une grande variété de nœuds, lesquels apportent alors des solutions et non plus des problèmes : le nœud de pêcheur raboute de manière définitive un filin rompu, le nœud de cabestan permet de bloquer rapidement une amarre qui file, le nœud de jambe de chien raccourcit un câble en tension... Cependant, défaire un nœud symbolise un choix, le passage d'une situation à une autre, une séparation.
Dans la Rome antique, à la veille du mariage, la fiancée était parée d'une tunique blanche retenue par une cein-

ture au nœud compliqué que le mari devait dénouer pendant la nuit de noces.
La cordelière à trois nœuds que portent les religieux au Moyen Âge marque le passage de la vie laïque à la vie contemplative, les trois nœuds symbolisant les trois vœux monastiques : pauvreté, chasteté et obéissance.

Un pense-bête

La forme adoptée par les nœuds rappelle d'autres formes ou d'autres idées, raison pour laquelle on fait un nœud à son mouchoir pour servir de pense-bête. Les enfants esquimaux s'amusent traditionnellement à confectionner des nœuds en forme d'animaux servant de devinettes. Les Incas ont poussé loin la possibilité de rappel du nœud : des cordelettes nouées constituaient la seule forme d'écriture. Les fonctionnaires de l'empire parcouraient en courant les milliers de kilomètres de la cordillère andine pour porter ces messages noués.

Voir **amulette, Ankh (croix), anneau, ceinture, épée**

noir

Associé à la couleur sombre, à l'absence de lumière, à la saleté, au désespoir, au malheur, le noir est pourtant une couleur ambivalente, liée à la mort et à la résurrection, voire à l'élégance.

Le noir de la fertilité et de la résurrection

Couleur symbolique de l'absolu au même titre que le blanc, le noir en est le pendant, sa couleur de charbon l'associant au cycle de la combustion et de la régénération. Les rites initiatiques de l'Antiquité comportent des épreuves nocturnes, au cours desquelles le postulant traverse une mort symbolique dans un lieu obscur, pour devenir un homme nouveau et renaître à la vie spirituelle. De même, en Égypte ancienne, la couleur noire (*kem*) symbolise la mort, mais aussi son corollaire, la résurrection : Osiris, Anubis, Ptah et tous les dieux associés à la mort et à la résurrection ont la peau noire (ou verte).
Le noir est donc aussi couleur de vie et de fertilité, celle du limon charrié par le Nil et dont l'Égypte ancienne tire son nom, *kemet,* qui signifie « la (terre) noire ». Cette association du noir aux origines de l'univers et à la terre matricielle et nourricière se retrouve dans de nombreuses mytho-

logies, d'où les représentations noires de déesses-mères, telles Diane d'Éphèse, Déméter ou les Vierges noires, mais aussi la Magna Mater du mont Palatin ou la Pierre noire de La Mecque. En alchimie, la noirceur désigne la matière primordiale que l'on doit transmuter dans l'œuvre en pierre philosophale, une terre noire et fertile dont on doit extraire la fécondité cachée et l'esprit. Le noir s'apparente ainsi à ce qui est inconnu, occulte, dissimulé dans les profondeurs de la terre, comme le montre, dans le domaine du langage courant, les expressions « caisse noire », « marché noir », « travail au noir ».

Négation de la lumière, symbole des ténèbres

À l'inverse, en héraldique médiévale, le noir est appelé « sable » parce qu'il est associé à la stérilité, une conséquence de la deuxième connotation de cette couleur, la privation et le néant. Opposé au blanc, le noir correspond à l'absence de lumière, donc de couleurs et de chaleur. Il est l'état d'avant la création du monde. Il est aussi associé à la mélancolie, comme le montre l'étymologie du mot *melankholia* en grec, de *kholê*, « bile », et *mêlas*, « noir ». La fameuse bile noire sécrétée par la rate était tenue pour responsable du pessimisme et des mauvaises humeurs, selon l'antique médecine grecque.

D'après la Genèse, le noir est la couleur des ténèbres, des enfers souterrains du schéol. Dans l'Antiquité païenne, on sacrifie des animaux noirs aux divinités chtoniennes, comme dans les cultes sataniques médiévaux on le fera au diable ou aux démons. « L'armée infernale » de l'Apocalypse se déplace sur des chevaux noirs, et le diable lui-même est plus souvent représenté en noir qu'en rouge. Aussi le noir est-il le symbole essentiel de l'erreur et de l'ignorance, comme le suggèrent les pierres noires dont les Romains marquaient les jours néfastes. Il est aussi lié au deuil. Chez les Romains encore, le vêtement de deuil était de couleur sombre (plutôt gris, à l'image des cendres), par référence au monde souterrain, à l'obscurité de la nuit et du sommeil éternel. Le christianisme reprendra cet héritage symbolique et associera les signes extérieurs de deuil aux couleurs foncées. Progressivement, le vêtement de grand deuil entièrement noir, réservé d'abord à l'aristocratie (la teinture noire était onéreuse), va se généraliser, notamment à partir du XIXe siècle. Le vêtement noir devient l'élément essentiel du rituel de deuil jusqu'au milieu du XXe siècle. La veuve se devait, par exemple, pendant la période de « grand deuil », qui durait un an, de ne porter que des vêtements de couleur noire, voile compris.

Noir mat

Dans la palette chromatique occidentale, le noir est faste ou néfaste selon qu'il est brillant (*niger* en latin) ou mat (*ater*, d'où atrabilaire).

S'inspirant de l'uniforme des corps francs italiens des champs de bataille de la Première Guerre mondiale, Mussolini fait de la chemise noire le symbole de l'uniforme fasciste. Le drapeau des pirates et des anarchistes est noir. Le blouson noir de la rébellion devient l'emblème des mauvais garçons dans les années 1960, qu'arborent aussi les rockers. « Noir c'est noir, il n'y a plus d'espoir », chante alors Johnny Hallyday.

Associé à l'au-delà, le noir mat est aussi signe de renoncement à la vanité du monde, ce qui en fait la couleur de l'habit du clergé chrétien sous l'influence de la Réforme, qui déclare la guerre aux teintes vives. Le noir est aussi la couleur de la robe des gens de justice, magistrats ou avocats, et symbolise l'autorité, la condamnation et la menace.

Noir brillant

Le noir brillant a longtemps été la couleur du faste et de l'opulence aristocratique, comme en témoignent les portraits des grands de la Renaissance. Philippe le Bon, un seigneur bourguignon, ne portait que du noir afin de mieux faire ressortir la splendeur de ses bijoux. Au XVIe siècle, le noir mettait en valeur la somptuosité des lourdes étoffes. À la cour d'Espagne, où il était très à la mode, il renforçait l'image de dignité et de puissance qu'entendait donner l'élite sociale de cette époque. S'inspirant de ce lointain héritage, lié au luxe et à l'élitisme, la marque de voiture de sport Ferrari prit pour emblème un étalon noir. Le smoking et les tenues de cérémonie masculines sont noires.

L'invention par Coco Chanel de la petite robe noire (qui a connu le même destin que le jean) en 1926 a contribué à démocratiser et à féminiser le noir, symbole de l'élégance aristocratique. « Les femmes pensent à toutes les couleurs, sauf à l'absence de couleur. J'ai dit que le noir tenait tout. Le blanc aussi. Ils sont d'une beauté absolue », disait la célèbre couturière. Le noir des robes de soubrettes du XIXe siècle est devenu progressivement la couleur du chic parisien, de la simplicité raffinée et des branchés – la couleur de l'élite à la portée de tous.

Une âme noire, de noirs desseins, une âme perverse, méchante ; des desseins diaboliques, odieux.

Une année noire, une année désastreuse, néfaste.

Broyer du noir, être triste, mélancolique.

Caisse noire, fonds qui n'entre pas dans la comptabilité officielle.

La bête noire de quelqu'un, personne ou chose qui inspire une antipathie profonde (on appelait « bête noire » le sanglier).

La liste noire, ensemble de personnes que l'on considère avec suspicion.

Humour noir, humour basé sur la maladie ou la mort.

Marché noir, marché parallèle, trafic clandestin de marchandises.

Roman noir, « roman gothique », par extension fiction romanesque, notamment policière, qui unit les scènes de violence à la peinture réaliste d'une société sordide.

Travail au noir, activité professionnelle non déclarée qui échappe aux réglementations en matière sociale, fiscale.

Voir **Anubis, blanc, bleu, cendre, drapeau, enfer, gris, jais, rouge, sacrifice, terre**

nombre voir chiffre

nord voir points cardinaux

Nout

Déesse égyptienne du ciel.

Fille de Chou (le dieu de l'air) et de Tefnout, épouse de Geb (dieu-terre), Nout est parfois figurée sous l'aspect d'une femme dont le corps se courbe au-dessus de la Terre cependant que ses bras s'étendent jusqu'à l'horizon occidental et que ses pieds touchent le Levant, tandis que les astres étoilent son corps; le dieu Chou, de ses bras tendus, la maintient haut, loin de la Terre et de son époux Geb. Parfois, elle est représentée comme une vache dressée au-dessus de l'univers, des génies étayant ses pattes.

Mère et épouse du Soleil (Rê), Nout donne naissance, chaque matin, à un jeune veau d'or, qui grandit et qui, parvenu au zénith sous forme de taureau, féconde sa mère Nout. Le soir venu, celle-ci avale le disque, et la gestation s'accomplit durant la nuit, jusqu'à la naissance renouvelée à chaque aube.

Les Égyptiens appelaient ce mythe *Kamoutef,* « le taureau-de-sa-mère », symbole de l'éternité et de l'unicité divines.

Voir **disque, Rê, soleil, taureau, vache, voûte**

nuage-nuée

Intermédiaire entre les cieux et la terre, le nuage est ce qui cache, et ce par quoi on entrevoit la divinité, dont la nuée est l'expression.

Le nuage, image du divin

En Grèce antique, le nuage cache pour les protéger les armées ou les guerriers favoris des dieux, ou les humains que les dieux veulent enlever: Borée, dieu thrace et grec du vent, enlève dans un nuage Orithye, la fille du roi d'Athènes; Aphrodite réussit à y dissimuler Pâris pour le protéger des coups de Ménélas ; et Vénus sauve son fils Énée, attaqué par le héros Diomède, en l'enveloppant dans un nuage. Visible et insaisissable, changeant d'apparence, le nuage est cité par Virgile dans *l'Énéide,* comme leurre, Zeus protégeant son épouse Héra des assauts du roi Ixion en échangeant celle-ci contre quelques nuages qu'il façonne à l'image de la déesse – l'union d'Ixion et du nuage donnera naissance aux monstrueux Centaures.

Dans l'Ancien Testament, le nuage, opaque, translucide et insaisissable, est une image du mystère divin entrevu, de l'indicible, en raison de son caractère insaisissable. À mi-chemin entre le ciel et la terre, le nuage exprime également la transcendance divine, tel le nimbe (du latin *nimbus,* « nuage ») dans lequel le dieu de l'Olympe s'enveloppe pour descendre sur la terre. Il est l'écume du chaos originel après la création, dont on retrouve l'écho dans le nom des princes du Nibelungen, héros de la *Chanson* du même nom: *Nebel Jung,* « enfant du nuage ».

Également associé à la divinité dans le Coran, le nuage est l'une des preuves de l'existence de Dieu: « Et Nous vous couvrîmes de l'ombre d'un nuage, dit ainsi la sourate de la Vache,

et fîmes descendre sur vous la manne et les cailles. » Dans la mythologie nordique, la demeure du dieu guerrier Thor, maître du tonnerre, flotte dans un sombre nuage d'orage, associant ce dernier à la menace.

La nuée, le châtiment de Dieu

De même, la nuée (nuage épais ou d'orage) représente généralement le courroux divin, la punition ou le malheur : lorsque Pandore ouvre la jarre renfermant tous les maux susceptibles d'affliger le genre humain, ceux-ci se répandent au-dehors en une immense nuée. Dans l'Ancien Testament (Livre de Samuel), apparaissant au désert durant l'Exode ou dans le Temple, la nuée est le symbole de l'apparition de Dieu : « Quand les prêtres sortirent du sanctuaire, la nuée remplit le Temple de Yahvé et les prêtres ne purent pas continuer leur fonction, à cause de la nuée : la gloire de Yahvé remplissait le Temple de Yahvé ! »
Dans le christianisme, la nuée apparaît lors de la transfiguration et de l'ascension du Christ. Ainsi, selon la Didachè, premier document extra-canonique du christianisme, le monde verra arriver le Christ sur les nuées du ciel lors de son retour, reprenant le symbolisme hébreu de la manifestation divine.

Voir **éclair, foudre, nimbe, orage, tonnerre**

nudité

La nudité désigne l'état d'une personne dévêtue. De ce fait, en Occident chrétien, la nudité est attachée à la problématique de la sexualité, du péché, mais aussi de l'innocence et de la vérité « toute nue ».

Nu *versus* nudité

Il faut distinguer entre la nudité et le nu. Le nu est, selon l'historien d'art anglais Kenneth Clark, « une forme d'art inventée par les Grecs au Ve siècle avant J.-C., de même que l'opéra est une forme d'art inventée en Italie au XVIIIe siècle ». Pour Clark, l'érotisme fait partie de la problématique du nu, non de la nudité. Dans la sculpture grecque, le nu féminin érotique est très rare avant le IVe siècle av. J.-C. Plus tard la Vénus de Cnide, statue de Praxitèle, consacre le nu, qui inaugure ainsi une thématique reprise par des artistes comme Botticelli, Rubens et Velázquez.

La nudité grecque, une valeur positive

Dans l'Athènes de l'époque classique, la nudité n'a rien d'érotique. Le mot pour « dévêtu », *gymnos,* est à la racine de « gymnase », lieu où l'on se déshabille non seulement pour se livrer à des exercices physiques, mais aussi pour apprendre des matières scolaires. La plupart des grandes écoles philosophiques sont attachées à des gymnases et, au fur et à mesure que la religion grecque perd son emprise sur les esprits les plus fins pour être remplacée par la philosophie, la nudité est perçue comme une valeur positive. Socrate préconise la nudité comme une forme d'honnêteté. À Athènes, la nudité féminine en public est interdite, mais à Sparte des jeunes filles nues participaient aux processions de la ville. Selon Plutarque, ces jeunes filles ne suscitaient pas la concupiscence des spectateurs masculins, qui avaient également l'habitude de paraître nus en public. Les Spartiates auraient été les premiers athlètes à courir nus aux Jeux olympiques, pratique imitée ensuite par les autres sportifs.

« Adam et sa femme étaient alors tous deux nus »

Le texte matriciel du thème dans le judaïsme et le christianisme est le Livre de la Genèse, où se pose la question de la nudité dans un contexte de désobéissance, mais aussi de connaissance de soi, de l'autre et du mal.
Lors de la création des deux premiers êtres humains, « Adam et sa femme étaient alors tous deux nus, et ils n'en rougissaient point » (Genèse II, 25). Lorsque Adam et sa femme goûtent au fruit interdit de l'arbre de la connaissance « [...] leurs yeux furent ouverts à tous deux ; ils reconnurent qu'ils étaient nus ; et ils entrelacèrent des feuilles de figuier et en firent de quoi se couvrir » (Genèse, III, 7). Dieu appelle Adam et veut savoir où il est : « Adam lui répondit : J'ai entendu votre voix dans le Paradis, et j'ai eu peur parce que j'étais nu : c'est pourquoi je me suis caché » (III, 10). Apprenant leur acte de désobéissance, Dieu expulse Adam et Ève du « jardin délicieux », mais en leur faisant néanmoins « des habits de peau » (III, 21).

La fin de l'innocence

Adam et Ève deviennent pleinement conscients d'eux-mêmes comme individus en devenant conscients de l'autre. Cette conscience réciproque préside à la naissance de la morale, car c'est par le péché originel et la conscience de leur nudité qu'ils deviennent des êtres pouvant exercer le libre-arbitre. Dieu dit : « Voilà Adam devenu comme l'un de nous, sachant le bien et le mal » (Genèse, III, 2). Le péché entre dans le monde avec la conscience réciproque de la nudité de l'homme et de la femme. La perte de l'innocence est nécessaire si l'humanité doit se reproduire et survivre.

La nudité de Noé et du Christ

La nudité est consubstantielle et de l'innocence et de la honte comme en témoigne la nudité de Noé face à ses fils. Noé ivre revient malgré lui à un état de nature d'avant le Déluge, mais sa nudité suscite la honte de deux de ses fils, qui le couvrent, le visage tourné. Mais le troisième fils de Noé, Chem, se moque de la nudité de son père, ce qui provoque la malédiction paternelle sur sa lignée (Genèse, IX). L'épisode montre que la nudité est un tabou pour les Hébreux, même entre un père et ses fils, et que ses conséquences se transmettent de génération en génération.

La nudité étant l'état de l'homme avant la chute, le Christ enfant peut être représenté entièrement nu avant sa circoncision, qui représente l'adhésion à la loi mosaïque. La nudité totale du Christ montre qu'il échappe et au péché originel et à la loi révélée aux Hébreux.

La nudité sainte

Se déshabiller, se montrer totalement nu, est dans la tradition chrétienne une manière de renouer avec une innocence perdue. Saint François d'Assise se dépouilla de ses vêtements devant son père pour signifier à celui-ci qu'il avait l'intention de vivre dans la pauvreté absolue, aussi près de Dieu que possible. Symboliquement, il rejette le tablier de feuilles de figuier ou les habits de peau dont se recouvrent Adam et Ève.

Les adamites, secte chrétienne active en Bohême jusqu'au milieu du XIXe siècle, pratiquaient « la nudité sainte ». Ils rejetaient également toute forme de mariage, institution qui selon eux n'existait que grâce au péché. Certains mouvements naturistes modernes se réclament de l'héritage des adamites, mais aussi de celui de la Grèce antique.

La naissance de Vénus

La Vénus de Botticelli est nue, car elle vient de la mer et du monde invisible qui est au-delà des sens. Elle est nue, car elle est innocente, personnification de la beauté suprême, suscitant l'amour sacré de l'idéal platonicien. Mais sa nudité, qui va être bientôt recouverte d'un voile, est ambiguë. Sa beauté parfaite est là pour susciter l'amour profane, le plaisir charnel, la passion des hommes. Car Botticelli, en 1485, est le premier à enfreindre le tabou de la nudité. On ne voyait jusqu'ici que des Ève honteuses et punies, chassées du paradis, ou quelques héroïnes bibliques dévoilées malgré elles. La Vénus de Botticelli ressemble dans sa nudité sereine à une statue antique : déhanchement, corps svelte mais arrondi parfait des formes, respect du nombre d'or, tout est fait pour concilier le beau idéal et suggérer l'idée du plaisir charnel.

voir **Adam, Aphrodite, arbre, chair, circoncision, femme, figue, haillon, pomme, vigne, vin, voile**

obélisque

Dans l'art égyptien, pierre levée de forme géométrique, terminée par un pyramidion, l'obélisque est un symbole solaire.

Ce type de monument est né d'une conception symbolique : c'est en effet sur une pierre levée que le Soleil s'est posé, au premier matin du monde. Le prototype de l'obélisque fut probablement créé à Héliopolis, la cité du Soleil. Ce symbole premier était un obélisque unique qui, à la différence des paires d'obélisques placées hors du temple, était érigé à l'intérieur de l'édifice sacré. Puissante évocation de la verticalité, l'obélisque est aussi un pôle d'attraction de la lumière divine et un gigantesque talisman destiné à écarter du temple les forces négatives. Le pyramidion pouvait porter l'image, en relief, du roi protégé par la divinité, et être entièrement recouvert d'une plaque d'or.

Voir **or, pierre, pyramide, soleil, temple, verticalité**

océan

L'océan est une image de l'âme insondable et toujours changeante, le point de départ et le point d'arrivée de toutes choses en ce monde.

C'est sans doute Victor Hugo qui l'exprima avec le plus de puissance : « J'habite dans cet immense rêve de l'océan, je deviens peu à peu un somnambule de la mer, et, devant tous ces prodigieux spectacles et toute

cette énorme pensée vivante où je m'abîme, je finis par ne plus être qu'une espèce de témoin de Dieu» (*Correspondance*, 1856). De l'océan primordial dans lequel apparut la vie jaillissent de nombreux mythes, à l'exemple du récit de la création des Iroquois : les hommes vivaient au-dessus de la voûte céleste sur laquelle poussait un arbre nourricier ; celui-ci fut arraché, et, par le trou, la femme du chef regarda en bas l'océan primitif ; elle y tomba, et les animaux aquatiques pour la soutenir décidèrent de plonger pour chercher de la terre ; c'est le rat musqué qui réussit à en rapporter quelques mottes au prix de sa vie ; les animaux placèrent la terre sur la tortue, qui bientôt porta un continent entier.

Chez les hindous, c'est le barattage de la mer de lait avec une montagne encerclée par le serpent Ananta qui fait figure de mythe d'origine des dieux : les Devas (dieux) tiraient d'un côté et les Asuras (démons) de l'autre, et du barattage de ce lait s'exprima alors le Soma, principe d'immortalité et de vitalité.

voir **eau, flots, vague**

octogone

Forme intermédiaire entre le carré et le cercle, l'octogone unit la vie terrestre à la vie éternelle.

Dans les cathédrales médiévales, les labyrinthes qui représentent un voyage initiatique à Jérusalem ont le plus souvent la forme d'un octogone. Pour la même raison, les fonts baptismaux sont habituellement des octogones. Le jeune enfant, voué à la mort et au péché originel, est aspergé d'eau bénite, laquelle promet une résurrection dans la personne du Christ.

Voir **baptême, carré, cercle, huit, jardin, Jérusalem, labyrinthe, résurrection**

Œdipe

Œdipe est le héros tragique par excellence, l'homme sur lequel s'acharne le destin.

Il tue son père

Les malheurs d'Œdipe n'ont rien à voir avec une faute quelconque, car tous se rattachent à des événements antérieurs à sa naissance. Un oracle a prédit à Laïos qu'il serait assassiné par son propre fils. Mais celui-ci, un soir d'ivresse, s'unit à sa femme Jocaste et engendre Œdipe. Laïos décide alors d'exposer l'enfant sur la montagne de Corinthe, les talons percés et liés par une courroie (d'où le nom du héros, *Oidipous,* qui signifie «pieds enflés»). Un berger le recueille et l'apporte à la cour du roi de Corinthe, Polybe, qui l'élève comme son fils. Parvenu à l'âge d'homme, un Corinthien lui révèle qu'il n'est pas le fils de Polybe. Œdipe part alors pour Delphes afin d'interroger la Pythie sur le mystère de sa naissance. Mais celle-ci lui dit seulement qu'il tuera son père et qu'il épousera sa mère. Œdipe prend alors la route de Thèbes. En chemin, il croise le char de Laïos dans un défilé rocheux. Le cocher lui intime l'ordre de reculer. Œdipe refuse, la dispute éclate, et Œdipe tue le cocher et Laïos.

Il épouse sa mère

Parvenu aux portes de Thèbes, il affronte le Sphinx qui terrorise la ville en dévorant les passants qui ne peuvent résoudre son énigme : « Quel est la créature qui a quatre pattes au matin, deux à midi et trois le soir, mais qui est le plus faible quand elle a le plus de pattes ? » Œdipe n'hésite pas une seconde : « L'homme », répond-il calmement. Et le Sphinx, son destin accompli, se précipite du haut de la falaise pour s'écraser au sol. Thèbes fait un accueil triomphal au héros et lui donne la main de sa reine, Jocaste. Il en aura quatre enfants, mais, quand la peste s'abat sur Thèbes, Œdipe veut savoir de quel crime la ville s'est rendue coupable pour justifier ce châtiment. On lui dit alors qu'il doit bannir de la ville le meurtrier de Laïos. Œdipe mène l'enquête, en toute innocence. Il interroge Tirésias, qui finit par lui révéler l'histoire de sa naissance : il

apprend donc qu'il est ce meurtrier si assidûment recherché. Jocaste, incapable de résister à l'horreur révélée, se pend, et Œdipe arrache l'agrafe de la tunique de sa mère-épouse pour se crever les yeux. Fils, père, époux et frère, Œdipe, égaré dans les nœuds qu'il a lui-même tissés, aveugle et désespéré, fuit Thèbes en compagnie de sa fille chérie, Antigone.

Freud retiendra de l'histoire d'Œdipe l'existence chez le jeune enfant de désirs sexuels pour le parent de sexe opposé et d'une relation ambivalente pour le parent de même sexe (haine et amour, jalousie et admiration). Le complexe d'Œdipe est l'un des éléments fondateurs de la psychanalyse.

Voir **homme, phallus, sphinx**

œil

Sans doute le symbole corporel le plus fort et le plus riche de sens, l'œil est source (en hébreu *ayin* signifie à la fois « œil » et « source ») de connaissance, de pouvoir et de désir.

La puissance du regard

« Si le regard pouvait féconder et tuer, les rues seraient pleines de cadavres et de femmes grosses. » Le mot de Paul Valéry en dit long sur l'importance de l'organe de perception visuelle et explique le besoin de le *représenter,* car si l'œil relie, plus que tout autre organe, les hommes au monde extérieur, le fait de l'extérioriser par la représentation symbolique est une manière de contrôler sa puissance. Dans l'Égypte ancienne, le dessin de l'œil signifie « œil » et aussi le verbe « faire ». C'est par le « mauvais œil » qu'on jette un mauvais sort sur ce qui suscite l'envie. Cette croyance selon laquelle un regard malveillant peut nuire à la personne sur laquelle il se pose est commune à toutes les civilisations de la Méditerranée, juive, chrétienne ou musulmane. Les Égyptiens de l'Antiquité portaient sur eux une amulette de l'œil d'Horus, dieu-faucon, pour se protéger contre ce mauvais œil. Cet œil stylisé, appelé *oudjat,* est toujours peint sur la proue des barques de pêche à Malte. On peut aussi porter un œil bleu, tradition encore vivace en Grèce et en Turquie, suspendre un fer à cheval à sa porte, ou bien, comme dans les pays musulmans, offrir aux enfants une main de Fatma, dont les cinq doigts sont bénéfiques. En Afrique du Nord, on teint les mains de la fiancée avec du henné avant le mariage pour conjurer ce mauvais œil.

Les yeux surnaturels

L'œil droit d'Horus est solaire, son œil gauche, lunaire. Les yeux de la divinité sont donc associés au jour et à la nuit. Le regard non humain relève de cette dualité entre la lumière et les ténèbres, la vie et la mort. Méduse pétrifie par son seul regard tout être vivant. L'œil unique des Cyclopes (mot qui signifie « œil rond ») est le signe visible d'une monstruosité inhumaine. Zeus emploie les Cyclopes comme forgerons pour fabriquer ses éclairs meurtriers.

Si les Cyclopes n'ont qu'un seul œil, Argus en a le corps couvert. Le géant de la mythologie grecque a toujours au moins deux yeux qui ne se ferment

jamais. Mais Hermès parviendra à l'endormir avec d'interminables histoires, avant de lui couper la tête. Les yeux du géant sont ensuite éparpillés sur la queue du paon, symbole d'immortalité. C'est ainsi que l'art de narrer, autre forme de représentation, mais qui dépend de la bouche et de l'oreille, peut vaincre la puissance des yeux.

Cécité et vision

La cécité peut être tout à la fois signe de voyance et de révélation. Le devin Tirésias, aveugle, lit dans les âmes et voit le futur ; mais Œdipe se crève les yeux lorsqu'il apprend sa relation incestueuse avec sa mère Jocaste. Isaac, aveugle, bénit à son insu, sur son lit de mort son fils Jacob, ou Israël alors qu'il croit bénir Esaü, son frère. Sur le chemin de Damas, Paul, « frappé d'une lumière du ciel », tombe par terre ; et, « ayant les yeux ouverts, il ne voyait point ».

Dans la Bible, la lumière solaire est l'œil de Dieu. Cet œil divin est souvent représenté dans un triangle signifiant l'unicité et la perfection de la Trinité, symbole repris par les francs-maçons.

La lumière divine est un œil spirituel qui s'oppose à la vision physique. Cet œil, dont les origines sont probablement indiennes est aussi appelé l'œil du milieu. Le dieu Shiva, également appelé Tryambaka Deva, ou « seigneur des trois yeux », a, comme

Horus, un œil solaire droit, un œil lunaire gauche, et un troisième œil au milieu du front, qui symbolise la connaissance spirituelle et peut détruire l'ignorance et le mal.

Voir **amulette, bandeau, cinq, main, paon, triangle**

œuf

Organisme parfait et autosuffisant, l'œuf, naturellement symbole de vie, désigne le réveil de la nature, la fécondité, l'origine et la résurrection.

L'origine du monde

L'oiseau qui brise sa coquille représente l'apparition de la vie dans le silence primordial. D'innombrables civilisations, des Celtes aux Égyptiens, jusqu'aux peuples océaniens, en ont fait l'origine du monde. L'œuf cosmique d'où jaillit le soleil émerge du chaos. Il est la première forme qui apparaît dans l'océan primordial. Dans le mythe hindou, Brahmâ, l'ancêtre de tous les mondes, émerge d'un œuf d'or.

La nature duale de l'œuf inspire également la symbolique de la totalité, de l'ensemble des êtres : le jaune représente l'élément humide, femelle, et le blanc, le sperme masculin. Souvent, l'œuf primordial se sépare en deux moitiés, la partie supérieure devient alors le ciel, et la partie inférieure, la terre. Ainsi, dans le *Kalevala* finlandais, le genou de la déesse des eaux émerge seul des eaux primordiales. Le canard (maître de l'air) y dépose sept œufs. À ce moment, la déesse plonge et les œufs se brisent dans les eaux :

« Tous les morceaux
se transformèrent en choses bonnes
et utiles :
le bas de la coque de l'œuf forma
le firmament sublime,
le dessus de la partie jaune devint
le soleil rayonnant,
le dessus de la partie blanche fut
au ciel la lune luisante :
tout débris taché de la coque fut
une étoile au firmament,
tout morceau foncé de la coque
devint un nuage de l'air.
Le temps avança désormais. »

Un symbole d'immortalité et de renaissance

Dans la mythologie grecque, deux œufs résultent de l'accouplement de Zeus (transformé en cygne) et d'une mortelle, Léda. Ces deux œufs (ou trois, selon les versions) se rattachent fortement à la notion d'immortalité. Léda était mariée au mortel Tyndare, et, selon une version de la légende, l'un des œufs (d'où naquirent Castor et Clytemnestre, tous deux mortels) aurait été fécondé par Tyndare et l'autre par Zeus (d'où sortirent Pollux et Hélène, immortels). Une autre version fait naître Castor et Pollux, symboles de courage et de concorde, d'un œuf, et Hélène et Clytemnestre, symboles de discorde et de guerre, de l'autre. Castor et Pollux, les Dioscures, sont souvent représentés avec une sorte de bonnet rond sur la tête, représentant la coquille de l'œuf brisé à leur naissance.

Sur les murs de plusieurs tombes grecques (comme à Paestum) et étrusques (tombe des Léopards, à Tarquinia), on voit un personnage couché tenant un œuf à la main. Cet œuf symbolise la possibilité pour le mort de renaître à la vie. Dans certains tombeaux de Béotie, on a découvert des statues de Dionysos portant un œuf, promesse et signe de retour à la vie. Il est intéressant de noter que l'œuf, si prisé en Occident, est au contraire considéré comme une nourriture impure par les civilisations bouddhistes, qui prônent la fin absolue de la vie et le refus de la résurrection. C'est le même rôle qui est dévolu aux œufs de Pâques, et les orthodoxes, en s'offrant des œufs le jour de la fête, prononcent explicitement la phrase : « Christ est ressuscité. » Quant à l'habitude de cacher les œufs de Pâques et de les faire découvrir par les enfants, elle a souvent été interprétée par les anthropologues comme la symbolisation du renouveau de la nature au printemps. L'œuf suspendu au-dessus de la tête de la Vierge dans *la Vierge à l'Enfant* de Piero della Francesca (La Brera, Milan) a donné lieu à de nombreuses interprétations, qui résument l'ensemble de la symbolique de l'œuf : origine du monde, résurrection, beauté formelle, emplacement central renforçant l'harmonie et la symétrie de l'ensemble de l'œuvre, ou même représentation de l'âme.

« Tuer la poule aux œufs d'or », « mettre tous ses œufs dans le même panier » : la plupart des expressions dans lesquelles figure l'œuf se réfèrent à l'idée de prospérité.

voir **chaos, Hélène, jumeaux, résurrection**

ogre

Personnage traditionnel du conte populaire, l'ogre est le symbole de la force stupide, impitoyable et égoïste.

Les *Contes* de Perrault nous ont familiarisés avec l'image de l'ogre, géant égoïste doué d'un appétit féroce, armé d'un coutelas, dont la principale occupation consiste à dévorer des enfants. Redoutable prédateur, il relève de la catégorie des géants, des sorciers et des dragons.

On retrouve l'ogre dans de nombreuses cultures. À l'origine, les Grecs avaient inventé le mythe de Cronos, l'un des dieux fondateurs, qui dévorait ses propres enfants, non par appétit, mais par peur de voir surgir un rival parmi eux. L'ogre incarne la force et la méchanceté, face à l'intelligence et à l'agilité. Le face à face de

l'ogre et du Petit Poucet rappelle l'histoire de David contre Goliath racontée par la Bible.
Colérique et bête, l'ogre commet des erreurs malgré les atouts qu'il possède, notamment les pas de géant que lui permettent soit ses grandes jambes, soit les bottes de sept lieues. Dans les contes du XXe siècle, l'ogre, comme le loup et la sorcière, est souvent ramené à la raison par le bon sens ou le charme d'un enfant, comme c'est le cas dans *le Géant de Zéralda*, de Tomi Ungerer, où l'ogre se laisse séduire par une petite fille et par ses talents de cuisinière.

Voir **Chronos, dragon, Géant, Minotaure, Moloch, sorcier**

oie

L'oie est un animal faste. On lui prête des vertus de vigilance, de fidélité conjugale et d'élévation morale.

À Rome, les oies consacrées à Junon sont les héroïnes d'une anecdote demeurée célèbre : en 390 avant notre ère, les Gaulois assiègent le Capitole, et ce sont les oies sacrées qui, par leurs cris, réveillent la garde et permettent aux Romains de repousser l'assaut de l'ennemi – les oies deviennent alors des volatiles sacrés. Plus tard, César voyageant en Gaule constatera avec admiration que les Gaulois élèvent des oies non pour les manger, mais pour le plaisir.
Les augures observent le vol des oies, messagères des dieux, pour connaître la volonté de ces derniers et décider de l'opportunité d'une construction, d'une campagne militaire ou d'un échange commercial. *Les Contes de ma mère l'Oye* sont, selon la tradition populaire, des contes à dormir debout, dénués de raison, et le jeu de l'oie est un jeu de stratégie fondé sur le principe du labyrinthe.
Aujourd'hui, une oie est une personne ignorante ou sotte, par allusion à la réputation de bêtise de cet oiseau, qui partage ce préjugé avec d'autres volatiles (la grue, la dinde, la bécasse).

Voir **Junon**

oignon

Bulbe composé de couches successives de feuilles sans noyau, l'oignon symbolise la vacuité dans les religions orientales et l'éternité pour les Égyptiens, les Grecs et les Romains.

Les Égyptiens utilisaient l'oignon, souvent attaché au corps des embaumés, comme offrande funéraire. Lorsqu'ils prêtaient serment, les fonctionnaires du pharaon tenaient un oignon dans leur main droite.

oiseau

L'oiseau assure la médiation entre le ciel et la terre. Il est un symbole de liberté et d'innocence, et donc de l'âme dans son acception la plus pure.

En Égypte, l'oiseau, ou « Ba », représente l'âme elle-même, ou du moins ses vertus : bonté, joie et immortalité. À Rome, il est l'attribut de Junon et symbole de l'air. Les peintres de la Renaissance l'utilisent pour figurer le toucher dans les représentations des cinq sens. En France, à la fin de la cérémonie du sacre du roi, un lâcher

d'oiseaux avait lieu à l'intérieur de la cathédrale de Reims, symbolisant la délivrance des prisonniers grâce à l'amnistie royale.

L'oiseau symbole de l'âme a été repris par le monde chrétien, comme l'attestent d'innombrables représentations sur les fresques et les mosaïques primitives. Ainsi, sur une mosaïque de la basilique chrétienne de Sabratha, en Libye, on voit un arbre de vie aux branches couvertes d'oiseaux, représentant les âmes libérées par la mort, tandis qu'un seul reste enfermé en cage, encore prisonnier du corps. D'une manière générale, l'oiseau, comme l'âme, ne peut se passer de la protection divine: « Aux petits des oiseaux Dieu donne la pâture. » Les oiseaux migrateurs occupent une place à part dans la symbolique, où ils représentent en général vigilance et prévoyance. Certains oiseaux, comme le hibou ou le corbeau, ont une connotation négative parce qu'ils annoncent de mauvais présages: ce sont les « oiseaux de malheur ».

Voir **âme**

olivier

Symbole fort, mais à multiples sens, l'olivier représente à la fois la paix, la richesse et la victoire.

L'emblème du génie grec

L'olivier est l'arbre de la déesse tutélaire des Athéniens, Athéna, déesse des arts et de l'intelligence. En effet, Athéna et Poséidon se disputant la suprématie sur l'Attique, une assemblée des dieux est chargée de les départager et leur soumet le défi suivant: offrir le plus beau présent possible aux Athéniens. Tandis que Poséidon fait jaillir une source, Athéna fait naître un olivier, symbole de paix et de prospérité, sur l'Acropole. Athéna remporte la victoire. L'olive et l'huile que l'on presse de ses fruits deviennent alors une denrée essentielle pour les Grecs. Aux Jeux olympiques, on offre aux athlètes victorieux une couronne de feuilles d'olivier.

Un symbole de paix universel

À Rome, l'olivier est aussi un symbole de la paix. Les émissaires des nations conquises par la Ville éternelle portent des branches d'olivier comme signe de leur soumission à la *pax romana.* L'association entre la paix et l'olivier est ensuite reprise par les chrétiens, qui en trouvent une justification dans la Bible, Noé lâchant une colombe hors de l'Arche : « Voici qu'elle revint à lui sur le soir, portant dans son bec un rameau d'olivier dont les feuilles étaient toutes vertes » (Genèse, VIII, 11). Le rameau d'olivier signifie la fin du Déluge et le pardon apaisant de Yahvé aux hommes.

L'arbre du monde

Dans le Coran, la lumière d'Allah est comparée à un olivier : « La lampe [est] dans un verre, le verre est comme un arbre... elle tient sa lumière d'un arbre béni, l'olivier... dont l'huile éclaire... sans même que le feu y touche » (La Lumière, 35). Ce verset a suscité maints commentaires et méditations de la part des théologiens musulmans et explique peut-être que, dans l'islam, l'olivier soit l'arbre du monde, son axe central, et qu'il représente pour certains soit le prophète Mahomet, soit l'imam des derniers jours.

Voir **arbre, Athéna, colombe, couronne, déluge, huile, paix**

ombrelle (parasol)

Comme le dais, l'ombrelle symbolise la puissance temporelle reçue du ciel.

Par une inversion classique en matière symbolique, elle représente aussi le soleil, dont elle protège.

omphalos

Le nombril du monde, c'est-à-dire son centre, le point d'origine des circonvolutions du monde manifesté.

Dans les mythes des origines hindous, Vishnu s'endormit après la destruction de l'univers et s'enfonça dans l'océan primordial. Lorsque les flots furent barattés, Brahmâ apparut sur un lotus qui sortait du nombril de Vishnu, pour devenir le dieu architecte de l'univers. C'est en son nombril que les niveaux céleste, terrestre et infernal du monde entrent en communication. Dans le monde grec, Apollon avait installé sa prêtresse à Delphes, là même où il avait tué le serpent Python, sur l'omphalos du monde. Python, comme la Pythie, tirait de cette position la capacité à prédire l'avenir. L'omphalos était représenté sous la forme d'une colonne autour de laquelle s'enroulait un serpent, et on ne compte pas les montagnes ou les simples pierres dressées qui, pour chaque civilisation, représentaient la centralité ultime. Chez les juifs, les chrétiens et les musulmans, c'est l'arbre de vie du jardin d'Éden qui tient lieu d'omphalos : à son pied coule une source qui sort d'Éden pour se diviser en quatre fleuves définissant les grandes régions du monde.

Voir **Apollon, arbre, bétyle, caducée, centre, colonne, fleuve, jardin, Jérusalem, montagne, pierre, Python, sanctuaire, serpent**

onagre

L'onagre, ou l'âne sauvage, est au Moyen Âge l'un des symboles de la vie d'ermite.

Cette image trouve son origine dans la Bible (Livre de Job, XXXIX, 5), où l'onagre « se rit du fracas de la cité et n'entend pas l'ânier qui vocifère ».

Voir **âne**

onction

Application d'huile sainte sur une personne, l'onction symbolise la présence de Dieu.

Dans l'Ancien Testament, l'application de l'huile, l'un des sept symboles de l'Esprit, représente l'accession à la présence divine d'un être d'exception, roi ou prêtre. Seul le grand prêtre est consacré par l'onction, tandis que les autres prêtres le sont par aspersion. Celui qui est ainsi touché par la lumière de Yahvé est un élu, comme David recevant du prophète Samuel l'onction sainte, avant d'être admis à la cour du roi Saül. Exprimant un choix divin, l'onction se dit *mischehah* chez les Hébreux anciens, et celui qui a reçu cette onction est appelé *meschiach,* qui a donné « Messie » et, dans sa traduction grecque, *« Christos ».*
Chez les chrétiens, « l'onction sainte » (aussi appelée *chrismation*), qui se retrouve dans les sacrements du baptême, dans ceux de l'onction des malades et des mourants (extrême-onction), et dans l'ordination, représente le sceau du Saint-Esprit. Par ce rite, l'officiant marque le fidèle pour le bénir ou le sacrer, l'application de l'huile étant assimilée à la grâce qu'il reçoit du Saint-Esprit : « L'Esprit du Seigneur est sur moi, car il m'a consacré par l'onction », dit l'Évangile selon Luc, pour lequel l'huile de l'onction permet la guérison du fidèle. Lors de la cérémonie du sacre du roi de France, l'archevêque oint la tête du futur souverain ainsi que sa poitrine, ses bras et ses épaules, sièges de la force.

Voir **baptême, huile, main, roi**

ondine

Les ondines, génies des eaux des mythologies nordiques, symbolisent les sortilèges de l'eau et de l'amour et la fascination de la mort.

Qu'on les appelle ondines, nixes ou rousalki, ce sont des créatures malfaisantes qui égarent les voyageurs dans les brumes ou les eaux. Jolies et malicieuses, les ondines sont en fait des jeunes filles mortes qui viennent danser au bord des eaux et attirent le chevalier dont elles s'éprennent lorsqu'il vient à passer au bord du lac où elles résident.

Voir **fée, génie, sirène, revenant**

onyx

Variété d'agate dont on se sert pour les camées, l'onyx blanc est un talisman, et l'onyx noir, une pierre de discorde.

Dans l'Ancien Testament, l'Éternel commande à Moïse de graver les noms des douze tribus d'Israël sur deux pierres d'onyx : les Anciens appellent en effet onyx l'albâtre et la calcédoine bleu clair. C'est à cet onyx clair que fait référence la symbolique chrétienne, pour laquelle elle représente l'innocence, et qui l'associe au patriarche Manassé et à l'apôtre Philippe. Certains attribuent la gemme à l'ange Gabriel, gardien du paradis siégeant à gauche de Dieu. L'onyx blanc aurait la propriété d'éloigner les fantômes, de favoriser la sagesse et de renforcer le charme de celui qui le porte. Lorsqu'elle présente plus de zones concentriques blanches que noires, la gemme devient le symbole de la domination de la lumière sur les ténèbres. Aussi l'onyx noir symbolise-t-il dans le monde méditerranéen la tristesse, le deuil et l'austérité. Considérée comme une pierre de discorde, il suffit de la pendre au cou de quelqu'un pour le fâcher avec ses amis. À l'inverse, dans la civilisation celte, les runes (écrits magiques) de Hagel, qui concernent l'avenir et l'accomplissement, sont associées à l'onyx noir.

Voir **amulette, blanc, noir**

or

Métal précieux d'un jaune brillant, l'or est associé au pouvoir solaire, à la royauté et au divin.

Le plus noble des métaux

Le symbolisme de l'or provient de son paradoxe : le plus noble des métaux est pourtant le plus facile à extraire. Mais sa couleur éclatante, sa pureté naturelle, son caractère inaltérable et inoxydable, et aussi sa rareté, ont toujours fait de lui le métal précieux par excellence. L'or est associé à l'éternité des dieux, et son éclat, qui en fait un symbole solaire, le met au sommet de la symbolique des métaux. Pour les Grecs, l'âge d'or, premier âge de l'humanité, est caractérisé par la félicité, la pureté et l'abondance. Chez les Celtes, on retrouve cette même place accordée à l'or. Seul le chef des druides, le pontife-roi, possède la serpe d'or qui lui permet de couper le gui, symbole d'immortalité. La valeur économique de l'or et son caractère sacré témoignent du statut privilégié du druide et de la classe sacerdotale dans la civilisation gauloise. Odin, premier des dieux scandinaves, dieu de la guerre, de l'intelligence et de l'éloquence, est armé d'un casque d'or. En héraldique, l'or signifie d'ailleurs la lumière céleste, l'audace, la supériorité et la volonté de puissance.

L'or solaire, royal et divin

Inscrit dans la symbolique solaire, l'or est en Égypte ancienne la chair du dieu-soleil créateur. Son rôle est ainsi essentiel dans l'obélisque, dont le sommet revêtu d'or représente le point où l'énergie créatrice du soleil est capturée chaque matin. L'or est aussi le métal de l'immortalité, dont on fabrique les masques funéraires, qui fixent pour l'éternité le visage du pharaon, associant l'or à la royauté. Dans le Nouveau Testament, l'or qu'offrent les Mages à Jésus confère à celui-ci un caractère royal, tout en participant de son caractère de divinité solaire.

Par son éclat, l'or symbolise la lumière, c'est l'attribut des dieux solaires, comme Apollon, à qui son père Zeus offre à sa naissance une mitre d'or. Apollon, qui parcourt quotidiennement le ciel sur son char tel l'astre du levant, est aussi la divinité tutélaire de tous les arts, il est le symbole de la lumière civilisatrice. On retrouve cette même association dans l'Exode, lorsque Dieu ordonne à Moïse de fabriquer un chandelier d'or (*menora*) :

« Tu feras un candélabre pur [...]. Tu le feras avec tous ses accessoires, d'un talent d'or pur. »

L'âge d'or

L'or symbolise aussi le bonheur et la prospérité. Il caractérise les temps heureux, mais révolus, d'une civilisation. Ainsi, selon Hésiode, diverses « races » se sont succédé depuis l'origine de l'humanité. La première et la plus florissante, « l'âge d'or », remonte à l'époque de Cronos, donc avant celle de Zeus. En ces temps bénis, les hommes vivaient heureux et libres, éternellement jeunes, et passaient leur temps en fêtes et en plaisirs variés. Cet âge d'or grec rappelle beaucoup le paradis terrestre, si ce n'est que, dans la Bible, seuls Adam et Ève en connurent les bienfaits. N'ayant pas à travailler, les hommes jouissent librement de tous les biens de la terre, qui produit spontanément ce qui est nécessaire à la vie de ces heureux ancêtres. « Ils vivaient comme des dieux, le cœur libre de soucis, à l'écart et à l'abri des peines et des misères » (Hésiode, *les Travaux et les Jours*).

La ruée vers l'or

Symbole d'opulence et de richesse, l'or, comme l'argent, suscite toutes les convoitises et les vanités, comme le montre la légende de Midas que raconte Ovide. Ce roi phrygien, connu pour sa sottise et son irréflexion, rendit un service à un Satyre, Silène, proche de Dionysos. Ce dernier, pour le récompenser, lui proposa d'accéder à l'un de ses vœux. Midas, dans sa vanité, demanda que tout ce qu'il toucherait se changeât en or. Exaucé, il s'aperçut que ce qu'il mangeait et buvait se métamorphosait en métal. Risquant la faim et la soif, il supplia Dionysos de mettre fin à son vœu. Content de lui avoir donné une leçon, le dieu de la vigne exigea simplement qu'il aille se purifier dans un fleuve, le Pactole, qui longtemps draina des pépites d'or.

L'or, métal pur et lumineux, peut pourtant corrompre les âmes et les asservir. On retrouve cette association dans le Veau d'or que fabriquèrent les Hébreux dans le désert, lorsqu'ils doutèrent de leur Dieu, en l'absence de Moïse qui tardait à redescendre de la montagne.

Âge d'or, temps heureux d'une civilisation ; époque qui voit dans un domaine déterminé une production particulièrement brillante, tel *l'âge d'or du cinéma muet*.

En or, parfait, exceptionnel, telle une affaire en or.

Voir **Apollon, argent, blond, chandelier, couronne, druide, gui, jaune, jour, lumière, métal, obélisque, Pactole, roi, soleil**

orage

Colère divine porteuse de pluie, l'orage est un signe faste ou néfaste selon les conditions de son déchaînement.

Ishkur ou Baal étaient les dieux mésopotamiens de l'orage. Dans ces espaces semi-arides, l'orage était la manifestation météorologique de la puissance fécondatrice, raison pour laquelle ces dieux étaient rattachés à la figure du taureau. Tous les autres attributs des dieux de l'orage ont un pouvoir aussi destructeur que créateur, que ce soit le marteau, la hache, le fouet ou la foudre. C'est fréquemment sous la forme d'une nuée orageuse que les dieux apparaissent aux hommes lorsqu'ils désirent leur montrer une partie de leur puissance. C'est ainsi que Sémélé – une des nombreuses conquêtes de Zeus – mourut foudroyée pour avoir demandé à son amant de se montrer dans sa puissance, ce qu'il fit, sous la forme d'une nuée de foudre et d'éclairs.

Voir **eau, éclair, foudre, fouet, hache, marteau, nuée, taureau, tonnerre, Zeus**

orange

Représentant la pureté et la chasteté au Moyen-Orient, l'orange est liée à la cérémonie nuptiale dans le monde méditerranéen. Dans l'iconographie flamande, l'orange symbolise, comme la pomme, le péché originel et la rédemption.

L'orange, originaire de Chine, fut probablement introduite en Europe par les Arabes au XVe siècle. Dans les peintures religieuses flamandes, elle est un symbole de péché et de salut, comme la pomme, le mot néerlandais qui désigne l'orange se disant « pomme chinoise ». Dans la tradition italienne, le fruit défendu de la Bible est d'ailleurs une orange et non une pomme. Dans la culture méditerranéenne, l'orange évoque également la cérémonie du mariage, car il était d'usage en pareille circonstance d'offrir des oranges en souvenir des pommes d'or du jardin des Hespérides, données par les Grâces à Junon lors de ses noces avec Jupiter. Les fleurs d'oranger ont une signification toute particulière en Espagne, où elles forment une partie essentielle des bouquets portés par les jeunes mariées. Jusqu'au XXe siècle, l'orange était un fruit rare en Europe septentrionale. Cultivée par les aristocrates et les riches bourgeois en des serres spéciales, les orangeries, l'orange était un produit de luxe, offert comme cadeau de Noël aux enfants.

Voir **pomme**

oreille

De longues oreilles, comme celles de l'âne, sont un emblème de la bêtise. Mais l'oreille a aussi une autre symbolique : en raison de la ressemblance du conduit auditif au vagin, l'oreille est associée à la femme et à l'insémination.

Dans la tradition populaire, on affublait les cancres d'un bonnet d'âne aux longues oreilles, symbole d'ignorance. Quant aux oreilles d'âne du roi Midas, elles sont une punition de sa sottise.
Selon les premiers chrétiens, le Saint-Esprit, ou le Verbe de Dieu, est entré dans la Vierge Marie par l'oreille.

Voir **âne, bonnet d'âne, Pactole**

orgie

Assemblée durant laquelle les participants se livrent à toutes sortes d'excès, l'orgie représente un retour au chaos primitif.

Fêtes dionysiaques chez les Grecs, ou Bacchanales chez les Romains, les orgies sont un rite initiatique. Loin de se limiter à des excès de débauche, le délire sacré qui s'empare des participants relève d'un rituel cathartique dont la fonction est d'exorciser la folie et l'angoisse de la mort, par sa représentation. Cette possession et cette extase limitées dans le temps rappellent le carnaval et le « jour des fous » du Moyen Âge, et symbolisent le jaillissement de la vie, principe fondamental de la pensée antique. Aussi l'orgie est-elle associée à la fertilité. Par ce pouvoir de fécondation, le rituel de l'orgie est comme la transe, le moyen d'atteindre à la vérité divine, par le biais du retour au chaos originel.

Dans la pensée grecque, qui sépare l'amour au sens noble (*agapê*) de l'amour charnel (*éros*), l'orgie représente l'oubli de la condition humaine par le plaisir charnel. Elle est donc un abandon provisoire du contrôle de soi, devenu à ce titre symbole de dévoiement et d'inversion des valeurs dans l'Ancien Testament. Sodome et Gomorrhe, vouées au culte du chaos et symbole du mal, seront détruites. De même, le sabbat, assemblée des sorcières, se termine-t-il naturellement en orgie.

Voir **Bacchanales, banquet, chaos, danse, Dionysos, sorcier**

orgue

Instrument de musique à vent et à tuyaux, essentiellement en usage dans les églises, l'orgue symbolise la puissance et l'unité.

L'orgue est associé au brouhaha du fait de son utilisation au cours des cérémonies officielles, des festins et des jeux dans la Rome antique. Interdit dans les églises des premiers chrétiens, pour qui il est symbole de paganisme, l'orgue disparaît d'Occident après les grandes invasions. Revenant au Moyen Âge, car il a été offert comme cadeau par un empereur chrétien, le byzantin Constantin V, à Pépin le Bref, l'instrument se charge d'une symbolique religieuse. Selon la Charte des organistes de l'Église : « Il est le symbole vivant de l'unité dans la diversité et appelle toute la communauté chrétienne à le devenir. »

Proscrit par l'Église orthodoxe, l'orgue est béni chez les catholiques par cette formule : « Éveille-toi, instrument sacré. » Le souffle qui anime l'orgue symbolise le vent de l'esprit, et la multitude de ses tuyaux, qui ne jouent qu'une seule mélodie, représente le peuple chrétien rassemblé en un seul corps.

Faire donner les grandes orgues, c'est mettre en œuvre tous les moyens de pression et de persuasion. Par sa puissance, l'orgue exerce une véritable fonction ministérielle dans le service de la liturgie, une symbolique de force reprise dans les *« orgues de Staline »*, des lance-roquettes multitubes d'artillerie utilisés par l'URSS pendant la Seconde Guerre mondiale.

Voir **chant, souffle**

Orphée

Orphée est le grand poète légendaire de la Grèce, symbole de la musique et de la poésie lyrique.

Orphée aux Enfers

Orphée, le musicien parfait, tire de sa lyre, cadeau d'Apollon, des sons si harmonieux qu'il apaise les vagues de la mer, charme les animaux, renvoie les Sirènes dans les profondeurs et séduit le maître des Enfers.

À la suite de la mort de son épouse Eurydice, sans laquelle il ne pouvait vivre, il alla la réclamer aux Enfers ; Hadès se laissa fléchir, mais, sur le chemin du retour, Orphée se retourna malgré l'interdiction qui lui en avait été faite, et Eurydice disparut à jamais. Orphée, désespéré, se réfugia en Thrace dans la compagnie de jeunes bergers (on lui prête alors l'invention de la pédérastie). Il fut foudroyé par Zeus ou, suivant une tradition, mis en pièces par les Ménades ou encore par des femmes thraces qui, selon Ovide, le dépecèrent pour se venger de ses dédains. Sa tête aurait été portée par les flots jusqu'à Lesbos, où elle donna des oracles. On lui attribuait l'invention de la lyre et des rituels divinatoires et magiques.

Le poète-mage

Dans l'art paléochrétien, Orphée apparaît comme une préfiguration païenne du Christ. Mais Orphée est surtout le héros d'un double mythe qui unit Éros et Thanatos (le désir et la mort). Il est le prophète d'une religion du salut, exprimée par l'orphisme, victime exemplaire de l'amour malheureux. Orphée a toujours fasciné les poètes. Il est l'une des figures littéraires majeures de l'initiation cosmogonique ou poétique : archétype du poète-mage et signe même du prix que le créateur doit payer par son déchirement pour atteindre à l'harmonie de son art.

Voir **chant, enfer, lyre, résurrection, sirène**

os

Puisque les os survivent à la chair, ils peuvent servir à la fois de *memento mori*, de symboles d'immortalité et d'objets de culte.

Telle est leur signification dans les églises catholiques et orthodoxes, où les reliques des saints sont des os, lesquels suscitent ferveur populaire et pèlerinages depuis le Moyen Âge. En signe de vénération, on enfermait souvent les os des saints thaumaturges et guérisseurs dans des reliquaires précieux. Au Moyen Âge, lorsque les remèdes étaient impuissants, des pèlerinages conduisaient souvent malades et infirmes jusqu'aux sanctuaires abritant ces reliquaires. Il était fréquent de plonger les os d'un saint dans l'eau afin d'en remplir des fioles que l'on pouvait vendre à bon prix. Dans la tradition orthodoxe, les os des saints dégagent un doux parfum, ce qui renforce la croyance en l'immortalité de l'âme.

Voir **crâne, pèlerin, squelette**

Osiris

Dieu du panthéon égyptien, tué par son frère Seth, il ressuscite grâce à sa sœur-épouse, Isis. Symbole de vie et de résurrection, il gouverne le monde souterrain, royaume de la mort et des ténèbres, et préside au jugement des morts.

« Osiris, tu es parti, mais tu es revenu »

« Osiris, tu es parti, mais tu es revenu ; tu t'endormis, mais tu as été réveillé ; tu mourus, mais tu vis de nouveau. » Cet extrait du *Texte des Pyramides* rappelle la fonction d'Osiris comme dieu de l'éternel retour ; son histoire évoque le rythme symbolique de la désintégration et de la réintégration. Osiris est représenté comme un homme, au corps étroitement gainé dans un vêtement collant, la tête coiffée d'une haute mitre blanche flanquée de deux plumes, les bras croisés sur la poitrine et tenant le sceptre et le fouet ; ses chairs étaient souvent peintes en vert, car il présidait à l'origine, la renaissance de la végétation, mais le vert est aussi la couleur de la décomposition. Sa peau est parfois aussi noire, couleur bénéfique chez les Égyptiens.

L'histoire d'Osiris

La légende naît assez tôt : Osiris, bon roi de la terre, aurait appris aux hommes l'agriculture, la viticulture, et enseigné les arts. Jalousé par son frère

Seth, celui-ci, au cours d'un festin, l'enferme dans un coffre qu'il jette au Nil ; sa sœur-épouse Isis le retrouve au rivage de Byblos et le ramène. Il est à nouveau saisi par Seth, qui découpe le corps d'Osiris en quatorze morceaux qu'il répand sur la terre d'Égypte. Isis, au terme d'une longue quête avec sa sœur Nephthys (épouse de Seth) et avec l'aide d'Anubis, reconstitue le corps du dieu à l'exception du phallus, avalé par un poisson, l'Oxyrhinque. Transformées en oiselles, Isis et Nephthys agitent leurs grandes ailes pour rendre, avec le souffle, la vie à l'être divin. C'est la résurrection. Isis conçoit alors un fils, Horus, qu'elle élève en secret dans les marais du Delta, craignant la vindicte de son oncle Seth. Parvenu à l'âge d'homme, Horus réclame son héritage, provoquant Seth au combat singulier. Rê et le tribunal divin jugent : Horus héritera de la royauté terrestre de son père, tandis que celui-ci gouvernera le royaume des morts, qu'il transforme en terres fertiles. Depuis, Osiris préside le tribunal divin, étape nécessaire pour pénétrer dans le royaume des morts. La pesée du ka (l'âme) se fait en présence d'Osiris. Anubis, le dieu à tête de chacal, introduit le défunt et Thot vérifie la pesée tandis qu'une plume, dans un des plateaux de la balance, représente la déesse Maât, la justice.

Selon une autre version plus tardive, Isis, après avoir retrouvé le corps d'Osiris, l'embaume. Il devint ainsi la première momie, Ounen-Néfer (l'éternellement beau) protégé de la corruption.

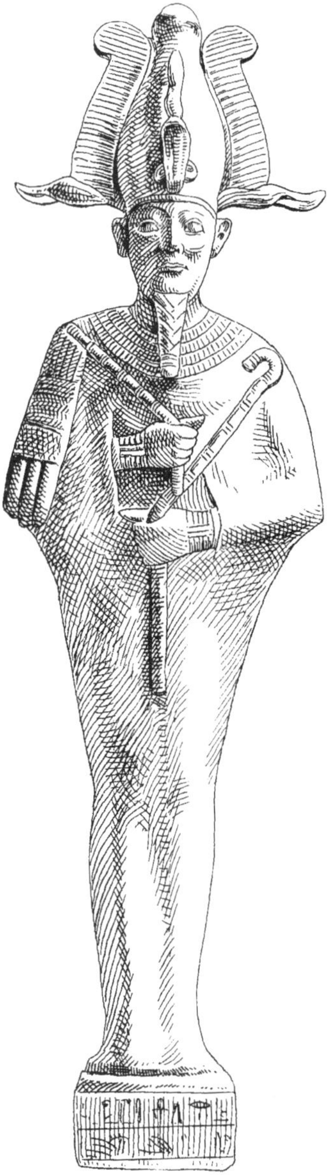

À l'image de la nature

La leçon de cette légende est d'importance : tout homme qui pourra faire en sorte que, après sa mort, les rites pratiqués sur le corps d'Osiris soient reproduits à son intention et les mêmes formules prononcées revivra ; éternité assurée au roi seul, d'abord, puis, à partir du Moyen Empire, les devenirs funéraires deviennent possibles pour tous. La survie d'Osiris, assurée par les miracles de l'embaumement, a nourri le peuple égyptien d'un espoir inouï : celui de l'éternité après la mort. La légende osirienne reproduit, sur le plan mythique, les vicissitudes de la vie de la nature, évoquant le sort du grain enfoui dans la terre et qui renaît, quelques mois plus tard, au printemps. Elle est proche de la légende du Baal sémitique et voisine de celle de l'Adonis syrien. Le culte d'Osiris se répandit, à l'époque classique, sur tous les rivages méditerranéens.

Le pilier *djed*

Osiris lui-même est parfois représenté sous la forme symbolique d'un pilier *djed,* qui peut être interprété comme l'image de sa colonne vertébrale. Au cours de la fête d'Osiris, au printemps, au moment où la végétation reprend sur les terres fertilisées par le Nil, a lieu la fête d'Osiris, et les cérémonies se terminent par l'érection d'un pilier *djed* commémorant son retour à la vie.

Voir **Adonis, âme, blé, colonne, Déméter, Isis, noir, Perséphone, psychostasie, résurrection, saison, Seth, souffle, vert**

ouest voir points cardinaux

Ouroboros

Figure d'un serpent en cercle qui se mord la queue.

Cette représentation fait référence à l'autofécondation, à la continuité et à l'éternel retour, dont le serpent est aussi le symbole, tandis que la forme circulaire signifie en même temps la totalité de la nature et l'union du ciel et de la terre.

Voir **cercle, queue, roue, serpent**

ours

L'image de l'ours, animal lunaire, s'est toujours rattachée à des forces brutes, obscures et primitives, qui en ont fait le symbole de la gaucherie et de l'ignorance. Cependant, les peuples du Nord l'ont représenté en roi-guerrier, symbole de force et de courage.

Du roi-guerrier…

L'ours fait l'objet d'un culte depuis les temps préhistoriques. On a retrouvé à Regourdou, en Dordogne, les traces d'une sépulture d'ours. En Grèce, il est l'un des bras armés d'Artémis, qui transforme en ourse la malheureuse Callisto, la vouant à se faire dévorer par son fils, le chasseur Arcas. Heureusement, Zeus interviendra à temps pour transformer la mère et le fils en constellations : la Grande Ourse et la Petite Ourse.

Dans les civilisations nordiques, on l'associe à Odin, dieu de la guerre, et à Thor, dieu des éclairs et des enfers, et il est l'emblème des valeureux

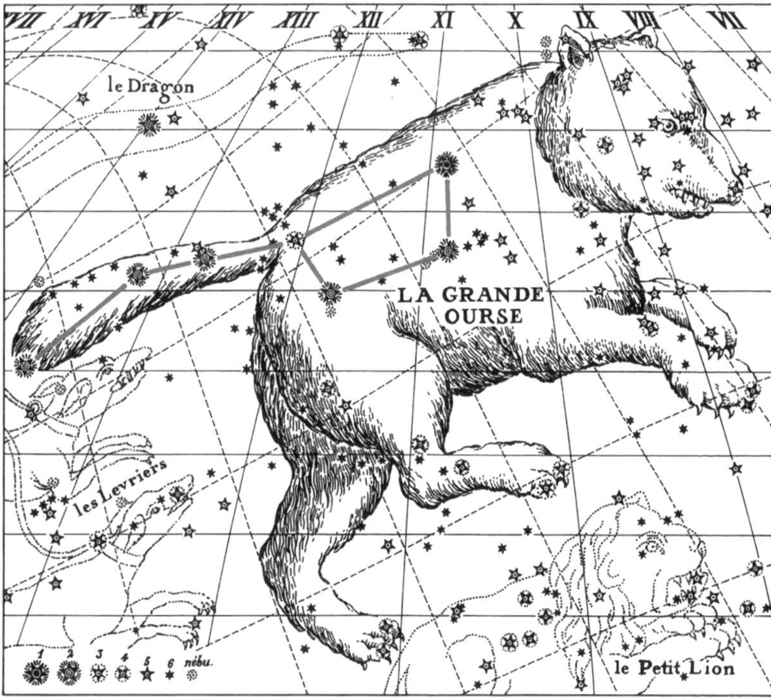

guerriers, de ces *berserker* vikings (guerriers vêtus d'une peau d'ours), rendus fous furieux par la bataille. La caverne et la forêt obscure sont ses domaines de prédilection et contribuent à son assimilation aux puissances des ténèbres, aux forces chtoniennes (souterraines) avec leur cortège de maléfices. Symbole de force et de virilité, il est le roi des animaux de la mythologie germanique et le héros de nombreuses légendes et fêtes païennes, qu'inspire son hibernation au cœur de l'hiver. Il séjournerait ainsi dans l'au-delà et accéderait à la connaissance des âmes. Son réveil aux alentours du printemps annonce la renaissance de la vie et en fait un symbole de fécondité. Pour l'alchimiste, l'ours représentait le noir, le premier état de la matière.

...à l'ours de foire

L'Église ne pouvait que dévaloriser un animal si vivant dans l'imaginaire païen et l'accuse de tous les maux. L'ours mal dégrossi est caractérisé par sa balourdise et sa bêtise, comme dans la fable de La Fontaine *l'Ours et l'Amateur de jardins*, dans laquelle l'ours lance un pavé pour écraser une mouche qui s'est posée sur la tête du jardinier endormi. À partir du XIe siècle, en raison des défrichements forestiers, l'ours recule dans les montagnes. Il devient un animal ridicule et pataud, et les enluminures médiévales le montrent se précipitant avec gloutonnerie sur du miel. L'héraldique consacre sa déchéance. L'ancien emblème des rois guerriers germaniques est représenté muselé, enchaîné et colleté, tel que le montraient les bateleurs du Moyen Âge. Il est définitivement détrôné par le lion fougueux et généreux, symbole royal dans la Bible.

Nounours

À la fois monstre et victime, l'ours peut aussi inspirer la pitié. Dressé et faire-valoir des bateleurs de foire, il est jongleur ou danseur, sa gaucherie participant d'ailleurs du spectacle, plus comique qu'artistique. Les enfants s'attendrissent devant son allure gauche et son goût pour le miel. L'ourson en peluche est peut-être le plus répandu, en tout cas le plus attendrissant des jouets. Teddy Bear, Winnie l'ourson, la marionnette Nounours, Colargol ou Petit Ours brun, figures rassurantes et familières de l'univers enfantin, font oublier la sauvagerie primitive de l'animal et deviennent des symboles d'enfance et de douceur, symboles qu'ont su utiliser les publicitaires. L'émotion suscitée par le retour des ours dans les Pyrénées, et notamment par la mort de la dernière femelle, Cannelle, souligne l'ambiguïté de la cause de l'ours et son caractère ambivalent, à la fois dangereux et émouvant.

Un ours, un homme sauvage et bourru qui fuit le monde.

Voir **héraldique, lion**

oursin

L'oursin fossile, assimilé à l'œuf primordial, est symbole de résurrection.

On a retrouvé nombre d'oursins fossiles dans les sépultures de guerriers gaulois, et Pline l'Ancien, qui les prend à tort pour des œufs de serpents, explique que les Gaulois les utilisaient comme talismans.

Voir **œuf**

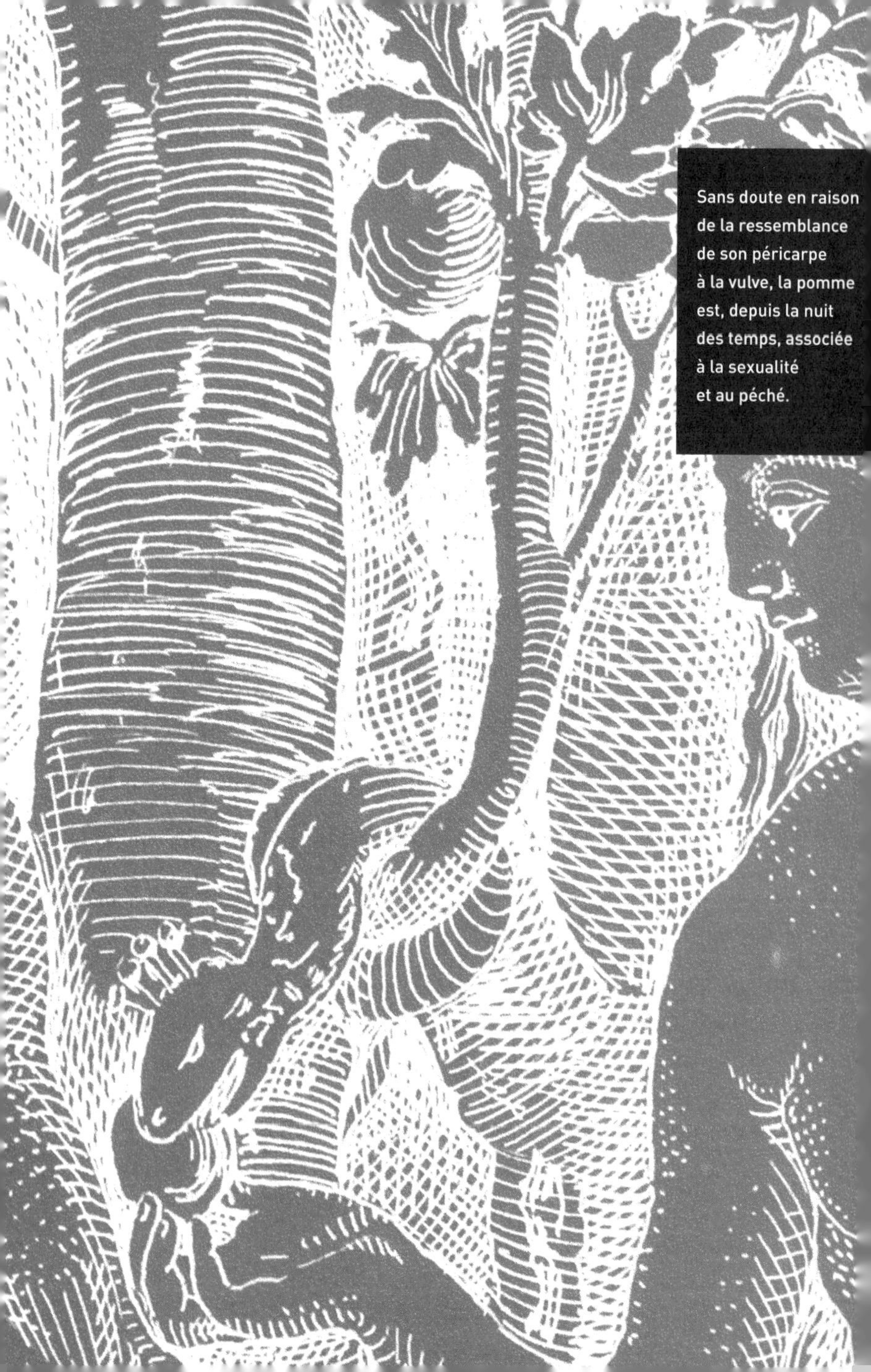

Sans doute en raison de la ressemblance de son péricarpe à la vulve, la pomme est, depuis la nuit des temps, associée à la sexualité et au péché.

P

Pactole

Symbole de la richesse matérielle qui ne nourrit pas l'âme.

Le roi Midas ayant rendu sa liberté à un compagnon de Dionysos, celui-ci lui proposa d'exaucer son vœu le plus cher. Le roi Midas demanda à ce que tout ce qu'il toucherait soit désormais transformé en or. Comme ses aliments se transformaient également en métal précieux, le roi affamé demanda au dieu de reprendre son encombrant cadeau. Dionysos lui commanda d'aller se purifier dans le fleuve Pactole. Depuis, le fleuve roule des paillettes d'or.

Un pactole, une source de grande richesse.

Voir **âne, fleuve, or**

pain

Le pain, aliment essentiel de l'homme, est le symbole de la nourriture, de la vie et du partage.

Gagner son pain

C'est pour avoir volé un pain que Jean Valjean est envoyé au bagne. Le pain symbolise non seulement la nourriture humaine de base, celle à laquelle tout homme a droit, mais encore la multiplicité des activités humaines nécessaires pour l'obtenir. Le pain représente les vertus du travail, la joie de vivre et l'espoir.

Le pain nourricier

C'est le pain que l'on offre le plus souvent aux dieux. Symbole de métamorphose, il représente le cycle parfait, de la graine à la plante, de l'épi à la farine, puis de celle-ci à l'aliment. Il est enfin symbole de la coopération des trois artisans essentiels à sa production : l'agriculteur, le meunier et le boulanger. Le pain présent chaque jour sur notre table représente lui aussi tous ces symboles.

Le pain sacré

Dans les mystères antiques de Déméter ou de Dionysos, l'offrande de pain a déjà une valeur mystique, dont s'offusque le Père de l'Église Tertulien, qui voudrait faire de cette offrande le privilège des chrétiens. Dans la tradition juive, le pain occupe une place très importante : sa consommation doit être précédée d'une purification des mains et de la récitation d'une prière. Pour Pessah, la Pâque juive, commémoration de la libération du peuple hébreu de l'esclavage qu'il subissait en Égypte, on mange du pain sans levain (pain azyme) pendant sept jours : « Vous ne mangerez point pendant cette fête de pain avec du levain ; mais pendant sept jours vous mangerez du pain d'affliction où il n'y ait point de levain, parce que vous êtes sortis de l'Égypte dans une grande frayeur, afin que vous vous souveniez du jour de votre sortie d'Égypte tous les jours de votre vie » (Deutéronome, XVI, 3).

Partager le pain

À l'époque de Jésus, le pain était l'aliment quotidien de base, à tel point que le même mot hébreu « *lehem* » désignait aussi bien la nourriture en général que le pain. Mais le pain est aussi « nourriture de l'âme ». Jésus se présente comme étant le « pain de vie », le « pain descendu du ciel », celui qui nourrit l'âme aussi bien que le corps, et le miracle de la multiplication des pains viendra appuyer cette affirmation. Partager, distribuer le pain est déjà un acte de foi, inspiré par Dieu. Le pain, le lait et le miel sont des nourritures simples qui symbolisent non seulement la santé de la terre, mais aussi les liens communautaires qui unissent les hommes.

Le corps de Dieu

Lorsque Jésus propose à ses disciples de partager avec lui le repas de la Pâque, Luc raconte ainsi le déroulement des événements : « Ayant pris du pain et rendu grâce, il le rompit et le leur donna, en disant : Ceci est mon corps, qui est donné pour vous ; faites ceci en mémoire de moi » (XXII, 19). Chez les premiers chrétiens, la cérémonie impliquait que chacun des participants apportât sa miche de pain. Plus tard, vers le XIIe siècle, époque à laquelle la transsubstantiation (transformation de la substance du pain et du vin en celle du corps et du sang de Jésus-Christ dans l'Eucharistie) doit être affirmée, l'Église décide de fabriquer un pain sans levain, une hostie transparente qui fond dans la bouche et évite aux fidèles d'avoir à « mâcher le corps de Dieu ». Le pain que les chrétiens demandent à dieu dans le Notre Père (« Donnez-nous notre pain quotidien ») est bien ce pain mystique qui nourrit l'âme autant que le corps.

Le pain sec

Le pain infiniment précieux, c'est donc celui que vole Jean Valjean, et celui que sème le Petit Poucet, ainsi que Hansel et Gretel, en grand danger de mort. C'est le pain quotidien, le pain de survie, celui des deux tiers de la population mondiale qui se nourrissent essentiellement de céréales.
Ce pain de survie, il faut le gagner « à la sueur de son front », et bien content celui qui a « du pain sur la planche ». Le principe étant, quand on en a, de « rompre le pain » avec sa famille, ses amis, mais aussi le malheureux qui passe. Le pain retrouve ici un sens

sacré, et refuser d'accorder du pain à celui qui en manque est un acte condamnable. Le dernier repas de Jésus avec ses apôtres reprend en l'amplifiant toute la richesse de la signification donnée par le partage du pain. Pourtant, le pain sans beurre ou sans confiture, sans complément savoureux, peut aussi signifier la misère ou la punition. Ainsi, jadis, l'enfant puni et le prisonnier étaient mis « au pain sec et à l'eau ».

Manger son pain blanc, son pain noir, se trouver dans une situation avantageuse ou désavantageuse.

Voir **chair, hostie, manne, sec, vin**

paix

État de concorde, d'accord entre des nations ou des individus, la paix, qui assure la sécurité des personnes et des biens, représente la sérénité de l'esprit, mais aussi une aspiration de tous les instants.

Paix des dieux, *pax romana*

La paix est indissociable de l'ordre et permet la prospérité. C'est le sens de la paix des dieux (*pax deorum*), autrement dit l'absence de conflits entre les hommes et les dieux, laquelle permettait à Rome de vivre dans la quiétude et l'abondance. Des augures néfastes signifiaient que la paix avec le divin était rompue. La paix romaine (*pax romana*) relève de la même symbolique d'apaisement et de prospérité : pendant les deux premiers siècles de l'Empire, elle fut paradoxalement maintenue par les forces militaires qui y étaient déployées jusqu'en ses plus lointaines frontières.

Un don de Dieu

Dans le judaïsme, la paix est une bénédiction qui vient du Ciel et elle est appelée à régner à la fin des temps entre les nations, enfin unies dans le culte de Dieu. Chez les chrétiens, la paix est un symbole de cadeau divin, comme le dit l'Évangile selon Luc : « Et soudain, il y eut avec l'Ange une troupe céleste innombrable, qui louait Dieu en disant : Gloire à Dieu au plus haut des cieux, et paix sur la terre aux hommes qu'il aime. » Le baiser de paix, accolade donnée par l'officiant à ses ministres et étendue aux fidèles jusqu'au XIIe siècle, était un signe de charité fraternelle avant la communion. La paix entre les cités ou entre les humains est le symbole de la paix intérieure, celle de l'esprit et du cœur.

Une quête

La guerre étant un désordre, faire régner la paix, c'est installer sur terre la sérénité de l'au-delà. Au paradis, dit le Coran, ceux qui suivent les ordres d'Allah sur la terre n'entendront « ni futilité ni blasphème, mais seulement les mots : *"Salam ! Salam !"* ("Paix ! Paix !") ». Aussi la paix est-elle la première chose que l'on souhaite à son prochain, que ce soit par la formule : « Que la paix soit sur vous », ou par celle qui accompagne la mention du prophète : « Paix et bénédiction de Dieu soient sur lui. » On trouve la même aspiration dans le judaïsme, où l'on se salue en se souhaitant la paix : « *Shalom* ». Ainsi la paix exprime non un état, mais un but, une quête, comme le rappelle l'étymologie du nom de Bagdad (*Madinat al Salam,* « la

cité de la paix ») et de Jérusalem (« la maison de paix »).

Les symboles de la paix

Les Grecs représentaient la paix sous les traits de la déesse Eirênê au doux visage, debout portant son enfant Ploutos (la Richesse). Les Romains avaient consacré à la paix romaine un autel (*Ara Pacis Augustae*) et un temple à Rome. La paix est aussi symbolisée sur de nombreuses pièces de monnaie par une femme avec une corne d'abondance, une branche d'olivier ou de palmier. La colombe tenant dans son bec un rameau d'olivier est également un symbole de paix, par allusion à l'épisode du Déluge (Genèse, VIII, 6-12), où la colombe rapporte à Noé un rameau d'olivier témoignant du recul des eaux et de l'apaisement de la colère de Dieu.

Voir **colombe, corne d'abondance, Déluge, olivier, palmier**

palais

Résidence vaste et somptueuse d'un roi ou d'un personnage de marque, le palais est le symbole du pouvoir, de la puissance royale, de la justice.

Le mot « palais » vient de *palatium*, « Palatin ». C'est sur cette colline de Rome que l'empereur Auguste fit édifier son palais. Cet édifice est donc associé à la hauteur et au pouvoir. En effet, dans la symbolique de l'habitation, le palais est ce qu'il y a de plus glorieux, de plus ostentatoire. Le palais est la demeure du roi, de l'évêque, du juge. Toujours symbole de puissance et d'autorité, il reflète le statut social et le mode de vie exceptionnel de ses occupants, distinct de celui du commun des mortels. Plus « noble » encore que le château ou la forteresse, le palais a quelque chose de divin dans sa construction comme dans sa fonction. Il représente l'essence de l'autorité qu'il abrite. De ce fait, le mot a été utilisé pour désigner aussi bien des lieux de savoir (le palais de la Découverte, à Paris), que des lieux de grandeur et de pouvoir temporels et spirituels (le palais de justice, le palais de l'Élysée, le palais épiscopal).

Voir **château, colline, forteresse**

palme/palmier

Symbole de vie et de victoire depuis l'Antiquité, les palmes accueillent et récompensent aussi les vainqueurs.

Le palmier avait un caractère sacré en Égypte : le dieu Thot était représenté à Hermopolis par un palmier doum (cocotier), qui était aussi un des attributs de la déesse Isis. Le palmier porteur de dattes est un arbre nourricier pour les Égyptiens. Le palmier symbolise également la fraîcheur bénéfique et la luxuriance féconde de l'oasis au milieu du désert. Aussi des palmiers ornent-ils fréquemment les temples.

Dans la Bible, les palmes des Rameaux sont une allusion à l'entrée du Christ dans Jérusalem, peu de jours avant sa crucifixion, lorsque la foule l'accueille lors de la Pâque des Juifs, fête où l'on commémore avec des rameaux de palmiers la sortie d'Égypte. La « christianisation » d'une fête juive indique que le Christ promet une nouvelle « sortie », hors de ce monde, vers la

vie éternelle. Triomphe sur la mort, la palme dans l'iconographie chrétienne devient un des attributs des saints martyrisés.
La symbolique victorieuse de la palme se poursuit encore aujourd'hui avec les noms de récompense et de prix lors d'un festival ou d'un concours : Palme d'or, décoration avec palme, palmes académiques, etc.

Voir **buis, couronne, Thot**

Pan

Il fut pour la Grèce classique un dieu des champs, des bergers et des bois, et aussi un dieu à la sexualité brutale, à l'aspect terrifiant, qui déclenchait, à son apparition, une peur « panique ».

Son nom (*pan*, « tout ») serait venu de ce que son aspect grotesque avait diverti « tous » les dieux de l'Olympe. Il avait des cornes, une queue, des pieds de bouc, hantait les sommets, protégeait les troupeaux et s'ébattait avec les nymphes. Un jour qu'il poursuivait la belle Syrinx, la nymphe s'enfuit parmi les roseaux et supplia ses sœurs de la transformer pour échapper aux bras du satyre. Celles-ci s'exécutèrent et, quand Pan parvint enfin à la rattraper, il ne tint dans ses bras que roseaux des marais, d'où son souffle puissant fit sortir des sons mélodieux : « C'est ainsi qu'en rapprochant des roseaux de longueur inégale, reliés entre eux par de la cire, il conserve avec lui le nom de la nymphe. » La flûte de Pan, ou syrinx, est née. Sous l'influence des philosophes, Pan devint l'incarnation de l'Univers et du Grand Tout.

Voir **bouc, corne, flûte, phallus, queue**

Pandore

Femme (du grec *Pandôra*, « qui a tous les dons ») créée par les dieux pour punir les hommes de leur curiosité et de leurs prétentions.

Devenue épouse d'Épiméthée, elle ouvrit une jarre qui se trouvait dans la maison de son époux. Tous les maux en sortirent et se répandirent sur la terre. L'histoire se situe aux temps bienheureux où les hommes ne connaissaient ni la douleur, ni la maladie, ni la mort. Voyant le désastre qu'elle avait causé, elle replaça vite le couvercle, emprisonnant pour toujours l'espoir, resté au fond. C'est la légende dite de la boîte de Pandore.

Voir **boîte, femme**

paon

Le paon, animal solaire, déploie sa queue aux couleurs irisées semblable à l'image du disque du soleil. Attribut d'Héra, fière épouse de Zeus, il est à la fois un symbole de renaissance et de vanité.

Héra, ayant transformé Io en vache, la donne à garder à Argos, le géant aux cent yeux. Zeus envoie alors Hermès tuer Argos, et Héra prend ses yeux pour les placer sur la queue de son oiseau fétiche. Mais le magnifique plumage du paon s'accompagne du plus perçant des cris, qui confirme sa réputation de vanité.

Le paon est aussi symbole d'immortalité et de résurrection, comme tous les animaux qui perdent une fois par an leurs plumes ou leur peau. De plus, sa chair est réputée imputrescible. Le paon est une figure récurrente dans le décor (fresques ou mosaïques) des basiliques paléochrétiennes, notamment à Ravenne. L'image du paon buvant dans un calice représente la vie éternelle. Dans l'islam, il est admis dans le décor des mosquées, seule exception à l'interdit musulman sur les représentations de créatures vivantes, notamment en Iran. Les plumes de paon étaient autrefois considérées comme bénéfiques, et utilisées pour soigner diverses maladies, mais à une époque plus récente on pensait au contraire, sans doute par une assimilation au « mauvais œil », qu'elles portaient malheur. Le décor baroque de l'Art nouveau fait un grand usage des plumes de paon.

Voir **disque, entrelacs, Héra, résurrection**

papier

Alors que le livre symbolise la permanence du savoir, le papier se rapporte à l'éphémère et au dérisoire de la chose écrite.

On dit d'un traité bafoué qu'il ne s'agit que d'un « chiffon de papier » ; un bureaucrate est un « gratte-papier » ; quant à Mao, il qualifiait les puissances impérialistes de « tigres de papier ». Le papier est donc un livre non clos, susceptible de modifications multiples.

Voir **bibliothèque, livre**

papillon

Le poids extrêmement léger du papillon par rapport à sa taille en fait assez naturellement le symbole de l'âme. De plus, les cycles de la vie du papillon évoquent différents états de la vie humaine : la chenille représente la vie, la chrysalide, le tombeau, et le papillon, la résurrection de l'âme. « Nous ne mourrons pas tous, mais tous nous serons transformés », écrit saint Paul.

Dans la mythologie, Psyché, amante d'Éros, est endormie par Aphrodite, puis ramenée à la vie par le baiser de l'Amour. On la représente porteuse d'ailes de papillon, ou encore jouant avec un papillon. Le mot *psyché* signifie également l'« âme » en grec, et Platon affirme que l'âme, comme le papillon, ne peut s'épanouir qu'en se libérant de sa prison corporelle.
Un autre aspect des mœurs du papillon a inspiré la symbolique musulmane : la fascination exercée par la flamme. Le papillon, à l'image de l'amoureux, est fasciné par l'objet de sa passion au point de vouloir se perdre en lui. La légèreté et le vol apparemment incohérent du papillon ont donné naissance au symbolisme moderne de l'inconstance et de la frivolité et au verbe « papillonner ».

Voir **âme, phalène, Psyché**

papyrus

Plante des bords du Nil que les Anciens utilisaient pour écrire. C'est un symbole de la perpétuation de la vie et du savoir.

Ce bambou du delta du Nil a fourni la matière première à partir de laquelle les Égyptiens de l'Antiquité fabriquaient leur papier, mais aussi un grand nombre d'objets, y compris des embarcations capables de naviguer en mer. Sous son aspect de plante vivante fournissant ombre et refuge, le papyrus se rattache aux figures cycliques des saisons et des années et peut remplacer le sceptre dans la figuration de certaines déesses. Il est par ailleurs un des symboles de la Basse-Égypte, alors que le lis symbolise la Haute-Égypte. En tant que produit fini utilisé par les scribes, le rouleau de papyrus se rattache aux secrets de la chose écrite.

Voir **sceptre**

paradis voir enfer, jardin

parapluie

Le parapluie est le symbole de la protection contre les éléments hostiles de la nature et de la société.

Il ne bénéficie que rarement de l'inversion symbolique qui fait de l'ombrelle une image du soleil. En règle générale, il désigne surtout la protection apeurée, la vie diminuée, le contraire du surhomme défini par Nietzsche. C'est ainsi que la « politique du parapluie » en est venue à désigner les réactions timorées, voire complices, du Premier ministre britannique Neville Chamberlain face aux menées d'Adolf Hitler en Autriche et en Tchécoslovaquie, politique qui amena à la signature des accords de Munich en 1938.
L'expression « parapluie nucléaire » est autrement dangereuse, car elle désigne la protection qu'une grande puissance disposant d'armes nucléaires assure à ses alliés. Sur le plan symbolique, il s'agit de l'inversion d'une défense apeurée en une agression pouvant aboutir à la destruction du monde.

parfum

Substance aromatique d'origine naturelle, le parfum est une offrande et représente la présence divine.

En l'honneur des dieux

Rituellement pur, le parfum est le symbole parfait de l'adoration humaine envers les dieux. Tirant son nom de l'expression latine « *par fumus* » (« à travers la fumée »), le parfum est, comme la fumée, l'insaisissable. Aussi est-il associé à la présence divine et offert en l'honneur des dieux chez les Babyloniens et les Égyptiens. Ces derniers pratiquent des fumigations purificatrices et brûlent des aromates pour Rê, le dieu-soleil, à l'aube et au crépuscule. Le parfum accompagne aussi au ciel les âmes des défunts, lesquels sont parfumés en signe d'éternité. En Grèce antique, le parfum est un lien cosmique, permettant la communication avec les dieux, et à Rome, comme dans le monde oriental, des offrandes parfumées accompagnent les rites religieux et funéraires.

Brûler de l'encens

L'encens est aussi le symbole de la prière chez les Hébreux ; il existait d'ailleurs un autel des parfums au Temple de Jérusalem et on y brûlait de l'encens chaque jour, car offrandes et sacrifices sont à Yahvé « en agréable odeur », ainsi que le dit l'Ancien Testament. À Rome, pendant l'époque des persécutions, on exigeait des chrétiens qu'ils brûlent de l'encens comme offrande aux dieux. Cela explique qu'ils l'aient d'abord considéré avec horreur. Mais l'Église l'adopta quand le christianisme devint puissant, et sa liturgie, fastueuse. La fumée de l'encens symbolisait l'élévation de la prière (Apocalypse, VIII, 3-4) et l'on opposait son parfum à l'odeur du soufre satanique.

Parfum céleste, parfum charnel

Une trentaine de parfums sont mentionnés dans la Bible, mais c'est assurément dans le Cantique des cantiques qu'on en trouve le plus. Ainsi l'éloge de la bien-aimée est-il une allégorie des « parfums bibliques » : « Que ton amour est délicieux ! Plus que le vin ! Et l'arôme de tes parfums, plus que tous les baumes ! » (IV, 9-10). Manifestation de la joie divine, le parfum est, comme l'écrit le révérend père Gilles Becquet dans *le Vocabulaire de théologie biblique*, « cette vibration silencieuse par laquelle un être exhale son essence et laisse percevoir le murmure de sa vie cachée ». Le Nouveau Testament associe le symbolisme du parfum à celui de la lumière et de la foi, par exemple lorsque les Rois mages offrent à l'enfant Jésus la myrrhe et l'encens, tandis que c'est la pureté et l'humilité qui sont représentées lorsque Marie de Béthanie répand un parfum de grand prix sur les pieds de Jésus (Évangile de Jean, XII, 3).

À l'inverse, quand il est débarrassé de toute connotation religieuse, le parfum représente l'envoûtement sensuel. C'est ainsi que Cléopâtre reçoit l'empereur romain César sur un bateau aux voiles parfumées. Car, s'il est une divinité de l'Olympe qui use de parfums épicés, celle-ci ne saurait être autre qu'Aphrodite, la déesse de l'amour, en vue de ses conquêtes.

Voir **fumée, soufre**

parole

Faculté de parler propre à l'être humain, la parole représente l'action créatrice.

« Au commencement était le Verbe... »

La parole est l'élément créateur, et donc un attribut divin. Mithra, le dieu perse de l'Antiquité, est représenté sous la forme d'un lion, avec dans la gueule une abeille. En chaldéen, « Dabar » signifiant à la fois abeille et parole, le dieu soleil Mithra est associé au Verbe primordial. En grec ancien, la parole se dit *logos,* qui signifie aussi la pensée et la raison. Cette triple dimension se trouve chez Platon pour lequel le *logos* permet de s'exprimer mais aussi de penser rationnellement en « dialoguant » avec soi-même. Chez les stoïciens, le *logos* qui éclaire l'homme est aussi celui qui inspire le dieu artisan du *cosmos.* L'univers est l'œuvre de principes séminaux (*logoi spermatikoi*) agissant sur son cours. Cette association de la parole à la pensée créatrice se retrouve dans le christianisme, l'évangéliste Jean appelant *Logos* la seconde personne de la Trinité, tandis que saint Jérôme utilise le mot Verbe (*Verbum* en latin) : « Au commencement était le Verbe et le « Verbe » était avec Dieu et le Verbe était Dieu », dit l'Évangile de Jean.

La parole, intermédiaire entre Dieu et l'homme

Dans les religions révélées, en effet, la parole représente le lien entre le divin et l'humain, une instance intermédiaire entre Dieu et le résultat de la création, par la parole fécondante du dieu. Dans les sociétés de l'Antiquité, où le support des prophètes est l'oralité, la parole représente ainsi autant la création que la foi. Dans l'Évangile selon Luc, l'incrédule Zacharie est rendu muet par la parole de l'ange, qui lui dit : « Tu ne pourras parler jusqu'au jour où ces choses arriveront, parce que tu n'as pas cru à mes paroles, qui s'accompliront en leur temps. » Mais, si chez les Hébreux et les chrétiens le Verbe est littéralement une personne divine, non un symbole de celui-ci, pour les musulmans, la parole de Dieu existe de toute éternité sous la forme du Coran.

Voir **abeille, bouche, langue, lion, Ptah, trinité**

pauvreté voir haillons

pavot

En raison des propriétés narcotiques du pavot d'opium, cette plante fut, dans la Grèce antique, associée au dieu du sommeil (Hypnos) et à celui des rêves (Morphée).

Pour les célébrants des mystères d'Éleusis, le pavot est, avec le narcisse, la fleur emblématique des quatre mois d'hiver pendant lesquels Perséphone habite les Enfers et la nature s'endort.

Voir **blé, coquelicot, grenade, narcisse, Perséphone**

pêcheur

Le pêcheur symbolise celui qui rassemble les âmes dans son filet. Il est celui qui met en rapport avec l'au-delà, le monde caché.

Le pêcheur est associé à la quête des âmes en Égypte ancienne, où Horus et Osiris sont appelés « pêcheurs des hommes », symbolique reprise dans le monde chrétien : dans l'Évangile de Matthieu, saint Pierre nomme pêcheur d'hommes celui qui, par la conversion, sauvera ses semblables de la perdition, ajoutant au passage la symbolique du tri des âmes. Quand le filet est rempli, « les pêcheurs le tirent et, après s'être assis sur le rivage, ils mettent dans des vases ce qui est bon, et ils jettent ce qui est mauvais ». Dans l'Ancien Testament, le pêcheur est le bras armé de Dieu, assimilé à un ange : « J'envoie une multitude de pêcheurs, dit l'Éternel, et ils les pêcheront. »
Le pêcheur est aussi celui qui sauve, qui recueille, tels, dans la mythologie grecque, Danaé et Persée sauvés par le pêcheur Dictys qui les tire du coffre où ils ont été enfermés. Le monde chrétien fait aussi apparaître la figure du pêcheur, comme saint Jacques le Majeur, premier apôtre martyr et pêcheur de métier, ou Simon et Zébédée, que la pêche miraculeuse faite par Jésus sur leur bateau amène à abandonner leurs filets pour le suivre.

Voir **ancre, barque, filet, poisson**

peigne

Le peigne est associé à l'érotisme de la chevelure féminine.

Dans la vie courante, on se peigne en général le matin, avant d'affronter le regard du monde social. Mais, en termes symboliques, le peigne demeure crépusculaire : on se peigne pour les amours nocturnes, afin de donner à la chevelure son volume et sa brillance maximum.

Voir **cheveux**

pèlerin

Voyageur en route vers un lieu de dévotion dans un esprit de piété, le pèlerin est un symbole de renoncement et de quête spirituelle.

Par la foi et la volonté

Quittant sa terre et abandonnant tout, le pèlerin représente le détachement et le don de soi : les moines irlandais du VIe siècle faisaient un pèlerinage continuel en signe de renoncement au monde. Dans la Genèse, Dieu dit à Abraham : « Quitte ton pays, ta parenté et la maison de ton père, et dirige-toi vers le pays que je t'indiquerai. » Perdant son statut social et la compagnie des hommes, le pèlerin n'est accompagné que par la présence divine, de sorte que le voyage est aussi important pour le pèlerin que son but lui-même. Seul

H·B

sur un chemin dont on ne voit pas la fin, il est le symbole de la foi et de la volonté, muni de sa seule besace et de son bourdon, le bâton, qui représente l'endurance et le dépouillement, renvoyant au bâton de Moïse guidant son peuple en pèlerinage vers la Terre promise.

Marcher avec Dieu

Dans l'Ancien Testament, le pèlerin est celui qui est appelé à marcher avec Dieu pour se racheter, tel Adam marchant pour expier sa désobéissance. De même, celui qui effectue le pèlerinage vers La Mecque et sa Kaaba exécute un rite initiatique, une épreuve librement acceptée, dans laquelle le but (temple physique) représente le temple spirituel : l'accession à un état supérieur de l'âme. Dans le soufisme, la pérégrination (*al-siyâha*) consiste à « parcourir la terre pour pratiquer la méditation et se rapprocher de Dieu », ainsi que le dit le philosophe et mystique musulman du XIIe siècle Ibn Arabi.

Prendre son bâton de pèlerin, entreprendre un voyage en divers lieux déterminés pour y promouvoir une idée, une doctrine.

Voir **bâton, coquille, Jérusalem, labyrinthe, os, temple**

pélican

Le pélican est symbole de charité, de dévouement et de sacrifice.

Selon la légende, le pélican ressuscite ses petits, qu'il a lui-même tués dans un mouvement de colère, en se déchirant la poitrine et en versant sur eux son sang. Le rapprochement se fait donc tout naturellement avec le Christ, qui verse son sang pour le salut de l'humanité, symbole dont on retrouve un écho dans un poème de Musset (*Nuit de Mai*) :

« Pour toute nourriture il apporte son cœur.
Sombre et silencieux, étendu sur la pierre,
Partageant à ses fils ses entrailles de père... »

Dans certaines représentations médiévales, la Charité apparaît en guerrière portant un étendard sur lequel figure l'image d'un pélican. Le pélican et sa progéniture figurent également sur le blason de plusieurs associations caritatives.

Pénélope

Modèle de vertu et de fidélité conjugale, double de son époux pour la ruse, elle attend pendant vingt ans le retour d'Ulysse.

Assaillie par une horde de prétendants qui ne quittent pas son palais dans l'attente du jour où elle se décidera à choisir l'un d'entre eux, elle prétend, pour les faire patienter, qu'elle se déterminera quand elle aura terminé de tisser le suaire de Laërte, père d'Ulysse. Mais, chaque nuit, elle défait son travail de la veille. Quand Ulysse revient, elle exige de lui un signe de reconnaissance connu d'eux seuls. C'est grâce à sa raison et à ses sentiments que Pénélope obtient la preuve qu'Ulysse est bien son époux. Se révèle ainsi le deuxième visage de Pénélope : en atermoyant et en n'acceptant aucun prétendant, elle conserve le pouvoir habituellement confisqué par les hommes. Cette interprétation a été utilisée par les féministes du XXe siècle.

On appelle *travail de Pénélope, toile de Pénélope* des ouvrages qui ne se terminent jamais

Voir **femme, tissage, Ulysse**

pensée

Fleur printanière à cinq pétales, la pensée rappelle les cinq plaies du Christ. Son nom indique bien qu'elle est la fleur du souvenir et de la méditation.

pentagramme

Étoile à cinq branches, dont le symbolisme, associé à celui de l'étoile, est celui du nombre cinq en grec *penta*.

Le chiffre cinq représente l'union des inégaux (3, mâle, et 2, femelle), le mariage, l'accomplissement. Les pythagoriciens le prenaient pour le symbole de l'homme parfait. Les francs-maçons lui ont donné le même sens : « étoile flamboyante ». Le pentagramme tire sa puissance de la synthèse des contraires dont il est issu. Ainsi le pentagramme est-il utilisé comme symbole magique. Pour les alchimistes, il était nécessaire pour contrôler les forces de la nature. Les sorciers portent des calottes à pentagrammes lorsqu'ils entendent transmuer des substances ou jeter des sorts. Le pentagramme peut être présenté avec un point vers le haut. Dans ce cas, il est symbole de la magie blanche. Retourné, le pentagramme aura deux points vers le haut, représentant les cornes du diable et la magie noire.

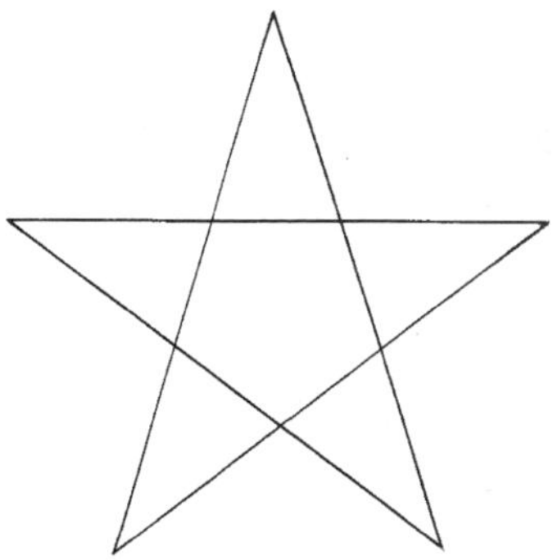

Voir **blanc, cinq, étoile, étoile de David, noir, sceau de Salomon, sorcier**

perce-neige

Souvent la première fleur à apparaître à la fin de l'hiver, le perce-neige annonce le renouveau de la vie. Il est souvent symbole d'espérance. En Roumanie, le 1er mars, les garçons offrent traditionnellement à la fille de leur choix un bouquet de perce-neige.

père

Origine réelle ou symbolique de toute chose, le père représente la puissance et la protection.

Dieu le Père

« Dieu le Père », en sanscrit « *Dyaus Pitar* », nom du dieu védique indo-aryen, ou en grec « *Zeus Pateras* » (Jupiter à Rome), la divinité primale se rattache au symbole de la paternité, à l'origine de toutes choses. Le dieu égyptien Ptah est le père de l'humanité, et le « dieu-principe » fait écho à l'Ancien Testament, qui parle de Dieu comme le « Père de la pluie, [qui] engendre les gouttes de rosée. De son ventre sort la glace. Il a enfanté le givre des cieux » (Job, XXXVIII, 28). Père de la création, le dieu primal est souvent le père des autres dieux, comme Rê, dieu solaire de l'ancienne Égypte, est le père de tous les dieux. Dans la théologie chrétienne, Dieu le Père est la première personne de la Trinité (le Père, le Fils et le Saint-Esprit) et il représente la puissance de l'être suprême. À l'inverse, il est à noter que le mot « Père » ne figure pas dans le Coran parmi les 99 attributs de Dieu.

Roi-Soleil et père de son peuple

La Table d'émeraude, texte central de la philosophie hermétique dit : « Comme toutes choses ont été et sont venues d'un, ainsi toutes choses sont nées dans cette chose unique par adaptation. Le Soleil en est le père, la Lune en est la mère. » Louis XIV puise dans ce symbolisme lorsqu'il pose en Roi-Soleil, associant le rayonnement solaire au symbole paternel de l'autorité bienveillante.

« Honore ton père... »

Dans les sociétés patriarcales, où le trône se transmet de père en fils, une analogie verticale est faite entre Dieu, père des hommes, le roi, père de son peuple, et l'homme, père de sa famille et maître chez lui de droit divin, tel le *paterfamilias* de la Rome antique, symbole d'autorité absolue, qui a le droit de vie et de mort sur ses enfants. « Un fils honore son père, et un serviteur son maître », dit la Bible, qui donne une place considérable à la paternité. Respecter le père, créé par Dieu à son image, est un commandement divin, promulgué par l'Éternel à Moïse : « Honore ton père et ta mère, afin que tes jours se prolongent dans le pays que l'Éternel, ton Dieu, te donne », loi répétée deux fois dans l'Ancien Testament et six fois dans les Évangiles (sans que l'ordre ne soit jamais inversé : plaçant le père en premier, le commandement fait du père le symbole de la primauté, souligné par l'orthographe du mot « père » en hébreu, « *Av* », composé des premières lettres de l'alphabet, aleph et beth). Ainsi, le patriarche Abraham, dont le nom signifie « le père d'une multitude de nations » (Genèse, XVII, 5), illustre la paternité sous ses trois formes : paternité adoptive d'Éliézer, paternité biologique d'Ismaël, et paternité légitime d'Isaac.

L'absence de père

Si la maternité est une certitude (aussi est-ce par elle que la judaïté se transmet à l'enfant), la parenté du père suscite les plus grandes inquiétudes depuis l'adoption du couple comme modèle social. Aussi la figure du père est-elle symbolique, là où la mère possède un enracinement charnel, terrestre et nourricier : le père est celui qui exerce la fonction de père, symbole d'autorité et de domination, mais aussi de valeur. Ainsi nombre de prophètes n'ont-ils pas de père, ou de figure paternelle forte. Chez Moïse, Jésus, Mahomet, le père terrestre est absent ou effacé, l'absence de transmission humaine renforçant le symbolisme de transmission divine, et l'association de l'autorité au père céleste.

Le père séparateur de la mère

En psychanalyse, le père agit comme une métaphore du désir de la mère, un idéal auquel l'enfant doit se mesurer pour rivaliser avec l'objet de son désir : sa mère. Le père qui représente le surmoi, fonction que l'on trouve dès l'Antiquité sous la forme du destin et des dieux cruels, est celui qui sépare l'enfant de la mère et l'ouvre vers l'autre et vers le monde, comme dans le mythe d'Œdipe, qui illustre l'interdit et la malédiction de l'inceste. Là aussi, le père est le symbole de l'acquis contre l'inné : il est associé à la génération, par la transmission, porteur de l'héritage symbolique et d'une transmission culturelle.

Pères de l'Église, anciens écrivains chrétiens qui par leurs œuvres, la valeur de leur doctrine, font autorité en matière de foi.

Voir **Jupiter, mère, Œdipe, Ptah, Rê, roi, soleil, trinité, Zeus**

perle

Symbole lunaire et féminin, la perle représente la perfection, l'opulence, et les richesses intérieures.

Un symbole de perfection

Seule gemme utilisable sans intervention humaine, à l'inverse des pierres précieuses qui doivent être taillées, la perle apparaît comme un cadeau de dieu et un symbole de perfection. Appelées « larmes d'Aphrodite » par les Grecs de l'Antiquité, qui voient en elles le produit de la fécondation des huîtres au printemps par une goutte de rosée, les perles sont une allégorie de la semence fertilisée, associée à la déesse de la Beauté et de l'Amour, née dans un tourbillon marin. Elles sont à ce titre particulièrement utilisées lors des mariages.

« La sagesse vaut plus que les perles »

Par opposition à l'or, synonyme de richesse multiple et accumulée, la perle associe la richesse à un caractère unique, aussi est-elle particulièrement prisée dans la Rome antique, qui y voit un symbole de prestige, à tel point que le port des perles est réservé aux personnes de haut rang. Double symbole dans le christianisme, la perle représente à la fois la pureté (elle est associée à Jésus-Christ, Marie étant le coquillage frappé par la foudre divine) et la dignité royale. La noblesse de la perle est associée à la pureté originelle, qui doit se préserver de la chute. Dans l'Apocalypse, les douze portes de la Cité céleste sont ornées de perles.

Mais, dans l'Ancien Testament, la perle symbolise la vaine richesse. La Torah répète ainsi à plusieurs reprises que « la sagesse vaut plus que les perles » (Job, XXVIII,18). De même, dans l'Apocalypse, la femme impure, assise sur une bête écarlate est-elle « parée d'or, de pierres précieuses et de perles ».

La perle de tes yeux

À l'inverse, la perle bénéficie dans le monde musulman de la force du symbole de la sphère et du cercle, signes de perfection, et est associée à ce titre à l'œil et au globe oculaire, comme en témoigne l'allégorie récurrente de « la perle de tes yeux » en poésie. Symbole de beauté, rattachée à la multitude dans le Coran (les « perles éparpillées »), qui voit en elle la récompense de l'au-delà, la perle procède d'un symbolisme gynécologique et embryologique, articulé entre le caché et le montré, comme la coquille de l'huître qui donne naissance à la perle de lumière : elle représente donc autant la perfection divine que la perfection intérieure. La perle est le symbole du trésor que l'homme porte en soi, rejoignant le sens moderne de perle, « personne remarquable, sans défaut », qui fait écho à cette antique maxime chamanique : « Si tu es triste, regarde la perle qui brille en toi. »

Voir **bijou, coquille, huître, or**

Perséphone

Divinité grecque, fille de Zeus et de Déméter. Alors qu'elle était jeune fille (Korê), elle fut enlevée par Hadès, qui la fit reine des Enfers sous le nom de Perséphone.

Mais Déméter, folle de tristesse, cessa de féconder la terre. Sur l'ordre de Zeus, Hadès dut rendre une partie de l'année Perséphone à sa mère. Les mystères d'Éleusis, en Attique, célébraient chaque année le retour à la lumière de Korê. La déesse symbolise les grains de blé qui passent l'hiver sous terre. Le mythe semblerait remonter au néolithique, en Crète.

Voir **blé, charrue, Déméter, enfer, grenade, mère, moisson, saison**

peuplier

Arbre de croissance rapide, souvent d'une grande hauteur, le peuplier a des feuilles vertes sur la partie supérieure, mais blanches sur la partie inférieure. Ce symbole du bien et du mal est associé aux rites funéraires.

Les Grecs expliquaient cette différence en se référant à Héraclès (Hercule). Lorsque le héros descendit aux Enfers en portant une couronne faite de branches de peuplier, la fumée infernale noircit la partie supérieure des feuilles, alors que la sueur du héros blanchit leur dessous. Le peuplier est ainsi associé à une dualité ontologique aussi bien qu'aux rites funèbres.

Au début du XXe siècle, la forme haute et élancée du peuplier donna naissance à une célèbre polémique qui n'avait rien d'arboricole. L'ultranationaliste et anti-dreyfusard Charles Maurras s'était demandé dans un article de journal « à quel moment un peuplier, si haut qu'il s'élève, peut être contraint au déracinement » ; le « déracinement », sous sa plume, désignait bien entendu la condition des « apatrides », et notamment des Juifs. André Gide riposta en écrivant que le peuplier en question avait dû être transplanté à plusieurs reprises et que le déracinement aidait à sa croissance. Maurras, à son tour, contre-attaqua, nourrissant une controverse sur le nationalisme, connue sous le nom de « Querelle du Peuplier ».

Phaéton voir Hélios

phalène

Le phalène est le symbole du rêve de l'amour absolu.

Ce papillon nocturne, comme son alter ego diurne, vient se consumer dans la flamme qui le fascine, comme l'amoureux se laisse dévorer par le feu de la passion.

Voir **papillon**

phalère

Pièces ornementales agencées en collier, les phalères indiquent la perfection par leur forme ronde.

Il s'agit donc de médailles, dont le motif précise le domaine dans lequel le porteur excelle. L'agencement en collier de pièces de métal précieux rappelle cet état de plénitude. C'est une richesse qui appelle la richesse. Comme tous les supports de motifs, les phalères ont pris des significations multiples selon les personnages et les scènes représentés, la plupart se réduisant finalement avec le temps à de simples bijoux.

Voir **bijoux, cercle**

phallus

Le phallus n'est pas le pénis. Le pénis est l'organe génital masculin qu'ont tous les mammifères. Le phallus est la représentation du pénis humain en érection, symbole de la force virile et de la fécondation.

L'adoration du phallus

L'adoration du phallus en tant que symbole des forces fécondatrices de la nature se retrouve dans de nombreuses religions antiques. Il joue un rôle important en Asie Mineure, en Égypte, en Grèce et même aux Indes. En Grèce antique, des *hermai,* pierres droites marquant les frontières sur les routes, arborent un phallus sculpté en leur milieu. À Athènes, on met les *hermai* comme porte-bonheur à l'extérieur des maisons. Chaque printemps, les Athéniens célèbrent la Grande Dionysie, lorsque la meilleure composition tragique est primée. Les festivités s'ouvrent avec un défilé lors duquel les participants portent d'énormes *phalloi* afin d'encourager la fécondité de la terre, des troupeaux et des hommes.

L'attribut de Priape

Pour les Grecs et encore plus pour les Romains, c'est Priape, le fils de Dionysos, qui deviendra la divinité phallique par excellence. Le dieu exhibe toujours une érection démesurée et n'hésite pas à utiliser son membre viril comme arme, menaçant les malfaiteurs d'une pénétration fort douloureuse sinon mortelle. Priape détient parmi ses pouvoirs celui d'éloigner le mauvais œil. C'est pour cette raison que les Romains portent des amulettes phalliques en métal ou en cuir. Le phallus était parfois représenté sur la façade des maisons romaines à titre de protection. En tant que symbole de la fertilité et de la reproduction, Priape protégeait le cheptel, les jardins et les vignobles, ses statues faisant office d'épouvantails. Selon la légende, Priape sodomise les voleurs qui s'aventurent sur les terres des agriculteurs.

Cultes phalliques médiévaux

Les cultes et les représentations phalliques sont sévèrement condamnés par les Pères de l'Église, qui luttent avec acharnement contre cette manifestation du paganisme, qui survit encore sur la façade des églises médiévales. Dans l'Europe chrétienne, les femmes frappées de stérilité grattent les statues de saints, mélangeant ensuite avec de l'eau la poudre ainsi recueillie, avant de boire la préparation pour se rendre fertiles. C'est exactement ce qu'elles faisaient avec les anciennes idoles phalliques. Parmi les reliques découvertes dans les sacristies de certaines églises françaises, on trouve des objets ratatinés qui auraient été les pénis de quelques saints, sur lesquels on versait des libations de vin rouge.

Le phallus en psychanalyse

Pour Sigmund Freud, le stade phallique du développement de l'enfant succède aux stades oral et anal. Il s'agit bien du stade génital, mais le vagin en est exclu. Seul l'organe masculin devient l'organisateur structurant de la sexualité de l'enfant, car la fillette se percevrait comme un être sans pénis. La découverte des différences anatomiques entre les deux sexes suscite la jalousie du pénis chez la fille et le complexe de castration chez le petit garçon, complexe centré sur le fantasme que la fillette a été castrée. Lors du stade phallique, le complexe d'Œdipe, qui situe les enfants par rapport à leurs parents, s'achève avec le désir du pénis du père chez le garçon et le désir d'enfanter pour la fillette, car le savant viennois soutient qu'un enfant est l'équivalent symbolique du pénis.

Aujourd'hui, pour les post-freudiens que nous sommes, les symboles phalliques sont légion – phares, épées, plumes, minarets, cravates, fusils, etc. –, mais ces objets n'étaient nullement considérés comme symboles du phallus avant la venue de la psychanalyse. Or, si presque « tout » est devenu ouvertement « phallique »,

il est généralement interdit en Occident de représenter publiquement le phallus lui-même.

Voir **amulette, nudité, œil, pin, Priape, queue**

phénix

Oiseau fabuleux, de la grandeur d'un aigle, aux ailes rouges et dorées, qui vivait plusieurs siècles, se brûlait lui-même sur un bûcher et renaissait de sa cendre. Symbole du soleil levant dans les civilisations antiques, le phénix est naturellement devenu dans le monde chrétien symbole de résurrection et d'immortalité.

L'oiseau benou

En Égypte ancienne, à chaque retour de l'inondation dans la vallée du Nil, les Égyptiens avaient remarqué la présence d'un oiseau, le héron cendré (long bec, double aigrette sur la tête), planant sur les eaux et qui, dans la pourpre de l'aurore, semblait jaillir des eaux comme le soleil. On disait alors que, des lointaines régions où il séjournait, il rapportait des herbes qu'il posait sur l'autel avant de les enflammer et de se précipiter sur ce bûcher. Réduit en cendres, il renaissait trois jours plus tard. C'est pourquoi, en la ville sainte de Rê, à Héliopolis, on vénéra très tôt cet oiseau (appelé benou), à l'égal du soleil lui-même. Il devint l'animal divin, né, le premier jour, des eaux initiales, comme le disque rayonnant, oiseau perpétuel, symbole de la vie qui se renouvelle, associé aussi aux jubilés royaux et au cycle annuel des crues du Nil.

L'oiseau de feu

De l'oiseau benou, les Grecs et les Romains ont fait le phénix et bâti autour de lui de nombreuses légendes. Les Romains reprirent ainsi la même symbolique du renouvellement de la force vitale et associèrent la régénérescence perpétuelle de l'oiseau à celle de l'Empire. C'est pourquoi l'effigie du phénix figure sur les monnaies de Trajan et de Constantin Ier.

Dans les légendes juives, le phénix, appelé Milcham, refuse de goûter au fruit de l'arbre de la science que lui propose Ève. C'est pour cette raison que la mort lui sera épargnée.

Tout le Moyen Âge a vu en lui le symbole de la résurrection du Christ et, d'une manière générale, du triomphe de la vie sur la mort. En effet, le phénix évoque à la fois le feu créateur et destructeur. En se consumant lui-même dans les flammes, le phénix joue un rôle purificateur, qui sera refusé à Lucifer, le « porteur de lumière », dont le feu ne consume pas les damnés, interdisant la régénération.

L'œuvre au rouge

Le phénix est un oiseau qui ressemble au héron, dont le nom dérive du mot grec signifiant « pourpre ». Sa tête, surmontée d'une huppe écarlate, est perchée sur un cou doré ; il a des yeux étincelants et des serres et un bec d'or. Les taoïstes l'appellent « oiseau de cinabre » et en font la monture des Immortels. Ainsi, dans la symbolique des couleurs, le phénix est associé au rouge et à l'« œuvre au rouge » des alchimistes. Le suprême « grand

œuvre » est aussi appelé « Œuvre du Phénix ». L'œuvre au rouge correspond à la phase de digestion, de mûrissement et de coagulation au centre de l'alambic.
Le phénix, comme la salamandre, est une figure héraldique imaginaire. Il est représenté de face, tête de profil, ailes étendues, sur son bûcher de flammes.

Un phénix, une personne supérieure, unique en son genre, un oiseau rare.

Voir **cendre, cinabre, feu, Rê, résurrection, rouge, salamandre, sec, soleil**

Philémon et Baucis

Ce couple de vieillards hospitaliers représente dans la mythologie l'amour conjugal et la fidélité.

Ils accueillirent, sans les connaître, Zeus et Hermès, qui, en récompense de leur hospitalité, changèrent leur cabane en un temple orné de colonnes, au toit d'or, et leur accordèrent de mourir ensemble. Philémon fut changé en chêne, et Baucis en tilleul.

Voir **chêne**

phoque

Le phoque, glissant et insaisissable, est symbole de virginité.

Plusieurs légendes grecques racontent l'histoire de nymphes poursuivies par les dieux et transformées en phoques. Celles-ci étaient ensuite confiées à la garde de Protée, divinité marine, lui-même capable de se transformer à volonté. C'est sans doute de là que viennent les légendes de beautés séduisantes dépouillant leur peau de phoque pour errer sur les plages.

pie

La pie, bavarde et voleuse, est considérée comme un oiseau néfaste.

Dans la mythologie grecque, les Piérides sont neuf jeunes filles qui voulurent rivaliser avec les Muses, qu'elles défièrent lors d'un concours de chant. Ovide raconte que, pour les punir de leur audace, les Muses les transformèrent en pies. Pour la Kabbale, la pie est symbole d'éloquence.

Une « *pie-grièche* » est une femme bavarde et malfaisante.

pied

Point de contact entre l'individu et le sol, le pied est ce qui permet à l'homme de se déplacer.

Échange et empreinte

De ce fait, le pied représente l'échange ou le lien social et, symboliquement, les troubles du pied sont ceux de l'ordre social. Œdipe, qui veut dire « pied enflé » en grec, tue son père et couche avec sa mère. Pour que la société thébaine retrouve son équilibre, Œdipe doit quitter la ville. L'empreinte du pied est un signe visible du passage de l'homme, mais aussi de son absence. Cette empreinte peut donc servir de point de rencontre entre l'humain et le divin, le monde terrestre et un univers transcendant. À ce titre, les musulmans croient que l'empreinte du pied d'Abraham est visible sur la Kaaba, cube noir dans la grande mosquée de La Mecque.

Pieds bandés, femmes dominées

Dans l'ancienne Chine, la coutume consistant à réduire la taille des pieds des fillettes en les serrant étroitement à l'aide de bandelettes remonterait à la période d'occupation mongole, lorsque les Chinois vaincus confinèrent leurs épouses et leurs filles à l'intérieur des maisons de manière à les soustraire à la concupiscence des occupants. Cette coutume des pieds bandés, que l'on oppose aux « pieds naturels », se généralise sous la dynastie Ming et obéit à un idéal esthétique qui procède aussi d'un certain fétichisme masculin. Outre l'attraction des petits pieds auprès des hommes de l'époque, ils confèrent aux femmes une démarche hésitante, supposée contribuer à leur grâce naturelle.

Voir **soulier**

pierre

La pierre représente la fécondité de la terre dont elle est issue, mais aussi l'absolu, l'inaltérable et l'intangible.

Les os de la Terre-Mère

Par son caractère impénétrable, la pierre recèle les secrets de la vie et de la mort. En Égypte ancienne, la pierre qui se fend sur l'ordre de la déesse Hathor fait s'ouvrir la montagne pour que le mort commence son voyage funéraire. Dans l'Europe préhellénique, les pierres sont associées à la Terre-Mère et à la fécondité. Les enfants de Prométhée, Deucalion et Pyrrha, repeuplent la terre après le déluge en ramassant et en jetant derrière eux des pierres – les « os » de la Terre-Mère –, desquelles sortent des hommes et des femmes, un symbolisme de fertilité cachée et de vie recelée dans la pierre inerte, que l'on retrouve jusqu'au Coran : « Il y a des pierres d'où jaillissent les ruisseaux, d'autres se fendent pour qu'en surgisse l'eau, d'autres s'affaissent par crainte d'Allah », dit la sourate de la Vache.

Pierres brutes et pures

Pour les Grecs de l'Antiquité, les pierres et les minerais mûrissent dans le sous-sol, ventre de la terre. De même, la pierre brute est sacrée dans l'Ancien Testament : « Si tu m'élèves un autel de pierre, tu ne le bâtiras point en pierres taillées ; car en passant ton ciseau sur la pierre, tu la profanerais » (Exode, XX, 25). La pierre brute est pure, la pierre taillée est souillée. Aussi les pierres tombées du ciel font-elles l'objet d'une vénération particulière dans les sociétés de l'Antiquité : les pierres de foudre, généralement des météorites, sont des symboles de fertilité, et les pierres tombées du ciel sont associées à la lune et à sa pureté. La pierre brute est aussi l'instrument de la vengeance divine : ainsi la lapidation dont les Hébreux punissent les blasphémateurs, ou, dans l'islam, la menace céleste des pluies de pierres. À l'inverse, dans la franc-maçonnerie, la pierre brute est assimilée au chaos et représente l'imperfection de la raison et du cœur, le passage de la pierre brute à la pierre taillée métaphorisant le travail effectué sur soi par l'apprenti.

Solide comme la pierre

Mais c'est de sa solidité que la pierre tient son caractère premier. Matière inaltérable, elle peut constituer un fondement inébranlable. Aussi les Tables de la Loi que Dieu remet à Moïse sur la montagne sont-elles en pierre – elles suggèrent le caractère éternel du pouvoir divin. C'est ce symbolisme que reprennent les constructions mégalithiques d'Europe de l'Ouest, ainsi que les pierres d'autel des églises chrétiennes, symboles de la présence divine. C'est aussi la solidité qui est en jeu dans l'Ancien Testament avec la pierre angulaire d'Isaïe (XXVIII,16), fondement de la construction qui symbolise la dynastie davidique. Pour le Nouveau Testament, la pierre est le symbole du Christ, fondement de la communauté des croyants : « Tu es Pierre, et sur cette pierre je bâtirai mon église » (Matthieu, XVI, 18).

Voir **bétyle, cube, église, fer, mégalithe, menhir, météorite, terre, rocher, sanctuaire**

pieuvre

Considérée comme un monstre des profondeurs, la pieuvre (ou poulpe) se rattache aux esprits infernaux. Elle est aujourd'hui symbole d'une personne accaparante et dévorante.

C'est un motif récurrent sur les vases minoens, ainsi que sur des amulettes servant à la protection des marins. La représentation des tentacules impose le rapprochement graphique avec la gorgone Méduse à la chevelure de serpents. Autre caractère maléfique : le jet d'encre que lance la pieuvre pour se cacher à la vue de son agresseur.

pigeon

Si la symbolique de l'animal est plutôt liée à l'amour, en langue vulgaire, un « pigeon » est un être naïf, facile à duper.

L'espèce est particulièrement prolifique, et c'est le mâle qui couve les œufs pondus par sa femelle.

Voir **colombe**

pilier

Le pilier, symbole viril, occupe une place importante dans la mythologie celtique, où il représente le héros.

Le pilier, soutien du cosmos, est l'élément de base des monuments mégalithiques et évoque la puissance et le soutien. Dans le grand mythe celtique, le héros Cuchulainn, guerrier et champion de l'Ulster, victime d'un maléfice de son ennemie, la reine Medb, est condamné à mourir. Il s'attache alors à un pilier en pierre afin de mourir debout. La symbolique du pilier est voisine de celle de la colonne et de l'arbre, comme le suggère Baudelaire dans ses *Correspondances* :

« La Nature est un temple où de vivants piliers
Laissent parfois sortir de confuses paroles. »

Voir **arbre, colonne, montagne, verticalité**

pilon

Le pilon figure le sexe masculin, puissance fécondatrice qui s'inscrit dans la forme féminine du mortier.

Voir **mortier, phallus**

pin

Arbre robuste à feuilles persistantes, souvent plusieurs fois centenaire, le pin en Orient est considéré comme arbre de vie et y joue un rôle symbolique de premier plan. En Occident, la symbolique du pin est moins forte.

Dans l'Antiquité romaine, le pin avait néanmoins sa place dans le culte de Cybèle. La déesse rend fou Attis, dont elle est amoureuse, lorsque celui-ci souhaite se marier avec une autre. Dans sa folie, Attis se castre lui-même. Cybèle le métamorphose alors en pin. Dans le culte de Cybèle, un pin enveloppé de bandelettes de laine, symbolisant le phallus, représentait le dieu châtré. Le mot vulgaire « pine », qui désigne le membre viril, proviendrait des anciennes associations entre le pin et le phallus.

Le thyrse, bâton emblématique de Dionysos (Bacchus) et de ses suivantes, les Bacchantes, est surmonté d'une pomme de pin, dont la ressemblance avec le gland du pénis en fait un symbole de la force génératrice masculine.

Voir **Bacchantes, bâton, Cybèle, phallus**

pissenlit

Symbole de mort et de résurrection.

Le pissenlit (appelé aussi « dent-de-lion » à cause de la découpure de ses feuilles) a un goût amer qui évoque la mélancolie de la mort, mais ses fleurs solaires et le fait qu'il s'agisse d'une plante printanière rappellent la lumière divine et la promesse de la résurrection.

Le pissenlit étant très répandu en Europe du Nord, il figure assez fréquemment dans les tableaux néerlandais et allemands de la Crucifixion. Le pissenlit, qui a pour particularité d'avoir des graines qui s'éparpillent au gré du vent, représente le logo des éditions Larousse depuis 1876. Orné de la devise « Je sème à tout vent » (qui figura sur le logo jusqu'en 1993), le pissenlit devint le symbole de la diffusion du savoir, illustrant ainsi l'ambition des fondateurs de la librairie Larousse en 1852 : « Instruire tout le monde et sur toutes choses ».

Voir **bouche, souffle**

plaine

Demeure des hommes, par opposition à la colline ou à la montagne, lesquelles figurent la résidence des dieux.

C'est un espace vierge, de vaste dimension, contrairement au champ qui est déjà clos et approprié. Son horizontalité et ses horizons étendus soulignent la difficulté qu'il y a à appréhender l'importance du cadeau divin : la plaine est un espace démesuré et pourtant à la mesure de l'homme. C'est dans l'espace de la plaine que se comprend le commandement de Dieu : « Dieu bénit Noé et ses fils et il leur dit : Soyez féconds, multipliez, emplissez la terre » (Genèse, IX, 1).

Voir **champ, montagne**

planète

Astres proches se mouvant dans les constellations fixes du zodiaque, les planètes appartiennent à l'ordre céleste qui interagit avec l'ordre terrestre des affaires humaines.

Un monde de correspondances

La Kabbale, l'alchimie, la médecine ont établi des correspondances infinies avec le monde des planètes. Les conjonctions astrales sont des signes interprétés depuis la plus haute Antiquité, et chaque planète a sa symbolique propre, symbolique elle-même variable selon les civilisations, pour lesquelles, généralement, le Soleil et la Lune sont considérés comme des planètes. On constate néanmoins des ressemblances inter-civilisationnelles, qui dérivent des caractères propres à chaque planète : sa rapidité, son éclat, sa couleur et son rythme.

Psychologie des planètes

Dans ce schéma, et selon l'astrologie occidentale moderne :

Mercure – la plus proche du soleil – représente l'intellect, la communication, le frère et l'ami, l'adolescent, le mouvement, les mains.

Vénus est l'étoile du matin et l'étoile du soir, qui représente l'amour, l'affection, l'harmonie, les attractions et les liens affectifs, ou encore les sentiments, les plaisirs, la séduction et l'argent, les opportunités de gain et les contrats.

Mars est l'étoile rouge renvoyant à l'action, à l'impulsion, au dynamisme, à l'énergie, à la rapidité et au courage, ou encore aux initiatives, au désir masculin, à l'agressivité et à la violence.

Jupiter est le grand bénéfique, qui occupe une position centrale dans les huit sphères célestes. Elle symbolise l'expansion personnelle, les opportu-

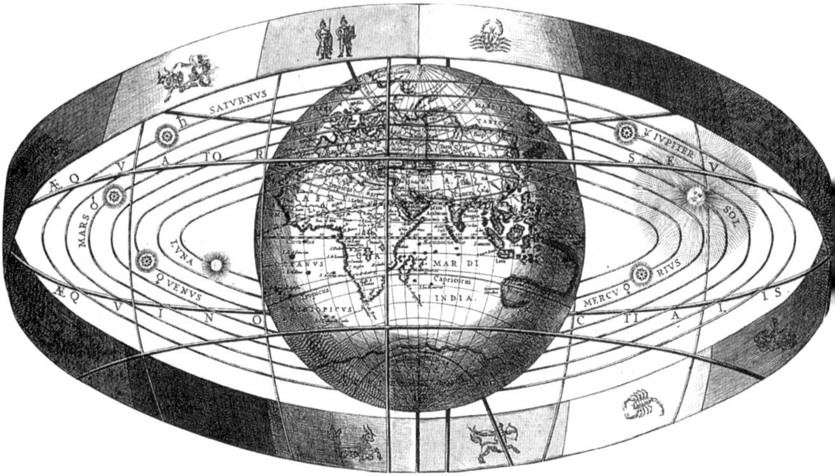

nités, l'optimisme, les honneurs, la générosité, le capital ou la chance.

Saturne est la planète maléfique, le plomb des alchimistes représentant la paralysie, la lenteur et la mort. Depuis le Moyen Âge, elle est associée au tempérament mélancolique. Elle peut aussi être l'archétype du père (par filiation avec le dieu Saturne, Cronos pour les Grecs), la concentration, la prudence, la persévérance, la rigueur, les responsabilités, l'âge, l'expérience ou la sagesse.

Voir **alchimie, astre, astrologie, Cronos, étoile, Kabbale, lune, père, soleil, zodiaque**

Pléiades

Constellation de sept étoiles, les Pléiades sont généralement considérées comme des vierges sacrées, des promesses de fertilité, car elles apparaissent dans le ciel du printemps.

Dans la mythologie grecque, les Pléiades sont les sept filles d'Atlas et de Pléioné, les compagnes virginales d'Artémis. Pourchassées par Orion, elles implorèrent les dieux de les sauver. Changées en colombes, elles furent ensuite placées dans le ciel : Alcyone est la plus belle et la plus pure, donc la plus brillante ; Astérope quant à elle, la moins belle et la moins pure, se laisse rarement observer à l'œil nu tant son éclat est faible. Au milieu du XVIe siècle, Pierre de Ronsard et six autres poètes formèrent la Pléiade, qui bouleversa l'écriture française.

Voir **étoile**

plomb

Métal pesant, gris et commun, le plomb est associé à la finitude humaine et à la lourdeur.

Le plomb en fusion

Métal divinatoire chez les Celtes, les Arabes et les Slaves, le plomb exprime généralement l'augure par la forme qu'il prend en fondant au contact de l'eau. Nul autre métal ne symbolise aussi fortement la fusion. Ainsi, dans le mythe grec de Bellérophon, c'est la fusion qui déjoue la volonté du roi de Lycie d'envoyer à la mort le héros amoureux de sa fille mariée, quand il lui demande de tuer la Chimère : monté sur le cheval ailé Pégase, Bellérophon met en effet au bout de sa lance du plomb que le souffle ardent de la Chimère fait fondre, et le métal coule dans la gorge du monstre en lui brûlant les entrailles.

Changer le plomb en or

Dans le monde gréco-romain, le plomb est aussi le métal des tablettes d'envoûtement (les *defixiones*), des lames métalliques pliées ou roulées. Maléfiques, les *defixiones* sont faites de ce métal sombre, facile à se procurer et à graver – et l'on réserve l'or ou l'argent aux tablettes bénéfiques. C'est aussi le caractère vil du plomb qui est en jeu dans le pouvoir de la pierre philosophale, capable de changer le plomb en or. Dans sa théorie des qualités occultes, le chimiste arabe Geber expose que le plomb est plomb par ses qualités extérieures et or par ses qualités secrètes : c'est en complétant les premières et en rendant les secondes manifestes qu'on opère la transmutation. Mais, si la transformation du plomb en or est une allégorie de la transformation de l'humain en divin, c'est à l'homme qu'est associé le métal commun et facile à modeler.

Métal vil et solaire

Dans la franc-maçonnerie, le plomb est associé au temps, à travers le sablier du cabinet de réflexion : métal vil, gris, métal solaire, symbole de connaissance et de gloire, le plomb est le symbole de la transmutation de l'initié, qui meurt à la grisaille du monde profane pour trouver la lumière dorée du monde initiatique. En alchimie, le plomb est représenté par Saturne, armé de sa faux, sa lourdeur l'associant à la lenteur avec

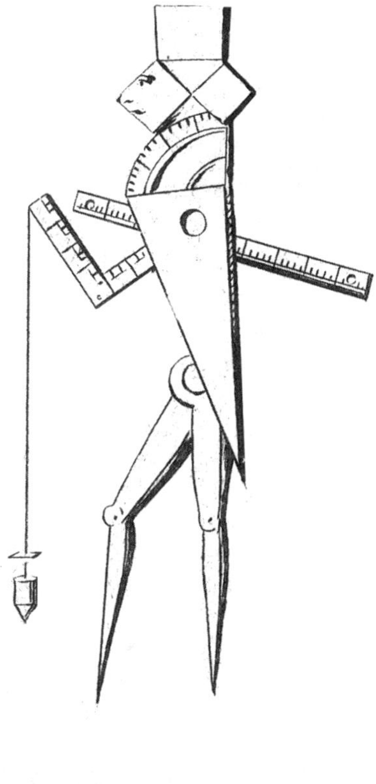

laquelle la planète Saturne tourne autour du Soleil, et son caractère vil l'associant à ce même dieu, détrôné par Jupiter.

Voir **chape,gris, métal, or, planète**

plume

La plume est, en bonne logique, symbole d'ascension, d'élévation au-dessus de la terre.

Chamans, prêtres et guerriers portent dans de nombreuses civilisations des coiffures emplumées, qui signalent la fonction d'intermédiaire de l'individu ainsi couronné entre le monde des esprits et celui des vivants. On connaît l'importance de ces coiffures chez les Indiens d'Amérique, et notamment celle de Quetzalcoatl, le dieu-serpent à plumes de la civilisation aztèque.

En Égypte, la plume d'autruche est le symbole de la déesse de la justice, Maât. Une seule plume dans le plateau de la balance suffit à la représenter lors de la pesée du cœur.

Dans la tradition chrétienne, les plumes représentent la prière et la foi. À Rome, le Saint-Père circule à travers la ville sur une chaise à porteurs dont les quatre piliers sont surmontés de plumes blanches.

Voir **âme, cœur, éventail, Maât, psychostasie**

poil

S'ils peuvent être un signe de virilité sur certaines parties du corps masculin, les poils peuvent également être assimilés à un état de nature.

Esaü, frère jumeau de Jacob, est un chasseur impulsif et réactif. Il a le corps couvert de poils : « Celui qui sortit le premier était roux et tout velu comme une peau, et il fut nommé Esaü. » Cette assimilation des poils à un état naturel indésirable se traduit par la pratique de l'épilation. Les femmes égyptiennes, grecques et romaines s'épilent le corps tout entier, en signe de raffinement. En terre d'islam, l'épilation est une pratique courante. Les musulmans, hommes et femmes, afin d'avoir un corps propre qui plaît à Allah, doivent se raser le pubis et les aisselles. Les croisés introduisent cette coutume islamique en Europe.

Voir **barbe, cheveux, jumeaux, roux**

point

L'une des définitions que propose Euclide du point est qu'il est le centre d'un cercle. Toutes les lignes qui passent par un cercle pour créer un demi-cercle passent par le même point.

Cette définition du point est reprise par les Pères de l'Église, pour qui Dieu est un centre ubiquitaire, mais qui n'est limité ni par l'espace ni par le temps. Dieu, comme le point euclidien, reste inchangé, quelle que soit la « rotation » ou interprétation qu'on lui fasse subir. Or, à la Renaissance, le point divin est remplacé par la perspective humaine, par le point de fuite, ou point de régression infinie. L'œil humain devient le nouveau point organisateur de l'univers. L'œil reçoit les rayons de lumière et mesure les choses qui, auparavant, se trouvaient indifférenciées sous l'œil égalisateur de Dieu. L'individu devient vraiment la mesure de toute chose. Tout converge vers lui et repart de lui, comme des points de fuite qui se répondent à l'infini. Le point du perspectivisme marque la naissance de la subjectivité. « C'est mon point de vue ! » « Chacun a le droit d'exprimer son point de vue ! », etc. Maintenant que Dieu n'est plus le point central de l'univers, il y a autant de points que d'êtres humains.

Voir **centre, œil**

points cardinaux

Les points cardinaux symbolisent l'espace terrestre orienté, c'est-à-dire un espace qui donne sa place à chaque individu comme à chaque civilisation.

À la croisée des chemins

Tout homme sur terre est ainsi considéré comme au centre de la croix des directions fondamentales nord-sud, est-ouest, auxquelles il faut ajouter la direction verticale nadir-zénith. Il s'agit d'un positionnement géographique, mais également cosmogonique, c'est pourquoi les points cardinaux et la direction verticale fondent la symbolique de la croix, si importante dans toutes les civilisations (svastika indienne, yin yang chinois...). Ces directions fondamentales sont données par les astres : la direction méridienne (nord-sud) est matérialisée dans l'hémisphère nord par l'étoile polaire, dans l'hémisphère sud par la croix du sud, d'observation moins évidente. La direction est-ouest est donnée par la course du soleil. La stabilité intangible de l'étoile polaire est sans doute à l'origine de l'établissement de cette direction comme celle du lien entre les puissances chtoniennes et aériennes. Un mystère sans doute particulièrement profond puisqu'il ne s'observe que la nuit, et un mystère fondamental puisqu'il permet l'orientation des caravaniers et des marins.

La course du soleil

Le cycle des jours et des nuits donne à l'orientation est-ouest la signification de la naissance et de la mort, de la mort dans la vie et de la vie dans la mort. Dans la civilisation chrétienne, la direction essentielle était celle qui désignait la course du Soleil de l'est vers l'ouest : l'astre-roi définissait l'orientation reine. L'importance donnée à la direction nord-sud a été plus tardive : le nord n'est devenu (ou redevenu ?) le « haut » des cartes que lorsque l'axe de rotation de la terre fut bien défini, et que la représentation d'un monde plat ou sphérique autour duquel le Soleil tournerait fut définitivement abandonnée. L'est (l'orient, le levant) indiquait précédemment les origines, la naissance du monde et, pour les religions du Livre, la direction du jardin d'Éden. Les cartes moyenâgeuses étaient souvent représentées en « TO » : dans un cercle (figure de la perfection), la Méditerranée, le Danube et le Nil formaient un T (image de la croix), le « haut » correspondant donc à un est inconnu, quelque part dans la lointaine Asie, où se situait l'Éden. Dans cette configuration, Jérusalem faisait figure de centre du monde, à la croisée des branches de la croix. C'est encore vers l'est, au-delà de l'empire turc en expansion, que les chrétiens situaient l'existence du mythique « royaume du prêtre Jean » qui était censé résister lui aussi à la pression musulmane.

La relativité du temps

Ces représentations orientées sur l'est souffrirent à la Renaissance des travaux du moine Copernic et surtout des théories de Galilée, car, une fois admis que la Terre était une sphère qui tournait autour du Soleil, il n'existait plus un « est » ultime situé aux

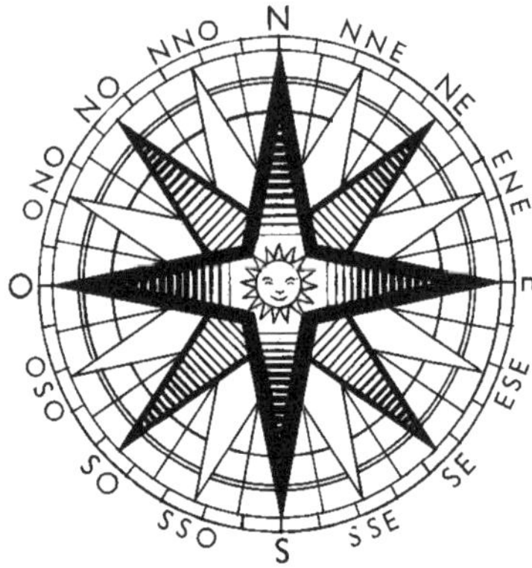

frontières de la Terre. L'est est devenu un point sans cesse mouvant, l'éternel lieu du soleil levant sur la sphère en rotation, la direction des rêves. Le paradis des origines a alors quitté le domaine de la géographie terrestre pour prendre la forme d'une figure cosmique comparable à une droite tangente à la sphère terrestre : c'est le point de l'éternel soleil levant. C'est toute la conception du temps qui est alors entièrement revisitée : la notion de jour et de nuit n'est plus universelle puisqu'à la nuit des uns correspond le jour des autres. Il n'existe par ailleurs plus de temporalité spatialisable puisque l'Éden, le jardin des origines, n'est plus sur terre. La philosophie néo-aristotélicienne du Moyen Âge voyait dans le déroulement du temps une éternelle décadence qui aboutirait au Jugement dernier. Ébranlées par la conception anthropocentrée de l'art et de la philosophie de la Renaissance et par les révolutions scientifiques, ces visions pessimistes s'effondrèrent progressivement au profit d'une vision du temps comme progrès, le paradis perdu des origines cessant alors d'être la direction fondamentale.

Horizon terrestre et transcendance céleste

La direction est-ouest ne perd cependant pas toute son importance : elle reste la figure de l'horizontalité, la mesure de l'espace terrestre, alors que la direction nord-sud se charge depuis de toute la dimension spirituelle : l'étoile polaire reste fixe dans le ciel et s'adapte sans peine au système copernicien pour désigner l'axe fondamental du monde, le lien invisible qui relie la Terre aux étoiles.

Voir **axe, centre, croix, étoile, Jérusalem, monde, soleil, pôle, sphère, svastika, terre, verticalité, yin/yang**

poisson

Le poisson a une réputation universellement faste. Comme toutes les bêtes aquatiques, il est un symbole sexuel et de fécondité, tant pour le nombre des œufs pondus que pour sa forme phallique et le caractère humide de son habitat. Néanmoins, dans la tradition chrétienne, il est surtout retenu comme le symbole du Christ.

En effet, les lettres du mot grec désignant le poisson, *ichtus,* forment l'acronyme de *Jesus Christos Theou Uios Soter* (« Jésus, fils de Dieu, sauveur »). Aux débuts de la chrétienté, le poisson sera un thème récurrent sur les fresques et le mobilier paléochrétien, où il constitue un signe de ralliement secret. Dans le déroulement de la vie du Christ, le poisson joue un rôle de premier plan (multiplication des pains et des poissons, pêche miraculeuse, repas consommé par le Christ lorsqu'il apparaît aux apôtres après sa résurrection). Le poisson qui vit dans l'eau devient l'image du baptême : c'est dans les fonts baptismaux (*piscina* en latin) que l'on convertira les « petits poissons » (*pisciculi*). Le symbole s'étendra ensuite à la représentation de la sainte Trinité : trois poissons entrelacés ou une tête commune à trois poissons. Il représente aussi le miracle eucharistique de la multiplication ou l'âme sauvée par les filets des apôtres (sarcophages, fresques des catacombes). Le poisson accompagne souvent l'ancre de l'espérance.

Le signe des Poissons en astrologie gouverne le ciel de la fin de l'hiver (20 février – 20 mars). Le natif des Poissons est un rêveur et un émotif, attiré par le mystère. D'une nature aimable, il s'ouvre aux autres à la manière de l'eau qui coule.

Voir **ancre, baptême, filet, œuf, pêcheur, trinité, zodiaque**

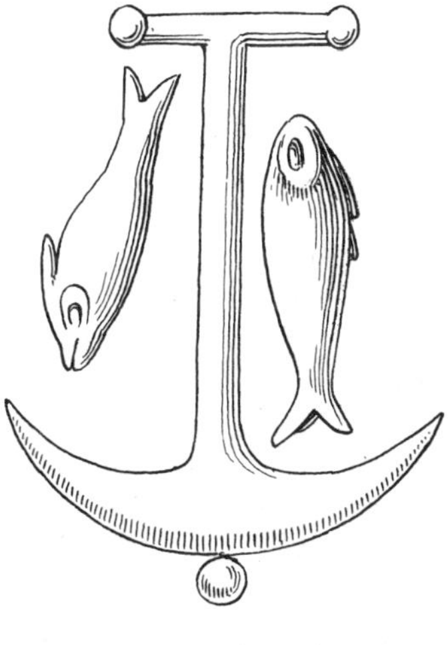

pôle

Le pôle est symbole d'attraction : c'est en même temps le centre et l'extrémité de toutes choses.

Le pôle Nord terrestre est rattaché au pôle céleste (l'étoile polaire) par un axe fondamental, l'axe du monde, lui même apparentable aux montagnes sacrées, ou encore au centre de la croix ou de la svastika. C'est le point immobile autour duquel tout se meut. Chaque religion considère la verticale qui domine son lieu saint comme la figuration d'un pôle : synagogues, églises et mosquées sont construites de manière à orienter les prières vers cette polarité. Lieu de la communication avec le ciel, le pôle est donc une extrémité du monde en même temps qu'une centralité. D'une manière plus synthétique, on peut le présenter comme un lieu d'inversion. Ainsi, dans la représentation chinoise, le pôle yin est-il le lieu et le moment où s'amorce le mouvement yang involutif, qui mène lui-même au pôle yang, qui amorce le cycle yin. Si l'on parle parfois des enfants comme des pôles de la maison, c'est non seulement qu'ils orientent toutes les attentions, mais c'est aussi qu'ils sont à la croisée des générations présentes et à venir, symboles à la fois de jeunesse et de vieillissement.

Voir **axe, caducée, centre, croix, omphalos, montagne, points cardinaux, yin/yang**

pomme

Sans doute en raison de la ressemblance de son péricarpe à la vulve, la pomme est, depuis la nuit des temps, associée à la sexualité et au péché.

La pomme de discorde

Selon la mythologie grecque, la pomme de discorde naît de la rivalité féminine et du désir masculin. À l'occasion des noces de Thétis et de Pélée, Éris, déesse de la discorde, qui ne fait pas partie des festivités, envoie aux convives une pomme d'or portant l'inscription « À la plus belle ». Aphrodite, Héra et Athéna se disputent le prix ; le prince troyen Pâris remet finalement la pomme à Aphrodite, déesse de l'amour préférée aux chastes déesses (c'est le célèbre jugement de Pâris). Celle-ci lui offre en retour la plus belle des mortelles, Hélène, femme de Ménélas, roi de Sparte. Pâris enlève sa promise, déclenchant ainsi la guerre de Troie.

Le fruit du péché

Est-ce en souvenir de cet épisode que la pomme est associée à Ève ? Quoi qu'il en soit, le nom du fruit défendu de l'arbre de la connaissance du bien et du mal n'est pas révélé dans le livre de la Genèse. Il se peut aussi que cette association provienne du fait que le mot latin *malus* signifie à la fois « pomme » et « mal ». En tout cas, la pomme, plus que tout autre fruit, est liée dans notre culture aux tentations de la chair. Et c'est une pomme rouge et empoisonnée qu'offre à Blanche-Neige sa belle-mère déguisée en sorcière, ce qui, selon le psychanalyste Bruno Bettelheim, symbolise chez l'héroïne la fin de l'enfance et les désirs de la sexualité (*Psychanalyse des contes de fées*).

La coupe transversale d'une pomme découvre une sorte d'étoile composée de cinq triangles, d'où le nom de

ALBERT9
DVRER
NORICVS
FACIEBAT
1504
M. DESSERTENNE

« quintessence », signifiant la vérité la plus profonde. Les gitans d'Europe centrale affirment qu'il s'agit là de la seule manière de couper le fruit, surtout lorsqu'il est partagé par deux amants après des moments d'intimité.

New York : la Grosse Pomme

La pomme est également associée à la ville de New York, surnommée « *Big Apple* » ou « la Grosse Pomme ». L'origine du sobriquet a de quoi faire rougir un bon puritain. Le nom est en effet dû à une aristocrate française et mondaine, Évelyne Claudine de Saint-Évremond, qui, au tout début du XIXe siècle, s'installe à New York, où elle ouvre une maison close haut de gamme réservée aux messieurs de la *High Society*. Les New-Yorkais raccourcissent le prénom de « madame » de Saint-Évremond. Évelyne devient Ève, et ses filles, les « pommes d'Ève ». La notoriété des « pommes d'Ève » fut telle que, pour les provinciaux, aller visiter *The Big Apple* signifiait se rendre à New York pour goûter aux plaisirs interdits par la morale ambiante. En 1870, l'Annuaire des gentlemen de New York utilise ce terme pour parler des maisons closes : « De par leur fraîcheur, leur douceur, leur beauté et leur fermeté au toucher, les pommes de New York sont supérieures à toutes celles du Nouveau Monde et même de l'Ancien. » Même si les connotations de l'expression ont changé, le nom est resté.

Apple

La pomme arc-en-ciel, croquée sur le côté droit, est aussi le logo d'un célèbre fabricant de matériel informatique. À défaut de déclarations claires concernant ce choix de la part des fondateurs de la société, les explications vont bon train. Selon certains, le fruit et ses couleurs sont un hommage à Alan Turing, père de l'informatique moderne, qui s'est suicidé en 1954 en croquant dans une pomme injectée de cyanure. Il avait été arrêté par la police en raison de son homosexualité. D'autres affirment que le logo n'est qu'une allusion à la pomme qui serait tombée sur la tête d'Isaac Newton dans son jardin, conduisant, selon la légende, à l'une des plus grandes révolutions scientifiques de tous les temps : l'attraction universelle. La première version du logotype de la firme représentait d'ailleurs Isaac Newton sous un pommier. Selon d'autres hypothèses encore, il s'agirait d'un jeu de mots entre *bite* (« morsure ») et *byte* (« octet »), les deux mots ayant une prononciation identique en anglais.

Croquer la pomme, c'est se laisser séduire, en parlant d'une femme (allusion au fruit défendu du paradis).

Voir **arbre, contes de fées, femme, orange, pentagramme, paradis, serpent**

pompon

Petite boule composée habituellement de fils de soie ou de coton, le pompon est utilisé par les majorettes et *pom-pom girls* aux États-Unis pour enthousiasmer les spectateurs.

Le pompon rouge sur le béret des matelots français, introduit au XIXe siècle, porterait chance à celui ou à celle qui le touche avec l'index gauche, mais à condition que le matelot ne s'en aperçoive pas. L'origine de cette superstition est inconnue.

pont

Le pont, comme la porte, permet le passage, un passage toujours offert, mais parfois difficile.

Un passage...

La porte peut être fermée, tandis que le pont est toujours accessible, même s'il est parfois dangereux à traverser. Le pont le plus explicite est sans doute depuis l'Antiquité l'arc-en-ciel, qui représente l'alliance entre les dieux et les hommes, la communication entre la terre et l'au-delà. Ainsi l'arc-en-ciel est-il l'écharpe d'Iris, messagère des dieux. Bouddha, lui, redescend sur terre en marchant sur un arc-en-ciel. Le titre des prêtres romains, *pontifex,* « le faiseur de ponts », est donc parfaitement explicite. C'est le « pontife » qui est chargé d'interpréter les messages des dieux et de maintenir la paix entre leur monde et celui des hommes. Le pape, également appelé souverain pontife, est un passeur d'âmes qui assure la transition entre ce monde et l'autre.

... semé d'embûches

Le pont permet sans doute de passer d'une rive à l'autre, au propre comme au figuré, mais le franchissement du pont n'est pas toujours aisé. Ainsi, dans l'islam, les croyants qui veulent parvenir au paradis doivent franchir le pont installé sur les abîmes de la géhenne. Ce pont, ou Sirat, a l'épaisseur d'un cheveu, et ceux qui en tombent sont précipités aux enfers. La rapidité avec laquelle les croyants traverseront le pont sera fonction de leurs bonnes actions passées.

Le pont joue également un rôle important parmi les épreuves que doit dépasser le chevalier dans les romans du Moyen Âge. Ainsi Lancelot, dans *le Chevalier à la charrette* de Chrétien de Troyes, doit choisir entre deux ponts aussi dangereux l'un que l'autre : le pont dans l'eau, fort étroit et immergé, puis le pont de l'épée, tranchant comme un rasoir, duquel il aperçoit sur l'autre rive deux lions ou deux léopards prêts à le dévorer.

Ponts mythiques et ponts du diable

Dans le *Mabinogion* celtique, les armées galloises envahissent l'Irlande pour conjurer le sort jeté sur Branwen par son époux, roi d'Irlande. Mais les troupes sont arrêtées par la rivière Shannon, que ne franchit aucun pont. Le roi Bran se couche alors en travers du fleuve et fait passer ses soldats sur son corps.

La construction du pont, ancêtre des ouvrages d'art, a quelque chose de magique. Pour construire un pont solide qui résiste aux assauts du fleuve, il faut une grande habileté, et l'imagination fertile des hommes du Moyen Âge a tôt fait d'en prêter l'édification au diable. C'est ainsi que les ponts du diable, construits en une nuit, fleurissent à travers la France. En échange de ses bons offices, le diable demande l'âme du premier homme qui traversera le pont. Reste aux hommes à se montrer plus rusés en faisant traverser l'ouvrage d'art à un chat, noir de préférence.

Voir **arc-en-ciel**

porc

Le porc est aujourd'hui associé en Occident à des images de fange, de bauge, de goinfrerie et de saleté. Mais la mythologie antique lui réservait un meilleur sort et en faisait un symbole de fertilité, de prospérité, et même d'instinct maternel.

Un symbole de prospérité

On reconnaît ainsi au porc la vertu d'être totalement utile, car son corps tout entier peut être soit consommé, soit utilisé, des soies aux oreilles en passant par les pieds. Sous l'Ancien Régime, le porc a longtemps fourni l'essentiel de la viande dans les campagnes, et le lard constituait la base de l'alimentation. Plusieurs mythes véhiculent une image plutôt sympathique du porc, animal sacrificiel préféré de Déméter. La truie est d'une manière générale associée à toutes les déesses-mères, de la Mésopotamie à l'Égypte jusqu'aux civilisations nordiques. Saint Antoine ermite est souvent représenté avec un porc, animal de prédilection de l'ordre des hospitaliers de Saint-Antoine. Ceux-ci élevaient des porcs et les laissaient vagabonder munis d'une clochette ; avec la viande, ils nourrissaient les indigents.

Un animal impur, symbole du démon

Pourtant, toutes ces vertus ont été contredites par l'interdit qui pèse sur le porc dans la Bible, car l'animal ne fait pas partie des animaux consommables recommandés par Dieu à Moïse. Dans la religion juive, il est interdit de manger du porc. La chrétienté ira jusqu'à en faire l'habitacle du démon. Ainsi, dans l'Évangile de Matthieu (VIII, 31), les démons expulsés du corps d'un possédé demandent au Christ d'être réincarnés en porcs.

Un symbole des pulsions inconscientes

Cette mise au ban du porc correspond pour l'historien Michel Pastoureau à l'horreur de l'image qu'il renvoie à l'homme, incarnation de la luxure, de la gloutonnerie, de la saleté et des instincts sexuels : « Bien avant la psychanalyse, le modèle du cochon a toujours été le "ça" de l'être humain, c'est-à-dire le réservoir de toutes les pulsions inconscientes qu'il ne veut pas reconnaître comme siennes parce qu'elles le déroutent, le dérangent ou l'effraient » (*Couleurs, images, symboles*).

L'expression « *Tout homme porte en soi un cochon qui sommeille* » fait référence aux instincts sexuels.

Voir **démon, mère, sacrifice**

porte

La porte est naturellement symbole du passage d'un lieu à un autre, donc d'un état à un autre, de la lumière à l'obscurité, et donc de la vie à la mort.

La porte étroite

Étroite ou entrebâillée, la porte représente la difficulté du passage. « Efforcez-vous d'entrer par la porte étroite, car, je vous l'affirme, beaucoup essayeront d'entrer et ne le pourront pas », dit le Christ dans l'Évangile de Luc (XIII, 24). C'est au prix du renoncement et de l'épreuve que les chrétiens seront admis à connaître le Royaume de Dieu. Le thème a été repris par André Gide dans son roman *la Porte étroite*, dont le protagoniste renonce à l'amour terrestre pour se glisser par cette porte, « une sorte de laminoir, où je m'introduisais avec effort, avec une douleur extraordinaire où se mêlait pourtant un avant-goût de la félicité du Ciel ». Du reste, le symbole n'est pas uniquement chrétien, et la porte (fermée, ouverte ou entrebâillée) apparaît sur nombre de stèles et d'urnes funéraires romaines. Quant à Janus, dont la porte du sanctuaire restait ouverte en temps de guerre, il est le gardien des passages et des portes, celle des dieux et celle des hommes, des enfers et des cieux.

Symbole de justice et d'initiation

En Mésopotamie, sous la protection des portes des temples ou des palais, gardées par des lions de pierre, se rendait la justice et se pratiquaient les échanges commerciaux. L'entrée des lieux saints donne accès au secret, au divin. La déesse Innana traverse sept portes avant d'arriver devant les juges du monde inférieur, et, en Égypte, la barque de Rê doit franchir douze portes dans l'au-delà pendant la nuit. Au cours de l'initiation maçonnique, l'apprenti doit franchir trois portes, représentant les qualités précédemment acquises : discrimination, absence de désir, maîtrise de soi.

Puissance de la porte

La porte est aussi symbole de puissance. L'architecte du palais ou de la cathédrale soigne le lieu par lequel on pénètre, car la porte est annonciatrice de ce qu'on trouvera à l'intérieur. La porte peut être résolument hostile, comme une porte de prison, attirante comme la porte du paradis, riche d'enseignement comme le porche d'une cathédrale ou la grille somptueusement ouvragée d'un palais royal. La porte triomphale ou arc de triomphe était construite en mémoire d'une victoire, et un ensemble de rites magiques s'y rattachaient. Après une bataille, les armées devaient passer sous une porte triomphale afin d'abandonner leur potentiel destructeur et se purifier. La Sublime Porte, la cour du sultan d'Istanbul, tirait son nom de la porte des appartements du Grand Vizir au palais de Topkapi (*Bab-Ali*). La porte était en effet un lieu d'assemblée et de réunion dans de nombreux pays d'Orient. Outre la célébration de la majesté de cette porte, son nom a également été interprété comme un rappel de la situation géopolitique de la Turquie, point de passage entre l'Europe et l'Asie.

Ouvrir la porte à, laisser la porte ouverte à, donner à quelque chose la possibilité d'avoir lieu.

Sortir par la grande porte, quitter une assemblée dignement, avec tous les honneurs.

Voir **arc, Janus, purification, seuil**

portier

Chargé de contrôler le passage, le portier est l'instrument de l'accès au divin.

Pour les Sumériens, chacune des sept portes de l'Enfer est gardée par un portier, dont le plus important est le dieu Neti (*Nedu* en akkadien), alors que Cerbère, le terrible portier d'Hadès, est une créature à forme de chien. Symétriquement, le portier du paradis symbolise la fonction du jugement, tel l'apôtre Pierre à qui Jésus remet les clefs du royaume des cieux dans l'Évangile de Matthieu. Par analogie, le portier symbolise le prêtre qui ouvre la porte des trésors spirituels et des richesses intérieures et, par le pouvoir spirituel qu'il a reçu, peut ouvrir ou fermer aux hommes la porte du ciel, en les admettant dans l'Église par le baptême ou en les excommuniant.

Voir **Cerbère, chien, clé, enfer**

Poséidon (Neptune)

À la suite du partage du monde entre les trois frères, Zeus, Poséidon et Hadès, Poséidon devient dieu de la mer.

Son nom était déjà connu à l'époque mycénienne, où ses attributions s'étendaient aussi aux tremblements de terre, aux chevaux, aux taureaux et au vent. Époux d'Amphitrite, il engendra diverses créatures malfaisantes. Il avait un palais au fond des mers. À Athènes, il avait disputé le patronat de la ville à Athéna, et celle-ci l'avait emporté. On montrait sur l'Acropole l'entaille faite par son trident dans le rocher. Il était imploré par les marins, afin d'obtenir une bonne traversée.

Le dieu au trident est représenté sur de nombreuses mosaïques grecques et romaines en compagnie de Thétis, une Néréïde que Poséidon voulut épouser ou de son épouse Amphi trite.

Voir **Athéna, Atlantide, trident, Ulysse**

potence (gibet)

Symbole de la condamnation publique, du pouvoir meurtrier que la société détient sur les individus.

Il faut se rappeler que l'invention de la guillotine a été considérée comme un progrès par rapport à la pendaison pour la raison que le condamné souf-

frait moins, et aussi parce que le cadavre n'était ainsi plus exposé sur la place publique pendant des journées entières. La potence est en fait une caricature et une inversion de la crucifixion, car le pendu est suspendu au ciel par la corde dans une parodie d'ascension. L'opposition de la potence à la croix est d'ailleurs marquée dans le Nouveau Testament lui-même, puisque Judas se pend le jour même de la montée du Christ au Golgotha. Il n'est donc pas étonnant que la potence soit rattachée aux rites sataniques : on dit que c'est du sperme des pendus que germent les mandragores prisées par les sorcières. C'est alors qu'il était condamné à mort que François Villon signa avec *La Ballade des pendus* un des plus beaux poèmes de langue française sur le caractère dérisoire des désirs des hommes. Il faut dire que les mouvements désarticulés des pendus rappellent ceux des marionnettes.

Voir **croix, mandragore**

poussière

Fine poudre provenant notamment de la terre sèche, la poussière représente la matière originelle, façonnée par la force créatrice.

Si, pour certaines traductions de la Genèse, Dieu modèle Adam à partir de la boue, d'autres indiquent qu'il forme celui-ci à partir de la poussière : « L'Éternel Dieu forma l'homme de la poussière de la terre », poussière à laquelle l'homme est d'ailleurs destiné à retourner, ainsi que Dieu lui-même le dit : « Souviens-toi que tu es poussière et que tu retourneras à la poussière » (Genèse, III, 19). La poussière est en effet associée à la mort, comme le suggère cette tradition des Hébreux de l'Antiquité, qui se couvraient la tête de poussière en signe de deuil. Lorsque Job se repent dans la poussière et dans la cendre (Job, XLII, 6), celle-ci figure la déchéance, voire la malédiction, tel le serpent de la Genèse, condamné à manger de la poussière tous les jours de sa vie.

Voir **Adam, boue, cendre, homme, tombe**

prépuce

Le prépuce est considéré comme la partie flasque et molle, donc « féminine », du pénis.

L'enlever pour découvrir le gland revient à supprimer symboliquement la féminité et à affirmer l'identité sexuelle de l'homme.

Voir **circoncision, phallus**

Priape

Dieu de la fécondité, doté d'un membre viril démesuré.

On le disait fils de Dionysos et d'Aphrodite, et diverses légendes circulaient sur sa naissance. C'était un dieu pastoral, protecteur des troupeaux, des abeilles, des pêcheurs. On plaçait son image ithyphallique (qui présente un phallus en érection) à l'entrée des domaines, dont il écartait les maléfices et assurait la prospérité. Ses fêtes, les priapées, avaient un caractère licencieux. Il avait pour symbole le phallus et on lui sacrifiait des ânes.

Voir **âne, phallus**

prince

Premier dans la hiérarchie, le prince représente une puissance en devenir.

Le prince est symbole de prestige, de noblesse et de souveraineté, comme le roi en exercice, sans en avoir le passif : aussi est-il porteur d'espoir et associé à la pureté de la jeunesse (le Prince charmant), à la probité et au détachement, tel Hamlet ou le Petit Prince d'Antoine de Saint-Exupéry. Dans l'Apocalypse, Jésus est « le témoin fidèle, le premier-né d'entre les morts, le Prince des rois de la terre », selon l'étymologie même du mot « prince », « premier » en latin (*princeps*), comme le sont les cardinaux et les évêques, princes de l'Église. Symétriquement, Ahriman chez les anciens Perses est le prince des enfers, le premier dans l'ordre hiérarchique, et Lucifer est nommé « le prince de ce monde » dans l'Évangile selon Jean (XII, 31).

Se posant en alternance au roi régnant, le prince incarne la promesse d'une transformation, d'une métamorphose. Ainsi, les peintures médiévales des princes en prière associent ceux-ci à un exemple moral, celui du saint, le prince se donnant à voir sous la forme d'un idéal de piété, légitimant implicitement son droit à gouverner.

En prince, comme un prince, magnifiquement, somptueusement.

Être bon prince, faire preuve de générosité, de bienveillance, d'indulgence.

Voir **contes de fées, roi**

Prométhée

Le personnage de Prométhée se rattache à la conquête du feu et au progrès de l'humanité.

Comme les dieux se réservaient l'usage du feu, Prométhée le déroba et l'apporta aux hommes, caché dans un bâton creux. De surcroît, il aurait dupé Zeus dans une histoire de partage des viandes à l'occasion d'un sacrifice, réservant aux hommes la meilleure part et laissant les os au dieu. En châtiment, Zeus envoya alors Pandore aux hommes, et Prométhée fut lié par des chaînes au sommet du Caucase : un aigle lui rongeait le foie, qui repoussait sans cesse. Héraclès (Hercule) mit fin au supplice en tuant l'aigle.

Cette légende a été l'objet de variantes. Les recherches récentes ont permis de retrouver derrière elle et quelques autres mythes la trame d'un drame eschatologique indo-européen. Prométhée avait enseigné aux hommes toutes les connaissances qui marquaient le début de la civilisation. Dans son rôle de bienfaiteur de l'humanité, on attribue parfois à Prométhée le rôle de créateur du premier homme, qu'il aurait modelé dans l'argile et animé avec une parcelle du feu divin. Patron des forgerons et des potiers, il était très populaire en Attique, où on lui rendait un culte.

Voir **feu, foie, forgeron, héros, Pandore, sacrifice, Tantale**

prostituée

La femme qui offre son corps fait un tribut à la fertilité dans l'Antiquité

orientale, et personnifie la pécheresse dans les religions du Livre.

La prostituée sacrée

Dans les civilisations de l'Orient ancien, il existait une différence entre la prostitution sacrée, organisée par le clergé, et la prostitution profane, affaire des filles publiques. *Le Code d'Hammourabi*, recueil de jurisprudence babylonien, atteste de l'existence de prostituées, notamment dans les temples mésopotamiens, lors d'un rite lié au culte de la fécondité. On pratiquait sur les hauts lieux consacrés à la grande déesse Ishtar la prostitution sacrée, qui visait dans la mentalité magique à accroître, par analogie, la fertilité du sol et la fécondité des troupeaux. À l'instar des noces d'Ishtar et de Tammuz, dans la mythologie sumérienne, existe une cérémonie où le roi de Babylone s'unit avec la grande prêtresse d'Ishtar dans une relation sexuelle sacrée. La prêtresse représente Ishtar, et le roi-prêtre, Tammuz, dans un rite de fertilité destiné à renouveler les énergies de la nature et de l'État, à l'aube de la nouvelle année. Dans l'épopée de Gilgamesh, c'est une courtisane sacrée qui fait passer le héros Enkidu de l'état bestial à l'état humain. En Grèce, il existait la même différence entre la prostitution d'inspiration religieuse et la prostitution profane. La prostitution sacrée aurait été organisée par le clergé du temple d'Aphrodite à Corinthe, ainsi qu'à Éphèse. Les hiérodules, prostituées sacrées au service d'Aphrodite, lui sacrifiaient leur virginité.

La pécheresse

Force divine et moyen de communion avec le divin en Orient, l'Éros devient symbole d'impureté dans l'Ancien Testament, où la prostituée représente la désobéissance à Dieu : « As-tu vu ce qu'a fait l'infidèle Israël ? Elle est allée sur toute montagne élevée et sous tout arbre vert, et là elle s'est prostituée » (Jérémie, III, 6). Le christianisme ajoute la faiblesse à cet avilissement, avec le personnage de Marie-Madeleine, proclamée pécheresse au VIe siècle par le pape Grégoire Ier, et réhabilitée en 1969. Pour le moins, si celle que l'évangéliste Luc appelle la pécheresse, celle-là même qui arrose les pieds de Jésus de ses larmes avant de les essuyer avec ses cheveux, est perçue comme une prostituée pénitente, symbole de la femme perdue, c'est qu'elle entre ainsi dans la voie de la rédemption, cœur du symbolisme christique.

Voir **blond, cheveux, femme**

Psyché

Le nom de Psyché, signifie à la fois papillon et âme en grec. Symbole de l'âme, elle est représentée avec des ailes de papillon.

Son histoire allégorique, objet de contes populaires, a été racontée par Apulée (*l'Âne d'or*) et a constitué un thème favori des platoniciens et néoplatoniciens, qui y virent la promesse d'un bonheur éternel dans l'au-delà. Selon Apulée, Psyché recevait chaque nuit dans un palais enchanté la visite de Cupidon (Éros), qui lui promettait un bonheur éternel, si elle ne cherchait pas à connaître son visage. Une nuit, elle alluma une lampe. Une goutte d'huile tomba sur Cupidon, qui s'enfuit, tandis que le palais s'évanouissait. Psyché s'en remet alors à Vénus qui la soumet à une série d'épreuves. Entre autres, elle lui fait remettre une boîte qu'elle ne doit ouvrir en aucun cas. Une nouvelle fois, Psyché cède à la tentation et tombe, en ouvrant la boîte, dans un profond sommeil dont l'Amour la tirera par un baiser. Grâce à l'intervention de Jupiter, Psyché devient immortelle, reçoit le pardon de Vénus et s'unit à Cupidon.

En recevant la coupe de l'immortalité, Psyché déploie ses ailes de papillon. On a pu voir dans le mythe de Psyché l'emblème de la beauté de l'âme et des épreuves qu'elle subit sur la terre pour atteindre son idéal, l'amour et l'immortalité à laquelle elle est destinée.

Voir **âme, Éros, papillon**

psychostasie

Terme signifiant la pesée des âmes de la mythologie égyptienne, la psychostasie est le symbole de l'omniscience et de l'omnipotence divines.

Selon le Livre des Morts, le défunt comparaît devant le dieu Osiris et ses quarante-deux assesseurs pour que ceux-ci le jugent et éventuellement l'admettent pour l'éternité dans l'au-delà. Le mort est introduit par le dieu Anubis ; on place son cœur (siège en Égypte ancienne de l'affectivité, de l'intelligence et de la pensée) sur le plateau d'une balance dont l'autre plateau porte une statuette de la déesse Maât, ou le signe hiéroglyphique servant à écrire le nom de cette divinité de la vérité et de la justice. Durant cette cérémonie, le mort prononce la « confession négative », soulignant qu'il n'a commis aucun acte répréhensible. L'équilibre rigoureux des deux plateaux, que surveille Thot, le dieu de l'ordre et de la mesure et greffier du jugement, doit être le signal de l'accès à la vie éternelle. Le thème iconographique des fins dernières a été repris dans l'art occidental par l'intermédiaire des fresques coptes. Successeur d'Anubis, l'archange saint Michel tient la balance où sont pesées les âmes lors du Jugement dernier. La scène est représentée fréquemment dans la sculpture du Moyen Âge.

Voir **âme, Anubis, balance, enfer, Maât, Osiris, Thot**

Ptah

Dieu égyptien adoré principalement dans la ville de Memphis. C'est un dieu-roi. Il est aussi le patron des orfèvres et des artisans.

Il est représenté comme un homme, le crâne rasé, le corps moulé dans un vêtement collant d'où seules ses mains sortent, tenant un sceptre. Le Document de théologie memphite, texte sculpté sur pierre, expose comment Ptah aurait conçu l'univers en son cœur et l'aurait créé concrètement par la parole. Il est aussi mis en rapport avec une divinité animale de Memphis, le taureau Apis, adoré dans le temple de Ptah dès l'Ancien Empire et s'assimilant peu à peu à lui. Il peut également patronner les devenirs funéraires en s'intégrant à la personnalité divine composite de Ptah-Sokaris-Osiris. La forme populaire de Ptah-Patèque évoque celle des Pygmées – génie monstrueux, il devait effrayer les mauvais esprits et ainsi repousser les influences malfaisantes.

Voir **Apis, cœur, génie, parole**

puits

Le puits, symbole de fertilité et de richesse dans les pays arides, représente aussi ce qui est profond, mystérieux, impénétrable.

Le puits véhicule l'image de l'abondance et de la prospérité. C'est le lieu de la communication par excellence, et c'est auprès d'un puits que se déroulent nombre de rencontres essentielles dans la Bible comme celle d'Éliezer et de Rebecca. Il est le lieu du partage, celui du délassement et de la conversation sereine.
Pourtant, contrairement à la fontaine aux eaux jaillissantes, le puits véhicule l'idée de mystère et de secret. Il est souvent dit « sans fond », car il est impossible d'apprécier à l'œil nu la profondeur de ses eaux. Et si la vérité en sort toute nue, c'est bien qu'elle y était cachée auparavant. Nombre de légendes mettent en scène une jeune fille, plus rarement un jeune homme, confiant ses secrets à un puits.
Miroir des profondeurs physiques, il est aussi miroir des profondeurs de l'âme, et pour Victor Hugo le moi intérieur est semblable à un puits à travers lequel on peut contempler le monde : « Chose inouïe, c'est au-dedans de soi qu'il faut regarder le dehors. [...] En nous penchant sur ce puits, nous y apercevons à une distance d'abîme, dans un cercle étroit, le monde immense » (*Choses vues*, 1863).

Un puits de science, une personne très savante, très érudite.

Voir **eau, fontaine**

purification

Première phase de l'élévation spirituelle, la purification est un rite universel.

Que ce soit par le feu ou par l'eau, des prières ou d'autres rites associant les couleurs et les matières, la purification représente l'entrée dans la voie de Dieu. Elle symbolise la purification de l'âme, par la purification du corps ou d'un lieu.
La purification aurait été introduite en Grèce ancienne par Apollon, lequel, après avoir tué le serpent Python, se baigna dans les eaux du fleuve Tempé. En effet, tout meurtre, même celui d'un monstre, constituait une souillure et nécessitait une purification. Au temps de la Rome antique, la lustration était une cérémonie qui avait lieu plusieurs fois dans l'année, par laquelle on purifiait un lieu ou une personne afin d'en libérer les influences maléfiques. Elle pouvait consister en une procession autour de l'endroit à purifier, une prière, un sacrifice. L'eau, le feu, le soufre étaient souvent utilisés. Avant chaque bataille, l'armée était purifiée.
Symbole de la purification de l'âme, souillée par le corps lui-même (dans le judaïsme et dans l'islam), ou par le péché originel (dans le christianisme), la purification est une métaphore de

régénération, de mort et de vie nouvelle. Aussi est-elle associée à la guérison. Par un rituel d'élimination symbolique des scories, associées à la chair et à la terre, la purification a universellement pour but de se rapprocher de l'idéal divin.

Voir **baptême, eau, feu, Python, sacrifice, sang, soufre**

pyramide

Grandes constructions à base quadrangulaire et à quatre faces triangulaires, se terminant en pointe, qui servaient de monument funéraire ou de temple dans l'Égypte pharaonique, les pyramides, et notamment les pyramides d'Égypte, sont un intermé-

diaire entre le dieu-soleil et les hommes, et un symbole d'immortalité.

« La demeure d'éternité »

La première pyramide connue, celle du roi Djoser (IIIe dynastie) à Saqqarah, s'élève à 60 mètres de hauteur. Construite en brique, elle comprend six degrés disposés en retrait sur ses quatre faces. Elle semble avoir été conçue telle une série de mastabas (tombes) superposés, incarnant le symbole fondamental de la religion égyptienne, la « butte primordiale », émergée de l'océan des origines et sur laquelle se manifesta la première forme de vie terrestre. On peut d'ailleurs considérer que cette butte de terre est ce qui constitue l'intérieur des mastabas ; une fois cachée sous les briques du revêtement extérieur, elle n'en gardait pas moins sa valeur magique. La pyramide de Djoser est la première traduction, à une échelle colossale, de ce symbole de la vie immuable dans son principe. Les textes hiéroglyphiques nomment d'ailleurs la pyramide « la demeure d'éternité ».

Un escalier du ciel

Symbole de l'immortalité du pharaon dont elle abrite la dépouille mortelle, la pyramide est aussi un symbole solaire. Les premières pyramides à degrés ne représentaient encore qu'imparfaitement cette idée de la descente des rayons solaires sur la terre. Ce symbolisme apparaît encore plus clairement par la suite, quand leur surface lisse renvoie la lumière. La forme de la pyramide s'élevant vers le ciel en fait aussi un symbole ascensionnel, comme en témoigne le gigantesque escalier de la pyramide de Djoser, par lequel le pharaon s'élèvera vers le royaume du dieu-soleil. On est donc en présence d'une image double de la lumière céleste descendant sur terre et du pharaon, résident de la pyramide, s'élevant vers le ciel.

En hommage à la montagne primordiale et au soleil

En Asie, la montagne, celle sur laquelle brillèrent pour la première fois les rayons du soleil (le mont Meru, axe du monde et séjour d'un dieu), est figurée dans la cosmologie par une pyramide à gradins. Partout, cette notion inspire la composition des toitures des sanctuaires, assimilés à la montagne-demeure du dieu. Par ailleurs, sa masse énorme est gage d'immortalité. Par sa permanence, elle est un défi à la mort.

Ce type de construction est très fréquent en Méso-Amérique dans l'architecture colombienne. Les pyramides aztèques sont très massives, car l'aspect solaire prend tout son sens. L'homme offre en hommage à la divinité la construction de ces énormes édifices, et les sacrifices humains au sommet de la pyramide sont le garant du retour quotidien du soleil.

Le nombre d'or

Les pyramides ont toujours fasciné les ésotéristes, ne serait-ce que par l'application du nombre d'or dans les proportions de la pyramide de Khéops. Le rapport de la hauteur de la pyramide par sa demi-base est le nombre d'or. Hérodote affirme que, selon les prêtres égyptiens, les dimensions de la grande pyramide avaient été choisies de telle sorte que « le carré construit sur la hauteur verticale égalait exactement la surface de chacune des faces triangulaires ».

Voir **axe, escalier, montagne, obélisque, sacrifice, sanctuaire, soleil, temple, tombe, triangle, verticalité**

Python

Serpent monstrueux, fils de Gaïa, la Terre, Python rendait des oracles à Delphes, mais ravageait la région, massacrant bêtes et gens. On retrouve chez Python le symbolisme chtonien (souterrain) du serpent.

Apollon, âgé de trois jours, le tue afin de fonder son propre sanctuaire à Delphes. Il terrasse le serpent Python comme la raison triomphe de l'instinct, comme les forces du jour écrasent celles des ténèbres. Le jeune dieu devra se purifier dans les eaux du fleuve Tempé et expier ce meurtre. Le monstre sera enterré à Delphes, où Apollon créera en son honneur les Jeux pythiques.

Voir **Apollon, caducée, centre, omphalos, purification, sanctuaire, serpent, terre**

De toutes les fleurs, la rose est sans doute la plus riche de significations. C'est un symbole d'amour, de pureté, de souffrance, de silence.

QR

quarante (40)

Unité de mesure de la pénitence depuis le monde hébreu, le nombre 40 est celui de la faim et du deuil, de l'attente et de l'épreuve.

Survie et errance

Quarante est le nombre de l'épreuve, notamment celle de l'attente et de l'errance, et de la survie dans un univers hostile. Dans l'Ancien Testament, le Déluge dure quarante jours et quarante nuits. Après avoir fui l'Égypte, Moïse et le peuple hébreu errent pendant quarante ans dans le désert: « Souviens-toi de tout le chemin que Yahvé ton Dieu t'a fait faire pendant quarante ans dans le désert, afin de t'humilier, de t'éprouver et de connaître le fond de ton cœur: allais-tu ou non garder ses commandements ? » (Deutéronome, VIII, 2). Ces quarante années au désert, lieu de la révélation et du renouveau, représentent une épreuve initiatique, fondée sur l'isolement et la quête de la vérité.

Tentation, privation et renouveau

Moïse se retire dans la montagne pendant quarante jours et quarante nuits, temps de la révélation, pour recevoir les Tables de la Loi (Exode, XXIV, 18, et Deutéronome, IX, 9). Dans les Évangiles (Matthieu, IV, 2, et Luc, IV, 2), Jésus se retire dans le désert et subit pendant quarante jours la tentation de Satan : « Et il était dans le désert durant quarante jours, tenté par Satan. Et il était avec les bêtes sauvages, et les anges le servaient » (Marc, I, 13). Quarante jours est aussi le temps imparti à l'épreuve de la faim. À l'instar du jeûne de Moïse sur la montagne et de celui du Christ dans le désert, la durée du carême (jeûne pascal qui tire son nom du latin *quadragesima dies,* « le quarantième jour ») se fixe au Moyen Âge à quarante jours, alors qu'il durait quarante heures à l'origine, en référence aux quarante heures écoulées entre l'ensevelissement de Jésus au tombeau et sa résurrection. Jésus ressus-

cité revient sur terre pendant quarante jours. L'islam reprend cette symbolique liée à la traversée, notamment dans le rituel funéraire : aujourd'hui encore, la période de deuil dure quarante jours, au terme desquels une fête est donnée.

Voir **Déluge, désert, résurrection**

quartz

Silice cristallisée que l'on trouve dans la roche et dans les météorites, le quartz est la pierre de l'au-delà et de l'initiation.

Associé au monde céleste, le quartz de couleur laiteuse est l'instrument de la divination, utilisé en pendule, en larme ou en boule. Pierre semi-précieuse, le quartz est le symbole de la recherche de la perfection, ce qui l'attache à l'initiation. Lorsqu'il est rose, il représente l'ascension vers le Ciel.

Voir **améthyste, cristal**

quatre (4)

Premier multiple, le chiffre 4 représente l'univers dans sa plénitude, un monde carré et stable.

Représenté par le carré, la croix ou l'équerre, le quatre est le chiffre de l'ordonnancement du monde, qui quantifie la nature [les quatre éléments, les quatre états de la matière (solide, liquide, gazeux et igné)], l'espace (les points cardinaux, mais aussi les quatre anges destructeurs aux quatre coins de la terre dans l'Apocalypse), le temps (les saisons, les quatre phases de la lune), l'être humain [ses quatre membres, et les quatre âges de la vie (enfance, jeunesse, maturité, vieillesse)], ou Dieu lui-même, formé en hébreu du tétragramme sacré des quatre lettres YHVH.

Par extension, il symbolise ce qui émane du créateur, la totalité du créé et du révélé, selon la Bible. Ainsi, les quatre êtres vivants de la vision d'Ézéchiel (I, 5) sont l'expression de l'universalité, un sens que l'on retrouve dans le carré, image de la création achevée et de la plénitude. Pour saint Jérôme, Père de l'Église latine, le quatre représente la révélation, comme dans la mythologie grecque, où il est le nombre de Zeus, dieu de la justice, organisateur de tout ce qui a été créé. Il représente enfin la structure fondamentale du cosmos pour les pythagoriciens. Premier multiple, et premier carré, il représente aussi la somme de toutes choses, tels les quatre Veda (livres sacrés de l'hindouisme), faisant écho aux quatre Évangiles du Nouveau Testament : ceux de Matthieu, de Marc, de Luc et de Jean.

Voir **carré, croix, équerre, points cardinaux, tétramorphe**

quenouille

Tige de bois ou d'osier, munie d'une tête renflée ou fourchue, utilisée autrefois pour maintenir le fil afin de le filer, elle est le symbole du travail féminin et de l'habileté manuelle dans la société traditionnelle. La quenouille figure aussi le commencement de l'existence, la naissance d'une destinée.

Son rôle symbolique semble donc moins tragique que celui du fuseau

ou des ciseaux. Mais la longueur du fil dépend de la réserve de fibre disponible sur la quenouille, ce qui signifie que le temps nous est compté dès l'origine.

La quenouille jouait un rôle important dans les relations amoureuses et conjugales. Cadeau des jeunes gens à leur fiancée, sa décoration comportait le plus souvent des motifs de cœurs. La quenouille était souvent remise à l'église à la mariée, qui devait la rapporter filée, le dimanche suivant le mariage. Associée ainsi étroitement au rite du mariage, et donc aux mystères de la génération, la quenouille peut figurer un sexe féminin, quand le fuseau, lui, demeure résolument phallique ; c'est pourquoi l'on disait d'une fille qui perdait sa virginité qu'elle « cassait sa quenouille ».

Voir **ciseau, fil, fuseau, rouet, tissage**

queue

La queue des animaux est un symbole phallique. Si d'un côté elle est assimilée à la symbolique du serpent (se mordant la queue, il devient symbole de l'univers, de l'éternel retour), de l'autre elle évoque la virilité du vainqueur.

Les guerriers paradent lors des triomphes sur des chevaux à la queue fièrement relevée.

Voir **phallus, ouroboros, serpent**

rameau voir buis, olivier, palme

rasoir

Lame la plus fine et la plus tranchante qui soit, le rasoir est attaché aux rites de passage, mais aussi aux situations de danger extrême.

Les couteaux de la circoncision et de l'excision sont en fait des rasoirs, et le jeune homme qui se rase pour la première fois a le sentiment de passer à l'âge adulte. *«Etre sur le fil du rasoir»,* c'est être au milieu d'un passage extrêmement dangereux. Gauvain, le Chevalier à la charrette du roman arthurien de Chrétien de Troyes, doit franchir un pont fin comme le tranchant d'une épée pour poursuivre sa quête du saint Graal.

Voir **circoncision**

rat

Les ravages causés par les rats dans les greniers en ont fait l'animal néfaste par excellence. Le rat est destructeur (il propage la peste), avare, prolifique, nocturne et agressif.

Mais, tout nuisible qu'il soit, son intelligence et sa prescience du danger n'ont pas manqué d'être repérées depuis les temps les plus anciens. Pline l'Ancien raconte que les rats déménagent lorsqu'ils sentent qu'une maison menace de s'effondrer. C'est à cette même idée que se rattache l'expression «Les rats quittent le navire», invoquée quand quelqu'un abandonne la partie parce qu'il sent qu'une entreprise est vouée à l'échec. En Inde, Ganesh, dieu bénéfique à tête d'éléphant, a pour monture un rat.

Dans son étude appelée «l'Homme aux rats», Freud donne au symbole le sens de révélateur d'une névrose obsessionnelle en relation avec l'érotisme anal. Dans le rêve, il représente généralement une menace latente, la crainte de l'irruption incontrôlable de sentiments refoulés.

Quel rat !, quel radin !.

Un rat de bibliothèque, un érudit qui passe son temps à consulter les livres dans les bibliothèques.

rate

Organe lymphoïde, grand comme le poing, la rate est le principal élément de filtration du sang. Néanmoins, sur le plan symbolique, la rate n'est pas associée au sang, mais à la mélancolie, ou bile noire. En anglais «rate» se dit justement «*spleen*».

Cette association entre la rate et la mélancolie remonte à l'Antiquité grecque et à la théorie des humeurs censée expliquer le comportement des hommes. Les humeurs seraient produites par quatre fluides corporels, eux-mêmes sécrétés par les aliments qui auraient été mal digérés. Ces fluides sont le sang, la bile jaune, le flegme et la bile noire. Il est difficile de dire de quel fluide précis il s'agit concernant la «bile noire»; aussi se peut-il qu'il relève de la pure invention pour expliquer la mélancolie.

Voir **foie**

rayure

Ligne ou bande plus ou moins large, qui peut être verticale ou horizontale, marquant une étoffe ou une surface, la rayure a longtemps été une marque d'infamie.

Un signe infamant

Grâce notamment aux travaux de l'historien Michel Pastoureau, le rôle socio-symbolique de la rayure en Occident a été mis au jour. Au Moyen Âge, où la couleur unie est privilégiée comme symbole de la pureté, le vêtement rayé est le signe visible de personnes marginales ou qui représentent un danger pour le corps social. La rayure est un signe infamant et dégradant. Dans la peinture, les prostituées portent des robes rayées. Dans la chanson de geste et le roman courtois, « chevaliers félons, sénéchaux usurpateurs, femmes adultères, fils rebelles, frères parjures, nains cruels, serviteurs cupides, tous peuvent être pourvus de rayures héraldiques ou vestimentaires » (Michel Pastoureau, *l'Étoffe du diable*). Ce sont tous des êtres barrés, et, dans l'héraldique, les barres peuvent signifier une lignée bâtarde.
La symbolique péjorative de la rayure s'étend au règne animal. Sans en avoir jamais vu un, les savants de la fin du Moyen Âge rangeaient le zèbre, créature « cruelle et diabolique », dans le bestiaire de Satan. Le tigre (*tigridus* veut dire « rayé » en latin) reste dans l'imaginaire occidental une bête féroce, fourbe et imprévisible, qui s'oppose sur le plan paradigmatique au lion noble, dont le pelage est uni.

Bagnards, matelots et valets

Au XVIIIe siècle, probablement d'abord en Amérique du Nord, les prisonniers sont contraints de porter des uniformes entièrement rayés, pratique déshumanisante qui atteint son paroxysme dans les habits portés par les victimes des camps de concentration nazis.
Comme signe de leur infériorité sociale, les serfs, valets, bouffons et musiciens portaient des vêtements rayés, comme le feront les matelots, mais pas les marins gradés. Jusqu'au milieu du XXe siècle, notamment en Angleterre, les maîtres d'hôtel, les valets de chambre et même les serveurs dans les restaurants portaient des gilets à rayures.

La rayure « joyeuse », désinvolte et chic

Toutefois, parallèlement à son rôle de signe diffamant, la rayure peut représenter la libération des contraintes sociales. Michel Pastoureau observe ainsi : « À Venise, à Milan, à Gênes, vers le milieu du XIVe siècle, au lendemain de la Grande Peste, la joie de revivre après de dures épreuves conduit les jeunes nobles et les riches patriciens vers des excès vestimentaires de toute sortes. Au premier rang de ces excès, le port d'habits partiellement rayés. [...] L'idée d'une transgression de l'ordre social et moral, transgression sans doute recherchée par ceux qui se montrent ainsi, demeure forte. »
Aux temps modernes, le côté ludique de la rayure va se montrer surtout sur les plages estivales, lieux que l'on

peut néanmoins considérer comme marginaux dans la mesure où il est permis de s'y dévêtir partiellement. La plage marque également une rupture avec les valeurs dominantes du travail. Au bord de la mer, stores, ombrelles, parasols, maillots de bain, draps, serviettes et transatlantiques s'afficheront rayés. Aujourd'hui, si la rayure balnéaire a été éclipsée par d'autres modes, la rayure « joyeuse » et transgressive refait surface sur le drapeau arc-en-ciel du mouvement homosexuel. Composé de bandes horizontales polychromes, ce drapeau identitaire, tout en faisant allusion aux bandes libératrices du drapeau tricolore, synthétise les caractéristiques héraldique, ludique et marginale de la rayure médiévale et moderne.

Enfin, dans une classique inversion des codes, la rayure, jadis stigmatisante, est devenue l'emblème du chic, de la désinvolture « rive gauche », comme en témoignent les rayures horizontales à la Sonia Rykiel. Costumes et chemises rayés symbolisent le bon goût vestimentaire masculin. Encore faut-il que les rayures soient discrètes et étroites. C'est ce qui distingue le sobre costume rayé du banquier de la City de celui, voyant et vulgaire, du truand.

Voir **arc-en-ciel, drapeau, jaune**

Rê

Anciennement Râ. D'abord nom commun servant à désigner le Soleil en égyptien, puis nom le plus usuel du dieu solaire, dont le lieu saint essentiel se trouvait à Héliopolis, près de Memphis.

Le dieu solaire créateur du monde

Rê, puissance cosmique bénéfique pour l'univers, est le grand dieu du panthéon égyptien ; il était le plus souvent représenté de façon anthropomorphe : homme à tête de faucon, portant un disque sur la tête (le faucon, qui plane constamment dans le ciel d'Égypte, avait, depuis la plus haute Antiquité, été assimilé au ciel ou au Soleil). À Héliopolis, associé au dieu ancien Atoum, il est le créateur du monde. Il accomplit en barque son cycle quotidien : successivement dans la barque du jour sur le Nil qui court dans le ciel supérieur (à l'instar du Nil terrestre), puis dans la barque de la nuit sur le Nil souterrain.

La supériorité politique du soleil

Dans le domaine politique, Rê, dieu d'État, affirme sa supériorité dès la IVe dynastie. Rê s'associe avec le dieu de Thèbes, Amon ; et Amon-Rê, dieu solaire, continuera à enfanter les rois (pour pallier certaines difficultés dynastiques), à protéger le royaume et (à partir du Nouvel Empire) à guider le pharaon dans les batailles. Lorsque le clergé thébain deviendra trop puissant, le roi, à plusieurs reprises, se rapprochera du clergé héliopolitain, en un jeu d'équilibre, certes politique, mais qui trahit l'emprise permanente de l'idéologie solaire. De même, à partir du Moyen Empire, beaucoup de divinités locales, dont le culte acquiert de l'importance, devront acquérir un aspect solaire : ainsi naissent Sobek-Rê, Khnoum-Rê, Montou-Rê, etc., tant est dominante la personnalité du dieu héliopolitain.

La pyramide de Rê

Dans le domaine funéraire, la forme de la pyramide (pan de lumière

solaire pétrifiée) est la première affirmation concrète des devenirs solaires du roi. Devant la montée d'Osiris, les théologiens d'Héliopolis ménagent un compromis : chaque défunt (cela à partir du Moyen Empire et surtout au Nouvel Empire) pourra être le compagnon de Rê en sa barque pendant le jour et rejoindra la nuit le domaine souterrain d'Osiris. Ce partage d'attributions entre les deux puissantes divinités funéraires fait place parfois à une assimilation complète. De nombreux mythes et légendes se rattachent au dieu Rê.

Voir **barque, disque, faucon, jour, obélisque, Osiris, pyramide, Sobek, soleil**

récif

Rocher immergé, le récif est la terreur des marins, qui craignent moins les météores (orages ou manque de vent) que ces périls sournois. Le récif symbolise le danger ou le piège cachés.

Dans les mythologies du monde entier, les météores hostiles signalent le courroux des dieux, ce qui signifie que le respect des rites permet de s'en prémunir. De nombreux récits, tel celui de Jonas, montrent que, sur un bateau chahuté par la tourmente, on recherche celui qui a fauté envers son dieu pour le jeter à la mer : « Hissez-moi et lancez-moi à la mer pour qu'elle cesse d'être contre vous ; je sais bien que c'est à cause de moi que cette grande tempête est contre vous » (Jonas, I, 12). Le récif, lui, ne se signale pas et ne laisse aucun espace aux rites propitiatoires. Face à Charybde et Scylla (et bien que prévenu du danger), Ulysse n'a d'autre choix que de perdre nombre de ses compagnons. Ces caractères font du rocher marin l'antithèse de l'île désirée par le naufragé. Ce n'est pas la planche de salut, c'est le coup d'arrêt du destin.

Voir **île, rocher, Ulysse**

rectangle

Le rectangle est un symbole d'origine égyptienne. De proportions diverses, il représente les rapports entre le ciel et la terre.

À partir de la Renaissance, tous les tableaux des grands maîtres de la peinture se conforment à des subdivisions géométriques ou arithmétiques du rectangle. Cette manière de traiter le rectangle est une façon de se libérer des interprétations religieuses ou maçonniques du rectangle et d'ouvrir la voie à une exploration résolument humaniste de l'arithmétique et de la géométrie.

voir **carré**

règle

Divisées en 24 sections égales, c'est un des symboles du compagnon en franc-maçonnerie.

La règle est l'instrument de la mesure et de la rectitude. Elle marque la volonté tempérée qui vient domestiquer la force brute. De même, la règle des ordres monastiques est constituée de l'ensemble des consignes qui encadrent la vie des moines et leur permet de se consacrer entièrement à leur vocation méditative.

renard

Le renard incarne avant tout la ruse, mais aussi tout un ensemble de qualités et de défauts contradictoires : cruauté, hypocrisie, mais aussi humour, intelligence, séduction.

Trompeur, il l'est jusque dans son nom en français. Renart est en effet le nom du personnage incarné dans le *Roman de Renart* par un *goupil,* ancien nom de l'animal. Le succès de l'œuvre fut tel que le nom de goupil, dérivé du latin *vulpes,* devenu savant, a été pratiquement oublié. Dans ce roman, Renart, agile, adroit et malin, incarne l'esprit bourgeois et urbain par opposition à la brutalité un peu fruste du chevalier-loup Ysengrin.

Depuis l'Antiquité, le renard ne s'est jamais départi de sa réputation de fourbe et de voleur. Les bestiaires du Moyen Âge affirment que le renard, animal au pelage roux, représente le diable, car celui-ci feint d'être mort pour tromper tous ceux qui vivent selon la chair (*Bestiaire* de Pierre de Beauvais). Des fables d'Ésope à celles de La Fontaine, le renard sort presque toujours victorieux. S'il lui arrive certes d'être vaincu par plus faible que lui, plein d'astuces, il dupe généralement celui qui est réputé lui être supérieur.

Voir **loup, roux**

résine

Substance végétale solide ou visqueuse, translucide et insoluble dans l'eau, la résine représente la pureté et l'éternité.

Les résines que sont l'ambre (résine blanche), l'encens et la myrrhe sont associées à des rituels religieux de purification. La résine sert depuis la préhistoire à préparer les drogues d'immortalité des rites chamaniques. Les Celtes embaumaient avec la résine de cèdre les têtes des princes, et les Égyptiens en faisaient un élément essentiel du processus d'embaumement, ce qui fait d'elle un symbole d'éternité. On la retrouve aussi aux deux extrémités de la vie du Christ, lorsque les Rois mages offrent la myrrhe et l'encens à l'enfant Jésus, puis, avant la crucifixion, dans la potion qui lui est donnée pour calmer la douleur. Par son caractère insoluble et incorruptible, la résine empêche aussi les bûchers des martyrs chrétiens de brûler, comme celui de Lucie.

Voir **ambre, purification**

résurrection

Retour de la mort à la vie, la résurrection est le pouvoir suprême, le symbole de la puissance de Dieu.

La résurrection, apanage des rois et des dieux

Dans les civilisations de l'Antiquité, la résurrection était un privilège divin ou royal, celui des pharaons dans l'ancien empire égyptien, ou celui de la déesse Ishtar et de son mari Tammouz en Mésopotamie, celui encore des héros Héraclès et Orphée en Grèce. Le dieu de la médecine Asclépios (Esculape à Rome), qui a pour attribut un serpent, symbole de renouveau, a le pouvoir de ressusciter les morts grâce au sang provenant de la veine droite de la Gorgone (celui de la veine gauche pouvant causer la mort). Mais, outrepassant ses droits et provoquant l'inquiétude de Hadès, maître du royaume des morts, Asclépios est à son tour foudroyé par Zeus : il paie de sa vie l'usage d'un secret réservé au roi des dieux.

La promesse de salut

Les dieux qui meurent et renaissent ne manquent pas dans l'Antiquité, tel le dieu perse Mithra qui, né un 25 décembre, souffre au cours de sa vie terrestre, meurt et ressuscite. Le dieu égyptien Osiris fut d'abord un être de chair qui connut sur terre la vie, la trahison et la mort. Mais sa résurrection par l'amour de sa sœur et épouse Isis le transforme en dieu sauveur qui garantit la survie dans l'au-delà. Il y a dans la résurrection païenne une analogie avec le recommencement des saisons, où la fertilité de l'été succède à la stérilité de l'hiver. À Rome, le succès des cultes d'Isis ou de Mithra, venus d'Orient, fait oublier aux fidèles les difficultés de la vie d'ici-bas. Vénérant un dieu qui a vécu, qui est mort puis qui est ressuscité, chaque fidèle reçoit la promesse d'une vie éternelle.

De la résurrection des morts à celle du Christ

Dans le judaïsme, la résurrection des morts, qui s'articule à l'immortalité de l'âme, est un des thèmes majeurs de la liturgie quotidienne. Cette croyance serait apparue tardivement, vers –167 avant notre ère, avec l'« apocalypse » du Livre de Daniel : « Beaucoup de ceux qui dorment dans la poussière se réveilleront : ceux-ci pour la vie éternelle, ceux-là pour la honte, pour l'horreur éternelle » (XII, 2).
Pour le christianisme, la résurrection de Jésus est une caractéristique essen-

tielle du dogme, le point de départ de l'espérance. Les Évangiles ne décrivent pourtant pas cette résurrection. À quelques détails près, ils racontent que, trois jours après la mort du Christ, le shabbat terminé, les saintes femmes, se rendant auprès du sépulcre, le trouvent vide ; un ange leur annonce que le Christ est ressuscité (Matthieu, XXVIII, 1-7 ; Marc, XVI, 1-8 ; Luc, XXIV, 1-9 ; Jean, XX, 1-18).

Une re-création

Les chrétiens voient dans la résurrection du Christ l'annonce de ce qui attend l'homme après la mort : la vie humaine se voit transportée vers l'étape suivante, vers l'épanouissement en Dieu. Selon saint Paul, qui a analysé sa signification, la résurrection de Jésus est un acte de Dieu, qui fait sortir un homme du néant où l'a plongé la mort : elle est donc assimilée à la création, reconstituant un corps, une âme, une personne qui n'avait plus aucune existence. Saint Paul assimile celle-ci à la différence entre la semence et l'épi de blé : le corps ressuscité est au corps mortel ce que la plante est à la graine. Dès lors, l'âme ne renaît pas d'elle-même, mais grâce à une intervention divine, ce qui fait de la résurrection une défaite de la mort. Et Paul de s'écrier dans l'une de ses Épîtres : « Mort, où est ta victoire ? »

De la croix à la gloire

Apparue très tôt, la représentation de la résurrection de Jésus n'est d'abord figurée que de façon symbolique par la croix nue, au pied de laquelle sont assis deux gardiens. On s'attacha aussi à représenter la seule scène décrite par les évangélistes, c'est-à-dire la visite des trois Marie au sépulcre. À partir du XIe siècle, le Christ est représenté sortant du tombeau. L'attitude qui lui est donnée est de plus en plus triomphante : il enjambe le sarcophage, tenant la bannière à croix rouge, symbole de sa victoire sur la mort, tandis que les veilleurs romains dorment encore, ou s'éveillent avec surprise (comme on peut le voir chez Piero della Francesca, à Sansepolcro). Au XIVe siècle, Giotto ou Grünewald développent une autre présentation du thème : le Christ, transfiguré dans l'éclat de sa divinité, plane dans une mandorle, auréole lumineuse qui l'entoure entièrement, liant ainsi deux thèmes, résurrection et ascension.

Voir **âme, ascension, Asclépios, bannière, croix, droite/gauche, Gorgone, huit, losange, mandorle, Mithra, octogone, Osiris, Phénix, serpent**

rêve

Production psychique survenant pendant le sommeil, le rêve est la voie royale vers l'inconnu, le présage ou l'inconscient.

Un message crypté

Le rêve est le message de ce qui est caché. Dans les civilisations de l'Orient ancien, son sens est prophétique. Vingt-quatre interprètes des rêves étaient attachés à la cour du roi de Babylone, dont la légende raconte qu'ils fournissaient autant d'explications des rêves royaux. Le Talmud insiste sur l'ambivalence des rêves, qui n'ont de valeur que selon l'interprétation qui en est donnée. Dans la Bible, les *Somnia a Deo missa* (les « Songes envoyés par Dieu ») expriment la volonté divine, éclairent un destin individuel (comme le rêve de Jacob) ou annoncent l'avenir (comme le songe prémonitoire de Nabuchodonosor et les visions de Daniel). Le rêve est un message, envoyé par l'au-delà ou l'autre monde : Hypnos, dieu grec du sommeil, est le frère de Thanatos, dieu de la mort, tous deux enfants de la Nuit. L'homme étant seul et inconscient face au sommeil, le rêve est associé à la vulnérabilité : ainsi, la divinité égyptienne Bès veille sur les songes et écarte le mauvais œil. Morphée, divinité grecque du sommeil, endort les mortels en les effleurant avec une fleur de pavot, et se montre à eux pendant leurs rêves.

Rêve et révélation

Le rêve, symbole de message, apparaît pour ordonner au rêveur de faire pénitence, le guider et le guérir. En Égypte ancienne, les malades viennent ainsi dans le temple d'Isis pour y être endormis (l'incubation) et voir en rêve le secret de leur guérison. En Grèce antique, dans l'un des quatre cents temples d'Asclépios (Esculape) dévolus à l'incubation, le rêve est interprété par les prêtres médecins, qui tirent leur pouvoir de cette faculté. De même, c'est parce qu'il est le seul à comprendre le sens des sept vaches grasses et des sept vaches maigres du songe de Pharaon que le prophète Joseph sort de prison et devient premier ministre d'Égypte.

Dans le Nouveau Testament, les rêves sont à la fois le véhicule de la révélation divine et l'expression d'un commandement : Joseph épouse Marie et fuit en Égypte avec sa famille, averti par un rêve de la colère d'Hérode, et les Rois mages sont guidés vers Jésus par un songe. Si le haut Moyen Âge conserve cette conception prophétique du rêve, l'influence de saint Thomas d'Aquin réduit à

partir du XIIIe siècle les rêves à un simple processus physiologique ; production interne au dormeur, le rêve sera jusqu'à la vulgarisation des théories de Freud associé à la souillure, comme l'affirme encore la définition du *Larousse médical* de 1924 : « Désordre psychique à contenu absurde et sans valeur pratique ». Signe qu'il existe en l'homme une âme, un principe immatériel autonome par rapport au corps physique, le rêve suscite la crainte et la méfiance.

L'approche psychanalytique

Pour Freud aussi, la vérité se trouve dans le rêve, exutoire de l'inconscient. Cette vérité apparaît sous une forme déguisée qui exprime le sens véritable du rêve. La représentation symbolique s'inscrit autour d'un petit nombre de figures ou de situations : le corps humain, les parents, les enfants, les frères et sœurs, la naissance, la mort, la nudité. Les parents sont symbolisés par le roi et la reine; les enfants, frères et sœurs, par de petits animaux ou de la vermine. Tout ce qui a trait à l'eau symbolise la naissance. Mais c'est dans le domaine de la vie sexuelle que le symbolisme est le plus riche et le plus varié. L'organe sexuel masculin est avant tout représenté par des substitutions symboliques de forme oblongue (serpents, poissons, tiges, arbres) et par des objets pénétrants ou blessants, telles les armes blanches ou les armes à feu. Ainsi, la symbolisation aide à déguiser le désir, à rendre mystérieux et incompréhensible le contenu des visions oniriques.

Voir **augure, Bès, échelle, pavot, phallus**

revenant

Âme d'un mort qui se manifesterait à un vivant sous une forme physique (apparition, esprit, fantôme).

De la Bretagne au Tibet

Les folklores occidentaux et orientaux abondent en histoires de revenants, figures fantastiques de morts qui reviennent hanter les vivants, tantôt pour se venger directement, tantôt pour obtenir réparation d'un tort qui leur a été fait. Dans ce dernier cas, le fantôme apparaît tel qu'il était au moment de sa mort : une épée fichée à travers le corps, par exemple, ou bien enveloppé de vêtements trempés s'il a été noyé, etc. Ainsi le spectre de son père apparaît-il à Hamlet pour que celui-ci se décide à venger son assassinat. Les légendes bretonnes et irlandaises font une large place à ces créatures inquiétantes, mortes dans des conditions douloureuses (victimes d'un meurtre, femmes en couches, etc.). Dans la plupart des cultures, la sépulture rituelle est indispensable pour permettre aux morts de passer sereinement dans l'au-delà, sans revenir errer sur la terre. Les Tibétains fixent une durée précise pour l'envol définitif de l'âme, qui ne saurait se faire avant la période de 49 jours après le décès, le *bardo todol*.

Les âmes du purgatoire

Dans la religion catholique, le purgatoire, où les âmes séjournent avant de regagner le paradis, alimente la croyance aux revenants. Les âmes du purgatoire (ou celles des enfants morts sans baptême, qui demeurent dans les limbes) peuvent revenir errer

sur terre en quête de pardon, d'aide ou de prière.

L'apparition d'un fantôme est toujours terrifiante. Éliphas, ami de Job venu le réconforter, raconte ainsi une apparition qui est venue le visiter, texte maintes fois repris pour décrire la visite d'un revenant : « La peur me saisit, et un tremblement secoua tous mes os. Alors qu'un esprit passait devant ma figure, les poils de ma chair se hérissèrent. Il demeura immobile, mais je ne pus discerner sa forme » (Job, IV, 14-16).

Voir **âme, enfer, fève, lémures, vampire**

rhombe

Voix du dieu ou des esprits à l'approche de l'extase mystique du chaman.

Le rhombe est une pièce de bois que l'on fait tournoyer au bout d'un fil. C'est un des premiers instruments de musique, attesté dès le magdalénien (10 000 av. J.-C.). Le rhombe produit un son associé à la voix du tonnerre, et donc à l'eau et à la fécondation. La pièce de bois en forme de losange figure sans doute à l'origine une vulve de femme. C'est un motif courant encore aujourd'hui sur les tapis berbères tissés ou noués, et le terme désigne en bijouterie une pierre précieuse taillée en losange.

riz

Symbole de la fécondité et de la richesse en Asie, le riz y joue un rôle semblable à celui du blé pour les Occidentaux.

En Occident, l'emploi symbolique du riz se limite à la coutume de jeter des grains de riz sur les nouveaux mariés. Cette pratique provient des Indes.

Voir **blé**

rocher

Grandes masses de pierre dure escarpées et qui paraissent enracinées dans le terrain, tous semblables et tous différents, les rochers symbolisent des êtres, et en particulier des êtres immuables d'essence éternelle.

C'est en frappant un rocher de son bâton que Moïse montre sa foi en son Dieu et fait jaillir la source. La solidité du rocher rappelle l'immortalité, raison pour laquelle, dans les jardins japonais, les rochers symbolisent à la fois des terres émergées, des animaux mythiques et des astres. À contrario, les marques d'érosion qui grèvent la surface du roc rappellent que l'air et l'eau viennent à bout de toute chose, qu'il n'est rien de fixe. Les marches usées d'un temple ou d'une église sont le symbole d'une foi qui « vient à bout des montagnes ». Le rocher de Sisyphe est sa peine : pour avoir trompé maintes fois les dieux, celui-ci roule pour l'éternité un énorme rocher sur une montagne, sans cesse glissant, sans cesse recommençant. C'est là l'image du poids que peut représenter sa propre éternité pour un personnage mythologique : sa geste a été interrompue aux enfers, et, comme sur un disque rayé, il porte le poids de ses désirs terrestres.

Voir **bâton, jardin, pierre, récif, source, Sisyphe**

roi

Personne qui, en vertu de l'élection ou de l'hérédité, exerce, d'ordinaire à vie, le pouvoir souverain, le roi symbolise la domination et l'esprit de justice.

Le roi de droit divin

Selon l'historien et anthropologue G. Frazer, la royauté primitive dériverait de la fonction de magicien, guérisseur et faiseur de miracles. La qualité divine du roi était fréquente, qu'il fût fils d'un dieu en Égypte ou qu'il fût divinisé à sa mort (comme chez les Hittites). En France, le caractère sacré du roi, qui légitime sa domination, est sans cesse resté présent dans la tradi tion d'Ancien Régime, comme le montre la cérémonie du sacre et la thaumaturgie royale. Le roi a pour mission symbolique majeure de rendre la jus-

tice, tel Salomon, associant son règne à la paix. Ainsi le roi Louis XI est-il représenté sur le trône, les pieds posés sur un lion, par référence aux douze lions ornant le trône de Salomon. Le roi qui juge les vivants est le pendant du dieu qui juge les âmes, comme le souligne l'analogie du mot arabe *al-Malik,* qui désigne autant le roi que Dieu. Le roi sacré, qui est le souverain juge, est, par essence, un médiateur, aussi bien avec le ciel dont il tire son pouvoir, qu'entre les hommes, ce qui fait de la royauté un symbole de devoir autant que de droit.

Un modèle

Ainsi le roi qui est désigné par Dieu au moment du sacre se doit de gouverner le peuple conformément à la loi divine. « Lorsqu'un roi irréprochable et craignant les dieux fait régner la bonne justice la terre noire est fertile en orge, les arbres sont chargés de fruits, les brebis mettent bas régulièrement, la mer abonde en poissons. Tout prospère quand la conduite est bonne et le peuple est heureux » (*Odyssée,* Homère). À l'inverse, le roi étant chargé de faire régner sur terre l'ordre divin universel, sa faute signe la chute de son peuple, comme ce sera le cas pour Œdipe, roi de Thèbes. Quant à Salomon, entraîné par des femmes étrangères, il est puni par la division de son royaume.

Le roi est aussi le plus grand des héros, chef de guerre qui conduit lui-même la bataille, tels le roi David ou Ramsès. À l'inverse, le haut roi (Ard-Ri) d'Irlande n'a pas de pouvoir militaire, il n'incarne que l'union des rois de l'île, symbole de souveraineté. Dans la civilisation celtique, où le roi unique et incontesté n'a jamais été un fait, le mythe du roi Arthur incarne l'aspiration des peuples à un roi archétypal de la perfection humaine : un homme fort, bon guerrier mais sage, fédérateur et bien conseillé.

Voir **aigle, Arthur, bleu, chair, couronne, gouvernail, huile, lion, lis, main, onction, or, père, prince, sceptre, soleil, trône**

romarin

Le nom de cette herbe aromatique provient du latin *ros marinus*, signifiant « rosée de la mer ».

Pour cette raison, le romarin est associé à Aphrodite (Vénus en latin), déesse née de l'écume des mers.

rosaire voir chapelet

rose

De toutes les fleurs, la rose est sans doute la plus riche de significations, parfois les plus contradictoires, car son symbolisme peut changer selon la couleur de ses pétales. C'est un symbole d'amour, de pureté, de souffrance, de silence et de changement pour une vie meilleure.

La rose de Vénus

Depuis l'Antiquité grecque, la rose rouge représente l'amour charnel : c'est Aphrodite (Vénus) elle-même qui l'aurait créée. La déesse de l'amour avait vu Adonis mortellement blessé par un sanglier. Dans sa hâte de consoler son amant et de se retrouver à ses côtés, Aphrodite s'est

égratigné les pieds sur un rosier blanc, et les gouttes de son sang immortel firent rougir les fleurs. Cléopâtre se rappelait-elle ce mythe lorsque, dans sa tentative de séduire Marc Antoine, elle jonchа le sol de sa chambre de pétales de roses rouges ?
La rose était également associée au silence et à la discrétion. Cupidon avait offert une rose au dieu du silence afin de lui faire taire les aventures amoureuses de Vénus. Selon certains historiens, c'est en souvenir de cette légende que les hommes de l'Antiquité décoraient de roses les chambres où se tenaient des réunions confidentielles. Ils voulaient faire comprendre que leurs débats se tenaient justement *sub rosa,* c'est-à-dire en privé.
Pour les Romains, la rose représentait également la perfection et la vie éternelle. Au cours des fêtes de Rosalia, ils jetaient des pétales de roses sur les tombes, et les empereurs divinisés portaient souvent des couronnes de roses.

La rose chrétienne

L'Europe médiévale reprend et enrichit le symbolisme antique. Les

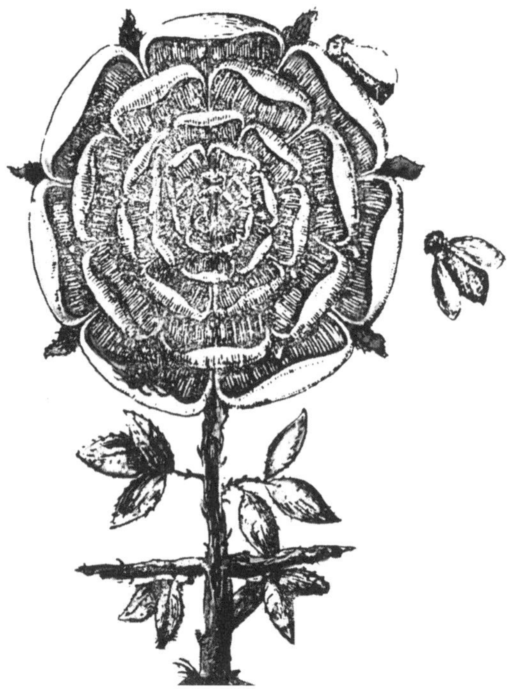

pétales de la rose rouge représentaient les cinq blessures du Christ, et une rose entourée d'épines, sa souffrance et son amour pour l'humanité. La rose était également métaphore du Graal, coupe qui recueillit le sang du Christ crucifié. Le symbole de la Rose-Croix figure cinq roses, une au centre de la Croix et quatre sur chacun des bras mais jouxtant la rose centrale. Cette configuration, en plus de signifier le Graal et le sang de la rédemption, symbolisait aussi le cœur du Christ. Dante comparera l'amour paradisiaque au centre de la rose.

La Vierge à la rose

Faisant référence au Cantique des cantiques dans lequel la bien-aimée est comparée à une rose (« Je suis la rose de Saron et le lis des vallées »), le nom de la fleur est pour les chrétiens le symbole de Marie, la « Vierge à la rose », donnant aux prières qui lui sont dédiées (la récitation du chapelet) le nom de culte du rosaire, et au chapelet le nom de rosaire (« couronne de roses »).

La rose blanche plus particulièrement, appelée « fleur de la lumière », symbolise la pureté immaculée, dépourvue de sang, de la Sainte Vierge, « la rose sans épines », hors du péché originel. La rose blanche représente un univers de bien absolu et céleste, bien éloigné de la passion physique.

Riche de ces connotations religieuses, la rose donna son nom à la rosace, vitrail représentant aussi la perfection et qui laisse entrer les couleurs de la lumière divine dans les cathédrales gothiques.

« Prends cette rose aimable comme toi »

Les écrivains et poètes du Moyen Âge et de la Renaissance renouent avec l'antique signification de la rose comme symbole de l'amour charnel et terrestre, mais ils subissent également l'influence chrétienne, car il s'agit sous leur plume d'un amour épuré, quasi mystique. Dans la première partie du *Roman de la Rose* (XIIIe siècle), dans le cadre fictif d'un songe, un jeune homme fait la cour à sa bien-aimée et cherche à pénétrer dans un jardin merveilleux et clos afin de s'emparer de l'objet aimé, représenté par une rose.

Trois siècles plus tard, Pierre de Ronsard, dans ses *Amours de Cassandre,* proposera une synthèse claire de la symbolique païenne et chrétienne de la rose :

« Prends cette rose aimable comme toi,
Qui sers de rose aux roses les plus belles,
Qui sers de fleur aux fleurs les plus nouvelles,
Dont la senteur me ravit tout de moi.
Prends cette rose, et ensemble reçois
Dedans ton sein mon cœur qui n'a point d'ailes :
Il est constant, et cent plaies cruelles
N'ont empêché qu'il ne gardât sa foi. »

La rose héraldique

La rose était également un emblème héraldique. Dans l'Angleterre du XVe siècle, la guerre des Deux-Roses opposa la rose blanche de la maison d'York à la rose rouge des Lancastre.

Mais la rose devint vraiment royale à la fin de ladite guerre, lorsque Henri VII, fondateur de la dynastie des Tudor, plaçait sa rose blanche au centre de la rose rouge de son épouse issue de la maison d'York, créant ainsi la rose blanche et rouge d'Angleterre, qui est toujours la fleur nationale.

La rose au poing

La rose tenue dans un poing est un emblème assez répandu pour les partis politiques de gauche. La rose « gauchiste » remonte à une grève très célèbre qui eut lieu dans la ville américaine de Lawrence en 1912. Les ouvriers du textile de la ville portaient des bannières avec le slogan : « Nous voulons du pain et des roses aussi. » Aujourd'hui encore, la municipalité du Massachusetts marque la fête du Travail avec un *Bread and Roses Heritage Festival.* C'est en septembre 1971 que le Parti socialiste français décide d'adopter « le poing et la rose », alliance de force (le poing) et de douceur (la rose), symbole du combat pour une vie meilleure. Commentant ce nouveau symbole, François Mitterrand déclare en 1972 : « Regardez ces cortèges dans la rue, ces gens qui se rassemblent, ces poings qui se lèvent, ces mains qui s'unissent et, bientôt, la dernière image, dans le poing une rose, le poing pour le combat, la rose pour le bonheur. »

Voir **Aphrodite, blanc, bras, Graal, jardin, lis, rouge, sang**

rose (couleur)

« Rouge clair » ou « rouge blanc », le rose est à mi-chemin entre la pureté et la sensualité, l'enfance et l'âge adulte.

Le rouge et le blanc

Teinte composite, le rose a longtemps été considéré comme une non-couleur, une simple atténuation du rouge charnel par le blanc pur. Du rouge, il tire son versant symbolique de sensualité, de plaisir, de féminité, étant la couleur de la chair (l'incarnat) ; du blanc, il tient sa connotation de tendresse, d'amour pur, de fidélité, de douceur et de jeunesse. C'est dans ce sens que, depuis le romantisme, le rose est considéré comme la couleur des filles ; la douceur et la fragilité caractérisent cette couleur tendre, qui peut cependant se teinter de mièvrerie, si bien qu'elle a été associée à l'homosexualité. Selon Frédéric de Portal, cependant, la rose et la couleur rose constitueraient un symbole de régénération, du fait de la parenté sémantique du latin *rosa* avec *ros,* « la pluie », « la rosée » : « La rose et sa couleur, dit-il, étaient les symboles du premier degré de régénération et d'initiation aux mystères. »

Une couleur gay

Souvent associé au mauve, le rose est une couleur fréquemment revendiquée par les homosexuels. Peut-être est-ce une allusion ironique au triangle rose inversé qui stigmatisait les homosexuels dans les camps de concentration nazis. La couleur rose attestant la volonté d'humilier les homosexuels en les renvoyant à une image de féminité dominée et passive, bien loin des valeurs de culture virile, célébrées par le régime hitlérien. La couleur rose est désormais le signe de reconnaissance des communautés gay et lesbienne, avec le drapeau arc-en-ciel, symbole de diversité.

Carnet rose, rubrique d'un journal consacrée aux naissances.

Messageries roses, qui ont rapport au sexe, au commerce charnel et vénal.

Roman à l'eau de rose, roman sentimental mièvre, destiné à un public féminin.

Voir la vie en rose, voir le bon côté des choses, être optimiste.

Voir **Aphrodite, arc-en-ciel, blanc, rayure, rose (fleur), rosée, rouge, triangle**

roseau

Traditionnellement, le roseau est associé à la condition humaine : il symbolise la faiblesse physique de l'homme, mais aussi sa grandeur.

Le Christ loue la fermeté et la constance de saint Jean-Baptiste, qui,

fidèle à Dieu, ne fut pas un roseau secoué par le vent.

Dans l'une de ses plus célèbres fables, *le Chêne et le Roseau*, La Fontaine prend parti pour le faible roseau contre la puissance et la superbe du chêne « Je plie, et ne romps pas. » Le roseau survit et le chêne est abattu par l'ouragan.

Enfin, pour Pascal, « l'homme n'est qu'un roseau, le plus faible de la nature ; mais c'est un roseau pensant… quand l'univers l'écraserait, l'homme serait encore plus noble que ce qui le tue, puisqu'il sait qu'il meurt, et l'avantage que l'univers a sur lui, l'univers n'en sait rien » (Blaise Pascal, *Pensées,* fragment 339). Le roseau signifie donc la faiblesse de l'homme, mais aussi sa force, son humanité et son intelligence.

Voir **chêne**

rosée

Vapeur qui se dépose à l'aurore, en gouttelettes très fines, sur les végétaux, la rosée symbolise la fraîcheur et l'humidité de tous les matins du monde.

C'est un renouvellement journalier de la bénédiction divine qui régénère, le cadeau de la lune au soleil, de la nuit au jour, le produit d'une fécondation en même temps qu'un principe fécondant. C'est pourquoi ce phénomène fugace est associé à l'immortalité : c'est alors l'arbre de la douce rosée placé au centre du monde chinois. La rosée porte donc la même dualité que l'aurore, à laquelle elle est systématiquement associée.

Voir **crépuscule, eau, jour, rose (couleur)**

rossignol

Le rossignol est symbole d'amour, et son chant prend valeur d'élégie amoureuse. Il représente donc à la fois les amoureux et les poètes.

Platon raconte que le rossignol était l'emblème d'un barde de Thrace, pays d'Orphée. Dans la mythologie,

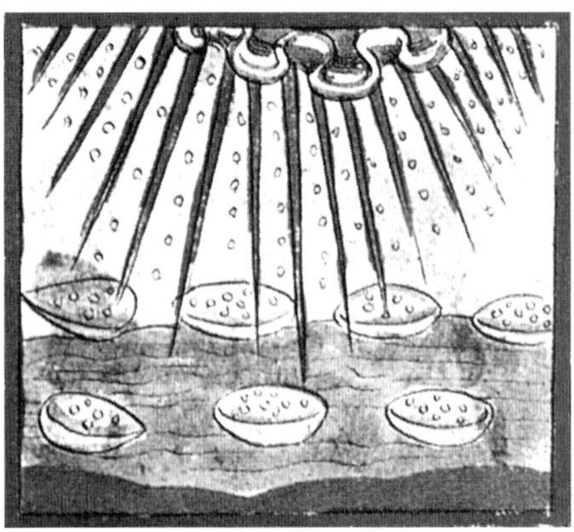

l'effroyable histoire de Philomèle raconte le viol de cette jeune fille par son beau-frère, qui lui coupe ensuite la langue pour l'empêcher de le dénoncer. Mais Zeus prend pitié de la jeune fille et la transforme en rossignol.
Dans la célèbre scène de la nuit d'amour, Roméo et Juliette débattent pour savoir si l'oiseau qu'ils ont entendu est l'alouette ou le rossignol. Si c'est le rossignol, qui chante la nuit, ils risquent d'être trompés et de se faire surprendre. Si c'est l'alouette, il est temps de se séparer, car le jour va paraître. L'*Ode au rossignol*, du poète anglais Keats, évoque le chant sublime de l'oiseau, qui transmet une image de bonheur inatteignable, l'arrivée de l'aurore et la fin du bonheur.

Le terme ***rossignol***, pour parler d'un vieil objet inutilisable, vient de l'habitude qu'avaient les libraires de ranger sur les rayonnages les plus élevés les livres invendables.

Voir **Orphée**

roue

De forme circulaire, la roue représente le soleil et le recommencement.

Un symbole solaire

La roue est un symbole solaire dans la plupart des traditions, note Mircea Éliade dans son *Traité d'histoire des religions* : « roues portées sur des chars à l'occasion des fêtes, férias et corsos fleuris, roues sculptées sur des portes, roue de l'existence. » Plantée sur un pal, la roue est aussi utilisée pour produire le « feu nouveau » ou est entourée de paille enflammée pour dévaler les pentes lors des fêtes du solstice d'été. Attribuée à Apollon, ainsi qu'à Zeus qui est représenté tenant une roue de feu, son tracé l'associe aux divinités solaires, la roue qui tourne comme le soleil dans un mouvement sans début ni fin exprimant le mouvement perpétuel, comme dans le « *Yuletide* » de l'ancien anglais, moment où la roue de l'année termine son tour, au solstice d'hiver.

L'éternel retour

La roue, symbole du changement, est associée à l'éternel retour, telle la roue des naissances des pythagoriciens, qui croient à la métempsycose et pour lesquels une purification est nécessaire pour échapper à l'éternelle réincarnation. Cette symbolique de recommencement se retrouve dans le mythe d'Ixion, coupable d'avoir outragé Héra et condamné par Zeus à être attaché à une roue enflammée tournant sans fin. Elle est aussi au centre de la représentation de l'année par une roue, à l'image de l'Ouroboros, le serpent qui se mord la queue. Recommencement du cycle également, dans l'association de la roue à l'expansion et à la concentration : de l'énergie centrifuge, qui va du centre vers la périphérie, et de l'énergie centripète, qui retourne à son centre, son axe ou sa source.

Un symbole du monde

La roue est aussi un symbole du monde lui-même, présent dans la plupart des mythes de la naissance de l'univers. Appelée « Moulin de la Grande Chanson » dans la mythologie

scandinave, la roue représente le cosmos, et son centre est l'ours Arktos. Associée au dieu Taranis, le « Dieu à la roue », le Jupiter celte, elle est un symbole cosmique autant que solaire, et les roues des saisons servent aux augures du druide Mag Ruith. La symbolique de cosmos se retrouve enfin dans la roue zodiacale (littéralement « roue de la vie »), et dans les différentes roues de la Fortune, de l'Antiquité au Moyen Âge : Némésis en Grèce et Fortuna à Rome, déesse du destin, sont représentées par une roue de la Fortune, symbole de l'incertitude des destinées humaines. On retrouve la roue dans les casinos, les roulettes, tandis que la roue de Fortune celte (rouelle) figure dans le chrisme chrétien. Elle est alors symbole de puissance, comme dans cette vision d'Ézéchiel, où, entourée d'anges et de feu, elle représente le tourbillon divin : « Les chérubins déployèrent leurs ailes, accompagnés des roues; et la gloire du Dieu d'Israël était sur eux, en haut » (Ézéchiel, XI, 22).

Justice et supplices

Cette symbolique supérieure et protectrice de la roue placée en hauteur se retrouve dans le mât de cocagne, sur lequel on place une grande roue chargée de présents, qu'il s'agit de décrocher. Dans la tradition chrétienne, la roue symbolise la justice égale pour tous, le moyeu central représentant le Christ régnant sur le monde, ainsi qu'on peut le voir dans les cathédrales, au centre des rosaces. De même, le symbolisme de la roue est parfois associé à l'œil au Moyen Âge, une allégorie de l'omniscience et de l'omniprésence de la divinité céleste. « Croix des païens » à six pétales, la roue est aussi un instrument de torture médiéval. C'est aussi une marque d'infamie, telle la rouelle que les juifs d'Occident devaient porter sur leurs vêtements au Moyen Age, pièce de tissu ronde, de couleur rouge ou jaune.

Voir **chrisme, étoile de David, croix, Fortune, jaune, œil, Ouroboros, mandala, rouge, rose, soleil, svastika**

rouelle voir roue

rouet

Roue de bois qui servait à filer la laine, le chanvre ou le lin, le rouet partage avec le fuseau la même symbolique d'enroulement des destinées et de travail domestique.

Gandhi en a fait le symbole de l'indépendance économique de l'Inde à l'égard des manufactures textiles anglaises. C'est aujourd'hui l'emblème de ce pays pour cette raison, mais aussi parce que le cycle des réincarnations est au cœur de la pensée hindouiste. Le rouet rappelle alors toutes les figures circulaires, et en particulier le svastika.

Dans les sociétés traditionnelles, il était d'usage d'offrir à la jeune mariée, en même temps que la quenouille, un rouet, symbole d'habileté manuelle féminine.

Voir **fil, femme, fuseau, quenouille, roue, svastika, tissage**

rouge

Feu et sang, le rouge est la couleur du mouvement, exprimant alternativement le principe de vie et le sang de la bataille.

Rouge sang

Couleur du sang, le rouge est considéré comme le symbole fondamental du principe de vie. Associé à la violence en Égypte ancienne, c'est la couleur du dieu destructeur Seth, et donc de ce qui est maudit et nuisible : c'est à l'encre rouge que les scribes écrivent les augures néfastes. En Grèce antique, le rouge est la couleur de « l'amour sanctificateur » : c'est grâce à un fil rouge qu'Ariane sauve Thésée du Labyrinthe. Mais le rouge du sang est surtout celui du principe masculin, de la force physique, attaché à Mars, le dieu de la guerre, qui part au combat en chevauchant un lion rouge, teinte qui caractérise au reste la plupart des uniformes militaires de l'Antiquité au Moyen Âge.

Rouge souverain

À Rome, le rouge est la couleur du manteau des patriciens, des centurions, des généraux et des empereurs. À Constantinople, on le réserve aux empereurs, le code de Justinien punissant tout vendeur ou acheteur de tissu pourpre, comme ce sera le cas dans l'Europe médiévale, où il donnera sa couleur au manteau de couronnement des souverains. Dans la symbolique contemporaine, omniprésent sur les drapeaux, les enseignes, dans la presse et la publicité, le rouge est associé à l'action, à la joie de vivre, à la tonicité, mais aussi au luxe et au faste.

Rouge incandescent et révolutionnaire

Couleur de la régénération en alchimie médiévale, celle de « l'œuvre rouge », qui produit l'homme universel, le rouge de feu est depuis le XIXe siècle celui de la Révolution, que l'on trouve sur les foulards écarlates de Garibaldi et, bien sûr, dans l'emblème communiste, ce qui renforce chez ses ennemis la vision diabolique qu'ils en ont. Depuis le Moyen Âge, le rouge a en effet succédé au noir comme couleur de l'enfer et, dans les peintures médiévales, des personnages malfaisants. Aussi le rouge de la chair est-il associé à la luxure et à la tentation : c'est du reste la couleur de la lanterne des maisons closes, et la teinte obligatoire du vêtement des prostituées au Moyen Âge. C'est aussi le signal d'alerte du dysfonctionnement, du danger (le feu rouge). Couleur éclatante, sa visibilité l'associe également au secours (Croix-Rouge et camion de pompiers).

Rouge liturgique et héraldique

Pour l'Église catholique, le rouge est la couleur des langues de feu régénératrices du Saint-Esprit descendant sur les apôtres lors de la Pentecôte. C'est aussi la couleur de l'habit des martyrs, du manteau de saint Martin, des vêtements du Christ dans l'imagerie médiévale, ou bien encore de la robe liturgique des cardinaux, la *capa magna*. On le retrouve sur la croix de saint Georges, sur celle de saint Louis et des croisés, un symbolisme repris en héraldique, où le rouge « de gueule » représente la férocité et le combat.

Banlieue rouge, drapeau rouge, vote rouge, ce qui a trait au communisme, à l'extrême gauche, aux partisans de l'action révolutionnaire.

Dérouler le tapis rouge, recevoir quelqu'un avec tous les honneurs.

Être dans le rouge, avoir un compte bancaire débiteur.

Signal rouge, signal d'arrêt ou de danger.

Voir rouge, être en proie à un accès de fureur qui fait perdre le contrôle de soi et peut conduire à des actions excessives.

Voir **almandin, blanc, cinabre, croix, drapeau, enfer, étoile, faucille, feu, Mars, marteau, planète, rubis, sang, vert, vin**

roux

Couleur orangée tirant sur le marron ou sur le rouge, le roux est charnel et symbole de feu néfaste.

En dehors de la vache rousse de l'Ancien Testament (Nombres, XIX, 2), dont la combustion purifie le peuple qui construit le Temple de Jérusalem, et dont les cendres rendent leur pureté aux impurs, le roux est associé au feu indomptable et dévastateur. En Égypte, Seth, le dieu destructeur, a les cheveux roux, et, dans l'Apocalypse, le cheval roux donne à son cavalier « le pouvoir d'enlever la paix de la terre, afin que les hommes s'égorgeassent les uns les autres » (VI, 4).
Dans la mythologie grecque, le roux est l'attribut de Typhon, le monstre qui s'attaque aux dieux de l'Olympe, engageant la lutte entre la lumière et les forces souterraines : couleur de ce qui est caché (chtonien), du feu intérieur, le roux est l'apanage des animaux considérés comme impurs, tel le renard. Chez l'homme, les cheveux roux sont associés à l'animalité et au

diable : l'homme roux est considéré au Moyen Âge comme une créature de Satan. Dans l'iconographie médiévale, Judas, vêtu de jaune, a les cheveux roux. Le roux est aussi la couleur des cheveux de Marie-Madeleine, c'est donc le signe du péché, de la fécondité extravagante, de la perversion et de la concupiscence.

Voir **blond, cendre, cheveux, diable, femme, feu, jaune, renard, rouge, Seth, sorcier, temple**

rubis

Pierre précieuse transparente et d'un rouge vif, nuancé de rose ou de pourpre, le rubis est symbole de bonheur et de puissance.

Tirant de sa couleur rouge (*rubeus* en latin) l'association au feu et au sang, c'est la pierre de l'ardeur, de l'amour, de la force et de la victoire. Longtemps la plus précieuse des pierres, le rubis est dédié aux plus hautes divinités, Apollon en Grèce, Mars à Rome, et on le retrouve sur l'épée de Siegfried, dans la mythologie germanique. Le rubis est associé à la vie, comme on le voit dans la croyance gréco-romaine selon laquelle sa décoloration est un mauvais présage ; néanmoins, quand il reprend sa teinte pourprée, c'est signe que le malheur est passé. Dans la sourate 55 du Coran, il est dit que les vierges du paradis seront aussi belles que le rubis et le corail. On retrouve la symbolique du rouge et du sang dans les vertus que prête la superstition au rubis : donner vigueur aux muscles, guérir les maux de l'oreille gauche ou de la surdité, agir sur la vésicule biliaire et fortifier les organes génitaux externes. On lui confère aussi le pouvoir d'écarter les serpents ou les araignées, de renforcer la mémoire et la joie, d'être excellent pour le cerveau, pour le cœur, de clarifier le sang, de protéger contre les poisons et même de préserver de la peste.

Voir **almandin, cinabre, rose, rouge, sang**

ruche

Symbole d'une intense activité laborieuse, la ruche est l'abri que les abeilles ont construit elles-mêmes.

Elle évoque la construction d'un savoir sacré, assimilé au miel : un trésor doux et sucré qui a la couleur dorée du soleil. Ce lieu de la transformation magique est le fruit d'un travail organisé ; c'est pourquoi la ruche désigne un ordre social légitimé par les lois naturelles. C'est dans cette dimension quelque peu rousseauiste que la ruche a pu devenir un symbole opposé à l'autoritarisme royal au XVIIIe siècle. En franc-maçonnerie, elle symbolise d'ailleurs le temple universel et figure sur le tablier de la maîtrise. Le caractère révolutionnaire de la ruche est néanmoins limité : elle rappelle sans cesse que les hiérarchies sociales sont inscrites dans l'ordre des choses. Dans l'histoire de l'Église, elle désigne les communautés des ordres monastiques, qui sont elles aussi des maisons industrieuses, à la vie strictement réglée.

Voir **abeille, franc-maçonnerie, miel, tablier**

Dans la mythologie, la sirène est un démon marin femelle représentée sous forme d'oiseau ou de poisson avec tête et poitrine de femme.

S

sable

Roche sédimentaire meuble, formée de grains, le sable représente l'éphémère, la multitude et la stérilité.

Le sable est une eau de pierre, fluide comme celle-ci ; il est donc ce qui se dérobe, ce sur quoi on ne peut bâtir, l'éphémère qui coule entre les doigts, emportant avec lui les biens ou les impuretés. Aussi peut-il remplacer l'eau dans le rite musulman de la purification. Mais, contrairement à l'eau, il est associé à la stérilité. Lorsque Ulysse feint la folie pour ne pas partir à la guerre, il laboure le sable de la plage. Cependant, symboliquement, le sable est aussi de la terre dont la fertilité serait endormie. Dans le mythe grec de Persée, le sable du désert sur lequel tombent quelques gouttes du sang de la Gorgone fait naître une multitude de serpents venimeux. Dans l'exégèse rabbinique, le *midrash,* le sable exprime l'immensité du désert; comme le dit le Talmud : « Il arrivera que la multitude des enfants d'Israël égalera le sable de la mer. »
Enfin, si le sable est le nom de la couleur noire en héraldique, c'est à cause de la proximité phonétique avec le mot polonais *sobol* (« la noire zibeline »).

Voir **charrue, désert, eau, Gorgones (les), pierre, poussière, sablier, sec, Ulysse**

sablier

Le sablier se rapporte à la symbolique du temps qui passe et ne revient pas, à la brièveté de la vie.

« Tout s'écoule »

C'est l'un des attributs de Cronos et de la Mort. On peut donc rattacher le sablier à un fragment du philosophe présocratique Héraclite d'Éphèse : « Tout s'écoule. » Pour celui-ci, on ne se baigne jamais deux fois dans le même fleuve, puisque les eaux en sont sans cesse renouvelées. Mais, à la différence de la symbolique du temps induite par les eaux courantes,

les images liées au sablier sont cycliques, car cet instrument peut être retourné, et le même sable parcourt alors le chemin inverse. La main qui retourne le sablier est alors celle d'un démiurge qui règle et mesure les cycles de sa création en un éternel recommencement. Les différentes philosophies occidentales et orientales ont toutes retravaillé ces potentialités symboliques selon leurs propres repères.

L'union des contraires

Chez les hindous, le sablier est attaché au couple indissociable création/destruction, et on pourrait sans peine trouver des analogies avec le couple des cycles yin et yang. Dans la tradition occidentale, on associe classiquement le vase supérieur au monde céleste des idées, du dépouillement et du divin, et l'inférieur au monde de la matière. La juste posture des chrétiens est alors d'emprunter la porte étroite (le goulet d'étranglement central) du bas vers le haut. Les points communs à ces diverses interprétations sont évidents, et toutes prêtent au goulet d'étranglement une valeur particulière : c'est un point d'inversion, un *omphalos* du monde.

Voir **Cronos, omphalos, sable, yin/yang**

sacrifice

Offrande à une divinité accompagnée de certaines cérémonies, et, en particulier, immolation de victime(s), le sacrifice est un pacte d'alliance avec l'invisible.

Un hommage aux divinités

Dans les religions grecque et romaine, offrir aux dieux une partie de ce qu'on possède est une pratique fondamentale. On rend ainsi hommage à la divinité à l'intérieur de la famille ou dans la cité. Il existe deux sortes de sacrifices : le non-sanglant, réservé souvent aux divinités agraires, à la faveur duquel on brûle des gâteaux, des fruits ou des légumes ; et le sanglant, au cours duquel on immole une victime animale et comestible, qui, consommée par la suite, doit être de première qualité. Le sacrifice le plus prestigieux est celui du taureau. À chaque dieu est réservée une espèce animale définie. On offre ainsi des chiens à Hécate, des chevaux à Poséidon et à Hélios, des ânes à Priape. Il était d'usage d'immoler en hommage à Déméter et à Dionysos des truies pleines afin d'encourager la fertilité. Les victimes blanches sont réservées aux dieux du ciel, et les noires, aux dieux infernaux. Après les rites de purification et de consécration, un sacrificateur vêtu de blanc égorge la victime : si le sacrifice est accompli pour un dieu du ciel, la gorge de l'animal sera dirigée vers le haut ; s'il est offert à une divinité infernale, vers le bas. Certains morceaux sont brûlés sur l'autel, notamment les os et la graisse pour que leur fumée odorante parvienne aux dieux et attire leur attention. La cérémonie s'achève souvent par un banquet ; le prêtre prélève la part qui lui est réservée, tandis que les restes de l'animal bouillis ou grillés sont partagés entre les assistants. En Grèce antique, lors de cérémonies particulièrement solennelles, on offre une « hécatombe », c'est-à-dire un sacrifice de cent bœufs. On parle d'« holocauste » quand la victime est entièrement brûlée, sacrifice accompli lors de moments solennels, notamment avant une bataille. Enfin, dans les moments de crise exceptionnelle, le sacrifice peut porter sur une personne humaine, comme en témoigne l'histoire d'Iphigénie.

Les dieux ont soif

Attesté chez les Incas, les Mayas et les Toltèques, le sacrifice humain est au fondement de la religion des Aztèques : il est censé être la condition de survie du genre humain. Selon la cosmologie aztèque, le Soleil, fortement identifié au dieu guerrier Huitzilopochtli, serait arrêté dans sa course s'il venait à manquer du sang des victimes immolées. Hantés par l'idée que le temps pourrait s'interrompre et

le monde être anéanti, les Aztèques firent plus que tout autre peuple un usage massif, systématique des sacrifices humains. L'idole représentant Huitzilopochtli était constamment éclaboussée et barbouillée du sang des victimes considérées comme sa nourriture. Mais les sacrifices humains s'adressaient à tous les dieux et se déroulaient dans tous les lieux de culte, les victimes les plus fréquentes étant les prisonniers de guerre. Chez les Mayas, les sacrifices humains avaient lieu au sommet de pyramides élevées.

L'alliance

Dans l'Ancien Testament, le sacrifice est l'acte par lequel une alliance est scellée entre l'homme et Dieu. Celui-ci demande ainsi à Abraham de sacrifier son fils Isaac. Le patriarche, sans hésiter, obéit. Il prépare le sacrifice et s'apprête à le réaliser, quand un ange intervient pour l'en empêcher (Genèse, XXII). Le sacrifice d'Abraham est un auto-sacrifice : en acceptant d'immoler son fils, il renonce à ce qu'il a de plus cher, comme Agamemnon, chef des armées grecques, sacrifie sa fille Iphigénie pour obtenir des dieux un vent favorable, le sang d'une vierge s'avérant être nécessaire pour calmer la colère de la déesse vierge Artémis. Dans les deux cas, l'enfant est épargné par la divinité et remplacé par un animal (une biche pour Iphigénie, un bélier pour Isaac), attestant le caractère symbolique du sacrifice. L'acte n'est pas nécessaire, seule la volonté, l'intention suffit. Aussi, pour les Juifs, le sacrifice d'Abraham symbolise-t-il l'absolue soumission à Dieu, qui renouvelle à Abraham et à sa descendance les promesses de l'Alliance. Pour les chrétiens, le sacrifice d'Abraham est la préfiguration du sacrifice du Christ, fils de Dieu, mort pour libérer l'humanité du péché, en même temps que celle du sacrifice non sanglant de l'Eucharistie.

Voir **agneau, bélier, bœuf, Déméter, Dionysos, feu, fumée, Mithra, os, Priape, Prométhée, purification, sang, soleil, taureau**

sagittaire voir zodiaque

saison

Les saisons, cycle inscrit dans le cycle de l'année, symbolisent le rythme de la vie et l'éternel retour.

Les représentations symboliques des saisons dans l'art s'inspirent à la fois des données météorologiques et de l'évolution de la vie humaine. Au printemps, la montée de la sève, les fleurs, la naissance, le renouveau ; à l'été, la chaleur, la maturité, la plénitude, l'épi gonflé ; à l'automne, le vieillissement, les fruits, les vendanges, mais aussi l'affaiblissement de la végétation et les feuilles qui tombent; à l'hiver, la mort, les arbres nus, mais aussi la chaleur du foyer.
Dans l'Antiquité, un dieu préside pour les mêmes raisons à chacune des saisons : Arès (Mars) est le dieu du printemps (c'est à la fin de l'hiver que commencent les guerres et que l'agriculture reprend ses droits); Apollon, dieu du soleil, préside à l'été ; Dionysos, dieu des vendanges, règne sur l'automne ; et Héphaistos, dieu du feu et des forgerons, sur l'hiver.

Sur les mosaïques antiques, les saisons sont représentées par quatre personnages, faisant parfois la ronde, couronnés respectivement de fleurs, d'épis de blé, de pampres et de branches mortes, aux angles d'un espace centré par la figure de Dionysos, dieu de la végétation, ou par le char du Soleil. Des divinités du panthéon latin sont attachées aux saisons : (Flore, divinité des fleurs, du printemps et de la fécondité; Cérès, déesse de l'été, du blé et de la moisson; Bacchus, divinité de l'automne, du vin et de la vigne ; et Saturne, dieu de l'hiver et de la terre).

Voir **année, Apollon, cercle, Déméter, Dionysos, Héphaïstos, Mars, mois**

salamandre

Les Anciens croyaient la salamandre capable de vivre dans le feu sans y être consumée, et même d'éteindre le feu. Elle est ainsi symbole à la fois de chaleur et de froid et, comme le phénix, d'immortalité.

La salamandre de François Ier

Aristote raconte que « cet animal, à ce que l'on prétend, éteint le feu lorsqu'il y entre », idée que reprendra le *Physiologus* et, au XIIIe siècle, Brunetto : la salamandre « estaint le feu par sa nature ». François Ier adopte la salamandre comme symbole et en parsème les châteaux de la Loire, accompagnée de la devise « *Nutrisco et extinguo* », que l'on peut traduire par : « Je nourris (le bon feu) et j'éteins (le mauvais) », ou encore par : « J'en vis et je l'éteins. » Ce feu, à la fois purificateur et destructeur, représente la victoire de la justice sur le vice. La salamandre est le symbole même de la Renaissance.

Pure et incombustible

Dans les allégories chrétiennes, la salamandre représente la confiance en Dieu pour affronter la souffrance, et l'homme vertueux qui ne se laisse pas consumer par le désir et résiste aux flammes de la tentation. L'animal, qui se cache dans les flammes, est aussi le symbole de la pudeur, de la chasteté et de la virginité de la Vierge Marie.
Pour l'alchimiste, la pierre de feu est « une certaine essence pure, pénétrante, spirituelle et ignée, comparable à la salamandre [...], c'est une matière fixe, constante et incombustible ». Cette fixité et cette incombustibilité, dont la salamandre avait la réputation, étaient également le propre de la pierre philosophale, et l'une des qualités essentielles de toute

pierre transmutatoire. Par ailleurs, la salamandre a donné son nom à un poêle à combustion lente.

Voir **chaleur, feu, flamme, phénix**

salive

Liquide issu de la sécrétion de glandes qui se déverse dans la bouche, elle est ambivalente, à la fois bénéfique et néfaste.

Si elle peut guérir, comme lorsque le Christ rend la vue à un aveugle en lui mettant « sa salive sur les yeux » (Marc, VII, 23), elle peut aussi marquer le rejet, l'injure, la malédiction, comme le symbolise le crachat. La « mauvaise » salive est asociale, malveillante, animale. C'est sans doute la raison pour laquelle la salive humaine ou animale (la bave) entre dans les recettes des potions des sorcières.

Voir **sorcier**

sanctuaire

Espace saint, le sanctuaire concentre les pouvoirs et les protections de la divinité.

De hauts lieux naturels

Avant de construire des temples, les hommes célébraient les cultes dans des lieux sacrés, près d'un arbre, d'une source ou d'un rocher. Chez les Celtes, les Scandinaves et les Grecs, le sanctuaire originel est une plantation sacrée, une enceinte naturelle dans laquelle est recréée la voûte céleste protectrice (voûte, dont la racine étymologique indo-européenne, *nemos,* est la même que les mots « ciel » et « sainteté »). Le sanctuaire de l'Antiquité, tel l'autel en plein air des Grecs, peut être aussi un enclos circulaire, choisi à l'abri d'une forêt, sous l'arbre le plus haut, symbole de protection et lien entre le ciel et la terre. De même, les « temples » du paganisme scandinave sont des sites naturels qui jouent un double rôle de concentration de pouvoir et de protection : bois, champs, sources, fontaines, cascades, bétyles, tertres, ou, là aussi, arbres gigantesques.

Une enceinte sacrée et secrète

Selon la conception gréco-romaine du divin, le temple n'est pas un lieu de culte, il ne sert qu'à abriter le sanctuaire où trône la statue de la divinité

et son trésor. En effet, le dieu est un personnage puissant, redoutable ; il doit être isolé de la foule ignorante et impure. On enferme donc la statue qui est censé l'habiter dans une pièce reculée du sanctuaire : le *naos* des Grecs ou la *cella* des Romains. Dans le « Saint des Saints », l'enceinte du Temple de Jérusalem, était déposée l'Arche d'Alliance qui contenait les Tables de la Loi.
On défend l'accès de cette salle par une enfilade de cours, de portiques, de pièces intermédiaires, où pénètrent les seuls officiants, de moins en moins nombreux à mesure que l'on se rapproche du dieu. Le sanctuaire constitue une enceinte intouchable qui préserve l'assemblée, ses secrets et ses trésors. On veille à en écarter tout ce qui peut être une cause de souillure. C'est ainsi qu'à Délos, il est interdit de naître et de mourir. Avant de pénétrer dans le sanctuaire, le fidèle doit se purifier en se livrant à des ablutions. Par ailleurs, en Grèce antique, le sanctuaire possède le droit d'*asylie,* c'est-à-dire que les suppliants venus se réfugier près de l'autel bénéficient de l'immunité judiciaire.

Voir **ablution, arbre, arche, autel, bétyle, bois, cascade, fontaine, omphalos, pierre, purification, source, temple**

sandale voir soulier

sang

Substance irriguant tout l'organisme humain, le sang joue un rôle nutritif, respiratoire et régulateur essentiel. Symbole de la vie, il suit souvent une ligne de démarcation sexuelle.

Une source de vie

Selon la vision médiévale du corps, issue des conceptions de la médecine antique d'Hippocrate et de Galien, le sang est la plus noble des quatre humeurs (les trois autres sont le flegme, la bile et la mélancolie) qui composent le corps, répondant aux quatre éléments naturels : l'air, l'eau, le feu et la terre. Ainsi le sang, chaud et moite comme l'air, se formerait dans le foie, transporterait les trois autres humeurs, puis s'enrichirait du souffle vital avant d'irriguer l'ensemble du corps. Pour Avicenne, célèbre médecin perse du Moyen Âge, qui établit dans son *Canon* des correspondances entre les humeurs et les saisons, les âges et les mouvements de l'âme, le sang correspond au feu, au printemps, au plaisir. Relevant de la symbolique du rouge, de la passion, du cœur, véhiculant des valeurs de noblesse, de générosité, d'héroïsme, le sang, principe générateur, est constitutif de l'existence même de l'être humain, Aussi le sang coulant hors de son réceptacle naturel, de son arbre physiologique, est-il synonyme de mort, comme le montrent les expressions « le sang a coulé » ou bien « répandre le sang ».

Sang masculin, sang héroïque, sang christique

Le sang masculin représente la continuité de la vie et les liens sociaux. C'est la sève qui coule dans les arbres généalogiques. Le sang qui coule d'un corps masculin à un autre lors d'un serment est un sceau qui marque la fraternité et renforce les alliances. Pour redresser un tort, on peut exiger le sang d'un homme. Le sang répandu, aspergé, recueilli ou bu lors d'un rite est traditionnellement masculin. C'est le sang d'un taureau, d'un coq, d'un bouc, d'un bélier, voire d'un homme. Le sang du mort garantit le prolongement de la vie. Le sang du Christ lave, rachète et éternise la vie des hommes. Le sang qui coule dans le Graal depuis le flanc transpercé du Christ est le sang de l'immortalité. Lors de la Cène, le Christ transforme le vin en son sang et, pour les croyants catholiques, ce miracle de la transsubstantiation se répète lors du rite de l'Eucharistie : en buvant le sang du Christ, on se purifie en scellant une alliance avec le corps divin.

Cette analogie entre le vin et le sang donne naissance vers la fin du Moyen Âge à une « spiritualité » du sang du Cœur sacré, d'autant plus importante pour la hiérarchie catholique que le vin n'est plus réservé qu'aux clercs. Le culte du sang sacré s'accompagne d'un « refus » du sang réel. Les métiers qui ont un rapport avec le sang, telles la chirurgie et la boucherie, sont discrédités.

Un sang impur

Dans la tradition juive, la femme est impure pendant la période de ses règles ; elle doit suivre des gestes et des comportements rituels de purification prescrits par le Talmud et les textes rabbiniques. Pour s'assurer que le « bon » sang de l'homme prédomine, le sang de la femme doit être tenu à l'écart et entouré de mille précautions. Le sang impur féminin suscite de nombreuses superstitions liées à l'effroi que suscite son pouvoir reproducteur. Le sang menstruel est, dans toutes les sociétés anciennes, tenu responsable des mauvaises récoltes et accusé de faire aigrir le vin, voire de corroder les métaux.

L'Ancien Testament interdit également la consommation du sang animal, peut-être parce que le sang est le siège du « principe vital » : « Que toutes les bêtes qui se meuvent sur la terre soient votre nourriture ! Mais ne mangez aucune créature avec son sang ! Quiconque en mangera, son sang sera répandu » (Genèse, IX, 3-4). Cet interdit alimentaire, qui est un des fondements de la *kashrut* juive, aurait été observé jusqu'au IXe siècle dans la société chrétienne.

Sang bleu, sang royal, sang pur

Les caractéristiques supposées de l'aristocratie médiévale, comme le courage par exemple, sont censées pouvoir se transmettre par le sang masculin. Au sommet de la pyramide sociale, cette valorisation du sang se traduit par la sacralisation du sang royal et l'émergence des « princes du sang », les proches parents du souverain.

C'est surtout en Espagne que cette idéologie aristocratique du sang connaîtra une forme particulièrement forte, sinon virulente. L'expression « sang bleu » est la traduction de l'espagnol *sangre azul*. Elle sera utilisée pour qualifier les Espagnols à la peau très claire, qui semblent avoir des

vaisseaux sanguins teintés de bleu, notamment les familles issues des plus vieilles souches castillanes, dont le sang n'aurait jamais été souillé par celui des Juifs et des Maures. Plus tard, l'expression sera réservée à toute l'aristocratie européenne.

C'est également en Espagne que le grand inquisiteur Torquemada mène une campagne très violente au XVe siècle pour la *sangre limpia,* ou « sang propre », de la nation. Afin de « purifier » celle-ci, il ordonnera que tous les *conversos,* terme désignant les musulmans et les Juifs convertis au catholicisme, soient expulsés du pays, comme autant d'impuretés. La notion de *sangre limpia* est probablement à l'origine des théories raciales modernes. Pour les nazis, être de « sang pur » signifiera en premier lieu ne pas avoir de « sang juif » dans les veines.

Droit du sang

Le droit du sang est, traditionnellement, le droit d'avoir la nationalité de son père, nationalité qui se transmet par le « sang ». La notion de « droit du sang », souvent opposée au « droit du sol », est donc héritière d'une symbolique du sang masculin. En France, c'est le code civil de Napoléon qui, en 1803, donne droit de cité au *jus sanguinis* : « Est français l'enfant né d'un père français. » En fait, pour les juristes de l'époque, la *jus sanguinis* marquait une avancée sociale par rapport au *jus soli* de l'Ancien Régime, car le droit à la nationalité était alors présenté, ainsi que le remarque le sociologue Patrick Weil, « comme un droit inaliénable de la personne ». Le droit du sol commence à remplacer le droit du sang lorsque la France devient, vers la fin du XIXe siècle, un pays de forte immigration. D'autres pays, comme l'Allemagne, ont pratiqué le *jus sanguinis* au détriment du *jus soli,* jusqu'à une date très récente.

Voir **chair, cœur, femme, purification, rouge, rubis, vin**

sanglier

Dans la tradition celtique et nordique, le sanglier est le symbole de la force et du courage, mais aussi du démon dans la tradition chrétienne.

Une symbolique glorieuse

Il figure d'ailleurs sur les enseignes militaires, ainsi que sur de nombreuses pièces de monnaie gauloises. Arduina, l'Artémis celtique des Ardennes, est représentée assise en amazone sur un sanglier. La glorieuse symbolique du sanglier marque sa différence avec le porc. Il vit en solitaire dans la forêt, se nourrit des glands du chêne, arbre sacré, et déterre les truffes, champignons mystérieux et recherchés. Les Gaulois consomment la chair du sanglier à la fête de Samain, le 1er novembre. L'historien Michel Pastoureau, dans *les Animaux célèbres,* rappelle que, pour les Grecs et les Romains, la chasse au sanglier était valorisante parce que

dangereuse. Méléagre et Atalante débarrassent le pays du sanglier de Calydon, et l'un des douze travaux d'Hercule consiste à tuer le sanglier d'Érymanthe. Le même Michel Pastoureau rappelle que, pour les Gaulois, la richesse économique que représentait la viande de sanglier s'accompagnait d'une forte dimension religieuse : « Attribut du dieu Esus, ancêtre de tous les autres dieux, il représente tout à la fois la force spirituelle, l'énergie créatrice, la vertu virile et le gibier royal par excellence. » L'image de la « chasse magique » au sanglier, véritable rite de passage, a été ressuscitée par Goscinny et Uderzo dans les aventures d'Astérix le Gaulois, dont chaque épisode se termine par un fabuleux banquet au cours duquel le géant Obélix assouvit sa faim aussi épique que ses qualités de chasseur et de porteur de menhirs en dévorant des sangliers.

L'incarnation du démon

Les chrétiens n'ont retenu que les côtés négatifs du sanglier, qui s'apparente pour eux au démon, soumis à des passions incontrôlables, solitaire, féroce et dévastateur. De même, dans le bouddhisme, le sanglier figurant au centre de la roue du Dharma représente l'ignorance et l'assouvissement aveugle des passions.

Voir **chasse, chêne, démon, gland**

sangsue

La sangsue se colle à la peau et suce voracement le sang de la personne parasitée. C'est un symbole d'avarice insatiable.

Dans ses *Étymologies,* Isidore de Séville remarque que la sangsue, « gorgée d'un excès de sang, regrette ce qu'elle a aspiré pour sucer du sang plus frais ». Pendant longtemps, on a utilisé des sangsues pour pratiquer la saignée.

Une sangsue, une personne ou une institution qui s'empare sans scrupule du temps ou de l'argent de sa victime.

sarcophage

Le sarcophage représente la terre qui engloutit les êtres. Mais il s'agit d'une terre spiritualisée, car le sarcophage conserve en un espace clos la vie, non point la mort.

Son symbolisme se rapporte à celui plus général de la boîte : un récipient qui ne doit pas être ouvert, car le maintien de relations équilibrées entre la vie terrestre et la vie éternelle dépend de l'existence d'une clôture. Chez les Égyptiens, la seule rencontre entre les deux formes de vie s'exprime par les peintures ou sculptures qui ornent le sarcophage, lesquelles représentent généralement un homme ou une femme éveillés. Grâce à ces éléments figuratifs, la momie qu'il contient peut symboliquement s'en extraire pour aller chercher dans la tombe les aliments et les objets qu'on y a laissés à son intention. Si l'on a utilisé le terme de « sarcophage de béton » pour désigner la chape recouvrant la centrale nucléaire de Tchernobyl depuis son accident, c'est bien parce que le contenu radioactif dangereux a une durée de vie qui dépasse toutes les potentialités de prévision

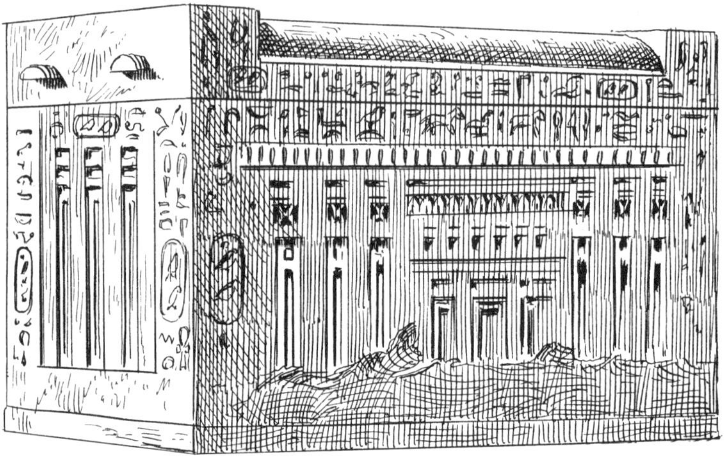

humaines. Le rôle de clôture joué par le sarcophage entre deux formes de vie incompatibles est ici évident.

Voir **tombe**

Satan voir diable

Saturne

Dieu romain identifié au Cronos des Grecs. Dieu des vignerons et des paysans, il était représenté avec la faucille du moissonneur.

Il s'installa en Italie (Latium), qu'il gouverna et où il fit régner l'âge d'or. On en fit l'ancêtre lointain des rois du Latium. Il avait sur le Forum un temple. Alors que, en dehors des saturnales, les manifestations du culte étaient rares, en Afrique, au contraire, son culte était très populaire.

Voir **Cronos, faucille, moisson, solstice**

saule

Le saule à rameaux retombants est d'abord un arbre de lamentations, d'où le nom de saule pleureur.

Cette association proviendrait des deux premiers versets du Psaume CXXXVII, qui décrit les tristes conditions des Hébreux en exil forcé à Babylone : « Nous nous sommes assis sur le bord des fleuves de Babylone, et là nous avons pleuré en nous souvenant de Sion. Nous avons suspendu nos harpes aux saules qui sont au milieu de Babylone. » Les premiers commentateurs chrétiens de la Bible juive ne voyaient pas dans la suspension des instruments aux saules un refus de jouer de la musique, mais un signe de chasteté. Ainsi Arius, écrivant au début du IVe siècle, déclare : « Les âmes sans tache ont suspendu leur corps aux branches de la chasteté. [...] Le saule est le type même de la chasteté, car, si l'on boit l'eau dans laquelle ont été trempées les fleurs du saule, les désirs sensuels en nous s'éteignent, rendant sans effet toute disposition à l'engendrement d'enfants » (*Thaleia*, chap. 3).

sauterelle

Les sauterelles sont un fléau redoutable pour les cultures et sont généralement un synonyme d'invasion et de famine.

Les sauterelles sont l'une des neuf plaies envoyées aux Égyptiens par la colère de Dieu. Le seul recours des hommes contre les invasions de sauterelles a longtemps été l'exorcisme.

scarabée

Animal sacré pour les Égyptiens, le scarabée porte entre ses pattes le disque solaire, Amon-Rê. Identifié au soleil levant, il renaît chaque jour et devient ainsi symbole de résurrection.

Son nom égyptien est *kheper*, signifiant «naître, prendre forme, se manifester». Le dieu égyptien Kheper à tête de scarabée est à la fois le principe des métamorphoses et l'incarnation du soleil levant. C'est pourquoi le scarabée, symbole du devenir et de la renaissance, était mis à la place du cœur de la momie, lui servant de conscience lors du jugement. Les Égyptiens étaient grands amateurs d'amulettes représentant un scarabée. Celles-ci, porteuses d'une étincelle de vie, étaient censées protéger les vivants du mal et contribuer à la renaissance des morts.

Le scarabée pousse avec ses pattes arrière une grosse boule contenant à la fois ses excréments et ses œufs : le passé et l'avenir confondus dans une symbolique de régénération permanente.

Voir **Amon, amulette, excrément, Rê, résurrection, soleil**

sceau

Le sceau est un grand cachet sur lequel sont gravées en creux la figure, les armes ou la marque symbolique d'un État, d'un souverain, d'une communauté ou d'un particulier, et dont on applique l'empreinte sur des actes ou des objets pour les authentifier, les clore d'une manière inviolable ou pour marquer la propriété. Le sceau est donc symbole d'appartenance authentique, de secret et de pouvoir.

Les empereurs de Chine faisaient ainsi du sceau impérial l'objet symbolique d'autorité par excellence. On prophétisait à l'empereur un destin

glorieux s'il saisissait dans sa petite enfance le sceau impérial au milieu d'une série d'objets étalés devant lui. Le sceau, en occultisme, est un signe caractéristique, le symbole d'un élément d'identification, au même titre que le nom ou la signature.
En alchimie, le sceau est le nom symbolique de la matière des philosophes.

sceau de Salomon

Le sceau de Salomon, appelé aussi hexagramme ou étoile de David, est une étoile à six branches formée de deux triangles inversés. Il n'est devenu l'emblème du sionisme que depuis le XIXe siècle. Il symbolise avant tout l'harmonie universelle, l'alliance de tous les contraires.

Une figure très ancienne

C'est effectivement un sceau dans la mesure où il marque l'origine divine du pouvoir royal que Salomon tenait de son père, David, après la réunification des royaumes de Judée et d'Israël (un triangle pour chacun des royaumes). Pourtant son origine est sans aucun doute pré-judaïque, et cette figure traverse les mathématiques pythagoriciennes aussi bien que les civilisations musulmane et chrétienne. On le retrouve de même en franc-maçonnerie ou en alchimie.

L'alliance des contraires

Les deux triangles symbolisent les moitiés mâle et femelle d'une divinité androgyne ou d'un Adam hermaphrodite, comme le laissent entendre certaines traductions de la Genèse (la création d'Ève correspondant à la partition d'Adam en deux entités sexuées). Le sceau de Salomon représente alors un monde différencié, mais organisé. Chacune de ses pointes peut tout aussi bien désigner une des planètes connues des astrologues antiques que les métaux utilisés par les alchimistes (argent-Lune ; cuivre-Vénus ; mercure-Mercure ; plomb-Saturne ; étain-Jupiter ; fer-Mars). Le triangle pointant vers le haut peut être assimilé au feu, l'autre à l'eau. Les pointes désignent alors les états intermédiaires entre les éléments primordiaux : chaud, sec, humide, froid. Dans toutes les interprétations, le centre de l'étoile signifie l'alliance des contraires (or-Soleil), et l'ensemble est en soi une figure du temple universel.

Voir **alchimie, androgyne, étoile de David, franc-maçonnerie, hexagramme, planète, six, triangle**

sceptre

Symbole d'autorité, le sceptre est le prolongement du doigt et s'apparente au bâton ou à la baguette, dont il est la variante royale.

Le sceptre est généralement orné d'attributs précisant la nature ou l'étendue du pouvoir du souverain : chez les Égyptiens, le sceptre *ouas* comportait l'effigie de la tête du dieu, dieu de l'orage et dieu guerrier. Dans d'autres représentations, le pharaon tient une crosse et un fouet (*flagellum*), attributs du dieu bienfaisant Osiris, soulignant la symbolique du roi berger, protecteur de son peuple. Chez les monarques anglais, il est sur-

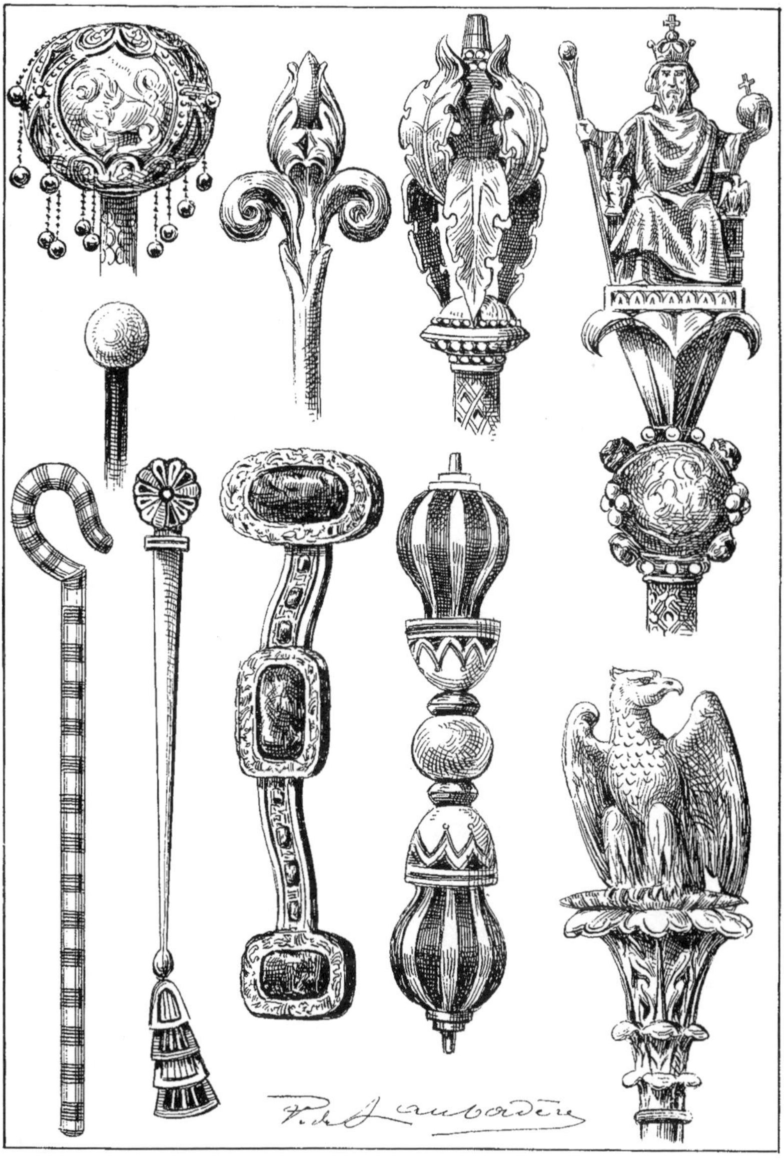

monté d'un globe terrestre et d'une croix. Le sceptre des empereurs romains était dominé par un aigle ; il peut aussi se terminer en forme de crosse de berger, comme celui des évêques catholiques.

Voir **baguette, bâton, berger, couronne, crosse, doigt, fouet, globe, main, roi, Seth**

scorpion

Malgré ou peut-être à cause de sa piqûre redoutable, le scorpion, symbole de mort, de châtiment et de traîtrise, se fait parfois guérisseur et gardien.

En Mésopotamie, le scorpion était symbole de fertilité, et les Égyptiens utilisaient des amulettes à l'effigie du scorpion, attribut et symbole de la déesse guérisseuse Selket. Des stèles protectrices portaient une représentation d'Horus enfant tenant des serpents dans une main et un scorpion dans l'autre. En Grèce, le scorpion est l'instrument de la vengeance d'Artémis, la farouche déesse chasseresse. Poursuivie par les assiduités d'Orion, elle le fait piquer par un scorpion. La victime et l'agresseur seront ensuite tous deux transformés en constellations. Dans la Bible, le scorpion est une créature du démon, et cet image persiste au Moyen Âge, où il représente haine et traîtrise.
Dans l'*Introduction à la vie dévote*, un curieux raisonnement jésuitique amène saint François de Sales à gloser sur le double rôle nocif et bénéfique du scorpion, utilisé depuis longtemps en médecine pour se prémunir contre son propre venin : « Le scorpion qui nous a piqué est vénéneux, mais, étant réduit en huile, c'est un grand médicament contre sa propre piqûre : le péché n'est honteux que quand nous le faisons, mais, étant converti en confession et pénitence, il est honorable et salutaire. »
Le Scorpion est l'un des douze signes du zodiaque. Il occupe le ciel de la fin octobre et de novembre.

Voir **zodiaque**

Sebek

Dieu-crocodile de l'Égypte ancienne représenté le plus souvent sous sa forme animale.

À Crocodilopolis du Fayoum et tout autour du lac Karoun, il était adoré comme le démiurge. Lorsque la ville, à l'époque ptolémaïque, prit le nom d'Arsinoé, les Hellènes implantés adorèrent aussi Sobek (*Soukhos*).

Voir **crocodile**

sec

Expression de la menace ou de la protection divines, le sec (ou l'assèchement) est une allégorie des limites humaines face à la fécondité et à la stérilité.

L'éternel retour au sec

En Égypte ancienne, à la fin de chaque crue du Nil, lorsque sont rappelées les eaux primordiales (Nou) et qu'apparaît le sec (*oubenn*), le héron cendré (phénix) se pose sur la pierre sortie des eaux. La répétition de ce phénomène donne naissance, selon l'égyptologue Schwaller, à la légende du phénix qui renaît de ses cendres, symbolisant ainsi la vie perpétuelle.

Dans le panthéon égyptien, Seth, émasculé et renvoyé au désert par Horus, devient le puissant dieu de la sécheresse et de l'aridité, maître des orages et des vents furieux.

La terre et le feu

La science hermétique, qui plonge ses racines dans l'aride Égypte ancienne, voit le sec comme un symbole de la terre, car celle-ci renferme virtuellement le feu, à cause de sa sécheresse. Le dieu mâle Chou (le Sec, associé à la force de conservation) et sa sœur Tefnout (l'Humide) incarnent les deux principes fondamentaux de l'existence. À l'opposé de la conception grecque des quatre qualités complémentaires (le froid et le chaud, le sec et l'humide), cette opposition binaire se retrouve dans la mythologie phénicienne. Mot, dieu de la guerre et de la stérilité, combat sans cesse Baal, dieu de l'orage et de la pluie. Lorsque Mot triomphe, sept ans de sécheresse et de famine accablent le pays ; lorsqu'il perd, sept ans de fertilité suivent.

Un symbole de vie

À l'inverse, dans la Genèse, le sec est un symbole primal de vie : « Dieu dit : Que les eaux qui sont au-dessous du ciel se rassemblent en un seul lieu, et que le sec paraisse. Et cela fut ainsi. Dieu appela le sec terre, et il appela l'amas des eaux mers. » De même, en repoussant les eaux de la mer Rouge durant l'Exode, l'assèchement permet la fuite du peuple hébreu hors d'Égypte, lorsque « les enfants d'Israël [entrent] au milieu de la mer à sec ». En somme, l'assèchement est la manifestation de la puissance divine, qui arrête le Jourdain pour laisser passer le peuple d'Israël porteur de l'Arche d'Alliance (Livre de Josué). L'assèchement des rivières, des canaux et des fleuves d'Égypte est cependant la punition divine décrite par le Livre d'Isaïe. La pluie étant une bénédiction, la sécheresse est associée au péché ; mais le pardon reste possible, comme dans la famine du pays d'Achab, où Dieu promet la pluie au prophète Élie si le peuple se détourne du culte de Baal ; le peuple s'incline ; un nuage apparaît, apportant la pluie divine.

Assèchement et foi

Par analogie, l'assèchement représente la soumission à l'ardente puissance divine : Flavius Josèphe et Pline l'Ancien parlent du fleuve de la mythologie hébraïque, le Sabbation, qui coule durant la semaine juive et est à sec le samedi, observant le shabbat. Dans le Nouveau Testament, le sec représente la puissance de la foi. Dans l'Évangile de Matthieu, Jésus maudit un figuier qui ne portait pas de fruits et l'arbre se dessécha aussitôt. Ses disciples l'interrogent et Jésus leur répond qu'ils doivent s'inspirer de cet exemple. « Si vous aviez de la foi et que vous ne doutiez point. [...] Tout ce que vous demanderez avec foi par la prière, vous le recevrez » (Matthieu, XXI, 18).

Voir **chaleur, eau, feu, phénix, Seth, terre**

sein

Le sein désigne la poitrine de la femme et de l'homme. Quand le sein est féminin, il est symbole de fécondité. Quand il est masculin, son sens métaphorique est proche de celui du cœur.

Du sein maternel aux *Maria lactans*

Si le sein est féminin, il est surtout symbole de l'amour maternel, du don de soi, et d'une puissante fécondité. À l'inverse, les Amazones guerrières et célibataires de la mythologie grecque se coupaient un sein afin de mieux se servir de leur arc. La flèche phallique remplace ainsi le sein maternel. Hercule, enfant, téta le sein de la déesse Héra, mais avec une telle force que le lait divin jaillit à travers les cieux pour créer la Voie lactée. Hercule devint immortel grâce à ce lait, générateur de vie et de force.

La Vierge Marie est parfois peinte en train d'allaiter l'enfant Jésus. Les tableaux qui représentent cette scène, appelée *Maria lactans,* sont rarissimes avant le XIIIe siècle, époque où l'on commence à mettre l'accent sur l'humanité du Christ et ses rapports « naturels » avec sa mère Marie. Les *Maria lactans* témoignent de ce changement de perspective. Lors du concile de Trente (1545-1563), qui marque les débuts de la Contre-Réforme, les *Maria lactans* seront interdites au motif d'une nudité injustifiable. Néanmoins, au XVIIIe siècle, on voit à nouveau Marie aux seins nus, d'où sourd l'eau de la vie.

Le paradis céleste

Le sein masculin, comme on peut le constater dans l'expression « le sein de Dieu », est un refuge pour les justes. Le sein d'Abraham symbolise le paradis céleste dans l'iconographie du Jugement dernier. Sur les tympans sculptés de la cathédrale de Reims, on voit Abraham recevant dans son giron les âmes des élus.

Une Victoire ailée et dénudée

La portée symbolique des seins nus est mise en valeur si le reste du corps est habillé. C'est le cas du tableau célèbre d'Eugène Delacroix, *la Liberté guidant le peuple* (1830), qui représente Marianne vêtue d'une robe jaune, les seins nus, entraînant les hommes à l'assaut des contre-révolutionnaires. Si elle renvoie aux Victoires ailées grecques, cette nudité relève aussi d'un réalisme érotique et d'une nouvelle grammaire picturale qui voit les symboles classiques de l'Antiquité réappropriés et façonnés par et pour le peuple.

Voir **Amazones, lait, mère, nudité, Victoire, Voie lactée**

seize (16)

Carré du carré, le seize est le nombre de la toute-puissance de la nature et de la terre sur l'homme.

Produit du quatre (symbole de l'univers dans sa plénitude) par lui-même, le seize représente de ce fait l'aboutissement complet ou, selon l'ésotériste Raymond Abellio, l'incarnation achevée. Aussi compte-t-on seize prophètes dans l'Ancien Testament, et douze apôtres et quatre évangélistes (= seize) dans le Nouveau Testament. On retrouve ce symbolisme de puissance totalisante dans la svastika, qui a seize segments. Le seizième arcane du tarot, la Maison-Dieu, une tour décapitée par la foudre, exprime cette puissance au sens d'une menace sur l'homme, un symbole de chute et de catastrophe.

Ainsi, dans son interprétation arithmologique (*le Tarot de Marseille*), Paul Marteau écrit que le nombre seize « manifeste le pouvoir de l'homme qui veut tout entreprendre, mais qui, étant limité, ne peut aboutir au définitif, c'est la construction fatalement instable ».

Voir **quatre, svastika**

Sekhmet

Déesse égyptienne guerrière représentée comme une femme à tête de lionne.

Son principal centre de culte fut la région de Memphis, où elle formait une triade avec Ptah et Nefertoum (dieu-fils). Déesse guerrière, elle devenait parfois l'œil de Rê, détruisant les ennemis du Soleil. Elle répandait les épidémies, mais, apaisée, pouvait aussi guérir : les médecins étaient les prêtres de la déesse Sekhmet. La forme paisible de Sekhmet est Bastet, la déesse-chatte.

Voir **Bastet, lion, œil, Rê, soleil**

sel

Symbole de nourriture spirituelle (baptême) et de partage (avec le pain), le sel évoque également l'incorruptibilité, mais aussi la stérilité.

Conservation et échange

Le sel jouait jadis dans l'alimentation un rôle de premier plan. S'il a toujours servi à relever les aliments, à accroître leur goût, il a longtemps été indispensable pour assurer leur conservation : poissons, olives, fromages et viandes ont de tout temps été conservés dans le sel. Cette propriété de conservation faisait toute la valeur du sel, comme l'atteste l'origine du mot « salaire », qui désignait la paye des soldats romains, la solde pour acheter du sel. Dans les civilisations de l'Orient ancien, le sel a joué un rôle essentiel dans les échanges commerciaux. En terre d'islam, offrir du sel est un signe d'hospitalité et de bienvenue.

Incorruptibilité et alliance

Le sel, qui évoque la conservation, est donc symbole de ce qui demeure. Au sens figuré, le sel permet de sceller un pacte, un contrat. « Faire un pacte de sel » exprime le caractère indissoluble de l'amitié. Dieu parle à Aaron d'une « alliance consacrée par le sel et immuable aux yeux du Seigneur » (Nombres). On salait les viandes offertes en sacrifice, d'une part parce que le sel en brûlant avivait la couleur de la flamme, mais aussi pour marquer la longévité de l'alliance ainsi créée avec la divinité : « Sur toute offrande que tu présenteras, tu mettras du sel ; tu n'omettras jamais le sel de l'alliance de ton Dieu sur ton offrande ; avec chacun de tes présents, tu présenteras du sel » (Lévitique, II, 13). Inscrit dans cette symbolique de l'alliance, Jésus dit aux apôtres (Matthieu, V, 13) : « Vous êtes le sel de la terre. » Par ces paroles, le Christ convie ses fidèles compagnons à être des éléments actifs, à recevoir la nourriture de sa parole et à la conserver précieusement, mais il prévoit déjà le danger qu'il y aurait pour les apôtres à ne plus remplir leur rôle de propagateurs de la foi : « Si le sel s'affadit, il n'est plus bon qu'à être jeté dehors et piétiné par les hommes. »

Malédiction et stérilité

Pourtant, le sel a aussi un aspect négatif. Après la prise de Carthage, les Romains mélangèrent du sel à la terre pour rendre celle-ci stérile pendant plusieurs générations. De même, lorsque Dieu enjoint à Loth de fuir Sodome et Gomorrhe avec sa famille et de ne pas se retourner pour voir la ville en flammes, la femme de Loth, incapable de résister à la tentation, se retourne et est aussitôt transformée en statue de sel, condamnée à une stérilité éternelle.

Plaisanteries salées, plaisanteries piquantes, à caractère sexuel.

Une conversation pleine de sel, une conversation relevée, spirituelle.

Voir **sec**

semaine

La semaine, calquée sur les sept jours de la création du monde, est un cycle court, qui représente l'alternance du travail et du repos.

Chacun des jours de la semaine est placé sous le signe d'une planète : lundi sous celui de la Lune, mardi sous celui de Mars, mercredi sous celui de Mercure, jeudi sous celui de Jupiter, vendredi sous celui de Vénus et samedi sous celui de Saturne. Le dimanche est placé quant à lui sous le signe du Soleil, comme l'attestent les langues germaniques (*Sunday, Sontag*), mais c'est aussi le jour de Dieu (*dies dominicus,* «jour du Seigneur »).

Voir **planète**

sept (7)

Sept, comme les autres chiffres premiers, traduit la totalité et la perfection divine. Le rôle sacré du sept vient des Anciens, pour qui les planètes (y compris le Soleil et la Lune) sont au nombre de sept. Les sept notes de la gamme complètent cette vision du

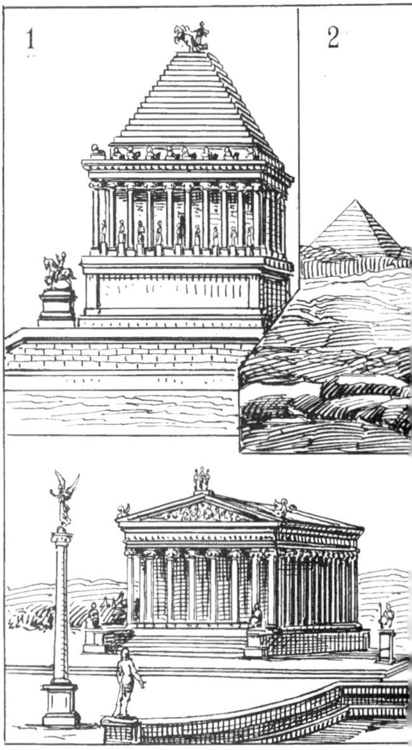

sept comme chiffre de la perfection, de l'harmonie céleste. Pourtant, sept a aussi une interprétation maléfique. Aux sept merveilles du monde font pendant les sept péchés capitaux.

Le sept sacré

Selon la Genèse, Dieu achève la création en six jours et se repose le septième ; quant au Temple de Salomon, il est achevé en sept ans. Par définition donc, le sept a, comme tous les chiffres premiers, un caractère sacré. Rome est d'ailleurs entourée de sept collines, selon la limite définie par Servius Tullius, l'un des premiers rois de la ville.

Dans la Bible encore, sept vaches grasses et sept vaches maigres apparaissent en songe à Pharaon, vision que Joseph interprète ainsi : Dieu condamne les Égyptiens à subir sept années de famine après sept années de prospérité. Le sage conseille alors à Pharaon de constituer des réserves qui permettront à son peuple de traverser cette épreuve et gagne ainsi sa confiance.

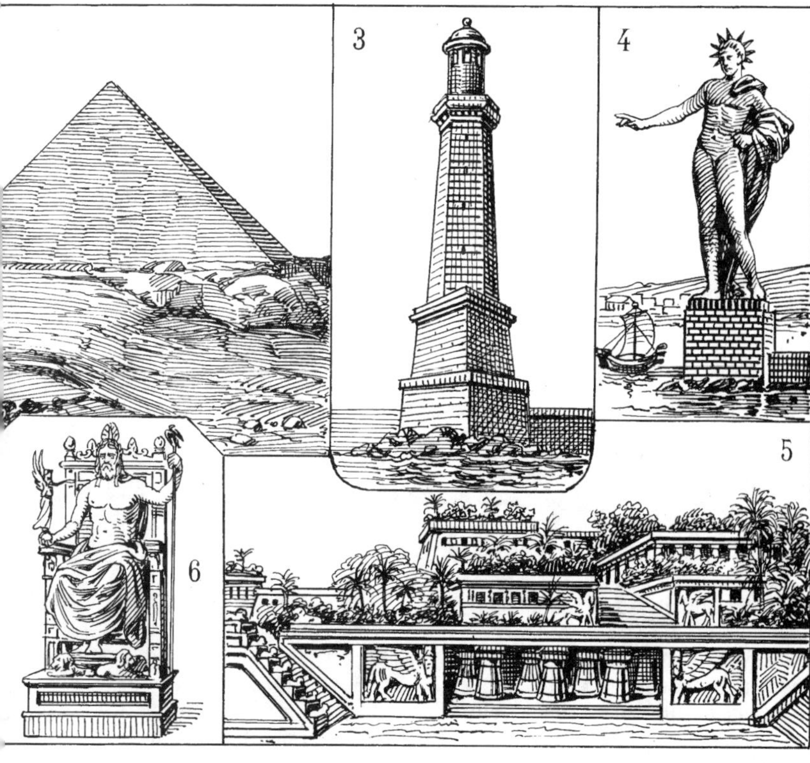

Septième ciel et septième sceau

Le septième ciel est le lieu où réside Dieu, bien que, selon la formule populaire, les voies permettant d'y parvenir semblent plus souvent liées à la satisfaction d'un désir impur...

L'ouverture du septième sceau de l'Apocalypse correspond à un moment solennel : lorsqu'il sera rompu, les anges sonneront sept trompettes, la septième signalant l'heure du Jugement dernier. Alors une pluie de grêle et de feu s'abattra sur la terre, et les anges exterminateurs mettront à mort un tiers de l'humanité. Après l'annonce du Jugement par la septième trompette, de nouveaux fléaux s'abattront sur la terre : sept anges répandront sur le monde les sept coupes de la colère divine.

Le chiffre des merveilles

On retrouve sept, nombre parfait, dans la liste des archanges, (c'est-à-dire des anges d'un ordre supérieur), dans le nombre des arts libéraux chez saint Augustin, dans le chandelier à sept branches (la menora), symbole de la religion juive, dans les sept sacrements de l'Église, et surtout dans les notes de la gamme de solfège qui traduisent un idéal céleste, l'harmonie des sphères et, par là, la perfection de l'âme.

L'arc-en-ciel, dans la tradition imposée depuis le Moyen Âge, se compose de sept couleurs : rouge, orange, jaune, vert, bleu, indigo, violet. Si, dans l'infini des variations de couleurs intermédiaires, l'homme s'en est tenu à ce nombre, c'est sans doute en raison de son caractère mystique.

Parler des sept merveilles du monde, c'est évoquer un grand nombre de chefs-d'œuvre disparus. La liste inclut :

1. le mausolée d'Halicarnasse,
2. les pyramides d'Égypte,
3. le phare d'Alexandrie,
4. le colosse de Rhodes,
5. les jardins de Babylone,
6. la statue chryséléphantine de Zeus à Alexandrie,
7. l'Artémision d'Éphèse.

Parmi celles-ci, seules nous ont été conservées les pyramides d'Egypte. Ces réalisations ambitieuses sont des prouesses techniques, dues à l'habileté des hommes et non à la magie ou à la puissance des dieux.

Sept ans, c'est aussi l'âge de raison, devenu en France l'âge de l'entrée à l'école, celui où l'enfant doit être intégré dans la société. Selon certaines croyances, il serait inutile de frapper un enfant avant cet âge, car il ne peut comprendre pourquoi il est puni et en tirer profit.

Douleurs et péchés capitaux

Perfection ou finitude, le nombre sept est aussi, dans la religion chrétienne, le nombre des sept péchés capitaux : orgueil, envie, colère, avarice, paresse, gourmandise et luxure, susceptibles de générer tous les autres péchés. Les douleurs de la Vierge, honorée comme la femme qui a le plus souffert par analogie avec les souffrances de son fils, sont à l'origine du culte de Notre-Dame-des-Sept-Douleurs. À la fin du XVe siècle, le récit de la vie de Marie est ainsi balisé par les sept douleurs qui lui ont été infligées : présentation au Temple, au cours de laquelle le vieux Siméon lui prédit qu'un glaive lui transpercera le cœur, la fuite en Égypte, la disparition de Jésus, retrouvé au Temple, le portement de la Croix, la crucifixion, la déposition et la mise au tombeau. Marie devient ainsi le parangon de la souffrance. Le sept indique qu'elle a atteint la souffrance absolue.

Sept ans de malheur, c'est à quoi est condamné celui qui a brisé un miroir.

Tourner sept fois sa langue dans sa bouche, est prudent si l'on veut éviter de dire des bêtises.

Voir **apocalypse, arc-en-ciel, chandelier, rêve**

séraphins

Les séraphins occupent la place la plus élevée dans la hiérarchie des anges. Le mot « séraphin » signifie en hébreu « le brûlant », et en effet les séraphins symbolisent le feu purificateur de l'esprit, l'ardeur et la lumière.

Isaïe raconte une vision qu'il eut de Dieu entouré de séraphins : « L'un des séraphins vola vers moi, ayant dans sa main une pierre brûlante qu'il avait prise avec des pinces au-dessus de l'autel. Il en toucha ma bouche et dit : Vois, ceci a touché tes lèvres ; ta faute est écartée et ton péché expié » (Isaïe, VI, 6-7).

Voir **anges, chérubin, feu**

serpent

Le serpent partage avec le lion la première place dans la symbolique animalière. Son image a de tout temps été exploitée pour représenter le meilleur comme le pire : création, régénérescence, immortalité, mais aussi dissimulation, mal absolu et mort.

Le serpent créateur

Animal chtonien par excellence, le serpent rampe sur la terre, s'y cache et en surgit sans prévenir. À la fois créateur et destructeur, qu'il s'appelle Vanuki, Midgard, Quetzalcoatl, Python ou Apopis, il est dans presque toutes les civilisations associé à la création du monde. Ce serpent primordial, qui permet en Inde le barattage de la mer de lait dont est issu le monde, s'enroule sur lui-même pour servir de trône à Visnu, dieu de la création. Chez les Égyptiens, le serpent Atoum émerge des eaux primordiales et vomit la création tout entière. *Le Livre des Morts* lui fait dire : « Je suis ce qui demeure... Le monde retournera au Chaos, à l'indifférencié, je me transformerai alors en serpent qu'aucun homme ne connaît, qu'aucun dieu ne voit ! » Les pharaons d'Égypte portent sur la tête l'*uraeus,* ou « cobra dressé », symbole d'immortalité.

On retrouve en Égypte et en Grèce le motif de l'Ouroboros, serpent qui se mord la queue et forme un cercle parfait, symbole du cycle de la vie et de l'éternel retour. Dans la plupart des religions, le serpent est l'attribut des déesses-mères, et le serpent enroulé autour d'un arbre symbolise le renouveau de la végétation et la fécondité.

Le serpent guérisseur

À la fois poison et guérisseur, le serpent est l'attribut d'Asclépios, dieu de la médecine. On peut ainsi oppo-

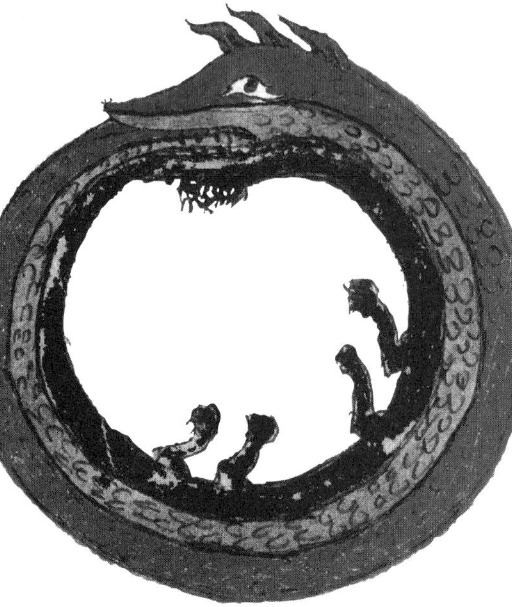

ser les serpents, symboles de cruauté et de mort qui se tordent sur la tête de la Gorgone, et les serpents entrelacés du caducée de Mercure aux vertus thérapeutiques, symboles d'équilibre et de guérison. La mue du serpent en fait un symbole de jeunesse perpétuelle, de longévité et même d'immortalité. De même, pour prémunir les Hébreux contre la morsure des serpents dans le désert, Yahvé demande à Moïse de façonner un serpent d'airain dont la seule vue suffit à guérir celui qui vient d'être mordu.

Le serpent devin

Dans la mythologie grecque, le premier haut fait d'Apollon, à peine sorti de l'enfance, consiste à aller délivrer la région de Delphes du terrible serpent Python qui ravageait la contrée et rendait des oracles. Ce monstre souterrain était le gardien du temple de Gaïa, la Terre. Le dieu de la lumière tue Python, créature de l'obscurité, et fonde le nouveau sanctuaire de Delphes, où officiera son propre oracle, la Pythie, intermédiaire entre les forces de la terre et du ciel. Tous les huit ans, les Jeux pythiques commémorent dans la Grèce antique la victoire d'Apollon sur Python. Toutefois, la Pythie entre en transe pour délivrer ses oracles, en écho aux forces incontrôlables du monde souterrain.

Le serpent joue également en Grèce un rôle divinatoire, et les augures interprètent les mouvements convulsifs de ses anneaux sur le sol au même titre que le vol des oiseaux.

Le serpent Satan

Dans l'épopée akkadienne de Gilgamesh (2300 ans avant notre ère), c'est un serpent qui s'empare de la plante de vie découverte par le héros à l'issue d'un long et périlleux voyage entrepris pour découvrir le secret de l'immortalité.

Dans le monde chrétien, le serpent est l'incarnation du démon, la forme que prend Satan pour séduire et tromper Ève. Le serpent et l'arbre de vie étant symboles de régénération, la tromperie en est d'autant plus grande. Le célèbre tympan du portail d'Autun, qui montre une Ève serpentine entre les feuillages, caractéristique de la misogynie du Moyen Âge, met le comble à l'assimilation de la femme et du démon. Satan promet à Ève la connaissance et la vie si elle goûte au fruit défendu, et il la condamne, avec toute l'humanité, à la mort. Pour le punir, Yahvé condamne le serpent à ramper pour l'éternité : « Sur ton ventre tu marcheras et poussière tu mangeras toute ta vie. » Mais le serpent demeure au cœur de l'homme et lui inspire tous les crimes... Les sept péchés capitaux sont souvent représentés sous la forme d'un serpent à sept têtes. La Vierge ou un saint foulant aux pieds un serpent ou un dragon illustrent la victoire du Bien sur le Mal, et, dans l'art baroque, la victoire du catholicisme sur le protestantisme.

Voir **Apollon, arbre, Asclépios, Atoum, caducée, cheveu, femme, Gorgone, diable, pomme, Python, omphalos, Ouroboros**

Seth

Dieu égyptien symbolisant la vaillance mais aussi les forces du mal.

Il est représenté sous la forme animale ou sous la forme d'un homme à tête d'animal. La nature de Seth est douteuse. À l'origine dieu des orages et des déserts, divinité des forces violentes ou stériles de la nature, son rôle dans la légende d'Osiris, son frère contre lequel il s'acharne fait de lui un symbole des forces mauvaises (la queue fourchue qu'il porte souvent est la stylisation d'une flèche frappant l'adversaire d'Osiris et d'Horus). Mais il est aussi le dieu de la vaillance, perçant de sa lance les ennemis de Rê, à la proue de la barque du Soleil. Les Asiatiques l'assimilèrent à Baal, les Grecs à Typhon.

Voir **diable, chaleur, fourche, orage, Osiris, Rê, sec, soleil**

seuil

La symbolique du seuil est voisine de celle de la porte ouverte ou fermée : acceptation ou refus, selon qu'on le franchit ou non, caractère sacré de ce qui est au-delà du seuil.

L'une des marques qui signalent le caractère sacré du seuil est l'abandon de ses chaussures avant de pénétrer dans la maison, la mosquée ou le temple.

Voir **soulier, porte**

schéol voir enfer

sid

Le sid est le paradis celtique. Il a pour originalité d'être situé à l'ouest et non à l'est, comme l'Éden biblique, au-delà des mers, sur des îles enchantées, mais également sous terre, dans un monde accessible en passant sous certains tertres irlandais.

Seuls dieux et héros y accèdent. Ils y forment la tribu de la déesse Dana (*Tùatha dé Dànna*). C'est un monde d'éternels plaisirs et d'éternelle jeunesse. Chez J. R. R. Tolkien, c'est la terre originelle des elfes, le Vardar, où ces derniers retournent à la fin du 3e âge décrit dans *le Seigneur des anneaux*.

Voir **points cardinaux**

siège voir trône

singe

Irrationnel, bouffon, grimacier, intelligent et proche de l'homme, le singe nous renvoie une image caricaturale de nous-mêmes.

Avant tout, le singe est un imitateur, comme l'atteste le verbe « singer ». Les Égyptiens étaient fascinés par les attroupements de singes, qui avaient l'habitude de se réunir en jacassant juste avant le lever et le coucher du soleil, qu'ils semblaient saluer de leurs cris et de leurs gesticulations. En effet, ces grands babouins ou cynocéphales jouaient un rôle religieux. Dévots du Soleil, des couples de singes, par leurs cris, aidaient l'astre du jour à sortir de la nuit et lui adressaient la première prière de l'aube. Les Égyptiens soulignaient d'ailleurs l'intelligence et la docilité du singe, qui est d'ailleurs, avec l'ibis, l'attribut de Thot, dieu de la sagesse et patron des scribes, lui-même scribe des dieux. Thot est souvent représenté sous les traits d'un cynocéphale.

Dans l'iconographie chrétienne, le singe est l'image du diable, d'où l'expression « être malin comme un singe », qui signifiait au Moyen Âge « être à la fois méchant et malicieux ».

On n'apprend pas à un vieux singe à faire des grimaces, il n'est pas possible de conseiller ou de tromper un homme d'expérience.

Voir **Thot**

sirène

Dans la mythologie, démon marin femelle représenté sous forme d'oiseau ou de poisson avec tête et poitrine de femme. Cet être maléfique attire les marins par ses chants trompeurs pour les entraîner au fond de la mer. La sirène est le symbole de la séduction et de la fatalité.

Les filles de la mer

Dans la mythologie grecque, filles de Melpomène et d'Achéloos, les sirènes personnifient à la fois les séductions et les dangers de la mer. Après le IIIe siècle avant notre ère, elles acquièrent des bras, puis une poitrine humaine, ajoutant la beauté visuelle à celle de leurs chants. Génies de la musique, l'une joue de la lyre, une autre de la flûte et la troisième chante. Les plus vieilles légendes en faisaient des naufrageuses. En héraldique, la sirène est une figure fantastique, mi-femme, mi-poisson, pourvue d'une longue chevelure, et qui tient en général un peigne ou un miroir.

Le chant des sirènes

Les sirènes font l'objet de l'un des plus célèbres passages de l'*Odyssée*. Lorsque Ulysse, à bord de son navire, rencontre les sirènes, il exige que tous ses compagnons se bouchent les oreilles avec de la cire et leur demande de l'attacher au mât afin de pouvoir entendre leur chant sans céder à leurs sortilèges et se précipiter à la mer. Dans le folklore celte, la sirène (par exemple la Marie-Morgane de Douarnenez) séduit pareillement les pêcheurs en mer et les entraîne par le fond.

Andersen a immortalisé l'image de la sirène mi-femme, mi-poisson, en inversant le mythe inspiré de l'Antiquité. Il raconte l'histoire d'une pauvre naïade tentée par le monde extérieur, qui s'éprend d'un prince humain et accepte par amour de troquer sa queue de poisson contre deux jambes de femme au prix de mille souffrances. Elle finira par mourir, incarnant dans une perspective chrétienne la rédemption par l'amour et la tentative désespérée d'accéder à la condition humaine.

Les artistes antiques donnaient aux sirènes un corps et des ailes d'oiseau, une tête et des seins de femme; elles jouaient de la lyre ou de la double flûte. Le Moyen Âge en fait des symboles de la tentation par la luxure.

Le chant des sirènes, une offre séduisante, mais dangereuse.

Voir **aile, chant, cheveux, démon, femme, flûte, Lilith, lyre, ondine, Ulysse**

Sisyphe

Le drame de Sisyphe symbolise l'absurdité de la condition humaine, son châtiment consistant à accomplir sans fin la même tâche pénible et inutile.

Sisyphe, ayant révélé au fleuve Asopos que Zeus avait enlevé sa fille Égine, est puni par le maître de l'Olympe qui le condamne aux Enfers à rouler sans fin un rocher en remontant une pente. Chaque fois qu'il atteint le sommet, le rocher dévale à nouveau la pente et Sisyphe reprend son travail éternellement inutile. Dans son essai écrit en 1942, *le Mythe de Sisyphe*, Albert Camus écrit: « Ce divorce entre l'homme et sa vie, l'acteur et son décor, c'est proprement le sentiment de l'absurdité. »

Voir **rocher**

six (6)

Nombre de jours de la création du monde, le six est associé au sceau de Salomon, l'étoile de David.

Dans le Coran, qui dit: « Votre Seigneur, c'est Allah, qui a créé les cieux et la terre en six jours », le six est le chiffre de la création du monde, comme dans l'Ancien Testament (Genèse, II, 2), où il est associé à l'accomplissement, telles les six années de combat nécessaires à Josué pour conquérir en entier le pays de Canaan. La guématrie note que le monde fut accompli en six jours dans les six directions (les quatre points cardinaux horizontaux, ainsi que le zénith et le nadir, la dimension verticale), et voit le six comme symbole de l'harmonie.

Le six est représenté géométriquement par l'étoile à six branches (le sceau de Salomon, ou hexagramme), qui allie deux triangles inversés. Selon certaines théories de l'occultisme, l'ange Raphaël aurait remis au roi Salomon une bague porteuse de ce sceau qui permet de combattre les démons. La loi hébraïque associe le six au travail, à l'épreuve, à la servitude, l'homme doit travailler six jours par semaine et ensemencer la terre pendant six ans. L'esclave doit servir son maître pendant six ans. Chez les chrétiens, le 666, trinité diabolique, est le chiffre de la Bête dans l'Apocalypse et symbole de l'orgueil.

Voir **étoile de David, hexagramme, sceau de Salomon**

soixante-dix (70)

Le soixante-dix est le nombre de l'achèvement.

Dans l'Ancien Testament, le nombre soixante-dix apparaît comme une emphase du symbolisme du sept (le *septenarium*), au même titre que le soixante-dix-sept. Il exprime l'universalité, tels les soixante-dix anciens d'Israël que l'Éternel ordonne à Moïse de rassembler pour leur faire partager l'Esprit qui est sur le prophète, afin qu'il ne porte pas seul la charge du peuple (Nombres, XI, 16). Il symbolise aussi l'achèvement du cycle de la vie dans les Psaumes ou dans le Livre d'Isaïe, où la ville de Tyr est oubliée de Dieu durant « soixante-dix ans, le temps de vie d'un roi » (Isaïe, XXIII, 15). Soixante-dix représente aussi le cycle du malheur, telles les soixante-dix années de captivité babylonienne

(I Chroniques, XXXVI) de deux des douze tribus d'Israël. Pour saint Augustin, le soixante-dix correspond à la totalité d'une évolution, d'un cycle achevé.

Voir **sept**

soleil

Source de lumière, de chaleur et de vie, le soleil est l'astre roi, symbole de ce qui brille, de la bienfaisance ou du pouvoir éclatant, de l'influence rayonnante.

Le culte du soleil : du disque au taureau

Grande puissance cosmique fécondante, donneur de lumière, de chaleur, de vie, le Soleil fut adoré en Égypte ancienne sous de nombreuses formes. Les unes étaient des formes naturelles ; le soleil Rê, nom commun désignant l'astre, ou bien le disque solaire, que l'on appelait Aton ; d'autres pouvaient être établies en fonction d'une analogie précise : le faucon Horus, qui planait sans cesse dans le ciel d'Égypte, semblait le compagnon du Soleil, avec lequel la foi populaire le confondit rapidement, et le scarabée Khepri, en poussant devant lui sa boule de fumier, évoquait la course de l'astre ; des formes mythiques, encore, révèlent une pensée théologique qui réfléchit très tôt sur le « phénomène » solaire et le retour journalier de l'astre : le Soleil-taureau (comme l'animal, il avait la même puissance fécondante) naissait à l'aube, tel un veau d'or, de sa mère, la déesse-vache Hathor, qui incarnait le ciel, puis, au zénith, devenu taureau puissant, il fécondait celle qui était à la fois son épouse et sa mère et, le soir venu, il pénétrait dans sa bouche pour une gestation nocturne, éternellement renouvelée; il était alors Kamoutef, « le Taureau de sa mère ». Des systèmes théologiques, des mythes furent tôt élaborés dans la ville sainte d'Héliopolis, et des légendes contèrent les aventures du Soleil.

Obélisque et pyramide

Le culte du soleil Rê joua rapidement, dès l'Ancien Empire, un grand rôle dans la vie politique : les pharaons de la IVe dynastie (v. 2500 av. J.-C.) se proclament fils de Rê et entourent leur nom d'une boucle ovale, symbole de l'universalité de la course de l'astre, auquel ils s'assimilent ainsi. Le dieu est adoré dans des temples à ciel ouvert ; dans la cour se dresse l'obélisque, image de la pierre sacrée sur laquelle le Soleil a lui à l'aube du premier jour. La pyramide, tombeau royal, pointe vers le ciel son pyramidion d'or; pan de lumière solaire pétrifiée, elle facilitera, par sa forme, l'ascension du roi défunt auprès de «son père Rê», tandis que leurs devenirs communs sont garantis par les Textes des pyramides. Une légende faisait des premiers souverains de la Ve dynastie les fils charnels du dieu Rê et de la femme d'un de ses prêtres.

Aton, l'unique dieu-soleil

Au Moyen Empire (v. 2 000 av. J.-C.), le dieu de Thèbes, Amon (à l'origine, peut-être, dieu du vent), dut s'allier avec le puissant héliopolitain Rê. Amon-Rê, dieu solaire de circons-

tance, domina désormais la vie religieuse et politique, et ce jusqu'au Nouvel Empire. Il était figuré comme un homme au chef orné de deux plumes de faucon, parfois étroitement gainé et représenté avec un phallus en érection (à Louqsor), ou comme un bélier (animal sacré de la divinité). À l'époque d'Aménophis IV (1372-1354 av. J.-C.), pendant les quatorze années de son règne, on voulut imposer le culte d'Aton, autre dieu du disque solaire ; le culte solaire devint monothéiste, mais les croyances traditionnelles devaient rapidement l'emporter et l'antique Rê demeura, comme à la haute époque, en compagnie d'Osiris, le garant des destinées éternelles des hommes.

Soleil et puissance royale

Pour l'Antiquité gréco-romaine, les dieux solaires sont Apollon (Phébus pour les Romains) et Hélios, qui parcourent quotidiennement le ciel sur leur char. Ces divinités sont investies des plus hautes qualités : elles représentent l'aboutissement ultime d'une volonté d'élévation. À leur culte est associé, à Rome, celui de l'empereur, et le plan des mausolées impériaux, en rotonde, relève d'une intention cosmique et solaire. Cette symbolique du pouvoir attachée au soleil est reprise par Louis XIV, le Roi-Soleil. Au roi des astres correspond le roi des hommes. La décoration du château de Versailles illustre d'ailleurs l'emploi du symbole solaire, célébrant la puissance royale et légitimant l'absolutisme de la monarchie. L'astre du jour, explique lui-même le roi, répand sa clarté et sa chaleur sur la terre, et tout être lui doit la vie. Divinités vivantes, les empereurs incas se présentaient quant à eux comme les enfants du soleil.

Dans les civilisations protohistoriques du nord de l'Europe, le Soleil est associé à des animaux dominants et royaux, tels le lion ou l'aigle. Il est parfois doté d'attributs évoquant la puissance, comme des bois de cerf. Aussi le soleil est-il souvent interprété en psychanalyse comme l'accomplissement ultime du moi, voire comme le surmoi castrateur et dominant.

Les exigences du dieu-soleil

Pour les Aztèques, la renaissance quotidienne du dieu-soleil Huitzilopochtli était un don qu'il fallait entretenir par des sacrifices, et en particulier par le sang des sacrifices humains. Il faut dire que, dans leur mythologie, quatre soleils (quatre mondes) avaient déjà été engloutis au cours des guerres que les dieux se livraient entre eux. Huitzilopochtli est représenté sous la forme d'un prêtre-aigle tenant dans son bec un serpent, symbole nocturne et lunaire.
La danse du soleil chez les Indiens d'Amérique du Nord était organisée tantôt annuellement, tantôt en réponse à un vœu, tantôt à la suite de la vision d'un individu. Elle comprenait des danses, des chants et souvent un rituel d'auto-sacrifice. Elle était le moyen d'attirer sur le groupe ou sur un individu les bienfaits de l'être suprême.

Le soleil a rendez-vous avec la lune

Le soleil fait toujours couple avec la lune, divinité très généralement féminine. Au Moyen Âge, le soleil apparaît comme un globe à visage humain, accompagné de la lune, sur les vitraux, les émaux, les manuscrits enluminés (*les Très Riches Heures du duc de Berry*), en particulier dans les scènes de la création et de la crucifixion. L'iconographie du christianisme latino-américain baroque reprend systématiquement les deux astres pour entourer la Vierge, elle-même associée à la Pachamama, déesse de la terre.

L'œil de Dieu

Les traditions monothéistes font du soleil l'œil de Dieu, reprenant quelque peu l'image grecque du soleil comme œil de Zeus. Jésus devient alors le Nouveau Soleil qui éclaire le monde. Il est en peinture souvent entouré de douze rayons qui figurent les apôtres. Dans l'iconographie maçonnique, le soleil est à nouveau présent, parfois sous la forme d'un triangle isocèle cerné de rayons, et toujours orné d'un œil. Dix-neuvième arcane majeur du tarot de Marseille, le Soleil réchauffe les cœurs et les corps, éclaire les esprits et chasse la peur qui est au cœur des deux Gémeaux qu'il surplombe et arrose de ses bienfaits.

Le soleil noir de la mélancolie

Le soleil noir est, à l'opposé, un anti-monde, celui du soleil quand il disparaît à l'horizon pour luire au royaume des morts. L'image du soleil noir est alors celle d'un astre qui illumine le négatif de notre réalité : c'est le soleil des poètes maudits, mais c'était avant cela la matière chaotique que le travail des alchimistes devait transfigurer. Une éclipse solaire est de mauvais augure, annonciatrice de la fin du monde. « Je crus que les temps étaient accomplis, et que nous touchions à la fin du monde annoncée dans l'Apocalypse de saint Jean. Je croyais voir un soleil noir dans le ciel désert et un globe rouge de sang au-dessus des Tuileries » (*Aurélia*, Gérard de Nerval).

Voir **aigle, Apollon, Aton, blond, cerf, char, crépuscule, disque, Hélios, jour, lion, lumière, lune, obélisque, œil, or, père, Rê, roi, sacrifice, scarabée, solstice, triangle**

solstice / équinoxe

Les solstices symbolisent les cycles de la renaissance et de la décadence. Les équinoxes sont aussi des figures d'équilibre.

Essor et déclin

Au cœur de la saison froide, le solstice d'hiver amorce la remontée du soleil sur l'horizon : alors que la température baisse encore, il indique déjà un changement de phase. À Rome, le solstice d'hiver, fin décembre, marquait le début des saturnales et ouvrait une période de réjouissances, avec échanges de souhaits et de cadeaux. On accordait aux esclaves la plus grande liberté et ceux-ci se trouvaient temporairement sur un pied d'égalité avec leurs maîtres. N'étant plus servis, les maîtres se groupaient entre amis pour banqueter et deviser. Les saturnales, liées ainsi au solstice d'hiver, sont à l'origine du carnaval. La naissance de Jésus-Christ aux alentours du 21 décembre, puis la célébration de la fête de Noël, s'inscrivent dans cette symbolique : il est un espoir dans la nuit. À l'opposé, le solstice d'été, qui précède les grandes chaleurs, est une apothéose solaire, fêtée dans la France traditionnelle par les feux de la Saint-Jean, même si elle est déjà annonciatrice de l'hiver et du déclin de la lumière. Les civilisations mégalithiques semblent avoir particulièrement été sensibles à la symbolique des solstices : Stonehenge en Grande-Bretagne est conçu pour que les rayons du soleil levant frappent les anneaux de pierre de manière particulière aux solstices d'hiver et d'été. Les jeux des rayons solsticiaux sur les terrasses cultivées incas de la Vallée sacrée révèlent l'œil du temple du Lama (l'autel) ou celui du dieu Wiracocha, taillé dans la montagne sur le site inca le plus sacré : Ollantaytambo.

Figure du double

Dans le monde celte, la fête d'Akinane, dédiée à Brigit, déesse de l'inspiration et de la poésie, se tenait au solstice d'hiver, tandis que l'on rendait hommage au dieu solaire Belenos (apparenté à Apollon) aux cours de la Beltene du solstice d'été. Chez les Romains, ces deux figures étaient réunies sous l'image du dieu Janus aux deux visages, le dieu des portes et des passages. Dans la tradition chrétienne, la figure tutélaire des solstices est à nouveau dédoublée : c'est le Christ (ou saint Jean l'apôtre) pour le solstice d'hiver, c'est Jean-Baptiste pour le solstice d'été. En effet, dernier des prophètes, Jean-Baptiste s'efface quand Jésus apparaît. De la même manière, en Chine, le solstice d'été marque un cycle yin, celui d'hiver, un cycle yang.

Voir **banquet, double, feu, Janus, Saturne, soleil, yin/yang**

sorcier

Personne à qui une liaison supposée avec des forces occultes permet d'opérer des maléfices, le sorcier est l'antithèse du prêtre et représente le danger.

Le prêtre et le sorcier

Dans les sociétés de l'Antiquité qui pratiquent la magie, la différence entre le sorcier et le prêtre ne réside pas dans la nature de leurs pratiques et de leurs rites, mais dans leur relation avec le corps social: le prêtre agit dans la sphère publique, et le sorcier, dans la sphère privée ; la magie du sorcier et de la sorcière est associée à la connaissance des plantes, de la transe, et à la puissance de la déesse-mère.

Le prêtre contre le sorcier

Avec l'avènement du christianisme, l'Église voit les dieux des autres religions comme des démons, et les cultes et les pratiques qui l'ont précédé comme des actes du diable. Les prêtres des rites gréco-romains, germains, celtes et slaves sont considérés comme des sorciers, et le chamanisme antique pratiqué dans les classes les moins lettrées comme de la sorcellerie. Aussi la sorcellerie est-elle le symbole de l'inversion ou de l'antithèse des valeurs et des rites chrétiens (messes noires, sabbat des sorcières, assemblées nocturnes, parodies blasphématoires de la messe). L'imaginaire hiérarchie des sorciers est pensée comme l'équivalent du clergé de Dieu, mais travaillant au service du diable. Symboles de spiritualité solitaire, guérisseurs agissant sur le corps par le geste et la préparation, les sorciers représentent aux yeux du clergé les forces du chaos qui menacent d'envahir le monde réel, et que combat déjà l'Ancien Testament: « Qu'on ne trouve chez toi personne qui fasse passer son fils ou sa fille par le feu, personne qui exerce le métier de devin, d'astrologue, d'augure, de magicien, d'enchanteur, personne qui consulte ceux qui évoquent les esprits ou disent la bonne aventure, personne qui interroge les morts. Car quiconque fait ces choses est en abomination à l'Éternel » (Deutéronome, XVIII, 10-12).

La sorcière, bouc émissaire

Face à la figure presque chaste du sorcier, personnification du mal et de l'apostasie, le caractère féminin de la sorcière ajoute la notion de la chair. « La femme est le chaos d'où tout est

issu et où tout doit un jour retourner ; elle est le Néant », écrit Simone de Beauvoir dans *le Deuxième Sexe*. La Grèce représente ce caractère sombre et inquiétant de la femme sous la forme des Parques, des Furies ou des striges, oiseaux maléfiques en lesquels certaines femmes se transforment. Sous l'Inquisition, où le contrôle de la sexualité est une préoccupation essentielle, la sorcière est le symbole d'une sexualité défendue : elle reprend le symbolisme charnel et la puissance des divinités de la fertilité de l'Antiquité, dans lesquelles le Moyen Âge voit un jaillissement irrépressible, symbole de péché, de culpabilité (fondé sur un pacte avec le diable), et de danger primordial.

Voir **chair, démon, diable, femme, Hécate, mère, Lilith**

souffle

Air exhalé par la bouche en respirant, le souffle est le principe vital, l'esprit et l'âme.

Le souffle vital, qui donne la vie aux êtres vivants, est un symbole universel de pouvoir de vie, associé à la divinité. Ainsi la déesse égyptienne Isis ressuscite Osiris démembré en lui insufflant le souffle de la vie et parvient à se faire féconder par lui. Le dieu sumérien Enlil, « seigneur du souffle », est celui qui détient « le souffle de la parole et du verbe », proche en cela du Yahvé hébreu. Si, dans la mythologie scandinave, Odin insuffle la vie dans les troncs d'arbres pour leur permettre de respirer et donc de vivre, le dieu de l'Ancien Testament réserve cette insufflation à l'homme : « L'Éternel Dieu forma l'homme de la poussière de la terre, il souffla dans ses narines un souffle de vie et l'homme devint un être vivant » (Genèse, II, 7).

La Bible parle du souffle de Dieu quand elle veut indiquer une présence ou une action de Dieu auprès des humains. C'est le souffle créateur du Dieu qui erre sans but dans le chaos initial, qui met fin au Déluge ou écarte les eaux de la mer Rouge, mais c'est aussi le souffle destructeur qui inonde les Égyptiens pendant l'Exode.

Voir **âme, Isis, Osiris, vent**

soufre

Corps solide non métallique de couleur jaune, le soufre est symbole de feu infernal et purificateur, et le principe actif des alchimistes.

Dans la Grèce antique, le soufre a des vertus purificatrices. On commence par le feu et le soufre la purification d'une maison, avant de l'arroser d'eau salée. Et Homère décrit le soufre comme ayant la vertu « d'éloigner la vermine ».

Dans la croyance médiévale, les apparitions du diable s'accompagnent d'une odeur qui l'identifie, celle du soufre, dont les propriétés incandescentes l'associent au feu. Sentir le soufre, c'est sentir le diable, présenter un caractère d'hérésie. Le soufre reprend donc le symbolisme dual du feu, à la fois infernal et purificateur, sans qu'il y ait de contradiction : élément principal des enfers, l'endroit où se rendent ceux qui ont besoin d'être purifiés, le soufre est associé à

la purification par le châtiment. Ainsi, dans la Bible, le soufre est le symbole de la fureur divine et du châtiment : dans la Genèse, l'Éternel fait « pleuvoir du ciel sur Sodome et sur Gomorrhe du soufre et du feu » (XIX, 24). Le soufre, associé au feu, tombe aussi sur les Édomites, sur les hommes impies, ou encore sur la Bête et ses adorateurs.
Mais c'est en hermétique que le soufre, représenté par un triangle au-dessus d'une croix, revêt un sens essentiel. Le soufre est le principe actif et mâle des corps en leur intérieur, comme le Soleil dans l'univers. Associé à la terre et au feu, le soufre, « soleil noir des alchimistes », est l'esprit de la matière.

Odeur de soufre, odeur qui passe pour accompagner le diable.

Sentir le soufre, présenter un caractère d'hérésie.

Un discours sulfureux, qui sent le soufre, le diable, qui est dangereux, subversif.

Voir **diable, jaune, purification**

soulier

Le soulier symbolise le voyage, le rapport au monde, la prise de possession de la terre, mais aussi l'entente sexuelle.

Un rapport au monde

Symbole du voyage, les souliers sont à l'image des bottes de sept lieues, capables de nous transporter en un instant où bon nous semble. Les chaussures ordinaires permettent néanmoins l'insertion dans la vie, et, dans de nombreuses civilisations, le mort est présenté déchaussé, car il n'a plus la capacité d'arpenter le monde. On se présente également déchaussé dans les mosquées, mais aussi dans les foyers japonais ou

russes, en signe d'humilité, de modestie. En Égypte ancienne, on se déchausse en présence d'une personne de rang supérieur, et l'on ne peut fouler un sol sacré que pieds nus. En Grèce antique, porter des chaussures au-dehors est un signe de distinction sociale, les pauvres allaient pieds nus, ainsi que certains philosophes, comme en témoigne Platon : « J'avais rencontré Socrate bien lavé, des sandales aux pieds, chose qui ne lui était pas ordinaire. » À Rome, les chaussures sont une marque de citoyenneté, et les esclaves n'ont pas le droit d'en porter. Être déchaussé, c'est être dépossédé. À l'inverse, « tenir sous sa botte » signifie la prise de possession violente. La chaussure est un média entre l'individu et son territoire, une métaphore de son rapport au monde. Les soins du cirage ont la valeur presque philosophique de l'entretien de ce rapport au monde.

Un symbole sexuel

Le fétichisme de la chaussure féminine est lié à la sexualité : par le culte obsédant et possessif de la chaussure, le fétichiste touche de façon détournée et perverse à l'aimée. En tant que réceptacle du pied, on peut d'ailleurs voir dans le soulier un symbole du sexe féminin. Dans les pays du Maghreb, on offre dans une corbeille nuptiale des mules à la future épousée, symboles d'entente sexuelle et conjugale. « Trouver chaussure à son pied » signifie trouver la personne qui vous convient exactement, sur tous les plans. Le soulier symbolise aussi la conscience morale. C'est ainsi que l'héroïne du *Soulier de satin* de Paul Claudel confie une de ses chaussures à la Vierge avant de rejoindre son amant, afin de « s'élancer vers le mal d'un pied boiteux ». À l'inverse, « rester droit dans ses bottes » signifie que l'on ne doute pas de la justesse de ses actes. Aussi, lorsque les chaussures prennent une certaine indépendance, faut-il en déduire un certain décalage entre les actes et les pensées. En perdant sa pantoufle de vair au bal donné par le prince, Cendrillon a déjà abandonné un peu de sa vertu. De même, dans le jeu de claquettes, les Afro-Américains inventèrent en même temps que le jazz un mode d'expression à mi-chemin de la danse et de la musique, dans lequel la chaussure devient tambour ; la chaussure y profère une série d'identités rythmiques en complet décalage avec l'expression orale.

source

Symbole de pureté originelle, la source apporte guérison, réconfort, purification des corps et des âmes.

La source est à l'origine de la vie, c'est l'enfance du fleuve, la demeure des nymphes virginales et un lieu situé en hauteur, ce qui renvoie à la supériorité des temps anciens sur les temps présents. C'est d'ailleurs dans le jardin d'Éden que prennent source les quatre grands fleuves bibliques qui partagent le monde. La source est donc associée à l'arbre ou à la montagne qui figure l'axe du monde. Lorsque l'on parle de « la source de tous les maux », on se réfère ainsi inconsciemment à la transgression d'un tabou originel lié à la nature matricielle des sources : c'est en s'approchant trop près de l'arbre d'Éden qu'Ève peut saisir la pomme et donner la connaissance désastreuse du bien et du mal aux hommes.

Voir **arbre, cascade, eau, fleuve, jardin, montagne, puits**

souris

Les dommages causés par ce petit rongeur en ont fait chez les Juifs un symbole d'hypocrisie et chez les chrétiens un symbole de destruction malfaisante.

Les fabulistes ont souvent utilisé son apparente faiblesse pour l'opposer à des animaux réputés dangereux et puissants. Chez les fabulistes, c'est une souris (ou un rat) qui ronge le filet qui retient le lion prisonnier.

Voir **rat**

sphère

La sphère est la forme à trois dimensions du cercle et, comme lui, elle est associée à la perfection divine, à l'éternité et à l'infini.

Un monde rond...

Pour Parménide (VIe siècle av. J.-C.), l'univers est composé de deux sphères, l'une terrestre, l'autre, où l'on passe après la mort, représentant l'au-delà. Platon, dans le dixième livre de *la République*, décrit le cosmos comme une construction de huit sphères concentriques avec la Terre au centre. La Terre, pour Platon, n'est pas une sphère. La conception platonicienne correspond donc à la notion de la vie terrestre marquée par le sceau de l'imperfection. Les sept sphères concentriques au-dessus de la Terre sont associées à la Lune, au Soleil et aux cinq planètes visibles. La huitième sphère et la demeure des étoiles. Les sphères sont reliées entre elles par un fuseau – « Le fuseau lui-même tourne sur les genoux de la Nécessité. » Dans le même passage, Platon parle pour la première fois de la célèbre notion de la musique des sphères : « Sur le haut de chaque cercle, se tournant avec lui, se tient une Sirène qui fait entendre un seul son, une seule note ; et ces huit notes composent ensemble une seule harmonie. »

...et parfait

La conception platonicienne d'un univers géocentrique composé de huit sphères qui agissent en harmonie les unes sur les autres deviendra le modèle dominant de notre univers. Au Moyen Âge, les théories aristotéliciennes, remises à la mode, souligneront aussi la nature parfaite du cercle et de la sphère. Au milieu du XVIe siècle, le lien entre la sphère et la perfection devient un lieu commun de la pensée et de la poésie, comme on le voit dans ces vers de Ronsard :

« Et toy divin esprit qui du Ciel es venu,
Dedans un autre Ciel où tu es retenu
Simple rond & parfait, comme icy nous ne sommes,
Où tout est embrouillé, sans ordre ny sans loy:
Puisque tu es divin, aye pitié de moy:
Il appartient aux Dieux d'avoir pitié des hommes. »

INCVBVIT,
SVBIMAGINE.
ALTIOR
MVNDI
Astrologia
ptolomeus

Il faut attendre le XVIIe siècle pour que cette notion métaphysiquement rassurante d'une harmonie sphérique et d'un système géocentrique soit mise en cause par la théorie du système héliocentrique et du mouvement elliptique des planètes.

Voir **cercle, globe**

sphinx

Figure fabuleuse de la mythologie égyptienne puis grecque, le sphinx, lion à tête humaine, est dans l'Antiquité un gardien bénéfique (chez les Égyptiens) et un monstre cruel (chez les Grecs).

Le défenseur des nécropoles égyptiennes

Sa plus ancienne image, le sphinx de Gizeh, représente un lion couché, dont la tête est celle du souverain Khephren, coiffé du bonnet *nemes* (attribut royal). Le sphinx est le gardien de la nécropole, chargé de défendre celle-ci contre les assaillants éventuels ou les esprits malfaisants. Il représente la force souveraine, protectrice des bons, redoutable pour les rebelles. À partir du Nouvel Empire (vers 1 500 av. J.-C.), les dieux peuvent également s'incarner dans la forme du sphinx et se faire ainsi les

gardiens vigilants de leurs temples. À cette époque, le sphinx de Gizeh, que doraient chaque jour les premiers rayons du soleil renaissant, fut assimilé au dieu solaire Horus.

Le monstre grec

Dieu bon et protecteur, le sphinx égyptien est très différent dans sa conception de la cruelle sphinge grecque. Pour les Grecs, le Sphinx était un monstre, enfant de Typhon et d'Échidna, envoyé par une divinité pour venger sur les Thébains le viol de Chrysippe par Laïos. Le Sphinx s'installa aux abords de Thèbes, interceptant les passants sur la route, leur demandant de deviner des énigmes, et dévorant ceux qui ne pouvaient y parvenir. Œdipe, qui s'était acquis une grande renommée de perspicacité et de sagesse, revenant de Delphes, affronta le monstre, répondit à ses questions et précipita la fin du monstre conformément à la prédiction de l'oracle. Le mythe d'Œdipe et du Sphinx, promis à un grand avenir, atteste la popularité du Sphinx dans la civilisation grecque.

Voir **Horus, lion, Œdipe, soleil, temple, tombe**

spirale

Suite de circonvolutions, d'enroulements, la spirale est à la fois évolution et renaissance.

Depuis la nuit des temps, les spirales fascinent l'homme. On les trouve dans la nature (tourbillons, tornades, galaxies célestes), comme dans l'architecture, avec l'escalier en colimaçon. Sur le plan historique, c'est le philosophe italien Giambattisto Vico qui eut l'idée de considérer l'histoire comme une spirale, c'est-à-dire comme un mouvement cyclique qui englobe à la fois le développement et la répétition. Roland Barthes dit à ce propos : « Le symbolisme de la spirale est opposé à celui du cercle ; le cercle est religieux, théologique ; la spirale, comme le cercle déporté à l'infini, est dialectique : sur la spirale, les choses reviennent, mais à un autre niveau : il y a retour dans la différence, non-ressassement dans l'identité (pour Vico, penseur audacieux, l'histoire du monde suivait une spirale). La spirale règle la dialectique de l'ancien et du nouveau » (*l'Obvie et l'Obtus*).

Voir **cercle, coquille, entrelacs, escalier, escargot**

squelette

Charpente osseuse des animaux vertébrés, le squelette représente un état intermédiaire entre la vie et la mort et se rapproche donc du symbolisme du crâne.

Comme celui-ci, il peut servir de *memento mori,* mais, à la différence du crâne, le squelette est doté d'une *anima* qui le fait vivre et le transforme en être actif. La danse macabre, où sont représentés des squelettes grimaçants se tenant par la main, n'est pas seulement un rappel de la nature passagère des plaisirs terrestres, mais elle marque aussi la survivance de ces plaisirs dans la mort ; le squelette y est un symbole païen ; la vie se déguise en mort et la mort en vie, d'où son pouvoir de séduction, que Baudelaire a bien compris dans son poème *Danse macabre* :

« Ses yeux profonds sont faits de
[vide et de ténèbres,
Et son crâne, de fleurs artistement
[coiffé,
Oscille mollement sur ses frêles
[vertèbres.
Ô charme d'un néant follement
[attifé. »

Le squelette vivant, souvent vêtu d'une cape noire, se retrouve dans la figure de la faucheuse. Munie d'une faucille, la mort, personnifiée ainsi, fait sa moisson des êtres vivants, mais son épine dorsale peut être composée d'épis de blé. Un lien graphique est ainsi créé entre la vie et le trépas, entre la mort qui fauche tout être humain et la vie qui lui survit.

Voir **crâne, danse, faucille, os**

sud voir midi, points cardinaux

sureau

Arbre de la malédiction et de la condamnation, il est associé au nombre 13, et donc à la sorcellerie, à la magie noire et à la mort.

Le sureau est l'un des emblèmes d'Hécate, déesse grecque des Enfers, et c'est sur une branche de cet arbre maléfique que Judas, après avoir trahi le Christ, se serait pendu.

Puisqu'il est facile de vider le sureau de sa « moelle », le caractère creux de l'arbre entre dans la légende. On évite de brûler le sureau, car on libère du même coup les mauvais esprits cachés à l'intérieur et, pour les mêmes raisons, on évite de dormir sous ses rameaux. Les esprits du sureau pourraient profiter de la présence d'un paysan somnolent et insouciant pour lui donner des cauchemars affreux, voire le rendre fou. Les druides confectionnaient une flûte avec son bois afin de communiquer avec les morts. Les écrivains médiévaux ne tarissent pas de descriptions détaillées sur la bonne utilisation du sureau. Si l'on veut confectionner une baguette magique, rien de mieux qu'une branche de sureau. L'alchimiste Albert le Grand nous en donne la recette : « Vous cueillerez le lendemain de la Toussaint une branche de sureau, dont vous ferez un bâton que vous approprierez à votre mode ; vous le crémerez en ôtant la moelle et vous mettrez au fond du bâton les deux yeux d'un jeune loup, la langue et le cœur d'un chien, trois lézards verts, trois cœurs d'hirondelles, et que tout cela soit séché au soleil. »

Voir **baguette, Hécate, sorcier**

svastika

Le svastika, qui en sanscrit signifie « de bon augure », est une figure géométrique en forme de croix à branches coudées. C'est l'un des plus vieux symboles de l'aire indo-européenne.

En Occident, le svastika est connu aussi sous le nom de *crux gammata* ou « croix gammée », car la forme des branches, dans sa version européenne, est la même que celle de la lettre grecque gamma. Les branches du svastika rappellent aussi les jambes. C'est un symbole en mouvement, en rotation, il est donc associé à la roue. C'est aussi l'un des plus vieux symboles du bouddhisme, religion centrée sur le *dharma* ou « roue de la loi ». L'emploi de la *crux gammata* en Europe est assez courant sur les premiers monuments chrétiens à Rome, mais ailleurs il est rare.
Les Britanniques, familiers des Indes, font connaître au début du XXe siècle le svastika en Europe. On se met à discourir sur la culture indo-européenne et sur un peuple noble, guerrier et panthéiste, les Aryens, qui seraient à l'origine de cette culture. Ces derniers sont présentés comme une race supérieure et les ancêtres lointains des peuples germaniques. Des écrivains nationalistes allemands propagent l'idée que la croix gammée est un symbole typiquement aryen. Pour ces raisons, le svastika est adopté par les nazis comme symbole de leur parti en 1920.

Voir **croix, roue**

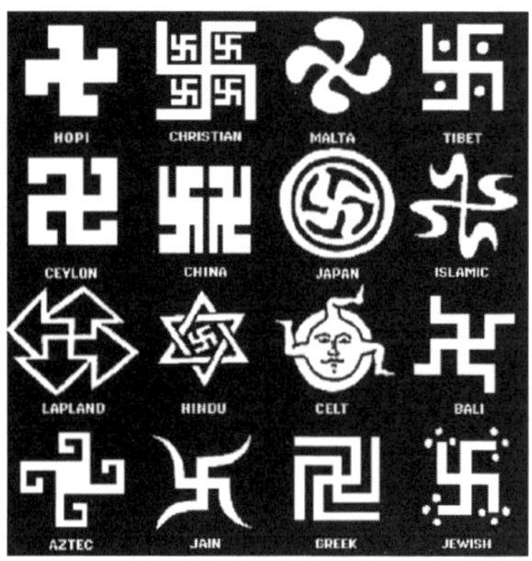

sycomore

Arbre de grande envergure portant de petits fruits appelés figues, le *ficus sycomorus* (à ne pas confondre avec le sycomore érable des régions septentrionales) est l'un des arbres les plus significatifs pour les anciens Égyptiens. Le hiéroglyphe du sycomore représente souvent l'arbre au sens générique.

Selon une très ancienne légende égyptienne, un sycomore se tenait sous le dais du ciel, à côté du soleil levant et du soleil couchant. Son ombrage généreux et protecteur aurait été le rendez-vous des amants de la vallée du Nil. Dans la Bible, le sycomore est surtout associé à Zachée, percepteur fort riche qui souhaite voir Jésus lors de son passage à Jéricho. De petite taille, Zachée monte sur un sycomore, mais Jésus lui ordonne d'en descendre et lui demande de bien vouloir le loger chez lui. Zachée, « se présentant devant le Seigneur, lui dit : Seigneur, je m'en vais donner la moitié de mon bien aux pauvres, et si j'ai fait tort à quelqu'un, je lui en rendrai quatre fois autant. Jésus lui répond : Cette famille a reçu aujourd'hui le Salut » (Luc, XIX, 8-9). Pour les commentateurs de la Bible, le sycomore représente ainsi le mépris des biens matériels, le désir d'une élévation spirituelle et la possibilité de la rédemption de tout pécheur qui reconnaît en la personne du Christ la voie du salut.

Voir **arbre**

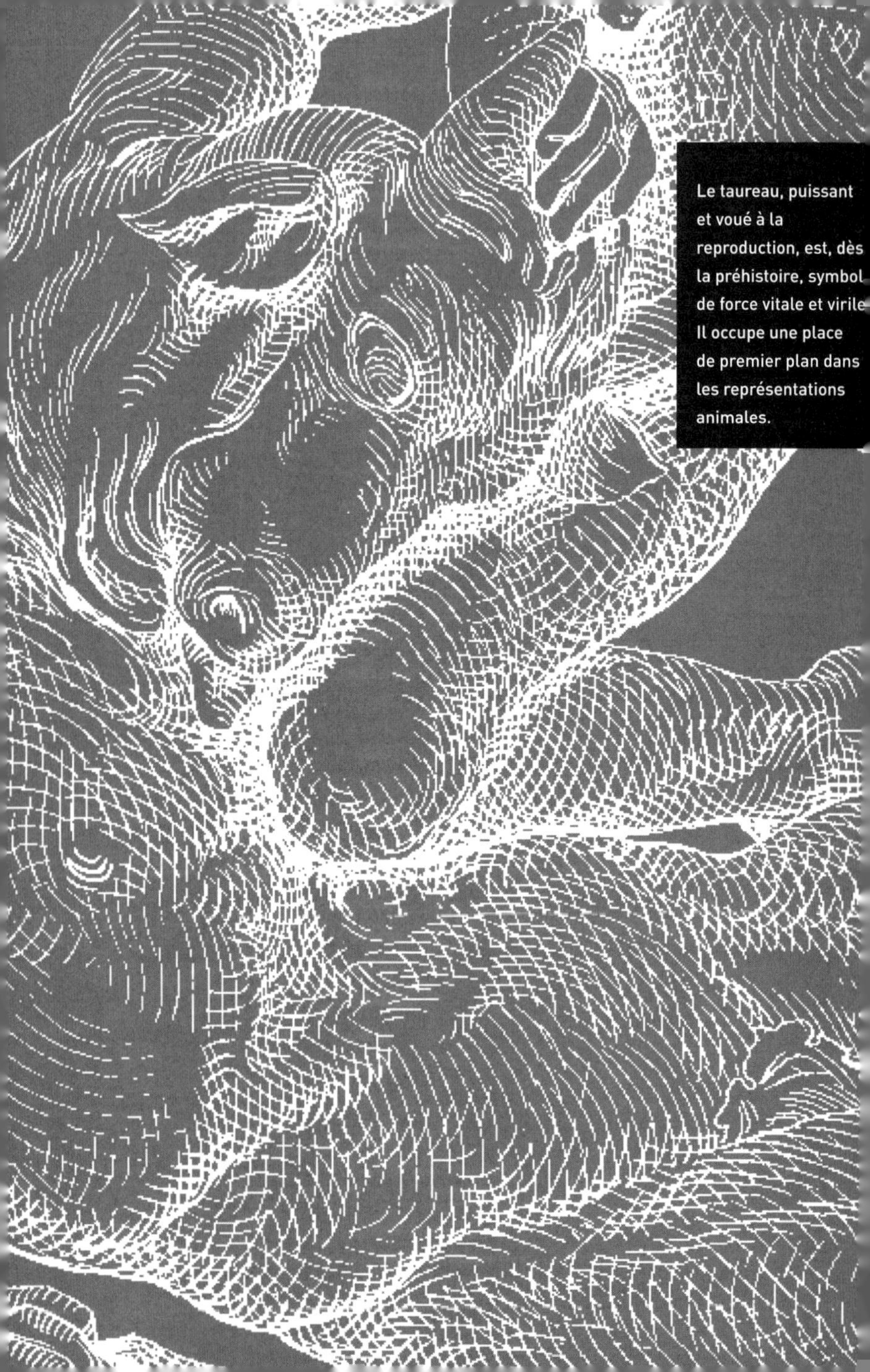

Le taureau, puissant et voué à la reproduction, est, dès la préhistoire, symbol de force vitale et virile Il occupe une place de premier plan dans les représentations animales.

T

tabac

Pour beaucoup de tribus d'Amérique, fumer du tabac, normalement dans un bâton creux, était un moyen de communiquer avec les dieux.

Les fines volutes de fumée transportaient des messages vers le ciel. Le tabac éloignait également les maladies et la mauvaise fortune et scellait l'harmonie entre les hommes.

Introduit en Europe dès le début du XVIe siècle, le tabac revêt des qualités contradictoires. Détesté par certains monarques comme Jacques Ier d'Angleterre ou Louis XIV, il est associé à la dégénérescence morale. C'est souvent sa signification dans maints tableaux hollandais. Mais plus tard le tabac est associé à la force mentale. Comme le montre l'image de Sherlock Holmes avec sa sempiternelle pipe ou les photographies d'écrivains ou de chercheurs entourés d'un nuage de fumée de cigarette. Le cigare, surtout si c'est un havane, est une marque de distinction sociale.

Traditionnellement, le tabac a des connotations fortement masculines, à tel point que les femmes fumeuses étaient soupçonnées d'avoir des mœurs plus que légères. Au début du XXe siècle aux États-Unis, les femmes qui fumaient dans la rue risquaient de se faire arrêter. C'est sans doute la raison pour laquelle la cigarette a pu être considérée comme signe de la libération féminine.

Voir **fumée**

tabernacle

Centre du temple ou de l'église, le tabernacle est ce qui est précieux entre tout.

Interdit au profane

Dans une conception de l'espace cultuel en cercles concentriques, où le caractère sacré augmente en se rapprochant du centre, le tabernacle est le lieu le plus saint du temple, plus vénéré encore que le sanctuaire lui-même. Dans l'Égypte ancienne, le *naos* est le coffre ou la pièce qui abrite la statue de la divinité. En Grèce, le tabernacle est le lieu principal, au cœur du temple *(naos)*, l'*adyton* (« lieu dans lequel on ne peut entrer »), interdit au profane, le lieu de la manifestation divine, celui, par exemple, où se tient la Pythie, à Delphes.

Le Saint des Saints

Dans l'Ancien Testament, le tabernacle contenait, à s'en tenir aux textes de l'Exode, l'Arche d'Alliance où étaient déposées les Tables de la Loi gravées par Yahvé et remises à Moïse. Le tabernacle était composé de trois parties : le parvis, le Saint et le Saint des Saints, qui se retrouveront dans l'architecture du premier et du second Temples de Jérusalem.

Dans le christianisme, le tabernacle joue un rôle moindre. Auparavant, le saint sacrement était conservé dans une niche creusée dans le mur du sanctuaire, ou dans une tour eucharistique isolée ou posée sur l'autel, ou bien encore dans une colombe suspendue au-dessus de l'autel. Depuis la réforme liturgique de 1967, le tabernacle doit être solidement fixé et

à l'abri de toute profanation. Il est habituellement recouvert d'un voile, et une lampe doit brûler continuellement près de lui.

Dans l'islam, cet espace tient dans le *mihrab* (« niche ») des mosquées ; ici aussi, le tabernacle est un espace clos et interdit, sauf aux initiés.

Voir **arche, autel, centre, cercle, colombe, niche, sanctuaire, temple, voile**

table

Surface se prêtant à l'étalage, la table symbolise l'égalité assurée par la visibilité ou la lisibilité.

Les Tables de la Loi, la table des négociations, la table de multiplication, la table des convives ou la table ronde des chevaliers… toutes les

tables soulignent cette mise à niveau permise par la surface plane. Quand un prisonnier interrogé cesse de mentir, on dit qu'il « se met à table ». On aime au cours des négociations que les protagonistes jouent « cartes sur table ». Les « dessous de table » sont au contraire la partie invisible et moralement condamnable des accords. La table devient ainsi le garant d'un certain nombre de pactes. Avoir partagé un repas sur la même table est en soi une mise en commun, une communion.

Voir **banquet**

tablier

Étoffe unie de protection que l'on porte sur le devant du corps, le tablier est utilisé dans certains rites.

Les francs-maçons portent un tablier en toile sur lequel peuvent figurer des symboles comme l'œil omniscient, la ruche, l'équerre, le compas, le soleil et la lune. Pour eux, le tablier représente l'honneur, la fierté, et la volonté de travailler au service des autres. Il peut également symboliser la pureté et l'innocence. En effet, le maître d'une loge, lors de son élection, reçoit un tablier blanc en peau.

Le tablier est aussi symbole de domesticité, comme l'indique l'expression *rendre son tablier* : c'est-à-dire renoncer à une situation déplaisante ou humiliante.

Voir **compas, équerre, franc-maçonnerie, lune, œil, ruche, soleil, voile**

tambour (tambourin)

Le tambour symbolise le tonnerre, le son primordial de l'existence et de la création. Il sonne l'offensive militaire et sert à invoquer la protection divine.

Le son primordial

Le grand tambour produit des sons graves et profonds, assimilés à un tonnerre antique, porteur de vie, à un verbe avant le verbe. Nombre de tambours africains servent d'ailleurs à invoquer la pluie. Le tambour de Shiva, en forme de sablier, rappelle que ce dieu hindou est autant créateur que destructeur. Son roulement a longtemps accompagné les régiments. Le tambour militaire, d'origine sarrasine, a été adopté au XIVe siècle par l'armée française. Il servait à cadencer la marche des troupes à pied et à sonner l'alarme et l'offensive, comme la trompette. C'est ainsi que les soldats perdus dans la fumée des combats suivaient le son du tambour, qui marquait l'existence de leur bataillon.

Un lien avec l'inconnu

Par cette faculté de répéter des sons, le tambour provoque la transe : il fait venir les esprits qui pénètrent le corps du chaman. Il est ainsi un lien entre deux mondes, une porte. L'usage le plus étrange du tambour est sans doute celui des chamans sibériens, qui parviennent grâce à lui à s'orienter en pleine tempête de neige, alors même que les boussoles perdent le nord en raison de la proximité du pôle magnétique : pour eux, le monde des esprits est un monde plus fiable que celui que nous connaissons. D'un son plus léger, souvent agrémenté de cymbales ou d'objets résonnants divers, le tambourin est associé à la fête et à la joie.

Voir **danse, trompette**

tamis

Le tamis est le symbole du discernement, du choix.

Il est associé pour les chrétiens au Jugement dernier, au cours duquel Dieu reconnaîtra les siens. Sur le plan individuel, le tamis représente une purification rigoureuse et parfois douloureuse, car êtres, pensées et actions sont jugés selon la même maille.

Voir **van**

Tantale

Fils de Zeus et de la nymphe Plouto, Tantale est le symbole de l'éternelle tentation et de l'éternelle insatisfaction.

Admis à la table des dieux, il déroba le nectar et l'ambroisie pour les faire goûter aux mortels. Il égorgea son propre fils Pélops et le servit aux dieux dans un festin afin de mettre à l'épreuve leur omniscience. Zeus s'en aperçut et ressuscita Pélops. Zeus le condamne alors à vivre éternellement aux Enfers dans une mare d'eau limpide où il est immergé jusqu'au cou. Chaque fois qu'il penche la tête pour étancher sa soif, le niveau de l'eau baisse, et chaque fois qu'il lève la tête pour avaler les fruits qui poussent au-dessus de lui, le vent les pousse hors de sa portée.

Voir **ambroisie, Prométhée, résurrection**

tapis

Comme le dais symbolise le ciel, le tapis symbolise la terre, dont il isole.

Le mythe du tapis volant renvoie à la faculté de déplacement illimitée d'un voyage immobile, plus spirituel que matériel. Le tapis de prière musulman représente un sol pur, un temple ou un jardin, symbole du paradis. Ses motifs sont par conséquent essentiellement terrestres : animaux ou plantes disputent la place aux motifs géométriques et aux symboles abstraits. Le tapis de prière musulman de couleur verte, la couleur du Prophète, comporte le plus souvent une niche symbolique *(mihrab)* indiquant la direction de La Mecque. La valeur symbolique des tapis varie selon ces motifs et leurs couleurs. Beaucoup de tapis berbères mélangent symboles abstraits et figures animales pour actualiser au quotidien les représentations fondamentales de la sexualité. L'étude des tapis devient ainsi un champ de l'étude des structures sociales, du moins tant qu'ils ne se réduisent pas à un objet de décoration.

Voir **cube, dais, jardin, niche, vert**

tarot

Les tarots ont en partie évolué avec les cartes à jouer, dont ils partagent les origines arabes. Un jeu comprend soixante-dix-huit cartes, appelées lames, dont cinquante-six sont dites « arcanes mineurs », divisés en quatre couleurs (bâtons, épées, coups et deniers) et composés des cinquante-deux cartes d'un jeu ordinaire, plus quatre cavaliers, intermédiaires entre le valet et la dame. Vingt-deux lames sont dites « arcanes majeurs », qui représentent des personnages ou des scènes inspirés de la Bible, de l'astrologie, de l'Antiquité gréco-romaine et de l'imagerie médiévale. Ce sont ces dernières cartes surtout qui octroient aux tarots leur pouvoir « magico-symbolique » et expliquent qu'ils soient plus appréciés qu'un jeu ordinaire dans la cartomancie.

Jeu ou « outil spirituel » ?

C'est à Venise au XVe siècle que le jeu de tarots fit son apparition en Europe. Certains voient dans le jeu à ses débuts « une grande réalisation de l'humanisme italien », brassant la symbolique chrétienne avec des motifs antiques pour composer un outil didactique enseignant l'importance des vertus et de l'élévation spirituelle de l'homme. Quoi qu'il en soit, la portée didactique et éthique du tarot s'est éclipsée par la suite pour céder la place à une utilisation purement ludique des cartes.

Une « re-mythologisation »

C'est vers la fin du XVIIIe siècle, notamment suite à l'introduction du tarot de Marseille qui se répand un peu partout en Europe, que l'on assiste à la réinvention du sens symbolique et ésotérique des cartes. Selon le franc-maçon et archéologue Antoine Court de Gébelin, le symbolisme du tarot remonte à l'Égypte pharaonique, mais fut dénaturé par les Européens. Le tarot serait le « livre de Thot », dieu de l'écriture, qui sera confondu avec Hermès Trismégiste, prétendu auteur de traités magiques. Court de Gébelin écrit en 1781 : « Il existe un livre qui contient la doctrine la plus pure des Égyptiens qui aurait échappé aux flammes de leurs bibliothèques [...]. Ses pages sont les figures des Tarots. » Jean-François Alliette, également franc-maçon et contemporain de Court de Gébelin, observe : « Le Tarot est un livre de l'Égypte ancienne dont les pages contiennent le secret d'une médecine universelle, de la création du monde et de la destinée de l'homme. Ses origines remontent à 2170 av. J.-C., quand dix-sept sages se réunirent en un conclave présidé par Hermès Trismégiste. » Un peu plus tard, les amateurs de la Kabbale auront leur interprétation particulière, voyant dans les vingt-deux arcanes majeurs vingt-deux lettres de l'alphabet hébreu, ainsi que les vingt-deux sentiers de l'Arbre de la Kabbale en lequel se reflètent la nature humaine et la structure de l'univers. Tout un programme... Le symbolisme du tarot d'aujourd'hui est donc relativement récent. Paradoxalement, il est un produit du siècle des Lumières. À une époque où les croyances chrétiennes subissaient une critique rationnelle, avec le tarot, un symbolisme préchrétien devenait la matrice explicative de l'homme et de l'univers.

Les vingt-deux arcanes majeurs

Diverses interprétations sont faites des vingt-deux arcanes majeurs. Selon le plus vieux fabricant du tarot de Marseille, les « bonnes » interprétations par ordre numérique des cartes sont les suivantes :

Le Bateleur représente le destin de l'homme en lutte avec les courants occultes.

La Papesse représente l'intuition et les pouvoirs de la nature.

L'Impératrice représente la puissance passive du monde-matière. C'est une carte forte qui influence les cartes de son entourage, mais celles-ci ne l'influencent pas.

L'Empereur symbolise les biens passagers. Renversée, la lame signifie la chute d'un empire ou de l'âme.

Le Pape représente la puissance de l'homme sur la matière et les secrets dévoilés.

Bien que ce soit une carte d'union, de mariage, ***l'Amoureux*** peut signifier également l'infidélité.

Selon sa place dans un tirage, la carte du ***Chariot*** peut être interprétée

comme bonne parole portée ou comme une calomnie.
La Justice est une carte forte qui représente l'équilibre, la réhabilitation et l'honnêteté.
L'Hermite symbolise la vie intérieure et la lumière qui se fera sur des projets encore cachés.
Quelle que soit la nature des événements qui surviennent, ***la Roue de la Fortune*** n'est pas une carte négative, car elle représente une évolution positive.
La Force, qui représente le triomphe de l'esprit sur la matière, n'est influencée par aucune carte de son entourage, mais, renversée, elle signifie l'affaiblissement et l'annihilation.
Le Pendu, tête en bas, est une mauvaise lame qui signifie le renversement des projets. Elle évoque également un être enchaîné, n'ayant plus son libre arbitre. Renversée, la carte montre le Pendu debout et signifie ainsi une réussite possible.
La Mort est représentée par un squelette qui récolte à l'aide d'une faucille. Elle signifie l'immobilité et l'arrêt.
La Tempérance est une carte d'équité, représentant réflexion et pondération.
Le Diable est une mauvaise lame pour le monde physique, car, même si elle

représente la victoire, il s'agit d'un triomphe obtenu par des procédés déloyaux. Renversée, la lame représente une puissance encore plus maléfique.

La Maison-Dieu est une lame très forte qui signifie un événement inattendu qui pourrait être un projet brutalement arrêté, mais aussi la libération du monde du désir.

L'Étoile est une carte puissante, mais dont la force peut être neutralisée par les lames de son entourage. Elle symbolise le destin des sentiments qui animent l'être.

La Lune est une carte mauvaise, représentant la calomnie et un état de conscience trouble.

Le Soleil, lame extrêmement puissante, car jamais influencée par les lames de son entourage, symbolise le triomphe absolu.

Le Jugement symbolise l'aspiration de l'humanité vers un état supérieur.

Le Monde symbolise la perfection de l'homme dans l'universel. Renversée, la carte signifie la négation d'un succès et le sacrifice de l'amour.

Dernière lame des arcanes majeurs, ***le Mat*** signifie inconscience, désordre, insouciance et insécurité.

Voir **cartes à jouer**

tatouage

Cette marque indélébile, pratiquée sur la peau à l'aide d'une piqûre, d'un rasoir ou d'un colorant, est plus qu'une parure, c'est un symbole d'appartenance à un sexe, à une classe d'âge, à une caste, à une société secrète, à un groupe. Elle possède aussi un pouvoir magique.

La pratique du tatouage remonte à une très haute Antiquité. Les femmes de l'ancien empire égyptien ornaient leur corps de tatouages, qui s'ajoutaient à leurs bijoux. Au XIIe siècle, certains peuples de l'Extrême-Orient se faisaient tatouer des monstres marins pour se préserver des serpents et des crocodiles. Au XIXe siècle, en Europe, le tatouage avait surtout une valeur emblématique pour les prisonniers, les marins et les soldats de métier, ce qui signait leur intégration au groupe. Le tatouage était aussi une marque de reconnaissance valorisante pour les compagnons des métiers (maçons, charpentiers, forgerons). Le tatouage revêt presque toujours un caractère magique. Il constitue le plus souvent une initiation ou un rite de passage, comme en Afrique noire et au Maghreb. Nombre de tatouages, véritables talismans, ont un rôle de protection

contre les esprits ou le « mauvais œil ». Ils sont placés dans ce cas près des orifices considérés comme vulnérables (la bouche, les narines, la vulve, l'anus). Chez les adolescent, le tatouage s'apparente à un ornement mais il relève surtout d'un sentiment d'appartenance générationnelle.

Voir **amulette**

taupe

La taupe vit et creuse de profondes galeries sous la terre et représente donc les forces telluriques.

Comme tout ce qui vit sous terre, elle joue un rôle d'initiatrice et de guérisseuse. Ses galeries ont peut-être servi de modèle au labyrinthe archaïque d'Asclépios, à Épidaure. En revanche, comme tous les animaux qui hantent les ténèbres, elle a mauvaise réputation dans le monde chrétien. Pour Raban Maur (*De Universo*, VIII), la taupe est « condamnée à une cécité perpétuelle, symbole des idolâtres qui sans cesse tombent dans l'erreur par ignorance et par sottise ».

taureau

Le taureau, puissant et voué à la reproduction, est, dès la préhistoire, symbole de force vitale et virile et occupe dès cette époque une place de premier plan dans les représentations animales.

Un symbole de force et de fécondité

Dans les religions sumérienne et sémitique, le taureau est un symbole de puissance et de fécondité. Il ornait les murs des sanctuaires du Proche-Orient ancien. Parmi le mobilier funéraire des tombes royales d'Our, on a recueilli des lyres surmontées de têtes de taureau. D'autres sépultures (2e moitié du IIIe millénaire) ont livré des taureaux porte-enseigne qui servaient aux processions et dont l'expressivité exalte la vigueur. Chez les Hittites, deux taureaux sacrés servent de monture au dieu de l'orage et du ciel. Les cornes de taureau sont aussi l'attribut de certains dieux, comme le dieu El, divinité solaire suprême sémite. En Égypte, le taureau, sous le nom de *kamoutef*, qui signifiait « le taureau de sa mère », était lié, à l'origine, au mythe solaire selon lequel l'astre est enfanté chaque matin, sous la forme d'un veau d'or, par la vache du ciel (Hathor ou Nout), dont le corps constitue l'étendue céleste. Devenu taureau à l'heure de midi, il féconde sa mère, pour s'engloutir dans sa bouche, le soir, avant la gestation nocturne. Ce terme devint l'épithète de plusieurs dieux générateurs : l'Amon ithyphallique (qui présente un pénis en érection) de Louqsor, ou le dieu Min de Coptos. Au Nouvel Empire, le taureau fut même considéré comme une divinité indépendante, remarquable par son pouvoir procréateur. Un temple lui fut édifié à Thèbes.

L'égal des dieux et des héros

En Égypte, le taureau est aussi l'emblème de la puissance divine. Le taureau Apis est l'incarnation du dieu-roi Ptah. Les Égyptiens élevaient en son honneur un taureau porteur de mar-

ques distinctives, allant jusqu'à le momifier après sa mort.

Dans la mythologie grecque, le taureau est associé également au roi des dieux, Zeus, qui emprunte la forme d'un taureau pour enlever Europe. Dans la religion, l'immolation d'un taureau était de surcroît considérée comme le sacrifice le plus prestigieux, le plus souvent effectué en l'honneur de Zeus le roi des dieux.

Hésiode parle dans sa *Théogonie* de cette bête altière à la fougue indomptable. Gloire et puissance sont conférées à celui qui ose affronter le taureau. Seuls de vrais héros peuvent accomplir cet exploit. Héraclès abat le

taureau qui ravageait la Crète, Jason parvient à juguler les taureaux d'airain forgés par Héphaïstos, et Thésée sort vainqueur de sa lutte contre le Minotaure, monstre à corps d'homme et à tête de taureau, né de l'union de la reine Pasiphaé à un taureau blanc.
Ce récit est sans doute l'écho du culte crétois du taureau, et des sacrifices humains qui étaient pratiqués à l'époque minoenne. L'énergie du taureau était célébrée partout en Crète, où l'on rencontrait de nombreuses représentations sculptées ou peintes de l'animal. En tuant le Minotaure dans le labyrinthe du roi Minos, Thésée permit à ses concitoyens, les Athéniens, de ne plus être victimes de ces sacrifices.

Puissance maléfique et bénéfique

Dans le culte persan du dieu-soleil Mithra, comme dans celui de la déesse-mère Cybèle célébré à Rome et qui promettait un espoir de salut individuel, le sacrifice du taureau, le taurobole, avait une fonction de purification. Dans le culte de Mithra, le taureau est le symbole des forces du Mal face à Mithra qui incarne la Lumière et le Bien. Des taureaux étaient sacrifiés en souvenir du fait d'armes de Mithra qui avait capturé le taureau primordial, premier être vivant créé par Ahura Mazda, et l'avait ramené dans sa caverne. Le taureau lui ayant échappé, il le rattrapa par les naseaux et lui planta son épée dans le flanc. Du sang de ce taureau naquirent les plantes bienfaisantes, qui compensèrent les animaux nuisibles (serpents et scorpions) envoyés par Ahriman, le dieu du mal. Dans le culte de Cybèle, que l'on retrouve de l'Orient à la Bretagne, le myste (initié) descendait au fond d'une fosse recouverte d'un treillage de bois ou d'une pierre percée de trous. On égorgeait ensuite un taureau sur ce couvercle, et le sang de l'animal coulait sur l'initié, lui conférant la force physique, mais aussi l'élévation spirituelle.
Dans la Bible, quand Moïse descend du Sinaï avec les Tables de la Loi, il trouve les Hébreux en adoration devant le Veau d'or, incarnation du mal. Furieux, il brise les Tables de la Loi et détruit le Veau d'or. « Il le brûla par le feu, et le réduisit en poussière qu'il répandit à la surface de l'eau » (Exode, XXXII, 20).
Le taureau est une figure centrale dans l'œuvre de Picasso, qui redonne au mythe une actualité symbolique, qu'il s'agisse du Minotaure ou de tauromachie. Pour le peintre, la corrida est un rituel quasi religieux auquel participent le sang, assimilable au sang du Christ, mais aussi la fertilité, le sexe et le soleil.
Le Taureau est le signe zodiacal du mois de mai.

Voir **Apis, bœuf, corne, Cybèle, Hathor, Hercule, labyrinthe, lion, mère, Mithra, Minotaure, Nout, Ptah, sacrifice, sang, soleil, vache, zodiaque**

Tefnet ou Tefnout

Déesse égyptienne qui constituait, avec son frère jumeau, le dieu égyptien de l'air Chou, le premier couple de l'Énnéade héliopolitaine. Elle symbolisait peut-être l'humidité, peut-être aussi Chou et Tefnout figuraientils deux aspects du temps éternel. Ils sont souvent représentés comme deux lions.

temple

Le temple est un espace sacré, la demeure terrestre de la divinité, une représentation du ciel.

Un espace secret

Le temple égyptien (temple solaire, temple divin ou temple funéraire) est un espace sacré, entouré d'une enceinte qui interdit l'accès de l'édifice au profane. Il n'est nullement comparable à une église, où le public et les fidèles sont admis librement. Le temple est le lieu qui abrite le divin, considéré par les Égyptiens comme l'énergie créatrice, la puissance essentielle qui organise les mondes. Une telle énergie ne saurait être maniée que par des spécialistes avec, à leur tête, le pharaon. C'est pourquoi, à toute époque, la structure du temple est un axe qui part de l'extérieur, de la lumière apparente, pour aboutir jusqu'au cœur du sanctuaire : siège de la lumière secrète, celle de la présence divine. Souvent, le sol monte progressivement, alors que le plafond s'abaisse. La terre s'élève vers le divin, le divin s'incarne en ce monde, et les deux lignes s'unissent dans l'acte central du culte : le face-à-face du pharaon et de la divinité.

Un lieu central

Le Temple de Jérusalem, construit au début du Ier millénaire, à l'époque du roi Salomon, par des artisans phéniciens, formait probablement une série de cours communicantes s'inspirant des formules architecturales des temples syriens : vestibule, cella (premier sanctuaire), Saint des Saints (sanctuaire central). Le Saint des Saints était un espace sacré où seul pouvait pénétrer le grand prêtre, une fois par an, le jour du Pardon. C'est là que se trouvait l'Arche d'Alliance, qui contenait les Tables de la Loi données par Dieu à Moïse sur le mont Sinaï. Le premier Temple fut détruit par les Babyloniens en 586 avant notre ère. Le second Temple, qui fut agrandi par Hérode (Ier siècle av. J.-C.), fut définitivement détruit par les Romains en 70. Le Temple disparu occupe une place importante dans le judaïsme, qui ne cesse de réaffirmer la centralité du lieu. Il demeure, avec le mur dit des « Lamentations », vestige du second Temple, une destination de pèlerinage, et c'est toujours en sa direction que se tourne le fidèle en prière. L'emplacement supposé du Temple abrite aussi un lieu saint musulman, le Dôme du Rocher.

Un lieu sacré

Dans la Grèce antique, tout lieu peut revêtir un caractère sacré à condition qu'un dieu s'y soit manifesté ou qu'un héros y soit mort. Le terme grec désignant l'espace sacré, *temenos,* s'applique aussi bien à un modeste autel, simple monticule de terre ou espace sacré placé auprès d'une rivière ou au cœur d'un bois, qu'au vaste édifice entouré d'une colonnade érigé en l'honneur d'un des grands dieux de l'Olympe. À l'origine, le temple est simplement l'espace du ciel délimité par les augures pour y

observer le vol des oiseaux. Par la suite, il est devenu l'édifice lui-même, à partir duquel, selon des règles strictes, s'effectuait cette observation. Le grand temple en pierre ne constitue pas à proprement dit un lieu de culte. Fermé à la population une grande partie de l'année, il abrite la statue de la divinité et son trésor.

Une réplique du cosmos

Les textes sacrés égyptiens expliquent que le temple est à l'image du cosmos : en pénétrant dans le *naos*, le pharaon franchit les « portes du ciel ». Il nourrit, vêt et entretient l'intégrité du dieu afin que celui-ci demeure avec joie dans la maison qui est sienne, offrant ainsi à l'Égypte l'énergie vitale dont elle a besoin.

C'est chez les francs-maçons, qui se disent héritiers des bâtisseurs du Temple de Salomon, que le temple adopte le plus clairement une dimension cosmique : sa voûte est constellée d'étoiles. À l'est, au-dessus du siège du Vénérable, on voit le delta mystique (triangle), dans lequel s'inscrit l'œil divin. Quant à ses dimensions, elles sont variables, car ses limites sont celles des quatre points cardinaux, et sa hauteur est la distance du nadir au zénith. Dans les contrées bouddhistes, le temple sur pyramide à gradins, dit « temple-montagne », exprime aussi un symbolisme cosmique très poussé.

Un observatoire céleste

Il semble évident que certains sites mégalithiques aient été à la fois temples et observatoires astronomiques. C'est le cas du cercle de mégalithes de Stonehenge, proche de Salisbury en Angleterre. Ce temple solaire et lunaire était probablement dédié au cosmos. Ainsi, lorsque l'on aperçoit la pleine lune au-dessus de l'« autel », on peut prévoir que la prochaine pleine lune sera éclipsée. Par ailleurs, au solstice d'été, les premiers rayons de soleil traversent le cercle et viennent frapper la *Heel Stone*. Au solstice d'hiver, les rayons passent entre les deux trilithes placés aux extrémités du « fer à cheval » intérieur.

Voir **franc-maçonnerie, héros, Hiram, Jérusalem, menhir, montagne, mur, obélisque, pierre, pyramide, sanctuaire, soleil, solstice, tabernacle, tombe, triangle**

terre

Demeure des ancêtres, la terre est aussi la mère nourricière.

La terre-mère

Dieu sculpte Adam et Ève à partir de la terre et leur donne vie par son souffle. Dans le récit biblique, l'élément masculin et spirituel est symbolisé par l'air, mais la matière obscure et impénétrable de la terre n'en est pas moins nécessaire à la création. En Europe occidentale, il a d'ailleurs été longtemps convenu qu'une femme enceinte devait manger un peu de terre pour faire croître l'enfant qu'elle portait. Les Amérindiens des Andes vénéraient la terre sous la figure de la Pachamama, et les Grecs sous celle de Gaïa, première-née du Chaos et mère d'Ouranos (le Ciel), avec qui elle s'unit pour enfanter Cronos, père des dieux majeurs.

Le poids du monde et des mythes

Le point commun à toutes les mythologies est de présenter la terre comme le socle de l'aventure humaine, un espace rendu insondable par sa compacité. Tous les mineurs sont des aventuriers puisqu'ils osent s'aventurer entre les os de la terre (les pierres). Les agriculteurs, *a contrario,* voient leur vertu dans l'acte de vivification du labour : ils ouvrent le ventre de la terre pour y semer leurs graines. Pour toutes les civilisations également, cette base terrestre se doit de reposer elle-même sur quelque chose : c'est le géant Atlas en Grèce, une tortue en Inde, un serpent en Amérique… Les séismes sont censés être provoqués par les mouvements de ces créatures. La géographie terrestre est mise en conformité avec ces mythes : ce sont par exemple les cartes en « tau », ces *mappa mundi* du Moyen Âge, qui représentent la Terre sous la forme d'un disque plat, découpé en croix par le Nil, le Danube et la Méditerranée, et au centre duquel se trouve Jérusalem. Pour les Chinois en revanche, et pour les mêmes motifs cosmologiques, la Terre est représentée comme un carré (le ciel étant représenté par un globe). Les Chinois poussèrent le respect de ces représentations jusqu'à dessiner leurs villes sur la même figure géométrique. Plus généralement, l'espace terrestre est le monde des hommes, le cadeau de

Dieu à l'humanité, et donc aussi l'espace de toutes les passions et de tous les conflits sur lequel les générations se succèdent et se multiplient.

Gaïa souffrante ?

Actuellement, la résurgence d'une représentation de Gaïa comme être vivant (J. Lovelock, *l'Hypothèse Gaïa*) montre en Occident l'émergence d'une conscience écologiste nouvelle : celle d'un être humain sur la terre, c'est-à-dire d'un humain modeste et respectueux des fragiles équilibres environnementaux. De même, les mangas (*Hakira, Final Fantasy, Princesse Mononoké*...) montrent à quel point l'imaginaire japonais reste imprégné de cette présence féminine : rendue malade par la pollution et par les excès humains, la terre-mère se soulève et menace toujours d'engloutir l'humanité en son sein.

Voir **Atlas, charrue, globe, monde, pierre, points cardinaux, sphère**

tête

Partie supérieure du corps, siège du cerveau, des yeux, de la bouche et des oreilles, la tête humaine relève de la symbolique du haut.

Un microcosme

Vers la tête convergent la pensée, la volonté, la vue, l'ouïe, la parole et le souffle. Sa forme sphérique et la ressemblance du crâne au dôme permet-

tent une correspondance entre l'homme et un ordre transcendant. En effet, pour Platon et Hippocrate, la tête est un microcosme. Elle domine le corps et l'esprit. Être le chef (ancien mot pour tête) d'un État, c'est se trouver justement à la tête du corps politique.
La tête est une métonymie de la personne. « Par tête » signifie « par personne ». Un monarque est une « tête couronnée », et c'est sa tête qui figure sur l'avers des pièces de monnaie et autres insignes symboliques. Le portrait, et surtout l'autoportrait, sont des exercices de connaissance et de révélation qui, quoiqu'ils n'en représentent que la tête, évoquent la totalité du sujet.

Le pouvoir de la tête

La tête, qui suffit pour désigner le tout, jouit d'une présence autonome, présence que révèlent certains mythes, tel celui de Persée, qui transforme ses ennemis en pierre en tenant face à eux la tête de Méduse, qu'il a lui-même tranchée : celle-ci a conservé le même pouvoir qu'avant sa décollation. De même, saint Denis, premier évêque martyr de Paris, ayant survécu à sa décapitation, se met en marche, portant durant plusieurs kilomètres sa tête entre ses mains – c'est la céphalophorie. Le corps du saint ne peut être détruit : son esprit subsiste dans sa tête coupée.

Étant donné la multiplicité de ses attributs, il n'est pas étonnant qu'il existe tant d'expressions faisant allusion à la tête. *Avoir la tête haute,* c'est être moralement inattaquable. *Courber la tête,* c'est connaître la honte. *Risquer sa tête,* c'est mettre sa vie en danger. On peut *faire une drôle de tête* ou *agir à la tête du client.* La tête est désignée comme centre des états émotifs et caractériels dans des expressions comme *avoir la tête chaude* ou *avoir une tête de cochon.* Elle est considéré comme le siège de la pensée dans les expressions *une grosse tête,* ou tout simplement *c'est une tête.*

Voir **crâne, dôme, Gorgone, main, œil, Orphée, sphère, verticalité**

tétramorphe

Dans l'art médiéval, figuration simultanée des symboles des quatre évangélistes (notamment de part et d'autre d'un Christ en majesté).

Composé de quatre figures (homme, lion, bœuf, aigle), le tétramorphe (du grec *tetra,* « quatre », et *morphê,* « forme ») représente les quatre « vivants » qui entourent le trône de Dieu, dans la vision de saint Jean au début de l'Apocalypse, faisant écho à la vision du prophète Ézéchiel dans l'Ancien Testament : « Leurs visages ressemblaient à un visage d'homme ; tous les quatre avaient, à droite une face de lion, à gauche une face de taureau, et tous les quatre avaient une face d'aigle » (Ézéchiel, I, 10). Cette vision rappelle les quatre composants de la Sphinge grecque (Sphinx), au visage de femme, à la queue de dragon, au corps de lion et aux larges ailes. Chacune des figures du tétramorphe chrétien correspond à l'un des Évangiles : ainsi l'homme est le symbole de l'évangéliste Matthieu, dont le texte relate en détail la généalogie humaine de Jésus ; le lion représente

A
ω

Marc, associé au désert, où retentit la voix de Jean-Baptiste, et où Jésus passe quarante jours et quarante nuits ; le bœuf ou le taureau, animal du sacrifice, désigne Luc, dont l'Évangile commence par le sacrifice offert par le prêtre Zacharie ; enfin, l'aigle est attribué à Jean, associé à la hauteur spirituelle.

Pierre de Capoue, cardinal légat du Saint-Siège au XIIe siècle, considère le tétramorphe comme un symbole du Christ, qui fut homme en naissant, bœuf par son sacrifice, lion en ressuscitant, et aigle en montant aux cieux.

Voir **aigle, bœuf, lion, sacrifice, taureau**

Thémis

Thémis est la personnification de la loi et de la justice. À partir du Moyen-Âge, elle est représentée les yeux bandés en témoignage de son impartialité, et porte une balance d'une main et un glaive de l'autre.

Seconde épouse de Zeus, elle est mère des Moires, des nymphes et surtout de Prométhée, à qui elle a transmis sa sagesse. Conseillère de Zeus, c'est elle qui lui recommande de se couvrir de l'égide (la peau de la chèvre Amalthée) pour se protéger dans la lutte contre les Titans.

Voir **balance, bandeau, égide**

Thot

Dieu égyptien représenté comme un homme à tête d'ibis ou un cynocéphale. Dieu lunaire, honoré surtout à Hermopolis (Khmounou) et dans le Delta, c'était un démiurge créateur des choses et inventeur de l'écriture, un juge peseur des âmes et un magicien. Il fut identifié à Hermès Trismégiste par les Grecs.

Voir **Hermès, ibis, psychostasie, singe**

Thouéris

Divinité bienfaisante égyptienne représentée avec un corps d'hippopotame, une tête de crocodile, des pieds de lion et des bras humains. Elle écartait les esprits malfaisants et les forces hostiles et protégeait particulièrement les femmes enceintes.

Thulé

Thulé (ou *ultima Thulé*) est la terre des confins, aux limites nordiques des espaces connus, et un lieu de passage vers un autre monde à explorer.

Le Massaliote Pythéas, cité par Strabon, Pline ou Geminos, aurait visité l'île de Thulé (sans doute l'Islande, les Shetland) et mesuré sa latitude : 66°, soit celle du cercle polaire. Il y aurait observé des nuits courtes, de deux heures, à une période proche du solstice d'été. C'est sans doute la rencontre d'habitants d'une contrée dévolue au froid, mais baignant dans un jour permanent, qui a ensuite poussé les Grecs à imaginer Thulé comme une terre merveilleuse, où la longévité serait sensiblement accrue.

Pour les Grecs et les Latins, il existait cependant des terres à découvrir au-delà de Thulé, ce qui fait de l'île un symbole plus géographique que religieux.

L'autre monde au-delà de Thulé n'est pas un monde divin interdit aux hommes, mais un espace à découvrir, une terre d'utopie, propre à faire rêver les explorateurs.

Voir **colonne**

tiare

Coiffure d'apparat qui était le symbole de la souveraineté dans l'Orient ancien et à Byzance, la tiare a été longtemps portée par le pape.

La tiare des dieux et des rois

La tiare est un attribut des dieux de la nature et de la fertilité du panthéon mésopotamien. Ornée de un à quatre rangs de cornes de taureau superposés, elle désignait le rang du dieu ou de la déesse. Certains rois divinisés sont également représentés avec la tiare à cornes. La tiare était également une coiffure d'apparat à trois couronnes, symbolisant la multiplicité des compétences de la divinité qui régnait sur les trois mondes (le ciel, la terre et le séjour des morts). La tiare à trois étages coiffe la déesse phrygienne de la fertilité Cybèle, le dieu grec de la végétation Attis, la déesse romaine des moissons Cérès, et Mithra, divinité de la Perse, d'où vient le mot « tiare ».

La tiare du pape

La tiare du pape comporte trois couronnes, symboles de la triple souveraineté de celui-ci (qui donne à la tiare le nom de *triregnum* : souveraineté temporelle sur les États de l'Église, souveraineté spirituelle sur les âmes, et autorité juridique et morale sur les rois). En dehors de cet aspect historique, les trois couronnes symbolisent les trois pouvoirs du pape au sein de l'Église : magistère, ordre, juridiction. À la fin du Moyen Âge, la triple couronne figure les trois vertus du pape catholique : la foi, l'espérance et la charité. Enfin, héritée de la symbolique antique de divinité, la tiare rattache le pape au Christ, dont la triple couronne exprime les trois fonctions : roi, prêtre et prophète.

Voir **corne, couronne**

tigre

Magnifique, puissant, féroce et rapide, le tigre occupe une place particulièrement importante dans la symbolique asiatique.

Tous les peuples d'Extrême-Orient utilisent comme talismans dents, pattes et griffes de tigre, auxquelles ils prêtent des vertus de longévité et de force virile. Plutarque raconte l'origine du nom du Tigre, fleuve de Mésopotamie. Un jour que Dionysos poursuivait une nymphe, celle-ci s'arrêta au bord du fleuve et le dieu la prit sur son dos pour la faire traverser. De leur union naquit Médès, ancêtre des Mèdes.

Dans la Bible, le Tigre est l'un des quatre fleuves qui baignent le paradis terrestre. Dans la tradition chrétienne, le tigre, comme tous les fauves, est l'incarnation du mal, le symbole du démon dont les martyrs triomphaient dans l'arène.

Voir **Dionysos, fleuve, rayure**

tissage

Ouvrage de fils tressés, le tissage symbolise le destin et le lien.

Le fil du destin

Travail de création, d'union et de séparation, le tissage représente le devenir et le destin. En Égypte, où le nœud symbolise les forces positives et repousse les forces maléfiques, Neith est l'inventrice de l'art du tissage, et est à ce titre vénérée comme déesse protectrice. Dans la mythologie grecque, les trois Parques tissent les fils des destinées humaines : Lachésis, la plus jeune, tient une quenouille qui représente le destin des hommes ; Clotho file ; et Atropos coupe le fil quand le moment de la mort est venu. La première préside à la naissance ; la deuxième, à la vie ; la troisième donne la mort en coupant, répondant au plan du destin.

Ouvrage de femme

Outre la spécificité féminine du travail, le tissage est associé à la femme du fait de son rapport à l'enfantement, la coupe du cordon ombilical étant figurée par le fil coupé de l'ouvrage terminé. Symbole du destin, le tissage représente aussi le dessein, matérialisant le projet humain, telle Pénélope, aussi habile à tisser une toile qu'à tramer une ruse : harcelée par ses soupirants en l'absence d'Ulysse, celle-ci promet de céder à leurs avances lorsqu'elle aura achevé de tisser le linceul de Laerte; mais elle défait la nuit ce qu'elle a tissé le jour. Quant à la jeune Lydienne Arachné, elle se verra changée en araignée par Athéna après avoir défié celle-ci au tissage, car sa toile semblait plus parfaite que celle de la déesse.

Le tissage du lien social

Le tisserand se tient en général en retrait de la société : les Néréides de l'Antiquité grecque vivent au fond de la mer, et se bornent à filer, tisser et chanter. Cependant, interaction entre deux fils de la trame et de la chaîne, le tissage symbolise aussi le lien social. Thésée, fondateur d'Athènes, prend à cœur le « tissu social de la cité », il est celui qui équilibre les tensions. Platon reprend cette image dans le *Politique* en comparant l'action de l'homme politique véritable à celle du tisserand. Tout comme celui-ci entrelace la trame à la chaîne du tissu, celui-là unit habilement les citoyens d'un naturel rigide à ceux portés à la souplesse, afin de produire un tissu social harmonieux.

Voir **Athéna, araignée, entrelacs, femme, fil, gouvernail, nœud, Pénélope, quenouille, rouet**

Titan voir Géant

tombe

La tombe est par excellence le lieu du silence, de la mort et du secret.

La tombe, simple monticule de terre ou prestigieuse pyramide, est la demeure du défunt, et est donc associée au secret de la mort et de l'au-delà. Celui qui cherche à se faire confier un secret déclare qu'il sera « une tombe » ou « muet comme la tombe ». Dans la civilisation gréco-romaine, il était indispensable que les morts aient une sépulture afin de favoriser leur passage dans l'au-delà. Toute mort entraînant une souillure, les tombeaux se trouvaient toujours à l'extérieur des cités. Creusée dans le sol, la tombe évoque à la fois la transformation du corps en esprit et l'engloutissement dans les profondeurs de la terre. L'inhumation du corps rappelle la parole de Dieu condamnant l'homme à mourir : « Tu es poussière et tu retourneras en poussière. »

Voir **cendre, crémation, héros, poussière, pyramide**

tonneau

Le tonneau se rattache à la symbolique de la jarre, du chaudron ou de la corne d'abondance. Dans tous les cas, le tonneau symbolise le caractère inassouvissable des désirs humains.

Les mythologies celtiques en mentionnent qui ne se tarissent jamais. D'ailleurs, à l'instar des chaudrons, il en existe également d'insatiables. C'est ainsi que le tonneau dans lequel les Danaïdes, précipitées dans le Tartare, sont éternellement condamnées à verser de l'eau ne se remplit jamais.

Voir **corne d'abondance, jarre**

tonnerre

Le tonnerre est le pouvoir divin et la voix courroucée des divinités majeures.

Associé à l'éclair et à l'orage, il est également porteur de pluie et possède donc un pouvoir fécondant.

Voir **éclair, foudre, Jupiter, orage, Zeus**

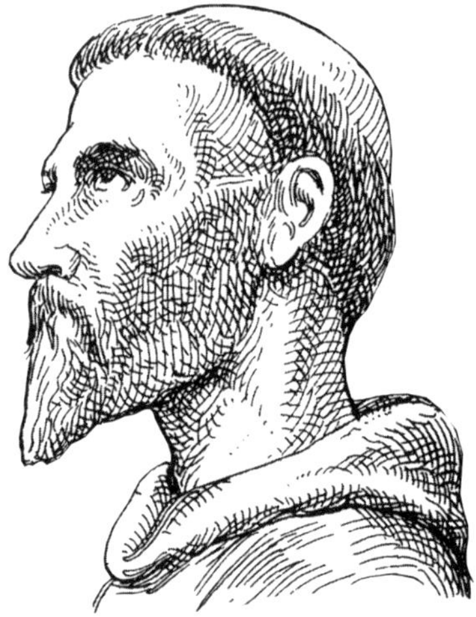

tonsure

Espace rasé et circulaire au sommet du crâne, marquant (avant Vatican II) l'appartenance d'un sujet à la cléricature, et dont les dimensions étaient variables dans le clergé séculier ou régulier.

Au Moyen Âge, en certains cas, les laïques se faisaient tondre en signe de sujétion et de pénitence. Dans les monarchies électives des Francs et des Goths, les princes qui avaient été tondus ne pouvaient pas être rois. La tonsure cléricale semble remonter au VIe siècle. Elle fut adoptée par les moines, qui l'agrandirent au point de ne laisser qu'une couronne de cheveux, à la mode orientale. À partir du XVIe siècle, tous les clercs portent la petite tonsure, sauf usage local contraire. Dans l'Ancien Régime étaient tonsurés des laïques qui, sans entrer dans les ordres, pouvaient, par ce biais, recevoir des bénéfices ecclésiastiques. Ce privilège fut supprimé par la suite, et la tonsure reçue avant la réception des ordres mineurs engageait dans l'état clérical. La tonsure a été supprimée en 1972 par Paul VI.

Voir **auréole, cheveux, couronne, épine**

torche

Comme la bougie, la torche symbolise l'espoir individuel vacillant dans les ténèbres.

Sa flamme diffère donc de la lumière stable de la divinité ou de la conscience ascétique symbolisée par la lampe. Cependant, à la différence de la bougie, la torche est une lumière en mouvement, et l'instrument d'une quête parfois effrayante : c'est à la lueur des torches que les soldats viennent chercher le Christ sur le mont des Oliviers, et ce sont des torches qui allument les brasiers dans lesquels les sorcières sont brûlées. La torche a donc un statut ambigu : elle éclaire, mais elle brûle aussi, ce qui en fait l'instrument des purifications angéliques, comme des feux démoniaques.

Voir **bougie, feu, flambeau, flamme, Hécate, lumière, purification**

tortue

Symbole essentiellement féminin, lunaire et aquatique, la tortue est vouée par ses caractéristiques physiques à être le symbole de la stabilité, de la lenteur, de l'endurance et de la longévité. Animal à sang froid, elle est comme tous les reptiles associée aux profondeurs de l'inconscient.

Dans l'hindouisme, la tortue, dont la forme évoque la voûte céleste reposant sur la terre (la partie inférieure, plate, de sa carapace), assure la stabilité du monde pendant le barattage de la mer de lait. Elle est également symbole de l'ordre cosmique à Sumer, où elle est l'emblème d'Ea.

En Occident, la principale caractéristique de la tortue retenue par la symbolique est sa lenteur mêlée de constance, dont le fabuliste fait l'éloge en lui faisant gagner la course contre le lièvre. La devise de Cosme de Médicis, « *Festina lente* » (« Hâte-toi lentement »), s'accompagne de l'image d'une tortue portant une voile sur le dos.

tour

Comme l'arbre ou la colonne, la tour s'élève vers le ciel, avec parfois l'ambition de l'atteindre.

La tour de la démesure

La tour de Babel, comme les stupas bouddhistes et le clocher des églises, est une tentative de se rapprocher de la divinité tout en ancrant solidement l'édifice dans le sol. Cet épisode biblique (Genèse, XI, 9) fait référence à la grande ziggourat de Babylone, tour à étages, surmontée d'un temple, qui symbolise l'orgueil de l'homme qui veut maîtriser le ciel. Mais la tour de Babel, fruit des efforts collectifs et des pensées que les hommes ont pu investir dans une construction en hauteur (tous les ouvriers employés à son édification se comprenaient, bien qu'ils fussent originaires de pays différents), est condamnée par Dieu, qui

la considère comme une tentative impie. Il l'abat et disperse ses bâtisseurs aux quatre coins du monde, explication biblique de la diversité des langues. On retrouve ce thème dans la mythologie grecque avec la légende des Géants qui tentèrent d'entasser en une tour montagneuse le massif Pélion, sur l'Ossa, pour atteindre l'Olympe, séjour des dieux.

La Vierge en sa tour

La symbolique de la tour se rattache à celle du mur, dans la mesure où cet édifice constitue une citadelle imprenable. C'est ainsi que la Vierge Marie est appelée, dans les litanies, « tour d'ivoire ». Dans la mythologie grecque, Danaé est enfermée par son père dans une tour d'airain ; Zeus, pour la séduire, pénètre par le toit sous la forme d'une pluie d'or. En effet, la tour représente à la fois l'ascension vers le ciel et les bienfaits des dieux se répandant sur la terre. Le clocher des églises, comme le minaret des mosquées, n'a pas d'autre signification, et la tour de Babel n'avait peut-être pas d'autre ambition.

Tour d'ivoire, retraite hautaine de quelqu'un.

Voir **arbre, colonne, Géant, ivoire, mur, verticalité**

tourterelle voir colombe

train

Les trains désignent essentiellement les destinées individuelles et collectives, mais n'ont qu'un rapport assez éloigné avec le voyage, car le passager est transporté au sein d'un espace clos l'isolant du monde extérieur qui défile derrière la vitre.

À l'image du *Nautilus* du capitaine Nemo, un riche wagon Pullman symbolise donc une forte confiance en soi, mais aussi un repli assez peureux sur des acquis matériels et intellectuels qui limitent la découverte du monde à sa dimension paysagère. Cependant, en tant qu'espace collectif, la vie intérieure du train fonctionne comme un microcosme, une métaphore de la société. Le train signale alors la manière dont l'individu s'insère dans un collectif, d'où son importance dans les rêves, au même titre que la voiture ou le vélo : « Regarder passer les trains », c'est rater des opportunités, refuser de s'impliquer dans des projets. La signification d'un train dans un rêve dépend alors de la place du rêveur (dans le train, en dehors du train, sur les rails, dans la locomotive...) et des caractéristiques des wagons. Voyager sans billet, rater son train, sauter en marche, se faire écraser par un train traduit une angoisse devant les enjeux sociaux auxquels l'individu est confronté au cours de la journée et qu'il doit relever.

trèfle

Plante sacrée pour les druides d'Irlande, car ses feuilles forment habituellement une triade, figure mystique dans la religion des Celtes.

Patrick, saint patron de l'Irlande, évangélise les insulaires au Ve siècle. Il se sert des trois feuilles du trèfle pour expliquer le mystère de la Trinité

chrétienne. Devenu symbole national, le trèfle vient à représenter les luttes des catholiques irlandais contre l'occupant anglais. Au XIXe siècle, les rebelles qui l'arboraient risquaient la peine de mort.

Autre mystère, personne ne semble savoir au juste pourquoi le trèfle à quatre feuilles est censé porter bonheur. Peut-être, cette superstition est-elle liée à la symbolique du chiffre quatre, liée à la perfection du monde.

Voir **quatre, trinité, trois**

treize (13)

Ajoutant l'unité au douze du succès et de la complétude, le treize représente l'intrus, l'exceptionnel, et donc le malheur.

Après le douze...

Le treize prend sens en ce qu'il est 12 (la complétude) + 1, la nature du treizième déterminant le sens du symbole. Dans la mythologie égyptienne, par exemple, la vie est symbolisée par une échelle à douze barreaux, le suivant donnant sur l'éternité. Dans le judaïsme, les treize enfants du patriarche Jacob sont douze fils, ancêtres des douze tribus d'Israël, et une fille, Dinah, dont la postérité retient qu'elle fut violée (Genèse, XXXIV). Le treizième est celui qui se différencie de son groupe, c'est Judas ou Marie-Madeleine par rapport aux apôtres, mais aussi Ulysse, seul survivant du massacre de ses douze compagnons par le cyclope Polyphème. Quant à lui, ayant achevé ses douze travaux, Héraclès (Hercule) meurt dans le manteau empoisonné du centaure Nessus.

De mauvais augure

Rares sont les symboles contemporains aussi entachés de superstition que le treize : on constate ainsi l'absence de numéro treize dans les hôtels ou les avions, ou bien la réticence à recevoir treize convives à

table, qui trouve son origine dans le dernier repas du Christ avec ses douze apôtres, la Cène. Le chiffre treize s'est progressivement concentré sur le mauvais côté, pour symboliser l'épreuve, la souffrance et la mort, d'où son nom de « douzaine du diable ». Dans l'Ancien Testament, c'est le treize du mois d'Adar qu'est prévu le tirage au sort (*Pourim* en hébreu) pour l'extermination des Juifs à travers les provinces de l'Empire perse, à l'instigation du premier ministre Haman (Esther, III, 12). En ésotérisme hébreu, la treizième lettre de l'alphabet hébreu, « *Mem* », représente la mort. Pour les kabbalistes, le treize est le serpent, le dragon, Satan et le meurtrier. C'est du reste un vendredi 13 – du mois de Nisan – que Jésus meurt sur la croix.
Le chiffre treize est aussi un chiffre à part dans les arcanes du tarot de Marseille : il est l'arcane sans nom, représenté par un squelette muni d'une faux, la mort, et est associé d'une part à l'incertitude, à l'hésitation et à la versatilité, et de l'autre à la transformation, à la rupture et à la fin.

Voir **diable, douze, sycomore, tarot**

trépied

Récipient soutenu par trois pieds, le trépied renvoie à la première surface (le triangle) et à la première forme de stabilité, car il n'est jamais bancal, et se trouve lié à la perfection du nombre trois, considéré comme divin (synthèse équilibrée du un marquant l'unicité et du deux qui marque la contradiction). C'est pour ces raisons qu'il est associé à la divination.

La Pythie qui rendait ses oracles à Delphes dans le temple d'Apollon était assise sur un trépied, et un grand nombre d'ex-voto grecs prenaient la forme d'un trépied en or, comme celui commémorant la victoire de Platées sur les Perses (– 479), qui était posé sur une colonne de six mètres de haut figurant des serpents enlacés. La communication divine que permettaient les trépieds est soulignée par un récit de l'*Iliade*, contant qu'Héphaïstos en forgea de si beaux qu'ils allaient d'eux-mêmes dans la demeure des dieux et en revenaient. Dans la vie quotidienne, les trépieds servaient aux Grecs à soutenir les amphores et les vasques. C'est sur un trépied que l'on mélangeait le vin à l'eau avant les libations.

Voir **Apollon, augure, deux, triangle, trois, un**

triangle

La symbolique du triangle dépend dans une large mesure de la forme qu'il prend, mais il a toujours eu une signification magique et/ou mystique.

Le triangle magique

Selon le célèbre théorème de Pythagore (VIIe siècle av. Jésus-Christ), pour tout triangle qui possède un angle droit, le carré de l'hypoténuse est égal à la somme des carrés des deux autres côtés. Donc, si l'hypoténuse mesure cinq unités, les deux autres cotés doivent mesurer trois et quatre unités. Le triangle rectangle a donc des côtés qui forment une progression : 3, 4, 5. Selon Plutarque, les Égyptiens attribuaient les côtés du triangle rectangle de la manière suivante : la verticale de

trois unités est attribuée à Osiris ; la ligne horizontale de quatre unités est attribuée à Isis ; et l'hypoténuse est le côté d'Horus, fils d'Osiris et d'Isis. (Les trois unités d'Osiris sont associées aux principes alchimiques du sel, du soufre et du mercure. Les quatre unités de la ligne horizontale d'Isis se rapporteraient aux quatre éléments : terre, air, eau et feu. La ligne ascendante d'Horus représente les cinq royaumes, minéral, végétal, animal, humain, et le cinquième royaume qui transcende les autres.)
La « symbolique » magique du triangle rectangle a bien sûr alimenté les croyances et pratiques de maintes sectes, dont la franc-maçonnerie. Mais ces pratiques sont bien enracinées dans la réalité égyptienne (d'ailleurs, les Égyptiens connaissaient les propriétés du triangle rectangle bien avant Pythagore). Les maçons égyptiens utilisaient la corde à treize nœuds, qui permettait de construire, sans équerre, un angle droit puisque les treize nœuds, avec leurs douze intervalles, rendaient possible la construction d'un triangle rectangle aux dimensions 3 – 4 – 5. Cette corde restera un outil d'arpenteur et de bâtisseur jusqu'à la fin du Moyen Âge.

Le triangle mystique

L'autre forme triangulaire qui se prête à la symbolique est le triangle équilatéral, qui, assis sur sa base, ressemble à une montagne ou à une pyramide. C'est un symbole masculin et solaire qui représente la permanence, la royauté, la résurrection et la divinité. Telle était sa signification pour les Égyptiens, mais également pour les Juifs qui le leur ont emprunté pour désigner Yahvé, dieu dont on ne pouvait pas prononcer le nom. À leur tour, les chrétiens ont utilisé ce triangle pour symboliser la Trinité.
Dans la franc-maçonnerie, le triangle, auquel on donne le nom de « delta lumineux ou mystique », invite au dépassement des contraires. Surmonté d'un œil, parfois entouré de rayons, il fait référence à la connaissance, au Grand Architecte de l'Univers, principe organisateur du monde, que certains maçons appellent Dieu.
Le triangle isocèle, dans l'iconographie de la Révolution française, symbolise l'égalité devant la loi et fait référence à la Déclaration des droits de l'homme.

Le triangle inversé

Le triangle équilatéral renversé (l'apex vers le bas) est, étant donné sa ressemblance au sexe féminin, un symbole de pluie et de fertilité. Le triangle rose renversé stigmatisa les homosexuels dans les camps de concentration nazis, jouant sur la symbolique de l'inversion sexuelle et de la couleur rose, renvoyant les homosexuels à une image de féminité dominée et passive.

Voir **franc-maçonnerie, Horus, Isis, montagne, œil, Osiris, pyramide, rose (couleur), sceau de Salomon, trépied, trinité, trois**

trident

Emblème de Poséidon, dieu de la mer et ébranleur des terres. Cette pique à trois pointes est un instrument de pêche, mais le nombre trois lui

confère son caractère divin (Poséidon est un des trois dieux majeurs avec Zeus, qui règne sur les cieux, et Hadès, sur les enfers). Dans sa démarche de récupération des symboles païens, le christianisme a d'abord fait du trident le symbole de la sainte Trinité, avant que d'y voir l'arme de Satan.

Voir **fourche, diable, Poséidon, trinité, trois**

trinité

Dans la théologie chrétienne, la Trinité est la désignation de Dieu en trois personnes (Père, Fils et Saint-Esprit) distinctes, égales et consubstantielles, en une seule et indivisible nature.

Triade divine

Le concept de triade divine se retrouve dans le mazdéisme de l'Iran ancien, où Ahriman Spenta Manyu (principe du Mal) est opposé à Ahura-Mazdâ (principe du Bien), assisté de Spenta Manyu (l'Esprit-Saint, le Bien et la Vérité). La trinité hindoue est elle aussi basée sur l'opposition entre les dieux principaux (Bouddha le créateur, Vishnou le conservateur et Shiva le destructeur). Au contraire, la trinité est symbole de complémentarité dans la triade sumérienne (Anu le ciel, Enlil l'atmosphère et la surface terrestre, et Ea les eaux abyssales). Comme dans l'hindouisme, de nombreuses religions placent au sommet de leur panthéon un regroupement triadique de divinités, telles la triade d'Esus, de Taranis et de Teutatès chez les Gaulois, cité par l'auteur romain Lucain (*la Pharsale*), ou la triade égyptienne Osiris, Isis et Horus. Le judaïsme kabbalistique classe aussi ses anges (*sephirot*) en triades : la première

représente le monde intellectuel, la deuxième le monde moral, et la troisième le monde matériel, symbole de pouvoir et de stabilité.
Selon Georges Dumézil, la triade est un élément récurrent des systèmes de représentation des peuples indo-européens, car elle reflète leur organisation trifonctionnelle : prier, combattre, travailler. Cette complémentarité ternaire des principes renvoie aussi à la division aristotélicienne des âmes (âme végétative, âme sensitive et âme intellective).

Au nom du Père, du Fils et du Saint-Esprit

La Trinité chrétienne représente un seul Dieu, formé de trois personnes égales et distinctes, mais d'une seule essence, le Père, le Fils et le Saint-Esprit. Pour illustrer ce mystère dans lequel certains voient une contradiction, saint Patrick tendit une feuille de trèfle à son contradicteur, pour figurer la sainte Trinité, lors de son sermon au roc de Cashel.

Du triangle au trône

La représentation symbolique de la Trinité a fait appel au triangle équilatéral (où les corporations de maçons de l'époque classique placèrent un œil unique, motif repris par la franc-maçonnerie), aux trois cercles concentriques, aux lettres de l'alphabet grec (le delta avec l'alpha et l'oméga), au signe de la croix, et généralement à toute figuration trinaire (trèfle, fenêtre à trois baies, lion à trois têtes...). L'Orient byzantin a souvent évoqué les trois personnes à travers l'épisode des trois anges reçus par Abraham. Les artistes occidentaux ont utilisé plusieurs schémas anthropomorphiques : le Dieu tricéphale (chapiteaux romans), les trois personnes identiques assises sur un même trône. Au XVe siècle, on chercha souvent à différencier les personnes, soit que le Père et le Fils, semblables, fussent réunis à la colombe du Saint-Esprit, soit que le Saint-Esprit apparût comme un adolescent. Dès le XIIe siècle s'était développé en France un autre thème, mieux architecturé, et qui allait être le plus répandu au Moyen Âge : c'est le « Trône de grâce », conçu sur le schéma de la *pietà* ; le plus souvent, le Père, vieillard vêtu des attributs pontificaux, est assis sur un trône et présente sur ses genoux le corps du Fils, fixé sur la croix ou détaché d'elle, tandis que la colombe plane entre les deux têtes.

Voir **alpha et oméga, colombe, croix, œil, trèfle, trois, triangle, trident, trône**

Tristan et Iseult

Le couple formé par Tristan et Iseult est le symbole de l'amour interdit, absolu et fatal.

Le mythe

La légende de Tristan et d'Iseult, d'origine celte, se rattache au cycle arthurien et a donné lieu à de nombreuses variantes à travers tout le Moyen Âge. Mettant en scène les conflits entre le bien et le mal, l'innocence et la culpabilité, l'amour-passion et la raison, la force physique et la faiblesse affective, le libre arbitre et la fatalité, la légende s'est hissée à la hauteur du mythe.

L'histoire

Le jeune Tristan, orphelin, est élevé à la cour de son oncle, le roi Marc. Il tue le Morholt, un géant qui ravageait la contrée, mais, blessé, s'éloigne sur un navire et accoste en Irlande, où il rencontre la belle Iseult la blonde, qu'il doit conduire à son futur époux, le roi Marc. Sur le navire qui les ramène en Cornouailles, les deux jeunes gens boivent un philtre d'amour qui fait naître entre eux une passion coupable mais irrésistible. Trahis par des félons, les amants sont découverts. Iseult, par ruse, parvient à se tirer d'affaire, mais Tristan doit fuir. Exilé en Bretagne, il épouse Iseult aux blanches mains, sœur de son ami

Kaherdin, mais, incapable d'oublier Iseult la blonde, il multiplie les ruses pour revoir celle-ci : il se déguise en fou, ou lui envoie des messages avec des branches de chèvrefeuille. Un jour, il est mortellement blessé à la suite d'un combat. Kaherdin part chercher la reine, qui peut seule le guérir, et promet à Tristan de hisser une voile blanche si Iseult l'accompagne à son retour. Mais Iseult aux blanches mains, jalouse, annonce à Tristan l'arrivée d'une nef à la voile noire, et Tristan meurt, désespéré. Iseult la blonde découvre le corps de son amant et s'effondre dessus, morte.

Voir **Arthur, blanc, blond, chevalier, épée, roi**

trois (3)

Chiffre de l'union et de la perfection, le trois représente l'ordre du cosmos.

Le chiffre parfait de la division du monde

La division ternaire du monde est quasi universelle dans la mythologie. Trois est le nombre parfait, l'image sensible de la divinité, représentée souvent par un triangle. Dans la mythologie grecque, Zeus est maître du ciel et de la terre, Poséidon, celui de la mer, et Hadès, celui des enfers. Pour Aristote, « il n'y a pas de grandeurs autres que celle-là, parce que trois renferme toutes les dimensions possibles ». Le philosophe divise ainsi la nature en trois groupes : l'animal, le végétal et les corps simples (c'est-à-dire le monde minéral). L'espace compte également trois dimensions (largeur, longueur et hauteur), tout comme le temps (passé, présent et avenir). Selon Pythagore, le trois est l'expression du commencement, du milieu et de la fin, et représente donc le nombre parfait, qui préside aussi bien à la musique, à la géométrie et à l'astronomie. Mais le trois est encore le nombre de l'homme, dont le corps est divisé, selon Platon, en trois parties (tête, tronc et bas du corps), et qui se compose, selon saint Paul (Épître aux Corinthiens), d'un esprit (*pneuma*), d'une âme (*psyché*) et d'un corps (*sôma*).

La Trinité

Dans les religions du Livre, le chiffre trois désigne le monde, divisé entre monde terrestre, enfer et paradis. Trois ne fait qu'un aussi chez les chrétiens, pour qui il représente la Trinité, symbole de la perfection de l'unité divine, mais aussi du troisième élément de la Trinité, le Saint-Esprit. On retrouve le trois, plus sacré des nombres, représentant la sainte famille (Jésus, Marie et Joseph), dans la tradition des Rois mages (une allé-

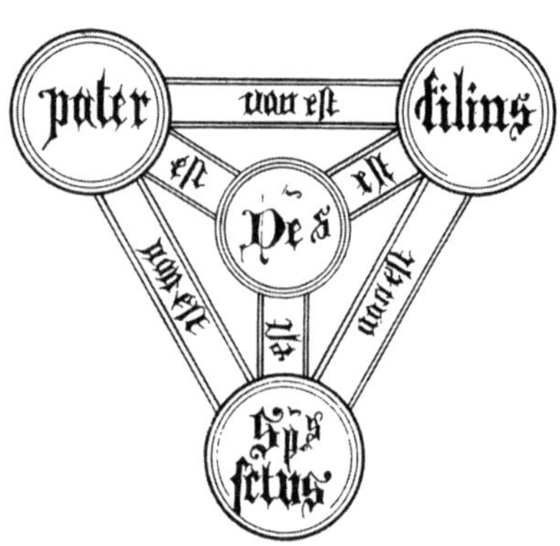

gorie des trois continents qui jouxtent la Galilée : l'Occident, l'Asie et l'Afrique, mais aussi des trois âges de la vie : jeunesse, âge mûr, vieillesse), dans les trois jours qui séparent la mort du Christ de la résurrection, et chez saint Paul méditant sur le Christ et la charité : « Maintenant donc ces trois choses demeurent : la foi, l'espérance, l'amour » (I Corinthiens, XIII,13).

« L'un ajouté à l'autre »

Le trois est aussi associé au raisonnement intellectuel, c'est la synthèse de la thèse et de l'antithèse. Union des deux éléments originels, le un et le deux, le trois représente la création, comme dans la triade père-mère-enfant, ou dans l'union du Ciel (un) et de la Terre (deux, principe féminin) d'où naît l'homme, évoquant la définition du trois par Platon comme « l'un ajouté à l'autre ». Répondant au dépassement du deux, à la multiplication des possibles et au symbolisme du tout, les triades se retrouvent dans de nombreuses sociétés.

La souveraineté, la force et la fécondité

L'historien des religions Georges Dumézil a découvert chez les peuples indo-européens un système du monde émanant de trois fonctions : la souveraineté (sous son double aspect magique et juridique), ainsi que la force et la fécondité (notion qui fait référence tant à l'abondance des biens matériels qu'à la richesse du corps social) ; de là provient l'organisation de la société en trois castes : les prêtres-rois, les guerriers et les agriculteurs, qu'on retrouve jusqu'aux triades divines, comme celle que forment Jupiter, Junon et Minerve dans la religion romaine, Jupiter incarnant le pouvoir, Junon présidant à la fécondité, et Minerve veillant sur les métiers et les œuvres de l'industrie humaine. Trois classes sociales sont donc nécessaires pour assurer le bon fonctionnement de la société, à l'image des trois dieux qui protègent l'ordre du monde.

Voir **Athéna, Hadès, Junon, Jupiter, Poséidon, trèfle, triangle, trident, trinité, Zeus**

trompette

Instrument des annonces éclatantes, la trompette au son puissant fait résonner la volonté divine, comme lorsqu'elle fait s'écrouler les remparts de Jéricho (Livre de Josué).

C'est l'attribut des hérauts et la marque du début des joutes chevaleresques ou des charges de cavalerie. En art, elle est devenue l'instrument de la Renommée. Le clarinettiste Michel Portal souligne que la posture triomphante du trompettiste, bras écartés du corps et visage renversé vers le ciel, n'a rien à voir avec l'introversion du clarinettiste, quant à lui tourné vers le sol.

trône

Symbole du pouvoir, le trône porte et soutient le souverain ou la divinité.

Métaphore du pouvoir plus que simple accessoire, il en résume sous forme imagée les principaux attributs et les sources, à l'instar des sièges de caciques guyanais, dont les gravures rappellent les généalogies claniques. Le plus riche de tous les trônes réels fut, semble-t-il, celui du roi Salomon, aux six degrés ornés de douze lions magiques et autres symboles merveilleux. Mais le trône est plus important encore : il ne se contente pas de décrire le pouvoir, il en est l'unique et véritable manifestation concrète, car la personnalité du souverain est considérée comme aveuglante : dans de nombreuses civilisations, il est tout simplement interdit de regarder le roi ou l'empereur. Le trône sert alors de viatique à la contemplation du pouvoir et à sa description. C'est ainsi que, dans l'Apocalypse, l'absence de description divine est compensée par la description du trône de Dieu aux dimensions

formidables. Enfin, comme dans le cas de tous les symboles phoriques (un objet phorique sert à l'élévation et à la glorification d'un autre symbole), le trône partage les qualités de la personne qu'il soutient : c'est parce qu'il est porté par son trône que le roi est roi, c'est pour cela que l'on parle des « prétendants au trône » pour décrire ceux qui désirent devenir roi. La même idée sous-tend les pensées monothéistes : le trône de Dieu est constitué du cœur des croyants. Sans croyants, il n'y a pas de trône, et donc pas de Dieu.

Monter sur le trône, devenir roi.

Le trône et l'autel, association de la puissance royale et de celle de l'Église.

Voir **douze, lion, roi, six**

truelle

Emblème du bâtisseur, la truelle est en franc-maçonnerie le symbole de l'insertion à la communauté et du droit à partager ses secrets.

Voir **franc-maçonnerie**

turquoise

Pierre fine et opaque, de couleur bleu ciel à bleu-vert, la turquoise est associée au Nil bleu, à la fertilité et au bonheur.

Riche en associations en Amérique précolombienne, la turquoise est sacrée en Égypte ancienne à cause du caractère sacré de la couleur bleue : symbole de l'univers aquatique du Nil, d'où jaillit toute vie, la turquoise représente la maternité. Aussi est-elle associée à Hathor, déesse de l'amour. En outre, la turquoise est aussi la couleur de l'océan primordial, utilisée dans les tombeaux pour que le défunt s'y plonge. Une inscription figurant dans une pyramide dit ainsi que le soleil, juste avant de se lever, prend son bain dans le lac de turquoise.

À l'inverse, c'est la couleur verte qui rattache les Iraniens de l'Antiquité à la turquoise, décrite par Démocrite sous le nom « d'émeraude perse », alors que son nom persan, *firouz,* qui signifie « bonheur », évoque ses vertus miraculeuses. Dans tout le Moyen-Orient, en effet, la turquoise est considérée comme un puissant talisman contre le mauvais œil. En Turquie et en Grèce, on offre des turquoises au nouveau-né pour le protéger, et on en accroche au harnais des chevaux et des ânes. Dans *la Lettre du prêtre Jean,* un texte médiéval prétendument écrit par un roi chrétien oriental, la turquoise est dite « utile contre la mélancolie, la fièvre quarte et la défaillance du cœur ».

Voir **amulette, bleu, Hathor, lapis-lazuli, œil**

Qu'elle soit sainte
ou crapuleuse,
la ville est une
femme qui
embrasse et protège
ses habitants
comme des enfants
ou des amants.

UZ

Ulysse

Chargé de mission permanent, premier diplomate de la guerre de Troie, le héros Ulysse incarne avant tout la ruse et l'intelligence.

C'est lui, notamment, qui inventera à Troie la fabuleuse machine infernale, le fameux cheval rempli de guerriers grecs, qui assurera la victoire des Achéens après dix ans de siège. Mais c'est aussi un homme touchant quand, passé le temps des prouesses guerrières, il tente désespérément de rejoindre Ithaque, sa chère patrie, malgré les embûches, naufrages et autres catastrophes que Poséidon sème sur sa route pour venger son fils Polyphème, dont Ulysse a crevé l'œil unique. Il devient à ce titre symbole de l'errance. Ulysse passe, entre autres vicissitudes, de longues années

prisonnier de la déesse Calypso (littéralement « celle qui cache ») avant d'aborder au rivage des Phéaciens. Le second volet de la personnalité d'Ulysse fait donc de lui un de ces hommes supérieurs, mais voués à la solitude et au malheur, écrasés par le destin, comme Prométhée ou Philoctète.

Voir **chien, Cyclopes, héros, Pénélope, Prométhée, sirène**

un (1)

Premier des nombres, le un représente la base de toute chose : le principe, Dieu, l'homme.

Le nombre des nombres

Le un est le nombre de l'universel et du transcendant, et donc du principe créateur à l'origine de toute chose. Inversant la proposition habituelle, le pythagoricien Hiérocles dit que « Dieu, c'est Un, le Nombre des Nombres ». Le un peut s'ajouter à lui-même, se retrancher, se multiplier, se combiner, pour créer tout ce qui est mesurable, diviser tout nombre sans être divisible lui-même : son unité comprenant ainsi le tout, le un représente la base, la perfection sortie du zéro, donc du néant.

Unicité de Dieu

Aussi ce chiffre symbolise-t-il le un primordial des religions monothéistes, soit Dieu, le pouvoir créateur. « Écoute, Israël, l'Éternel est notre Dieu, l'Éternel est un », dit l'Ancien Testament (Deutéronome, VI, 4). Chiffre de Dieu le Père dans la Trinité chrétienne, le un représente aussi la « parfaite unité » de celle-ci. Au contraire, dans la foi musulmane, dont le dogme est l'unicité de Dieu, le un ne peut être qu'Allah, l'unique. Saint Augustin affirme de même que l'unité se rapporte « au Dieu suprême, Principe de toutes choses ».

Voici l'homme

Symbole de verticalité, le un est associé à l'homme, unique, capable de se penser comme une entité distincte des autres espèces. Symbole phallique, associé au bâton, le un représente l'homme debout, et est associé à la primauté dans une hiérarchie d'autorité ou de puissance.

Voir **bâton, homme, phallus, trinité, verticalité**

urne

L'urne symbolise un principe intégrateur et fécond, comme l'œuf ou la graine, car elle contient une vie prête à se déployer.

C'est le plus souvent un récipient contenant les cendres d'un défunt ou des bulletins de vote. Dans le premier cas, l'urne rappelle que la vie et la mort font partie d'un seul cycle. Dans le second, l'urne électorale sert à marquer la transformation des choix individuels en une seule décision collective.

vache

La vache nourricière est naturellement symbole cosmique de création, et image du bonheur.

Apparentée à la lune par ses cornes recourbées, et, par son lait, à la Voie lactée, elle est en Égypte et en Inde un animal sacré. Nout, déesse du ciel, est parfois représentée sous la forme d'une vache au ventre couvert d'étoiles, ses quatre pattes représentant les quatre parties du monde.

Hathor, déesse égyptienne de l'amour et de la joie, est également représentée sous la forme d'une vache portant entre ses cornes le disque solaire. Le soleil, quand il descend sur l'horizon, retrouve auprès de la déesse la chaleur nécessaire à sa descente dans le monde nocturne. On la voit également sur divers bas-reliefs allaitant le pharaon.

En Grèce, des génisses participaient aux processions, le cou entouré de guirlandes de fleurs.

Voir **bœuf, corne, disque, Hathor, lait, mère, Nout, soleil, taureau, Voie lactée**

vague

Agitation à la surface de l'océan insondable, la vague peut symboliser la futilité des occupations humaines, mais le rythme régulier de la houle rappelle également les grandes pulsations cosmiques.

La vague vient en effet attaquer les rochers et efface les signes tracés sur le sable. Se laisser porter par la vague évoque la régularité du temps, mais les vagues soulevées par Poséidon dans sa fureur sont d'un autre ordre : ces châteaux d'eau s'abattent en punition sur les marins imprudents. Pour les Grecs, les vagues de houle sont en revanche bienfaisantes et associées aux Néréides, filles de Nérée, le vieillard de la mer, et de Doris, fille d'Océanos. Les Néréides ont pour principales activités le tissage et le jeu dans les vagues avec les dauphins et les tritons.

Voir **océan, Poséidon, rocher, sirène, vent**

vallée

Terre basse, la vallée est le domaine des hommes, par opposition à la montagne, qui figure le piédestal des divinités célestes.

Comme la plaine, la vallée est destinée à être peuplée. Moïse contemple Israël, la vallée riante, tant désirée après quarante années d'errance dans le désert. La vallée du Nil, fécondée chaque année par les limons du fleuve, fait également figure de pays de cocagne, identifiée à l'Égypte dans son ensemble. Mais l'évocation des flancs si proches des montagnes rend plus angoissante la condition humaine : pour les chrétiens, notre monde est une « vallée de larmes ». Pourtant, la vallée est aussi une gouttière qui réceptionne tous les écoulements. Elle est donc un chemin ouvert sur les hauteurs comme sur la mer, une terre orientée par les eaux, moins déroutante que l'espace démesuré de la plaine, moins austère que les alpages lointains. La vallée apparaît donc comme la voie moyenne entre spiritualité et sensualité, d'où sans doute les multiples références aux vallées chez les bouddhistes (par exemple la vallée des bouddhas géants en Afghanistan).

Voir **champ, montagne, plaine**

vampire

Le vampire, comme le revenant, est un mort qui vient hanter les vivants. Il symbolise l'appétit aveugle de la vie, l'égoïsme destructeur, mais aussi l'amour et l'élégance. Le vampire cherche à se créer une identité en imposant sa volonté à ses victimes. En suçant leur sang, il cherche à s'emparer de leur âme.

Un personnage cinégénique

Le vampire appartient principalement au folklore de l'Europe centrale, le plus célèbre étant le comte Dracula, émanation légendaire d'un seigneur roumain du XVe siècle, Vlad Dracul. Le roman de Bram Stocker, *Dracula*, paraît en 1897. Par la suite, le cinéma s'est emparé du personnage et en a fait le protagoniste de nombreux films fantastiques ou comiques.

Un séducteur inquiet

Le vampire, qui a souvent été de son vivant un criminel, est un inquiet profond qui quitte son cercueil à minuit pour battre la campagne à la recherche de jeunes victimes qu'il mord au cou pour aspirer leur sang. À partir de ce moment, la victime devient elle-même vampire. Privée de son sang, elle a à son tour besoin de sang neuf. Le vampire oublie au réveil ses agissements de la veille. Il est en quête d'amour. C'est un séducteur habile. Il représente la part obscure de l'homme et est, à ce titre, très attirant. La répétition de ses actes ne construit rien, puisque tout se détruit chaque nuit. Il n'a pas d'image de soi, et d'ailleurs son visage ne se reflète pas dans les miroirs.

La mort du vampire

Le vampire redoute la lumière et doit retourner dans son cercueil aux premières lueurs du jour. La lumière, c'est la claire connaissance de ses actes, que le vampire refuse. Pour venir à bout d'un vampire, il faut lui enfoncer un pieu de bois aiguisé dans la poitrine et transpercer son cœur. La symbolique de cette méthode tient peut-être au fait que le cœur du vampire ne peut se laisser émouvoir, que son absence de scrupules le prive de tout sens moral. Le pieu affûté atteint le cœur, lui apportant enfin la paix.

Voir **ail, revenant, sang,**

van

Le van, comme le tamis, sépare le bon du mauvais et symbolise la sélection et le discernement.

Après la récolte et le battage au fléau, on secoue sous le vent ce panier de forme plate afin de séparer le grain des fétus de paille. Le van ne conserve que les idées ou les individus dotés d'un certain poids et rejette les êtres inconsistants. Jean-Baptiste annonçait la révolution christique en ces termes : « Il tient en sa main la pelle à vanner et va nettoyer son aire ; il recueillera son blé dans le grenier ; quant aux bales, il les consumera au feu qui ne s'éteint pas » (Matthieu, III, 12).

Voir **tamis**

vautour

Oiseau charognard à la fois symbole de mort et de régénération, le vautour est aussi un rapace, symbole de vigilance et de protection.

Le vautour protecteur et vigilant

Il était l'objet d'une vénération particulière en Égypte, où Nekhbet, déesse protectrice des naissances de la Haute-Égypte, était représentée avec une tête de vautour, tandis que le vautour percnoptère était le symbole de la déesse Mout, la mère. Les couronnes des reines-mères des pharaons étaient décorées de têtes de vautours symbolisant la protection royale. Des vautours en fer surmontaient les casques des guerriers celtes. Le rapace qui coiffait le soldat avait pour fonction, à la fois militaire et magique, d'épouvanter l'ennemi. Le vautour était à Rome l'un des oiseaux dont les augures observaient le vol pour prévoir l'avenir.

Un symbole de régénération

Se nourrissant des dépouilles mortelles en cours de décomposition, le vautour peut être assimilé à un élément de renouveau du cycle vital. Dans la Perse ancienne comme dans le Tibet d'aujourd'hui, le corps des morts est donné en pâture aux vautours afin de ne pas souiller la terre, mais aussi dc permettre au cycle de la nature de se dérouler sans interruption.

Le vautour et la psychanalyse

Le vautour occupe une place importante dans les hypothèses qui entourent la personnalité mystérieuse de Léonard de Vinci. C'est ainsi qu'on peut voir dans les plis du manteau de la Vierge, sur le tableau *la Vierge, l'Enfant Jésus et sainte Anne*, la silhouette d'un vautour dont le bec vient effleurer la bouche de l'enfant. Freud a glosé cette interprétation à partir d'un extrait des *Carnets* de Léonard, où celui-ci écrit: « Un de mes premiers souvenirs d'enfance est qu'étant encore au berceau, un *nibbio* vint à moi, m'ouvrit la bouche avec sa queue, et plusieurs fois me frappa avec la queue entre les lèvres. » Selon l'interprétation de Freud, la queue de l'oiseau devient un symbole phallique, et la scène évoquerait à la fois la déesse maternelle Mout et une croyance ancienne selon laquelle il n'existerait que des vautours femelles, fécondées par le vent. L'oiseau correspondrait donc à la mère nourricière qui aurait conçu l'enfant Léonard sans père, cette mère phallique expliquant son choix de l'homosexualité.

Voir **Nekhbet, mère, Mout, oiseau, phallus**

vélo

C'est le symbole de la simplicité, de la mobilité sans entrave, acquise dès le plus jeune âge, de la liberté de l'enfance.

Le vélo est bon marché et mû par la propre dynamique du cycliste. Les premières chutes sont vite oubliées au profit du principe de plaisir. Rêver de la « petite reine », c'est donc nier quelque peu le principe de réalité, comme dans l'expression « avoir un petit vélo dans la tête ».
Le ready-made de Marcel Duchamp, *Roue de bicyclette*, reprend ces connotations : rien de plus simple qu'une roue de vélo, donc, rien de plus incongru dans un musée d'art.

vent

Le vent symbolise l'esprit, mais la diversité des vents suggère également la pluralité des destinées.

« L'Esprit souffle »

Invisible, on ne sait d'où il vient, où il va, ni ce qui motive sa course, mais c'est son souffle qui inspire : gonflant les voiles, il donne force et direction aux vaisseaux. Nombreux sont ceux qui disent avoir entendu le vent parler: les devins l'écoutent dans les feuilles des arbres, tandis que d'autres se laissent séduire par « le vent mauvais ». On ne le sent que de manière détournée, par la caresse de la brise sur la joue, par le ploiement des arbres quand passe le grain, ou dans la course des nuages qui suivent les flux d'altitude, mais il est souverainement libre: « L'Esprit souffle où il veut; tu entends sa voix, mais tu ne sais ni d'où il vient ni où il va », dit le Christ à Nicomède. Les premières lignes de la Genèse évoquent d'ailleurs Dieu avant la Création sous la forme du vent: c'est un souffle d'air au-dessus des flots, qui forme l'image d'une volonté pure et insondable. En hébreu ou en grec ancien, les mots « vent » et « esprit » sont identiques.

Les vents, alliés ou ennemis des hommes

Dans la mythologie grecque, c'est le dieu Éole, fils de Poséidon, qui gouverne les vents, et la rencontre du dieu et d'Ulysse dans l'*Odyssée* entraîne une aventure qui rappelle l'épisode de la boîte de Pandore : Éole confie à Ulysse une outre pleine de tous les vents, dont il doit se servir de manière avisée afin de rentrer rapidement chez lui ; jaloux du cadeau mystérieux, les compagnons d'Ulysse ouvrent l'outre pendant son sommeil, libérant ainsi les tornades et éloignant l'embarcation du rivage attendu. Selon leur provenance, leur direction et leur régularité, les vents ont une personnalité, que suggère leur nom, tels « le Grec » ou « l'Oriental », en Méditerranée. La rose des vents symbolise cette diversité et la ramène à l'unicité qui l'anime : les flèches de la rose forment les rayons d'une roue, le moyeu figurant l'esprit premier à l'origine des vents.

Voir **souffle, vague, Ulysse**

Vénus voir Aphrodite, nudité

ver

Quelle que soit son insignifiance, le ver prend tout son sens en dévorant le fruit. Il représente la pourriture et la mort, le mal caché et inévitable.

Mais le ver peut aussi être symbole de création.

Ainsi, dans la saga irlandaise de Cuchulainn, le héros est issu d'un ver avalé par sa mère. Le ver est encore ici symbole d'un état intermédiaire, d'un passage, qu'il s'agisse de naître à la vie ou de disparaître dans la mort. Le fabuliste utilise généralement le ver pour signaler sa petitesse. Il est alors vermisseau, et la cigale insouciante vient crier famine auprès de la fourmi quand elle ne peut même plus se procurer « un seul petit morceau de mouche ou de vermisseau ».

Verseau voir zodiaque

vert

Couleur des plantes à chlorophylle, le vert représente la vie, l'espoir et le hasard.

Création et renouveau

En Égypte ancienne, symbole de la naissance matérielle et spirituelle, le vert est associé à l'eau, élément primordial de la création, et attribué au dieu Ptah (le verbe créateur), à la déesse Maât (qui garantit l'ordre de l'univers), et à Osiris, qui ressuscite. Représenté par un hiéroglyphe en forme de papyrus, le vert est le symbole de la végétation, se rapportant par analogie à la jeunesse et à la régénération. À Rome, il est la couleur de Vénus, déesse du printemps et des jardins, puis de l'amour ; il évoque alors le renouveau, car il signale la fin de l'hiver; aussi symbolise-t-il l'espérance.

Le vert de la résurrection du Christ

Dans la symbolique chrétienne, le vert est associé à la régénération du genre humain, assurée par le sacrifice du Christ sur la croix. C'est donc la couleur des vêtements des prêtres entre la Pentecôte et l'avent. Au Moyen Âge, la croix et les instruments de la Passion sont d'ailleurs représentés en vert. Dans l'Apocalypse de Jean, le trône de Dieu est dit « semblable à une pierre de jaspe et de cornaline ; et il y avait autour de ce trône un arc-en-ciel qui paraissait semblable à une émeraude » (IV, 3). De même, dans le cycle arthurien, le Graal est un vase d'émeraude ou de cristal, donc du vert le plus pur, car il est présumé avoir contenu le sang du Christ lors de sa crucifixion, condition du salut des hommes.

Le manteau vert du Prophète

Quant au drapeau vert de l'islam, sa couleur fait référence à celle du manteau du prophète Mahomet et aussi au paradis, la couleur en tirant sa charge symbolique de salut. Au paradis, les saints sont vêtus de vert, car ils sont la connaissance, et al-Khidir, patron des voyageurs, également appelé Khisr (l'homme vert), incarne la providence divine : il permet de trouver l'eau et protège les navigateurs. Dans le mysticisme musulman, le vert est la couleur de la spiritualité, l'accès aux villes d'émeraude étant réservé aux saints, après quatre mois passés dans les ténèbres. La couleur verte est si sacrée en islam que certains musulmans rigoristes refusent de la voir figurer sur un tapis de prière afin de ne pas la fouler aux pieds.

Une couleur à double sens

Dès l'Antiquité, cependant, le vert est une couleur à double sens : couleur de la vengeance attribuée au dieu Thot en Égypte et à Mercure à Rome, il est une couleur maléfique au Moyen Âge, associée au diable, dont la représentation comme « être vert » fait écho aux divinités sylvestres de l'Antiquité. Sur un vitrail de la cathédrale de Chartres représentant la tentation du Christ, on observe un diable à la peau et aux yeux verts. Teinté de jaune (la couleur des yeux du dragon, et des serpents), le vert est la couleur des eaux mortes, de la putréfaction, aussi est-il perçu comme néfaste. Comme le jaune en effet, le vert est au Moyen Âge une couleur dont les pigments sont instables, de telle sorte qu'il tire de cette caractéristique une réputation négative, qui le rattache au risque, aux circonstances et aux rituels dans lesquels le hasard intervient : c'est le vert du destin, du hasard, celui des prés sur lesquels ont lieu les ordalies, épreuves judiciaires dont l'issue établit la culpabilité ou l'innocence d'un accusé par l'intervention divine, comme celui des tables de jeu. Si le vert a mauvaise réputation chez les comédiens, ce serait en référence à Molière, qui aurait été vêtu de vert lors de sa mort sur scène.

Une couleur moderne et saine

De nos jours, le vert est associé étroitement à la nature et à la fraîcheur de la chlorophylle, pigment responsable de la teinte des feuillages. C'est la couleur de l'écologie et d'un monde pur, par opposition à l'univers gris et pollué des villes. Le vert renvoie à l'hygiène et à la santé. Les pharmacies en France ont ainsi adopté la croix verte comme signe de reconnaissance (la croix est un symbole de secours et de soin depuis les croisades), peut-être par référence à la toge verte des apothicaires-herboristes du Moyen Âge. L'opposition rouge/vert existe même dans le domaine alimentaire. Manger des légumes verts, riches en vitamines et en antioxydants, témoigne d'un souci de saine diététique, par opposition à la viande rouge, jugée trop riche en protéines et grasse. Enfin, le vert, associé au printemps et au renouveau, est la couleur de la permission et de la liberté. Le feu vert institué dans le domaine de la signalisation maritime, ferroviaire et routière dès le XIXe siècle indique le passage libre, par opposition au feu rouge, qui marque l'interdit. Les numéros verts de téléphone sont des numéros qui permettent d'appeler gratuitement un organisme et facilitent l'accès à l'information.

Avoir la main verte, avoir des talents innés de jardinier.

Candidats verts, candidats écologistes.

L'Europe verte, l'Europe agricole, rurale.

Produit vert, produit qui contribue au respect de l'environnement.

Se mettre au vert, prendre des vacances à la campagne.

Un vieillard encore vert, un vieillard resté vigoureux malgré son âge avancé.

Voir **croix**, **diable**, **gris**, **jaune**, **Osiris**, **résurrection**, **rouge**, **Vénus**

verticalité

L'une des caractéristiques de l'*Homo sapiens sapiens*, et qui le différencie de tous les autres êtres vivants, est sa station debout, sa bipédie. La verticalité a donc pour l'homme une dimension proprement anthropologique et symbolise l'ascension de l'espèce humaine. Commencer à marcher, c'est, pour l'enfant, une entrée dans la vie sociale, dans la communauté de ses semblables.

La verticalité marque aussi une ascension vers Dieu. Sur le chemin de Haram, Jacob s'endort et rêve d'une échelle s'élevant très haut dans le ciel, sur laquelle des anges montent et descendent: «Il vit aussi le Seigneur appuyé sur le haut de l'échelle, qui lui dit: Je suis le seigneur, le Dieu d'Abraham votre père, et le Dieu d'Isaac. Je donnerai à votre race la terre où vous dormez» (Genèse, XXVIII, 13).
Traditionnellement, la verticalité dans l'architecture, exprimée par les flèches, tours des églises et minarets, marque aussi l'aspiration vers le haut, vers un ordre transcendantal. Les gratte-ciel sont une manière d'affirmer cette verticalité religieuse dans l'architecture civile. L'un des plus grands pionniers du gratte-ciel, l'architecte Louis Sullivan, a déclaré: «Le problème du bâtiment très haut représente une des occasions les plus magnifiques, les plus formidables que le Seigneur de la Nature, dans sa Bienveillance, a jamais proposées à l'esprit de l'homme.»

Voir **colonne**, **homme**, **montagne**, **tour**, **un**

Victoire

Divinité allégorique représentée par une femme ailée.

Sous l'Antiquité, les Grecs divinisèrent la Victoire sous le nom de Niké, fille de Pallas, pourvue d'ailes et messagère des dieux. À Rome, dès la fin de la République, les figurines s'inspirèrent des statues hellénistiques. Ses attributs furent la palme et la couronne. Elle était l'une des garantes du pouvoir impérial; l'empereur avait avec elle des liens privilégiés. Il était en effet considéré comme le seul «victorieux», même si ses généraux étaient les véritables vainqueurs sur le champ de bataille. La Victoire apparaît fréquemment dans l'art romain sur les arcs de triomphe, accompagnant les quadriges (chars attelés de quatre chevaux) triomphaux.

Voir **aile**, **arc**, **char**, **couronne**, **nudité**, **palme**, **Zeus**

Vierge voir zodiaque

vigne

Si la feuille de vigne symbolise le désordre, la honte, mais aussi la pudeur sexuelle, la plante peut représenter le rachat christique.

Ivresse et orgies

Dans l'Antiquité, Dionysos (Bacchus en latin) est le dieu de la vigne et du vin. Il voyageait dans beaucoup de contrées, où il introduisit la vigne. Lors de ses pérégrinations, des pirates l'attrapèrent pour le réduire en esclavage. Mais Dionysos fit en sorte que les mâts de leur bateau se recouvrent de vignes. Les pirates se jetèrent dans la mer et se transformèrent en dauphins. Le dieu de la vigne avait un cortège de suivantes, les Bacchantes, qui se livraient à des rites paroxystiques en pleine nature, en dehors de la ville, de la civilisation. La vigne et le vin représentent donc une promesse de libération, mais aussi la menace permanente du désordre et du chaos dans son aspect sexuel et féminin.

Feuille de vigne et rachat christique

Les associations liées au désordre et à la sexualité sont à l'œuvre dans la symbolique de la vigne dans la tradition judéo-chrétienne. Si la feuille de vigne symbolise la honte et la pudeur sexuelle, la plante peut représenter le rachat. Dans l'iconographie occidentale, la feuille de vigne sert le plus souvent à masquer la nudité d'Adam et Ève, alors que pour d'autres c'est la feuille de figuier qui remplit ce rôle moralisateur. Même si cette dernière interprétation est fidèle à la Bible, la feuille de vigne a cependant une justification théologique. Le péché originel d'Adam et d'Ève est racheté par le Christ, qui est la véritable vigne : « Moi je suis le cep de la vigne, et vous en êtes les branches. Celui qui demeure en moi et en qui je demeure porte beaucoup de fruit ; car vous ne pouvez rien faire sans moi » (Jean, XV, 5).

La vigne christique est associée au sacrifice de deux manières. D'abord la croix sur laquelle Jésus est crucifié est souvent représentée dans l'art médiéval comme une vigne vivante. Par ailleurs, lors de l'Eucharistie, le vin devient le sang du Christ.

Voir **Bacchantes, banquet, danse, Dionysos, femme, figue, nudité, orgie, sang, vin**

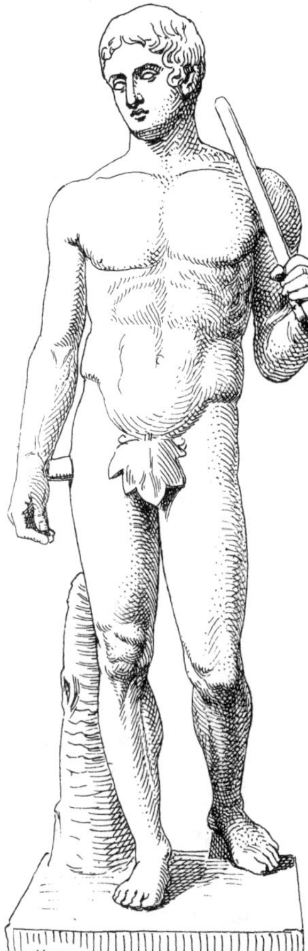

ville

Qu'elle soit sainte ou crapuleuse, la ville est une femme qui embrasse et protège ses habitants comme des enfants ou des amants.

La ville-mère, la ville-femme, la ville sainte

La ville est la fixation dans l'espace d'un foyer de sédentaires. Cet aspect protecteur est sans doute lié à l'enceinte fortifiée qui est très vite apparue autour des greniers lorsque les hommes inventèrent l'agriculture, mais cette protection maternelle est aussi liée aux droits spéciaux dont jouissent les cités: « L'air de la ville rend libre », disait-on dans les campagnes serves de l'Europe féodale. Mais la ville-femme peut être démoniaque: pour saint Paul, si la Jérusalem céleste est une mère qui engendre des âmes libres, la Jérusalem terrestre engendre en revanche des esclaves (Épître aux Galates). Les expressions relatives à l'entrée en ville sont éloquentes: chez Balzac, le héros Rastignac part à « la conquête » de Paris, et, au Moyen Âge, une « ville prise » est une cité violée autant que volée. Les villes sont donc porteuses de toutes les contradictions attachées à la féminité. Dans l'Apocalypse de saint Jean, Babylone devient « la grande, la mère des prostituées et des abominations de la terre », car c'est la ville de l'exil des Juifs, la ville du pouvoir oppresseur. C'est le déplacement du centre de la chrétienté de Jérusalem à Rome qui fait passer cette dernière du statut de ville-putain au statut de ville sainte.

À l'image d'un corps vivant

L'architecture et l'urbanisme ne se détachent que difficilement de cette symbolique féminine: les petites ruelles sont assimilées aux rides de la vieille ville moyenâgeuse, et les grandes avenues font rêver aux formes pures d'une jeunesse retrouvée. Les veines de l'organisme féminin se doivent par ailleurs d'être irriguées d'un flot de passants, mais la ville est aussi parcourue par le réseau qui évacue les eaux sales. Pour Zola, Paris a son « ventre » dans les Halles, et, pour les constructeurs du Sacré-Cœur, le Paris révolté de la Commune est une pécheresse qui doit se faire pardonner sous le voile d'une religiosité de cloîtrée.

La fondation d'une ville

La ville se domine aisément : tous les édifices orgueilleux qui la parsèment renvoient à cette conquête. Mais la ville-mère et amante ne se fonde pas facilement. Seuls des personnages à la dimension des dieux peuvent fonder des villes : Louis XIV, le « Roi-Soleil » (Versailles), Pierre le Grand (Saint-Pétersbourg), mais aussi Romulus et Remus (Rome). Ces villes fondées par des rois-héros se doivent de refléter l'ordre intemporel de Dieu autant que la stabilité du pouvoir. Dans l'Antiquité, la ville est généralement de forme carrée, établie autour de deux axes qui se recoupent à angle droit en son milieu. Chaque ville est ainsi un centre du monde. La croissance urbaine en tache d'huile est unanimement décriée par les aménageurs : cet aspect naturel et incontrôlé rappelle trop la puissance germinative infinie de la femme. L'aménageur et l'architecte sont des hommes austères dont les plans tracés à la règle sont là pour trancher dans le vif de cet effrayant tissu conjonctif.

Voir **carré, centre, clé, héros, Jérusalem, mur, roi**

vin

Boisson fermentée et alcoolique, le vin a une très riche signfication, étant tout ensemble porteur de vie, d'éternité, mais aussi de mort et de destruction.

Le vin des métamorphoses

Dans la Grèce antique, le vin était symbole de vie, de mort et d'éternité. On célébrait Dionysos, dieu de la vigne et du vin, dans des fêtes durant lesquelles les femmes, les Ménades ou Bacchantes, s'enivraient d'alcool et de danses barbares. Sous l'effet de la boisson, les membres du cortège dionysiaque entraient en transe, métamorphose due à l'alcool. Produit d'une alchimie qui transforme un jus en une substance enivrante, capable de modifier le comportement, l'alcool est l'union des contraires, de l'eau et du feu, de la vie et de la destruction. Sous son influence, les prêtresses de Dionysos mettaient en pièces tout ce qui se trouvait à leur portée, allant jusqu'à tuer leurs propres enfants.

Plus tard, à Rome, les bacchanales, célébrées fin octobre en l'honneur de Bacchus, équivalent romain de Dionysos, dégénèrent en orgies incontrôlables, dénoncées par Tite-Live: « Quand le vin, la nuit, et le mélange d'hommes et de femmes, de jeunes et de vieux les avaient échauffés, alors s'éteignait tout sentiment de pudeur et commençaient des débauches en tout genre; chacun prenait son plaisir dans le domaine où il pouvait satisfaire ses caprices. » En 186 ap. J.-C., un senatus-consulte interdit les bacchanales.

Proche de Dieu, loin de Dieu

Dans l'Ancien Testament, le vin est d'une grande importance symbolique. Dès la fin du Déluge, Noé plante la vigne et, en action de grâce, l'arrose du sang d'un agneau, d'un lion, d'un singe et d'un porc, correspondant aux états successifs de l'homme sous l'emprise de l'alcool. Ivre, Noé se montre nu et s'humilie devant ses fils. Mais si, pour l'Ancien Testament, l'ébriété peut détourner l'homme de la bonne parole, boire le vin sacré rapproche de Dieu. Durant l'Exode, le peuple hébreu espère voir la vigne, car celle-ci désigne la Terre promise. De même, Jésus dit: « Je suis la vraie vigne, et mon Père est le vigneron. » Le vin a ici le pouvoir de guider l'homme vers la vie spirituelle. Curieusement, il peut aussi lui assurer la survie par l'oubli: lorsque Sodome est détruite, les seuls survivants sont Loth et ses filles; celles-ci l'enivrent pour engendrer une descendance; plongé dans l'ivresse, Loth n'a conscience « ni de son coucher ni de son lever », et la culpabilité de l'inceste lui est épargnée.

De l'eau au vin, du vin au sang

Chez les chrétiens, le premier miracle de Jésus est la transformation de l'eau en vin au cours des noces de Cana, et son dernier repas ritualise l'alliance entre le vin et lui. Pour les catholiques, par cette transformation, le Christ fait aux hommes le don de sa vie en offrant son sang sous l'aspect du vin: c'est la transsubstantiation, par laquelle le prêtre prétend changer littéralement le vin en sang. Pour les protestants, il existe plusieurs écoles: si certains n'accordent à la célébration de l'Eucharistie qu'un rôle commémoratif et symbolique, d'autres évoquent la « consubstantiation », soit la coexistence du vin et du sang du Christ.

Au paradis

Le vin est proscrit par le Coran : « Ô vous qui croyez ! Le vin, le jeu de hasard, les pierres dressées et les flèches divinatoires sont une abomination et une œuvre du Démon. Évitez-les. Peut-être serez-vous heureux. » Pourtant, Dieu promet aux croyants des « fleuves de vin » au paradis. Et, malgré ces interdits, le poète persan Omar Khayyam (XIe siècle) a chanté le vin dans de nombreux poèmes :

« Verse-moi ce rubis dans un brillant cristal ;
Compagnon familier de l'esprit libéral,
Toi qui sais que ce monde, apparence, poussière,
N'est qu'un souffle. Du vin ! conseiller amical. »

Le vin et le mariage

Breuvage de vie et d'immortalité, le vin est présent lors de tous les festins, et notamment ceux du mariage. Dans la Grèce antique, cette boisson symbolique du bonheur était versée aux jeunes époux dans une « tasse à deux anses » sur laquelle figurait la représentation d'un couple amoureux. Dans toutes les provinces de France, et notamment en Bourgogne, du Moyen Âge au XIXe siècle, on donnait le vin à boire aux époux dans une coupe sur laquelle étaient gravés leurs deux noms et la date du mariage. Après la cérémonie, les mariés buvaient à cette coupe qu'ils conservaient toute leur vie. On ressortait la coupe pour des occasions exceptionnelles, comme la naissance d'un enfant (on présentait à la jeune mère la coupe emplie de vin et contenant du pain trempé). En Hollande, on sert aux mariés une coupe de vin épicé appelé les « larmes de la mariée », préfigurant le bonheur et les malheurs qui attendent les époux.

Voir **Bacchantes, danse, déluge, Dionysos, nudité, orgie, rouge, sang, vigne**

violet

Couleur la moins aimée en Occident, le violet exprime le deuil et la pénitence.

Sous l'Antiquité, le violet est associé au deuil. Perséphone est en train de cueillir des violettes lors de son rapt par Hadès, qui l'emmène aux Enfers. Dans la culture chrétienne, le violet représente l'union en Jésus-Christ de l'homme (le rouge) avec l'esprit céleste (le bleu), associant de ce fait la couleur au mystère de la Passion. Par identification, il devient la couleur des martyrs, puis des veuves. Valeur la plus sombre du cercle chromatique, le violet s'oppose à la teinte la plus claire, le jaune fertile, et se situe comme la couleur la plus proche du noir. Aussi est-il associé à la mort : le violet est la marque du deuil à la cour de France, tandis que, au temps de l'Angleterre victorienne, le mauve était une des rares couleurs permises, avec le gris, le noir et le blanc, durant les périodes de demi-deuil.
Dans la religion chrétienne, le violet est signe de pénitence et de deuil. Il est employé pendant l'avent, le carême, aux messes et processions de supplication, pour les sacrements de pénitence et d'onction des malades. Lors des fêtes de Pâques, la liturgie mêle le violet et le jaune, qui symbolisent respectivement le carême et la renaissance printanière, marquée par le jaune des crocus et des jonquilles. C'est enfin la couleur de l'obéissance et de la soumission, notamment sur la bague des évêques, ornée d'une améthyste, que baisent les fidèles.

Voir **améthyste, jaune, noir, Perséphone**

vipère

Dans l'Antiquité gréco-romaine, la vipère est le symbole d'Esculape, dieu de la médecine. Serpent venimeux, la vipère ne représente plus aujourd'hui que le mal infligé par sa morsure, souvent mortelle pour l'homme.

Cachée dans les herbes, elle mord sa victime par surprise avant de disparaître. Le poison, arme des lâches, fait ensuite son œuvre. C'est ce comportement réputé hypocrite que l'on retrouve dans l'expression « langue de vipère », qui caractérise le plus souvent une personne calomnieuse ou du moins médisante. La vipère, c'est le monstre à exterminer, comme l'indique l'expression apparue dans les années 1950, au milieu de la guerre froide, quand la propagande soviétique désignait tous les opposants au communisme comme des « vipères lubriques ».

Voir **Asclépios, serpent**

voie

La voie symbolise la destinée et la marche vers la réalisation spirituelle.

La voie royale renvoie à la destinée rectiligne des saints, des héros et des conquérants, et s'oppose aux chemins tortueux empruntés par les faibles et les lâches. L'Église a repris cette symbolique dans la parabole des deux chemins : l'un descend doucement vers le péché ; large et facile d'accès, il mène sur une descente de plus en plus vertigineuse ; le chemin de la vertu, en revanche, grimpe sur des versants ardus, mais il aboutit à des jardins merveilleux.

Voir **carrefour**

Voie lactée

Bande blanchâtre qui ceinture le ciel étoilé.

Les Anciens en attribuaient l'origine aux flots de lait jaillissant du sein de la déesse Héra (Junon) alors qu'elle allaitait Héraclès (Hercule). En Amérique centrale, la Voie lactée est un serpent cosmique, l'ultime cercle qui enserre le calendrier des événements humains.

Voir **Héra, lait, planète, sein, vache**

voile

Pièce d'étoffe, le plus souvent légère, qui sert à couvrir, à cacher à la vue, le voile joue un rôle symbolique important dans les religions monothéistes, représentant à la fois la révélation et la dissimulation.

Selon un fragment d'Héraclite, philosophe présocratique : « La nature (*physis*) aime à se voiler. » Comprendre la nature revient à la dévoiler, à révéler ses secrets, à la pénétrer. Sur ce point, la théologie rejoint la physique, car, s'il peut avoir une fonction morale en séparant le bien du mal, le voile peut également servir à celer la vérité.

La danse des sept voiles

Isis, déesse égyptienne, portait un voile de sept couleurs, ce qui renvoie à la symbolique des chiffres, aux sept corps célestes, aux sept sphères et aux sept degrés de l'élévation spirituelle. Salomé, dans la pièce éponyme d'Oscar Wilde, exécute la danse des sept voiles devant le roi Hérode, danse en échange de laquelle on offre à la femme la tête de Jean-Baptiste. L'auteur irlandais a bien compris qu'il s'agit d'un échange symbolique. En se dévoilant le corps, en se livrant toute nue en spectacle, Salomé parcourt en sens inverse les sept degrés de l'élévation spirituelle. Le corps féminin est la réflexion symétrique des voiles de la lumière divine. Le pouvoir hallucinant et maléfique de la vérité charnelle de la femme dévoilée parvient à faire taire, à « voiler » la parole virile, dénonciatrice et prophétique de la Vérité exprimée par le saint.

Voiles de lumière et de ténèbres

L'islam a longuement disserté sur la nature spirituelle du voile. Selon un *hadith*, ou parole rapportée du Prophète, Mahomet aurait dit : « Allah a soixante-dix voiles de lumière et de ténèbres ; s'Il les enlevait, les gloires fulgurantes de Sa face consumeraient quiconque serait atteint par Son regard. » D'après une variante, le nombre des « voiles » serait de soixante-dix mille. Le théologien Gazâli (1058- 1111), dans son œuvre *le Tabernacle de la lumière*, transpose ces voiles à la sphère de l'entendement humain ; ce sont les incroyants et les gens qui « vivent comme des bêtes » qui sont voilés par les ténèbres : « Leur voile est leur propre âme, qui est trouble, et leurs appétits, qui sont ténébreux. » Par contraste, il y a ceux qui « sont voilés par les pures lumières, qui entendent que la mise en mouvement direct des corps célestes est un acte de service, d'adoration et d'obéissance », et qui parcourent « les degrés distincts de la progression et de l'ascension spirituelle ». S'approcher de Dieu corres-

SCS
SCS
SCS
DNS DS

pondrait ainsi à l'enlèvement d'une série de voiles.

Le voile du Temple

Dans le Temple de Jérusalem, un rideau ou voile séparant le Saint des Saints du reste de l'édifice était soulevé une fois par an, le jour du Grand Pardon. Selon l'historien juif Josephus, le voile du Temple était une tapisserie représentant le ciel étoilé, c'est-à-dire l'univers. Or, d'après l'Évangile de saint Marc, le ciel est déchiré lors du baptême du Christ, et le voile du Temple subit le même sort lors de la mort physique du Messie: « Alors Jésus, ayant jeté un grand cri, rendit l'esprit. En même temps, le voile du Temple se déchira en deux depuis le haut jusqu'en bas » (Marc, XV, 37-39). Le déchirement du voile du Temple symbolise le dépassement de la loi mosaïque et la destruction de la barrière qui séparait Dieu des hommes: Dieu ne se voile plus le visage, il le révèle à l'humanité à travers le corps dévoilé du Christ, qui, lui aussi, est pure lumière. Dans ce cas, le déchirement d'un voile est synonyme de révélation: au reste, *apokalypsis* signifie en grec « dévoilement ».

Prendre le voile

Traditionnellement en Occident, la femme se voile le visage et la chevelure en signe de deuil, geste qui s'apparente à celui, ancien, de se couvrir le visage des deux mains pour exprimer la douleur ou le désespoir. Dans l'Antiquité romaine, les mariées portaient le matin de leur mariage un grand voile rouge orangé, le *flammeum*, destiné à les soustraire au mauvais œil. Dans la tradition chrétienne, un voile enveloppait également les mariées le jour de la cérémonie. Dans ce cas, le voile représente la virginité et s'associe à l'hymen. Le mari qui lève le voile a le droit de pénétrer l'intimité de la mariée vierge. Pour une religieuse chrétienne, prendre le voile signifie se dérober à la vue des autres, afin de vivre cloîtrée. Le voile suggère une séparation nette entre le monde extérieur et une vie intérieure « spirituelle ».

La modestie sied à la femme chrétienne

Dans l'Ancien Testament, on ne parle pas de femme voilée, mais, dans sa première Épître aux Corinthiens, saint Paul impose le voile aux femmes: « Si une femme est tête nue lorsqu'elle prie ou donne des messages reçus de Dieu, elle déshonore son mari; elle est comme une femme tondue. Si une femme ne se voile pas la tête, elle pourrait tout aussi bien se couper la chevelure. Mais puisqu'il est honteux pour une femme de se couper les cheveux ou de les tondre, il faut alors qu'elle se voile la tête » (I Corinthiens, XI, 5-6). Bien qu'il désigne dans le même texte la chevelure féminine comme voile naturel, l'apôtre fait ici écho à une ancienne association entre la chevelure et les poils du pubis. La « modestie » nécessaire à la femme dicte que tous ses cheveux et que tous ses poils soient dissimulés.

Le voile de l'islam

C'est bien la problématique de la « modestie » que l'on retrouve dans l'islam, où le voile peut prendre la forme d'un *hijab* qui cache les cheveux, du *niqab* qui voile le visage ou, comme en Afghanistan, de la *burqa* qui couvre le corps tout entier. La justification du voile se trouve dans le Coran, par exemple dans le verset suivant : « Ô Prophète ! prescris à tes épouses, à tes filles et aux femmes des croyants, de ramener sur elles de grandes étoffes. Ce sera la marque de leur vertu et un frein contre les propos des hommes »(XXXIII, 59). Aujourd'hui, le « voile islamique » est devenu pour certains le symbole même de l'islam, le drapeau identitaire que l'on agite contre un Occident « corrompu et décadent ». Le voile n'a donc pas seulement une fonction interne à la religion, servant de barrière symbolique entre la femme et l'homme, entre l'intimité du foyer et la place publique, mais il est devenu le symbole qui sépare la maison de l'islam, *Dar al Islam*, de ce qui s'oppose à l'islam, *Dar al Harb*, la maison de guerre. Paradoxalement, face à l'Autre, le voile islamique peut maintenant définir les hommes musulmans autant que les femmes.

Voir **ceinture, cheveux, femme, œil, sept**

voiture

Associée à la mobilité, comme le vélo ou l'avion, la voiture indique la manière dont le sujet s'oriente dans le monde et en prend possession. Dans l'interprétation des rêves, la voiture prend donc un sens différent selon que le rêveur conduit, est conduit, connaît ou non le lieu où il se rend, et parvient ou non à contrôler le véhicule.

La voiture, c'est aussi la puissance sexuelle masculine, la liberté, l'aisance matérielle et la distinction sociale. Pour Roland Barthes, elle joue ainsi un rôle majeur dans les mythologies contemporaines en incarnant les désirs et les fantasmes de l'époque, au point de faire l'objet d'une véritable forme de culte, fondé sur la consommation de signes de liberté individuelle.

Voir **vélo**

volcan

Symbole de passion dévorante, le volcan renvoie aux forces de Gaïa, la terre-mère.

Il constitue une élévation en même temps qu'un gouffre. Le mot « volcan » vient de Vulcain, dieu romain du feu. L'éruption volcanique personnifie la colère dévastatrice des dieux, mais également leur pouvoir créateur: la forge d'Héphaïstos se situe sous un volcan – c'est là que Prométhée dérobe le feu pour le donner aux hommes.

Voir **feu, forgeron, Héphaïstos, montagne, Prométhée, terre**

voûte

Dans l'architecture religieuse, la voûte symbolise le ciel.

En Égypte, le corps arqué de Nout, la déesse du ciel, forme une voûte audessus du corps de Geb, la Terre. Geb est couché sur le côté, ses genoux et ses bras figurant le relief terrestre. De plus, pour renforcer la symbolique, le corps de Nout est souvent représenté constellé d'étoiles. L'air, Shou, sépare les deux amants, qui parviennent cependant à se rejoindre pendant la nuit et à engendrer les grands dieux que sont Osiris, Isis, Seth et Nephtys.

En effet, pour les Égyptiens, la nuit correspond au rapprochement quotidien du ciel et de la terre.

Voir **dôme, église, Nout, Shou**

Vulcain voir Héphaïstos

Walkyries (les)

Vierges guerrières du panthéon germanique, déesses du destin.

Les Walkyries accompagnent Wotan (Odin) dans ses chevauchées et enlèvent à travers les airs, sur leurs blancs destriers, les héros blessés sur le champ de bataille. Ce sont elles qui, envoyées par Wotan, choisissent les héros tombés au combat, qu'elles emmènent au Walhalla, où ils trouveront une vie éternelle et orgiaque. Dans l'un des passages les plus célèbres de la *Tétralogie*, Wagner met en musique une chevauchée des Walkyries.

Voir **Amazones, Wotan**

Wotan (ou Odin)

Le premier des dieux germaniques. Il incarne la souveraineté, la prêtrise et le savoir magique.

Wotan est le nom choisi par Wagner dans la *Tétralogie* parmi les divers noms d'Odin. Grand vieillard borgne et barbu, il est détenteur du savoir et est le dieu de la tempête, de la guerre, de la fécondité, de la sagesse, de la lumière, mais aussi des forces obscures de la nature. Il règne en maître sur le panthéon germanique dans son palais du Walhalla, où il accueille avec les Walkyries les guerriers morts au combat. Perchés sur ses épaules, deux corbeaux le conseillent : Hugin (l'esprit) et Munnin (la mémoire), lesquels l'informent également de tout ce qui se passe dans le monde. Ses autres attributs sont un cheval, Slepnir, et une lance, Gungnir. Le personnage complexe de Wotan se rattache probablement à l'image d'un géant de l'âge de bronze et n'est pas sans parenté avec le dieu-ogre de la mythologie irlandaise. La passion de Wotan, pendant laquelle il se blesse lui-même, puis demeure neuf jours et neuf nuits suspendu à un arbre que le vent agite, semble être un rite de rajeunissement.

Voir **borgne, lance, nain, neuf, Walkyries**

yin / yang

Dans la dialectique chinoise, le yin et le yang désignent chacun un des deux états de la réalité, l'un s'opposant à l'autre.

Dans la philosophie chinoise, le yin et le yang sont deux forces complémentaires représentées par les moitiés noire et blanche d'un cercle et qui constituent tous les aspects de la vie phénoménale. Yin est considéré comme le principe femelle, la terre, l'obscurité, la passivité et l'absorption. Yang est le principe mâle, le ciel, la lumière, l'activité et la pénétration. Ces deux principes sont décrits comme procédant de l'Absolu suprême, et leur jeu mutuel est le véritable processus de l'univers.

Voir **blanc, caducée, cercle, noir**

zénith voir midi

Zeus

Dieu suprême des Grecs, fils de Cronos et de Rhéa. L'étymologie de son nom renvoie au verbe « briller » et à la lumière du jour (de *Zeus* vient le mot latin *dies* qui signifie « jour ».

Le maître de l'univers

Le Zeus primitif aurait été le symbole des phénomènes atmosphériques et spécialement du ciel, de son éclat, de ses orages, de ses pluies.

Dans leurs propos quotidiens, les Athéniens rendaient constamment Zeus responsable de la pluie. Dieu de la foudre, porteur de l'égide, il est aussi le dieu qu'on honorait sur les sommets déserts, souvent environnés d'éclairs. Il était craint des marins à l'égal de Poséidon. Comme il est le maître de l'univers, après Cronos, le monde souterrain lui-même ne lui est nullement étranger, et il lui arrive de se confondre avec Hadès. Il patronne les groupes humains, protégeant les familles, les phratries athéniennes, les assemblées politiques, les marchés, les cités, l'ensemble de la communauté hellénique enfin. Son attribut est un aigle, animal auquel il s'identifie volontiers, instrument de son pouvoir et image de sa force majestueuse. Zeus est encore le dieu sauveur *(Sôtêr)*, qui délivre les combattants en danger et fait gagner les guerres. Enfin, c'est un dieu justicier : souvent appelé

« Bienveillant » *(Meilikhios),* peut-être par euphémisme, il est le destinataire des supplications des fautifs repentants. Mais il sait également frapper les coupables, de même que les héros qui se distinguent dangereusement, tel Prométhée. Il n'est pas absolument omnipotent, mais demeure soumis aux lois de la destinée fatale. Toutefois, à l'époque hellénistique et romaine, on trouve en lui, comme en ceux qu'il s'est alors assimilés, Jupiter et Sérapis, tout ce qu'il faut pour exprimer les tendances monothéistes des philosophes.

Le trône et le sceptre

Quant à la mythologie, elle a gratifié Zeus d'une biographie circonstanciée. Quand Cronos a dévoré sa descendance, Zeus a été sauvé par sa mère. Caché en Crète, il a été nourri du lait de la chèvre Amalthée. Il a ensuite détrôné Cronos à son profit, s'est installé sur l'Olympe, qu'il a défendu contre les Titans et les Géants. Il a pour épouses Métis, Thémis, Déméter, Mnémosyne, Aphrodite, Latone, et enfin Héra, sa sœur, qui manifeste sa jalousie à l'occasion des aventures de son frère, grand séducteur, souvent sous des apparences animales (histoires d'Alcmène, de Danaé, d'Europe, de Léda, etc.). Son plus vénérable sanctuaire est, en Grèce, celui de Dodone (Épire). On lui sacrifiait un taureau. La statue colossale chryséléphantine (faite d'or et d'ivoire) imaginée par Phidias pour le temple d'Olympie fige une fois pour toutes la représentation symbolique de Zeus. Le dieu est assis sur son trône, en majesté, tenant d'une main le sceptre et de l'autre une victoire. Le type du Zeus barbu et majestueux inspirera celui du Jupiter latin.

Voir **aigle, barbe, bœuf, éclair, égide, foudre, Héra, Jupiter, montagne, orage, Prométhée, sceptre, roi, taureau, tonnerre, trinité, trône, Victoire**

zodiaque

Le zodiaque est la zone de la sphère céleste dans laquelle se situe le mouvement apparent du Soleil, de la Lune et des planètes principales.

Le zodiaque, la bande de ciel que les astronomes nomment écliptique, se divise en douze « maisons » astrales, auxquelles correspondent les signes du zodiaque, dont le nombre est fixé dès la fin de l'époque babylonienne : le Bélier, le Taureau, les Gémeaux, le Cancer, le Lion, la Vierge, la Balance, le Scorpion, le Sagittaire, le Capricorne, le Verseau et les Poissons. Il est généralement représenté sur une roue ou un cercle qui figure la voûte céleste. Le Soleil et la Lune, les « luminaires », sont considérés par les astrologues comme des planètes. Les douze signes du zodiaque possèdent une symbolique forte et sont censés jouer un rôle sur la personnalité d'un individu. Ainsi, selon Ptolémée, le Soleil est chaud, masculin et bienfaisant, et la Lune humide, féminine et également bienfaisante. Vénus est tempérée, froide et humide, féminine, et bienfaisante. Mars est chaud et sec, masculin, maléfique. Jupiter est tempéré, chaud et humide, masculin, très bienfaisant. Quant au vieux Saturne, il est froid et sec, masculin, très maléfique, et ainsi de suite.

Les douze signes du zodiaque

Les signes du zodiaque se rattachent aux quatre éléments (trois signes par élément) :
Signes de feu : Bélier, Lion, Sagittaire
Signes d'air: Gémeaux, Balance, Verseau
Signes de terre: Taureau, Vierge, Capricorne
Signes d'eau : Cancer, Scorpion, Poissons
Les signes d'air et de feu sont masculins, positifs, actifs. Les signes de terre et d'eau sont féminins, maternels, négatifs, passifs. L'astrologie considère que les planètes se trouvent plus à l'aise dans certains signes que dans d'autres. Ces signes sont alors leur « domicile », et dans un ou d'autres signes elles se trouvent en « exil ». La planète « régit » son signe d'élection.

Bélier (21 mars – 20 avril)
La « meilleure étoile », celle qui marque le début du printemps, représente le feu originel et connote la jeunesse et le feu, la vitalité première, le courage et l'indépendance, mais aussi l'impétuosité et la colère.
Domicile de Mars
Exil de Vénus
Mythe et/ou divinité associés : Jason et la Toison d'or
Qualité : chaud et sec
Couleur : rouge
Parties du corps gouvernées : tête et cerveau, rate et glandes surrénales

Taureau (21 avril – 20 mai)
Le Taureau, également printanier, est assimilé aux forces de la terre et à la sensualité de la nature. Signe dionysiaque par excellence, il symbolise le déchaînement des instincts, mais aussi le travail patient et obstiné, la fécondité et la solidité.
Domicile de Vénus
Exil de Pluton et de Mars
Mythe et/ou divinité associés : l'enlèvement d'Europe
Qualité : froid et sec
Couleur : vert
Parties du corps gouvernées : nuque et cou

Gémeaux (21 mai – 21 juin)
Le signe des Gémeaux, qui s'achève juste avant le solstice d'été, est le signe de la dualité, et donc à la fois de l'opposition et de la complémentarité. Émotivité et hyperactivité sont les deux tendances que l'on prête aux personnes nées sous ce signe.
Domicile de Mercure
Exil de Jupiter
Mythe et/ou divinité associés : Castor et Pollux, Léda
Qualité : chaud et humide
Couleur : bleu
Parties du corps gouvernées : bras, systèmes respiratoire et nerveux

Cancer (22 juin – 22 juillet)
Dominé par la Lune, le Cancer est représenté par deux spirales évoquant le basculement du mouvement solaire au moment du solstice d'été. Le Cancer (ou Crabe) marche à rebours, signifiant le retour dans le sein maternel. Amour, tendresse, peur des passions violentes caractérisent le natif du Cancer, qui doit éviter de se laisser dominer par son imagination.
Domicile de la Lune
Exil de Saturne
Mythe et/ou divinité associés : Anubis, Saturne
Qualité : froid et humide

Couleur : blanc
Parties du corps gouvernées : estomac, poitrine, système digestif et lymphatique

Lion (23 juillet – 22 août)

Le signe du Lion couvre une période de plein été. Signe masculin par excellence, le Lion est symbole de puissance, de souveraineté, de justice et de magnanimité, mais aussi de colère, d'ambition et d'orgueil. La force du Lion est assimilée à la lumière, ce qui en fait l'un des emblèmes du Christ.

Domicile du Soleil
Exil d'Uranus et de Saturne
Mythe et/ou divinité associés : Osiris, Apollon, Hélios
Qualité : chaud et sec
Couleur : jaune d'or
Parties du corps gouvernées : cœur, moelle épinière, dos, circulation sanguine

Vierge (23 août – 22 septembre)

La Vierge, c'est le secret, le discernement, l'harmonie et l'équilibre, ainsi que les facultés logiques et l'intelli-

gence analytique. Celui qui est né sous le signe de la Vierge fuit les drames et les complications. C'est le fidèle par excellence, mais avec un certain risque de froideur et de sécheresse.
Domicile de Mercure
Exil de Neptune et de Jupiter
Mythe et/ou divinité associés : déesses archaïques (Déméter, Grandes Mères)
Qualité : froid et sec
Couleur : ocre
Parties du corps gouvernées : appareil digestif

Balance (23 septembre – 22 octobre)
La Balance était jadis prise dans les pattes du Scorpion. Ce signe du début de l'automne est caractérisé par l'harmonie, la subtilité des sentiments, l'équilibre, d'une part entre le corps et l'esprit, et d'autre part entre raison et sentiments.
Domicile de Vénus
Exil de Mars
Mythe et/ou divinité associés : la vierge Astrée
Qualité : chaud et humide
Couleur : bleu
Parties du corps gouvernées : reins et vessie

Scorpion (23 octobre – 21 novembre)
Les tempéraments puissants des natifs du Scorpion respirent la passion, l'agressivité et l'érotisme. Ces tendances régressives sont compensées par une grande puissance de travail, mais le Scorpion a tendance à établir des relations de domination fortes avec son entourage.
Domicile de Pluton et de Mars
Exil de Vénus
Mythe et/ou divinité associés : Phaéton
Qualité : froid et humide
Couleur : amarante
Parties du corps gouvernées : appareil génital interne et externe

Sagittaire (22 novembre – 20 décembre)
Le signe du Sagittaire, représenté sous la forme d'un centaure tirant une flèche, représente l'union harmonieuse du corps (le cheval), de l'âme (le buste) et de l'esprit (la tête). Le Sagittaire cherche à dépasser ses limites, et son énergie se dirige vers un but élevé. Autoritaire mais sensible, le natif du Sagittaire est capable de comprendre les autres.
Domicile de Jupiter
Exil de Mercure
Mythe et/ou divinité associés : Enkidu, Centaures (Chiron), Orion
Qualité : chaud et sec
Couleur : violet
Parties du corps gouvernées : hanches, cuisses et voies respiratoires

Capricorne (21 décembre – 19 janvier)
Le Capricorne représente la stabilité, la prudence et la méthode. Cette première maison du solstice d'hiver correspondait autrefois à la naissance du Soleil, et c'est devenu celle de la naissance du Christ. Domicile de Saturne, le Capricorne, de caractère souvent mélancolique, évoque aussi la stérilité, et la faiblesse des vieillards.
Domicile de Saturne
Exil de la Lune
Mythe et/ou divinité associés : Jésus-Christ
Qualité : froid et sec

Couleur : noir
Parties du corps gouvernées : les os, la peau et les genoux

Verseau (20 janvier – 19 février)

Le Verseau est l'air omniprésent. Le natif du Verseau est large d'esprit. Il représente l'humanité dans ce qu'elle a de plus généreux et hospitalier. Plein d'abnégation, le Verseau s'ouvre volontiers aux autres. Le Verseau est souvent représenté sous la forme d'une femme ou d'un homme versant à terre le contenu d'une cruche.
Domicile d'Uranus et de Saturne
Exil du Soleil
Mythe et/ou divinité associés : Deucalion et Pyrrha, l'Argo
Qualité : chaud et humide
Couleur : gris
Parties du corps gouvernées : jambes, poumons, circulation

Poissons (20 février – 20 mars)

Les Poissons annoncent les pluies printanières. Associé aux renaissances religieuses, le Poisson est le symbole du baptême et du Christ s'offrant en nourriture à ses fidèles. Dans le silence des eaux profondes, l'énergie de l'inconscient se fraye un chemin. Le natif des Poissons est un rêveur et un émotif, attiré par le mystère. D'une nature aimable, il s'ouvre aux autres à la manière de l'eau qui coule.
Domicile de Neptune et de Jupiter
Exil de Mercure
Mythe et/ou divinité associés : Le Christ, Vishnou, Poséidon
Qualité : froid et humide
Couleur : blanc
Parties du corps gouvernées : pieds et systèmes nerveux et pulmonaire

Voir **astrologie, augures, planètes**

Bibliographie

Barthes, R., *Mythologies,* Éditions du Seuil, Paris, 1957

Battistini, Mathilde, *Astrologie, magie et alchimie,* Hazan, Paris, 2005

Bailleux, N. & Remaury B., *Modes & vêtements,* coll. « Découvertes Gallimard », Gallimard, Paris, 1995

Belfiore, J.-C., *Dictionnaire de la mythologie grecque et romaine,* Larousse, Paris, 2003.

La Bible de Jérusalem, Éditions du Cerf, Paris, 1973

La Bible, traduction œcuménique, Éditions du Cerf, Paris,1972, 1975

La Bible, traduction de A. Chouraqui, Desclée de Brower, Paris, 1989

Bologne, J.C., *Au septième ciel, dictionnaire commenté des expressions bibliques,* coll. « Le souffle des mots », Larousse, Paris, 2005

Bologne, J.C., *Une de perdue, dix de retrouvées, chiffres et nombres dans les expressions de la langue française,* coll. « le souffle des mots », Larousse, Paris, 2004.

Chebel, M., *Dictionnaire des symboles musulmans,* Albin Michel, Paris, 1995.

Le Coran, Garnier-Flammarion, Paris, 1970

Diel P. et Bachelard G., *le Symbolisme dans la mythologie grecque,* Paris, 2004

Éliade, Mircea, *Mythes, rêves et mystères,* Gallimard, 1957

Frazer J G., *le Rameau d'or,* R. Laffont, coll. « Bouquins », 3 t., Paris, rééd. 1996

Gardin N. et Pascual G., *Guide iconographique de la peinture,* Larousse, Paris, 2005

Gerbod P., *Histoire de la coiffure et des coiffeurs,* Larousse, Paris, 1995.

Ghazâlî, *le Tabernacle des lumières,* Éditions du Seuil, Paris, 1981,

Gineste L., *l'Alchimie expliquée par son langage,* Dervi, Paris, 2001

Grimal, P. *Dictionnaire de la mythologie grecque et romaine,* P.U.F., Paris, 1951

Hésiode, *la Théogonie,* Gallimard, Paris, 2001

Mâle É., *l'Art religieux du XIIe siècle en France: étude sur les origines de l'iconographie du Moyen Âge,* A. Colin, Paris, 1998 (1re éd., 1922)

Mollard-Desfour A., *Dictionnaire des mots et expressions de couleur, le rouge,* CNRS éditions, Paris, 2000 ; *Dictionnaire des mots et expressions de couleur, le rose,* CNRS éditions, Paris, 2002 ; *Dictionnaire des mots et expressions de couleur, le bleu,* CNRS éditions, Paris, 2004 ; *Dictionnaire des mots et expressions de couleur, le noir,* CNRS éditions, Paris, 2005

Miquel, Dom Pierre, *Dictionnaire symbolique des animaux,* Le léopard d'or, Paris 1992

Nicola, J.P, *le Grand livre de l'astrologie,* Tchou, Paris, 2005

Ovide, *Métamorphoses,* Gallimard, Paris, 1992

Pasquinelli, B., *le Geste et l'expression,* Hazan, Paris, 2006

Pastoureau, M., *Dictionnaire des couleurs,* Bonneton, Paris 1999

Pastoureau, M., *le Petit livre des couleurs,* Éditions. du Panama, Paris, 2005

Pastoureau, M., *les Animaux célèbres,* Bonneton, Paris, 2002

Pastoureau, M., *l'Étoffe du diable,* Éditions du Seuil, Paris, 1991

Pont-Humbert, C., *Dictionnaire des symboles, des rites et des croyances,* Lattès, Paris, 2003

Sophocle, *Théâtre,* Belles lettres, Paris, 2002

Souzenelle, A.(de), *le Symbolisme du corps humain,* Dangles, Saint-Jean-de-Braye, 1984

Tesnière, M-H., *Bestiaire médiéval,* catalogue de l'exposition « Bestiaire médiéval », Bibliothèque nationale de France, Paris, 2005.

Thibaud R.-J., *Dictionnaire de mythologie et de symbolique celte,* Éd. Dervy, Paris, 1996

Van Gennep A., *le Folklore français contemporain,* R. Laffont, coll. « Bouquins », Paris, 1999 (1re éd. 1943-1958)

Veyrin-Forrer, Th., *Précis d'héraldique,* Larousse, Paris, 2000

Crédits Photographiques

Couverture de haut en bas et de gauche à droite :

Le serpent Ouroboros mange sa queue, manuscrit grec de 1478, BNF, Paris. Ph. Coll. Archives Larbor

Sagittaire, signe du zodiaque, miniature du XVe siècle. Ph. © Biblioteca Estense, Modène / Dagli Orti / The Art Archive

Salamandre, lithographie du XVIe siècle, bibliothèque des arts décoratifs, Paris. Ph. © The Bridgeman Art Library – Giraudon

Badge du parti communiste. Ph. © David J. & Janice L. Frent Collection/ Corbis

Sablier du XVIe siècle. Ph. © Costa/ Leemage

Mercure coiffé du pétase tenant le caducée et la bourse du commerce, IIe siècle après J.-C., musée du Louvre, Paris. Ph. © H. Lewandowski/ RMN

Eve, détail de *Adam et Eve* de L. Cranach, 1528. Ph. © Galerie des Offices, Florence/ Dagli Orti/ The Art Archive

Pyramide des Illuminés. © DR

Croix de David. Ph. © Royalty-Free/ Corbis

Cerf, assiette de la fin du XVIIIe siècle, musée national des arts et traditions populaires, Paris. Ph. © RMN

Tête de mort, détail, mosaïque romaine du Ier siècle après J.-C, musée national d'archéologie, Naples. Ph. © E. Lessing/ AKG-images

Armes de la Flandre, lithographie du XVIIe siècle, BNF, Paris. Ph. © The Bridgeman Art Library - Giraudon

Licorne, miniature du XVIe siècle. Ph. © Bodleian Library, Oxford / The Art Archive

Le Sang sacré de Jésus, détail d'une peinture de P.M. Ruiz. Ph. © Pinacoteca Virreinal Mexico City / Dagli Orti/ The Art Archive

Croix ankh en faïence, amulette égyptienne. Ph. © Musée du Louvre, Paris/ Dagli orti/ The Art Archive

Dos de couverture

Oudjat (l'œil d'Horus), détail d'une peinture égyptienne. Ph. © C. Osborne/ Corbis

La croix et la rose, Ph. © The Granger Collection/Rue des Archives

Quatrième de couverture

Balance, monnaie de l'empereur mogol Jahangir, XVIIe siècle. Ph. © The Art Archive

Buste d'un chérubin, terre vernissée de B. Palissy, XVIe siècle, musée Adrien Dubouché Limoges. Ph. © J.G. Berizzi/ RMN

Les dessins proviennent des archives Larousse de la fin du XIXe siècle et du début du XXe siècle à l'exception des illustrations suivantes :

15 Aigle impérial, gravure de 1808. BNF, Paris. Ph. Coll. Archives Larbor

49 L'arbre de vie, papier découpé, Pologne. Ph. O. Ploton © Archives Larousse

74 Allégorie de la justice, gravure allemande, XVIe siècle. Ph. Coll. Archives Larousse

81 Hippocrate, gravure du XVIe siècle, BNF, Paris. Ph. Coll. Archives Larbor

84 Bâtons de maréchal: restauration, Louis- Philippe, dessin - Archives Larousse
87 Le Bon pasteur, gravure de Ch. Kreutzberger. Ph. © Archives Larousse
99 Bénédiction de la bûche de Noël en Alsace, gravure d'après P. Kauffmann, bibliothèque des arts décoratifs, Paris. Ph. © Archives Larousse
102 La République française, gravure de Quéverdo, époque révolutionnaire. Ph. Coll. Archives Larousse
111 Bulle du pape, dessin - Archives Larousse
128 Saint Eustache, gravure de A. Dürer. Ph. © Akg-images
139 Triomphe de Marc Aurèle, dessin - Archives Larousse
157 Gravure extraite de *Margarita philosophica,* 1508: Pythagore et Boethius. Ph. O. Ploton © Archives Larousse
162 L'homme-microcosme, gravure extraite de De occulta philosophia de Agrippa von Nettesheim, 1520. Ph. O Ploton © Archives Larousse
165 Clés de papes, dessin - Archives Larousse
169 Consécration au Sacré Cœur de Jésus-Christ, détail, image pieuse. Ph. O. Ploton © Archives Larousse
172 Colombe eucharistique, dessin - Archives Larousse
174 Colonne Hathorique, dessin- Archives Larousse
178 Le Petit chaperon rouge, gravure de G. Doré. Ph. Coll. Archives Larbor
188 Couronne ovale, couronne Navale, couronne Palissade, couronne Impériale, couronne Royale, dessin Vignerot et Demoulin - Archives Larousse
200 La Kaaba au centre de la Grande Mosquée de La Mecque, plaque de céramique, musée du Louvre, Paris. Ph. © Archives Larbor
206 Danse dionysiaque, dessin- Archives Larousse
216 Prodiges de Satan, gravure de 1560. Ph. Coll. Archives Larousse
221 Une dizaine, chapelet de dix grains, dessin -Archives Larousse
228 La Cène, gravure de M. Raimondi, BNF, Paris. Ph. Coll. Archives Larousse
230 Combat de saint Georges et le dragon, dessin- Archives Larousse
242 Le Songe de Jacob, miniature du XVIe siècle, BNF, Paris. Ph. Coll. Archives Larbor
249 L'Enfer, miniature de *l'Apocalypse de Saint-Sever* de Beatus de Liebana, XIIe siècle, BNF, Paris. Ph. Coll. Archives Larbor
254 Divers instruments relatifs à la géométrie, miniature du XIIIe siècle. Ph. © Bibliothèque Sainte-Geneviève - Archives Larbor
256 Leçons de perspective positive de J. Androuet Du Cerceau, gravure du XVIe siècle, BNF, Paris. Ph. Coll. Archives Larbor
257 Grades armée de l'air : officiers généraux, dessin Laurent Blondel - Archives Larousse
259 Gravure extraite de *Sinnbilder von der Hoffnung* de M.J. Ebermeier, 1653. Ph. O. Ploton © Archives Larousse
264 La Liberté, eau-forte de 1789, musée Carnavalet, Paris. Ph. © Archives Larbor
268 La fée Mélusine, gravure sur bois de 1478. Ph. Coll. Archives Larbor
275 Gravure sur bois extraite des *Histoires protigieuses de plusieurs auteurs grecs et latins,* 1560. Ph. Coll. Archives Larbor
283 Floréal, calendrier républicain, musée Carnavalet, Paris. Ph. © Archives Larbor
286 Le dieu Pan et sa flûte, miniature du XVe siècle, BNF, Paris. Ph. Coll. Archives Larbor

287 Aigle dévorant le foie de Prométhée, dessin - Archives Larousse
289 Fontaine de l'abbaye de Thélène, gravure sur bois extraite de *Gargantua* de Rabelais, 1537. Ph. Coll. Archives Larbor
292 Vulcain, Vénus et l'amour, gravure de M. Raimondi, XVIe siècle, BNF, Paris. Ph. Coll. Archives Larousse
295 La faucille et le marteau. Ph. © AKG-images
305 Messidor, calendrier républicain, musée Carnavalet, Paris. Ph. © Archives Larbor
310 le Graal, miniature du *Roman de Lancelot* de Gautier Map, 1470, BNF, Paris. Ph. Coll. Archives Larbor
318 La famine en France à l'époque de Louis XIII, gravure du XVIIe siècle, BNF, Paris. Ph. Coll. Archives Larbor
323 Le Jugement de Pâris, gravure de L. Gaultier, 1608. Ph. O. Ploton © Archives Larousse
330 Hercule combattant l'hydre, gravure de C. David, XVIIe siècle, BNF, Paris. Ph. Coll. Archives Larousse
333 Recteur du XVIIIe siècle, dessin - Archives Larousse
338 Souvenir de la première communion, image pieuse datée de 1911. Ph. O. Ploton © Archives Larousse
348 gravure extraite de l'*Utopie* de Thomas More, 1516, BNF, Paris. Ph. Coll. Archives Larbor
353 Le Paradis, Adam et Eve tentés par le serpent, miniature extraite de *la Cité de Dieu* de saint Augustin, XVe siècle, BNF, Paris. Ph. Coll. Archives Larbor
358 Jérusalem, gravure sur bois extraite du *Liber chronicarum* de Schedel, 1493. Ph. Coll. Archives Larousse
366 Le plan des séphirots extrait de *Oedipus Aegyptiacus* de A. Kircher, 1652. Ph. Coll. Archives Larousse
374 Lièvre et les œufs de Pâques, carte postale de 1903. Ph. © AKG-images
385 Gilgamech, dessin - Archives Larousse
387 Joinville offrant le manuscrit de *la Vie de Saint Louis* au roi Louis X le Hutin, dessin - Archives Larousse
392 Le loup-garou, gravure de Lucas Cranach, BNF, Paris. Ph. Coll. Archives Larousse
394 Influence de la lune sur les femmes, gravure du XVIIe siècle. Ph. O. Ploton © Archives Larousse
400 Eustache Morel en prière devant la vierge, miniature de 1383, BNF, Paris. Ph. Coll. Archives Larbor
404 Cueillette de la mandragore, miniature du XVe siècle, BNF, Paris. Ph. Coll. Archives Larbor
406 Portrait du chancelier Pierre Séguier, gravure de N. de Larmessin, XVIIe siècle, BNF, Paris. Ph. Coll Archives Larbor
411 L'alchimie, gravure du XVIe siècle. Ph. Coll. Archives Larousse
412 La Nature, gravure coloriée de l'époque révolutionnaire, musée Carnavalet, Paris. Ph. © Archives Larbor
423 Représentation du mois de mars, dessin Faucher-Gudin - Archives Larousse
434 Narcisse, lithographie de Grandville extraite des *Fleurs animées,* 1847, BNF, Paris. Ph. Coll. Archives Larbor
443 Dieu, gravure de Ch. Keutzberger d'après Schnorr. Ph. Coll. Archives Larousse

450 Symboles de la Première République, gravure de 1792, BNF, Paris. Ph. Coll. Archives Nathan
452 L'Ogre du *Petit Poucet* de Charles Perrault extrait des *Contes de ma mère l'Oye*, BNF, Paris. Ph. Coll. Archives Larbor
456 Onction par l'archevêque de Reims sur le front de Saint-Louis, miniature du XIIIe siècle. Ph. Coll. Archives Larousse
466 Constellation de la Grande Ourse d'après l'*Atlas* de John Famsteed, XVIIIe siècle, dessin - Archives Larousse
476 Eros et Psyché, dessin Gérard - Archives Larousse
480 Anneau du Pêcheur, sceau des brefs apostoliques, dessin -Archives Larousse
481 Pèlerins, gravure sur bois d'Albrecht Altdorfer, vers 1500. Ph. Coll. Archives Larousse
484 Laocoon étouffé avec ses fils par deux serpents, dessin - Archives Larousse
489 Le triomphe du phallus, gravure de C. Lasino d'après un dessin de Salviati, BNF, Paris. Ph. Coll. Archives Larbor
491 Le Phénix, miniature du XVIIIe siècle. Ph. © Bodleian Library - Archives Larbor
496 Système de Ptolémée: la Terre, les planètes et les 12 signes du zodiaque, gravure du XVIIe siècle, BNF, Paris. Ph. Coll. Archives Larbor
497 Machine polytechnique, caricature de 1810, BNF, Paris. Ph. Coll. Archives Larbor
503 Le péché originel, dessin M. Dessertenne - Archives Larousse
508 Le Testament, gravure de *la Ballade des pendus* de François Villon,1461. Ph. Hubert Josse © Archives Larbor
511 Prométhée, gravure de Ch. Kreutzberger
515 Purification des femmes, gravure extraite de *Jüdisches Ceremonial* de P.Ch. Kirchner, 1734, BNF, Paris. Ph. Coll. Archives Larousse
520 Le Christ en majesté entouré des quatre évangélistes et de leurs attributs, miniature des *Petites Heures de Jean de Berry*, vers 1390, BNF, Paris. Ph. Coll. Archives Larbor
522 Conversation à la quenouille et au rouet, miniature du XVIe siècle, bibliothèque municipale, Lyon. Ph. Georges Kriloff. Ph. © Archives Larbor
524 Musiciens, miniature extraite du *Codex de Manesse,* 1315, bibliothèque de l'Université, Heidelberg. Ph. Coll. Archives Larbor
527 Amon-Rê, dessin - Archives Larousse
528 Renart et Noble Roy faisant la Paix, miniature du *Roman de Renart* de Jacquemart Gelée de Lille, XIIIe siècle, BNF, Paris. Ph. Coll. Archives Larbor
530 La Résurrection des morts, gravure parue dans les *Quinze signes du jugement dernier,* 1472. Ph. O. Ploton © Archives Larousse
532 Morphée, dessin - Archives Larousse
536 Philippe VI de Valois sur son trône, miniature extraite du *Recueil des Rois de France*, de Jean du Tillet, 1566, BNF, Paris. Ph. Coll. Archives Larbor
538 La Rose et la Croix, Ph. © The Granger Collection/Rue des Archives
541 Le Chêne et le roseau, gravure d'après J.M. Moreau Le jeune pour illustrer la Fable de La Fontaine. Ph. Jeanbor © Archives Larbor
542 La rosée extrait de *De alchimia,* XVIe siècle. Ph. O. Ploton © Archives Larousse
544 Dieu créant le monde, miniature de la *Bible historiale* de P. Comestor, XIVe siècle, bibliothèque Sainte Geneviève, Paris. Ph. Coll. Archives Larbor

554 Mois d'août, almanach des Bergers, 1491. Ph. Coll. Archives Larousse
555 La salamandre, gravure de Théodore de Bry. Ph. O. Ploton © Archives Larousse
556 Naos du temple grec d'Edfou, dessin - Archives Larousse
558 La Rose et la Croix, Ph. © The Granger Collection/Rue des Archives
559 Toutes les âmes que ce Torrent arrosera auront la vie !, image pieuse. Ph. O. Ploton © Archives Larousse
571 Les sept merveilles du monde: 1/ le Mausolée d'Halicarnasse, 2/ Pyramide de Chéops, 3/ Phare d'Alexandrie, 4/ Colosse de Rhodes, 5/ Jardins suspendus de Sémiramis à Babylone, 6/ statue de Zeus, 7/ temple d'Artémis à Ephèse, dessin - Archives Larousse
574 Le serpent Ouroboros mangeant sa queue, miniature de 1478, BNF, Paris. Ph. Coll. Archives Larbor
577 Les Sirènes, ballet du XVIe siècle. Ph. Coll. Archives Larbor
580 Louis XIV en costume d'Apollon dans le *Ballet de la nuit*, 1653, BNF, Paris. Ph. Coll. Archives Nathan
583 Sorcières chevauchant un balai, miniature du XVe siècle BNF, Paris. Ph. Coll. Archives Larbor
588 page de titre du *Traité de la sphère* de Johannes de Sacrobosco, édition de 1521, BNF, Paris. Ph. Coll. Archives Larbor
591 Danse macabre, gravure sur bois du XVIe siècle, BNF, Paris. Ph. Coll. Archives Larousse
592 Exemples de croix svastika. © DR
597 Moïse tenant les tables de la Loi, gravure de Théodorus Galle. Ph. Coll. Archives Larousse
601 Tarot de Marseille. © DR
602 Tatouage japonais, dessin -Archives Larousse
604 Combat de Thésée et du Minotaure, dessin - Archives Larousse
607 Le Temple de la Terre, gravure du *Mystère des mondes* de H. Hoeppner, 1895. Ph. O. Ploton © Archives Larousse
609 La Terre nourricière, gravure extraite de *Atalanta Fugiens* de Michel Maier, 1618. Ph. Olivier Ploton © Archives Larousse
611 Christ en majesté et les symboles des quatre évangélistes, miniature du *Sacramentaire de Saint Martial de Limoges*, XIIe siècle, BNF, Paris. Ph. Coll. Archives Larbor
618 La Tour de Babel, détail d'un tableau de Lucas van Valckenborgh, musée du Louvre, Paris. Ph. H. Josse © Archives Larbor
620 Carte postale porte-bonheur, vers 1900. Ph. O. Ploton © Archives Larousse
625 Tristan et Yseult s'embarquant, miniature du XVe siècle, musée de Condé, Chantilly. Ph. Hubert Josse © Archives Larbor
637 Le souffle du vent sur les bateaux d'Ulysse, dessin anonyme du XVIe siècle, BNF, Paris. Ph. Collection Archives Larbor
643 Reconstitution du Forum romain, gravure de Dormier. Ph. Coll. Archives Larousse
648 La Jérusalem céleste, miniature des *Evangiles de saint Médard de Soissons*, IXe siècle, BNF, Paris. Ph. Coll. Archives Larbor
652 La Walkyrie de Wagner, illustration de F. Stassen, 1914, BNF, Paris. Ph. Coll. Archives Larbor

liste des entrées

a

abeille
Abel voir Caïn
abîme
ablution
abracadabra
absinthe
abstinence
acacia
acanthe
Achille
Adam
Adonis
aérolithe
agneau
aigle
aiguille
ail
ailes
aimant
air
airain
alchimie
alcool voir vin
alcyon
algue
alliage
alliance
almandin
alouette
alpha et oméga
Amande/amandier
Amalthée
Amazone
ambre
ambroisie
âme
amen
Amérique,
améthyste
Amon
amulette
ancre
androgyne
âne
anémone
ange
anguille
ankh (croix)
anneau
année
anniversaire
Antéchrist
antimoine
antre
Anubis
anus
Aphrodite
Apis
apocalypse
Apollon
Apophis
arabesque
Arachné voir araignée
araignée
arbousier
arbre
arc
Arcadie
arc-en-ciel
arche
archer
Arès voir Mars
Argent
Argonautes voir Jason
Arlequin
arme
Artémis
Arthur
ascension
Asclépios
asphodèle
astre voir étoile
astrologie
Athanor
Athéna
Atlantide
Atlas
Aton
Atoum
Atrides
au-delà voir âme, enfer
augure

aura
auréole
aurore
voir jour, rosée
autel
automobile voir voiture
autruche
avion
axe

b

Babel voir tour
Bacchantes
Bacchus voir Dionysos
baguette
balance
baleine
bandeau
bannière
banquet
baptême
barbe
barque
basilic
Bastet
bâton
belette
bélier
béquille
berceau
berger
bergeronnette
bétyle
beurre
bibliothèque
biche voir cerf
bijou
blaireau
blanc
blé
bleu
blond
bœuf
bois
boîte
boiteux
bonnet phrygien
bouc
bouche
bouclier
boue
bougie
bouleau
bouteille
branche
bras
brebis voir agneau
brique
brouillard
brun
buis
buisson
bulle

c

caducée
Caïn et Abel
caméléon
Cancer
candélabre
cape
Capricorne
carpe
carré
carrefour
cartes à jouer
cascade
casque
casquette
Cassandre
cassette
castor
caverne
cèdre
ceinture
cellier
cendre
cent
Centaures
centre
Cerbère
cercle
Cérès voir Déméter
cerf
chaîne

chair
chaleur
chameau
champ
champignon
chandelier
chant
chaos
chape
chapeau
chapelet
char
charbon
chardon
chariot
charrue
chasse
chat
château
chaudron
chaussure
chauve-souris
chemin voir voie
cheminée
chemise
chêne
chérubin
cheval
chevalier
cheveux
chèvre
chevron
chien
chiffres
Chimère
chouette
chrisme
chrysalide
chrysanthème
cierge
cigale
cigogne
cinabre
cinq
circoncision
ciseau
clef
clitoris
cloche
cloître
clown
cœur
coffre
coiffure
collier
colline
colombe
colonne
comète
compas
confluent
constellation
contes de fées
coq
coquelicot
coquille
corbeau
corde
cordon ombilical
corne
corne d'abondance
coucou
coupole
couronne
couteau
coyote
crabe
crâne
crapaud
crémation
crépuscule
cristal
crocodile
croissant
croix
croix gammée voir svatiska
Cronos
crosse
cube
cuisse
cuivre
Cybèle
Cyclope
cygne
cyprès

d

dais
danse
dauphin
Dédale

delta lumineux
voir franc-maçonnerie, triangle
Déluge
Déméter
démon
dent
désert
deux
diable
diamant
Dionysos
disque
dix
dix mille
dix-sept
doigts
dôme
double
douze
dragon
drapeau
droite/gauche
druide

e

eau
échelle
éclair
éclipse
égide
église
éléphant
elfe
enfer
entrelacs
épaule
épée
épi
épine
épingle
équerre
équinoxe
voir solstice
Éris
Éros
escalier
escargot
Est
voir points cardinaux
étendard
étoile
étoile de David
éventail
excrément

f

faisceau
fantôme
faucille
faucon
faux
fée
femme
fenêtre
fenouil
fer
feu
feuille
fève
figuier
figurine
fil
filet
flambeau
flamme
flèche
fleur
fleuve
flots
flûte
foie
fontaine
forêt
forgeron
forteresse
Fortune
foudre
fouet
four
fourche
fourmi
foyer
franc-maçonnerie
froment voir blé
fronde
fruit
fumée
fuseau

g

gant
gauche
voir droite / gauche